Felicia Herrschaft · Klaus Lichtblau (Hrsg.)

Soziologie in Frankfurt

D1798471

Frankfurter Beiträge zur Soziologie und Sozialpsychologie

Herausgegeben von
Rolf Haubl,
Thomas Lemke,
Katharina Liebsch,
Dieter Mans

im Auftrag des Instituts für die Grundlagen der Gesellschaftswissenschaften

Felicia Herrschaft
Klaus Lichtblau (Hrsg.)

Soziologie in Frankfurt

Eine Zwischenbilanz

VS VERLAG

Bibliografische Information der Deutschen Nationalbibliothek
Die Deutsche Nationalbibliothek verzeichnet diese Publikation in der
Deutschen Nationalbibliografie; detaillierte bibliografische Daten sind im Internet über
<http://dnb.d-nb.de> abrufbar.

1. Auflage 2010

Alle Rechte vorbehalten
© VS Verlag für Sozialwissenschaften | Springer Fachmedien Wiesbaden GmbH 2010

Lektorat: Frank Engelhardt

VS Verlag für Sozialwissenschaften ist eine Marke von Springer Fachmedien.
Springer Fachmedien ist Teil der Fachverlagsgruppe Springer Science+Business Media.
www.vs-verlag.de

Umschlaggestaltung: KünkelLopka Medienentwicklung, Heidelberg
Satz: text plus form
Druck und buchbinderische Verarbeitung: Ten Brink, Meppel
Gedruckt auf säurefreiem und chlorfrei gebleichtem Papier

ISBN 978-3-531-16399-4

Inhalt

Anhang: Dokumente zur Soziologie in Frankfurt

Vorwort

Der vorliegende Rückblick auf die Themen, Aktivitäten und institutionellen Verfasstheiten der Soziologie in Frankfurt würdigt die Fülle, Breite und Besonderheiten der Soziologie in Frankfurt im 20. Jahrhundert. Indem die Produktivität der Disziplin an diesem Ort anhand ausgewählter Personen, Traditionen und Konfliktlinien sichtbar gemacht wird, ist gleichermaßen auch die Frage nach der Zukunft der Disziplin nicht nur an diesem Ort aufgeworfen. Der Band stellt daher auch eine Einladung dar, Voraussetzungen und Ziele soziologischer Forschung und Lehre zu überdenken.

So fordert der vorliegende Band zum einen dazu auf, Fragen der Profilbildung auch im Rückgriff auf gewachsene Strukturen, Schwerpunkte und Arbeitszusammenhänge zu diskutieren. Zum zweiten machen die Beiträge dieses Bandes unmissverständlich klar, dass das gesellschaftliche Umfeld der akademischen Soziologie sich verändert hat und heute Erwartungen und Anforderungen an die Soziologie hinsichtlich Wirkmächtigkeit und Effektivität gestellt werden, die den Stellenwert von Kritik und Analyse deutlich verschieben. Zum dritten schließlich illustriert der Sammelband die Veränderungen im Bereich von Studium und Lehre; dies zeigt sich auch darin, dass der vorliegende Band als gemeinsames Produkt von Studierenden und akademischem Personal des Mittelbaus und der Professorenschaft noch im Rahmen des alten, auslaufenden Diplom-Studiengangs entstanden ist und berechtigte Zweifel bestehen, ob ein solcher Arbeitszusammenhang auch im Rahmen von BA- und MA-Studiengängen realisiert werden kann.

Die „Zwischenbilanz" zur Frankfurter Soziologie ist also keineswegs abgeschlossen und wir wünschen dem Band regen Zuspruch, Widerspruch und produktive Fortsetzungen.

Die Reihen-Herausgeber
Frankfurt im März 2010

Einleitung

In soziologiegeschichtlicher Hinsicht war Frankfurt am Main immer schon ein besonderes Biotop. Nicht nur dass 1919 an der Goethe-Universität von dem Frankfurter Kaufmann und Konsul Karl Kotzenberg der erste Lehrstuhl für Soziologie gestiftet worden ist, spricht für diesen Umstand, sondern auch die Tatsache, dass mit dem 1924 gegründeten und nach dem Zweiten Weltkrieg aus dem U.S.-amerikanischen Exil nach Frankfurt zurückgekehrten *Institut für Sozialforschung* eine sozialwissenschaftliche Forschungseinrichtung ersten Ranges tiefe Spuren innerhalb der Entwicklung der deutschen Nachkriegssoziologie hinterlassen hat. Frankfurt darf sich sogar rühmen, gleich *zwei verschiedenen Traditionen der Soziologie* den Weg geebnet zu haben: nämlich einer „bürgerlichen" und – je nach Gustus – einer „marxistischen" bzw. „kritischen" Richtung der Soziologie, die sich nicht nur in Frankfurt wechselseitig provoziert haben.

Dieses Spannungsverhältnis zwischen zwei verschiedenen soziologischen Paradigmen und den entsprechenden personellen Gefolgschaften schlug sich vor Ort zugleich in einem institutionellen Schisma nieder, das gewissermaßen ein „Alleinstellungsmerkmal" der Frankfurter Soziologie dargestellt hatte: nämlich ihre Verankerung in *zwei verschiedenen Fakultäten*. Denn sie war bis zum Zeitpunkt der Auflösung der Fakultäten und der Gründung der neuen Fachbereiche zum einen innerhalb der Philosophischen Fakultät und zum anderen in der Wirtschafts- und Sozialwissenschaftlichen Fakultät angesiedelt. Auch wenn sich dieses Schisma historisch-kontingenten Gründen verdankt, auf die noch einzugehen sein wird, hat es doch zumindest in Bezug auf die Entwicklung der Frankfurter Soziologie strukturbildend gewirkt und viele Jahre lang auch entsprechende Verwerfungen zur Folge gehabt. Was sich ursprünglich nur als eine Fußnote in die Geschichte der Universität Frankfurt einzuschreiben schien, wurde im Nachhinein gewissermaßen zu einer Weichenstellung, die erklärt, warum sich gerade auf dem Frankfurter Soziologentag von 1968 vor dem Hintergrund der damaligen Studentenbewegung eine Konfrontationsstellung entlud, die sich bereits über viele Jahre hinweg allmählich aufgebaut hatte.[1]

---

[1] Vgl. Theodor W. Adorno (Hrsg.), Spätkapitalismus oder Industriegesellschaft? Verhandlungen des 16. Deutschen Soziologentages vom 8. bis 11. April 1968 in Frankfurt am Main, Stuttgart 1969. Siehe hierzu auch den entsprechenden Bericht von Wolf Lepenies, Dilemma eines Kongresses – Dilemma der Soziologie. Über den 16. Deutschen Soziologentag in Frankfurt, in: Soziale Welt 19 (1968), S. 172–182.

Die Geschichtsschreibung der bundesrepublikanischen Soziologie hat dieses Schisma in der Regel nur aus einer sehr einseitigen Perspektive reflektiert und es damit eher verdeckt als aufgedeckt. Denn ohne Zweifel dominieren in dieser Hinsicht bei Weitem jene historischen Darstellungen, welche die Geschichte der Kritischen Theorie und des Frankfurter Instituts für Sozialforschung zum Gegenstand haben.[2] Dieser Sachverhalt wird jedoch keinesfalls dem Umstand gerecht, dass wir es im Fall Frankfurts mit „(mindestens) zwei Sozialwissenschaften" zu tun haben, bezüglich deren Aufarbeitung trotz entsprechender Vorarbeiten immer noch eine einschlägige Gesamtdarstellung fehlt.[3] Letztere kann der vorliegende Sammelband, der aus einem zweisemestrigen Lehrforschungsprojekt hervorgegangen ist, das wir im Sommersemester 2007 und im Wintersemester 2007/08 am Fachbereich Gesellschaftswissenschaften der Goethe-Universität durchgeführt haben, natürlich nicht ersetzen.[4] Wir sprechen deshalb auch bewusst von einer „Zwischenbilanz", um eine Arbeit anzudeuten, die erst noch geleistet werden muss. Dennoch sind wir

---

[2] Vgl. hierzu die einschlägigen Untersuchungen von Martin Jay, Dialektische Phantasie. Die Geschichte der Frankfurter Schule und des Instituts für Sozialforschung 1923–1950, Frankfurt am Main 1976; Rolf Wiggershaus, Die Frankfurter Schule. Geschichte – Theoretische Entwicklung – Politische Bedeutung, München/Wien 1986; Alex Demirovic, Der nonkonformistische Intellektuelle. Die Entwicklung der Kritischen Theorie zur Frankfurter Schule, Frankfurt am Main 1999 sowie Clemens Albrecht u. a., Die intellektuelle Gründung der Bundesrepublik. Eine Wirkungsgeschichte der Frankfurter Schule, Frankfurt am Main 1999.

[3] Zu den für die Erstellung des vorliegenden Sammelbandes unverzichtbaren Vorarbeiten zählen neben einer ganzen Reihe von Aufsätzen, die Ludwig von Friedeburg in den letzten Jahrzehnten veröffentlicht hat, auch die einzelnen Beiträge in: Heinz Steinert (Hrsg.), Die (mindestens) zwei Sozialwissenschaften in Frankfurt und ihre Geschichte. Ein Symposion des Fachbereichs Gesellschaftswissenschaften aus Anlaß des 75-Jahre-Jubiläums der J. W. Goethe-Universität Frankfurt 11.–12. Dezember 1989, Frankfurt am Main 1990 (= Studientexte zur Sozialwissenschaft); siehe auch die entsprechenden Beiträge in: Richard Faber/Eva-Maria Ziege (Hrsg.), Das Feld der Frankfurter Kultur- und Sozialwissenschaftler vor 1945, Würzburg 2007 sowie dies. (Hrsg.), Das Feld der Frankfurter Kultur- und Sozialwissenschaftler nach 1945, Würzburg 2008. Unverzichtbar für jeden, der sich mit der Geschichte der Frankfurter Soziologie beschäftigt, sind neben den einschlägigen Archivbeständen, die im Universitätsarchiv Frankfurt aufbewahrt werden, ferner die universitätsgeschichtlichen Untersuchungen von Paul Kluke, Die Stiftungsuniversität Frankfurt am Main 1914–1932, Frankfurt am Main 1972 sowie Notker Hammerstein, Die Johann Wolfgang Goethe-Universität Frankfurt am Main, Band I: 1914 bis 1950, Neuwied/Frankfurt am Main 1989. Der zweite Band von Hammersteins Geschichte der Universität Frankfurt, der den Zeitraum seit dem Zweiten Weltkrieg bis zur Gründung der Fachbereiche Anfang der 1970er Jahre behandelt und der Mitte 2010 erscheint, konnte bei der Drucklegung dieses Bandes leider nicht mehr berücksichtigt werden. Zur Geschichte der Frankfurter Wirtschafts- und Sozialwissenschaftlichen Fakultät sowie zu einer vor elf Jahren erschienenen Selbstdarstellung des seit 1971 existierenden Frankfurter Fachbereichs Gesellschaftswissenschaften siehe auch Bertram Schefold (Hrsg.), Wirtschafts- und Sozialwissenschaftler in Frankfurt am Main, 2. erweiterte Auflage, Marburg 2004; ferner Wolfgang Glatzer (Hrsg.), Ansichten der Gesellschaft. Frankfurter Beiträge aus Soziologie und Politikwissenschaft, Opladen 1999.

[4] Vgl. http://wiki.studiumdigitale.uni-frankfurt.de/SOZFRA/index.php?

der Meinung, dass der vorliegende Band einschlägige Materialien und Bausteine für eine zukünftige Gesamtdarstellung der Geschichte der Frankfurter Soziologie enthält, die zeigen, in welche Richtung ein solches Projekt gehen müsste.

Um dem Phänomen Frankfurt auf die Spur zu kommen, müssen eine Reihe von örtlichen Besonderheiten berücksichtigt werden, die sich in der Geschichte der Frankfurter Sozialwissenschaften niedergeschlagen haben. Hierzu zählen *erstens* der Umstand, dass innerhalb der Entwicklung der Universität Frankfurt seit ihrer Gründung im Jahr 1914 private Stiftungen eine enorme Rolle gespielt haben; *zweitens* dass die Frankfurter Soziologie in zwei verschiedenen Fakultäten beheimatet war; *drittens* dass es eine ganze Reihe von „Doppellehrstühlen" gab, die das Schisma der Frankfurter Soziologie auch in institutioneller Hinsicht zum Ausdruck bringen; *viertens* dass von Anfang an erhebliche Einmischungen von außen in die Besetzung dieser Lehrstühle stattfanden; und *fünftens* dass neben dem Spannungsverhältnis zwischen *Philosophie* und Soziologie auch noch zwei andere disziplinäre Spannungsverhältnisse zu berücksichtigen sind: nämlich das Spannungsverhältnis zwischen der Soziologie und der *Nationalökonomie* einerseits sowie das zwischen der Soziologie und der *Politikwissenschaft* andererseits, das bis in die jüngste Vergangenheit den Alltag innerhalb des Frankfurter Fachbereichs Gesellschaftswissenschaften bestimmt hat.[5] Daneben gibt es noch eine Reihe von lokalen Besonderheiten, auf die im Folgenden ebenfalls – wenn auch nur kursorisch – eingegangen werden soll.

Private Stiftungen hatten sowohl bei der Gründung als auch der Entwicklung der Frankfurter Universität eine erhebliche Rolle gespielt. Die ersten Ansätze zu einer Institutionalisierung der sozialwissenschaftlichen Forschung fanden bereits in dem 1891 gegründeten *Institut für Gemeinwohl* statt, die dem Frankfurter Industriellen Wilhelm Merton zu verdanken ist. Ihnen folgten die Gründung der *Akademie für Sozial- und Handelswissenschaften* unter der maßgeblichen Unterstützung durch Merton sowie dem damaligen Frankfurter Oberbürgermeister Franz Adickes.[6] Auch die aus dieser Handelshochschule hervorgegangene Gründung der Universität Frankfurt im Jahr 1914 verdankt sich der Initiative von Adickes, der eine Lösung des Konfliktes zwischen dem Ideal einer „Freien Universität", das ursprünglich von der Frankfurter Bürgerschaft verfolgt worden ist, und den durch das Preußische Landrecht vorgegebenen realpolitischen Zwängen ermöglicht hatte. Denn auch die *Königliche Universität Frankfurt* unterstand wie alle damaligen preußischen Universitäten der Rechtsaufsicht des preußischen Kultusministeriums.[7]

---

[5] Siehe hierzu auch die einzelnen Interviews im zweiten Teil dieses Bandes, die wir mit maßgeblichen Frankfurter Sozialwissenschaftlern geführt haben.

[6] Vgl. hierzu den Beitrag von Claudius Härpfer in diesem Sammelband.

[7] Vgl. Richard Wachsmuth, Die Gründung der Universität Frankfurt, Frankfurt am Main 1929, S. 2: „Jene Vorstellung einer nur von den Plänen ihrer Stifter abhängigen Universität, wie sie in den Vereinten

Eine „Stiftungsuniversität" war sie zu diesem Zeitpunkt nur insofern, als damals die zahlreichen bürgerlichen Stiftungen zusammen mit dem Magistrat der Stadt Frankfurt die Finanzierung der Universität übernommen hatten und deshalb aus gutem Grund von Anfang an sowohl im Kuratorium als auch im Großen Rat der Goethe-Universität vertreten waren.[8]
Auch die Einrichtung der ersten soziologischen Professur an der Goethe-Universität, die Franz Oppenheimer von 1919–1929 wahrgenommen hatte und auf die 1929 Karl Mannheim berufen worden ist, verdankt sich einer privaten Stiftung durch den Frankfurter Konsul Karl Kotzenberg.[9] Das Gleiche gilt für die Gründung des Frankfurter *Instituts für Sozialforschung*, die 1924 durch eine Stiftung der Kaufleute Hermann und Felix Weil ermöglicht wurde, wobei erwähnt werden sollte, dass das Institut zum Zeitpunkt seiner Gründung über einen nicht nur für damalige Verhältnisse beeindruckenden Jahreshaushalt verfügte, sondern auch von den Stiftern ein eigenes Institutsgebäude gratis zur Verfügung gestellt bekam.[10] Das untere Stockwerk des neuen Institutsgebäudes wurde übrigens nur deshalb der Frankfurter Wirtschafts- und Sozialwissenschaften Fakultät dauerhaft zur eigenen Nutzung zur Verfügung gestellt, um deren Zustimmung zu dieser „Zustiftung" sicherzustellen, mit der auch die Einrichtung einer Stiftungs-

---

Staaten durchaus rechtsfähig ist, zerstörte Oberbürgermeister Adickes, als er bei der ersten Zusammenkunft der Vertreter der Gesellschaften und Vereine am 5. März 1910 mit dem Gesetzbuch des Preußischen Landrechtes in der Hand die Sitzung eröffnete und den § 1 des 12. Titels vorlas, in dem es heißt: ‚Die Universitäten sind Veranstaltungen des Staates.'"

[8] Kein Geringerer als der Berliner Philosoph und Soziologe Georg Simmel hatte sich 1912 in diese Debatte eingemischt und sich dafür öffentlich ausgesprochen, in Frankfurt auf die Gründung einer staatlichen Universität zugunsten der Einrichtung einer „Freien Universität" zu verzichten, um eine von äußeren Einflüssen und den damit verbundenen „praktischen" Zwängen unabhängige akademische Forschung und Lehre zu ermöglichen. Er empfahl deshalb den Frankfurtern die Gründung einer Akademie gemäß dem Vorbild des berühmten Pariser *Collège de France*: „Nur eine solche, von allem Ballast entlastete und deshalb wirklich ‚freie' Universität, auf der es keine ‚Anfänger' und keine ‚Kandidaten' gibt, könnte ich als einen wirklichen und erheblich neuen Kulturwert für Deutschland ansehen, nicht aber, daß zu den – wenn ich nicht irre – zwanzig deutschen Universitäten noch die einundzwanzigste nach demselben Typus dazukommt. ... Ich glaube nicht, daß die *Qualität des Lehrkörpers* eine verschiedene wäre, wenn er von der einen, wie wenn er von der anderen Instanz gewählt würde. Aber dieses Problem würde, wie gesagt, überhaupt hinfällig werden, wenn sich die Frankfurter Stifter wirklich zu einer ‚freien' Universität entschlössen, das heißt zu einer solchen, die vom Staat nicht nur kein Geld verlangt, sondern auch nicht die Anerkennung von Prüfungen, Titel und anderen Äußerlichkeiten." (Georg Simmel, „Universität Frankfurt" [1912], in: ders., Zur Philosophie der Kunst, Berlin 1922, S. 170–173, hier S. 172 f.).

[9] Siehe in diesem Band den Beitrag von Patrick Taubes und Klaus Lichtblau.

[10] Leopold von Wiese, der bei der Eröffnung des Instituts für Sozialforschung in Frankfurt anwesend war, wies in einem entsprechenden Bericht ausdrücklich darauf hin, dass das Institut für Sozialforschung im Unterschied zu seinem eigenen soziologischen Institut in Köln über ganz erhebliche Mittel verfügte, deren Umfang für die damalige Zeit außergewöhnlich waren. Vgl. Kölner Vierteljahreshefte für Soziologie 4 (1924/25), S. 123 f.

professur an dieser Fakultät verbunden war.[11] Mit der Leitung des Instituts wurde
zunächst der Austro-Marxist Carl Grünberg betraut, der an der Wirtschafts- und
Sozialwissenschaftlichen Fakultät diesen neu eingerichteten Lehrstuhl für „Wirtschaftliche Staatswissenschaften" erhielt und dem später Max Horkheimer als
Direktor folgen sollte.

Die Ernennung von Horkheimer zum Nachfolger Carl Grünbergs, der aus
gesundheitlichen Gründen sein Amt vorzeitig aufgeben musste, stellt eine zentrale
Weichenstellung für die spätere Entwicklung der Frankfurter Soziologie dar.[12] Denn
da sich Horkheimer bei Hans Cornelius im Fach Philosophie habilitiert hatte, war
mit seiner Ernennung zum Institutsdirektor nicht nur die institutionelle Anbindung des Instituts für Sozialforschung an die Philosophische Fakultät, sondern
zugleich die Einrichtung einer neuen, ebenfalls von Hermann und Felix Weil
finanzierten Stiftungsprofessur an der Philosophischen Fakultät verbunden, die
auf ausdrücklichen Wunsch dieser Fakultät der „Sozialphilosophie" gewidmet war,
obwohl Horkheimer selbst sowohl einen Lehrauftrag für Philosophie *als auch* für
Soziologie angestrebt hatte. Die Fakultät hatte diesem Gesuch Horkheimers jedoch
aus guten Gründen nicht stattgegeben, um nicht den neuen Inhaber des an der
Wirtschafts- und Sozialwissenschaftlichen Fakultät beheimateten soziologischen
Lehrstuhls zu provozieren.[13] Die Nachfolge von Carl Grünberg auf den Lehrstuhl

---

[11] Die oft kolportierte Meinung, dass sich die Unterbringung des Soziologischen Seminars von Karl
Mannheim der Großzügigkeit des zu diesem Zeitpunkt amtierenden Direktors des Instituts für
Sozialforschung Max Horkheimer verdanke, kann insofern als reine Chimäre bezeichnet werden.
Tatsächlich existierte von Anfang an eine rechtsverbindliche Vereinbarung zwischen dem Institut
für Sozialforschung und der Wirtschafts- und Sozialwissenschaftlichen Fakultät, der zufolge letztere
das Erdgeschoß des Institutsgebäudes dauerhaft für eigene Lehr- und Forschungszwecke benutzen
konnte. Vgl. Paul Kluke, Die Stiftungsuniversität Frankfurt am Main, a.a.O., S. 494.
[12] Diesen Hinweis verdanken wir Clemens Albrecht (Koblenz), der im Rahmen unseres Lehrforschungsprojektes am 31. Januar 2008 einen bemerkenswerten Vortrag über den „Streit der
Fakultäten" gehalten hat, der einschließlich der sich diesem Vortrag anschließenden Diskussion
audiovisuell zugänglich ist. Vgl. http://wiki.studiumdigitale.uni-frankfurt.de/SOZFRA/index.
php?title=Vortr%C3%A4ge_und_Konferenzen.
[13] Zum Zeitpunkt, als Horkheimer an der Philosophischen Fakultät zum Ordinarius für Sozialphilosophie ernannt worden ist, hatte Karl Mannheim bereits die Nachfolge auf den soziologischen
Lehrstuhl von Franz Oppenheimer an der Wirtschafts- und Sozialwissenschaftlichen Fakultät
angetreten. Es war der Philosophischen Fakultät insofern klar, wer der eigentliche Gegenspieler von
Horkheimer in der Wirtschafts- und sozialwissenschaftlichen Fakultät sein würde. Vgl. Kluke, Die
Stiftungsuniversität Frankfurt am Main, a.a.O., S. 505 f. Horkheimer konnte als gebürtiger Philosoph
zu dieser Zeit übrigens noch keine soziologischen Qualifikationen nachweisen. Ihm gelang es erst
nach dem Zweiten Weltkrieg, seinen nach wie vor an der Philosophischen Fakultät beheimateten alten
Lehrstuhl für Sozialphilosophie in einen Lehrstuhl für „Philosophie und Soziologie" umwidmen zu
lassen, um damit seinen Anspruch auf die zukünftige Gestaltung der Frankfurter Soziologie geltend
zu machen. Gerechterweise muß in diesem Zusammenhang ausdrücklich gesagt werden, daß er in den
ersten zehn Jahren seines neuerlichen Wirkens in Frankfurt diesbezüglich auch keine Konkurrenz
von Seiten der Wirtschafts- und Sozialwissenschaftlichen Fakultät zu befürchten hatte, da zahlreiche

für „Wirtschaftliche Staatswissenschaften", der weiterhin der Wirtschafts- und
Sozialwissenschaftlichen Fakultät zugeordnet blieb, trat 1931 dann der Kieler
Nationalökonom und Oppenheimer-Schüler Adolf Löwe an.
Wie bereits angedeutet spielten „Doppellehrstühle" bzw. Lehrstühle mit einem
doppelten Lehrauftrag in zwei verschiedenen Disziplinen eine erhebliche Bedeutung
für die Entwicklung der Frankfurter Soziologie. So stellte Franz Oppenheimer selbst
den schließlich mit einigen Auflagen bewilligten Antrag, seinen Lehrauftrag für
Soziologie um einen Lehrauftrag für „Theoretische Nationalökonomie" zu erweitern.
Er verpasste insofern die einmalige Gelegenheit, bereits zu diesem frühen Zeitpunkt, also 1919, für sich ein soziologiegeschichtliches „Alleinstellungsmerkmal"
sicherzustellen, das dann erst mit der 1925 erfolgten Berufung von Hans Freyer
auf eine soziologische Professur in Leipzig, die ausschließlich der Soziologie gewidmet war, legitimerweise von Freyer in Anspruch genommen werden konnte.[14]
Der zweite Dozent, der seit 1938 an der Frankfurter Wirtschafts- und Sozialwissenschaftlichen Fakultät einen Lehrauftrag für „Volkswirtschaftslehre und Soziologie"
wahrgenommen hatte, war der Ökonom und Soziologie Heinz Sauermann, der nach
dem Zweiten Weltkrieg eine erhebliche Rolle bei der Rückkehr des Instituts für
Sozialforschung nach Frankfurt spielte und der 1946 an der Goethe-Universität
zum ordentlichen Professor für „Wirtschaftliche Staatswissenschaften" ernannt
worden ist.[15] Auch der langjährige Leiter des *Sozialen Museums* und Gründer der
Sozialwissenschaftlichen Bibliothek des Instituts für Gemeinwohl Heinz Marr
ist in diesem Zusammenhang zu erwähnen, da er seit 1926 als nicht beamteter
außerordentlicher Professor an dieser Fakultät einen Lehrauftrag für „Soziale
Theorie und Politik" wahrgenommen hatte und nach der Entlassung von Karl
Mannheim aus dem Frankfurter Universitätsdienst die vorläufige Verwaltung des
vakant gewordenen Lehrstuhls für Soziologie sowie die kommissarische Leitung
des diesem Lehrstuhl assoziierten soziologischen Seminars übernahm.[16]
    Von noch größerer Bedeutung für die fachgeschichtliche Entwicklung der
Soziologie in Frankfurt waren allerdings jene Lehrstühle, mit denen sowohl ein
philosophischer als auch ein soziologischer Lehrauftrag verbunden gewesen ist.
In diesem Zusammenhang sind eine ganze Reihe von Professoren zu nennen, die

---

Mitglieder dieser Fakultät ein Wiederanknüpfen an die eigene soziologische Tradition trotz diverser
Versuche bis Ende der 1950er Jahre erfolgreich verhindert hatten.

[14] Vgl. Jerry Z. Muller, The Other God that Failed. Hans Freyer and the Deradicalization of German
Conservatism, Princeton (New Jersey) 1987, S. 89 ff.

[15] Siehe hierzu Jan-Otmar Hesse, Die permanente Bewährungsprobe. Heinz Sauermann in der Frankfurter Wirtschafts- und Sozialwissenschaftlichen Fakultät 1937–1945, in: Jörn Kobes/Jan-Otmar
Hesse (Hrsg.), Frankfurter Wissenschaftler zwischen 1933 und 1945, Göttingen 2008, S. 157–181.

[16] Vgl. Carsten Klingemann, Sozialwissenschaften in Frankfurt während der NS-Zeit, in: Heinz
Steinert (Hrsg.), Die (mindestens) zwei Sozialwissenschaften in Frankfurt und ihre Geschichte,
a. a. O., S. 101–127 (hier S. 104 ff.).

einen Lehrauftrag für Philosophie *und* Soziologie wahrnahmen. Dies trifft schon
für Max Scheler zu, der 1928 von Köln nach Frankfurt berufen worden ist und
für den an der Philosophischen Fakultät der Goethe-Universität der erste Lehrstuhl für „Philosophie und Soziologie" eingerichtet wurde. Scheler verstarb aber
bereits zu Beginn des Sommersemesters 1928 völlig unerwartet, so dass er keine
entsprechende Wirksamkeit in Frankfurt entfalten konnte.[17] Das Gegenteil trifft
jedoch auf den als Vertreter eines „religiösen Sozialismus" bekannt gewordenen
evangelischen Theologen Paul Tillich zu, der als Nachfolger Max Schelers von
1929–1933 an der Philosophischen Fakultät einen Lehrstuhl für „Philosophie und
Soziologie einschließlich Sozialpädagogik" wahrnahm und der in diesem Zeitraum
eine erhebliche Rolle innerhalb der Frankfurter Geistes- und Sozialwissenschaften
gespielt hatte. Tillich ermöglichte nicht nur dem im ersten Anlauf gescheiterten
Theodor W. Adorno die Habilitation im Fachgebiet Philosophie, sondern war auch
eine zentrale Figur in jenen sich damals in Frankfurt überschneidenden diversen
intellektuellen „Kränzchen" und „Kreisen".[18]

Horkheimer, Adorno und Jürgen Habermas waren also nicht die einzigen, die
später einen „Doppellehrstuhl" für Philosophie und Soziologie an der Philosophischen
Fakultät der Universität Frankfurt wahrgenommen hatten. Der entsprechende Reigen
beginnt vielmehr mit Max Scheler und Paul Tillich und endet zum einen mit dem
Adorno-Nachfolger Horst Baier, der von 1971–1976 eine Professur für Philosophie
und Soziologie an dem neu gegründeten Fachbereich Gesellschaftswissenschaften
wahrnahm, und zum anderen dem Habermas-Nachfolger Alfred Schmidt, der von
1973–1999 am Fachbereich Philosophie bzw. später am Fachbereich Geschichtswissenschaft und Philosophie ebenfalls eine Professur für Philosophie und Soziologie wahrgenommen hatte. Beide unterhielten zugleich eine Zweitmitgliedschaft
im jeweils anderen Fachbereich und boten ihre Lehrveranstaltungen in den ersten
Jahren seit ihrer Ernennung sowohl im Fachbereich Gesellschaftswissenschaften
als auch im Fachbereich Philosophie an.[19]

Die ursprünglich an der Frankfurter Wirtschafts- und Sozialwissenschaftlichen
Fakultät beheimate und durch Franz Oppenheimer und Karl Mannheim begründete
soziologische Tradition fand seit 1933 bis Ende der 1950er Jahre dagegen keine ent-

---

[17] Vgl. Kluke, Die Stiftungsuniversität Frankfurt am Main, a.a.O., S.539.
[18] Ebd., S.539f. Zu Tillichs Bedeutung in der damaligen Zeit vgl. Wolfgang Schivelbusch, Intellektuellendämmerung. Zur Lage der Frankfurter Intelligenz in den zwanziger Jahren, Frankfurt am Main
1985, S. 19ff.; ferner Manfred Bauschulte/Volkhard Krech, Saulus-Situationen. Zum Verhältnis von
Kritischer Theorie und Religiösem Sozialismus, in: Faber/Ziege (Hrsg.), Das Feld der Frankfurter
Kultur- und Sozialwissenschaften vor 1945, a.a.O., S.49–62.
[19] Dies sind Ergebnisse unseres Lehrforschungsprojektes über die Geschichte der Soziologie in Frankfurt,
die sowohl auf einer Auswertung des entsprechenden Archivmaterials als auch der Interviews beruhen,
die wir mit namhaften Frankfurter Philosophen und Soziologen im Berichtszeitraum geführt haben.
Siehe hierzu auch die Chronik zur Geschichte der Soziologie in Frankfurt im Anhang dieses Bandes.

sprechende Fortsetzung. Dies ist nicht zuletzt auf den Widerstand zurückzuführen, der sich nach dem Zweiten Weltkrieg innerhalb dieser Fakultät gegenüber vereinzelten Bestrebungen entfacht hatte, auch in dieser Fakultät neue soziologische Lehrstühle einzurichten. Zwar erhielt der Oppenheimer-Schüler und ehemalige Frankfurter Privatdozent Julius Kraft 1957 eine sogenannte „Wiedergutmachungsprofessur"; diese wurde aber nach dem Tod von Kraft im Jahr 1960 nicht wieder besetzt.[20] Erst in den sechziger Jahren wurden dann drei neue soziologische Ordinariate an der Frankfurter Wirtschafts- und Sozialwissenschaftlichen Fakultät eingerichtet, die Walter Rüegg (1961–1973) Friedrich Tenbruck (1963–1967), Thomas Luckmann (1965–1970) und schließlich Wolfgang Zapf als Nachfolger Friedrich Tenbrucks (1968–1972) innehatten. Es bleibt noch zu erwähnen, dass auch der Mannheim-Schüler Hans Gerth von 1971–1975 eine solche „Wiedergutmachungsprofessur" am neu gegründeten Fachbereich Gesellschaftswissenschaften wahrgenommen hatte, mit der zumindest für Gerth selbst allerdings sehr traumatische Erlebnisse verbunden gewesen sind.[21]

Nur aufgrund dieser im Vergleich zur Philosophischen Fakultät um ein Jahrzehnt verspäteten Wiedereinrichtung von soziologischen Lehrstühlen an der Wirtschafts- und Sozialwissenschaftlichen Fakultät wird verständlich, warum der erste soziologische Diplomstudiengang in Deutschland nicht an dieser, sondern an der Philosophischen Fakultät der Universität Frankfurt eingerichtet wurde, während der am 1. Juli 1956 an der Freien Universität eingeführte Diplomstudiengang für Soziologie dort von Anfang an sowohl von der Philosophischen Fakultät als auch der Wirtschafts- und Sozialwissenschaftlichen Fakultät mitgetragen worden ist.[22] Die sich daraus für die „Frankfurter Schule" ergebende charakteristische Verbindung von Philosophie und Soziologie innerhalb des von Horkheimer, Adorno und später auch Habermas verfolgten anspruchsvollen Programms einer Kritischen Theorie der Gesellschaft war letztlich der entscheidende Grund für die ungeheure Anziehungskraft, die damals die Frankfurter Philosophie und Soziologie weit über die Grenzen der Mainmetropole hinaus auf die akademische Jugend ausgeübt hatte.[23]

[20] Vgl. Bertram Schefold (Hrsg.), Wirtschafts- und Sozialwissenschaftler in Frankfurt am Main, a.a.O., S.673.
[21] Siehe hierzu Hans Gerth, „Wie im Märchenbuch: ganz allein ...", in: Mathias Greffrath (Hrsg.), Die Zerstörung einer Zukunft. Gespräche mit emigrierten Sozialwissenschaftlern, Neuausgabe Frankfurt am Main 1989, S.57–93; vgl. ferner Nobuko Gerth, „Between Two Worlds": Hans Gerth. Eine Biografie 1908–1978, Opladen 2002, S.253ff.
[22] Vgl. Joachim Matthes, Einführung in das Studium der Soziologie, Reinbek bei Hamburg 1973, S.252ff. und 299ff. In Frankfurt am Main gab es erst seit 1966 bis zur Gründung der Fachbereiche im Jahre 1971 eine gemeinsame Diplomprüfungsordnung der Philosophischen Fakultät und der Wirtschafts- und Sozialwissenschaftlichen Fakultät. Siehe hierzu auch die entsprechenden Dokumente im Anhang dieses Bandes.
[23] Lepsius sah in dieser Frankfurter Symbiose von Philosophie und Soziologie ein Relikt der Weimarer Zeit, das in die neue Bundesrepublik als Solitär hineinragte. Die Attraktivität der Frankfurter Schule,

In institutioneller Hinsicht ist aber noch ein weiterer Faktor von erheblicher Bedeutung: nämlich die Stellung der verschiedenen soziologischen Institute an der Universität Frankfurt. Das 1924 gegründete *Institut für Sozialforschung* ist die erste sozialwissenschaftliche Einrichtung dieser Art in der 1914 gegründeten Frankfurter Universität, die in diesem Zusammenhang genannt werden muss, auch wenn es ursprünglich kein soziologisches Institut im engeren Sinn, sondern ein sich dem Marxismus und der Arbeiterbewegung verpflichtet fühlendes Forschungsinstitut mit einer interdisziplinären Ausrichtung war. Seine soziologiegeschichtliche Bedeutung ist ihm bezeichnenderweise erst im U.S.-amerikanischen Exil und nach dem Zweiten Weltkrieg in der Bundesrepublik Deutschland allmählich zugekommen.[24] Ein besonderes Interesse verdient ferner das von Karl Mannheim gegründete *Seminar für Soziologie*, das im Zuge seiner Berufung nach Frankfurt eingerichtet wurde und das nach Mannheims Entlassung aus dem Frankfurter Hochschuldienst von 1933–1940 von Heinz Marr kommissarisch geleitet und im Juni 1941 offiziell geschlossen worden ist.[25]

Wer nun denkt, dass dieses „Seminar für Soziologie" nach dem Zweiten Weltkrieg wieder innerhalb der Wirtschafts- und Sozialwissenschaftlichen Fakultät der Universität Frankfurt seine wohlverdiente Heimstätte gefunden hätte, der irrt sich jedoch gewaltig. Denn der Name dieses Instituts taucht erstmals wieder im Sommersemester 1959 im Vorlesungsverzeichnis der Goethe-Universität auf – und zwar nicht im Lehrangebot der Wirtschafts- und Sozialwissenschaftlichen Fakultät, sondern im Lehrangebot der Philosophischen Fakultät bzw. genauer: im Lehrangebot des Instituts für Sozialforschung, das seitdem die von ihm durchgeführten soziologischen Lehrveranstaltungen bis zur Auflösung der Fakultäten sowohl unter

---

der wir die Renaissance des Marxismus in den 1960er Jahren mitverdanken, stellt insofern auch einen beeindruckenden Erfolg eines sich gegenüber der Restaurationsphase der 1950er Jahre allmählich etablierenden intellektuellen Kontrastprogramms dar, in dem sich die Generationskonflikte der damaligen Zeit wie in einem Brennglas gebündelt hatten. Vgl. M. Rainer Lepsius, Die Entwicklung der Soziologie nach dem zweiten Weltkrieg 1945 bis 1967, in: Günther Lüschen (Hrsg.), Deutsche Soziologie seit 1945. Entwicklungsrichtungen und Praxisbezug, Opladen 1979, S. 25–70 (hier S. 37). Diesbezüglich von einer „intellektuellen Gründung der Bundesrepublik" zu sprechen erscheint uns allerdings stark übertrieben zu sein, da mit einer solchen Betrachtungsweise der nicht minder beeindruckende Erfolg des Neokonservatismus in der Frühzeit der Bundesrepublik völlig unterschlagen wird. Oder gab es neben Horkheimer, Adorno, Habermas und anderen „Meisterdenkern" linker Provenienz etwa nicht Autoren wie Carl Schmitt, Ernst Forsthoff und Arnold Gehlen? Man ist zu dieser Zeit ja nicht nur nach Frankfurt, sondern z. B. auch nach Plettenberg gepilgert. Gegenteiliger Ansicht sind offensichtlich Clemens Albrecht u. a., Die intellektuelle Gründung der Bundesrepublik; a. a. O.; als wichtiges Korrektiv dieser doch sehr beschränkten Sichtweise siehe ferner Dirk van Laak, Gespräche an der Sicherheit des Schweigens. Carl Schmitt in der politischen Geistesgeschichte der frühen Bundesrepublik, Berlin 1993.
[24] Siehe hierzu auch das Interview, das wir mit Ludwig von Friedeburg geführt haben.
[25] Vgl. Carsten Klingemann, Sozialwissenschaften in Frankfurt während der NS-Zeit, a. a. O., S. 101–127 (hier S. 104 ff.).

den Rubriken *Soziologie* als auch *Soziologisches Seminar* ankündigte.[26] Spätestens zu diesem Zeitpunkt hatte also das Institut für Sozialforschung als „An-Institut" der dortigen Philosophischen Fakultät offiziell die Funktion eines Brückenkopfes der Ausbildung von Soziologinnen und Soziologen in Frankfurt übernommen. Dies war von Horkheimer seit seiner Rückkehr aus dem Exil durchaus gewollt, indem er das zögerliche Verhalten der Wirtschafts- und Sozialwissenschaftlichen Fakultät bezüglich der Neuetablierung der soziologischen Forschung und Lehre an der Universität Frankfurt erfolgreich genutzt hatte, um dem von ihm geleiteten Institut für Sozialforschung diesbezüglich in den 1950er Jahren ein Alleinstellungsmerkmal zu sichern. Es sollte in diesem Zusammenhang vielleicht noch erwähnt werden, dass von dem Frankfurter Ökonomen Hans Achinger von 1960–1961 kommissarisch die Leitung eines zu diesem Zeitpunkt an der Wirtschafts- und Sozialwissenschaftlichen Fakultät neu eingerichteten *Seminars für Gesellschaftslehre* übernommen worden ist, in dem seit der Berufung von Walter Rüegg, Friedrich Tenbruck, Thomas Luckmann und Wolfgang Zapf die dortige soziologische Forschung und Lehre ihren organisatorischen Niederschlag fand.[27]

Horkheimers von Anfang an angelegte Strategie, Karl Mannheim und die „bürgerliche" Variante der Frankfurter Soziologie zu beerben, ist also in jeder Hinsicht erfolgreich gewesen und hat sogar dazu geführt, dass die soziologische Tradition an der Wirtschafts- und Sozialwissenschaftlichen Fakultät der Goethe-Universität schließlich fast ganz dem Vergessen anheim gefallen ist. Erwähnt sei ferner, dass dieses besagte „Seminar für Soziologie", das bis zu seiner Integration in den 1971 gegründeten *Fachbereich Gesellschaftswissenschaften* der Philosophischen Fakultät zugeordnet war, im Rahmen der Berufung von Ludwig von Friedeburg auf einen an dieser Fakultät 1966 neu eingerichteten Lehrstuhl für Soziologie bis 1971 in einem heute vom Frankfurter *Sigmund-Freud-Institut* genutzten Gebäude in der Myliusstraße räumlich getrennt von der Forschungsabteilung des *Instituts für Sozialforschung* untergebracht wurde, das bis heute seinen seit dem Zweiten Weltkrieg angestammten Platz in der Senckenberganlage behalten hat.[28] Hier

---

[26] Den tieferen Sinn dieser Unterscheidung konnte uns leider auch Ludwig von Friedeburg nicht erklären. Fest steht jedoch, daß seit diesem Zeitpunkt das Institut für Sozialforschung nun auch offiziell die Funktion eines Soziologischen Seminars an der Universität Frankfurt wahrgenommen hatte.
[27] Normalerweise hätte es nahe gelegen, das entsprechende soziologische Institut an der Philosophischen Fakultät als „Seminar für Gesellschaftslehre" bzw. „Gesellschaftstheorie" zu bezeichnen und den Namen „Seminar für Soziologie" für das an der Wirtschafts- und Sozialwissenschaftlichen Fakultät beheimatete soziologische Institut zu verwenden. Mit der Gründung des Frankfurter Fachbereichs Gesellschaftswissenschaften sind dann diese Dinge wieder vom Kopf auf die Füße bzw. von den Füßen auf den Kopf gestellt worden.
[28] Dies ist auch der Grund, warum die von Hans-Jürgen Krahl angeführten Studentinnen und Studenten nach der polizeilich angeordneten Beendigung der Besetzung des *Seminars für Soziologie* in der Myliusstraße in Richtung Senckenberganlage abmarschiert sind, um am 31. Januar 1969 das Hauptgebäude des *Instituts für Sozialforschung* zu besetzen. Auch diese „friedliche" Besetzung

bahnte sich also bereits ein weiteres Schisma an, das die Stellung der Frankfurter Soziologie bis in die Gegenwart kennzeichnet: nämlich die Trennung der soziologischen Forschung von der Lehre, wobei sich das *Institut für Sozialforschung* in der Folgezeit schwerpunktmäßig auf die industriesoziologische Forschung konzentrierte, während der Frankfurter *Fachbereich Gesellschaftswissenschaften* bis heute das schwere Erbe der 1971 erfolgten Integration der Lehrerausbildung in sein Lehrangebot zu bewältigen hat.[29]

Welche Konsequenzen haben die Auflösung der Fakultäten und die Gründung der Fachbereiche an der Goethe Universität für die Frankfurter Soziologie gehabt? Zum einen ist offensichtlich, dass sie seit 1971 zumindest in institutioneller Hinsicht endgültig aus ihrer engen Verbindung mit der *Philosophie* und der *Nationalökonomie* herausgelöst worden ist. Auch zwischen dem Fachbereich Gesellschaftswissenschaften und dem Institut für Sozialforschung bestehen seitdem keine nennenswerten Verbindungen mehr.[30] Das Institut für Sozialforschung hat also im Gefolge der Hessischen Hochschulreform bereits Anfang der 1970er Jahre seine zentrale Rolle in der Lehre an den 1971 gegründeten Fachbereich Gesellschaftswissenschaften abgegeben. Ob dies zum Vorteil dieses Instituts und des davon nicht minder betroffenen Fachbereichs geraten ist, stellt eine interessante Frage dar, die im Rahmen dieser Einleitung allerdings nicht beantwortet werden kann. Immerhin sei soviel angedeutet, dass seit diesem Zeitpunkt die viel beschworene Einheit von Forschung und Lehre zumindest innerhalb der Frankfurter Soziologie keine Selbstverständlichkeit mehr darstellt, was personelle Ausnahmen im Einzelfall natürlich nicht ausschließt. Es

---

wurde von der Frankfurter Polizei „gewaltsam", d. h. rechtlich völlig legal beendet, wobei es bis heute eine gewisse Vielstimmigkeit darüber gibt, wer eigentlich diese polizeiliche Auflösung der Besetzung des Instituts für Sozialforschung angeordnet hatte. Vgl. Stefan Müller-Doohm, Adorno. Eine Biographie, Frankfurt am Main 2003, S. 705 f. Siehe diesbezüglich ferner die Interviews, die wir mit Walter Rüegg und Ludwig von Friedeburg geführt haben. Das entsprechende Gebäude in der Senckenberganlage wird ebenso wie das Gebäude in der Myliusstraße derzeit übrigens aufwendig restauriert, weshalb sowohl das *Institut für Sozialforschung* als auch das *Sigmund-Freud-Institut* vorübergehend im alten Hauptgebäude der Goethe-Universität auf dem in Auflösung befindlichen Campus Bockenheim untergebracht worden sind.

[29] Hinsichtlich der „grundwissenschaftlichen" Lehrerausbildung in Frankfurt, an der neben der Soziologie und der Politikwissenschaft auch die Psychologie und die Erziehungswissenschaften jeweils zu 25 % beteiligt sind, mehren sich derzeit allerdings die Zeichen, dass diesbezüglich erneut grundlegende Reformen welcher Art auch immer bzw. eine „Reform der Reform" zu erwarten sind.

[30] Zwar existierten wie im Fall von Wilhelm Schumm, Gerhard Brandt und Ludwig von Friedeburg, der bis heute im Vorlesungsverzeichnis der Goethe-Universität als Honorarprofessor des Fachbereichs Gesellschaftswissenschaften aufgeführt wird, noch eine Reihe von Doppelmitgliedschaften in beiden Einrichtungen, die aber das allmähliche Auseinanderdriften zwischen dem Institut für Sozialforschung und dem Fachbereich Gesellschaftswissenschaften nicht zu verhindern vermochten. Ob dies das letzte Wort in dieser Angelegenheit darstellt, bleibt noch abzuwarten. Vgl. hierzu auch den Schluss des Interviews, das wir mit Herrn von Friedeburg geführt haben.

geht hier nämlich ausschließlich um die strukturellen Rahmenbedingungen, die bis heute die Entwicklung der Soziologie in Frankfurt prägen.

Aus welchen akademischen Einrichtungen kamen eigentlich die seit 1971 am Frankfurter Fachbereich Gesellschaftswissenschaften arbeitenden Soziologinnen und Soziologen? Von der Wirtschafts- und Sozialwissenschaftlichen Fakultät kamen Walter Rüegg und Wolfgang Zapf sowie deren Team, da Thomas Luckmann bereits 1970 einen Ruf an die neu gegründete Universität Konstanz angenommen hatte und alle seine Mitarbeiter dorthin mitnahm.[31] Von der Philosophischen Fakultät kam als Nachfolger von Adorno ferner der Münsteraner Soziologe Horst Baier, der dort seit Adornos Tod dessen Lehrstuhl vertreten hatte, während Jürgen Habermas unmittelbar vor Aufnahme des Lehrbetriebs an dem neu gegründeten Fachbereich Philosophie Frankfurt fluchtartig in Richtung Starnberg verließ, wo er bis Anfang der 1980er Jahre zusammen mit Carl Friedrich von Weizsäcker die Leitung des Starnberger *Max-Planck-Instituts zur Erforschung der Lebensbedingungen der wissenschaftlich-technischen Welt* wahrgenommen hatte. Einige Soziologen wie Jürgen Ritsert und Wilhelm Schumm kamen vom *Seminar für Soziologie* des Instituts für Sozialforschung, während andere wie Joachim Hirsch und Kurt Shell vormals an der *Abteilung für Erziehungswissenschaften* (AfE) arbeiteten, die bis zum Zeitpunkt der Gründung der Fachbereiche innerhalb der Goethe-Universität die Funktion einer Pädagogischen Hochschule bzw. erziehungswissenschaftlichen Fakultät wahrgenommen hatte. Aufgrund dieser Rekrutierung des Personals des neu gegründeten Fachbereichs Gesellschaftswissenschaften waren die nicht zu übersehende Linkslastigkeit und die sich daraus ergebenden Auseinandersetzungen sowie die „innere Emigration" der Vertreter einer stärker disziplinär orientierten Ausrichtung der Frankfurter Soziologie innerhalb dieses Fachbereichs von Anfang an vorprogrammiert.[32] Entscheidend für die weitere Entwicklung der Frankfurter Soziologie blieb dabei ein diffuses Verständnis von „Gesellschaftswissenschaft" bzw. „Gesellschaftstheorie", das bis heute die Etablierung der Soziologie als eigenständige akademische Disziplin an der Goethe-Universität erfolgreich verhindert hat.[33]

Bemerkenswert ist ferner die Kontinuität innerhalb der Tradition externer Einmischungen in laufende Berufungsverfahren. Im Fall von Franz Oppenheimer, der vom Stifter seines Lehrstuhls favorisiert wurde, hatte die Wirtschafts- und Sozialwissenschaftliche Fakultät Paul Barth bevorzugt. Das Ministerium ist jedoch

---

[31] Vgl. in diesem Band das Interview, das wir mit Luckmann geführt haben.

[32] Dies ist der Tenor, der sich durch die meisten Interviews zieht, die wir im Rahmen dieses Lehrforschungsprojektes geführt haben.

[33] Daran war übrigens die große Mehrheit der an diesem Fachbereich lehrenden Soziologinnen und Soziologen nicht ganz unbeteiligt. Von den diesbezüglich zu befürchtenden Folgen sind allerdings nur die derzeit noch nicht in den Ruhestand Versetzten betroffen, was Anlass dazu gibt, erneut über das bereits von Max Weber betonte dialektische Verhältnis zwischen *Gesinnungs-* und *Verantwortungsethik* nachzudenken.

dem Wunsch des Stifters dieser Professur gefolgt. Auch Paul Tillich wurde als
Nachfolger von Hans Cornelius von der Philosophischen Fakultät zunächst abgelehnt. Die Fakultät schlug statt dessen folgende Listen vor, die jedoch beide nicht
zum Zug kamen: (a) 1. Martin Heidegger; 2. Karl Jaspers; 3. Max Wertheimer;
(b) 1. Nikolai Hartmann; 2. Alfred Bäumler; 3. Erich Rothacker. Das Ministerium
berief jedoch Tillich auf diese Professur, der sich schon sehr bald allseitiger Beliebtheit in Frankfurt erfreute. Bezüglich der Oppenheimer-Nachfolge schlug die
Wirtschafts- und Sozialwissenschaftliche Fakultät zunächst folgende Liste vor:
1. Hans Kelsen; 2. Carl Schmitt; 3. Leopold von Wiese. Erst nach der Weigerung
des Ministeriums, diesen Listenvorschlag anzunehmen, schlug die Fakultät
dann folgende Berufungsliste vor: 1. Karl Mannheim; 2. Gottfried Salomon und
Hans-Lorenz Stoltenberg (pari passu); 3. Paul Honigsheim. Tatsächlich wurde
Mannheim vom Ministerium zum Oppenheimer-Nachfolger ernannt. Auch im
Rahmen der Berufung von Friedrich Tenbruck auf den an der Wirtschafts- und
Sozialwissenschaftlichen Fakultät nach dem Zweiten Weltkrieg neu geschaffenen
zweiten soziologischen Lehrstuhl gab es entsprechende Querelen. In diesem Fall
war es Adorno, der sich als assoziiertes Mitglied der Berufungskommission gegen
die Berufung Tenbrucks massiv zur Wehr setzte, mit seinem Widerspruch jedoch
gescheitert ist.[34] Überregionales Aufsehen erregte ferner die gescheiterte Berufung
von Golo Mann auf den an der Wirtschafts- und Sozialwissenschaftlichen Fakultät
neu eingerichteten zweiten Lehrstuhl für Politische Wissenschaft. Diese Berufung
wurde von dem damals amtierenden Rektor der Goethe-Universität Max Horkheimer höchst persönlich hintertrieben. Profiteur dieser Intervention von außen in die
inneren Angelegenheiten dieser Fakultät war Iring Fetscher, der 1962 als Zweit-
plazierter berufen worden ist und sich ebenfalls sehr bald allgemeiner Beliebtheit
in Frankfurt und Umgebung erfreute, woraus man lernen kann, dass nicht alles
schlecht sein muss, was einem zunächst gegen den Strich geht.[35]

Ein weiteres Thema, das in diesem Zusammenhang berücksichtigt werden muss,
sind die verschiedenen soziologischen Gast- und Wiedergutmachungsprofessuren,
die nach dem Zweiten Weltkrieg an der Wirtschafts- und Sozialwissenschaftlichen
Fakultät sowie am Fachbereich Gesellschaftswissenschaften eingerichtet worden
sind. So war beispielsweise der Oppenheimer-Schüler Gottfried Salomon-Delatour
nach seiner Rückkehr aus dem Exil seit 1954 in Frankfurt als Gastprofessor tätig.
Seit 1958/59 nahm er dort eine Honorarprofessur wahr, die an der Wirtschafts- und

---

[34] Siehe die entsprechenden Dokumente im Anhang dieses Bandes.
[35] Vgl. Tilmann Lahme, „War so ein Mensch als Kollege wünschbar?", in: Frankfurter Allgemeine Zeitung, 28. März 2009, Beilage „Bilder und Zeiten", S. Z 1; ferner Jens Malte Fischer, „Golo
Mann, Adorno und Horkheimer", in: Frankfurter Allgemeine Zeitung, 2. April 2009, S. 34. Siehe
hierzu ferner die autobiographischen Erinnerungen von Iring Fetscher, Politikwissenschaftler an der
Wirtschafts- und Sozialwissenschaftlichen Fakultät, in: Bertram Schefold (Hrsg.), Wirtschafts- und
Sozialwissenschaftler in Frankfurt am Main, a. a. O., S. 220–233.

Sozialwissenschaftlichen Fakultät angesiedelt gewesen ist. Seine Lehrtätigkeit übte
Salomon auf Wunsch dieser Fakultät jedoch an der Philosophischen Fakultät aus,
wobei es Horkheimer und Adorno zugemutet wurde, im Einzelfall höchstpersönlich
über Salomons Geeignetheit bezüglich der damit verbundenen Prüfungstätigkeit
zu entscheiden.[36] Auch der Oppenheimer-Schüler Walter Sulzbach nahm seit 1956
eine Honorarprofessur an der Wirtschafts- und Sozialwissenschaftlichen Fakultät
wahr. Julius Kraft erhielt 1957 eine Wiedergutmachungsprofessur, die nach seinem
Tod jedoch nicht wieder besetzt worden ist.[37] Der Mannheim-Schüler Hans Gerth
nahm in den 1950er Jahren verschiedene Lehraufträge und Gastprofessuren an der
Wirtschafts- und Sozialwissenschaftlichen Fakultät wahr. Aufgrund einer Initiative des amtierenden hessischen Kultusministers Ludwig von Friedeburg erhielt
Gerth ferner 1971 eine Professur für Soziologie am neu gegründeten Fachbereich
Gesellschaftswissenschaften, die er aus gesundheitlichen Gründen jedoch nur bis
1975 wahrnehmen konnte. Gerth verstarb 1978 in einem Taunusort in der Nähe von
Frankfurt. Demgegenüber wurde Norbert Elias offensichtlich nie eine solche Wiedergutmachungsprofessur in Frankfurt angeboten. Immerhin wird Elias zusammen
mit Hans Gerth seit 1976 im Vorlesungsverzeichnis der Universität Frankfurt als
emeritierter Professor des Fachbereichs Gesellschafswissenschaften aufgeführt.
Im Sommersemester 1977 und Wintersemester 1977/78 nahm er an diesem Fachbereich im Rahmen der Verleihung des Theodor W. Adorno-Preises an ihn ferner
eine zweisemestrige Gastprofessur wahr, in der er eine Vorlesung über Soziologie,
Marxismus und Psychoanalyse mit einem entsprechenden Kolloquium durchführte.[38]

Auch der Einführung des ersten deutschen Diplomstudiengangs an der Philosophischen Fakultät der Goethe-Universität kommt eine erhebliche Bedeutung für
die Entwicklung der Soziologie in Frankfurt zu. Anfang der 1950er Jahre wurde
in der Wirtschafts- und Sozialwissenschaftlichen Fakultät die Einrichtung eines
Diplomsozialwirt-Studiengangs mit sozialwissenschaftlicher Ausrichtung diskutiert
und letztlich verworfen. Die Einführung eines entsprechenden Diplomstudiengangs wurde dagegen nie ernsthaft in Erwägung gezogen. In beiden Fällen spielte
die Angst, dass bei solchen Studiengängen Professoren aus der Philosophischen
Fakultät erheblichen Einfluss haben würden und die inhaltliche Ausrichtung dieser

---

[36] Tatsächlich hatte sich Adorno vehement dafür eingesetzt, dass Salomon nach dem Zweiten Weltkrieg
an der Universität Frankfurt wieder Fuß fassen konnte. Vgl. Christoph Henning, „Der übernationale
Gedanke der geistigen Einheit". Gottfried Salomon (-Delatour), der vergessene Soziologe der Verständigung, in: Amalia Barboza/Christoph Henning (Hrsg.), Deutsch-jüdische Wissenschaftsschicksale.
Studien über Identitätskonstruktionen in der Sozialwissenschaft, Bielefeld 2006, S. 48–100 (hier
S. 94 f.); siehe ferner den Beitrag von Timo Wagner in diesem Band.
[37] Vgl. Bertram Schefold (Hrsg.), Wirtschafts- und Sozialwissenschaftler in Frankfurt am Main,
a. a. O., S. 673.
[38] Vgl. Radostina Ilieva, Norbert Elias an der Johann Wolfgang Goethe Universität Frankfurt, Diplomarbeit am Fachbereich Gesellschaftswissenschaften, Universität Frankfurt 2009, S. 56 ff.

Studiengänge sowie die Prüfungsmodalitäten bestimmen könnten, eine erhebliche Rolle. Aufgrund einer entsprechenden Initiative der *Deutschen Gesellschaft für Soziologie* wurde dann Adorno mit der Einrichtung eines Diplomstudiengangs für Soziologie an der Philosophischen Fakultät betraut, der im Wintersemester 1954/55 in Kraft trat. Es war der erste seiner Art in Deutschland.[39] An der Freien Universität Berlin wurde 1956 der zweite soziologische Diplomstudiengang in Deutschland eingeführt. Im Unterschied zu Frankfurt war dieser jedoch von Anfang an sowohl an der Philosophischen Fakultät *als auch* an der WiSo-Fakultät beheimatet.[40] Erst 1966 wurde in Frankfurt eine gemeinsame soziologische Diplomprüfungsordnung zwischen der Philosophischen und der Wirtschafts- und Sozialwissenschaftlichen Fakultät vereinbart, die bis zur Gründung der Fachbereiche im Jahr 1971 Bestand hatte. 1989 trat am Fachbereich Gesellschaftswissenschaften dann eine neue Diplomstudien- und Diplomprüfungsordnung für Sozialwissenschaften in Kraft, an der erstmals auch die *Politikwissenschaft* beteiligt war, die vormals nur als Magisterfach studiert werden konnte. Damit wurde die *Soziologie* zu einem zweiten Fach innerhalb eines integrativen *sozialwissenschaftlichen Diplomstudiengangs* degradiert.[41] Die Einführung der neuen *BA-* und *MA-Studiengänge* für Politikwissenschaft und Soziologie hat inzwischen zu einer nicht mehr zu übersehenden Verselbständigung dieser beiden Disziplinen geführt, bei der unter anderem auch der grundlegende Widerspruch zwischen einer sich als Erfahrungswissenschaft verstehenden und insofern prinzipiell „wertfreien" bzw. wertneutralen Soziologie einerseits und einer an den normativen Prämissen der klassischen Demokratietheorie orientierten sowie an der diskursiven bzw. „narrativen" Begründung von Gerechtigkeitsvorstellungen arbeitenden Politikwissenschaft andererseits eine zentrale Rolle spielt.[42]

Dies führt uns zum letzten Punkt, der für ein besseres Verständnis der Entwicklung der Frankfurter Soziologie von besonderer Bedeutung geworden ist: nämlich das Verhältnis zwischen der *Politikwissenschaft* und der *Soziologie* an der Goethe-Universität. Zunächst bleibt festzuhalten, dass es an der Wirtschafts- und Sozialwissenschaftlichen Fakultät neben den drei soziologischen Ordinarien, zu

---

[39] Vgl. M. Rainer Lepsius, Die Entwicklung der Soziologie nach dem Zweiten Weltkrieg 1945–1967, a.a.O., S.45 ff.; siehe hierzu ferner im Anhang dieses Bandes die von Felicia Herrschaft erstellte Dokumentation zur Einführung des Frankfurter Diplomstudiengangs für Soziologie.

[40] Vgl. Hans-Joachim Lieber, Der Diplomsoziologe und das Berufsbild des deutschen Soziologen, in: Günther Lüschen (Hrsg.), Deutsche Soziologie seit 1945, a.a.O., S.257–263.

[41] Ulrich Oevermann vertrat in dem Interview, das wir mit ihm geführt haben, den Standpunkt, dass dies der eigentliche Sündenfall gewesen sei, der zunehmend zur Bedeutungslosigkeit der Soziologie in Frankfurt geführt habe.

[42] Diese Entwicklung ist von Heinz Steinert bereits 1997 in sibyllinischer Art und Weise angedeutet worden. In seinem diesbezüglichen Bericht wird allerdings nicht ganz klar, von wem diese disziplinären Bestrebungen damals eigentlich ausgegangen sind. Vgl. Heinz Steinert, Soziologie vor Ort: Frankfurt am Main, in: Soziologie. Mitteilungsblatt der Deutschen Gesellschaft für Soziologie, Heft 3 (1997), S.64–67.

denen sich drei weitere philosophisch-soziologische Lehrstühle an der Philosophischen Fakultät hinzugesellten, bis zur Auflösung der Fakultäten und Gründung
der Fachbereiche nur zwei ordentliche Professuren für Politikwissenschaft gab,
die viele Jahre lang von Carlo Schmid und Iring Fetscher wahrgenommen wurden.
Zeitgleich mit der Gründung des Fachbereichs Gesellschaftswissenschaften wurde durch Betreiben des Schmid-Nachfolgers Otto Czempiel 1971 das *Hessische
Institut für Friedens- und Konfliktforschung* eingerichtet, das bis heute eine zentrale
Rolle für die im Bereich der Internationalen Beziehungen stattfindende politik-
wissenschaftliche Forschung an der Goethe-Universität spielt.[43] Seitdem wurde
am Fachbereich Gesellschaftswissenschaften dieser Arbeitsbereich zusammen mit
dem Arbeitsbereich Politische Philosophie und Demokratieforschung auf Kosten
anderer Arbeitsgebiete ständig weiter ausgebaut.

Diese Entwicklung hat allmählich zu einer zunehmenden disziplinären und
organisatorischen Desintegration der Politikwissenschaft und Soziologie in Frankfurt geführt, die unter anderem auch durch die Gründung eines eigenständigen
Instituts für Politikwissenschaft, die damit verbundenen Umwidmungen zahlreicher
Professuren sowie die Einführung von rein politikwissenschaftlichen Bachelor-
und Masterstudiengängen am Fachbereich Gesellschaftswissenschaften zusätzlich
Nahrung gefunden hat.[44] Diese inzwischen ihrerseits als „Frankfurter Schule" be-

---

[43] Vgl. Iring Fetscher, Von der Universaldisziplin bis zur Arbeitsteilung. Politikwissenschaft in
Frankfurt, in: Wolfgang Glatzer (Hrsg.), Ansichten der Gesellschaft, a. a. O., S. 28–37; ferner Herfried
Münkler, Von der Praxisnähe zur Praxisferne und wieder zurück: Politikwissenschaft in Frankfurt,
in: Heinz Steinert (Hrsg.), Die (mindestens) zwei Sozialwissenschaften in Frankfurt und ihre Geschichte, a. a. O., S. 175–193.

[44] Bereits in der 1971 aufgelösten Wirtschafts- und Sozialwissenschaftlichen Fakultät existierte
ein „Institut für Wissenschaftliche Politik", dem die beiden politikwissenschaftlichen Lehrstühle
zugeordnet waren. Im Vorlesungsverzeichnis der Goethe-Universität werden bezüglich des neu
gegründeten Fachbereichs Gesellschaftswissenschaften seit 1971 für eine gewisse Zeit zwar noch
verschiedene eigenständige „Seminare" (z. B. das für „Gesellschaftslehre") sowie ein „Institut für
Politikwissenschaft" als Organisationseinheiten aufgeführt, denen offensichtlich die einzelnen Professuren sowie deren Mitarbeiter zugeordnet waren. Das Lehrangebot dieses Fachbereichs war jedoch
von Anfang gemäß anderen Prinzipien untergliedert, welche die spätere Binnendifferenzierung dieses
Fachbereichs in sogenannte „Wissenschaftliche Betriebseinheiten" vorwegnahmen. Im SS 1973 war
das entsprechenden Lehrangebot folgendermaßen untergliedert: 1. Produktion und Sozialstruktur;
2. Institutionen und Soziale Bewegungen; 3. Sozialisation – Sozialpsychologie; 4. Internationale
Beziehungen; 5. Methodologie, Theorie der Sozialwissenschaft und Kultur; 6. Didaktik der Sozialwissenschaften; 7. Sonstige. Letzterer Rubrik waren die Lehrveranstaltungen von Walter Rüegg
und Horst Baier zugeordnet, die sich dieser sich anbahnenden Untergliederung des Fachbereichs in
diverse Betriebseinheiten offensichtlich erfolgreich entzogen haben (vgl. http://publikationen.ub.uni-
frankfurt.de/volltexte/2004/2001972/). 1999 existierten am Fachbereich Gesellschaftswissenschaften
noch folgende Betriebseinheiten: 1. Institut für Gesellschafts- und Politikanalyse; 2. Institut für
Vergleichende Politikwissenschaft und Internationale Beziehungen; 3. Institut für Sozialisation und
Sozialpsychologie sowie 4. Institut für Methodologie. Die letzteren beiden Institute sind inzwischen
unter dem Namen „Institut für Grundlagen der Gesellschaftswissenschaften" zusammengefaßt

zeichnete Konzentration der politikwissenschaftlichen Forschung in Frankfurt auf den Bereich der Internationalen Beziehungen, der philosophischen Begründung von Gerechtigkeitsvorstellungen sowie die normative Demokratietheorie angelsächsischer Provenienz sollte jedoch nicht darüber hinwegtäuschen, dass man diesbezüglich heute allenfalls von einer sich allmählich herausbildenden „Frankfurter Schule der Politikwissenschaft" sprechen kann. Diese hat jedoch weder mit der älteren Richtung der „Kritischen Theorie" noch mit der sogenannten „Frankfurter Schule der Soziologie" der 1950er und 1960er Jahre irgendwelche Berührungspunkte. Denn das Alleinstellungsmerkmal der Kritischen Theorie Frankfurter Provenienz war nun einmal ein historisch einmaliges linkshegelianisches Bündnis von *Philosophie und Soziologie*, das inzwischen definitiv der Vergangenheit angehört.[45]

* * * * * * * *

In dem von uns geleiteten Lehrforschungsprojekt haben auch eine Reihe wissenschaftlicher Mitarbeiter als Betreuer mitgewirkt, die in diesem Band mit eigenen

---

worden, während die ersten beiden Institute bis heute (noch) existieren. Der Name des derzeitigen Instituts II des Fachbereichs lautet nun „Institut für Politikwissenschaft". Siehe hierzu Wolfgang Glatzer (Hrsg.), Ansichten der Gesellschaft, a. a. O., S. 413 f.; ferner die Selbstdarstellung des Fachbereichs Gesellschaftswissenschaften unter http://www.gesellschaftswissenschaften.uni-frankfurt.de/ (Zugriff vom 31.12.2009).

[45] Bezeichnenderweise hat Jürgen Habermas auf eine entsprechende Nachfrage von uns sein damaliges Engagement innerhalb der Soziologie auf die „Kontingenzen einer akademischen Lebensgeschichte" zurückgeführt und uns bezüglich der an ihn in diesem Zusammenhang gestellten Frage mitgeteilt, dass „zuviel Sinnhuberei" ohnehin in die „Irre" führe. Die entsprechende Frage lautete: „Würden Sie Ihre zunehmende Abwendung von der Soziologie tatsächlich primär auf den Umstand zurückführen, dass Sie nach Ihrer Rückkehr von Starnberg ausschließlich an einem rein philosophischen Institut in Frankfurt tätig waren? Oder gibt es dafür auch noch andere Gründe? Wir denken dabei zum Beispiel an Ihre diesbezügliche Aussage im Rahmen Ihres Beitrages zur Ringvorlesung ‚Wissenschaftsgeschichte seit 1900', die im Wintersemester 1989/90 an der Universität Frankfurt stattfand und in der Sie die Meinung vertreten haben, dass Sie sich die Weiterentwicklung einer kritischen Theorie der Gesellschaft inzwischen auch außerhalb des Fachs Soziologie vorstellen können (vgl. ‚Wissenschaftsgeschichte seit 1900', Frankfurt am Main 1992, S. 51 ff.). Und wenn ja, in welchen Disziplinen könnte dies angesichts der ‚gegenwärtig etwas chaotischen Gemengelage' (ebd., S. 53) heute der Fall sein?" Ob es dem Institut für Sozialforschung unter der Leitung von Axel Honneth dereinst gelingen wird, diese Alliance wiederzubeleben, bleibt noch abzuwarten. Die oft als „vierte Generation" der Kritischen Theorie bezeichneten Frankfurter Philosophen, Politikwissenschaftler und Juristen sollten demgegenüber korrekterweise als Mitglieder einer Schulbildung angesehen werden, die erst durch Habermas' Abwendung von der Soziologie sowie seine spätere Hinwendung zu primär rechts- und moralphilosophische Fragestellungen möglich geworden ist. Siehe hierzu Klaus Günther/Rainer Forst, Diskursive Ordnungen. Über die Dynamik normativer Konflikte – Habermas' Philosophie in der aktuellen Forschung, in: Forschung Frankfurt, 27. Jahrgang, Heft 2, Goethe-Universität Frankfurt, S. 23–27 (hier S. 27).

schriftlichen Beiträgen vertreten sind.[46] Ferner haben wir in diesem Band Aufsätze mitaufgenommen, die zum einen aus den einzelnen studentischen Abschlussberichten hervorgegangen sind und die uns zum anderen von David Kettler und Stefan Müller-Doohm für den Abdruck zur Verfügung gestellt wurden. Im letzteren Fall handelt es sich dabei um deutschsprachige Erstveröffentlichungen von Aufsätzen, die bereits in englischer Sprache erschienen sind. David Kettler hat seinen Beitrag gegenüber dem englischsprachigen Original dankenswerterweise völlig neu überarbeitet und auch um wichtige Punkte erweitert. Die biographische Qualität und Authentizität dieses Beitrages hat uns dazu veranlasst, ihn nicht im Aufsatzteil dieses Bandes, sondern im Interviewteil mit aufzunehmen, wobei wir in den „Verhandlungen" mit David Kettler die Erfahrung gemacht haben, wie schwer es ist, Authentizität im Transfer von einem sprachlichen Universum in ein anderes zu bewahren. Dafür, dass er uns hierbei in einer sehr charmanten und kollegialen Art und Weise weitergeholfen hat, ohne in diesem Zusammenhang die Contenance zu verlieren, sind wir ihm sehr zu Dank verpflichtet.

Angesichts der Tatsache, dass in Frankfurt immer schon (mindestens) zwei verschiedene Richtungen der Sozialwissenschaften existiert haben, entschieden wir uns von Anfang an bewusst für eine Schwerpunktsetzung zugunsten jener Soziologen, die an der Wirtschafts- und Sozialwissenschaftlichen Fakultät gewirkt haben. Denn sowohl die Geschichte des Frankfurter Instituts für Sozialforschung als auch die mit ihr verbundenen Anfänge und Entwicklung der „Kritischen Theorie" sind bereits hinlänglich erforscht und dargestellt worden, während die Soziologen der Wirtschafts- und Sozialwissenschaftlichen Fakultät in diesem Zusammenhang bisher immer nur punktuell berücksichtigt worden sind. Dies darauf zurückzuführen, dass sie keine „Schule" gebildet haben, ist ein zweischneidiges Schwert. Denn auch die Unterstellung der Existenz einer „Frankfurter Schule der Soziologie" ist mit guten Gründen immer wieder in Frage gestellt worden. Offensichtlich handelt es sich wie so oft auch in diesem Fall um die „Erfindung einer Tradition", die mit den objektiven Tatbeständen nicht so recht im Einklang steht.[47]

---

[46] Es handelt sich hierbei um die Beiträge von Fehmi Akalin, Amalia Barboza, Thorsten Benkel und Claudius Härpfer. Zeitweilig war auch Aurelian Berlan in diesem Lehrforschungsprojekt als akademischer Betreuer tätig, aus dem bisher eine Magisterarbeit und zwei Diplomarbeiten hervorgegangen sind.
[47] Siehe hierzu auch das Interview, das wir mit Herbert Schnädelbach geführt haben. Generell sollte man mit dem Ausdruck „Frankfurter Schule" in Zukunft doch etwas sorgfältiger umgehen. Denn es gibt unter anderem ja auch in der Betriebswirtschaftslehre und der sozialwissenschaftlichen Statistik eine „Frankfurter Schule". Vgl. Helmut Koch, Die Frankfurter Schule der Betriebswirtschaftslehre, in: Bertram Schefold (Hrsg.), Wirtschafts- und Sozialwissenschaftler in Frankfurt am Main, a. a. O., S. 143–145; ferner Heinz Grohmann, Die Frankfurter Schule der sozialwissenschaftlichen Statistik und der Sonderforschungsbereich 3, ebd., S. 266–278. Zur Problematik der Anwendung des Begriffs „Schule" im Bereich der Wissenschaft hat übrigens kein Geringerer als Oskar Morgenstern bereits vor vielen Jahren das Nötigste gesagt. Vgl. ders., Bemerkungen über die Problematik der amerikanischen

Wir haben in diesen Band deshalb bewusst vor allem Aufsätze mit aufgenommen, die dieser verschütteten soziologischen Tradition an der Frankfurter Wirt-
schafts- und Sozialwissenschaftlichen Fakultät auf die Spur zu kommen versuchen.
Dennoch kommen in den Beiträgen von Felicia Herrschaft und Kai Müller auch
fakultätsübergreifende Fragestellungen zur Geltung, während der Aufsatz von
Stefan Müller-Doohm ohnehin ausschließlich die an der Philosophischen Fakultät
beheimatete Frankfurter Tradition der Gesellschaftskritik zum Gegenstand hat,
um diese im Rahmen dieses Bandes nicht ganz zu vernachlässigen. Die einzelnen
Aufsätze in diesem Band sind dabei chronologisch geordnet, um den historischen
Verlauf der Institutionalisierung der Soziologie in Frankfurt zu verdeutlichen.

Claudius Härpfer geht in seinem Beitrag auf das sozialwissenschaftliche Milieu in
Frankfurt vor der Gründung der Universität im Jahr 1914 ein und beschreibt das
Wirken der Frankfurter Frauenrechtlerin Henriette Fürth, die unter anderem die
Lebensverhältnisse von Arbeiterinnen in der Herrenschneiderei untersucht hatte
und dabei vom Institut für Gemeinwohl finanziell unterstützt worden ist. Sie nahm
im Oktober 1910 am Ersten Kongress der Deutschen Gesellschaft für Soziologie
in Frankfurt teil. Ob Henriette Fürth das erste weibliche Mitglied dieser soziologischen Fachgesellschaft war, lässt sich heute nicht mehr nachweisen. Nach dem
Ersten Weltkrieg wandte sie sich mehr und mehr der Frauenfrage sowie Themen
wie Geburtenprobleme und Rassenhygiene zu. Ferner war sie ab 1919 als SPD-
Stadtverordnete im Großen Rat der Goethe-Universität Frankfurt tätig.

Wie es zur Einrichtung des ersten Lehrstuhls für Soziologie an der Universität
Frankfurt kam, verdeutlichen *Patrick Taube* und *Klaus Lichtblau* in ihrem Beitrag
anhand des Wirkens des Frankfurter Kaufmann und Konsul Karl Kotzenberg, der
diesen Lehrstuhl 1918 gestiftet hatte, um für die noch junge Universität Frankfurt
ein akademisches Aushängeschild zu schaffen und damit die wissenschaftliche
Bedeutung der Stadt Frankfurt hervorzuheben. Die für die Besetzung dieses Stiftungslehrstuhls ins Gespräch gebrachten Soziologen waren Paul Barth, Othmar
Spann und Franz Oppenheimer, der aufgrund des ausdrücklichen Wunsches des
Stifters schließlich auf diesen Lehrstuhl berufen wurde. Oppenheimer nahm auf
eigenen Wunsch mit Unterstützung des hierfür zuständigen preußischen Minis-
teriums und gegen den Willen der Wirtschafts- und Sozialwissenschaftlichen
Fakultät von 1919–1929 einen Lehrauftrag für „Soziologie *und* Theoretische
Nationalökonomie" wahr.

Institutionalisten, in: Saggi di Storia e Teoria Economica. Gedenkschrift für Giuseppe Prato, Turin
1920–1931, S. 333–350 (hier S. 334).

Timo Wagner verdeutlicht in seinem Beitrag die Bedeutung des Frankfurter Sozio-
logen Gottfried Salomon-Delatour, der sich 1921 bei Oppenheimer in Frankfurt
habilitiert hatte und seitdem bis zur Pensionierung Oppenheimers dessen persönlicher Assistent war. Salomon-Delatour erwarb 1916 in Straßburg bei Georg
Simmel seinen Doktorgrad mit einer Arbeit über die mittelalterliche Mystik.
Anschließend trat er unter anderem als Übersetzer der Schriften von Proudhon,
Saint-Simon und Lorenz von Stein hervor. Die Herausgabe der *Jahrbücher für
Soziologie*, von denen im Zeitraum 1925–1927 insgesamt drei Bände erschienen
sind, zählte dann zusammen mit den Davoser Hochschulkursen, die er ins Leben
rief, zu seinem wichtigsten und einflussreichsten Projekt. Als Karl Mannheim
1929 als Nachfolger Oppenheimers berufen wurde, kam es aus unterschiedlichen
Gründen, die in dem Beitrag diskutiert werden, zu keiner engeren Zusammenarbeit zwischen ihnen, obwohl Salomon-Delatour offiziell Mannheims Assistent
war. Salomon-Delatour konzentrierte sich in der Folgezeit verstärkt um den
deutsch-französischen Kulturaustausch, was sich in den von ihm organisierten
Hochschulkursen niederschlug. 1933 musste er Deutschland verlassen, was seine
wissenschaftliche Kariere erschwerte. Dennoch gelang es Salomon-Delatour,
mehrere Professuren in den USA wahrzunehmen. Nach dem Zweiten Weltkrieg
kehrte er wieder nach Frankfurt zurück, um dort bis zu seinem Tod im Rahmen
einer Wiedergutmachungsmaßnahme als Hochschullehrer zu wirken.

Victoria Wendt geht in ihrem Beitrag auf Siegfried Kracauers Rolle in der Weimarer
Zeit Unter anderem beschreibt sie Kracauers Tätigkeit als Redakteur der *Frankfurter Zeitung*, in deren Rahmen er durch seine publizistische Tätigkeit in der
gesamten Republik Aufmerksamkeit fand. In welchem Ausmaß Kracauer sowohl
Theodor Wiesengrund-Adorno als auch Leo Löwenthal in ihrer intellektuellen
Entwicklung prägte, zeigt *Wendt* anhand des 2008 veröffentlichten Briefwechsels
zwischen Adorno und Kracauer und der engen Freundschaftsbeziehung zwischen
beiden auf, die für die weitere Entwicklung Adornos prägend war. Kracauer war
es auch, der 1929 als Redakteur der *Frankfurter Zeitung* über die Berufung von
Karl Mannheim nach Frankfurt verkündete.

Jens Koolwaay stellt in seinem Aufsatz „Zwischen Profession und Experiment.
Karl Mannheim in Frankfurt" die Spannung zwischen einer neuen professionellen Ausrichtung der Soziologie und Mannheims Versuch dar, anhand gegebener
gesellschaftlicher Situationen ein experimentelles Verfahren der wissenssoziologischen Analyse zu entwickeln. Er behandelt ausführlich die durch die *Deutsche
Gesellschaft für Soziologie* unterstützte Institutionalisierung der Soziologie in
der Weimarer Republik und zeigt auf, welche Rolle Karl Mannheim in diesem
Zusammenhang gespielt hatte, der als einer der ersten die drohende „Verfach-
hochschulung" der Soziologie als Gefahr für deren weitere Entwicklung sah und

deshalb am 28. Februar 1932 bei einer Tagung „reichsdeutscher Hochschuldozenten der Soziologie" in Frankfurt am Main einen programmatischen Entwurf für die zukünftige „Lehrgestalt der Soziologie" zur Diskussion stellte, der aufgrund der nationalsozialistischen Machtergreifung jedoch nicht mehr die Wirksamkeit ausüben konnte, die ihm eigentlich gebührt hätte.

Radostina Ilieva behandelt den Mannheim-Kreis in Frankfurt aus einer anderen Perspektive, indem sie den Zusammenhang zwischen der von Mannheim vertretenen Variante der Wissenssoziologie und dem akademischen Lebensstil aufzeigt, der in Mannheims Umfeld praktiziert wurde. Norbert Elias, der in Frankfurt als Assistent von Karl Mannheim tätig war, übernahm dabei die Aufgabe, dessen Doktorandinnen und Doktoranden zu betreuen, zu denen unter anderem Nina Rubinstein, Gisela Freund, Hans Gerth, Wilhelm Carle und Kurt Wolff gehörten. Einige der hierbei in Angriff genommenen Dissertationen konnten jedoch aufgrund der nationalsozialistischen Machtergreifung nicht mehr förmlich abgeschlossen werden. Im Falle von Nina Rubinstein gelang es erst Jahrzehnte später, sie endlich an der Universität Frankfurt zu promovieren. Mannheims Soziologisches Seminar war im gleichen Gebäude wie das Institut für Sozialforschung untergebracht. Trotz der Spannung zwischen diesen beiden Einrichtungen und deren Vorstände gab es dennoch Promovierende, die von Horkheimer und Mannheim gemeinsam betreut worden sind.

Amalia Barboza geht in ihrem Beitrag auf die Spannungen ein, die mit Mannheims Berufung nach Frankfurt zwischen der von ihm vertretenen Wissenssoziologie und dem neomarxistischen Ansatz von einzelnen Mitgliedern des *Instituts für Sozialforschung* bzw. dessen Umfeld entstanden sind. Sie versucht dabei dieses Spannungsverhältnis zu relativieren, indem sie Gemeinsamkeiten zwischen Mannheims Analyse des utopischen Bewußtseins und der Stellung der Utopie im Umkreis der Kritischen Theorie verdeutlicht. Barboza betont in diesem Zusammenhang die Bedeutung der Aufklärung, um diese beiden Theorierichtungen miteinander zu versöhnen. Sie sieht nämlich eine Parallele zwischen Mannheims wissenssoziologischer Analyse der weltanschaulichen Hintergründe des neuzeitlichen Denkens und der Bedeutung der Ideologiekritik innerhalb der späteren Kritischen Theorie gegeben.

Stefan Müller-Doohm vergleicht in seinem Beitrag die von Max Horkheimer und Theodor W. Adorno in der *Dialektik der Aufklärung* vertretenen Variante der Kritischen Theorie mit jenem Verständnis von Kritik, das in den Arbeiten von Jürgen Habermas und Axel Honneth zum Ausdruck kommt. Während Habermas versucht habe, die Tradition der Gesellschafts- und Kulturkritik unter Zuhilfenahme sprachphilosophischer und soziologischer Überlegungen neu zu fundieren, versteht Honneth die *Dialektik der Aufklärung* als exemplarisches Modell einer Gesellschaftskritik, um einen veränderten Umgang mit traditionellen Beständen der Lebenswelt als pathologisch zu kennzeichnen. Honneth fordere für die Aufhebung entwürdigender Zustände gehaltvollere empirische Erklärungen, um konfliktträchtige soziale Missstände zu kennzeichnen und versuche eine praxisphilosophische und soziologische Neuorientierung der Gesellschaftstheorie, indem er von der Prämisse ausgeht, dass der Erwerb sozialer Anerkennung normative Voraussetzung des kommunikativen Handelns sei. Müller-Doohms überblicksartige Darstellung der verschiedenen Modelle einer kritischen Gesellschaftstheorie bietet einen Ausblick darauf, wie das Erbe der Kritischen Theorie auch heute noch in einer Form nutzbar gemacht werden kann, welcher deren *gesamten* Tradition Rechnung trägt.

Ein weiterer thematischer Block dieses Sammelbandes bildet das theoretische Selbstverständnis, das von verschiedenen Frankfurter Soziologen an der Wirtschafts- und Sozialwissenschaftlichen Fakultät der Goethe-Universität in den 1960er Jahren vertreten worden ist. Dieser Gesichtspunkt wird in den Beiträgen von *Fehmi Akalin* und *Thorsten Benkel* am Beispiel von Friedrich H. Tenbruck und Thomas Luckmann behandelt. *Kai Müller* diskutiert dagegen anhand von Fallbeispielen, wie sich die Position der wissenschaftlichen Assistenten an der Universität Frankfurt in den 1960er Jahren verändert hat. *Felicia Herrschaft* stellt schließlich die soziologische Lehrpraxis an der Goethe Universität von 1949–1973 anhand einer exemplarischen Analyse der Lehrveranstaltungen an der Philosophischen und an der Wirtschafts- und Sozialwissenschaftlichen Fakultät dar.

Fehmi Akalin hebt in seinem Beitrag Friedrich H. Tenbrucks außergewöhnliche Leistungen bei dem Wiederaufbau der Soziologie, insbesondere der Kultursoziologie, in der deutschen Nachkriegssoziologie hervor. Aufgrund der Spannungen zwischen der Philosophischen und der Wirtschafts- und Sozialwissenschaftlichen Fakultät, in die Tenbruck bei seiner Berufung an die Goethe-Universität hineingeriet, verließ er schon sehr bald Frankfurt, um als Nachfolger von Ralf Dahrendorf an die Universität Tübingen überzuwechseln. Akalin stellt nach einer kurzen biographischen Skizze und Analyse der Tenbruckschen Frühschriften den Streit um die Berufung Tenbrucks nach Frankfurt in den Mittelpunkt seiner Erörterungen, um die Zerwürfnisse zu verdeutlichen, die später das Verhältnis zwischen Tenbruck und Adorno prägten.

Thorsten Benkel versucht in seinem Beitrag die Präsenz von Thomas Luckmann in Frankfurt im Zeitraum 1965–1970 nachzuzeichnen. Für ihn zeigen Luckmanns damalige Schriften, dass seine Arbeiten zum einen auf eine Aktualisierung der Wissenssoziologie hinausliefen und zum anderen vielfältige Interessen wie zum

Beispiel die Beschäftigung mit der Stadt- und Kunstsoziologie, Wissenschaftstheorie und Sprachsoziologie dokumentieren. Ähnlich wie bei Tenbruck scheint
Luckmanns Frankfurter Zeit nicht nur eine biographische Episode gewesen zu sein.
Denn beide konnten ihre bisherigen theoretischen Ansätze in Frankfurt gezielt
weiter entwickeln und voranbringen.

Wie sich die Stellung der Assistenten bereits vor der Gründung der Fachbereiche an
den soziologischen Einrichtungen in Frankfurt am Vorabend der Hochschulreform
verändert hatte steht im Zentrum des Beitrags von *Kai Müller*. Zuerst stellt Müller
die Diskussion um die Stellung der Assistenten an den deutschen Hochschulen
in der Nachkriegszeit dar, um anschließend zu erläutern, im welchem Ausmaß
die Stellung der Assistenten durch die Abschaffung der Ordinarienuniversität
und die Gründung der Fachbereiche betroffen waren, wobei er die Frage verfolgt,
ob in diesem Zusammenhang von einer Funktionalisierung der Assistenten gesprochen werden kann. Unter Bezugnahme auf die Interviews, die wir im Rahmen dieses Lehrforschungsprojektes mit Thomas Luckmann, Günter Dux und
Hansfried Kellner geführt haben, zeigt er die Reformbedürftigkeit der deutschen
Universitäten in den 1960er Jahren auf, die von allen damaligen Akteuren und
Zeitzeugen hervorgehoben worden ist. Offen bleibt die Frage, ob die 1971 erfolgte
Einführung neuer Verwaltungsstrukturen und die dadurch bedingte fehlende
Verantwortungsstruktur in den Fachbereichen der hessischen Landesuniversitä-
ten, die nun nicht mehr durch Ordinarien dominiert wurden, sondern lange Zeit
durch ein strategisches Bündnis zwischen höchst unterschiedlichen Statusgruppen
geprägt worden sind, den Status der wissenschaftlichen Assistenten nachhaltig
zu verbessern vermochte.

Felicia Herrschaft nimmt in ihrem Beitrag eine exemplarische Auswertung von
soziologischen Lehrveranstaltungen vor, die auf Lehrmaterialien – vornehmlich
Referate und Seminarprotokolle – beruht, die im Frankfurter Universitätsarchiv, im
Horkheimer-Nachlass des Archivzentrums der Universitätsbibliothek Frankfurt, im
Archiv des Frankfurter Instituts für Sozialforschung und im Theodor W. Adorno-
Archiv in Frankfurt und Berlin aufbewahrt werden und den Zeitraum von 1949 bis
1973 umfassen. Am ausführlichsten sind dabei die an der Philosophischen Fakultät
und am Institut für Sozialforschung durchgeführten soziologischen Lehrveranstal-
tungen dokumentiert, auf die sich Herrschafts Auswertung konzentriert. Aber auch
von den im Berichtzeitraum an der Frankfurter Wirtschafts- und Sozialwissen-
schaftlichen Fakultät durchgeführten Lehrveranstaltungen liegen entsprechende
Materialien vor, die von ihr zum Teil in ihre Analyse miteinbezogen worden sind.
Zusammen ermöglichen uns diese erhalten gebliebene Archivdokumente einen
Einblick in die Lehrtätigkeit von Max Horkheimer, Theodor W. Adorno, Jürgen
Habermas, Ludwig von Friedeburg, Walter Rüegg, Friedrich H. Tenbruck, Tho-

mas Luckmann, Wolfgang Zapf und anderen Soziologinnen und Soziologen bis zur Auflösung der Fakultäten und der Gründung des Fachbereichs Gesellschaftswissenschaften in Frankfurt.

Danksagungen

Der vorliegende Band wäre in dieser Form nicht zustande gekommen, wenn uns nicht eine ganze Reihe von Personen mit Rat und Tat geholfen hätten. In erster Linie sind dies unsere zahlreichen Interviewpartner, die uns im Rahmen unseres Lehrforschungsprojektes geduldig zur Verfügung standen und die uns sehr wichtige Hinweise gegeben haben, die quellenmäßig zu belegen uns ein gutes Stück Arbeit gekostet hat. Den uneingeschränkten Zugang zu den hierfür einschlägigen Frankfurter Archiven verdanken wir dabei dem Leiter des Frankfurter Universitätsarchiv Dr. *Michael Maaser* sowie dem Leiter des Archivzentrums der Frankfurter Universitätsbibliothek Dr. *Mathias Jehn*. Herrn Dr. *Maaser* verdanken wir ferner die Genehmigung zur Veröffentlichung diverser Dokumente, die im Anhang dieses Bandes zum Abdruck gebracht worden sind. *Ludwig von Friedeburg* hat uns mit einer Fülle von einschlägigen Informationen geradezu überschüttet, die in der bisherigen soziologiegeschichtlichen Forschung nur selektiv ausgewertet worden sind. Hier wartet ebenfalls noch eine Herkulesarbeit auf jene, die sich in diesem Bereich ihre ersten akademischen Sporen erwerben möchten. *Jürgen Habermas* und *Heinz Steinert* standen uns für eine schriftliche Befragung zur Verfügung und haben uns auf unserem dornenvollen Weg durch das Wirrwarr der Geschichte der Frankfurter Soziologie jeweils auf ihre eigene unverwechselbare Art und Weise weitergeholfen, wobei ein Punkt leider bis heute nicht ganz geklärt werden konnte.[48] *Habermas* half uns auch dabei, die komplexe Geschichte der Doppellehrstühle von Horkheimer und Adorno zu rekonstruieren. Auch dem am 31. Januar 2008 im Rahmen dieses Lehrforschungsprojektes gehaltenen öffentlichen Vortrag von *Clemens Albrecht* sowie der sich daran anschließenden Diskussion verdanken wir

---

[48] Es handelt sich dabei um den Versuch, Habermas nach seiner Starnberger Zeit für eine soziologische Professur am Frankfurter Fachbereich Gesellschaftswissenschaften zu gewinnen. Dieser Versuch ist bekanntlich gescheitert. Die Gründe hierfür sind dagegen immer noch nicht ganz geklärt, obgleich Habermas' diesbezügliche Bevorzugung des Fachbereichs Philosophie der Goethe-Universität, an den er 1983 zurückkehrte, durchaus verständlich ist. Diese Auffassung hat auch Ulrich Oevermann in dem Interview vertreten, das wir am 6. Februar 2008 mit ihm geführt haben. Habermas hat übrigens vehement in Abrede gestellt, sich jemals auf eine Professur am Fachbereich Gesellschaftswissenschaften beworben zu haben. Andere Verlautbarungen, die uns zu Gehör gekommen sind, gehen in die Richtung, dass eine solche Bewerbung ohnehin keine Chance gehabt hätte, weil der damals amtierende Dekan energisch darauf hingewiesen habe, dass die diesbezügliche Bewerbungsfrist bereits seit sechs Wochen verstrichen gewesen sei.

eine Vielzahl von Anregungen, die in diesem Band Eingang gefunden haben. Bei
der Erstellung der Chronik, die im Anhang dieses Bandes abgedruckt ist, waren
uns die entsprechenden Archivrecherchen von *Jens Koolwaay* sowie die diesbezüglichen Fragen, die *Bertram Schefold* immer wieder an uns gestellt hat, ebenfalls
eine wertvolle Hilfe. *Karlheinz Kreß* hat uns den Zugang zu Archivmaterialien
im Dekanat des Frankfurter Fachbereichs Gesellschaftswissenschaften ermöglicht,
die für ein besseres Verständnis der Geschichte der Frankfurter Diplomprüfungsordnung für Soziologie von Bedeutung sind. Der Bibliotheksleiter des Fachbereichs
Gesellschaftswissenschaften *Rolf Voigt* gestattete uns, die in der Fachbereichs-
bibliothek aufbewahrten Unterlagen von soziologischen Lehrveranstaltungen, die
1949–1973 in Frankfurt durchgeführt wurden, in Ruhe aus zuwerten, bevor diese
im Frühjahr 2009 an das Frankfurter Universitätsarchiv übergeben worden sind.
Der Lehrförderungsplattform *Megadigitale* der Goethe-Universität Frankfurt sind
wir für die großzügige Bereitstellung von finanziellen Mitteln ebenso verbunden
wie der *Fritz Thyssen Stiftung*, die uns die minutiöse Dokumentation sowie eine
exemplarische Auswertung dieser erhalten gebliebenen Archivbestände ermöglicht
hat.[49] *Liselotte Rahbauer* hat uns sowohl bei der Transkription von Archivalien
und Tonbandaufzeichnungen als auch bei der Endredaktion des Bandes geholfen
und uns diesbezüglich sehr entlastet. *Frank Engelhardt* danken wir für die Unterstützung bei der professionellen Drucklegung dieses Bandes und *Katharina
Liebsch* dafür, dass er in der im VS-Verlag für Sozialwissenschaften erscheinen-
den Schriftenreihe „Frankfurter Beiträge zur Soziologie und Sozialpsychologie"
aufgenommen wurde. Last but not least danken wir den Teilnehmerinnen und
Teilnehmern unseres Lehrforschungsprojektes „Soziologie in Frankfurt" sowie
allen Interviewpartnern, die uns in der Regel mit einer Himmelsgeduld bei der
Beantwortung unserer zahlreichen Fragen zur Verfügung standen.

Felicia Herrschaft & Klaus Lichtblau
Frankfurt am Main, im März 2010

---

[49] Siehe hierzu den entsprechenden Beitrag von Felicia Herrschaft.

Teil 1

Aufsätze

Henriette Fürth und das sozialwissenschaftliche Milieu in Frankfurt am Main vor der Universitätsgründung

Claudius Härpfer

„Es geziemt Frankfurt von allen Seiten zu glänzen, und nach allen Seiten hin thätig zu seyn. Freilich gehört theoretische Betrachtung, wissenschaftliche Bildung den Universitäten vorzüglich an; aber nicht ausschließlich gehört sie ihnen. Einsicht ist überall willkommen.“[1] Goethes Fazit über Frankfurt am Ende eines Reiseberichtes, war damals treffend und wurde in der Folgezeit von den Bürgern seiner Geburtsstadt weiterhin beherzigt. Nachdem Frankfurt schon seit dem Mittelalter ein wichtiger Handelsknotenpunkt war, wurde es im Zuge des Deutschen Bundes 1816 zum Sitz des Bundestages und der Nationalversammlung. 1866 schließlich wurde die Stadt von Preußen annektiert und verlor ihre Unabhängigkeit, was die Bürger aber nicht daran hinderte, sondern eher noch dazu ermutigte, weiterhin ein lebendiges Gemeinwesen auszubilden, um so den aufkommenden sozialen Problemen einer Großstadt zu begegnen.

Obwohl es der Wirtschaftsmetropole Frankfurt erst 1914 gelungen ist, eine Universität zu errichten, so ist die Stadtgeschichte doch von Plänen für eine solche durchzogen.[2] Auch an sozialem und wissenschaftlichem Engagement fehlte es nicht. In den Jahren 1879 bis 1890 war Frankfurt beispielsweise der ständige Tagungsort des Vereins für Socialpolitik.[3] Eine beeindruckende Skizze des Frankfurter Gemeinwesens lieferte Otto Kanngießer 1892 in seiner Denkschrift über *Frankfurts Gegenwart und nächste Zukunft*. Nach einem Abriss über die Entwicklung des städtischen Lebens und den dabei zu lösenden Problemen zieht er das Fazit, dass „[k]aum in irgend einer Stadt Deutschlands, die nicht Universität ist, […] so viele und reich ausgestattete Anstalten und Vereinigungen für Kunst und Wissenschaft“ geschaffen wurden, „wie in Frankfurt“.[4] Genannt seien an dieser Stelle nur

---

[1] Johann Wolfgang Goethe, Aus einer Reise am Rhein, Main und Neckar in den Jahren 1814 und 1815, in: Goethes nachgelassene Werke Bd. 3. Goethes Werke. Vollständige Ausgabe letzter Hand, Bd. 43, Stuttgart/Tübingen 1833, S. 239–428, hier S. 363.
[2] Rudolf Jung, Frankfurter Hochschulpläne. 1384–1868, Leipzig 1915.
[3] Franz Boese, Geschichte des Vereins für Sozialpolitik 1872–1932, Berlin 1939, S. 32–65.
[4] Otto Kanngießer, Frankfurts Gegenwart und nächste Zukunft. Eine Denkschrift, Frankfurt 1892, S. 56.

die Freiherrlich von Rothschildsche öffentliche Bibliothek, die Senckenbergische
Naturforschende Gesellschaft, der Palmengarten, die Polytechnische Gesellschaft,
die Gesellschaft für Geschichte und Alterthumskunde und das Freie Deutsche
Hochstift.[5] All diese Vereinigungen wurden zu großen Teilen durch wohlhabende
Bürger der Stadt finanziert. Das kulturelle Leben war durch eine Ansammlung
von Mäzenen dominiert.

Im 19. Jahrhundert war das Mäzenatentum von seinem Höhepunkt in Zeiten
der Renaissance schon weit entfernt. Mit dem Aufkommen des Bürgertums in
den marodierenden Kleinstaaten Italiens war es damals zur „Entwicklung des
Individuums" gekommen. In diesem Zuge entwickelte sich ein „Geniebegriff"
als „rein auf die persönliche Kraft und Fähigkeit des Individuums gestellten
Selbstbewusstsein, Kraftgefühls und Feingefühls".[6] Die an Einfluss gewinnenden
Bürgerfamilien hatten – vom Persönlichkeitsglauben beflügelt – humanistische
Denker und Künstler gefördert, die sie für fördernswert hielten. Dies bedeutet
nicht, dass sie reine Wohltäter waren, denn der Mäzen förderte den Denker oder
Künstler, um diesem die Selbstverwirklichung in Form eines Werkes zu ermöglichen. Im 19 Jahrhundert hatte sich die Idee des Mäzenatentums dahingehend
gewandelt, dass sich das Werk vom Autor getrennt hatte und das Mäzenatentum
zunehmend ein „anonym-kollektives" wurde. Dies bedeutete, dass „der *Empfänger*
der Gabe [...] in solchen Fällen nicht als Person bestimmt" wurde. Die Mäzene des
19. Jahrhunderts förderten „nicht die Künstler, sondern die Kunst, die Wissenschaft,
nicht die Gelehrten."[7] Dadurch war ein wichtiger Wandel vollzogen, denn indem
nicht mehr nur *ein,* sondern *ein bestimmtes* Ergebnis gefördert wurde, griff der
Mäzen wertend in die zu fördernde Sache selbst ein. Das versetzte ihn in die Lage,
Aktivitäten großflächig koordinieren zu können. Dementsprechend war es in Frankfurt im Gegensatz zu vielen kleinen Universitätsstädten nicht der Fall, dass die
Geistesaristokratie in einer abgeschlossenen theoretischen Welt lebte. Der Bezug
zur Praxis war hier ein essentieller Bestandteil des akademischen Lebens, da es
in Frankfurt die andernorts von der Geistesaristokratie verschmähten Kaufleute
waren, die durch ihre Unterstützung Forschungen erst ermöglichten.

In diesem, durch ein ständiges Wechselspiel von wirtschaftlichem und sozialem
Denken gekennzeichneten, Milieu, bewegte sich ab 1885 auch Henriette Fürth.[8]

[5] Diese Liste ließe sich noch fortführen. Vgl. ebd., S. 56–58.
[6] Jacob Burckhardt, Die Kultur der Renaissance in Italien. Ein Versuch. Elfte Auflage, Leipzig 1988,
S. 97–124; Alfred von Martin, Soziologie der Renaissance. Zur Physiognomik bürgerlicher Kultur,
Stuttgart 1932, S. 32–33.
[7] Leopold von Wiese, Die Funktion des Mäzens im gesellschaftlichen Leben. Festrede, gehalten bei
der Gründungsfeier der Universität zu Köln am 4. Mai 1929, Köln 1929, S. 14.
[8] Es gibt verschiedene weitgehend deckungsgleiche Würdigungen und Lebensabrisse. Siehe zum
Beispiel, Christina Klausmann, Fürth, Henriette. In: M. von Asendorf/R. von Bockel (Hrsg.), Demokratische Wege. Lebensläufe aus fünf Jahrhunderten, Stuttgart/Weimar 1997, S. 197–199; Simon

1861 als Tochter des jüdischen Holzhändlers Siegmund Katzenstein geboren, wuchs sie zunächst in Gießen auf. Aufgrund ihrer Herkunft und Erziehung durch ihre Mutter, hatte sie eine Bindung an das Judentum.[9] Von ihrem säkular eingestellten Vater, der sich statt einer Karriere als Rabbiner für den Kaufmannsberuf entschieden hatte, lernte sie andererseits kritisch mit orthodoxen Strömungen umzugehen. Diese Herangehensweise half ihr später häufig dabei, sich eine eigene Meinung zu bilden, auch wenn sie damit nicht immer auf Gegenliebe stieß. Für kurze Zeit war sie auf dem an die Frankfurter Elisabethenschule angeschlossenen Lehrerinnen-seminar eingeschrieben, doch ihr Vater meldete sie wegen der konfessionsbedingten Unmöglichkeit einer Anstellung und wegen des Heiratsverbots für Lehrerinnen bald wieder ab. 1880 heiratete sie den Lederwarenhändler Wilhelm Fürth, dem sie zwischen 1881 und 1899 acht Kinder gebar. Dies hinderte sie aber nicht daran, sich auch weiterhin autodidaktisch auf verschiedenen Gebieten fortzubilden. Ihr Bruder Simon Katzenstein schrieb, es sei für sie kennzeichnend, „dass ihre Arbeit nicht auf rein theoretischer Grundlage entstand wie eine Dissertation, zu der der Professor den Stoff gibt, daß sie überall erwuchs, aus dem *Leben* – seien es nun die Erfahrungen im häuslichen Wirken und die zu seiner Vertiefung betriebenen Studien, seien es drängende Lebensfragen der Gesamtheit, die gerade aus dem eigenen Leben sich ihrem praktischen Urteil aufdrängten.“[10] In den folgenden Jahren entwickelte sie eine rege Publikationstätigkeit und veröffentlichte insgesamt 30 selbstständige Werke und ungefähr 200 Artikel. Damit nahm sie an der Debatte über Bevölkerungspolitik, Rassenhygiene, Eugenik, Neomalthusianismus und Sozialpolitik dieser Epoche teil.

Ihr Lebenswerk ist gekennzeichnet von einer immensen Spannweite an Interessen. Sie engagierte sich für die Arbeiterklasse, die Frauen, das Judentum, die Sozialdemokratie und war am Aufbau einer Zivilgesellschaft in Deutschland beteiligt. „Kaum eine andere Frau ihrer Zeit hat in dem Maße wie Henriette Fürth praktische Sozialarbeit, Frauenarbeit, Mitarbeit in Verbänden, parteipolitische Arbeit, wissenschaftliche und schriftstellerische Tätigkeiten und darüber hinaus ein Leben als Hausfrau und Mutter […] miteinander verbinden können.“[11] Sie war

---

Katzenstein, Henriette Fürth. Versuch einer Würdigung zu ihrem Siebzigsten Geburtstag, gewidmet von ihrem Bruder Simon Katzenstein, o. O. 1931; Maya Fassmann, Henriette Fürth. Frauenrechtlerin, Schriftstellerin, in: J. Dick, M. Sassenberg (Hrsg.), Jüdische Frauen im 19. und 20. Jahrhundert. Lexikon zu Werk und Leben, Reinbeck bei Hamburg 1993, S. 134–136; Claudius Härpfer, Henriette Fürth. Zur Erinnerung an das erste weibliche Mitglied der DGS, in: Soziologie 35 (2006), S. 258–260.

[9] Helga Krohn, „Du sollst dich niemals beugen". Henriette Fürth, Frau, Jüdin, Sozialistin, in: P. Freimark/A. Janowski/I. S. Lorenz (Hrsg.), Juden in Deutschland. Emanzipation, Integration, Verfolgung, Vernichtung, Hamburg 1991, S. 327–343.

[10] Katzenstein, Henriette Fürth, a. a. O., S. 5.

[11] Rachel Heuberger/Helga Krohn, Hinaus aus dem Ghetto… Juden in Frankfurt am Main 1800–1950, Frankfurt am Main 1988, S. 103.

sprichwörtlich überall und nirgends und machte sich dadurch zur „Randseiterin".[12] Über ihre Art zu arbeiten schrieb Katzenstein, dass sie „immer in die Tiefe" ging. „Ein geistreicher Freund, der sie frühzeitig auf Schopenhauer aufmerksam gemacht hatte, wunderte sich nicht wenig, als sie ihr Studium gleich mit dem Allerschwersten, der ‚Vierfachen Wurzel des Satzes vom zureichenden Grunde', begann. Friedrich Engels ‚Ursprung der Familie' führte sie zu Bachofens ‚Mutterrecht', einem damals kaum gekannten Werk tiefgründiger Gelehrsamkeit. So waren die Vorbedingungen für ernsthafte Wirtschaftsforschung gegeben. Dazu fand sie in Frankfurt beste Vorbilder, namentlich in Schnapper-Arndt mit seinen ‚Fünf Dorfgemeinden auf dem hohen Taunus' und seiner ‚Nährikele', in den Arbeiten von Flesch, Quarck usw., Förderung bei Flesch, Stein und anderen."[13] Sie war ein „Selberaner" und verkehrte als „eine ‚ungelernte' Frau"[14] mit den Akademikern einer Stadt, die keine Universität hatte. Dementsprechend haben wir es mit einem sehr heterogenen Feld zu tun, in dem die wenigsten ihr begegnenden Akteure nur Wissenschaftler waren. Die meisten ihr auf dem wissenschaftlichen Gebiet begegnenden Akteure begleiteten andere Ämter, um für ihren Lebensunterhalt aufzukommen, fühlten sich aber der sozialen Frage in einem Grade verpflichtet, dass sie in ihrer Freizeit Studien durchführten, um die Wissenschaft voranzutreiben und damit drängende soziale Probleme zu lösen. Daher sollen im Folgenden einige Stationen ihres wissenschaftlichen Werdegangs aufgezeigt und einige dieser für sie und ihre sozialwissenschaftlichen Arbeiten wichtigen Personen, die Katzenstein oben bereits genannt hat, kurz vorgestellt werden.[15]

Der Beginn ihres ‚öffentlichen Wirkens' war eine Erwiderung auf einen Artikel über Strindbergs Stellung zur Frauenfrage, zu der sie ihr Bruder ermutigte, nachdem sie ihrem „Grimm in verschiedenen Lauten Randbemerkungen Luft" gemacht hatte.[16] Ab 1890 war sie auch stetig als Rednerin aktiv, den diesbezüglichen Anfang machte sie auf einer in Frankfurt stattfindenden Tagung der Fortschrittspartei. Dem literarischen und rednerischen Aktionismus folgte auch bald der Einstieg in die soziale Fürsorgearbeit. Auf einer Veranstaltung verschiedener Frankfurter Vereine lernte sie zufällig Helene Flesch kennen, die gemeinsam mit ihrem Mann, „dem rühmlichst bekannten Arzt Professor Dr. Max Flesch" und dessen

---

[12] Ina Seibel, Frauenbewegung, Sozialdemokratie und Judentum. Henriette Fürth als Randseiterin 1861–1938, New York 2006 (Leo Baeck Institute: Henriette Fuerth Collection: Accession Number LBIAR-2007-93.).

[13] Katzenstein, Henriette Fürth, a. a. O., S. 5.

[14] Fürth, Streifzüge durch das Land meines Lebens, a. a. O., S. 94 und 73.

[15] Für ihren Werdegang in den verschiedenen Frauenbewegungen vgl. Christina Klausmann, Politik und Kultur der Frauenbewegung im Kaiserreich. Das Beispiel Frankfurt am Main, Frankfurt am Main/ New York 1997; Angelika Epple, Henriette Fürth und die Frauenbewegung im deutschen Kaiserreich. Eine Sozialbiographie, Pfaffenweiler 1996.

[16] Fürth, Streifzüge durch das Land meines Lebens, a. a. O., S. 73.

Bruder „dem genialen Sozialpolitiker, Stadtrat Dr. Karl Flesch die Hauspflege ins Leben gerufen hatte."[17] In den folgenden Jahren engagierte sich Henriette Fürth für den deutschlandweiten Aufbau von Hauspflegevereinen, die sich zunehmend als Erfolgsmodell entpuppten. Mit Karl Flesch selbst sollte Fürth in diesem Zuge später auch in Kontakt kommen, die erste Begegnung spielte allerdings in einem anderen Kontext.

Auch wenn es wohl ein bisschen weit geht, Karl Flesch (1853–1915) als „*die Idee der Sozialpolitik*" zu bezeichnen,[18] so sind seine Errungenschaften auf diesem Gebiet doch nicht zu leugnen.[19] Dieser Schüler Adolph Wagners,[20] der auch im Verein für Socialpolitik aktiv war,[21] versuchte die Lebenssituation der Arbeiter zu verbessern, sei es durch Begrenzungen der Tagesarbeitszeit oder durch Volksbildungsangebote. So war es nur konsequent, dass er sich im Laufe seines Schaffens zu einem zentralen Akteur im Frankfurter Milieu entwickelte. Er gehörte seit 1884 dem Magistrat der Stadt an, war 1890 neben Johannes von Miquel (dem damaligen Oberbürgermeister) Mitbegründer der *Aktiengesellschaft für kleine Wohnungen*, die den Sinn hatte, durch platzsparende Wohnblocks den horrenden Mieten zu entgegnen, um damit eines der Hauptprobleme der Arbeiterklasse in Frankfurt zu mindern.[22] Außerdem war er von 1884 bis zu seinem Tod 1915 Leiter des Frankfurter Waisen- und Armenamtes und wurde 1899 in den Aufsichtsrat der *Centrale für private Fürsorge* gewählt, einer Einrichtung des Instituts für Gemeinwohl. So ist es nicht verwunderlich, dass er auch in der volkswirtschaftlichen Sektion des Freien Deutschen Hochstiftes, die sich seit Mitte der 1880er Jahre der Arbeiterfrage zugewandt hatte, eine führende Rolle einnahm.

Das *Freie Deutsche Hochstift* bildete seit seiner 1859, anlässlich des 100. Geburtstages Friedrich Schillers von Otto Vogler (1822–1897), dem Dozenten für Stein-, Erdbau- und Erdgeschichtskunde am Senckenbergschen Stift, initiierten Gründung, „einen Sammel- und Stützpunkt für freie Tätigkeit in Wissenschaften, Kunst und allen höheren Bildungsrichtungen" in Frankfurt am Main. Es bezweckte „die Pflege und Unterstützung aller dahin gerichteten Bestrebungen"

---

[17] Fürth, Streifzüge durch das Land meines Lebens, a.a.O., S. 76.

[18] Hugo Sinzheimer, Der Sozialpolitiker Karl Flesch und seine literarisch-wissenschaftliche Tätigkeit. Vortrag gehalten im Ausschuß für Volksvorlesungen zu Frankfurt am Main am 5. September 1915, Frankfurt am Main 1915, S. 3.

[19] Hans Kilian Weitensteiner, Karl Flesch – Kommunale Sozialpolitik in Frankfurt am Main, Frankfurt am Main 1976; Karl Flesch, Karl Flesch's soziales Vermächtnis. Herausgegeben von Hans Maier, Frankfurt am Main 1922.

[20] Monika Hermel, Karl Flesch (1853–1915) – Sozialpolitiker und Jurist, Baden Baden 2004, S. 17.

[21] Dieter Lindenlaub, Richtungskämpfe im Verein für Sozialpolitik. Bd. 1, Wiesbaden 1967, S. 7.

[22] „Klein" ist hier lediglich als Abgrenzung gegenüber den Wohnhäusern des wohlhabenden Bürgertums zu verstehen. Platz wurde beispielsweise durch die gemeinsame Nutzung von Gärten, Spielplätzen und Lesesälen erreicht. Vgl. Hermel, Karl Flesch (1853–1915) – Sozialpolitiker und Jurist, a.a.O., S. 32–33.

und sollte „sonach eine freie Hochschule für Gesamtbildung darstellen."[23] Um diese Aufgabe zu erfüllen wurden Vorlesungen und Lehrgänge veranstaltet sowie wissenschaftliche und künstlerische Projekte gefördert. Ferner wurde eine Bibliothek mit passenden Lesesälen aufgebaut und schließlich 1863 auch das Geburtshaus Johann Wolfgang Goethes gekauft, um dessen Zerfall zu verhindern und ihm selbst und seinen Zeitgenossen zu gedenken.[24] Nach dem Erlass der Sozialversicherungsgesetze[25] entwickelte die Volkswirtschaftliche Abteilung rege sozialwissenschaftliche Aktivität. Es war Flesch, der 1887 auf einem Vortrag im Rahmen des Hochstiftes dafür warb, nach dem Vorbild einer Erhebung in Bristol ein freiwilliges Komitee zu bilden, das die Lebensverhältnisse der Arbeiter erheben und mit sozialstatistischen Mitteln aufbereiten sollte.[26] Zur Unterstützung seiner Idee holte er ein Gutachten von Gottlieb Schnapper-Arndt ein. Die ersten Ergebnisse lagen 1890 zu einer Sitzung des Armenpflegevereins in Frankfurt in Form der *Frankfurter Arbeiterbudgets* vor.[27] Dabei handelt es sich um drei vollständige Haushaltsrechnungen für das Jahr 1888. Als Probanden dienten ein Arbeiter einer Werkstatt der königlichen Eisenbahndirektion, ein Arbeiter einer chemischen Fabrik und ein ungelernter Aushilfsarbeiter. Während der ursprüngliche Plan war, den ersten Fall – einen Arbeiter der Armenpflege in Anspruch nahm – mit den beiden anderen zu kontrastieren, zeigte sich im Laufe der Erhebung, dass nicht nur der erste, sondern alle drei Fälle auf Schenkungen angewiesen waren. Dies brachte Flesch zu der Schlussfolgerung, man könne „annehmen, daß diese [...] nicht vorausgesehene Ähnlichkeit der drei Budgets keine zufällige ist" und, dass der „Kreis der Personen, deren Arbeitseinkommen nicht hinreicht, alle ihre regelmäßigen Bedürfnisse zu decken, [...] eben viel größer [ist] als gewöhnlich angenommen wird."[28] Die Details dieser Untersuchung sind hier nicht von Belang.

---

[23] Hermann Rumpf, Aus der Geschichte des Freien Deutschen Hochstifts, Frankfurt am Main 1938, S. 35.
[24] Für einen Überblick über die ersten Jahre des Hochstiftes Vgl. Fritz Adler, Freies Deutsches Hochstift. Seine Geschichte. Erster Teil 1859–1885, Frankfurt am Main 1959.
[25] Vgl. Hans-Ulrich Wehler, Deutsche Gesellschaftsgeschichte Bd. 3. Von der „Deutschen Doppelrevolution" bis zum Beginn des Ersten Weltkrieges. 1849–1914, München 1995, S. 907–915.
[26] Karl Flesch, Über den Report of the comittee to inquire into the condition of the Bristol poor, in: Berichte des Freien Deutschen Hochstifts. Neunte Folge, Dritter Band (1886/87), S. 299–302.
[27] Frankfurter Arbeiterbudgets. Haushaltsrechnungen eines Arbeiters einer königlichen Staats-Eisenbahnwerkstätte, eines Arbeiters einer chemischen Fabrik und eines Aushilfearbeiters. Veröffentlicht und erläutert von Mitgliedern der Volkswirtschaftlichen Sektion des Freien Deutschen Hochstiftes. Vervorwortet im Auftrage der Sektion von Stadtrat Dr. Karl Flesch, Frankfurt am Main 1890.
[28] Karl Flesch, Vorwort, in: Frankfurter Arbeiterbudgets. Haushaltsrechnungen eines Arbeiters einer königlichen Staats-Eißenbahnwerkstätte, eines Arbeiters einer chemischen Fabrik und eines Aushilfearbeiters. Veröffentlicht und erläutert von Mitgliedern der Volkswirtschaftlichen Sektion des Freien Deutschen Hochstiftes. Vervorwortet im Auftrage der Sektion von Stadtrat Dr. Karl Flesch, Frankfurt am Main 1890, S. III–XI, hier S. VI.

Wichtiger ist, dass sie eine Reihe von Folgestudien nach sich zog, in denen die Lebensverhältnisse der Arbeiterklasse untersucht wurden.

Der erste Plan für die nächste Erhebung wurde unmittelbar im Anschluss an die *Frankfurter Arbeiterbudgets* geschmiedet. Zunächst war eine weitere Teilstudie durchgeführt worden, die sich nur den Arbeitsverhältnissen widmete, dafür aber ohne den geographischen Fokus auf Frankfurt zu legen.[29] Dies sollte bei der nächsten Studie wieder der Fall sein. Nach den drei Einzelfällen in den Arbeiterbudgets sollte eine größere Enquête in Frankfurt durchgeführt werden, bei der die Arbeiter verschiedener Berufszweige befragt würden, um die „*Erwerbs*- und *Lohnverhältnisse* der hiesigen Arbeiter zu prüfen."[30] Hier mussten prompt Einschränkungen vorgenommen werden, da der Großteil der Arbeiter aus dem Baugewerbe nicht in Frankfurt selbst lebte, sondern im billigeren Umland. Also beschränkte man sich darauf, lediglich eine geeignete Stichprobe zu untersuchen. Hier boten sich die Schneider und Schuhmacher an. Bereits 1891 wurde von der Sektion beschlossen, diese beiden Gewerbe eingehender zu untersuchen. Da sich scheinbar genügend Mitglieder zur Mitarbeit anboten, sollten beide Gewerbe gleichzeitig untersucht werden, wobei geplant war unterschiedlich vorzugehen. „Die Kommission [der Schuster] sollte ihre Erhebung ausschließlich oder doch überwiegend durch Befragen von Arbeitnehmern und Arbeitgebern machen, deren Aussagen von den Sachverständigen Kommissionsmitgliedern geprüft, soweit erforderlich im Wege des Kreuzverhörs kontrolliert, jedenfalls aber stenographisch aufgenommen werden sollten, um für die spätere Bearbeitung der Vollständigkeit und Unmittelbarkeit des Beobachtungsmaterials gesichert zu sein."[31] Bei den Schneidern sollte ein einfacheres Verfahren angewandt werden. Es sollten zwar auch Arbeitnehmer und Arbeitgeber hinzugezogen, aber auf vollständige Aufzeichnung der Mitteilungen und das förmliche Einsetzen einer offiziellen Kommission sollte verzichtet werden. Der Feldzugang erwies sich für beide Gruppen als schwierig, da sich nur bestimmte Arbeitergruppen als Probanden zur Verfügung stellten, wodurch die Ergebnisse sehr einseitig wurden und an Aussagekraft einbüßten. So „erlahmte das Interesse der Kommission", während „das in den Vernehmungen niedergelegte Material quantitativ ins riesenhafte" wuchs.[32] Erst, als nach dem Berliner Heimarbeiterstreik im Frühjahr 1895 der Schneider-Fachverein an die Volkswirtschaftliche Sektion mit der Bitte herantrat, die Lage des Schneidergewerbes zu untersuchen, wurde die Arbeit wieder aufgenommen.

---

[29] Arbeitslosigkeit und Arbeitsvermittlung in Industrie und Handelsstädten. Bericht über den am 8. und 9. Oktober 1893 vom Freien Deutschen Hochstift zu Frankfurt am Main veranstalteten sozialen Kongress (Schriften des Freien Deutschen Hochstifts Bd. 5), Berlin 1894.
[30] Karl Flesch, Einleitung, in: Philipp Stein (Hrsg.), Zur Lage der Arbeiter im Schneider- und Schuhmachergewerbe in Frankfurt am Main, Frankfurt am Main 1896, S. 1–7, hier S. 2.
[31] Ebd., S. 2 f.
[32] Ebd., S. 3.

In diesem Zuge stieß auch Henriette Fürth zum Mitarbeiterstab. Als die Mitglieder zur Mitarbeit an einer Enquête über die Verhältnisse in der Heimarbeit der Herrenkonfektion aufgefordert wurden, ging sie geradewegs zu Karl Flesch, um zu erfragen, ob sich auch Frauen von Mitgliedern einbringen könnten. „Er geriet in sichtliche misstrauische Verlegenheit und half sich endlich dadurch, dass er sagte, grundsätzliche Einwände seien gegen solche Mitarbeit gewiss nicht zu erheben, eine Entscheidung darüber könne aber von ihm nicht getroffen werden."[33] Kurz darauf erhielt sie eine Einladung zu einer Sitzung der Enquête-Kommission, die sich Mitte Oktober 1895 konsolidierte und Philipp Stein zum Vorsitzenden wählte. In ihren Lebenserinnerungen schreibt sie dazu: „An den Verlauf dieser Sitzung und an das helle Licht, das er auf die damalige Einschätzung wissenschaftlicher Mitarbeit der Frauen wirft, denke ich noch heute mit schmunzelndem Behagen. – Ich war zeitig da und hatte am Verhandlungstisch Platz genommen. Die Männer, es mochten ihrer 12–15 sein, standen in zwanglosen Gruppen plaudernd umher. Ab und zu flog ein Blick zu der einzigen Frau hinüber, in dem sich Verwunderung mit gutmütigem Spott mischte. Ich war und blieb seelenruhig und völlig unbefangen und als ich dann im Verlauf der Diskussion Anlass und Notwendigkeit zu einigen sachlichen Bemerkungen fand, sagte ich, was nach meiner Auffassung zu sagen war."[34]

Am Folgetag wurde Henriette Fürth von Stein aufgesucht, der sie im Auftrag des Enquête-Ausschusses fragte, ob sie „nicht noch eine Frau namhaft machen könnte, die bereit wäre *mitzuarbeiten*." Das konnte sie zwar nicht, ging aber selbst umgehend an die Arbeit.[35] Dem Erhebungsplan zufolge sollte „jeder Untersuchende mehrere Arbeiter einer bestimmten Kategorie aufsuchen, mit ihnen während etlicher Wochen verkehren, ihre Anschauungen verstehen und ihr gewerbliches und häusliches Leben kennenlernen. Dabei sollte aber jede Einzelheit auf das genaueste festgestellt werden, die Freiheit in der Methode sollte zu keiner Lässigkeit in der Beobachtung, zu keiner Flüchtigkeit in der Schilderung führen."[36] Um bei aller methodischen Freiheit eine gewisse Vergleichbarkeit zu wahren, fertigten die drei beteiligten Reichstagsabgeordneten Schmidt, Elkan und Stein unter Hinzunahme eines Sachverständigen vom Schneiderfachverein einen Leitfragenkatalog an, den jeder Mitarbeiter erhielt. Auf diese Weise sollten die Lohn- und Lebensverhältnisse von ungefähr 10 Arbeitern pro Untersuchendem skizziert werden. Doch auch bei diesem Anlauf lief die Untersuchung nicht reibungslos, da auch dieses Mal die Vermittlung von passenden Probanten nicht wunschgemäß funktionierte. „Man

---

[33] Fürth, Streifzüge durch das Land meines Lebens, a. a. O., S. 79.
[34] Ebd.
[35] Ebd.
[36] Philipp Stein, Bericht über die Thätigkeit der Enquête-Kommission, in: ders. (Hrsg.), Zur Lage der Arbeiter im Schneider- und Schuhmachergewerbe in Frankfurt am Main, Frankfurt am Main 1896, S. 8–11, hier S. 8.

hatte uns versprochen, dass das Gewerkschaftskartell uns Adressen von Heimarbeiterinnen geben würde. Nichts dergleichen geschah. Ich habe mir alle meine Gewährsleute mühsam und auf mannigfachen Um- und Irrwegen zusammensuchen müssen".[37] Ein weiteres Problem war die Zeitintensität des angewandten Untersuchungsverfahrens. Da die freiwilligen Mitarbeiter nach wie vor ihrer regulären Arbeit nachgehen mussten, lieferten am Ende lediglich drei von ihnen ihre Berichte ab, wobei Henriette Fürth – der die Erforschung der Lebensverhältnisse der Arbeiterinnen in der Herrenschneiderei übertragen worden waren – in den Genuss der „Genugtuung" kam, „als *erste* und *einzige* zum festgesetzten Termin mit [ihrer] Arbeit fertig zu sein", die sie „den Herren" auf der Sitzung im Februar 1896 „als Muster vorlesen" durfte.[38]

Nachdem im Laufe des Jahres noch Berichte von Ludwig Opificius und Ernst Epstein folgten, wurde die Studie Ende 1896 von Philipp Stein herausgegeben. Über Fürths Beitrag darin sollte Hugo Sinzheimer später schreiben, dass „[d]urch diese Enquête [...] zum ersten Mal, auf der Grundlage ausführlicher wissenschaftlicher Untersuchungen der Arbeitsbedingungen und Löhne, die jämmerlichen Zustände bekannt [wurden], die damals in dieser Region auf dem Gebiet der Heimarbeit herrschten."[39]

Im Zuge der Enquête hatte Henriette Fürth auch Gottlieb Schnapper-Arndt (1846–1904) oder zumindest seine Schriften kennen gelernt. Dieser war ein „einigermaßen typischer Vertreter jener Privatgelehrten, die Entscheidendes zur Entwicklung der europäischen Wissenschaft beitrugen".[40] Mit seiner Dissertation über fünf Dörfer im hohen Taunus lieferte er einen Klassiker der empirischen Sozialforschung. Inspiriert von seiner Marxlektüre wuchs in ihm der Wunsch, „selbst einmal einen Blick in die Wirklichkeit zu tun."[41] Schnapper-Arndt lebte mehrere Monate des Jahres 1881 unter den einfachen Bauern, um zu einer „Art von Miniaturstatistik" der untersuchten Dörfer zu gelangen,[42] die sich über die Verteilung des Grundeinkommens, die Arbeitsverhältnisse der Bewohner, die Wohnverhältnisse, die Ernährungsgewohnheiten, das physische Gedeihen bis hin zu den moralischen Zuständen erstreckte.

Durch seine verwandtschaftliche Nähe zur Familie Anselm Rothschilds war er finanziell unabhängig. Er studierte unter anderem bei Ernst Engel in Berlin, der

---

[37] Fürth, Streifzüge durch das Land meines Lebens, a. a. O., S. 79.
[38] Ebd.
[39] Hugo Sinzheimer, Henriette Fürth †, in: De Socialistische Gids, 23 (1938), S. 483–486, hier S. 483.
[40] Imogen Seger, Vorwort zur dritten Auflage, in: Gottlieb Schnapper-Arndt, Hoher Taunus. Eine sozialstatistische Untersuchung in fünf Dorfgemeinden, Allensbach/Bonn 1975, S. VII–XXXIV, hier S. XI; vgl. Leon Zeitlin, Dr. Gottlieb Schnapper-Arndt. Eine biographische Skizze, in: Gottlieb Schnapper-Arndt, Vorträge und Aufsätze. Herausgegeben von Leon Zeitlin, Tübingen 1906, S. 1–10.
[41] Schnapper-Arndt, Hoher Taunus, a. a. O., S. XXXV.
[42] Ebd., S. XXXVI.

versuchte, Quetelets Moralstatistik mit den Gedanken Le Plays zu kombinieren.[43] Im Anschluss daran setzte er sein Studium bei Gustav Schmoller in Straßburg fort, wo er sich gewerbe- und agrargeschichtlichen Forschungen widmete. 1882 wurde er schließlich mit der oben genannten Arbeit bei Gustav Rümelin in Tübingen Promoviert. Nach weiteren Stationen in Wien, Wiesbaden und Heidelberg ließ er sich 1897 wieder in Frankfurt nieder, um sich in erster Linie wirtschaftshistorischen Studien zu widmen, die nach seinem frühen Tod 1904 teilweise posthum veröffentlicht wurden.[44] 1901 wurde er als Dozent für Statistik an die neu gegründete Akademie für Sozial- und Handelswissenschaften berufen und hatte zum ersten Mal eine richtige akademische Anbindung.

Am 1. Oktober 1896 hatte Henriette Fürth damit begonnen, nach dem Muster „der vorbildlichen Monographie von Dr. G. Schnapper-Arndt: ‚Fünf Dorfgemeinden auf dem Hohen Taunus‘"[45] und einigen anderen Arbeiten[46] über ihre Kosten Buch zu führen und damit das „wirtschaftliche Innenleben der heute noch im Wesentlichen letzten wirtschaftlichen Einheit: der Familie" zahlenmäßig zum Ausdruck zu bringen.[47] Von den bisherigen Untersuchungen unterschied sich diese Studie deshalb, weil es nun nicht mehr um Arbeiterbudgets ging. Es handelte sich vielmehr zum ersten Mal um ein klein- oder mittelbürgerliches Budget. Der von ihr untersuchte Einzelfall geriet ihr wiederum zum Typus. „Im Rahmen der Wirtschafts- und Lebensgeschichte einer Familie entwickelte sich ein Stück Zeitgeschichte, vollzog sich die Umwandlung der alten patriarchalischen Familiengemeinschaft in die neue ethisch durchleuchtete und genossenschaftlich fundamentierte."[48] So wurden beispielsweise die Folgen der veränderten Zoll- und Handelspolitik am konkreten direkt menschlichen Beispiel einer einzelnen Familie deutlich. Henriette Fürth versetzte den Betrachter „in jene Bevölkerungsschicht, deren Leben und Leiden vom künstlerischen wie auch vom volkswirtschaftlichen Standpunkt aus schon darum minder teilnahmwürdig erscheint, weil es die Lebensverhältnisse proletarischer Schichten weit hinter sich läßt, sich in geordneten mittelbürgerlichen Bahnen bewegt und der Phantasie wie auch der zählenden und rechnenden Volkswirtschaft weder nach der Seite des Mangels noch nach der des Ueberflusses irgend welchen besonderen Spielraum zu gewähren scheint."[49]

---

[43] Vgl. Anthony Oberschall, Empirische Sozialforschung in Deutschland 1848–1914. Freiburg/München 1997, S. 78–82.
[44] Vgl. Schnapper-Arndt, Vorträge und Aufsätze, a.a.O.
[45] Henriette Fürth, Ein mittelbürgerliches Budget über einen zehnjährigen Zeitraum, Jena 1907, S. 6.
[46] Neben den oben bereits erwähnten Studien des Freien Deutschen Hochstifts führt sie hier auch Schnapper-Arndts „Nährikele" auf. Vgl. Gottlieb Schnapper-Arndt, Nährikele. Ein sozialstatistisches Kleingemälde aus dem schwäbischen Volksleben, in: ders., Vorträge und Aufsätze, a.a.O., S. 190–253.
[47] Fürth, Ein mittelbürgerliches Budget über einen zehnjährigen Zeitraum, a.a.O., S. 1.
[48] Ebd., S. 3.
[49] Ebd., S. 6 f.

Weiter ergibt sich bei dem vorliegenden Fall die Situation, dass nicht mehr nur der Mann im Erwerbsleben steht, sondern sich Frau und Kinder nach Kräften beteiligen. Es zeigt sich also „in geradezu klassischer Reinheit eine neue Zusammensetzung und Funktion der Familie und der Familienwirtschaft", bei der der Mann nicht mehr der alleinige Ernährer ist.[50] Dadurch wird die Familie von einer wirtschaftlichen zu einer ethischen Gemeinschaft und der vorliegende Fall ein Beispiel für einen sich in Zukunft weiter ausbreitenden Typus.

Um objektive Vergleichszahlen zu haben, zog Henriette Fürth die preisstatistischen Aufzeichnungen des statistischen Amtes hinzu, dessen Direktor Heinrich Bleicher sie ebenfalls spätestens seit der Hochstiftsenquête kannte. In einigen Punkten wich sie jedoch vom Vorbild Schnapper-Arndts gegenstandsadäquat ab. Sie verzichtete beispielsweise darauf, das Wohnungsinterieur der Modellfamilie aufzulisten, da dies bei einer Arbeiterfamilie noch aussagekräftig wäre, bei einer kleinbürgerlichen Familie aber auch schon Dimensionen angenommen hätte, die nur mit Mühe zu überblicken gewesen wären.[51]

1907 publizierte sie schließlich dieses „Werk besonderer Art", von dem Katzenstein sagt, dass, wer „die Bedeutung zuverlässiger, in jeder Richtung genau durchgerechneter Feststellungen der wirklichen Lebensverhältnisse für die Erkenntnis der Lebenshaltung einer Zeit und eines Volksteils" kenne, „die Tragweite dieser Arbeit, die in gewissenhaftester Zusammenfassung die mühsamen Aufzeichnungen eines vollen Jahrzehnts, wissenschaftlich streng nach den verschiedensten Richtungen lichtvoll verarbeitet wiedergibt, zu würdigen wissen" wird. Und, dass „Männer wie Brentano und Bernstein" die Arbeit „als Quellenschrift hoch gewertet" haben.[52]

Dass sie mit dieser Monographie in „die Arena wissenschaftlicher Arbeit eintreten"[53] konnte, verdankt sie aber noch einem weiteren Mann, mit dem sie seit der Hochstiftsenquête eine Lebenslange Freundschaft verband: Philipp Stein. „Manchmal hat man auch Glück. Ich hatte es, als ein Zufall mich mit Philipp Stein, damals Leiter des Instituts für Gemeinwohl in Frankfurt a. M., bei Gelegenheit der bereits erwähnten Hochstiftsenquête zusammenführte. Er wurde uns im Laufe der Jahre ein lieber Freund, der häufig unser Gast war und dessen Einladung wir, als er sich dann verheiratet hatte, immer mit besonderer Freude folgten."[54] Philipp Stein (1870–1932) studierte in Tübingen, Berlin und Leipzig. Er war ab 1895 für Mertons *Institut für Gemeinwohl* tätig und wurde 1903 dessen Geschäftsführer. Zu seinen Arbeitsschwerpunkten zählten hier in erster Linie die *Gemeinnützige Rechtsauskunftstelle für Arbeiterangelegenheiten*, die *Centrale für private Fürsorge*,

---

[50] Ebd., S. 7.
[51] Ebd., S. 11 f.
[52] Katzenstein, Henriette Fürth, a. a. O., S. 6–7.
[53] Fürth, Streifzüge durch das Land meines Lebens, a. a. O., S. 166.
[54] Ebd., S. 164.

der *Verein für Förderung des Arbeiterwohnungswesens* und das *Soziale Museum*. 1901 wurde er Dozent für Sozialpolitik und Genossenschaftswesen an der frisch gegründeten Akademie für Sozial und Handelswissenschaften und 1914 an der Universität. 1909–1912 war er Vorstandsmitglied der Deutschen Gesellschaft für Soziologie. Von 1909 bis 1919 war er ehrenamtlicher Stadtrat. 1919 erfolgte die Ernennung zum Honorarprofessor. 1925 verließ er Frankfurt am Main und wurde in Berlin schließlich zum Anwalt des Deutschen Genossenschaftsverbandes gewählt.[55] Bei der Umsetzung ihres Planes stand Henriette Fürth vor der Schwierigkeit, dass sich die Endphase als eine „solche Fülle anstrengender und zeitraubender Arbeit" erwies, dass es ihr unmöglich war, „daneben auch noch sogenannte Brotarbeit zu leisten", also Artikel nur wegen des Honorars zu schreiben. In dieser misslichen Lage wandte sie sich an Stein, der ihr nach „Einsichtnahme" in ihre „Disposition und stoffliche Grundlage [...] vom Institut für Gemeinwohl dreitausend Mark" beschaffte, womit ihr „überreichlich geholfen" war.[56] Stein war es auch, der ihr den Kontakt zum Verleger Gustav Fischer in Jena vermittelte, „der ohne diese Fürsprache sich wohl kaum die Mühe genommen hätte, das Manuscript einer wenig bekannten Autorin, ohne Titel und Würden, ja selbst ohne Abitur und irgendeinen akademischen Grad auch nur anzusehen."[57]

Der Vertrag, den Philipp Stein im Namen des Instituts für Gemeinwohl mit Henriette Fürth schloss, sah vor, dass die dreitausend Mark im Falle eines Verkaufserfolges über Erlöse zurückgezahlt werden sollten, im Falle eines Misserfolges aber zu Lasten des Institutes gingen. Sie hingegen verpflichtete sich, die Philipp Stein vorgelegten Daten wissenschaftlich aufzubereiten, auszuwerten und zu publizieren.[58] Mit dieser Arbeit passte Henriette Fürth sehr gut in das Programm des Instituts, dessen Selbstverständnis im ersten Jahresbericht klar formuliert wird: „Das Institut für Gemeinwohl verfolgt den Zweck, die jeweiligen sozialen und wirtschaftlichen Zustände zu untersuchen, was zur Lösung der dabei sich ergebenden Probleme von öffentlicher und privater Seite geschieht und geschehen kann, festzustellen, und die Ergebnisse seiner Untersuchungen weiteren Kreisen zugänglich zu machen."[59] Das Institut für Gemeinwohl war – obwohl es später mehrere Stifter gab – in erster Linie das Werk Wilhelm Mertons (1848–1916), „bei

[55] Fritz Koch, Stein, Philipp, in: Frankfurter Biographie. Personengeschichtliches Lexikon. Zweiter Band MZ. Herausgegeben von Wolfgang Klötzer. Bearbeitet von Reinhard Frost und Sabine Hock, Frankfurt am Main 1996, S. 423–424.
[56] Fürth, Streifzüge durch das Land meines Lebens, a.a.O., S. 166 f.
[57] Ebd., S. 167.
[58] Phillip Stein, Vertrag zwischen dem Institut für Gemeinwohl und Frau Henriette Fürth, Darmstadt: Hessisches Wirtschaftsarchiv Abt. 15 Nr. 15 1906.
[59] Berichte des Instituts für Gemeinwohl, Gesellschaft mit beschränkter Haftung zu Frankfurt am Main über die ersten 5 Geschäftsjahre 1896/97–1900/01 seit Umwandlung in eine „Gesellschaft mit beschränkter Haftung". Frankfurt am Main 1902, S. 4.

dem in einer echt modernen Weise die Hingabe von Geld für Wissenschaft und Kunst mit der Förderung sozialpolitischer und wohlfartspflegerischer Einrichtungen Verknüpft war, und bei dem sich alle Spenden und Beihilfen in einen Gesamtplan des Dienstes am Gemeinwohl fügten, den er selbst geschaffen hatte und durchzuführen willens war."[60] Der 1848 geborene Merton trat nach ungebundenen Jugendjahren 1876 der elterlichen Metallhandelsgesellschaft bei, die er 1881 nach dem Rückzug des Vaters in eine Aktiengesellschaft umwandelte und dadurch ein international einflussreiches Unternehmen schuf.[61] Parallel dazu gründete er 1890 mit dem *Institut für Gemeinwohl* eine Dachorganisation, um die Arbeit verschiedener Sozialfürsorge- und Wohltätigkeitseinrichtungen in Frankfurt zu koordinieren und zu lenken. „Er ging den Armen nach in ihre Wohnungen und in ihre Familien und so kam er von den Armen zur Armut, und sie führte ihn den Weg zur sozialen Frage. Ihm dem Kaufmann, dessen Beruf Organisieren ist, wurde das wissenschaftliche Problem unmittelbar zur praktischen sozialen Aufgabe."[62] Mit diesem sozialen Unternehmen hatte er sich ein Mittel geschaffen, um großflächig und koordiniert zu helfen und Helfen zu helfen. Wem er aber half, „der mußte sich auch als Glied in ein Ganzes einfügen, mit dem von Merton soziale Zielsetzungen verknüpft wurden." Es galt also der Grundsatz: „Ich, der Mäzen gebe; aber von dir, dem Empfänger, wird erwartet – nicht etwa, daß du *mir* dienst oder *mich* verherrlichst, auch nicht eigentlich eine ungewöhnliche Qualitätsleistung, sondern – die Anerkennung und Beachtung eines allgemein sachlichen Prinzips."[63] Mertons Institut war ein wichtiger „Drehpunkt"[64] in Frankfurt, nicht nur für die Sozialfürsorge der Stadt, sondern auch für Karrieren vieler Junger Wissenschaftler, zu denen beispielsweise auch Leopold von Wiese und Othmar Spann zählten.

Merton handelte überlegt und war bemüht möglichst nachhaltig zu helfen, erkannte dabei das Potential von sozialwissenschaftlich gebildeten Führungskräften und zog daraus Konsequenzen. Gemeinsam mit dem damaligen Oberbürgermeister Franz Adickes war er 1901 federführend an der Gründung der *Akademie für Sozial- und Handelswissenschaften* und später auch an der Universitätsgründung beteiligt. Merton und dem damaligen Geschäftsführer seines Institutes, Andreas Voigt, ist es zu verdanken, dass die Akademie mehr war als nur eine Handelshochschule, sondern, dass von Beginn an auch Staatswissenschaften, Soziologie und Sprachen unterrichtet wurden. Zum wissenschaftlichen Beirat der Akademie zählten mit

---

[60] Wiese, Die Funktion des Mäzens im gesellschaftlichen Leben, a. a. O., S. 14 f.

[61] Hans Aichinger, Wilhelm Merton in seiner Zeit, Frankfurt am Main 1965, S. 23–98.

[62] Philipp Stein, Wilhelm Merton. Rede bei der von dem Magistrat der Stadt Frankfurt a. M. im Bürgersaal des Rathauses am 2. Januar 1917 veranstalteten Gedächtnisfeier, Frankfurt am Main 1917, S. 11.

[63] Wiese, Die Funktion des Mäzens im gesellschaftlichen Leben, a. a. O., S. 15.

[64] Georg Simmel, Der Raum und die räumlichen Ordnungen der Gesellschaft, in: Soziologie. Untersuchungen über die Formen der Vergesellschaftung. Gesamtausgabe Bd. 11, Frankfurt am Main 1992, S. 687–790 (besonders S. 706–711).

Brentano, Knapp, Schmoller, Max Weber und Anderen Deutschlands bedeutende Wirtschafts- und Sozialwissenschaftler.[65] 1907 wurden, mit dem Umzug der Akademie in den Neubau der Jügelstiftung einhergehend, Lehrstühle für Geschichte, Philosophie, Germanistik und Wirtschaftsgeographie eingerichtet.[66] Damit war schon ein wichtiger Schritt zur Universitätsgründung getan. Doch bevor diese 1911 richtig in Angriff genommen wurde, und die Akademie in die Fakultät für Wirtschafts- und Sozialwissenschaften übergeleitet werden sollte, gastierte in den Räumen des Jügelhauses noch eine frisch gegründete Vereinigung akademischer Sozialwissenschaftler, die sich im Gegensatz zum Verein für Socialpolitik rein wissenschaftlichen Zielen verpflichtet sah und im Oktober 1910 in Frankfurt ihren ersten Kongress abhielt.

Eröffnet wurde der Erste Deutsche Soziologentag am 19. Oktober 1910 mit einem Vortrag zur Soziologie der Geselligkeit, gehalten von Georg Simmel.[67] Auf diesem Kongress war auch Henriette Fürth vor Ort und beteiligte sich an der Diskussion, die im Anschluss an einen Vortrag von Alfred Ploetz über *Die Begriffe Rasse und Gesellschaft und einige damit zusammenhängende Probleme* entbrannte.[68] Sie nutzte dessen Ausführungen über Gesellschaftsbiologie und Eugenik dazu, um in diesem Kontext die gesellschaftliche Relevanz des Mutterschutzes und der sozialen Fürsorge zu betonen.[69]

Einen großen Fürsprecher in der Deutschen Gesellschaft für Soziologie hatte sie in Rudolf Goldscheid gefunden, in dem Ferdinand Tönnies zufolge der „Gedanke einer solchen Gesellschaft zuerst [...] Gestalt gewonnen" hatte.[70] Er war nicht nur maßgeblich an der Gründung der Gesellschaft, sondern auch federführend am Zustandekommen des ersten Soziologentages beteiligt und sollte bereits auf diesem Kongress Max Webers großer Kontrahent in Werturteilsfragen werden. „Persönlich habe ich ihm eine Anerkennung seltener Art zu danken", schreibt Henriette Fürth in ihren Lebenserinnerungen. „Ich wurde ohne mein Zutun auf seine Anregung als erste Frau in Deutschland zum Mitglied der deutschen Gesellschaft für Soziologie ernannt."[71] Ob sie nun wirklich die erste Frau in der Deutschen Gesellschaft für

---

[65] Aichinger, Wilhelm Merton in seiner Zeit, a.a.O., S. 211.

[66] Vgl. ebd., S. 207–214.

[67] Georg Simmel, Soziologie der Geselligkeit, in: Verhandlungen des Ersten Deutschen Soziologentages vom 19.–22. Oktober 1910 in Frankfurt am Main, Tübingen 1911, S. 1–16.

[68] Alfred Ploetz, Die Begriffe Rasse und Gesellschaft und einige damit zusammenhängende Probleme, in: Verhandlungen des Ersten Deutschen Soziologentages vom 19.–22. Oktober 1910 in Frankfurt am Main, Tübingen 1911, S. 111–136.

[69] Henriette Fürth, Diskussionsbeitrag zu A. Plötz, Die Begriffe Rasse und Gesellschaft und einige damit zusammenhängende Probleme, in: Verhandlungen des Ersten Deutschen Soziologentages vom 19.–22. Oktober 1910 in Frankfurt am Main, Tübingen 1911, S. 150–151.

[70] Ferdinand Tönnies, Rudolf Goldscheid (1870–1931), in: Gesamtausgabe, Bd. 22. Berlin/New York 1998, S. 308–314, hier S. 308.

[71] Fürth, Streifzüge durch das Land meines Lebens, a.a.O., S. 141.

Soziologie war, kann nicht mit Sicherheit rekonstruiert werden, da es sich mit den erhalten gebliebenen Mitgliederlisten im Nachlass von Ferdinand Tönnies nicht einwandfrei belegen lässt.[72] Gesichert ist jedoch, dass sie zu den ersten Mitgliedern der Gesellschaft gehört.

Im darauf folgenden Jahr publizierte sie neben ihrer Monographie über die *Mutterschaftsversicherung* in den *Sozialistischen Monatsheften* einige kleinere Aufsätze, die sich mit dem Geschlechterproblem aus soziologischer Perspektive auseinandersetzten.[73] Während dessen wurden Adickes' und Mertons Aktivitäten hinsichtlich der Universitätsgründung wieder sichtbar. Als mit der Gründung der Universität 1914 der Erste Weltkrieg ausbrach, wurde Henriette Fürth wieder einmal von der Praxis eingeholt. Sie engagierte sich in ihrem Stadtviertel Bornheim in der Kriegsfürsorge und war am Aufbau der Frankfurter Kriegsküchen beteiligt.[74] Nach dem ersten Weltkrieg kandidierte sie erfolglos für die Nationalversammlung und 1919 – als an der Frankfurter Fakultät für Wirtschafts- und Sozialwissenschaften Deutschlands erster Lehrstuhl für Soziologie[75] eingerichtet wurde – zog sie für die SPD in die Stadtverordnetenversammlung und wurde Mitglied im großen Rat der Universität.[76] Ihren thematischen Wechsel von Arbeiterangelegenheiten zur Frauenfrage trieb sie weiter und beschäftigte sich in den folgenden Jahren mit Geburtenproblemen und Rassenhygiene. Das Resultat waren einige größere demographische Arbeiten.[77] 1932 erhielt sie anlässlich ihres 70. Geburtstages Anerkennung für ihr Lebenswerk und wurde mit der Ehrenplakette der Stadt Frankfurt am Main und einer Ehrenurkunde der Goethe-Universität ausgezeichnet. 1938 starb sie in Bad Ems „als Fremde in ihrem Vaterland", nachdem sie sich aus der Öffentlichkeit zurückgezogen hatte.[78]

---

[72] Vgl. Sonngrit Fürter, Frauen in der Deutschen Gesellschaft für Soziologie 1909–1914. Diplomarbeit an der Fakultät für Soziologie, Universität Bielefeld 1989, S. 90.

[73] Henriette Fürth, Die Mutterschaftsversicherung, Jena 1911; dies., Die soziologische Seite des Geschlechterproblems, in: Sozialistische Monatshefte 1911, S. 1473–1478; dies., Frauen und die Soziologischen Geschlechterprobleme, in: Sozialistische Monatshefte 1911, S. 1543–1548; dies., Der Neomalthusianismus und die Soziologie, in: Sozialistische Monatshefte 1911, S. 1665–1672.

[74] Fürth, Streifzüge durch das Land meines Lebens, S. 101–107.

[75] Vgl. in diesem Band den Beitrag von Klaus Lichtblau und Patrick Taube.

[76] Fürth, Streifzüge durch das Land meines Lebens, a.a.O., S. 114–117; Paul Kluke, Die Stiftungsuniversität Frankfurt am Main 1914–1932, Frankfurt am Main 1972, S. 368.

[77] Henriette Fürth, Das Bevölkerungsproblem in Deutschland, Jena 1925; Henriette Fürth, Die Regelung der Nachkommenschaft als eugenisches Problem, Stuttgart 1929.

[78] Hugo Sinzheimer, Henriette Fürth †, S. 485.

Franz Oppenheimer und der erste Lehrstuhl für Soziologie an der Goethe-Universität Frankfurt

Klaus Lichtblau und Patrick Taube

I Biographisches

Ende des Jahres 1918 stiftete der Frankfurter Kaufmann und Konsul Karl Kotzenberg der Goethe-Universität Frankfurt einen Betrag in Höhe von 300 000 Mark, um damit einen Lehrstuhl für Soziologie zu finanzieren. Ohne diese großzügige Spende wäre es nicht möglich gewesen, diesen Lehrstuhl einzurichten. Daher nahm das Kuratorium der Universität in seiner fünften Sitzung am 28. Dezember 1918 die Spende dankend an und machte sich gleich daran, die von der Fakultät vorgeschlagenen Anwärter für den Lehrstuhl zu überprüfen. Dass dies jedoch nur eine reine Formsache war, wird deutlich, wenn man sich die Bedingungen anschaut, die Kotzenberg der Universität bezüglich der Besetzung dieses Stiftungslehrstuhls gestellt hatte. Wie kam es dazu, dass er einen solch hohen Betrag für die Einrichtung des ersten soziologischen Lehrstuhls an der Universität Frankfurt zur Verfügung stellte? Und welche Gründe hatte er hierfür? Um diese Frage zu beantworten, liegt es nahe, einen kurzen Blick auf die Biographie Karl Kotzenbergs zu werfen.[1]

Karl Kotzenberg wurde am 1. April 1866 in Frankfurt geboren. Nach einer kaufmännischen Ausbildung trat er 1893 in die Fußstapfen seines Vaters und wurde Teilhaber der Seidenhandlung Gebrüder Passavant. Im Jahre 1900 wurde er Handelsrichter in Frankfurt und war in der Folgezeit als Fachmann für Groß- und Außenhandel Mitglied in verschiedenen Kommissionen und Vereinigungen. Zur

---

[1] Die folgenden biographischen Ausführungen beruhen zum einen auf den Unterlagen in Oppenheimers Personalakte, die sich im Universitätsarchiv der Goethe-Universität Frankfurt befindet und die wir für diesen Aufsatz ausgewertet haben (siehe hierzu auch die entsprechenden Dokumente, die im Anhang dieses Bandes abgedruckt sind). Bezug genommen wird ferner auf die einschlägige universitätsgeschichtliche Untersuchung von Paul Kluke, Die Stiftungsuniversität Frankfurt am Main 1914–1932, Frankfurt am Main 1972; ebenso auf die autobiographischen Erinnerungen von Franz Oppenheimer. Vgl. ders, Erlebtes, Erstrebtes, Ereichtes. Lebenserinnerungen, Düsseldorf 1964. Siehe auch ders., Auszug aus dem Fakultätsalbum: „Mein Lebenslauf", in: Bertram Schefold (Hrsg.), Wirtschafts- und Sozialwissenschaftler in Frankfurt am Main, Marburg 2004, S. 43–45;. ferner Dieter Haselbach, „Franz Oppenheimer", in: Heinz Steinert (Hrsg.), Die (mindestens) zwei Sozialwissenschaften in Frankfurt und ihre Geschichte. Ein Symposium des Fachbereichs Gesellschaftswissenschaften aus Anlaß des 75-Jahre-Jubiläums der J. W. Goethe-Universität Frankfurt 11.–12. Dezember 1989, Frankfurt am Main (o. J.), S. 55–71.

Zeit des Ersten Weltkrieges und zu Beginn der Weimarer Republik war Kotzenberg als Berater für die deutsche Regierung bei Wirtschaftsverhandlungen tätig; ferner wurde er zum norwegischen Konsul in Frankfurt ernannt. 1919 wurde er zudem Stadtverordneter für die Deutsche Demokratische Partei (DDP). Dieses Amt übte er bis 1928 aus. Bereits 1925 hatte er sich selbstständig gemacht und war Inhaber der Firma M. Andreae & Co., Import und Export, geworden.[2] Diese Firma meldete jedoch Ende der zwanziger Jahre aufgrund der Weltwirtschaftskrise den Konkurs an, wobei Kotzenberg fast sein gesamtes Vermögen verlor. Nach der Machtübernahme der Nationalsozialisten rückte Kotzenberg aufgrund seiner Zugehörigkeit zur DDP auch politisch in den Hintergrund. Am 20. Oktober 1940 verstarb er in Frankfurt.

Sein gesamtes Leben war davon geprägt, das kulturelle Leben in Frankfurt zu bereichern. Er gründete neben der Frankfurter Luftfahrtgesellschaft auch die Frankfurter Gesellschaft für Handel, Industrie und Wissenschaft sowie die Deutsch-Türkische Handelskammer. Zudem galt er als der größte Förderer des Baus des Frankfurter Waldstadions. Er stiftete sein Geld vielen Museen, Vereinen, Künstlern und Einrichtungen, die sich der Wissenschaft verschrieben hatten. Aufgrund seiner Sympathie für die von Franz Oppenheimer vertretenen sozialreformerischen Ansichten unterstützte er die Universität Frankfurt finanziell bei der Einrichtung des ersten Lehrstuhls für Soziologie im deutschsprachigen Raum. Die erst 1914 gegründete und insofern noch sehr junge Universität sollte ein akademisches Aushängeschild erhalten, das auch die wissenschaftliche Bedeutung der Stadt Frankfurts nachhaltig unterstreichen würde. Damit dies in seinem Sinne geschah, knüpfte Kotzenberg seine Geldspende an Bedingungen, welche die Universität erfüllen musste, um diesen soziologischen Lehrstuhl zu erhalten. Dies betraf vor allem die Auswahl des Inhabers dieses Lehrstuhls aus den drei von der Wirtschafts- und Sozialwissenschaftlichen Fakultät vorgeschlagenen Kandidaten. Neben dem von Kotzenberg selbst ins Spiel gebrachten Franz Oppenheimer waren dies ferner Paul Barth und Othmar Spann.[3]

Paul Barth wurde am 1. August 1858 in Baruthe (Schlesien) geboren. Aufgrund seiner Schriften war Barth bereits recht früh als Vertreter der Soziologie in Deutschland bekannt geworden. Zur Zeit der Einrichtung des ersten soziologischen Lehrstuhls in Frankfurt nahm er an der Universität Leipzig das Amt eines Honorarprofessors für Philosophie und Pädagogik wahr. Er beschäftigte sich hauptsächlich mit der Geschichtsphilosophie Hegels und dessen Schüler sowie mit der Analyse des Erziehungswesens. Sein Hauptwerk war insofern zwischen der Philosophie und der Soziologie situiert, als er die Geschichtsphilosophie soziologisch neu

---

[2] Vgl. hierzu das Personenverzeichnis des Frankfurter Hauptfriedhofes im Internet unter: http://www.frankfurter-hauptfriedhof.de/kotzenberg-6-150.htm (Zugriff am 25.02.2010).
[3] Vgl. Kluke, Die Stiftungsuniversität Frankfurt am Main, a. a. O., S. 315 ff.

zu fundieren beabsichtigte. Barth war ferner von 1902–1916 Mitherausgeber der *Vierteljahresschrift für Philosophie und Soziologie*.[4]

Othmar Spann wurde am 1. Oktober 1878 in Altmannsdorf bei Wien geboren. Er war seit 1909 an der *Deutschen Technischen Hochschule Brünn* als Professor tätig und nahm von 1919–1938 an der Universität Wien eine Professur für Politische Ökonomie und Gesellschaftslehre wahr. Spann war der Ansicht, dass die Volkswirtschaftslehre einen Teil der Soziologie darstellt und dass die Soziologie die Aufgabe habe, die Gesamtheit des gesellschaftlichen Lebens der Menschen mit all seinen Erscheinungsformen zu untersuchen. In die Geschichte der Soziologie ist er vor allem als Vertreter eines soziologischen Universalismus eingegangen, der in eigentümlicher Weise mit der Ideologie des österreichischen Ständestaates verbunden war.[5]

Der dritte Anwärter auf diese Professur, der schließlich berufen wurde, war der Berliner Nationalökonom und Soziologe Franz Oppenheimer. Dieser wurde am 30. März 1864 in Berlin als Sohn des jüdischen Predigers Dr. Julius Oppenheimer und der Lehrerin Antonie Oppenheimer geboren. Er war das dritte Kind der Familie. Von 1881 bis 1885 studierte er in Freiburg und Berlin Medizin, wo er schließlich bei Paul Ehrlich promovierte. In den folgenden zehn Jahren war er als praktischer Arzt in einem Armenviertel Berlins tätig. Seit 1890 beschäftigte er sich auch zunehmend mit der Sozialökonomik und den sozialpolitischen Problemen seiner Zeit. 1896 stellte er seine ärztliche Tätigkeit ein und wurde Chefredakteur der *Welt am Montag*. Im darauf folgenden Jahr veröffentlichte Oppenheimer seine erste wissenschaftliche Arbeit *Die Siedlungsgenossenschaft*, in der er erstmals das von ihm entwickelte sogenannte „Transformationsgesetz" zur Diskussion stellte.[6] 1908 wurde er an der Universität Kiel mit einer Arbeit über den Ökonomen David Ricardo zum Dr. phil. promoviert.[7] Bereits im darauf folgenden Jahr habilitierte er sich an der Berliner Universität und war dort seitdem als Privatdozent im Bereich der Wirtschaftswissenschaften tätig. Er gehörte zu den Gründern der *Deutschen Gesellschaft für Soziologie*, die am 3. Januar 1909 in Berlin gegründet wurde. Acht

---

[4] Vgl. Paul Bahrth, Die Geschichtsphilosophie Hegels und der Hegelianer bis auf Marx und Hartmann, Leipzig 1890; Die Philosophie der Geschichte als Soziologie, Leipzig 1897; Die Elemente der Erziehungs- und Unterrichtslehre, Leipzig 1906; Die Geschichte der Erziehung in soziologischer und geistesgeschichtlicher Beleuchtung, Leipzig 1911.

[5] Vgl. Othmar Spann, Wirtschaft und Gesellschaft. Eine dogmenkritische Untersuchung, Dresden 1907; Der wahre Staat. Vorlesungen über Abbruch und Neubau der Gesellschaft, Leipzig 1921; ders., Gesellschaftslehre, 2. Aufl. 1924; ders., Tote und lebendige Wissenschaft. Abhandlungen zur Auseinandersetzung mit Individualismus und Marxismus, 2. Aufl. Jena 1925. Spann war seit 1931 ferner Herausgeber der Zeitschrift *Ständisches Leben*.

[6] Vgl. Oppenheimer, Die Siedlungsgenossenschaft. Versuch einer positiven Überwindung des Kommunismus durch Lösung des Genossenschaftsproblems und der Agrarwirtschaft, Leipzig 1896.

[7] Ders., David Ricardos Grundrententheorie. Darstellung und Kritik, Berlin 1909.

Jahre später wurde er in Berlin zum Titularprofessor ernannt. Zwei Jahre später folgte er dem Ruf auf eine soziologische Professur an der Goethe-Universität Frankfurt. Die Fakultät, in der dieser neue Lehrstuhl angesiedelt war, setzte Paul Barth auf Platz eins der Berufungsliste, obwohl dies nicht im Sinne des Stifters Karl Kotzenberg war. Denn dieser sprach sich vehement für die Berufung von Franz Oppenheimer aus. Da die Fakultät in dieser Vorgehensweise jedoch einen Eingriff in ihre wissenschaftliche Autonomie sah, weigerte sie sich, die Reihenfolge der Listenplätze zu verändern. Allerdings stand Oppenheimer bereits Ende des Jahres 1918 als erster Inhaber des neu eingerichteten Lehrstuhls für „Soziologie und Theoretische Nationalökonomie" fest, obwohl zu diesem Zeitpunkt immer noch Paul Barth von der Fakultät bevorzugt wurde.[8]

In einem Schreiben vom 27. Dezember 1918 schlug der Dekan der Wirtschafts- und Sozialwissenschaftlichen Fakultät Fritz Schmidt dem Preußischen Ministerium für Wissenschaft, Kunst und Volksbildung in Berlin neben Franz Oppenheimer noch Othmar Spann und Paul Barth als mögliche Kandidaten für die Besetzung des Lehrstuhls vor. Bereits drei Tage nach diesem Schreiben schickte das Universitäts-Kuratorium einen Erlass an das Ministerium, der auf den 15. Dezember 1918 datiert war. In diesem Schreiben wurde Franz Oppenheimer als einziger Anwärter genannt und darauf hingewiesen, dass mit dem Stifter des Lehrstuhls noch genauere Vereinbarungen über dessen finanzielle Ausstattung getroffen werden müssten. Aufgrund Kotzenbergs Drängen berief das Ministerium gegen den Willen der Fakultät schließlich Franz Oppenheimer auf den neu eingerichteten Lehrstuhl für Soziologie.[9]

In der am 17. Januar 1919 zwischen Franz Oppenheimer und der Universität getroffenen Vereinbarung wurde festgehalten, dass der von Oppenheimer wahrzunehmende Lehrauftrag sowohl die Soziologie als auch die Theoretische Nationalökonomie umfassen sollte. Dies war eine Bedingung Oppenheimers, die er im Einverständnis mit dem zuständigen Ministerium gegen den Willen der Fakultät durchsetzte. Dies hatte zur Folge, dass seine Stellung an dieser Fakultät nicht unangefochten blieb. Neben dieser Bedingung behielt es sich Oppenheimer ferner vor, auch Vorlesungen über die Geschichte des Sozialismus und der Nationalökonomie zu halten. Im Gegenzug verzichtete er darauf, Vorlesungen über Finanzwissenschaft oder Praktische Nationalökonomie anzubieten. Neben den die Lehre betreffenden Aspekten wurden in dieser Berufungsvereinbarung natürlich auch die finanziellen Modalitäten von Oppenheimers Wirken in Frankfurt festgelegt. Bereits zu Beginn seiner Lehrtätigkeit erhielt Oppenheimer das Höchstgehalt von 8.400 Mark zuzüglich eines Wohngeldzuschusses in Höhe von

---

[8] Vgl. Kluge, Die Stiftungsuniversität Frankfurt am Main, a. a. O., S. 315 f.
[9] Zu den genaueren Umständen der Berufung von Franz Oppenheimer nach Frankfurt siehe auch die entsprechende Dokumentation im Anhang dieses Bandes.

1.300 Mark. Die Umzugskosten, um deren Bezahlung er ebenfalls gebeten hatte, wurden ihm allerdings nicht erstattet. Jedoch wurde ihm ein einmaliger Betrag in Höhe von 3.000 Mark überwiesen, der als Entschädigung für seinen Umzug von Berlin nach Frankfurt gedacht war.

Am 1. April 1919 sollte Franz Oppenheimer in Frankfurt mit seiner Lehrtätigkeit beginnen. Dies scheiterte jedoch daran, dass er am 3. März 1919 ins Frankfurter Marienkrankenhaus eingewiesen wurde, um sich, wie er es selbst nannte, „einem winzigen chirurgischen Eingriff" zu unterziehen, dessen Nachbehandlung nicht länger als eine Woche dauern sollte. Um welche Art von Operation es sich dabei handelte, ist nicht bekannt. Allerdings traten kurz nach der Operation Komplikationen auf. Dazu kam eine schwere Wundinfektion, die Oppenheimer zweieinhalb Monate ans Krankenhausbett fesselte.[10] Der Beginn seiner Lehrtätigkeit wurde aus diesem Grund zunächst auf den 12. Mai 1919 verschoben und fand schließlich erst im Wintersemester 1919/20 statt.

Oppenheimer begann seine Lehrtätigkeit an der Frankfurter Universität mit Übungen zur Theoretischen Nationalökonomie und Vorlesungen über die Geschichte des Sozialismus sowie über das System der Soziologie, in denen er auf den Staat und die Wirtschaftsgesellschaft einging.[11] Im Sommersemester 1920 bot er ebenfalls Übungen zur Theoretischen Nationalökonomie für Anfänger und Fortgeschrittene an. An Stelle der Vorlesung über die Geschichte des Sozialismus hielt er in diesem Semester jedoch eine Vorlesung über die Geschichte der Nationalökonomie.[12] Diesen periodischen Wechsel zwischen der Geschichte des Sozialismus und der Geschichte der Nationalökonomie hielt Oppenheimer während seiner gesamten Frankfurter Zeit bei. Auch im Wintersemester 1920/1921 blieb er diesem Muster treu und bot neben den Übungen über Theoretische Nationalökonomie für Anfänger und Fortgeschrittene erneut die Vorlesung über die Geschichte des Sozialismus an[13], bevor er im darauf folgenden Sommersemester 1921 eine Pause einlegte und keine Lehrveranstaltungen anbot. Ob dies mit seiner schweren chronischen Bronchitis zusammenhing, die ihn später teilweise berufsunfähig werden lies, ist nicht ganz klar. Möglich ist auch, dass er auf Grund der Erkrankung seiner zweiten Frau Mathilde, die ein Jahr später verstarb, seine Lehrtätigkeit für kurze Zeit ruhen ließ.[14] Zu dieser Zeit begann er mit der Arbeit am ersten Halbband seines achtbändigen und über 4000 Seiten umfassenden Hauptwerks *System der*

---

[10] Vgl. Oppenheimer, Erlebtes, Erstrebtes, Erreichtes, a.a.O., S.253.
[11] Vgl. hierzu die entsprechenden Angaben zu Oppenheimers Lehrangebot im Vorlesungsverzeichnis der Universität Frankfurt unter: http://publikationen.ub.uni-frankfurt.de/volltexte/2004/2001919/ (Zugriff am 21.02.2010).
[12] Vgl. http://publikationen.ub.uni-frankfurt.de/volltexte/2004/2001920/ (Zugriff am 21.02.2010).
[13] Vgl. http://publikationen.ub.uni-frankfurt.de/volltexte/2004/2001920/ (Zugriff am 21.02.2010).
[14] Vgl. Renate Heuer/Siegbert Wolf, Franz Oppenheimer, in: dies. (Hrsg.), Die Juden der Frankfurter Universität, Frankfurt am Main 1997, S.282–288 (hier S.281).

Soziologie, der 1922 erschien. Bis dahin hatte sich Oppenheimer hauptsächlich mit dem Kommunismus, dem Kapitalismus sowie der Sozialen Frage beschäftigt und dazu auch mehrere Bücher veröffentlicht.[15]

Im April 1922 bat Oppenheimer das Preußische Ministerium für Wissenschaft, Kunst und Volksbildung darum, ihn für drei Jahre zu beurlauben, um in dieser Zeit nach Japan reisen zu können. Der Minister entsprach dem Wunsch unter der Bedingung, dass Oppenheimer für diesen Zeitraum kein Gehalt erhalten sollte. Oppenheimer unterließ jedoch diese Reise und verzichtete auf den von ihm beantragten dreijährigen Urlaub. Ob er dies auf Grund der fehlenden Bezahlung, seiner schlechten Gesundheit oder auf Grund von anderen Umständen tat, ist nicht bekannt.

In den folgenden Semestern übte Oppenheimer seine Lehrtätigkeit mit den üblichen Vorlesungen und Übungen aus. Große Änderungen wurden nicht vorgenommen. Erst im Wintersemester 1922/1923 veränderte Oppenheimer sein Lehrprogramm in der Weise, dass er es um eine Vorlesung über Allgemeine Soziologie sowie um ein Soziologisches Kolloquium erweiterte, das er zusammen mit seinem Assistenten Gottfried Salomon-Delatour abhielt.[16] Die Vorlesung zur Allgemeinen Soziologie bot Oppenheimer bis zu seiner Emeritierung im Jahr 1929 noch vier weitere Male an. Das Soziologische Kolloquium (später auch als „Soziologische Übungen" bezeichnet) wurde hingegen zu einem festen Bestandteil in der Lehre und ist von Oppenheimer mit wenigen Ausnahmen in jedem Semester angeboten worden.[17] Im Sommersemester 1924 hielt Franz Oppenheimer eine Vorlesung über Karl Marx, die er in dieser Form nie mehr anbot. Im gleichen Semester bekam er wieder starke Probleme mit seiner schweren chronischen Bronchitis, die ihn an der Ausübung seiner Lehrtätigkeit behinderten. Als Folge davon wurde Oppenheimer ein Semester lang beurlaubt und zu einer Kur in die Schweiz geschickt, da bereits die von ihm im deutschen Tiefland und im deutschen Mittelgebirge durchgeführte Kuren nicht erfolgreich waren. Er bat jedoch darum, diesen Urlaub nicht als Krankheitsurlaub, sondern als Arbeitsurlaub zu bewerten, da er beabsichtigte, den zweiten Teil des dritten Bandes seines Hauptwerkes *System der Soziologie* über die „Gesellschaftswirtschaft" fertig zu stellen. Den zweiten Teil des ersten Ban-

---

[15] Vgl. Franz Oppenheimer, Die Siedlungsgenossenschaft, a. a. O.; Großgrundeigentum und soziale Frage. Versuch einer neuen Grundlegung der Gesellschaftswissenschaft, Berlin 1898; Das Grundgesetz der Marx'schen Gesellschaftslehre. Darstellung und Kritik, Berlin 1903; Der Staat, Frankfurt am Main 1912; Kapitalismus – Kommunismus – wissenschaftlicher Sozialismus, Berlin/Leipzig 1919.

[16] Vorlesungsverzeichnis der Universität Frankfurt, Wintersemester 1922/1923; im Internet unter: http://publikationen.ub.uni-frankfurt.de/volltexte/2004/2001922/ (Zugriff am 21.02.2010).

[17] Zu einem Gesamtüberblick über die von Oppenheimer in Frankfurt angebotenen Lehrveranstaltungen vgl. http://megadigitale.gdv.informatik.uni-frankfurt.de/experimentierstube/wiki/SOZFRA/ index.php/Kurzbiographie_Franz_Oppenheimers.

des sowie den ersten Teil des dritten Bandes hatte er bereits 1923 veröffentlicht.[18] Die Vertretung seiner Professur übernahm im Wintersemester 1924/25 Gottfried Salomon-Delatour, mit dem er schon in den vorangegangenen Semestern mehrere soziologische Veranstaltungen zusammen abgehalten hatte.[19]

Nach der Rückkehr aus seinem krankheitsbedingten Urlaub ging Oppenheimer im Sommersemester 1925 wieder seiner gewohnten Lehrtätigkeit nach. Neben den üblichen Vorlesungen und Übungen über Theoretische Nationalökonomie und dem mittlerweile obligatorischen Soziologischen Kolloquium hielt er in diesem Semester auch eine Vorlesung über die Soziologie des Staates.[20] In den folgenden Semestern veränderte Oppenheimer sein Lehrangebot kaum. Neben den bekannten Übungen und Vorlesungen hielt er gelegentlich noch Veranstaltungen zur Marxschen Lehre ab, die jedoch in seinem Lehrplan nicht als obligatorisch ausgewiesen wurden. 1926 veröffentlichte Oppenheimer den zweiten Band seines Hauptwerkes *System der Soziologie*. Im darauf folgenden Jahr brachte er unter dem Titel *Soziologische Streifzüge. Gesammelte Reden und Aufsätze* eine Schriftensammlung heraus. Zwei Jahre später, also 1929, folgten *Mein wissenschaftlicher Weg* sowie der erste Teil des vierten Bandes seines *System der Soziologie*. Die beiden letzten Teile dieses Werkes, nämlich der zweite und der dritte Teil des vierten und letzten Bandes, folgten 1933 und 1935. Kurz nach Veröffentlichung des letzten Bandes wurde Oppenheimers Hauptwerk, an dem er dreizehn Jahre lang gearbeitet hatte, von den Nationalsozialisten verboten. Am 31. März 1929 wurde Franz Oppenheimer emeritiert. Kurze Zeit später kehrte er nach Berlin zurück. 1934 und 1935 lebte er in Palästina und lehrte an der dortigen Hebräischen Universität.[21] Danach kehrte er noch einmal nach Deutschland zurück. 1938 emigrierte er dann zunächst nach Japan und später in die USA. Dort ließ er sich in Los Angeles nieder und lebte dort bis zu seinem Tod am 30. September 1943. Im Mai 2006 sind seine sterblichen Überreste auf dem Frankfurter Südfriedhof feierlich beigesetzt worden.[22]

---

[18] Vgl. Franz Oppenheimer, System der Soziologie, Band I: Allgemeine Soziologie, Teilband 1: Grundlegung, Stuttgart 1922; Teilband 2: Der soziale Prozeß, Stuttgart 1923; Band III: Theorie der reinen und politischen Ökonomie, Teilband 1: Grundlegung, Stuttgart 1923; Teilband 2: Die Gesellschaftswirtschaft, Stuttgart 1924. Band II („Der Staat") erschien 1926, während die drei Teilbände von Band IV („Abriß einer Sozial- und Wirtschaftsgeschichte") 1929–1935 erschienen sind.

[19] Vgl. http://publikationen.ub.uni-frankfurt.de/volltexte/2004/2001924/ (Zugriff am 21.02.2010). Siehe in diesem Band ferner den Beitrag von Timo Wagner.

[20] Vgl. http://publikationen.ub.uni-frankfurt.de/volltexte/2004/2001925/ (Zugriff am 21.02.2010).

[21] Renate Heuer/Siegbert Wolf, Franz Oppenheimer, a. a. O., S. 284.

[22] Vgl. hierzu den entsprechenden Bericht von Wolfgang Glatzer, DGS-Gründungsmitglied Franz Oppenheimer in Frankfurt beigesetzt, in: Soziologie. Mitteilungsblatt der Deutschen Gesellschaft für Soziologie, Heft 3 (2007), S. 325–327.

II Werk und Würdigung

Die Zeit von Franz Oppenheimer an der Frankfurter Universität war durch seine
schweren gesundheitlichen Leiden geprägt, die ihn mehrere Male an der Ausübung
einer Tätigkeit als Hochschullehrer behinderten, sowie durch die anfänglichen
Konflikte mit der Fakultät.[23] Diese Konflikte brachen bereits im Rahmen seiner
Berufungsverhandlungen aus, da er daraufbestand, seinem Lehrauftrag für Soziologie
um einen Lehrauftrag für „Theoretische Nationalökonomie" zu erweitern. Da er
sich dabei über den Wunsch der Fakultät für Wirtschafts- und Sozialwissenschaften
hinweg setzte und sich direkt an das zuständige Ministerium wandte, beschwor
er schon früh den Unmut seiner Kollegen herauf, die ihm auch später des Öfteren
Steine in den Weg legten. Ohnehin schien Frankfurt für Oppenheimer nur eine
Ersatzlösung gewesen zu sein. Dies wird auch in seiner Autobiographie deutlich,
wenn er schreibt: „Ich hätte besser getan, [den Ruf] abzulehnen."[24] Auch sein Antrag von 1922, sich für drei Jahre beurlauben zu lassen, um diese Zeit in Japan zu
verbringen sowie die Tatsache, dass er sich 1929 zum frühest möglichen Zeitpunkt
emeritieren ließ und kurze Zeit später nach Berlin zurückehrte, verdeutlichen dies.

 In seiner gesamten Frankfurter Zeit war Oppenheimer ein Außenseiter, obwohl
viele seiner Frankfurter Schüler später zu angesehenen Persönlichkeiten in ihren
jeweiligen Fächern wurden. Innerhalb der Soziologie sind vor allem Julius Kraft
und Gottfried Salomon-Delatour zu nennen, der nach Oppenheimers Emeritierung
im Jahr 1929 für kurze Zeit seinen Lehrstuhl vertrat, bevor diesen Karl Mannheim übernahm. In der Nationalökonomie sind von seinen Frankfurter Schülern
vor allem Erich Preiser sowie der spätere Wirtschaftsminister und Kanzler der
Bundesrepublik Deutschland Ludwig Erhard erwähnenswert. Dennoch konnte
Oppenheimer seiner Frankfurter Zeit kaum positive Aspekte abgewinnen. Neben
seinen zahlreichen gesundheitlichen Beschwerden verstarb zudem seine zweite
Ehefrau während der Schwangerschaft. Auch verlor Oppenheimer zunehmend
die Lust an der Lehre, was vor allem an der geringen Zahl der Besucher seiner
soziologischen Vorlesungen lag.[25]

 Am deutlichsten wird Oppenheimers Einstellung zu seiner Frankfurter Zeit
in den entsprechenden Ausführungen seiner Autobiographie *Erlebtes, Erstrebtes,*
Erreichtes, in der er die zehn Frankfurter Jahre auf nicht einmal vier Seiten ab-
handelte. In diesen autobiographischen Erinnerungen hob er ausdrücklich hervor,

---

[23] Neben seiner chronischen Bronchitis litt Oppenheimer auch wiederholt an einer starken Grippe.
Dazu kamen eine Blutvergiftung infolge eines chirurgischen Eingriffs und ein Schenkelbruch, der ihn
den Rest seines Lebens schwer behindert hatte. Vgl. Oppenheimer, Erlebtes, Erstrebtes, Erreichtes,
a. a. O., S. 253.

[24] Ebd., S. 251.

[25] Ebd., S. 253.

dass ihm der Wechsel von der Spree an den Main durchaus schwer gefallen ist. Dies lag nicht nur an dem bereits damals zumindest im Sommer unerträglichen Frankfurter Klima mit seiner feucht-warmen Luft, die fast schon an tropische Verhältnisse erinnert und auf die Oppenheimer in seinen Lebenserinnerungen zwei ernsthafte grippale Erkrankungen mit „sehr unangenehmen Nebenwirkungen" sowie seine chronische Bronchitis zurückführte, die er sich in Frankfurt zugezogen hatte.[26] Oppenheimers ambivalente Gefühle gegenüber dem neuen Wirkungsradius, die im Laufe der Zeit offensichtlich nicht verschwanden, sondern seine vorzeitige Versetzung in den Ruhestand mit motiviert hatten, verdankten sich darüber hinaus auch dem Umstand, dass er in Berlin ähnlich wie sein dortiger Kollege Georg Simmel ein außerordentlich erfolgreicher akademischer Lehrer mit großer Zuhörerschaft war, dem das damals noch übliche Kolleggeld eine standesgemäße Lebensführung ermöglichte, um die ihn manch „ordentlicher" Berliner Professor beneidete und die Oppenheimer trotz der anstehenden Verbeamtung offensichtlich durch den Wechsel nach Frankfurt als gefährdet ansah.

Tatsächlich gelang es ihm im Unterschied zu seiner Berliner Zeit in Frankfurt nicht, einen größeren Schülerkreis um sich zuscharen, was besonders hervorzuhebende individuelle Schülerschaften wie die des später als „Vater der sozialen Marktwirtschaft" bekannt gewordenen deutschen Bundeskanzlers Ludwig Erhard natürlich nicht ausschließt. So klagte Oppenheimer in seinen Lebenserinnerungen darüber, dass die angehenden Diplomvolkswirte, aus denen sich vorwiegend seine Zuhörerschaft rekrutierte, „derart mit Pflichtvorlesungen überlastet" gewesen seien, dass für das Studium des von ihm vertretenen Hauptfaches – nämlich der Soziologie – „nur sehr wenigen die Zeit und die Kraft übrigblieben". Oppenheimer fuhr in diesem Zusammenhang fort: „Ich las eine meiner schönsten Vorlesungen, über den ‚Staat', im Wintersemester 1927 vor einem Auditorium von nur etwa dreißig bis vierzig Hörern, von denen noch dazu die meisten nicht meiner Fakultät angehörten. Man versteht, dass einem Dozenten, der wie ich gewöhnt war, vor sehr großen Hörerschaften zu sprechen, dabei die Lust am Leben nicht gerade gesteigert wurde."[27]

Insofern erging es Oppenheimer in seiner Frankfurter Zeit nicht sehr viel besser als Georg Simmel, der 1914 an die damals reichsdeutsche Universität Straßburg berufen wurde und sich dort bis zu seinem Tod im Jahre 1918 ebenfalls nicht über volle Hörsäle beklagen konnte.[28] Waren es bei Simmel jedoch der Ausbruch des Ersten Weltkrieges und die sich durch die deutsche Besetzung

---

[26] Ebd.
[27] Ebd.
[28] Siehe hierzu die entsprechenden Erinnerungen von Charles Hauter, in: Buch des Dankes an Georg Simmel. Briefe, Erinnerungen, Bibliographie, hrsg. von Kurt Gassen und Michael Landmann, Berlin 1958, S. 251–257.

des Elsaß zunehmenden deutsch-französischen Verständigungsschwierigkeiten, die damals in Straßburg einen geordneten akademischen Unterricht unmöglich machten, führte Oppenheimer seinen mangelnden akademischen Lehrerfolg in Frankfurt zum einen auf die im Vergleich zu Berlin eher bescheidene Größe von Goethes Geburtsstadt zurück, die bei Oppenheimer das Gefühl wachrief, es im Vergleich mit der Reichshauptstadt eher mit beengten, fast schon an die „Provinz" erinnernden Verhältnissen zu tun zu haben. Zum anderen machte er als Grund für die schwache Resonanz seiner Frankfurter Lehrtätigkeit aber auch den Umstand geltend, dass die Herkunft der dortigen Wirtschafts- und Sozialwissenschaftlichen Fakultät aus einer ehemaligen Handelshochschule diese zugleich dazu verpflich-tete, vornehmlich betriebswirtschaftlich orientierte Berufspraktiker für das Wirt-schaftsleben auszubilden, die nicht gerade durch ein ausgesprochenes Interesse an anspruchsvollen akademischen Fragestellungen aufgefallen sind. Insofern ist es verständlich, wenn Oppenheimer in seinen Lebenserinnerungen von sich sagt, dass er mit seiner „Eigenart als ausgesprochener Theoretiker und Universalist" dort nicht recht hingepasst hatte.[29]

Dennoch war die 1919 erfolgte Einrichtung eines Lehrstuhls für „Soziologie und Theoretische Nationalökonomie" an der Universität Frankfurt ein Glücksfall, der sich zum einen aus der mäzenatischen Tradition eines aufgeklärten und auch für die sozialen Probleme der damaligen Zeit sensiblen Frankfurter Bürgertums erklärt. Wenn Oppenheimer darum bat, im Rahmen dieser Professur auch weiter-hin Vorlesungen über Theoretische Nationalökonomie und über die Geschichte der wirtschafts- und sozialwissenschaftlichen Lehrmeinungen halten zu dürfen, wie er dies bereits seit 1909 an der Berliner Universität als Privatdozent und dort seit 1917 auch als Titularprofessor so außerordentlich erfolgreich getan hatte, so verdankt sich dies zum anderen aber auch der damals noch stark durch die His-torische Schule der Nationalökonomie geprägten deutschsprachigen Tradition der Soziologie, für welche die Einbettung der Wirtschaft in die Gesellschaft und die Einbettung der wirtschafts- und sozialwissenschaftlichen Forschung in eine inter-disziplinär verfahrende „Sozialökonomik" noch eine Selbstverständlichkeit war.[30]

---

[29] Oppenheimer, Erlebtes, Erstrebtes, Erreichtes, a. a. O., S. 252.
[30] Siehe hierzu die einschlägige Studie von Heinrich Nau, Eine „Wissenschaft vom Menschen". Max Weber und die Begründung der Sozialökonomik in der deutschsprachigen Ökonomie 1871 bis 1914, Berlin 1997; ferner Shiro Takebayashi, Die Entstehung der Kapitalismustheorie in der Gründungsphase der deutschen Soziologie. Von der historischen Nationalökonomie zur historischen Soziologie Werner Sombarts und Max Webers, Berlin 2003. Zur allmählichen Loslösung der deutschen Nationalökonomie vom Einfluß der Historischen Schule vgl. auch Karl Häuser, Das Ende der historischen Schule und die Ambiguität der deutschen Nationalökonomie in den zwanziger Jahren, in: Knut Wolfgang Nörr u. a. (Hrsg.), Geisteswissenschaften zwischen Kaiserreich und Republik. Zur Entwicklung von National-ökonomie, Rechtswissenschaft und Sozialwissenschaft im 20. Jahrhundert, Stuttgart 1994, S. 47–74.

Dies kommt unter anderem darin zum Ausdruck, dass eines der führenden Organe der deutschen Nationalökonomie, in dem auch viele sozialwissenschaftliche Beiträge im engeren Sinn erschienen sind, seit 1904 den Titel *Archiv für Sozialwissenschaft und Sozialpolitik* trug.[31] Und dies erklärt auch, warum die ersten deutschen Soziologen zu dieser Zeit noch keinen selbständigen Lehrauftrag für Soziologie erteilt bekamen, sondern entweder wie im Falle von Ferdinand Tönnies in Kiel eine Professur für wirtschaftliche Staatswissenschaften innehatten oder wie im Falle von Werner Sombart und Max Weber ohnehin ihre berufliche Laufbahn als Nationalökonomen begannen, bevor auch sie sich zunehmend der soziologischen Forschung und Lehre zuwandten. Als Max Weber 1919 die Nachfolge von Lujo Brentano an der Universität München antrat, bat er übrigens selbst darum, seinen wirtschaftswissenschaftlichen Lehrauftrag um einen entsprechenden gesellschaftswissenschaftlichen bzw. soziologischen Lehrauftrag zu erweitern. Dies war zu Beginn der Weimarer Republik keine Selbstverständlichkeit, da zu diesem Zeitpunkt die Soziologie immer noch um ihre akademische Reputation kämpfen musste, bis schließlich im Laufe der 1920er Jahre vom damaligen preußischen Kultusminister Becker die Einrichtung von soziologischen Lehrstühlen an verschiedenen deutschen Universitäten aus politischen Gründen unterstützt und betrieben worden ist.[32]

Oppenheimer vertrat ein Verständnis von Soziologie, das sich noch an den großen enzyklopädisch-universalistischen Systemen von Auguste Comte und Herbert Spencer orientierte. Für bestimmte „linke" Sozialwissenschaftler war damit eo ipso vorentschieden, dass er insofern der „positivistischen" Wissenschaftstradition zuzurechnen sei, was in Frankfurt zumindest in den „ideologiekritisch" bewegten sechziger Jahren des 20. Jahrhunderts gleichsam einer Exkommunikation aus dem Kreis der ernst zu nehmenden Repräsentanten des gehobenen Diskurses gleichkam. Oppenheimers Werk hat dieses Schicksal jedoch nicht explizit erfahren. Dies geschah vermutlich deshalb nicht, weil er jüdischer Herkunft und in gesellschaftspolitischer Hinsicht Vertreter eines „liberalen Sozialismus" sowie der Siedlungsbewegung in Palästina war. Dafür ist seinem Werk etwas anderes widerfahren, was nicht weniger schlimm als eine fragwürdige „ideologiekritische" Denunziation ist: Man hat es nämlich im Laufe der Zeit nicht nur in Frankfurt schlichtweg vergessen! Oppenheimer teilt dieses Schicksal insofern mit dem vieler anderer Soziologen des 19. und 20. Jahrhunderts, was nicht gerade für eine ausgeprägte „Erinnerungskultur" dieser Disziplin spricht.

---

[31] Vgl. Regis A. Factor, Guide to the *Archiv für Sozialwissenschaft und Sozialpolitik* Group 1904–1933. A History and Comprehensive Bibliography, New York/Westport (Conn.)/London 1988.

[32] Vgl. Fritz K. Ringer, Die Gelehrten. Der Niedergang der deutschen Mandarine 1890–1933, Stuttgart 1983, S. 207 ff.; siehe hierzu ferner den polemischen Beitrag des Historikers und Zeitgenosse dieser reformistischen Bestrebungen Georg von Below, Soziologie als Lehrfach, München/Leipzig 1919.

Wenn wir in einer unverbrämten Art und Weise versuchen, der soziologischen Bedeutung von Franz Oppenheimers Werk Rechnung zu tragen, so sind es in erster Linie zwei Verdienste, die ihm zuzusprechen sind. Zum einen hat er ein theoretisches System entwickelt, in dem die Wirtschaftswissenschaften noch einen integralen Bestandteil der „allgemeinen Soziologie" bildeten, die damit zugleich einen Universalitätsanspruch gestellt hatte, von dem die anderen geistes- und sozialwissenschaftlichen Disziplinen naturgemäß nicht gerade begeistert waren. Die damit provozierte „Soziologenschelte" hat sich im Laufe des 20. Jahrhundert übrigens mehrmals wiederholt wie zum Beispiel anlässlich des Erscheinens von Karl Mannheims Buch *Ideologie und Utopie* im Jahre 1929, dem kein Geringerer als der berühmte Romanist Ernst Robert Curtius vorwarf, die traditionellen Geisteswissenschaften durch eine soziologische Ideengeschichte ersetzen zu wollen.[33] Zum anderen muß es als Verdienst Oppenheimers angesehen werden, dass das von ihm in seiner Frankfurter Zeit entwickelte soziologische System zugleich universalgeschichtlich ausgerichtet war. D.h. er versuchte „statische" und „dynamische" bzw. „kinetische" Aspekte der Gesellschaftsstruktur aufeinander zu beziehen und im Rahmen einer Theorie der Gesellschaftsentwicklung miteinander zu verbinden.[34]

Hinsichtlich dieses ehrgeizigen Theorieprogramms ist ihm die Soziologie im 20. Jahrhunderts nicht gefolgt. Denn heute haben sich die Wirtschafts- und Sozialwissenschaften zu eigenständigen akademischen Disziplinen verselbständigt, was gelegentliche imperialistische Einnahme- bzw. „Einbettungs"-Versuche von der einen oder der anderen Seite natürlich nicht ausschließt. Franz Oppenheimer war jedoch ähnlich wie Werner Sombart und Max Weber der Meinung, dass beide Disziplinen gute Gründe haben, sich über ihre gemeinsamen Grundlagen Rechenschaft abzulegen. Denn diese sind ja nicht nur von rein wissenschaftsgeschichtlicher Art. Das Vordringen der „ökonomischen" Methode in den heutigen Sozialwissenschaften sowie der beeindruckende Erfolg der „Neuen Wirtschaftssoziologie"

---

[33] Vgl. Ernst Robert Curtius, Soziologie – und ihre Grenzen (1929), in: Volker Meja/Nico Stehr (Hrsg.), Der Streit um die Wissenssoziologie. Rezeption und Kritik, Frankfurt am Main 1981, S. 417–426; siehe hierzu auch die ausführliche Studie von Dirk Hoeges, Kontroverse am Abgrund: Ernst Robert Curtius und Karl Mannheim. Intellektuelle und „freischwebende Intelligenz" in der Weimarer Republik, Frankfurt am Main 1994.

[34] Siehe hierzu die einschlägigen Darstellungen von Paul Honigsheim, The Sociological Doctrines of Franz Oppenheimer: An Agrarian Philosophy of History and Social Reform, in. Harry Elmar Barnes (Hrsg.), An Introduction into the History of Sociology, Chicago 1948, S. 332–352; Dieter Haselbach, „Franz Oppenheimer". Soziologie, Geschichtsphilosophie und Politik des „liberalen Sozialismus", Opladen 1985; ders., Franz Oppenheimer (1864–1943), in: Hans Erler u. a. (Hrsg.), „Meinetwegen ist die Welt erschaffen". Das intellektuelle Vermächtnis des deutschsprachigen Judentums, Frankfurt am Main 1997, S. 371–393; Bernhard Vogt, Franz Oppenheimer. Wissenschaft und Ethik der Sozialen Marktwirtschaft, Bodenheim 1997. Vgl. auch die einzelnen Beiträge in: Elke-Vera Kotowski u. a. (Hrsg.), Wirtschaft und Gesellschaft. Franz Oppenheimer und die Grundlegung der Sozialen Marktwirtschaft, Berlin/Bodenheim 1999.

zeigen ja zu Genüge, dass es nach wie vor zahlreiche sachliche und methodische Überschneidungen zwischen diesen beiden Disziplinen gibt.[35]

In einer Hinsicht ist allerdings zu Recht kein Soziologe von Rang den grundbegrifflichen Vorgaben Oppenheimers gefolgt. Der Stein des Anstoßes bezieht sich dabei auf die in der Sekundärliteratur problematisierte Verankerung seines soziologischen Systems in eine sogenannte „Trieblehre". In dieser Hinsicht ist Oppenheimer ganz Kind seiner Zeit – man denke etwa an das Werk von Max Scheler, der ebenfalls 1919 damit begann, die Soziologie im Rahmen einer sozialphilosophischen Professur an der Universität Köln zu lehren und dessen Berufung nach Köln sich keinem Geringerem als dem damaligen Kölner Oberbürgermeister Konrad Adenauer verdankte. Scheler, der 1928 an die Universität Frankfurt berufen worden ist, aufgrund seines frühen Todes aber nicht mehr seine Lehrtätigkeit in Frankfurt aufnehmen konnte, versuchte nämlich ebenfalls, die von ihm begründete Richtung der Kultur- und Wissenssoziologie im Rahmen einer Trieblehre zu verankern und ist damit ähnlich wie Oppenheimer grandios gescheitert.[36]

Oppenheimer hatte in seinem in seiner Frankfurter Zeit begonnenen und 1935 zu einem Abschluss gebrachten soziologischen System das Konzept einer „Universalsoziologie" entwickelt, in dem nicht nur die Soziologie und die Nationalökonomie, sondern auch die Geschichtswissenschaft, die Ethik, die Sozialphilosophie und die Psychologie miteinbezogen worden sind.[37] Im dritten Band seines Hauptwerkes *System der Soziologie* traf er dabei folgende charakteristische Unterscheidung: „Die theoretische Ökonomik ist (...) ein Teil der Soziologie, die wir kurz als die Lehre vom menschlichen Betragen oder Verhalten oder, weil dieses Verhalten eine Entwicklung aufweist, als die Lehre vom sozialen Prozeß definieren wollen. Verhalten ist Handeln (oder Unterlassen); das heißt: ein Tun oder Nichttun aus Motiven zu Zwecken. Mit Motiven und Zwecken hat die Psychologie zu tun, folglich grenzt jede soziologische Sonderwissenschaft, also auch die Ökonomik an die Psychologie, aus der sie ihre Voraussetzungen zu entnehmen hat. Wenn die Psychologie die erkenntnismäßige Grundlage, sozusagen den Unterstock der Soziologie bildet, so

---

[35] Zum „ökonomischen Imperialismus" in den heutigen Sozialwissenschaften siehe Ingo Pies/ Martin Leschke (Hrsg.) Gary Beckers ökonomischer Imperialismus, Tübingen 1998. Zur Neuen Wirtschaftssoziologie vgl. Marc Granovetter, The Old and the New Economic Sociology: A History and an Agenda, in: Roger Friedland/A. F. Robertson (Hrsg.), Beyond the Marketplace. Rethinking Economy and Society, New York 1990, S. 89–112; Richard Swedberg, New Economic Sociology: What has been accomplished, what is ahead?, in: Acta Sociologica 40 (1997), S. 161–182; ders., Principles of Economic Sociology, Princeton/Oxford 2003.

[36] Vgl. John Raphael Staude, Max Scheler 1874–1828. An Intellectual Portrait, New York/London 1967, S. 139 ff.; siehe ferner Klaus Lichtblau, Kulturkrise und Soziologie um die Jahrhundertwende. Zur Genealogie der Kultursoziologie in Deutschland, Frankfurt am Main 1996, S. 458 ff.

[37] Siehe hierzu auch Franz Oppenheimer, Soziologie und Ökonomik, in: Monatsschrift für Soziologie 1 (1909), S. 605–626.

stellt die Sozialphilosophie ihren Oberstock, ihr Dach oder ihre Kuppel dar. Das heißt, die Soziologie hat ihre Ziele und Wertsetzungen an der praktischen Philosophie zu rechtfertigen." Und weiter führte Oppenheimer aus, um auf die dienende Funktion aufmerksam zu machen, die er der Wirtschaft zugewiesen hatte: „Die Wissenschaften vom Recht und vom Staat. von der Kunst und der Religion haben es mit menschlichen *Zielen* zu tun. Hier nimmt die theoretische Ökonomik eine eigentümliche Ausnahmestellung ein: sie hat nicht mit Zielen zu tun, sondern nur mit *Mitteln*. Die Ökonomik ist ein dienendes System, ein ‚System von Mitteln‘ (…), ihr werden die Ziele von außen her bestimmt, sie nimmt sie als gegeben und hat nichts weiter zu tun, als den besten Weg zu ihnen zu weisen."[38]

Diese an die Transzendentalphilosophie von Immanuel Kant erinnernde Unterscheidung zwischen dem „Reich der Mittel" und dem „Reich der Zwecke" hatte für Oppenheimer die Konsequenz, dass die theoretische Nationalökonomie nur innerhalb eines umfassenderen wissenschaftlichen Systems ihre Daseinsberechtigung hatte, das ihr zugleich die entsprechenden „Ziele" und „Zwecke" vorgab. Dieses System war dabei wie gesagt ein soziologisches, welches allerdings seinerseits auf elementaren psychologischen Annahmen bezüglich der Beschaffenheit der menschlichen Triebnatur beruht. Oppenheimer unterschied in diesem Zusammenhang zwischen „finalen" und „modalen" Trieben, wobei er zu den *finalen*, auf einen Sättigungs- und Gleichgewichtszustand ausgerichteten Trieben unter anderem den Trieb nach „Selbsterhaltung" und nach „sozialer Hochgeltung" zählte, während die sogenannten *modalen* Triebe wie der „Machttrieb", der „Erwerbstrieb" und der „Trieb der Rivalität" nicht auf einen Zustand der Sättigung abzielten, „sondern auf eine *Art der Handlung*, und zwar auf eine Handlung, die einem finalen Triebe den Weg, das *Mittel*, zu seinem Endziele, seiner Sättigung vorschreibt"[39]. Die modalen Triebe folgen dabei seiner Ansicht nach dem „Prinzip des kleinsten Mittels", also einem ökonomischen Prinzip, das in der nationalökonomischen Literatur seit alters her als Knappheitsprinzip bekannt ist. Sie lassen sich aber ihm zufolge nicht auf rein zweckrationale bzw. strategische Gesichtspunkte reduzieren, sondern sind in seinen Augen zugleich die Scharniere, vermittels denen moralische, sittliche und rechtliche Normen bzw. Imperative handlungswirksam werden bzw. eine entsprechende „sozialpsychologische Determination" ausüben. Nur aufgrund solcher Determinationen ist es Oppenheimer zufolge erklärbar, dass die Gesellschaft nicht in eine Welt von Egoisten auseinander bricht, sondern ihrerseits als eine „Gruppe" bzw. als ein Aggregat von verschiedenen sozialen Gruppen auf Dauer Bestand hat. Ihm zufolge existiert auch ein „Trieb der Reziprozität" bzw. ein „kategorischer Imperativ der Reziprozität", der in all jenen Gesellschaften einen gesamtgesellschaftlichen Konsens bewirkt, die noch nicht

---

[38] Vgl. Oppenheimer, System der Soziologie, Band III, Teilband 1, a. a. O., S. 9.
[39] System der Soziologie, Band I, Teilband 1, a. a. O., S. 281.

durch von außen gewaltsam eindringende kriegerische Horden hierarchisiert und durch entsprechende Monopolstellungen bei der Landverteilung und der Verteilung des erwirtschafteten gesellschaftlichen Reichtums staatlich bzw. herrschaftlich stratifiziert worden sind.[40]

Oppenheimer geht in diesem Zusammenhang von der Annahme aus, dass es einen Trend der einzelnen Gesellschaften hin zu einem Gleichgewichtszustand gibt, der letztlich auf einer konsensuellen Grundlage beruht, weil er in dem menschlichen Bedürfnis nach Anerkennung und nach Wechselseitigkeit verankert ist. Gestört werden solche idealerweise in der freien Marktwirtschaft zum Ausdruck kommenden Gleichgewichtszustände seiner Ansicht nach nicht von „innen", sondern von „außen", d. h. durch das Eindringen von fremden Gruppen und Gesellschaften in ein gegebenes Gemeinwesen. Er schließt sich mit seinem „soziologischen Staatsbegriff"[41] insofern der zu seiner Zeit weit verbreiteten Ansicht an, dass sich die Entstehung des Staates der „Überlagerung" eines bestehenden Sozialverbandes durch einen neu hinzutretenden Sozialverbandes verdankt, der ersteren gewaltsam unterwirft und sich dabei die Monopolstellungen an Grund und Boden verschafft, die Oppenheimer als Quelle aller „Mehrwertproduktion" und asymmetrischen Reichtumsverteilung innerhalb einer Gesellschaft ansah. Die sogenannte „Bodensperre" und nicht die von Marx beschriebene „ursprüngliche Akkumulation" ist ihm zufolge dafür verantwortlich, dass in den modernen Volkswirtschaften eine industrielle Reservearmee entstanden ist, die den Launen der kapitalistischen Ökonomie am stärksten ausgesetzt ist. Seine Losung für eine umfassende Gesellschaftsreform lautet deshalb auch nicht „Expropriation der Expropriateure", sondern Aufhebung der Bodensperre und Schaffung von Siedlungen auf dem Land, in denen die ehemals mittellosen Industriearbeiter ihren Lebensunterhalt in einer genossenschaftlichen Organisationsform selbst erwirtschaften können.[42]

Oppenheimer ist bereits zu Lebzeiten als Vertreter eines „dritten Weges" zwischen Liberalismus und Sozialismus angesehen und geschätzt worden. Ihm ging es nämlich nicht um die Abschaffung des Privateigentums, sondern darum, dafür Sorge zu tragen, dass alle Gesellschaftsmitglieder in den Genuss dieses privatrechtlichen Institutes kommen, damit der Markt dafür Sorge tragen kann, dass es zu einer optimalen Verteilung der ökonomischen Ressourcen und Erzeugnisse

---

[40] Vgl. Vogt, Franz Oppenheimer, a. a. O., S. 94 ff.

[41] Vgl. Franz Oppenheimer, Soziologie des Staates. Begriff und Methode, in: Gottfried Salomon (Hrsg.), Jahrbuch für Soziologie, Band 1, Karlsruhe 1925, S. 64–87 (hier S. 78 ff.).

[42] Vgl. Franz Oppenheimer, Die Siedlungsgenossenschaft, a. a. O.; ders., Großgrundeigentum und soziale Frage. Versuch einer neuen Grundlegung der Gesellschaftswissenschaft (1922), in: ders., Gesammelte Schriften, Band I: Theoretische Grundlegung, Berlin 1995, S. 1 ff.; ders, Staat und Gesellschaft (1924), in: Gesammelte Schriften, Band II: Politische Schriften, Berlin 1996, S. 461 ff.

kommt.[43] Am Anfang eines solchen Weges zu einem „liberalen Sozialismus" steht ihm zufolge die Bodenreform, die dann gar keiner weiteren politischen Revolution mehr bedarf, um eine optimale ökonomische Allokation zu gewährleisten. Sein Kampf gegen die Macht der Monopole und die Vorherrschaft der „politischen Mittel" gegenüber den „ökonomischen Mitteln" entspricht dabei dem bereits von Max Weber beschriebenen Kampf der entstehenden Marktgemeinschaft zu Beginn der europäischen Neuzeit gegen die historisch vorgegebenen Schranken der „ständisch monopolistischen Vergesellschaftungen"[44]. Weber hatte diese „Sprengung der ständischen Monopole" ähnlich wie Franz Oppenheimer als unentbehrliche Voraussetzung für das Funktionieren der Marktvergesellschaftung angesehen und dies mit einem leidenschaftlichen Appell zur rigorosen Aufhebung aller damals im Deutschen Reich existierenden Zollschranken verbunden, um die deutsche Wirtschaft fitt für den Weltmarkt zu machen.[45]

Oppenheimer ging es demgegenüber weniger um die Ausarbeitung des wirtschaftspolitischen Programms eines nationalen Machtstaates als darum, den Besitzlosen eine Zukunftsperspektive innerhalb eines privatwirtschaftlich organisierten Systems aufzuzeigen. Denn eines war Oppenheimers feste Überzeugung: Ohne eigenen Besitz an Grund und Boden wird es niemals möglich sein, die Besitzlosen vom ökonomischen Vorteil einer liberal verfassten Marktwirtschaft zu überzeugen, der für ihn außer Frage stand und der sein Eintreten für eine freie und soziale Marktwirtschaft motivierte. Man könnte diesen Gedankengang dahingehend verallgemeinern, dass es nicht nur die Monopolstellungen bei der Verteilung des Bodens sind, die ein optimales Funktionieren des Marktes verhindern, sondern alle Monopolbildungen gleich welcher Art auch immer. Dass es jedoch nicht immer der Markt selbst ist, der solche Monopole beseitigt, sondern erst eine sich im Kampf gegen die Monopole auch politisch konstituierende *Marktgemeinschaft* bzw. „Freibürgerschaft", die aus einer „gemeinsamen Bewusstseinslage" heraus gegen die immer wieder neu entstehenden „ständisch monopolistischen Vergesellschaftungen" zum Zweck der Gründung einer wirklich den Namen verdienenden *Wirtschaftsgesellschaft* ankämpft, ist eine Lehre, die man auch heute noch aus Oppenheimers Werk ziehen kann und die dessen nachhaltige Aktualität unterstreicht.

---

[43] Siehe hierzu auch Franz Oppenheimer, Weder so – noch so. Der Dritte Weg (1933), in: ders., Gesammelte Schriften, Band II, a. a. O., S. 109 ff.

[44] Vgl. Max Weber, „Marktgemeinschaft", in: ders., Gesamtausgabe, Band 22: Wirtschaft und Gesellschaft. Die Wirtschaft und die gesellschaftlichen Ordnungen und Mächte. Nachlaß, Teilband 1: Gemeinschaften, Tübingen 2001, S. 191 ff (hier S. 196 f.).

[45] Siehe hierzu Guenther Roth, Max Webers deutsch-englische Familiengeschichte 1800–1950, Tübingen 2001, S. 29 ff.

Gottfried Salomon-Delatour: Ein kosmopolitischer Soziologe der älteren Generation

Timo Wagner

1 Leben und Werk

Gottfried Salomon-Delatour wurde am 21.11.1892 als Sohn einer jüdischen Familie unter dem Namen Gottfried Salomon in Frankfurt geboren. Sein Vater war Fabrikant und seine Mutter stammte aus Frankreich. Salomon besuchte die Musterschule in Frankfurt, die auch heute noch existiert. Nach seiner Schullaufbahn ging er 1909 zunächst nach München und begann Kunstgeschichte zu studieren, wechselte dann aber die Studienrichtung und begann 1911 an der Universität Heidelberg Naturwissenschaften und Physiologie zu studieren. Heidelberg war zu dieser Zeit ein „Schnittpunkt intellektueller Kreise".[1] Dort waren unter anderem auch Norbert Elias, Karl Mannheim und Georg von Lukács eine zeitlang ansässig geworden. Es ist allerdings nicht ersichtlich, ob Salomon-Delatour zu einem der intellektuellen Kreise gehörte, die in Heidelberg existierten. Deshalb ist es auch nicht leicht zu beurteilen, ob er schon während des Studiums erste Kontakte zu anderen namhaften Intellektuellen knüpfen konnte.

Seine Dissertation schrieb er 1916 bei Georg Simmel in Straßburg. Salomon-Delatour ging auf Empfehlung eines Freundes der Familie zu Simmel, der in Straßburg kurz davor eine Anstellung als Professor erhalten hatte. Für Simmel, der im Rahmen seiner beruflichen Laufbahn erst sehr spät eine ordentliche Professur erhielt, war es nicht entscheidend, zu einer bestimmten Richtung zugerechnet zu werden, was wohl ein nahe liegender Grund für Salomon-Delatour war, sich bei ihm zu promovieren. Er arbeitete zu dieser Zeit über mittelalterliche Mystik, verrannte sich jedoch in der Fülle des Materials. Nachdem er von Simmel davon abgebracht wurde, die gesamte deutsche Mystik zu behandeln, beschränkte er sich in seiner Dissertation auf eine ausführliche Analyse der aus dem 15. Jahrhundert stammenden *theologia deutsch*. Es handelte sich dabei „um eine Anwendung von Simmels Lebensphilosophie und Religionssoziologie auf die Philosophie des

---

[1] Vgl. Hubert Treiber/Karol Sauerland (Hrsg.), Heidelberg im Schnittpunkt intellektueller Kreise. Zur Topographie der „geistigen Geselligkeit" eines „Weltdorfes": 1850–1950, Opladen 1995.

Mittelalters."[2] Salomon-Delatour sah in der Mystik im Gegensatz zum Glauben eine aktivierende Kraft. Schon in diesem Werk spielte für Salomon-Delatour die Sehnsucht nach Einheit und Ganzheitlichkeit eine wichtige Rolle, auch wenn er sich bewusst war, dass diese Einheit, wenn sie erzwungen wird, eher zu einer Entfremdung führt. Es gelang ihm aber nicht, seine Thesen überzeugend darzulegen. Deshalb ist anzunehmen, dass er von Simmel keine größere Unterstützung bei der Fertigstellung seine Arbeit erhielt. Allerdings ist nicht ganz auszuschließen, dass ihm durch die Promotion bei Simmel später einige Türen offen standen und daß er über Simmel schon erste Kontakte knüpfen konnte; genaueres ist aber leider nicht überliefert.

Danach verschlug es ihn nach Berlin, wo er in der von Walter Rathenau geleiteten *Allgemeinen Elektrizitäts-Gesellschaft* (AEG) arbeitete und unter anderem auch Vorlesungen von Ernst Troeltsch hörte. Es ist nicht überliefert, wie weit der Kontakt zu Rathenau reichte. Allerdings übernahm Salomon-Delatour etwas später die Kritik von Rathenau an der zunehmenden Mechanisierung des Lebens.[3] Weitere Kontakte zu Rathenau, auch nach dem Aufenthalt in Berlin, zum Beispiel in Form von Schriftwechseln, sind aber nicht überliefert.[4] Anschließend leistete er seinen Militärdienst ab. Zudem hielt er erste Privatvorlesungen. Er hatte die Möglichkeit, als freier Autor in Berlin zu bleiben, entschied sich aber, nach Frankfurt zurückzukehren.

In der Zeit nach dem ersten Weltkrieg war Gottfried Salomon sowohl als Herausgeber als auch als Verleger tätig. Er war in diesem Zusammenhang darum bemüht, eine Distanz zum autoritären Marxismus zu bewahren, verzichtete dabei aber nicht auf die ethischen und politischen Ziele des Sozialismus. Vor seiner Habilitation übersetzte Salomon-Delatour die Schriften einiger französischer Frühsozialisten und gab ihre Arbeiten heraus; darunter befanden sich auch Arbeiten von Saint Simon und Proudhon sowie Lorenz von Stein.[5] Sein diesbezügliches Interesse an Frankreich ist sicherlich auch auf seine teils französische Abstammung zurückzuführen. Salomon-Delatour beschränkte sich bei seiner editorischen Tätigkeit aber nicht nur auf die Frühsozialisten. Auch konservative Autoren wurden von

---

[2] Cristoph Henning, „Der übernationale Gedanke der geistigen Einheit". Gottfried Salomon-Delatour, der vergessene Soziologe der Verständigung, in: Amalia Barboza/Christoph Henning (Hrsg.), Deutsch-jüdische Wissenschaftsschicksale. Studien über Identitätskonstruktionen in der Sozialwissenschaft, Bielefeld 2006, S. 55.

[3] Ebd., S. 58.

[4] Vgl. hierzu das Inhaltsverzeichnis des Nachlasses von Salomon-Delatour bis 1933 im International Institute for Social History (IISH) in Amsterdam unter http://search.iisg.nl/search/search? action=transform&col =archives&xsl =archives-detail.xsl&lang=en&docid=10767974_EAD (Zugriff vom 15.1.2010).

[5] Ina Belitz, Befreundung mit dem Fremden. Die Deutsch-Französische Gesellschaft in den deutsch-französischen Kultur- und Gesellschaftsbeziehungen der Locarno-Ära, Frankfurt am Main 1997, S. 294.

ihm veröffentlicht und meist mit einer eigenen Einleitung versehen, in der er oft kritisch auf die von ihm herausgegebenen Texte einging. Sein wohl wichtigstes und einflussreichstes Projekt war jedoch die Herausgabe der *Jahrbücher für Soziologie*, von denen im Zeitraum 1925–1927 jährlich ein Band erschienen ist, auf die noch einzugehen sein wird.

1920 erschien von ihm ein Aufsatz unter dem Titel „Osten und Westen". Hier schlug Salomon-Delatour eine Brücke zwischen der Einheitsvorstellung seiner Dissertation und der Politik. Eine reale Einheit der Menschen sei nur denkbar, wenn sich die zwei großen Kulturwelten des Osten und Westens auflösten. Er sah den Osten als Vorbild für den Westen, da dieser die „sozial- und wirtschaftsethischen Fonds" besaß, ohne die eine Gemeinschaft nicht existieren könne.[6] Die gemeinschaftsbildende Kraft war laut Salomon-Delatour die Religion, und er betrachtete eine Universalreligion als Lösung. Es ist zu diesem Zeitpunkt also noch kein Bekenntnis zum Judentum erkennbar, was sich allerdings schon kurze Zeit später änderte, als er Mitarbeiter bei der von Martin Buber herausgegebenen Zeitschrift *Der Jude* wurde. Im Rahmen dieser Zeitschrift war er ab 1920 als Redakteur im Bereich Soziologie tätig.[7] In diesem Zusammenhang setzte er sich mit dem Judentum in oft kritischer Weise auseinander. So warf er zum Beispiel dem Judentum die Abgrenzung von der restlichen Gesellschaft vor. Die Zeit der Weimarer Republik war für das Judentum eine Blütezeit. Durch die Liberalität der Regierung, die Gleichstellung in allen gesellschaftlichen Bereichen versprach, konnten sich die Juden mit der Weimarer Republik identifizieren. Zugleich kam aber ein wachsender Antisemitismus von Seiten der Bevölkerung auf. Das jüdische Leben wurde in allen Bereichen ausgeprägter und so erweiterte sich auch die jüdische Teilnahme an kulturellen Aktivitäten. Den Juden gelang es, ihre Identität als Juden und zugleich als Angehörige der deutschen Kultur zu stärken. Vielleicht war dieses neue jüdische Selbstbewusstsein auch ein Anreiz für Salomon-Delatour, sich damit auseinander zu setzen.[8]

Des Weiteren bestand eine langjährige Verbindung zu Walter Benjamin. Schon im Dezember 1922 bat Benjamin Salomon-Delatour, für ihn einen Kontakt zu Franz Schultz herzustellen, der zu dieser Zeit Professor für Literaturgeschichte war. Zudem sollte er ihm einige von Benjamins Arbeiten zukommen lassen. Das Fach, in dem Benjamin habilitieren wollte, schien aber noch nicht festzustehen, da er neben der Ästhetik auch die Philosophie in Erwägung zog. Der hierfür zuständige Frankfurter Professor Hans Cornelius verweigerte Benjamin aber 1923 die Habilitation. Bei der angestrebten Habilitation bei Schultz spielte Salomon-Delatour eine wichtige Rolle. Er setzte sich sehr für Benjamin ein, indem er Kontakt zu Schultz knüpfte

---

[6] Vgl. Henning, „Der übernationale Gedanke der geistigen Einheit", a. a. O., S. 59.

[7] Vgl. Belitz, Befreundung mit dem Fremden, a. a. O., S. 294.

[8] Vgl. Michael Meyer, Deutsch-jüdische Geschichte in der Neuzeit, Band 4, München 1997, S. 9 ff.

und Benjamin oftmals zu inhaltlichen Fragen beriet. Der Kontakt zwischen beiden beschränkte sich jedoch nicht nur auf den beruflichen Briefwechsel. Denn man tauschte sich auch über anstehende oder vergangene Besuche aus und die Familien kannten sich offensichtlich auch. Zudem wandte sich Benjamin bei persönlichen Problemen an Salomon-Delatour. So fragte er ihn zum Beispiel nach einer Unterkunft in Frankfurt oder bat um Hilfe bei einer Überweisung nach Italien. In der gesamten Zeit, in der Benjamin an seiner Habilitationsschrift über den *Ursprung des deutschen Trauerspiels* arbeitete, gab es einen regen Briefkontakt, von dem leider nur die Briefe von Benjamin erhalten geblieben sind. Diese Zeit erstreckt sich bis August 1925, als die Habilitationsschrift Benjamins abgelehnt wurde. 1924 stellte Salomon-Delatour Benjamin sogar einen Artikel im *Jahrbuch für Soziologie* in Aussicht, zu dem es aber nie kam. Warum es dazu nicht gekommen ist, lässt sich an dem erhaltenen Material nicht rekonstruieren.[9]

Salomon-Delatour, der sich später auch als Schüler von Franz Oppenheimer bezeichnete, wurde von diesem stark beeinflusst. So gab es gemeinsame Veröffentlichungen, und die behandelten Themen und Einstellungen ähnelten sich stark. Zum Beispiel spielte für beide der Frühsozialismus und die Marxschen Lehren eine wichtige Rolle.[10] Bei Oppenheimer erhielt Salomon-Delatour 1921 eine Anstellung als Assistent und habilitierte sich dort noch im selben Jahr. Hier half es Salomon-Delatour mit Sicherheit, ein Doktorand von Georg Simmel gewesen zu sein. Seine Habilitationsschrift hatte er unter dem Titel *Die Geschichte der neuzeitlichen Gesellschaft und Gesellschaftswissenschaft bis zur französischen Revolution* eingereicht. Eine diesem Titel entsprechende Veröffentlichung gibt es jedoch nicht. Stattdessen erschien 1923 sein Buch *Das Mittelalter als Ideal der Romantik*, das die Problematik der sozialen Integration innerhalb der modernen Gesellschaft unter Bezugnahme auf ältere gesellschaftswissenschaftliche Traditionen behandelte. Es ist also nicht ganz eindeutig, was genau der Gegenstand seiner Habilitationsschrift war. Jedoch hatte Theodor W. Adorno am 13. Januar 1959 in einem diesbezüglichen Schreiben darauf hingewiesen, dass sich Salomon bei Oppenheimer mit einer Arbeit über das Mittelalter als Ideal der Romantik habilitiert habe.[11]

Die Zusammenarbeit mit Oppenheimer beinhaltete auch Vertretungen Oppenheimers, wenn dieser auf Reisen war, gemeinsame Vorlesungen sowie Vorlesungen, die Salomon-Delatour allein abhielt und die unter anderem das Werk von Max Weber, Karl Marx und Ernst Troeltsch zum Gegenstand hatten. Ferner war er verantwortlich für die Durchführung einiger einführenden Veranstaltungen. Den

---

[9] Vgl. Walter Benjamin, Gesammelte Briefe, hrsg. von Christoph Gödde, Band 2, 3 und 5, Frankfurt am Main 1997, Brief 336, 358, 411 und 420.
[10] Belitz, Befreundung mit dem Fremden, a. a. O., S. 294.
[11] Vgl. Henning, „Der übernationale Gedanke der geistigen Einheit", a. a. O., S. 66.

Vorlesungsverzeichnissen ist zu entnehmen, dass Salomon-Delatour im Wintersemester 1921/1922 das erste Mal mit zwei eigenen Vorlesungen, einer Zusammenarbeit mit Oppenheimer sowie einer Übung auftrat.[12] Am 13. Mai 1925 wurde er zum außerordentlichen nicht verbeamteten Professor ernannt. 1930 erhielt er einen eigenen Lehrauftrag mit dem Titel „Französische Staats- und Gesellschaftskunde". Weiterhin war er als Herausgeber verschiedener Werke tätig. Insbesondere muss in diesem Zusammenhang seine Herausgabe des *Jahrbuch für Soziologie* erwähnt werden, von dem von 1925 bis 1927 insgesamt drei Bände erschienen sind und in dem Aufsätze aus den verschiedensten Bereichen der Philosophie und Soziologie zum Abdruck gebracht wurden.

1929 übernahm dann Karl Mannheim den Lehrstuhl von Franz Oppenheimer, auf den sich auch Gottfried Salomon Hoffnung gemacht hatte. Formal existierte die Assistenz von Salomon weiter, aber zu einer Zusammenarbeit von ihm und Karl Mannheim kam es aus folgenden Gründen nicht: Beide hatten sich längere Zeit mit der Mystik und einigen Frühsozialisten befasst. Zudem beriet Salomon Mannheim seit 1924 bei der Erstellung seiner Habilitationsschrift, las sie Korrektur und half ihm, sich an die richtigen Personen zu wenden.[13] In dem von ihm herausgegebenen *Jahrbuch für Soziologie* von 1926 veröffentlichte Salomon Mannheims Aufsatz über „Ideologische und soziologische Betrachtung der geistigen Gebilde"[14]. In Zusammenhang mit dieser Veröffentlichung kam es zu einer Auseinandersetzung zwischen beiden. Offensichtlich wurde der Text um eine für Mannheim entscheidende Passage gekürzt und nicht wie abgegeben gedruckt. Seitdem war das Verhältnis zwischen beiden angespannt Als dann Mannheim 1929 die Nachfolge Oppenheimers antrat, übernahm er Salomon-Delatour zwar formal als Assistenten; dieser orientierte sich aber von da an in eine andere Richtung.[15]

Salomon-Delatour strebte eine Aufhebung der Isolation der deutschen Soziologie an und wollte die internationale Zusammenarbeit fördern, wie das zu dieser Zeit nach dem internationalen Boykott der deutschen Wissenschaftler im Gefolge des Ersten Weltkrieges zumindest bereits wieder in den Naturwissenschaften geschah. Diese Zusammenarbeit war ihm deshalb so wichtig, da sich seiner Meinung nach nur so die Unterschiede zwischen den einzelnen Ländern und Kulturen überbrücken ließen. So verfolgte er mit jeder Ausgabe des Jahrbuchs eine gewisse Linie, indem er Texte veröffentlichte, die sich mit ähnlichen Themen auseinandersetzen. Im ersten Band sind zumeist staats- und rechtsphilosophische Beiträge

---

[12] Vgl. das Vorlesungsverzeichnis der Universität Frankfurt vom Wintersemester 1921/1922 unter: http://publikationen.ub.uni-frankfurt.de/volltexte/2004/2001921 (Zugriff vom 15.1.2010).

[13] Vgl. Benjamin: Gesammelte Briefe, a. a. O., Brief 420.

[14] Vgl. Karl Mannheim, Ideologische und soziologische Betrachtung der geistigen Gebilde, in: Gottfried Salomon (Hrsg.), Jahrbuch für Soziologie, Band II, Karlsruhe 1926, S. 424 ff.

[15] Vgl. Henning, „Der übernationale Gedanke der geistigen Einheit", a. a. O., S. 81.

zu finden. Die Soziologie sei für ein solches Vorhaben geradezu prädestiniert, da sich in ihr Rechts-, Staats-, Geschichts- und Geisteswissenschaften träfen und daher die Sichtweise nicht eingeschränkt sei. Allerdings merkte er an, dass ihm eine Annäherung an sein übergeordnetes Ziel mit dem ersten Jahrbuch noch nicht ausreichend gelungen sei, was auf diverse politische und ökonomische Probleme zurückzuführen sei. Trotzdem hatte er es auch schon im ersten Band geschafft, eine beeindruckende Vielfalt von nationalen und internationalen Beiträgen zusammen zu stellen. Im Vorwort des ersten Bandes hob Salomon-Delatour ferner hervor, dass die Wissenschaft nach dem ersten Weltkrieg einen Umbruch erlebt habe. Einige Fächer würden verkümmern und andere, wie die Philosophie, verlören sich in der einzelwissenschaftlichen Spezialisierung. Eine neue, dringend erforderliche Universalität strebe jedoch die Soziologie an. Er wollte sich in den Jahrbüchern aber nicht auf eine reine Soziologie versteifen, sondern verstand den Inhalt der Jahrbücher mehr als eine Zusammenfassung der Sozialwissenschaften.[16]

Der zweite Band der Jahrbücher ist die logische Ergänzung des ersten, wie es auch schon im Vorwort zu Band I angekündigt wurde. Salomon-Delatour erläutert, dass es für ihn nicht darum ginge, einen besonderen Standpunkt oder eine Schule hervorzuheben, sondern einen Überblick über verschiedene intellektuelle Strömungen zu verschaffen. Außerdem war es für ihn wichtig, dass möglichst viele Beiträge berücksichtigt wurden, die noch nicht in deutscher Sprache erschienen waren. Ein Schwerpunkt ist bei den Beiträgen des zweiten Bandes nicht auf Anhieb zu erkennen. Wie er selbst schreibt, fanden Ergänzungen zum letzten Jahrbuch im Bereich der Rechts- und Staatsphilosophie statt. Hinzu kamen die Sozialpsychologie und Sozialökonomie, die ebenfalls ihren Platz haben sollten.[17] Er selbst veröffentlichte neben Karl Mannheims Aufsatz „Ideologische und soziologische Interpretation der geistigen Gebilde" einen eigenen Beitrag über Ideologie, der eine sozialphilosophische Ergänzung zu Mannheims Arbeit darstellen sollte.[18]

Der darauf folgende dritte und letzte Band beschäftigte sich mit der politischen Soziologie und dem weltweiten Nationalitätenproblem. Salomon-Delatour unterteilte den dritten Band in zwei Teile. Der erste Teil bestand aus allgemein gehaltenen Beiträgen zur Soziologie, die von Autoren aus den unterschiedlichsten Ländern stammten. Der zweite Teil widmete sich dann dem Nationalitätenproblem und der Kolonialisierung. Er ging auch auf den geplanten vierten Band ein, der unter anderem Beiträge von Alfred Weber und Sombart enthalten sollte.[19] Dieser

---

[16] Vgl. Gottfried Salomon-Delatour (Hrsg.), Jahrbuch für Soziologie, Band I, Karlsruhe 1925, „Vorrede des Herausgebers", S. V–VII.
[17] Vgl. ders. (Hrsg.), Jahrbuch für Soziologie, Band II, a. a. O., „Vorrede des Herausgebers", S. V–VII.
[18] Ders., Historischer Materialismus und Ideologienlehre I, ebd., S. 386 ff.
[19] Vgl. ders., (Hrsg.), Jahrbuch für Soziologie, Band III, Karlsruhe 1927, „Vorrede des Herausgebers", S. V–VIII.

Band erschien aber nie. Weitere Ausgaben waren dem Verleger wohl auf Grund der Herstellung und der sehr umfangreichen Übersetzungsarbeiten, die nötig waren, zu aufwendig und somit nicht rentabel genug.[20]

1930 erhielt Salomon-Delatour einen eigenen Lehrauftrag für „Französische Staats- und Gesellschaftskunde". Hierbei kam ihm mit Sicherheit sein langjähriges Engagement für französische Veröffentlichungen zugute, nachdem es ihm nicht vergönnt war, die Nachfolge Oppenheimers anzutreten. Ein weiterer Grund für die verpasste Nachfolge mag gewesen sein, dass er wohl einigen Kollegen an der Frankfurter Universität ein Dorn im Auge war, da er sich sehr außerhalb der Universität engagierte. So wird er in einem Brief von Oppenheimer ermahnt, dass er wohl nicht hart genug an der Universität arbeite und somit einige Herren, die nicht näher genannt werden, verärgert habe.[21] Sein Schwerpunkt verlagerte sich aber dennoch seit 1930 weg von der Universität, was sich auch auf die gescheiterte Nachfolge des Lehrstuhls Oppenheimers zurückführen lässt. Er hielt von da an Seminare und Vorlesungen zur Staatslehre an Verwaltungshochschulen in Frankfurt und Saarbrücken.[22] Außerdem organisierte er die Hochschulkurse in Davos, bei denen sich Studenten und einflussreiche Professoren trafen.

Eine von Salomon-Delatour mitbegründete Frankreichakademie sollte es ferner ermöglichen, die deutsch-französische Verständigung auch institutionell zu stärken – und zwar nicht etwa durch kulturellen Austausch, sondern durch Austausch im Bereich des normalen sozialen Lebens. Im Alltag sei dieses Leben anzutreffen, also könne man den Anderen nur mit regelmäßigem Umgang und Auslandsaufenthalten sowie mit Gesprächen und dem Zusammenleben richtig kennen lernen. Die Akademie sollte Spezialisten in diesem Gebiet hervor bringen. Es sollten Seminare für Auslandsaufenthalte gehalten werden, Schulungen für Beamte sowie Ausbildung von Auslandskorrespondenten angeboten werden. Zudem war eine gemeinsame Forschungsgruppe geplant. Dieses frühe Projekt Salomon-Delatours fand in den Frankfurter Frankreichwochen und in den Davoser Hochschulkursen seinen Niederschlag. Ihm war zudem wichtig, dass der Austausch nicht nur eine gewisse Elite betraf, sondern für alle zugänglich war. Diese Maxime stand durchaus im Gegensatz zur *Deutsch-Französischen Gesellschaft*, die sich gerade auf einen Austausch zwischen den kulturellen Eliten versteifte.[23] Allerdings ging auch Salomon-Delatour von der Notwendigkeit einer Verständigung aus, die von bestimmten Bevölkerungsgruppen getragen werden müsse. Diese sollte sich dann in einer von oben nach unten verlaufenden Hierarchie ausbreiten.

---

[20] Belitz, Befreundung mit dem Fremden, a. a. O., S. 199.
[21] Ebd., S. 308, Fußnote 249.
[22] Henning, „Der übernationale Gedanke der geistigen Einheit", a. a. O., S. 82.
[23] Belitz, Befreundung mit dem Fremden, a. a. O., S. 305.

Ihm war hierbei besonders an dem Austausch zwischen Deutschland und Frankreich gelegen. Er war „[…] zweiter Vorsitzender der DFG-Frankfurt (Deutsch-Französischen Gesellschaft), Mitherausgeber der DFR (Deutsch-Französischen Rundschau), Initiator der Davoser Hochschulkurse, des Deutsch-Französischen Arbeitskreises für Wirtschafts- und Sozialpolitik und der Frankreichwochen in Frankfurt sowie […] geistiger Vater einer Frankreichakademie […]"[24] und zudem Gründungsmitglied der Frankfurter Gesellschaft für Soziologie. Die Frankfurter Gesellschaft für Soziologie wurde im März 1927 unter dem Vorsitz Salomon-Delatours gegründet. Die Zielsetzung bestand darin, eine enge Beziehung zur Wissenschaft im Ausland herzustellen, und stand im Zusammenhang mit seiner Arbeit an den *Jahrbüchern für Soziologie*. Es waren Vortragsreihen zu soziologischen, politischen und philosophischen Themen geplant, was in dieser interdisziplinären und internationalen Art für die damalige Zeit einmalig war.[25] 1927 hielt sich Salomon-Delatour im Rahmen eines einjährigen Studienaufenthaltes in Frankreich auf. Allerdings ist es nicht ganz klar, wie er die vielfältigen Aktivitäten unter einen Hut bringen konnte – denn immerhin war er während des gesamten Jahres mit Veranstaltungen in den Vorlesungsverzeichnissen der Frankfurter Universität aufgeführt, gründete die Frankfurter Gesellschaft für Soziologie und es liefen die ersten Vorbereitungen für die Davoser Hochschulkurse.

Vom 18. März bis zum 14. April 1928 fanden die ersten Davoser Hochschulkurse statt, deren Eröffnungsansprache Albert Einstein hielt. Die Planung dieser Kurse ging auf Salomon-Delatour zurück, der in Davos einen großen Unterstützer in dem Arzt Dr. Paul Müller fand, der die Durchführung mitbetreut hatte.[26] Diese zweiwöchigen Kurse waren außeruniversitäre Veranstaltungen, an denen sich viele namhafte Professoren und auch Studenten beteiligten. In einem Vorbereitungstreffen Ende August 1927 wurde das Projekt konkretisiert und ein Komitee reiste herum, um für die anstehenden Kurse Werbung zu betreiben. Über 50 Hochschullehrer, hauptsächlich aus Deutschland und Frankreich, aber auch aus Österreich, der Schweiz und Italien sowie 364 Studenten aus den verschiedensten Ländern fanden sich schon bei den ersten Davoser Hochschulkursen 1928 ein. Die Resonanz fiel durchweg positiv aus. So schrieb der Entwicklungsphysiologe Hans Driesch zum Abschluß: „Wir erleben etwas ganz Neues in dieser Vereinigung von Wissenschaft, Schönheit und Menschlichkeit", und es wurde von einer Atmosphäre geschwärmt, in der Lehrende und Lernende zusammen arbeiteten.[27]

Nach dem Erfolg von 1928 entsandten Deutschland, Frankreich und die Schweiz 1929 offizielle Vertreter nach Davos und es wurden Reisestipendien für

---

[24] Ebd., S.293.
[25] Ebd., S.297.
[26] Thomas Meyer, Ernst Cassirer, Hamburg 2006, S. 162.
[27] Ebd., S. 160.

die zweiten Hochschulkurse vergeben, die vom 17. März bis zum 6. April 1929
stattfanden. 1929 kam es dann zu einem Zusammentreffen von Ernst Cassirer
und Martin Heidegger, das große Wellen schlug.[28] Zwei unterschiedliche Interpretationen von Kants *Kritik der reinen Vernunft* standen im Mittelpunkt dieser
Auseinandersetzung. Heidegger ging von einer „menschlichen Endlichkeit" aus
und Cassirer von einer „prinzipiellen Unendlichkeit menschlichen Geistes und
menschlicher Produktivität".[29] Der eigentliche Dissens bestand in den unterschiedlichen Auffassungen bezüglich Ausgangspunkt und Zielsetzung der Philosophie.
Die kulturphilosophische Ausrichtung der modernen Philosophie, für die sich
Cassirer stark gemacht hatte, wurde nämlich von Heidegger vehement abgelehnt.

Die Hochschulkurse von 1930 hatten den Schwerpunkt Philosophie und
Staatswissenschaften. Salomon-Delatour gewann für dieses Jahr unter anderem
Leopold von Wiese, Maurice Halbwachs, Alfred Weber, Werner Sombart und
Hendrik De Man als Redner. Salomon-Delatour hielt auch selbst einen Vortrag
über den Zusammenhang von Idee und Ideologie und die Bedeutung der Wissen-
schaft. In einer Mitteilung gab Salomon-Delatour auch einen Ausblick auf die
kommenden Hochschulkurse von 1931. Dort sollten die Themen Erziehung und
Bildung im Mittelpunkt stehen. Aus einer Aussprache zwischen dem preußischen
Kultusminister Becker mit dem akademischen Nachwuchs entstand die Zeitschrift
Internationes, die sich dem internationalen wirtschaftlichen und universitären
Austausch widmete.[30] Ganz so erfreulich und produktiv scheint es aber durchaus
nicht immer zugegangen zu sein. So berichtet zum Beispiel die *Neue Zürcher
Zeitung* von Diskussionen zur deutsch-französischen Verständigung, die regelrecht
gefährlich wurden und Salomon-Delatour sein ganzes Geschick abforderten, um
nicht böse zu enden.[31] Mit den vierten Davoser Hochschulkursen 1931 ging dieses
Projekt Salomon-Delatours dann zu Ende. Ein Grund hierfür war sicherlich die
unbeständige politische und wirtschaftliche Lage im damaligen Europa.

Die Machtergreifung der Nationalsozialisten veranlaßte Salomon-Delatour
dann zur Flucht aus Deutschland. Nach einem kürzeren Aufenthalt in Italien gelang
es ihm, nach Frankreich zu flüchten. Dort schaffte er es, schnell Fuß zu fassen.
Er war zum Beispiel für die Zeitschriften *Information Economique* und *Ordo* als
Herausgeber tätig. Zudem erhielt er einen Lehrauftrag an der Pariser Sorbonne.
Um in Frankreich akademisch weiter zu kommen, fehlte ihm aber eine Haupt-
arbeit – eine „thèse" – an der er deshalb arbeitete. Sie sollte den Kathedersozialis-
mus zum Gegenstand haben, wie Walter Benjamin 1937 an Fritz Lieb schrieb.[32] Zu

---

[28] Henning, „Der übernationale Gedanke der geistigen Einheit", a.a.O., S. 85.

[29] Meyer, Ernst Cassirer, a.a.O., S. 169.

[30] Guido Müller, Deutschland und der Westen, Stuttgart 1998, S. 52.

[31] Vgl. Henning, „Der übernationale Gedanke der geistigen Einheit", a.a.O., Zitat S. 83.

[32] Benjamin, Gesammelte Briefe, a.a.O., Brief 638.

einer Fertigstellung dieser Arbeit kam es aber aufgrund der Invasion der Deutschen Wehrmacht nie. Salomon-Delatour musste erneut flüchten und schaffte es, 1941 in die USA zu reisen. Dort war er auch weiterhin als Herausgeber aktiv und erhielt zunächst an der *New School for Social Research* einen Lehrauftrag, was aber nur eine Zwischenstation war, da die New School nicht alle Flüchtlinge aufnehmen konnte. Während seiner Zeit in den USA gelang es ihm allerdings nicht mehr, sich in dem gewohnten Umfang der wissenschaftlichen und herausgeberischen Tätigkeit zu widmen. Er war vielmehr primär mit Verwaltungstätigkeit beschäftigt und unter anderem auch Berater des *War Department*. Diese mangelnde wissenschaftliche Aktivität im Exil sollte ihm später bei der Remigration nach Deutschland ernsthafte Probleme bereiten.

1947 nahm er den Mädchennamen seiner französischen Mutter mit in seinen Namen auf und hieß von da an Gottfried Salomon-Delatour. Ab 1950 bemühte er sich ferner um seine Remigration nach Deutschland und um eine Wiederanstellung an der Frankfurter Universität. Diese stieß aber auf erheblichen Widerstand, da einige seiner Kollegen der Meinung waren, dass er im Exil nicht wissenschaftlich gearbeitet hätte und somit nicht für eine Wiederanstellung als Professor geeignet wäre. So sprach sich zum Beispiel Professor Napp-Zinn in einem Brief an den Rektor gegen die Anstellung Salomon-Delatours als Emeritus aus.[33] Auch der Rektor der Universität, Rudolf Geißendörfer, sprach sich in einem Brief von 1957 an das Hessische Ministerium für Erziehung und Volksbildung gegen Salomon-Delatour aus. Es sei schwierig, für den neu auszuschreibenden soziologischen Lehrstuhl jemand zu finden, wenn Salomon-Delatour daneben als außerordentlicher Professor wirke.[34] 1954 hielt Salomon-Delatour aber dennoch Gastvorlesungen in Frankfurt und erhielt dort 1958 dann schließlich doch noch den Status als Emeritus an der Frankfurter Universität zuerkannt. Er war darüber hinaus sowohl bei Studierenden als auch bei einigen Professoren durchaus beliebt. Sogar Adorno setzte sich dafür ein, dass Salomon-Delatour auch formal die Rolle des Doktorvaters übernehmen könne, die er eigentlich faktisch schon einnahm.[35] 1959 erhielt er noch einen unbesoldeten Lehrauftrag mit dem Titel „Soziologie, insbesondere Geschichte der gesellschaftlichen Theorie". Kurz vor seinem Tod wurde er sogar ins Gespräch für die Leitung eines Instituts für Sektenforschung an der neu gegründeten Universität Konstanz gebracht. Er verstarb jedoch im April 1964 im Alter von 72 Jahren und konnte deshalb diese Aufgabe nicht mehr übernehmen.

Vor seinem Tod gelang es ihm, noch drei Bücher zu beenden: seine *Politische Soziologie,* die Herausgabe von *Die Lehre von Claude-Henri Cte de Saint Simon*

---

[33] Der entsprechende Brief von Napp-Zinn an den Rektor befindet sich in der Personalakte Gottfried Salomon-Delatours, die im Universitätsarchiv Frankfurt aufbewahrt wird.
[34] Vgl. die Personalakte von Gottfried Salomon-Delatour im Universitätsarchiv Frankfurt.
[35] Henning, „Der übernationale Gedanke der geistigen Einheit", a. a. O., S. 95.

sowie sein Buch über *Moderne Staatslehren*. Letztere Veröffentlichung galt dabei oft als sein Hauptwerk, das ihm für seine wissenschaftliche Karriere immer gefehlt habe. Mit diesem Werk beabsichtigte er, die moderne Staatslehre in das öffentliche Bewußtsein zu rücken. Dabei war es ihm wichtig, nicht bei den „großen Namen" wie Hobbes, Locke oder Rousseau stehen zu bleiben, sondern neue Perspektiven zu eröffnen.[36] Die Veröffentlichung des Buches fand jedoch erst ein Jahr nach seinem Tod statt. Kurz vor seinem Tod wurde sein Lebenswerk noch mit der französischen „Palmes Académiques" ausgezeichnet, was aber in Deutschland ohne weitere Beachtung blieb.[37]

2 Würdigung

Um den Einfluss von Gottfried Salomon-Delatour auf die Soziologie in Deutschland zu begründen, darf man sich nicht davon blenden lassen, dass er bis heute fast in Vergessenheit geraten ist, was nahe legen würde, dass sein Einfluss kaum von Bedeutung seien könne. Ganz im Gegenteil: Salomon-Delatour hat die Soziologie in der Weimarer Zeit in eine neue Richtung gelenkt. Sein Bestreben war es, die Soziologie in Deutschland aus ihrer Isolation zu holen, indem er eine internationale wissenschaftliche Verständigung initiierte. Die Sozialwissenschaften waren nach dem ersten Weltkrieg in einer Krise, die sich auf die Aussichtslosigkeit der Nachkriegsgesellschaft und dem Vertrauensverlust der Menschen in die Wissenschaft zurückführen läßt.[38] Die Soziologie hatte hier die Möglichkeit, einen Neuanfang zu leisten, und diese wollte auch Salomon-Delatour wahrnehmen. Die Geisteswissenschaften waren zu dieser Zeit sehr national geprägt und es fand damals kein nennenswerter geistiger Austausch mit anderen Ländern statt.

Zwei wichtige Schritte, um die Isolation der deutschen Soziologie zu überwinden, waren die *Jahrbücher für Soziologie* und die Davoser Hochschulkurse. Und er hatte damit durchaus Erfolg. Zumindest auf die Davoser Hochschulkurse gab es sehr viel positives Feedback aus allen Richtungen, und die Kommunikation zwischen Wissenschaftlern aus den verschiedensten Ländern konnte über diese Art einer internationalen Veranstaltung stark verbessert, wenn nicht sogar in vielen Fällen erst ermöglicht werden. Auch schon vorher hatte Salomon-Delatour immer wieder Texte veröffentlicht, die zuvor noch nicht in Deutschland erschienen sind oder gar ins Deutsche übersetzt wurden.

---

[36] Gottfried Salomon-Delatour, Moderne Staatslehren, Neuwied 1965, S: 21.

[37] Belitz, Befreundung mit dem Fremden, a. a. O., S. 309.

[38] Michael Bock, Die Entwicklung der Soziologie und die Krise der Geisteswissenschaften in den 20er Jahren, in: Knut Wolfgang Nörr/Bertram Schefold/Friedrich Tenbruck (Hrsg.), Geisteswissenschaften zwischen Kaiserreich und Republik, Stuttgart 1994, S. 162.

Aber nicht nur in der Wissenschaft versuchte Salomon-Delatour die internationale Verständigung voran zu treiben. Das gegenseitige Verstehen von Menschen aus verschiedenen Ländern und die Kommunikation untereinander zu befördern war ein weiteres Bestreben von Salomon-Delatour. Besonders wichtig war ihm der Austausch zwischen Deutschland und Frankreich, was auf seine französischen Wurzeln mütterlicherseits zurückzuführen ist. Er war Vorsitzender der Deutsch-Französischen Gesellschaft in Frankfurt und engagierte sich für ein besseres Miteinander beider Länder. Warum gelang es Salomon-Delatour dennoch nicht, mit seinem enormen Engagement in der Soziologiegeschichte präsent zu bleiben?

Der entscheidende Punkt ist hierbei wohl die Zeit, in der er gelebt hat. Die Situation in Europa war durch den ersten Weltkrieg sehr instabil, was Politik und Wirtschaft betraf, und die Verständigung unter den Ländern war durch die vielen Konflikte in der Zwischenkriegszeit gestört. Es ist durchaus auch verständlich, dass zu manchen Nachbarländern Kontakt – zumindest teilweise – gar nicht erwünscht war. Erst in der zweiten Hälfte der 20er Jahre gelang es Salomon-Delatour, größere Schritte in Richtung internationaler Austausch zu machen. Und auch dann war die Zeit, ein solches Vorhaben störungsfrei zu verfolgen, nicht die günstigste. Die politische Situation in Europa war immer noch sehr angespannt, was sich auch auf die Davoser Hochschulkurse auswirkte, die 1931 das letzte Mal stattfanden. Mit der zunehmenden Macht der NSDAP und der Verbreitung des Antisemitismus wurde das Leben für den Juden Salomon-Delatour in Deutschland unmöglich, was ihn ins Exil trieb.

Salomon-Delatours Zeit im Exil wirft dann eine weitere Frage auf: Warum ist es ihm in dieser Zeit nicht gelungen, sich weiterhin wissenschaftlich zu betätigen? Zumindest während seines Aufenthaltes in Frankreich gelang ihm das noch einigermaßen. Er war wieder als Herausgeber tätig und hatte eine Anstellung an der Pariser Universität. Aber um wissenschaftlich in Frankreich weiterzukommen fehlte ihm ein Hauptwerk, an dem er dann auch arbeitete. Die Invasion der Deutschen Wehrmacht zwang ihn aber zur Flucht in die USA. Dort kam seine wissenschaftliche Arbeit fast komplett zum Erliegen. Er erhielt zwar nach ein paar Jahren eine Anstellung an der Columbia University, aber er war dort zu einem großen Teil mit Verwaltungsarbeit beschäftigt gewesen. Hier stellt sich die Frage, warum es Salomon-Delatour nicht gelungen ist, sich an der New School for Social Research zu etablieren. Natürlich konnte diese Einrichtung nicht allen Exilanten Platz gewähren, aber durch bestimmte Kontakte wäre dies sicherlich möglich gewesen. Salomon-Delatour hatte immerhin über Jahre hinweg Kontakt zu den wichtigsten und einflussreichsten Intellektuellen seiner Zeit gehabt.

Warum konnte oder wollte er diese Kontakte also nicht nutzen, um sich in den USA zu etablieren? Genau lässt sich diese Frage nicht beantworten, aber einen Hinweis gibt Salomon-Delatour im Vorwort zu seinem Buch *Moderne Staatslehren*: „Wenn ich auch in fremden Sprachen denken und reden musste, so blieb doch mein Denken an die Muttersprache gebunden. Das wurde mir vor allem bei den Vorträgen in den Vereinigten Staaten bewusst. Es war mir unmöglich, ein Textbook zu schreiben, das dem Schulgebrauch an Colleges entspricht."[39] Er hatte also große Probleme, sich in der englischen Sprache fachwissenschaftlich zu artikulieren, was auch ein Grund für die geringe wissenschaftliche Aktivität in seiner amerikanischen Zeit sein dürfte. Zudem war es während des Krieges so gut wie unmöglich, die internationale Zusammenarbeit zu fördern, und auch nach dem 2. Weltkrieg dürfte dies eine komplizierte Angelegenheit gewesen sein. Somit war es ihm aufgrund der weltpolitischen Situation nicht möglich, sein hauptsächliches Anliegen weiter zu verfolgen. Eventuell hat da auch ein gewisser Stolz Salomon-Delatours eine Rolle gespielt, nicht konkret nach Hilfe zu fragen. Dies ist allerdings nicht weiter zu belegen und nur eine Vermutung.

Insbesondere seine Briefkorrespondenz ist sehr beeindruckend. Beim Amsterdamer International Institute of Social History sind über 1200 Briefpartner verzeichnet.[40] Darunter befinden sich unter anderem Siegfried Kracauer, Ernst Troeltsch, Ferdinand Tönnies, André Gide, Albert Salomon, Alfred Weber, Werner Sombart, Paul Tillich, Theodor W. Adorno, Leopold von Wiese und noch viele weitere Intellektuelle und Gelehrte der damaligen Zeit. Zudem hatte er auch zu nahezu jedem, der in den *Jahrbüchern für Soziologie* Artikel veröffentlicht hat, brieflichen Kontakt. Man kann also behaupten, dass Salomon-Delatour in seiner aktivsten Zeit sowohl in nationaler als auch in internationaler Hinsicht den wohl intensivsten und umfangreichsten wissenschaftlichen Austausch mit anderen Intellektuellen und Gelehrten gepflegt hat.

Nun komme ich aber wieder auf den Einfluss zurück, den Salomon-Delatour auf die Soziologie in Frankfurt hatte. Er war zwar sehr aktiv in der Lehre und hatte teilweise vier Veranstaltungen pro Semester abgehalten, aber weiterer Einfluss auf die Soziologie in Frankfurt ist nur schwer zu belegen. Kontakt zu weiteren Professoren in Frankfurt bestand hauptsächlich zu Franz Oppenheimer. Mit Walter Sulzbach, einem Privatdozent für Soziologie, veranstaltete er im Wintersemester 1922/23 ein Kolloquium. Zusammen mit Heinz-Otto Ziegler, einem anderen Privatdozent der Soziologie, bot er soziologische Übungen an. Wie weit hier die Zusammenarbeit ging, ist aber leider nicht dokumentiert.

Ich denke, dass sich sein eigentliches Anliegen, nämlich eine Einheit der Soziologie zu bewirken, nicht ausschließlich auf Frankfurt bezog. Dieser Gedanke ging für die damalige Zeit wohl zu weit oder wurde von ihm nicht erschöpfend genug erläutert, um sich größeren Respekt bei den Frankfurter Kollegen zu erarbeiten. Auch dass er erst sehr spät gegen erheblichen Widerstand den Status eines emeritierten Professors mit Lehrbefugnis erhielt, spielt hier sicherlich mit

---

[39] Salomon-Delatour, Moderne Staatslehren, a. a. O., S. 20.
[40] Vgl. http://www.iisg.nl/archives/pdf/10767974.pdf (Zugriff vom 15.1.2010).

hinein. Es ist also davon auszugehen, dass sein Einfluss auf die Frankfurter Soziologie eher gering gewesen ist. Er hatte mit den weltpolitischen Problemen seiner
Zeit zu kämpfen und ihm fehlte zum Zeitpunkt seiner Emigration ein Hauptwerk,
das zu dieser Zeit für eine wissenschaftliche Karriere die Voraussetzung war. Ich
möchte aber behaupten, dass es Salomon-Delatour gelungen ist, den Horizont der
Soziologie in jeder Hinsicht zu erweitern, auch wenn seinem Schaffen eine größere
Nachhaltigkeit verwehrt geblieben ist.

Siegfried Kracauer – Einfluss und Wirken eines vermeintlichen Außenseiters der Weimarer Zeit

Victoria Wendt

Einleitung

In dieser Arbeit soll die Stellung des oft vergessenen Soziologen Siegfried Kracauer im Rahmen der sich damals langsam etablierenden Soziologie in Frankfurt während der Zwanziger und frühen Dreißiger Jahre untersucht werden. Seiner zentralen Rolle als Soziologe wurde bisher zu wenig Aufmerksamkeit geschenkt, sofern man ihn überhaupt in diesem Zusammenhang beachtete.

Kracauer war kein klassischer Soziologe und lehrte damals auch an keiner Universität, sondern war von 1921–1933 bei der „Frankfurter Zeitung", einer der renommiertesten bürgerlichen Tageszeitung der Weimarer Zeit, als Lokalreporter und später auch als Redakteur tätig. Von dort verbreitete er seine sich häufig mit der Soziologie befassenden oder selbst einen soziologischen Charakter besitzenden Artikel in der gesamten Republik. Seine Kontakte zu vielen verschiedenen Soziologen in den Zwanziger Jahren geben Anlass für eine nähere Betrachtung.[1] Siegfried Kracauer war sowohl mit Leo Löwenthal, als auch mit Theodor Wiesengrund-Adorno befreundet. Im Folgenden soll dargestellt werden, wie sich ihre Freundschaft gestaltete und wie Kracauer vor allem Löwenthal und Wiesengrund-Adorno als Mentor und Freund zugleich in ihrer soziologischen Entwicklung grundlegend prägte. Ihn verbanden nicht nur diese freundschaftlichen Beziehungen zur Soziologie, sondern auch berufliche, wie die zu Karl Mannheim, mit dem er sich bereits vor dessen Berufung nach Frankfurt beschäftigt hat.

Da es sich für jeden Denker und Soziologen gehört, eine eigene Auffassung der Gesellschaft zu vertreten, soll hier jenes Weltbild Kracauers kurz vorgestellt werden, das er in dem benannten Zeitraum entwickelt hatte. Für eine genauere Verortung Siegfried Kracauers soll zuerst in Gestalt einer kurzen biographischen Einführung dargestellt werden, wie Kracauer als Mensch gewirkt hat und mit welchen Soziologen und Intellektuellen er in dieser Zeit in Verbindung stand. Bei der Untersuchung der Position Siegfried Kracauers im Zusammenhang mit der

---

[1] Kracauer pflegte damals Kontakte zu Karl Mannheim, Gottfried Salomon-Delatour, Georg Lukács, Franz Oppenheimer, Erich Fromm, Ernst Bloch, Max Horkheimer, Walter Benjamin und bis zu dessen Tod 1928 auch zu Max Scheler.

Frankfurter Soziologie sollen dabei bewusst nur jene Jahre genauer betrachtet werden, in denen er sich in Deutschland bis zu seiner Emigration nach Paris im Jahre 1933 aufgehalten hatte. Da nach der Machtergreifung der Nationalsozialisten eine so genannte „arische Säuberung" an den deutschen Universitäten vorgenommen wurden, in deren Zusammenhang vor allem jüdische, sozialistische und kommunistische Lehrende entlassen und verfolgt wurden, verfiel die Soziologie zu jener Zeit in eine tiefe Regression.[2]

Biographische Notizen

Siegfried Kracauer wurde am 8. Februar 1889 als einziger Sohn des Tuchhändlers Adolf Kracauer und seiner Frau Rosette in Frankfurt am Main geboren. Der Konfession nach jüdisch, pflegte die Familie weder ein stark traditionsbewusstes noch assimiliertes Leben. Und so wuchs der Sohn mit einem sehr weltlichen Verhältnis zum Judentum auf.[3] Worunter er schon als 14-Jähriger sehr litt, war sein Sprachfehler, das Stottern, wie aus einem Tagebucheintrag vom 9.2.1903 nur unschwer zu erkennen ist: *„O Gott hilf mir doch und gib mir die Kraft, meinen Fehler zu überwinden. Denn wenn ich nicht mehr stottere, dann fühle ich die Kraft in mir, es zu etwas zu bringen."*[4]

Nachdem er bis 1904 das „Philanthropin" der Frankfurter Israelitischen Gemeinde besucht hatte, an dem übrigens auch sein Onkel Isidor Kracauer unterrichtete[5], machte er 1907 dann das Abitur, gefolgt von der Aufnahme des Studiums der Architektur in Darmstadt.[6] Das gewählte Fach beruhte jedoch mehr auf einer moralischen Verpflichtung den Eltern gegenüber, einen ‚richtigen Brotberuf' zu erlernen, als auf wirkliche Vorliebe für jenes Themengebiet.[7] Stattdessen galt sein Interesse schon damals den philosophischen und soziologischen Themen. So besuchte er bereits zu Beginn seines Studiums in Darmstadt eine Vorlesung bei Julius Goldstein über die „Hauptfragen der Ethik".[8] Kurze Zeit später wechselte er nach Berlin, wo er die Gelegenheit nutzte, neben dem technischen Studium auch Vorlesungen bei Georg Simmel zu besuchen. Die Bekanntschaft mit Simmel war von dessen Seite her anfangs zwar eine reservierte, dem Universitätsalltag

---

[2] Vgl. http://www.frankfurt1933-1945.de/: Die „Säuberung" der Universität.

[3] Vgl. Momme Brodersen, Siegfried Kracauer, Hamburg 2001, S. 7 ff.

[4] Vgl. Ingrid Belke, Siegfried Kracauer: 1889–1966, 3. Aufl., Marbach am Neckar 1994, S. 5.

[5] Hierbei handelt es sich um eine Reformschule, an der besonders die Ausbildung der Vernunft und die praktische Weltorientierung gefördert werden sollten.

[6] Vgl. Brodersen, Siegfried Kracauer, a.a.O., S. 13 ff.

[7] Vgl. Belke, Siegfried Kracauer, a.a.O., S. 7; ferner Brodersen, Siegfried Kracauer, a.a.O., S. 16 f.

[8] Julius Goldstein war an der Technischen Universität Darmstadt Privatdozent für Philosophie. Vgl. Belke, Siegfried Kracauer, a.a.O., S. 8.

geläufige, die sich jedoch bis zum Juli 1914 intensivieren sollte und sich zu einer Art Mentor-Schüler-Verhältnis entwickelte. In dieser Zeit tauschte man sich nicht nur intellektuell aus, sondern der junge Kracauer schickte dem Lehrer regelmäßig seine Arbeiten zur Begutachtung und erhielt von diesem häufig eine kritische Beurteilung.[9]

Nachdem er sein Diplom in München bestanden hatte, promovierte er 1914 in Berlin über „Die Entwicklung der Schmiedekunst in Berlin, Potsdam und einigen Städten der Mark vom 17. Jahrhundert bis zum Beginn des 19. Jahrhunderts".[10] Im selben Jahr kam es zum Ausbruch des Ersten Weltkrieges. Kracauer meldete sich freiwillig zum Militärdienst; seine Bewerbung wurde jedoch zunächst zurückgestellt. Auch er war wie viele in dieser Zeit zeitweise von einer uneingeschränkten Vaterlandsliebe und der Hoffnung auf eine nahezu katharische Wirkung des Krieges ergriffen. Seine diesbezügliche Einstellung änderte sich jedoch schon bald. Vor allem der Tod eines Freundes vor Verdun und die Arbeit in einer Sanitätskolonne ließen bis zum Zeitpunkt seiner 1917 erfolgten Einberufung nichts zurück von jener anfänglichen Kriegsbegeisterung.[11]

Bereits im November 1916 lernte Siegfried Kracauer auch Max Scheler während eines Vortrages in Frankfurt persönlich kennen.[12] Begeistert von Scheler schickte Kracauer ihm zuerst seinen Aufsatz „Vom Erleben des Krieges" (1915), dem später weitere Arbeiten folgten. Scheler reagierte darauf in der Regel sehr interessiert und zustimmend, so dass es im März 1917 zu einem erneuten persönlichen Treffen und im Anschluss daran zu einer Besprechung von Schelers Aufsatzsammlung „Krieg und Aufbau" durch Kracauer kommt, in der er sich Schelers Standpunkt voll und ganz anschließt: „Der Sinn des Krieges besteht nach ihm [Max Scheler] darin, eine Mahnung zur Umkehr zu sein auf jenem Wege, der zu einer immer größeren Zersetzung des europäischen Menschen, zu einem immer weiteren Überwuchern des kapitalistischen Ethos führt."[13]

Kracauers Weltbild beruhte zu dieser Zeit auf der Lebensphilosophie Georg Simmels und Max Webers scharfer Trennung zwischen Wertrelativismus und

---

[9] Vgl. Brodersen, Siegfried Kracauer, a. a. O., S. 17 und 36 ff.

[10] Kracauer studierte von 1909 bis 1913 an der Königlichen Bayerischen Technischen Hochschule zu München Architektur. Seine Dissertation wurde 1915 bei der Wormser Verlags- und Druckereigesellschaft veröffentlicht. Eine von Lorenz Jäger besorgte Neuausgabe ist 1997 im Gebrüder Mann-Verlag erschienen.

[11] Siegfried Kracauer wurde zur Fußartillerie nach Mainz einberufen. Er war jedoch den Strapazen der Ausbildung nicht gewachsen und konnte, nachdem er als „arbeitsverwendungsfähig im Beruf" eingestuft wurde, die Armee bereits nach zwei Monaten wieder verlassen. Vgl. Belke, Siegfried Kracauer, a. a. O., S. 24; Brodersen, Siegfried Kracauer, a. a. O., S. 21 ff.

[12] Auf Ersuchen des *Kulturbundes Deutscher Gelehrter und Künstler* hielt Max Scheler 1916 in Frankfurt einen Vortrag über die „Ursachen des Deutschenhasses".

[13] Vgl. „Das neue Deutschland", Jg. 5, S. 445; zitiert nach Belke, Siegfried Kracauer, a. a. O., S. 28.

wissenschaftlichem Objektivitätsideal. Im Anschluss an Weber stand der Prozess der Entzauberung der Welt und der Beziehungen zwischen den Menschen im Mittelpunkt seiner Weltsicht. Doch sollte sich sein Kulturpessimismus schon bald in eine zunehmend sozialkritische Haltung verwandeln. Vor allem sein Eintritt in die Redaktion der „Frankfurter Zeitung" im Jahre 1921, aber auch das intensive Studium der Schriften von Karl Marx, die Auseinandersetzung mit dem französischen Sozialismus sowie mit den Schriften von Georg Lukács haben diesen Wandel in seinem Denken maßgeblich beeinflusst. Die Themen, denen er sich fortan widmete, waren vor allem aus dem Alltagsleben gewonnen; sie reichten vom Sport und den Revuen über Straßen und Stehbars bis hin zum Kino und Film. Für diese sich langsam etablierenden Art der Reportage zuständig war er seit 1924 verantwortlicher Redakteur in der „Frankfurter Zeitung" mit einer festen Anstellung. Diese verstärkte Hinwendung zur Analyse des scheinbar Oberflächlichen und von Alltagsphänomenen, in deren Zusammenspiel er gesellschaftliche Konflikte und Widersprüche kritisch darzustellen versuchte, haben fortan Kracauers Schriften geprägt.[14] In diesem Zusammenhang entstanden zahlreiche Essays, ein autobiographischer Roman sowie seine bekannte Studie „Die Angestellten. Aus dem neuesten Deutschland", in der er eine ganz neue Art der Untersuchung im Sinne einer Verbindung von Theorie und Empirie vornahmt.

Doch selbst im vor-nationalsozialistischen Deutschland war er für viele zu kritisch eingestellt.[15] Auch störte man sich nun zunehmend an seiner jüdischen Herkunft, was schließlich dazu führte, daß die „Frankfurter Zeitung" ihn 1930 nach Berlin zwangversetzte, wo man ihn mit Gehaltskürzungen, der zunehmenden Ablehnung seiner Artikel sowie der Aufforderung schikanierte, sich einen Nebenerwerb zu suchen.[16] Am 27. Februar 1933 wurde er noch während des Reichstagsbrandes vom Verlagschef per Telegramm in einen „Arbeitsurlaub" nach Paris geschickt. In einem auf den 15. August 1933 datierten Schreiben erhielt er dann seine endgültige Entlassung aus dem Redaktions- und Mitarbeiterverbund der „Frankfurter Zeitung" mitgeteilt.[17]

---

[14] Vgl. Brodersen, Siegfried Kracauer, a. a. O., S. 47 f., 55 und S. 148.

[15] Leo Löwenthal berichtet bereits zu diesem Zeitpunkt über nationalsozialistische Übergriffe, die um 1929/30 stattgefunden hatten. Auch ein latenter Antisemitismus scheint langsam die Oberhand gewonnen zu haben. Deshalb beschloss das Institut für Sozialforschung aus diesen Gründen bereits 1929, eine „Außenstelle" im Ausland zu eröffnen. Leo Löwenthal berichtet hierüber ausführlich in: ders., „Mitmachen wollte ich nie." Ein autobiographisches Gespräch mit Helmut Dubiel, Frankfurt am Main 1980.

[16] Vgl. Mülder, Siegfried Kracauer, a. a. O., S. 9.

[17] Vgl. Belke, Siegfried Kracauer, a. a. O., S. 70.

Der Friedel und sein Leo – Zur Beziehung zwischen Siegfried Kracauer und Leo Löwenthal

Siegfried Kracauer und der elf Jahre jüngere Leo Löwenthal begegneten sich das erste Mal 1920 im „Café Westend", das nach dem Ersten Weltkrieg zu einem der wichtigsten Treffpunkte der Frankfurter Intellektuellen zählte.[18] Löwenthal studierte zu dieser Zeit noch in Heidelberg. In den Semesterferien traf man sich fast täglich in jenem kleinen Café *„und setzte am nächsten Morgen die Diskussion der Themen vom Vortag übers Telefon fort. (...) Die Themen reichten von Klatsch bis Tratsch über persönliche Anliegen bis hin zu komplexen philosophischen Fragen."*[19]

Aus diesen ausgiebigen Treffen sollte sich nicht nur bald eine sehr enge Freundschaft entwickeln, sondern auch eine Reihe weiterer Beziehungen entstehen. So brachte Kracauer Löwenthal schon 1921 mit seinem Freund Theodor Wiesengrund-Adorno zusammen; ein Jahr später dann mit Ernst Bloch und Max Horkheimer, dessen Bekanntschaft letztlich zu Löwenthals Eintritt ins *Institut für Sozialforschung* im Jahre 1926 führen sollte und somit zu einem entscheidenden ‚Meilenstein' in seinem Leben wurde.[20] Kracauer wiederum lernte über einen Freund Löwenthals den Rabbiner Nehemias Anton Nobel kennen, der Anfang der zwanziger Jahre einen Kreis jüdischer Intellektueller um sich vereinte, zu dem unter anderem auch Leo Löwenthal und Siegfried Kracauer gehörten, um sie, entgegen der in Westeuropa verbreiteten Assimilation des Judentums, für eine Wiederbelebung der jüdischen Tradition und ihrer jüdischen Wurzeln zu begeistern.[21] Auch wenn Kracauer dem Messianismus im Allgemeinen sehr skeptisch gegenüber stand, wie er es auch oftmals Löwenthal gegenüber betonte[22], so muss diese Begegnung mit Nobel und der Eintritt in seinen Kreis für ihn dennoch ein bestimmendes Ereignis gewesen sein. Denn nach Kracauers damaliger Auffassung konnte das durch den Relativismus verursachte weltanschauliche Chaos und die dadurch geprägte Unruhe im Inneren des modernen Menschen nur durch die

---

[18] Vgl. Leo Löwenthal, Wenn ich an Friedel denke. Rede anlässlich eines Kracauer-Symposiums an der Columbia Universität in New York 1990, gekürzte Fassung in: ders., In steter Freundschaft. Briefwechsel 1921–1966, Springe 2003, S. 268–282. Das Café Westend befand sich direkt gegenüber der Alten Oper in Frankfurt. Es existierte heute nicht mehr.

[19] Ebd.

[20] Ebd.

[21] Nehemias Anton Nobel kam 1910 als Rabbiner der Synagoge am Börneplatz nach Frankfurt. Im Kreis der jüdischen Intellektuellen war Nobel eine hoch angesehene Persönlichkeit. Vgl. Löwenthal, In steter Freundschaft, a. a. O., S. 283–287.

[22] Vgl. dort den Brief vom 14.1.1921 von Siegfried Kracauer an Leo Löwenthal.

Religionen wieder eine geordnete Struktur erlangen – eine Auffassung also, die ihn mit jenem Rabbiner verband.[23]

Der Beginn ihrer Freundschaft wurde zunächst von Löwenthals Tuberkuloseerkrankung überschattet, die ihn dazu veranlaßte, für längere Zeit in die Kur zu fahren. Aus dieser Zeit stammen auch die ersten Briefe zwischen Kracauer und Löwenthal, in denen man sich zwar noch höflich „Siezste", in denen aber bereits ein deutlicher gegenseitiger Wissensaustausch statt gefunden haben muss. *„Ich denke, Sie kommen gelegentlich gebräunt und liebenswürdig wieder, dann mag das Philosophieren zu zweien, das immer und ewig schön, wieder losgehen."*[24] Nicht nur Löwenthal schickte Kracauer Aufsätze, sondern dieser fragte auch den viel jüngeren Löwenthal beim Schreiben um seinen Rat.[25] Daher ist davon auszugehen, dass man nicht nur ein Gefühl für den anderen entwickelt hatte und mit dessen Denkweise vertraut gewesen war, sondern sich auch auf einer gleichen Denkebene befand, mit der beide eine durch gegenseitigen Austausch bedingte Weiterentwicklung ihres Denkens zu erlangen versuchten. Mit dem Wechsel vom „Sie" zum „Du" sollte ihre Beziehung eine noch vertrautere und persönlichere Qualität erlangen als zuvor: *„Nicht immer hat das Du zwischen Menschen Bedeutung, aber bei Menschen, wie wir es sind, ist es ein Geschenk, Erfüllung, Versprechen, voller Magie und Zärtlichkeit."* Und weiter: *„Daß Du zu meinem Leben gehörst, wirst Du genauso wissen, wie ich weiß, daß ich Dir etwas bedeute."*[26]

Kracauers und Löwenthals sowie Theodor Wiesengrund-Adornos Denken war Anfang der Zwanziger Jahre grundlegend durch die „Theorie des Romans" von Georg Lukács geprägt: *„Das war für uns alle ein Kultbuch, das wir praktisch auswendig kannten."*[27] Demnach hat der Intellektuelle in der Neuzeit aufgrund der *„Unendlichkeit der globalisierten Welterfahrung"* seine geistige Heimat verloren und ist nun von einer *„transzendentalen Obdachlosigkeit"* betroffen.[28] Statt in einer abgerundeten Welt in seiner urbildlichen Heimat verwurzelt zu sein wandert er orientierungslos *„durch die Wälder und Sümpfe der postmodernen Beliebigkeit"* und nährt seinen Geist aus Stückchen der verschiedensten dargebotenen Welt-

---

[23] Siehe hierzu Michael Schröter, Weltzerfall und Rekonstruktion. Zur Physiognomik Siegfried Kracauers, in: Text und Kritik, Heft 68 (1980), S. 18–40.

[24] Vgl. den Brief von Siegfried Kracauer an Leo Löwenthal vom 2. Oktober 1921, in Löwenthal, In steter Freundschaft, a. a. O.; der erste erhaltene Brief von Siegfried Kracauer an Leo Löwenthal ist auf den 14. Januar 1921 datiert.

[25] Vgl. dort den Brief von Siegfried Kracauer an Leo Löwenthal vom 14. Januar 1921.

[26] Brief von Siegfried Kracauer an Leo Löwenthal vom 12. Februar 1922. Der Wechsel vom „Sie" zum „Du" fand in einem nicht erhalten gebliebenen Brief von Leo Löwenthal an Siegfried Kracauer statt.

[27] Ebd.

[28] Vgl. Der blaue Reiter, Ausgabe 23; ferner den Artikel von Jutta Heinz, Wo ist der Weise zu Hause? Der Philosoph als Kosmopolit (Zugriff unter http://www.derblauereiter.de/ausg_21-30/dbr23/dbr23_lese. html). Der Begriff der „transzendentalen Obdachlosigkeit" stammt aus Georg Lukács' „Theorie des Romans", die 1920 bei Paul Cassirer in Berlin erschienen ist.

anschauungen.[29] Da das Verhältnis zwischen Kracauer und Wiesengrund-Adorno ein ebenso freundschaftliches, wenn auch nicht auf Dauer so harmonisches, wie das zu Löwenthal war, schrieben sie teilweise auch zusammen dem gemeinsamen, ‚abwesenden‘ Freund Löwenthal, so beispielsweise zu dessen Hochzeit im Dezember 1923.[30] In diesem Glückwunschbrief wird deutlich, dass man sich nicht nur von jener oben beschriebenen Theorie prägen ließ, sondern schon eine tendenzielle Identifizierung mit dieser stattfand. So lautete der Absender des Schriftstückes: *„All-gemeines Hauptquartier des Wohlfahrtsbüros für transzendentale Heimatlose";* und weiter in Wiesengrund-Adornos Handschrift: *„Kracauer und Wiesengrund. Generaldirektion des Fürsorgeamts für Transzendental Obdachlose."*[31]

Aufgrund des großen Altersunterschiedes zwischen Kracauer und Löwenthal sowie den noch größeren zu Wiesengrund-Adorno ist davon auszugehen, dass er, der Ältere, mit beiden im Rahmen seiner freundschaftlichen Mentorenrolle die Theorie von Georg Lukács und möglicherweise auch noch andere Theorien gemeinsam las und interpretierte und so ihr Denken, ja ihre gesamte Art der Deutung und Auslegung, maßgeblich beeinflußte. Deutlich wird dies vor allem im Briefwechsel zwischen Kracauer und Löwenthal, in dem sie sich anfänglich über philosophische und religiöse Fragen, aber auch über die Schriften zeitgenössischer jüdischer Intellektueller austauschten und später, bedingt durch die Anstellung Kracauers bei der „Frankfurter Zeitung" im Jahre 1921, diese Themen zugunsten von stärker profanen Fragestellungen an Bedeutung verloren. Ebenso wie Kracauer sein Denken in einen weltlicheren, gesellschaftlicheren Kontext stellte, beeinflusste er auch Löwenthals weitere Entwicklung, indem es ihm gelang, ihn von seinem *„bloß spekulativen, idealistischen, hochtrabenden philosophischen Stil abzubringen und statt dessen zu konkretem Denken, ernster wissenschaftlicher Arbeit und kritischer Untersuchung gesellschaftlicher Fragen zu bewegen."*[32] Doch war ihre Beziehung weit mehr, als eine ausschließlich intellektuelle. Sie ging sogar so weit, dass Löwenthal im Zuge der Kontroverse zwischen Ernst Bloch und Kracauer, deren Auslöser eine im August 1922 verfasste kritische Rezension Kracauers von Blochs Buch über Thomas Münzer war, auf die Bloch wiederum in einem bitteren und sarkastisch, ja fast schon beleidigendem, Ton reagierte, woraufhin dann Löwenthal seine Freundschaft mit Bloch aufkündigte: *„Es war eine selbstverständliche Reaktion zu sagen: wenn du meinen Freund beleidigst, bist du nicht länger mein Freund."*[33]

---

[29] Ebd.
[30] Löwenthal heiratete im Dezember 1923 seine erste Frau Golde Ginsburg.
[31] Löwenthal, Wenn ich an Friedel denke, a.a.O.
[32] Ebd.
[33] Ebd.

Vier Jahre später bewies Löwenthal erneut seine Aufrichtigkeit gegenüber seinem Freund ‚Friedel Kracauer'. Dieses Mal war der Auslöser Kracauers äußerst kritische Rezension von Martin Bubers und Franz Rosenzweigs Bibelübersetzung „Die Bibel auf Deutsch", nach deren Erscheinen in der „Frankfurter Zeitung" Buber einen Artikel über Kracauer verfasste, in dem er ihn in einer nahezu geschmacklosen Art und Weise zurechtzuweisen versuchte. Löwenthal schrieb daraufhin einen scharfen Brief an Buber und brach dadurch bewusst seine Freundschaft zu Rosenzweig ab.[34] Aber auch die zahlreichen Vertrauensbeweise zeugen von der Besonderheit ihrer Beziehung, an der selbst die räumliche Trennung der beiden nichts zu ändern vermochte.[35] Man gestand sich gegenseitig offen und ehrlich sowohl die eigenen Schwächen als auch ein situationbedingtes mangelndes Selbstvertrauen ein und suchte bei dem anderen Rat oder Halt. So schrieb Kracauer in einem Brief im Oktober 1921, dass er „eben gar keinen Glauben an [sich habe] und (...) nahezu überzeugt davon [sei], daß nichts rechtes aus [ihm] wird."[36] Und an anderer Stelle berichtete er Löwenthal, dass er von Franz Rosenzweig dazu angehalten wurde, Vorträge im „Jüdischen Lehrhaus" zu halten und diese für ihn sprechtechnisch, wie er befürchtete, in einem Fiasko enden würden. Kracauer betonte hier ausdrücklich, dass dieser „Brief (...) mehr ein Freundschaftszeichen sein soll, als ein Träger besonderen Gehalts"[37].

Die Liste von Freundschaftsbeweisen könnte hier noch um Einiges weiter geführt werden. Doch denke ich, dass bereits an dieser Stelle deutlich wird, welche Rolle Siegfried Kracauer für Leo Löwenthals spätere Entwicklung gespielt hatte. Er charakterisierte seinen Freund ‚Friedel' bezüglich dessen intellektueller Orientierung nicht nur als „Stachel im Fleisch der geistigen Normalverbraucher" oder als „Ärgernis für die Heroen der Hochkultur", sondern reiht ihn wie selbstverständlich in jenen Kreis Frankfurter Intellektueller ein, der später als „Frankfurter Schule" bekannt werden sollte.[38] Auch wenn man Kracauers Namen in diesem Zusammenhang eher selten findet, lobt Löwenthal doch gerade seine intellektuelle Integrität, die er sich stets bewahrt habe und dabei „mit konstanter Beharrlichkeit (...) dem Sog absoluter Wahrheiten widerstand". Vor allem warf er immer Zweifel auf und „bewahrte seine kritische Haltung", wodurch er für Löwenthal nicht zuletzt durch seine Fähigkeit, gesellschaftliche Veränderungen sofort wahrzunehmen, durch einen „unbestechliche[n] Instinkt für das, was in der Luft liegt" zu einem „Idealvertreter unserer Schule des kritischen Denkens"

[34] Vgl. Siegfried Kracauer, „Die Bibel auf Deutsch", in: Frankfurter Zeitung vom 26.4.1926. Siehe ferner Löwenthal, Wenn ich an Friedel denke, a. a. O.
[35] Löwenthal kehrte erst 1926 wieder nach Frankfurt zurück.
[36] Vgl. Kracauers Brief an Leo Löwenthal vom 2. Oktober 1921, in: ders., In steter Freundschaft, a. a. O.
[37] Vgl. den Brief von Kracauer an Löwenthal vom 2. Oktober 1921 (ebd.). Franz Rosenzweig war Gründer des Jüdischen Lehrhauses in Frankfurt und von 1920 bis 1922 dessen Leiter.
[38] Vgl. Löwenthal, Wenn ich an Friedel denke, a. a. O.

wurde – nicht zuletzt auch durch seine Fähigkeit, gesellschaftliche Veränderungen sofort wahrzunehmen, das heißt durch einen *„unbestechliche[n] Instinkt für das, was in der Luft liegt"*[39].

Von Friedel und Teddie – Zur Beziehung von Theodor Wiesengrund-Adorno und Siegfried Kracauer

Die Freundschaft zwischen Siegfried Kracauer und Theodor Wiesengrund-Adorno ist auf das Jahr 1918 zurückzuführen.[40] Durch einen Freund der Familie Wiesengrund und Kracauers Onkel Isidor zusammengebracht, sollten der 29jährige Architekt Kracauer und der 15jährige Schüler Wiesengrund-Adorno bald ein gemeinsames intellektuelles Interesse an der Philosophie teilen.[41] Fortan trafen sie sich regelmäßig Samstagnachmittag, um Kants „Kritik der Reinen Vernunft" zu lesen und erste gemeinsame Analysen zu wagen, wobei ihr anfängliches Verhältnis dem zwischen einem Mentor und seinem Schüler geglichen haben dürfte.[42] Schon sehr bald sollte sich daraus jedoch eine freundschaftliche Beziehung entwickeln. In einem Brief an Leo Löwenthal aus dem Jahre 1921 berichtet Kracauer nicht nur davon, dass „Teddie"[43] schon ganz gespannt darauf sei, den Freund Löwenthal kennen zu lernen, um *„vielleicht zu dritt Hegel lesen"* zu können, sondern er hat Kracauer zu diesem Zeitpunkt bereits einige sehr intime persönliche Dinge über sich anvertraut, die man mit einem Mentor oder Lehrer wohl kaum besprechen würde; so beispielsweise, dass er *„sich sehr danach sehnt eine Frau zu lieben."*[44]

Kracauer berichtet seinem Freund Löwenthal sehr ausführlich über den jungen „Teddie". So verortet er dessen Philosophie bereits zu jener Zeit nah an der von ihm selbst vertretenen. Sie bestünde *„zum guten Teil aus Lukács und mir [Kracauer]"* doch fehlte ihr vielleicht noch *„der philosophische Eros, den Sie [Löwenthal] besitzen. Allzuviel stammt bei ihm aus dem Intellekt und dem Willen, statt aus den Tiefen der Natur."*[45] Im Ganzen handelte es sich also um eine philosophische Ausrichtung, welche sich Kracauers zufolge noch formen ließ. Generell scheint das Freundschaftsverhältnis zwischen beiden eines gewesen zu

---

[39] Ebd.

[40] Vgl. Martin Jay, Notes on a troubled friendship, in: ders., Permanent Exiles. Essays on the Intellectual Migration from Germany to America, New York 1986, S. 217–236.

[41] Isidor Kracauer (1852–1923) war Lehrer am Frankfurter *Philanthropin* und führte intensive Forschungen zur Geschichte der Frankfurter Juden durch.

[42] Vgl. Theodor W. Adorno, Der wunderliche Realist, in: Neue deutsche Hefte 11 (1964), S. 17–18.

[43] So lautete der Kosename von Theodor Wiesengrund-Adorno, den ihm seine Eltern gegeben hatten.

[44] Vgl. den Brief von Kracauer an Löwenthal vom 17. November 1921, in: ders., In steter Freundschaft, a. a. O.

[45] Brief von Siegfried Kracauer an Leo Löwenthal vom 4. Dezember 1921 (ebd).

sein, bei dem sich der Ältere, in diesem Falle Kracauer, dem Jüngeren gegenüber verpflichtet fühlte, für ihn eine gewisse Verantwortung zu übernehmen und ihm zugleich ein Gefühl der Geborgenheit zu vermitteln, was auch die fortdauernde Benutzung des von den Eltern geprägten Kosenamens – „Teddie" – unterstreicht. Kracauer versucht sowohl das ‚Innere' als auch das Äußere des Freundes zu beschreiben. So besäße „Teddie" *„ein herrliches äußeres Dasein und eine wundervolle Selbstverständlichkeit des Wesens"* und sei zudem *„schon ein schönes Exemplar Mensch"* und wenn Kracauer auch *„nicht ohne Skepsis gegen seine Zukunft"* sei, *„so beglückt [ihn] doch seine Gegenwart."*[46]

Auch die weitere Entwicklung ihres Verhältnisses gestaltete sich immer persönlicher und intimer. So fuhren sie nicht nur gemeinsam in den Urlaub[47], sondern schickten auch an Löwenthal anlässlich dessen Hochzeit im Dezember 1923 gemeinsam einen Brief, der jedoch mehr an einen Dialog als an einen Brief erinnert.[48] In diesem lassen die immer wieder abwechselnden und aufeinander bezogenen Passagen von Wiesengrund-Adorno und Kracauer Löwenthal und seine Frau Golde nicht nur nahezu anwesend erscheinen, sondern sie spiegeln auch das Verhältnis der beiden Absender zu jener Zeit wieder. Ihr Ausdruck ist neckisch und schäkernd, ja fast schon spaßig überdreht. So besteht für Kracauer „Teddies" vorhergehende Passage aus *„pseudophilosophischen Edelschmonzetten"*, die er sonst nur *„in der leichten Unterhaltung, also in Briefen, Seminaren"* und *„Gesprächen mit jungen Damen"* bevorzugen würde und betitelt ihn mit *„Teddie, der Philosoph"* in einer Weise, die durch die Benutzung des Kosenamens der Eltern in Zusammenhang mit der ernsthaften Bezeichnung eines Denkers spöttisch, ja schon beinahe lächerlich erscheint.[49] Doch auch Wiesengrund-Adorno kann sich nun nicht mehr zurückhalten. Und so ist Kracauer nicht nur *„Se[eine] Insuffizienz"* sondern gleichzeitig auch noch *„unsere Minimalexistenz"*, um es bei einem Auszug zu belassen.[50]

Schon lange tauschte man sich nicht mehr allein über intellektuelle Themen aus, sondern bestückte diese mit die Freundschaft überschreitenden und eher einer engen Beziehung ähnelnden Worten und Anspielungen. Das Schmunzeln und Lachen in den Gesichtern der beiden Verfasser steht bei jenem ‚Hochzeitsbrief' schon fast gedruckt zwischen den Zeilen. Doch sollte sich Löwenthal hier nicht etwa ausgeschlossen fühlen. Und so wurde das gesamte ‚Schauspiel' vor ihm abgehalten, zu dessen Krönung „Teddie" durch den Absender *„Allgemeines Hauptquartier des*

---

[46] Ebd.
[47] Vgl. den Brief von Siegfried Kracauer an Leo Löwenthal vom 22. August 1923 (ebd).
[48] Vgl. dort den Brief von Kracauer und Wiesengrund-Adorno an Löwenthal vom 8. Dezember 1923.
[49] Ebd.
[50] Ebd. Vermutlich handelt es sich hierbei um die Anspielung auf Blochs Vorwurf der „puren Insuffizienz", die dieser als Reaktion auf Kracauers Rezension seines Buches über Thomas Müntzer erhob.

Wohlfahrtsbüros für transzendental Heimatlose" ein Verschmelzen des Denkens der drei demonstrieren wollte.[51]

Die Beziehung zwischen den beiden sollte jedoch bald die Dimension einer Freundschaft überschreiten und eine intime, möglicherweise sogar sexuelle werden.[52] So berichtet Kracauer an Löwenthal in einem Brief vom April 1924 ausgiebig über seine Gefühle gegenüber Wiesengrund-Adorno, die wohl durch den Umstand hervorgerufen wurden, dass „Teddie" vor lauter Konzertbesuchen und das Schreiben von Artikeln keine Zeit für den Freund mehr hatte. Kracauer scheint dabei selbst etwas verwirrt über seine Empfindungen gewesen zu sein. Jedoch offenbarte er sich Löwenthal: *„Weißt Du, ich glaube, daß ich eine unnatürliche Leidenschaft für diesen Menschen empfinde, die ich mir nur so erklären kann, daß ich eben geistig doch homosexuell bin. Könnte ich sonst so an ihn denken und so unter ihm leiden wie ein Liebender an der Geliebten?"*[53] Und durch die Vernachlässigungen seitens „Teddies" sichtlich an seine emotionalen Grenzen getrieben und über sich selbst und sein Innerstes verunsichert: *„Nein, Leo, ich gebe diesen Kampf jetzt auf (...) ich kann ganz einfach nicht mehr, sonst gehe ich <an> dieser Leidenschaft (ist sie pervers? Ja? Sag es mir, denn ich weiß nicht ein noch aus) zugrunde. Ich liebe diesen Menschen so sehr, daß ich das Halbe nicht ertrage und ihn gehen lassen muß. (...) Und ich habe mich ihm doch ganz und gar geschenkt und in alle Ewigkeit wird er mich nicht auslöschen können. Niemand darf von meinem ‚Liebeskummer' hören, ich wäre sonst geächtet."*[54]

Im Sommer desselben Jahres fand zugleich der Höhepunkt als auch das Ende dieser intimen Zuneigungen statt. So schrieb Kracauer im Juli 1924 an Löwenthal: *„Teddie (...) hat sich außerdem erfolgreich auf erotische <sexuelle> Abenteuer begeben, was Dir hiermit berichtet sei. An den Gefühlen die ich dabei für ihn hatte, merkte ich, wie sehr ich ihn wirklich liebte. Ich sagte es ihm auch. Nun bin ich in einem Prozeß der wirklichen erzwungenen Ablösung, denn die Leidenschaft für ihn ist wirklich verderblich und nahm Dimensionen an, die erschrecken. Ich brauche meine ganze Kraft dazu und bin dadurch auf eine schwere Probe gestellt (...)."*[55] Im Anschluss an diesen Brief begaben sich „Teddie" und Kracauer erneut in einen gemeinsamen Urlaub, den jedoch Kracauer aus nicht näher erläuterten Gründen als qualvoll empfand und daher vorzeitig abbrach,

---

[51] Weiter heißt es in Wiesengrund-Adornos Handschrift: *„Kracauer und Wiesengrund. Generaldirektion des Fürsorgeamts für Transzendental Obdachlose".*

[52] Momme Brodersen macht in seiner Rezension von „In steter Freundschaft. Der Briefwechsel zwischen Leo Löwenthal und Siegfried Kracauer" auf diesen kaum übersehbaren, bisher jedoch außer acht gelassenen, Umstand aufmerksam. Diese Rezension ist unter www.bsz-bw.de/rekla/show.php?mode=source&eid=IFB_04-1_086 abrufbar.

[53] Vgl. den Brief von Siegfried Kracauer an Leo Löwenthal vom 12. April 1924.

[54] Ebd.

[55] Brief von Kracauer an Löwenthal vom 28.–29. Juli 1924 (ebd.)

um nach Frankfurt zurückzukehren.[56] Dennoch lies ihm Wiesengrund-Adorno nach jenem Urlaub noch ein Passfoto mit der Widmung *„Für meinen Friedel dies traurige Bildnis zum Andenken an die Dolomitenreise, 2. September 1924 auf der Fahrt zum Gardasee"* zukommen.[57]

In den darauf folgenden Briefen zwischen Kracauer und Löwenthal wurde dann nicht mehr auf jene Intimitäten oder vorhandenen Gefühle und Empfindungen gegenüber „Teddie" eingegangen. Die Beziehung zwischen Kracauer und Wiesengrund-Adorno spielte sich nun wie es scheint wieder auf einer rein intellektuellen Ebene ab, in der man sich vordergründig über eigene Arbeiten, die man sich gegenseitig zusendet, austauschte und über die jeweils eigene Verfassung informierte. Zwar herrschte zwischen Kracauers damaliger Freundin Lili und seinem Freund „Teddie" wohl anfänglich ein eher gespanntes Verhältnis, das sich allerdings spätestens 1930 mit der Versetzung Kracauers nach Berlin wieder entspannt hatte.[58]

Kracauer verfiel in den folgenden Briefen zunehmend in die Rolle eines zwar freundschaftlichen, aber doch sehr strengen Kritikers. So rechtfertigte er die kritische Besprechung eines Radio-Vortrags im Feuilleton der „Frankfurter Zeitung", den Wiesengrund-Adorno vermutlich im Rahmen der Sendung „Studienkonzert" beim *Radio Frankfurt* gehalten hatte und wies darauf hin, dass es sich dabei wahrscheinlich nur um einen Mangel an Verständnis handeln würde.[59] Doch hätte „Teddie" seines Erachtens damit rechen müssen, als er sich mit *„diesen Geschichten vors Mikrophon"* begab: *„Ich hätte das an deiner Stelle unterlassen"* mahnte er ihn in einer fast schon väterlichen Art und Weise und versuchte Teddie" diese Reaktion seines Feuilletonkollegen zu erklären: *„Können denn diese Dinge von einem unvorbereiteten Hörer, der Dich noch nicht einmal sieht, überhaupt aufgenommen werden? Dazu sind sie denn doch zu subtil. Wenn Du aber schon das Experiment wagst, darfst Du Dich wirklich nicht darüber beklagen, dass es missglückt. Überlege Dir das bitte. Die Schuld liegt mehr auf Deiner Seite als auf der des Publikums, für das der Kritiker stellvertretend zeichnet."*[60]

---

[56] Kracauer wollte mit Löwenthal mündlich darüber sprechen. Vgl. den Brief von Kracauer an Löwenthal vom 16. September 1924 (ebd.).

[57] Vgl.: Brodersen, Momme: Siegfried Kracauer. Hamburg: Rowohlt, 2001, S. 48.

[58] Siegfried Kracauer lernte seine zukünftige Frau Elisabeth Ehrenreich (Lili), die Bibliothekarin am Institut für Sozialforschung in Frankfurt war, vermutlich Ende des Jahres 1925 oder Anfang 1926 kennen. Knapp vier Jahre später, im März 1930, heirateten sie. Vgl. die entsprechenden Briefe vom 18. Februar 1928, 25. Mai 1930 und vom 22. Juli 1930 in: Wolfgang Schopf (Hrsg.), Theodor W. Adorno – Siegfried Kracauer. Briefwechsel 1923–1966, Frankfurt am Main 2008.

[59] Die *Südwestdeutsche Rundfunk A. G.*, bekannt als „Radio Frankfurt", wurde 1923 gegründet und bestand bis 1932. Wiesengrund-Adorno gab bei der Sendung „Studienkonzert" Einführungen in die Werke zeitgenössischer Komponisten, die dort übertragen wurden.

[60] Vgl. Schopf (Hrsg.), Theodor W. Adorno – Siegfried Kracauer, a. a. O., Brief von Siegfried Kracauer an Wiesengrund-Adorno vom 1. August 1930.

In den folgenden Jahren, in denen die Abnabelung „Teddies" von seinem alten Freund und Mentor deutlich wird, distanzierten sie sich anfänglich nur intellektuell, später aber auch auf privater Ebene voneinander. So ist es zwar noch sehr freundschaftlich, dass Wiesengrund-Adorno den Freund auf interne Vorgänge in der „Frankfurter Zeitung" aufmerksam machte.[61] Jedoch weißt die Kränkung und Beleidigung „Teddies" durch den „hochmütigen" Ton Kracauers, wie er später schrieb, auf ein tiefgründigeres Problem persönlicher Art hin. Dieses steht vermutlich in engem Zusammenhang mit der Rezensionsanfrage bezüglich eines Buches von Max Horkheimer an Kracauer, deren Ausgang einen merklichen Bruch in der Beziehung zwischen Kracauer und Wiesengrund-Adorno verursachte.[62]

Horkheimer hatte Kracauer gebeten, sein Buch zu rezensieren. Dieser hatte ihm jedoch mitgeteilt, dies aufgrund seiner Arbeitsüberlastung in Berlin ablehnen zu müssen. Dennoch sandte Horkheimer ihm das Buch zu. Doch lehnte es Kracauer aus dem oben genannten Grund auch weiterhin ab, diesbezüglich eine Besprechung zu schreiben und informierte sowohl den Absender als auch die „Frankfurter Zeitung" über seine ablehnende Haltung. Kurz darauf entschloss sich Horkheimer, sein Buch durch Wiesengrund-Adorno besprechen zu lassen und informierte Kracauer darüber, der diese Information wiederum sofort an diese Zeitung weiterleitete. Erst viel später bekam er wohl die Mitteilung, dass bereits ein anderer Rezensent und nicht Wiesengrund-Adorno mit der Arbeit betraut worden ist. Obwohl er „Teddie" umgehend darüber informierte, sein Unverschulden an der Sache mehrmals beteuerte und auch hinzufügte, dass *„in einer Zeitung (...) auch andere und noch wichtigere Dinge nicht so [laufen], wie man es will (...)"*[63], sollten sowohl der Freund als auch Horkheimer selbst ihm dies noch zwei Jahre später vorhalten, was durch die Rechtfertigungen in Kracauers letzten Brief aus Deutschland vom Januar 1933 belegt wird: *„Eine falsche Auffassung bei Dir und den Cronbergern*[64] *muss ich aber von vornherein nochmals radikal berichtigen (...): dass ich damals Horkheimers Buch von der Zeitung nicht erhielt, obwohl ich mich rechtzeitig darum bemüht hatte, war alles andere eher, als meine Schuld.*

---

[61] Es handelt sich hierbei voraussichtlich um den geplanten „Verkauf" Kracauers an die Ufa. Man versuchte durch mehrere Gehaltskürzungen und der häufigeren Ablehnung von Artikeln, die er geschrieben hatte, den Druck auf ihn von oben zu verschärfen und ihn so zu einem Nebenerwerb bei der Ufa zu bewegen. Dies war für den Zeitraum eines Jahr vorgesehen, in dem der damals bereits bekannte Filmkritiker Kracauer keine Filmkritiken mehr schreiben sollte. Diese Erpressung scheiterte jedoch aus ungeklärten Gründen und so konnte Kracauer weiterhin als der schärfste und unermüdlichste Kritiker der Ufa weiterarbeiten. Vgl. Mülder, Siegfried Kracauer, a.a.O., S. 9, Anm. 10.

[62] Vgl. den Brief von Kracauer an Wiesengrund-Adorno vom 23. Januar 1931, in: Schopf (Hrsg.), Theodor W. Adorno – Siegfried Kracauer, a.a.O. Es handelt sich dabei vermutlich um das 1930 veröffentlichte Buch „Anfänge der bürgerlichen Geschichtsphilosophie" von Max Horkheimer.

[63] Vgl. den Brief von Siegfried Kracauer an Wiesengrund-Adorno vom 23. Januar 1931 (ebd.).

[64] Friedrich Pollock und Max Horkheimer wohnten damals in Kronberg in der Nähe von Frankfurt.

Ich hatte getan, was ich konnte, Horkheimer hat also gar nichts zu liquidieren, das bitte ich ihn zu bedenken. (...) Die Übelnehmerei beruht auf falschen Voraussetzungen, es ist nichts übel zunehmen und ich erkenne daher auch die Liquidation nicht an. Leute wie Horkheimer sollten zu erwachsen und erfahren sein, um ohne Grund zu schmollen." [65]

Sowohl die dem Freund gewidmete Habilitationsschrift als auch der Umstand, dass „Teddie" ihm auch seine 1931 gehaltene Antrittsvorlesung über „Die Aktualität der Philosophie" zugeschickt hatte, belegt den enormen Einfluß, den Kracauer zu dieser Zeit auf Wiesengrund-Adorno ausgeübt hatte.[66] Der frühere Mentor kritisierte bei diesem Vortrag zwar einige Punkte sehr stark. Dennoch scheint weiterhin eine Identifikation mit dem Denken des jeweils anderen vorzuliegen. So schreibt er kritisch und konstruktiv zugleich: *„Aber ich an Deiner Stelle hätte sie[67] nicht einmal so weit zur Sprache gebracht, sondern (...) irgendeine kleine wirklich dialektische Untersuchung angestellt (...). Damit hättest Du vielleicht mehr echtes und langwirkendes Unbehagen in den Professoren geweckt, als durch Dein faktisches Verfahren (...)".* Und er rechtfertigte seine Kritikpunkte folgendermaßen: *„Taktisch geboten ist nach Deinem Eintritt in die Universität allein: Dir dort allmählich eine Position zu erobern, und auf Grund des Gewichts, das diese Position Deinen Arbeiten verleiht, in unserem Sinne zu wirken."* [68] Möglicherweise bedeutet die Stellung „Teddies" als Lehrender für Kracauer weitaus mehr als gefühlter Stolz. Er hatte Wiesengrund-Adornos geistige und philosophische Entwicklung nicht nur seit dessen später Schulzeit betreut, sondern ihn auch maßgeblich in seinem Denken beeinflusst, wie Wiesengrund-Adorno es einmal in einem Vortrag über ‚Friedel Kracauer' selbst gesagt hatte: *„Über Jahre hinaus las er mit mir, regelmäßig Samstag nachmittags, die Kritik der reinen Vernunft. Nicht im leisesten übertreibe ich, wenn ich sage, daß ich dieser Lektüre mehr verdanke als meinen akademischen Lehrern. Pädagogisch ausnehmend begabt, hat er mir Kant zum Sprechen gebracht."* [69]

Nun durfte der frühere ‚Lehrer' beobachten, wie seinem ehemaligen ‚Schüler' jene Tür wenigstens für kurze Zeit geöffnet wird, die ihm selbst aufgrund seines

---

[65] Brief vom 21. Januar 1933 von Kracauer an Wiesengrund-Adorno (ebd.).

[66] Wiesengrund-Adorno habilitierte sich 1931 mit einer Arbeit über „Kierkegaard – Konstruktion des Ästhetischen" bei Paul Tillich, der damals im Rahmen seiner Professur an der Philosophischen Fakultät der Goethe-Universität Frankfurt einen Lehrauftrag für Philosophie und Soziologie wahrnahm. Vgl. Jay, Notes on a troubled friendship, a. a. O.

[67] Mit „sie" ist hier ‚die Sache', also der Marxismus gemeint.

[68] Vgl. den Brief von Siegfried Kracauer an Wiesengrund-Adorno vom 7. Juni 1931, in: Schopf (Hrsg.), Theodor W. Adorno – Siegfried Kracauer, a. a. O.

[69] Theodor W. Adorno, Der wunderliche Realist, in: Neue deutsche Hefte 11 (1964), S. 17–18.

Sprachfehlers immer verschlossen blieb.[70] Vor diesem Hintergrund hört sich der Satz: *„Pädagogisch ausnehmend begabt, hat er mir Kant zum Sprechen gebracht"* mehr wie ein Ansporn zur Vollendung des gemeinsamen, in vielen Treffen bereits „erdachten" Werkes an. Die Verbreitung ihrer gemeinsamen Gedanken – die kritische Betrachtung der Gesellschaft als Ganzes – nicht nur durch Kracauers Zeitungsartikel, sondern nun auch durch „Teddie" als Lehrender an der Frankfurter Universität, war wohl ein Ideal Kracauers, das viele Jahre später durch verschiedene andere hinzukommende historische und persönliche Prägungen in der „Frankfurter Schule der Soziologie" verwirklicht werden sollte.

Unter Kollegen: Karl Mannheim und Siegfried Kracauer

Wo und wann genau Siegfried Kracauer und Karl Mannheim das erste Mal voneinander hörten, ist nicht bekannt. Doch vermutlich wurde Mannheim durch Kracauers Artikel in der „Frankfurter Zeitung" anläßlich seiner Berufung nach Frankfurt auf diesen aufmerksam. Und Kracauer hatte bereits Mannheims 1922 in Deutschland veröffentlichte Dissertation über die „Die Strukturanalyse der Erkenntnistheorie" wahrgenommen, was ein Brief an Leo Löwenthal aus dem Jahre 1922 nahelegt: *„Kennst Du übrigens Dr. Karl Mannheim – (Heidelberg), den Lukács-Schüler. Ich überflog eben von ihm eine Abhandlung: Strukturanalyse der Erkenntnistheorie (als Ergänzungsheft der Kantstudien erschienen) eine begabte Arbeit, in der Probleme gesehen werden, die mich auch sehr brennen."*[71]

Im Januar 1923 erschien dann Kracauers begeisterte Besprechung dieser Veröffentlichung Mannheims im Abendblatt der „Frankfurter Zeitung". Es ist davon auszugehen, dass Mannheim diese Rezension zur Kenntnis nahm und es so wahrscheinlich schon spätestens im Juli 1924 zu einem persönlichen Treffen zwischen Kracauer und Mannheim in Heidelberg kam. Kracauer schreibt darüber in einem Brief an Löwenthal: *„Mit Dr. Mannheim unterhielt ich mich öfter; ein kluger Kerl ist er jedenfalls. Seine Frau interessiert mich mehr: fabelhaft klug und intensiv. Sie neigte sich bei den Gesprächen mehr auf meine Seite. M[annheim] treibt Kult mit dem Negativen (vielleicht ein wenig Ressentiment) und ist im übrigen gegen jede Erscheinung fabelhaft gerecht."*[72] Kracauer scheint von den Gesprächen mit Mannheim und dessen Frau sehr begeistert gewesen zu sein, auch wenn diese

---

[70] Wiesengrund-Adorno wurde im Gefolge der Machtergreifung der Nationalsozialisten bereits 1933 seines Amtes als Privatdozent enthoben und kehrte erst nach dem Zweiten Weltkrieg wieder nach Frankfurt zurück.

[71] Vgl. den Brief von Kracauer an Löwenthal vom 1. März 1922, in: Löwenthal, In steter Freundschaft, a. a. O.; Mannheim wurde mit dieser Schrift, die 1922 bei Reuther & Reichard in Berlin erschienen ist, bereits 1918 in Budapest promoviert.

[72] Brief von Siegfried Kracauer an Leo Löwenthal vom 28.–29. Juli 1924.

offensichtlich durch eine gänzlich andere Atmosphäre als der im Kreis Frankfurter Intellektueller üblichen geprägt waren.[73] Hier herrschte Kracauers Zeilen zufolge offensichtlich ein sehr ruhiges und weniger von Emotionen aufgeladenes Gespräch vor, was möglicherweise mit der Tatsache zusammenhängt, dass Mannheim nicht zum engen Freundeskreis bzw. zu jenen Personen gehörte, mit denen Kracauer regelmäßig in Frankfurt privat verkehrte, sondern eher eine Art beruflicher Kollege und ein Mitstreiter aus einem anderen intellektuellen Milieu darstellte, mit dem ihn allerdings zumindest die gemeinsame intellektuelle Affinität mit Lukács verband.[74]

Auch dürfte die Beziehung zu Kracauer für Mannheim von nicht zu unterschätzender Bedeutung gewesen sein. Schrieb dieser doch im Feuilleton von Deutschlands damaliger einflußreichsten bürgerlichen Tageszeitung und ist doch eine positive Wertschätzung in jenem Milieu für den Ruf eines auf öffentliche Wirksamkeit bedachten Universitätsdozenten von erheblicher Relevanz. Eine Bekanntschaft mit einem Feuilletonisten einer renommierten Zeitung, der durch seine eigenen Artikel die Gesellschaft der Weimarer Republik mit Hilfe von soziologischen Theorien wie der von Karl Mannheim analysiert hatte, war für dessen spätere Publizität von nicht unerheblicher Bedeutung. So erschien im April 1929 Kracauers Besprechung von Mannheims Buch „Ideologie und Utopie", in der er die intellektuelle Leistung würdigte, die in dessen Strukturanalyse der historischen Ideologien und Utopien zum Ausdruck kommt, und in der er allerdings auch bedauert hatte, dass Mannheim sich nicht auf die Analyse der gegenwärtigen Vorstellungen und Utopiegehalte eingelassen habe und somit keine Orientierung darüber gebe, *„auf welcher Seite im sozialen und politischen Kampf das fortgeschrittene Bewußtsein seine Träger drängt."*[75]

Im Briefwechsel zwischen beiden wird der Einfluss noch deutlicher, den Kracauer damals innerhalb der öffentlichen Meinung besaß. So schrieb ihm Mannheim im Juni 1928 bezüglich der Veröffentlichung seines Manuskripts „Ist Politik als Wissenschaft möglich? (Das Problem der Theorie und Praxis)", die er im zur „Frankfurter Zeitung" gehörenden, „Societäts-Verlag" zu veröffentlichen beabsichtigte: *„Worum ich Sie also bitten würde, wäre, den Verlag zu informieren und mir mitzuteilen, ob ich damit rechnen kann, dass die Arbeit bald gelesen*

---

[73] Hiermit sind Frankfurter Intellektuelle wie Leo Löwenthal, Theodor Wiesengrund-Adorno, Max Horkheimer, Friedrich Pollock und Erich Fromm gemeint.

[74] Mannheim gehörte in Budapest zum Sonntagskreis um Georg Lukács, durch den er auch seine grundlegende intellektuelle Prägung erfuhr. Kracauers Denken war ebenfalls stark durch Lukács, vor allem durch dessen Romantheorie, beeinflusst. Siehe hierzu Eva Karádi/Erzsébet Vezér (Hrsg.), Georg Lukács, Karl Mannheim und der Sonntagskreis, Frankfurt am Main 1985.

[75] Vgl. Belke, Siegfried Kracauer, a. a. O., S. 50. Die Besprechung von Karl Mannheims Buch „Ideologie und Utopie" erschien am 28. April 1929 im zweiten Morgenblatt, dem Literaturblatt der Frankfurter Zeitung.

wird."[76] Doch wollte er offensichtlich auch Kracauers Interesse für diese Arbeit wecken; vielleicht auch deshalb, weil er eine Rezension durch einen ihm bekannten Kritiker bevorzugte. Jedenfalls ging er davon aus, dass Kracauer diese Arbeit *„der Problemstellung nach"* interessieren würde und er sich auch gern einmal mit ihm darüber unterhalten würde.[77] Auch scheint Mannheim von Kracauers Denkweise angetan gewesen zu sein. Denn er teilt diesem mit, dass er sich erlaubt habe, ihn *„für den Deutschen Soziologentag in Zürich (15. Sept.) als Diskussionsredner"* vorzuschlagen, wo er selbst einen Vortrag über „Die Bedeutung der Konkurrenz sozialer Schichten für die soziale und geistesgeschichtliche Erkenntnis" halten wolle.[78] Doch dürfte Kracauer von diesem Vorschlag nur wenig begeistert gewesen sein, auch wenn er diesen zu schätzen wußte. War er doch von Kindheit an durch seinen Sprachfehler, das Stottern, benachteiligt. Die war vermutlich auch der Grund, warum er nie eine Lehrtätigkeit an der Frankfurter Universität aufgenommen hatte. Jedenfalls wird sein Name nicht auf der Liste der Referenten des Soziologentages von 1928 in Zürich aufgeführt.[79]

Die Beziehung der beiden scheint sich auf dieser ausschließlich beruflichen Ebene weiter fortgesetzt zu haben. So schreibt Kracauer 1929 anlässlich Mannheims Berufung als ordentlicher Professor an die Universität Frankfurt einen sehr anerkennenden Artikel im Abendblatt der „Frankfurter Zeitung".[80] Seines Erachtens *„gewinnt die Frankfurter Universität einen der besten Vertreter der modernen Soziologie".* Auch lobt er Mannheims wissenssoziologische Methode, die, wenn sie *„konsequent durchgeführt und ausgebaut"* wird, *„viel zur politischen Aufklärung und zur Erhellung schwebender sozialer Probleme beitragen"* kann, ein Umstand, der für die gesamte Gesellschaft von großem Interesse gewesen sein dürfte, sind doch alle irgendwie auch immer, direkt oder indirekt, von derartigen Problemen mit betroffen. Doch führt Kracauer auch Mannheims *„ausgesprochene pädagogische Begabung"* an, die ihn *„in besonderem Maße zur akademischen Lehrtätigkeit"* befähigen würde, er außerdem *„einen wirklichen Anteil an seinen*

---

[76] Vgl. den Brief von Karl Mannheim an Siegfried Kracauer vom 26. Juni 1928, in: Selected Correspondence (1911–1946) of Karl Mannheim. Scientist, Philosopher and Sociologist. Edited by Éva Gábor, Lewiston 2003. Kracauer war seit 1924 nicht nur fest angestellter Redakteur bei der „Frankfurter Zeitung", sondern wurde auch vom Societäts-Verlag als Redakteur in Anspruch genommen. Siehe hierzu den Brief von Kracauer an Löwenthal vom 2. Januar 1924 in: Löwenthal, In steter Freundschaft, a. a. O.
[77] Ebd.
[78] Ebd.
[79] Mannheim hatte in dem entsprechenden Schreiben an Kracauer folgende Erwartung geäußert: *„Ich nehme an, dass Sie sich an dieser Aussprache gern beteiligen, und dass sofern der Vorstand meinen Vorschlag angenommen hat, ich auch auf Sie rechnen kann."*
[80] Vgl. Siegfried Kracauer, Dr. Karl Mannheim nach Frankfurt berufen, in: Frankfurter Zeitung, Jg. 74, Nr. 923 vom 11. Dezember 1929, Abendblatt, Feuilleton, S. 1.

Studenten nimmt" und die Universität Frankfurt daher einen Dozenten erhält, *„der seine Lehre durch Lehren vermittelt".*[81]

Als Mannheim im Sommersemester 1930 seine Lehrtätigkeit an der Universität aufnahm, hatte Kracauer bereits seine Tätigkeit als Redakteur des Feuilletons der „Frankfurter Zeitung" in Berlin begonnen. Er ließ Mannheim per Post ein Exemplar seines „Angestelltenbuches"[82] zukommen, der von diesem *„sehr angetan"* war und ihm diesbezüglich sehr anerkennend schrieb: *„Ich habe hier in der Tat das Gefühl, dass hier eine neue Methode sich anbahnt, die die Unzulänglichkeiten unserer alten statistischen und sonstigen wissenschaftlichen Methoden zumindest in dieser intuitiven und zugleich konstruktiven Form zu ergänzen berufen ist. Ich habe das Empfinden, dass sich neue Wege der Wissenschaftlichkeit in Ihren lebendigen Versuchen durchzusetzen beginnen."*[83] Er sieht Kracauer, neben seiner journalistischen Tätigkeit, als eine Art gleichgestellten Wissenschaftler, ja vielleicht sogar als fast kollegialen Soziologen, der möglicherweise durch dieses Buch in der Lage ist *„neue Wege der Wissenschaftlichkeit (...) durchzusetzen".*[84]

In seinem letzten von Deutschland aus an Kracauer gesendeten Brief, der zugleich ein Beleg für die zunehmenden rassistischen Ausschreitungen von Seiten der Nationalsozialisten darstellt, hatte Mannheim vor allem den Hang zur Ausblendung dieser Tatsachen durch die „Frankfurter Zeitung" betont. Mannheim berichtete Kracauer in diesem Brief von *„einen ungeheuren Skandal"*, den die Nationalsozialisten während einer Aufführung im Stuttgarter Theater veranstalteten, über den allerdings die „Frankfurter Zeitung" nicht berichtete, da der Stuttgarter Kollege angeblich verhindert war.[85] Vielleicht handelt es sich bei dieser Information durch Mannheim sogar um einen jener *„Bäche,"* die *„viele Nachrichtenquellen"* zu Kracauer hin entsendet haben, um ihn unter anderem auf den ‚leichten Hang nach rechts' der Zeitung aufmerksam zu machen.[86]

Der Beziehung zwischen Siegfried Kracauer und Karl Mannheim kann ein exemplarischer Stellenwert für Kracauers Beziehung zu den Universitätssoziologen zugesprochen werden. Dieses kollegiale Verhältnis zeigt ihn von einer völlig anderen Seite als etwa in seinen freundschaftlichen Beziehungen zu Leo Löwenthal oder Theodor Wiesengrund-Adorno. Philosophierte er mit den Freunden und

---

[81] Ebd.

[82] Gemeint ist Kracauers Buch „Die Angestellten. Aus dem neuesten Deutschland", das 1930 in der Frankfurter Societäts-Druckerei erschienen ist.

[83] Brief von Karl Mannheim an Siegfried Kracauer vom 2. April 1930, a. a. O.

[84] Ebd.

[85] Brief von Karl Mannheim an Siegfried Kracauer vom 1. November 1930 (ebd.); bei dem entsprechenden Stück handelt es sich um die Premiere der Theateraufführung „Schatten über Harlem" von Ossip Dymow.

[86] Vgl. Kracauers Brief an Wiesengrund-Adorno vom 12. Januar 1931, in: Schopf (Hrsg.), Theodor W. Adorno – Siegfried Kracauer, a. a. O.

tauschte er sich mit ihnen nicht nur über Theorien und ihr Denken, sondern auch über intimste Gefühle und persönliche Zweifel aus, so scheint sich hier ein gänzlich anderes Bild von ihm abzuzeichnen. Erst das Zusammenspiel seiner Position als Feuilletonist in einer der renommiertesten Zeitungen der Weimarer Republik auf der einen Seite sowie sein außerordentlich breites soziologisches Wissen und zahlreiche, bis weit in die soziologische Lehre hineinreichende Kontakte auf der anderen Seite lassen seine besondere Stellung sichtbar werden, die in der Weimarer Republik eine nicht zu unterschätzende Schlüsselposition für die Repräsentation der Soziologie innerhalb der Gesellschaft deutlich werden läßt.

Der Außenseiter ganz eng im Kreis

Siegfried Kracauer ist keiner jener Soziologen, die einem im Zusammenhang mit der Frankfurter Soziologie ins Gedächtnis kommen. Er war weder Professor noch Privatdozent an einer Hochschule, sondern Redakteur in einer der bekanntesten bürgerlichen Zeitungen der Weimarer Republik, der „Frankfurter Zeitung". Zwölf Jahre lang hatte er in dieser einflussreichen Stellung fast 2000 Artikel für das dortige Feuilleton verfasst, von denen bisher nicht einmal die Hälfte veröffentlicht worden sind. Und dennoch war er ein Soziologe bzw. besser gesprochen ein „Außenseiter" der Soziologie, der die Gesellschaft außerhalb der Institution Universität betrachtete und sie vielmehr direkt von ihrer Mitte aus gesehen analysiert hatte. Doch nicht nur das: Vermittels dieser Position in einer renommierten Zeitung, von der täglich drei Ausgaben erschienen sind, gelang es ihm, seine soziologischen Überlegungen nicht nur einem verhältnismäßig kleinen Kreis von Wissenschaftlern vorzustellen, sondern er erreichte tatsächlich ein Großteil der bürgerlichen Gesellschaft seiner Zeit. Er schrieb nicht nur über diese seine Analysen nährende Gesellschaft, sondern auch für sie.

Am deutlichsten wird dies in seiner Studie über „Die Angestellten", der ausgiebige theoretische Überlegungen vorausgehen, die dann mit Interviews und Situationsanalysen kombiniert werden und die Darstellung einer neu konstruierten Gesellschaftsschicht ermöglichten, wie sie aufschlussreicher kaum sein konnte. Er fungierte sozusagen als ein Bindeglied zwischen soziologischer Theorie und gesellschaftlicher Praxis. Er schloss sich nicht in einem intellektuellen Elfenbeinturm ein, sondern er benutze sein Wissen und seine berufliche Position, um als Sprachrohr der Soziologie in die breite Masse hinein zu dienen. Doch auch sein journalistischer Einfluss auf die akademische Welt sollte nicht unterschätzt werden, wie die Analyse der Beziehung zwischen ihm und Karl Mannheim deutlich gezeigt hat. Erst durch die Veröffentlichung einer Rezension der Schrift eines zeitgenössischen Soziologen, angefertigt von einem, der sich ausgiebig mit dessen Wissenssoziologie befasst hatte und sie dem Leser auch verständlich machen und nicht zuletzt durch seine eigenen Wertungen anschaulich vermitteln konnte, wurde diese Theorie überhaupt erst ‚unters Volk gebracht'.

Bereits in jungen Jahren stand er zu einem der bekanntesten Begründer der Soziologie, Georg Simmel, in einem engen persönlichen Kontakt. Er sollte noch zahlreiche weitere dieser Art knüpfen: ob zu Max Scheler oder Georg Lukács; zu Walter Benjamin oder Ernst Bloch; Erich Fromm, Max Horkheimer, Gottfried Salomon-Delatour und Karl Mannheim, um nur einige zu nennen – mit allen stand er in irgendeiner Art von Kontakt, der mal enger, mal etwas weitläufiger war. Nicht zuletzt seine beiden engsten Jugendfreunde Leo Löwenthal und Theodor Wiesengrund-Adorno sollten später einmal zu den bekanntesten deutschsprachigen Soziologen werden. Doch viel zu oft werden auch heute noch die Wurzeln ihres Denkens außer Acht gelassen, der Einfluss ihres Mentors ins Unscheinbare gerückt, und zwar zu Unrecht, wie eine gründlichen Analyse ihrer wechselseitigen Beziehungen zeigt. Er hatte ihr Denken maßgebend beeinflusst und in entsprechende Bahnen gelenkt. Sie brachten daher jene seiner Gedanken, die sie grundlegend geprägt hatten, in die immer in Verbindung mit der Frankfurter Soziologie stehende Kritische Theorie der Frankfurter Schule ein – oder wie Löwenthal es einmal formulieren sollte: *„Er hatte ein gutes Ohr für die unmittelbare Gefahr, die mit der Zerstörung der deutschen bürgerlichen Gesellschaft verbunden war und des in allen Bereichen des öffentlichen Lebens sich ausbreitenden Faschismus. (...) Als Kritiker würde ich sagen, hat er stets seine intellektuelle Integrität bewahrt und mit konstanter Beharrlichkeit widerstand er dem Sog absoluter Wahrheiten; stets warf er Zweifel auf und bewahrte seine kritische Haltung. In diesem Sinne war er wirklich ein Idealvertreter unserer Schule des kritischen Denkens."* [87]

---

[87] Löwenthal, Wenn ich an Friedel denke, a. a. O.

Zwischen Profession und Experiment
Karl Mannheim in Frankfurt

Jens Koolwaay

Einleitung

An der Wirtschafts- und Sozialwissenschaftlichen Fakultät in Frankfurt standen im Jahr 1929 zwei Neubesetzungen von Professuren an, die bisher der ausscheidende Direktor des Instituts für Sozialforschung, Carl Grünberg, und der Inhaber des ersten Lehrstuhl für Soziologie in Deutschland, Franz Oppenheimer, wahrgenommen hatten. Der Preußische Wissenschaftsminister Carl Heinrich Becker, der sich in jenem Jahr gesetzlich gegenüber der Deutschen Gesellschaft für Soziologie verpflichtet hatte, an den großen Hochschulen Deutschlands Lehrstühle mit Professuren einzurichten, die ausschließlich der Soziologie gewidmet waren, beabsichtigte durch die Neubesetzungen einen „entscheidenden Beitrag zur Demokratisierung der Universität" zu leisten.[1] Die Wirtschafts- und Sozialwissenschaftliche Fakultät hingegen wollte die beiden Lehrstühle mit einem Wirtschaftshistoriker und einem Rechtssoziologen besetzen. Während die Leitung des Instituts für Sozialforschung der Philosoph Max Horkheimer übernahm, verblieb der Grünberg-Lehrstuhl an der Wirtschafts- und Sozialwissenschaftlichen Fakultät und wurde, nachdem der bisher präferierte Emil Lederer abgesagt hatte, mit Adolph Lowe neu besetzt.[2] Mit Lowe kam ein Wirtschaftswissenschaftler nach Frankfurt, der gute Kontakte zu den religiösen Sozialisten um den ebenfalls kürzlich nach Frankfurt berufenen Paul Tillich hatte und ein enger Freund Karl Mannheims war. Die Berufung Karl Mannheims nach Frankfurt war demgegenüber mit erheblich mehr Schwierigkeiten verbunden.[3]

---

[1] Dirk Kaesler, Die frühe deutsche Soziologie 1909 bis 1934 und ihre Entstehungs-Milieus, Opladen 1984, S. 503.

[2] Adolph Lowe hieß zu Zeiten der Weimarer Republik noch Adolf Löwe; er benutzte aber seit seinem englischen Exil die erstere Schreibweise. Zum Verhältnis von Max Horkheimer und Karl Mannheim vgl. Amalia Barboza, Die verpassten Chancen einer Kooperation zwischen der „Frankfurter Schule" und Karl Mannheims Soziologischem Seminar, in: Richard Faber/Eva-Maria Ziege (Hrsg.), Das Feld der Frankfurter Kultur- und Sozialwissenschaften, Würzburg 2007, S. 63–88.

[3] Vgl. Notker Hammerstein, Die Johann Wolfgang Goethe Universität Frankfurt am Main. Von der Stiftungsuniversität zur staatlichen Hochschule. Bd. I: 1914–1950, Neuwied/Frankfurt am Main 1989, S. 131 f.; siehe ferner die entsprechenden Dokumente im Anhang dieses Bandes.

Um die Nachfolge Oppenheimers zu klären, hatte die Fakultät einen eigenen Ausschuss einberufen und sich, nach Diskussion zahlreicher Empfehlungsschreiben, auf die „Juristen-Liste" geeinigt.[4] Das Ministerium für Wissenschaft, Kunst und Volksbildung in Berlin hatte andere Pläne und ließ sich nicht von seinem Vorhaben abbringen, Karl Mannheim nach Frankfurt zu berufen.[5] Sowohl die Vermittlungsgesuche Kurt Riezlers als auch der durch den Dekan der Fakultät angestoßene Interventionsversuch des Frankfurter Oberbürgermeister Landmann in Berlin, Hans Kelsen durchzusetzen, halfen nicht.[6] Minister Becker blieb unbeirrbar und ernannte Karl Mannheim am 27. Januar 1930 zum ordentlichen Professor für Soziologie an der Wirtschafts- und Sozialwissenschaftlichen Fakultät und gleichzeitig zum Direktor des neu eingerichteten Soziologischen Seminars.[7] Siegfried Kracauer hatte bereits am 11. November 1929 in der „Frankfurter Zeitung" über Mannheims Berufung nach Frankfurt berichtet. Er hatte darin Mannheims soeben veröffentlichtes Werk *Ideologie und Utopie* als Grundlage für das von ihm in Frankfurt zu erwartende wissenschaftliche Programm angesehen, in dem Mannheim „zur politischen Aufklärung und zur Erhellung schwebender sozialer

---

[4] Diese etwas despektierlich klingende Bezeichnung wählte Karl Mannheim später für die von der Fakultät bevorzugten Professoren. In dieser Liste waren Hans Kelsen vor Carl Schmitt und Leopold von Wiese als Favorit für die Nachfolge Oppenheimers aufgeführt.

[5] Vgl. Hammerstein, Die Johann Wolfgang Goethe Universität Frankfurt am Main, a. a. O., S. 128 f. Otto Köbner, der seinerzeit eine Professur für „Auslandskunde, auswärtige Politik und Kolonialwesen" in Frankfurt inne hatte, empfahl Karl Mannheim. An zweiter Stelle folgten Salomon und Stoltenberg, gefolgt von Paul Honigsheim. Zwar wird nicht ausgeführt, ob Albert oder Gottfried Salomon gemeint ist, jedoch ist davon auszugehen, daß es sich um Gottfried Salomon-Delatour handelte.

[6] Der damalige Kurator der Frankfurter Universität Kurt Riezler hatte zu einem Zeitpunkt, als Emil Lederer noch nicht die Nachfolge des Grünberg-Lehrstuhls abgelehnt hatte, versucht, Mannheim einen besoldeten Lehrauftrag in Frankfurt zu erteilen und gleichzeitig die Vorschläge der Fakultät in Berlin unterstützt.

[7] Während Oppenheimers Professur der Soziologie *und* „Theoretischen Nationalökonomie" gewidmet war, erhielt Mannheim „die durch das Ausscheiden des Professors Oppenheimer freigewordene planmäßige Professur mit der Verpflichtung, die Soziologie in Vorlesungen und Übungen zu vertreten." (Brief des Preußischen Ministers für Wissenschaft, Kunst und Volksbildung an Karl Mannheim vom 27. Januar 1930, in: Archiv der Johann Wolfgang Goethe-Universität Frankfurt am Main, Abt. 14, Nr. 25, Blatt 12.) Dass Mannheims Professur ausschließlich der Soziologie gewidmet war, deckt sich außerdem mit seiner Professurbezeichnung im Vorlesungsverzeichnis. Vgl. diesbezüglich Universität Frankfurt am Main (Hrsg.), Verzeichnis der Vorlesungen. Sommer-Halbjahr 1930 und Personalverzeichnis, Frankfurt am Main 1930, S. 14. In einer persönlichen Notiz, die Karl Mannheim verfasst haben muss, als er bereits nach England ausgewandert war, bemerkte er, dass er durch eine Empfehlung der Deutschen Gesellschaft für Soziologie der Favorit für die Nachfolge Oppenheimers von Minister Becker war. Siehe hierzu David Kettler/Volker Meja, Karl Mannheim and the Crisis of Liberalism: „The Secret of these New Times", New Brunswick 1995, S 143 ff. Laut Notker Hammerstein folgte Becker bei der Berufung der erwähnten Liste von Geheimrat Otto Köbner. Siehe hierzu Hammerstein, Die Johann Wolfgang Goethe Universität Frankfurt am Main, a. a. O., S. 128 f.

Probleme beitragen" würde und ihn als einen Dozenten angekündigt, der „seine Lehre durch Lehren vermittelt."[8]

Mit Karl Mannheim kam der „Star" (Dirk Kaesler) des Sechsten Deutschen Soziologentages von 1928 nach Frankfurt. Ihm folgten sowohl einige seiner Studenten als auch sein Assistent Norbert Elias aus Heidelberg, mit dem er gemeinsam Räumlichkeiten im Erdgeschoß des Instituts für Sozialforschung bezog. Gerade einmal sechs Semester blieben Karl Mannheim in der Mainmetropole, bevor er vom Nationalsozialismus vertrieben und zur wiederholten Emigration gezwungen wurde.

Die kurze Zeit, die Mannheim in Frankfurt wirken konnte, ist bisher aus verschiedenen Perspektiven beleuchtet worden. Zwei der verschiedenen Interpretationsstränge liegen meiner nachfolgenden Betrachtung zu Grunde. Zum einen ist von Colin Loader dargelegt worden, dass sich Karl Mannheims Auseinandersetzung mit der Krise des Modernismus in seiner Frankfurter Zeit bei den konstant bleibenden Begriffen „Kultur", „Intellektuelle" und „Bildung" von der Ausrichtung auf die politische Dimension, die er in Heidelberg entwickelt hatte und die sich in *Ideologie und Utopie* niederschlug, schwerpunktmäßig zum Thema „Gesellschaftsplanung" verschoben hatte, mit dem er sich im britischen Exil auseinandergesetzt hatte. Seine Frankfurter Zeit wird dabei als ein Zwischenschritt aufgefasst, in dem Mannheim seinen Begriff der Bildung dadurch modifiziert hatte, dass er das experimentelle, soziologisch fundierte Leben in ihn einfließen ließ und die strikte Trennung von Wissenschaftsbetrieb und Alltagsleben aufgehoben hatte.[9] Andererseits ist Mannheims Wirken zum Ende der Weimarer Republik als repräsentative Figur einer jungen Generation von Soziologen interpretiert worden, die im Begriff war, den Institutionalisierungs- und vor allem den Professionalisierungsprozess der noch jungen Disziplin voranzutreiben, wobei ihm ein erstaunlich klares fachsoziologisches Selbstverständnis zugesprochen werden müsse.[10]

---

[8] Siegfried Kracauer, „Dr. Karl Mannheim nach Frankfurt berufen", in: Frankfurter Zeitung. Abendblatt, Jg. 74, vom 11. November 1929. Der Text wurde zwar anonym veröffentlicht, stammt aber von Siegfried Kracauer. Vgl. Dirk Hoeges, Kontroverse am Abgrund: Ernst Robert Curtius und Karl Mannheim. Intellektuelle und „freischwebende Intelligenz" in der Weimarer Republik, Frankfurt am Main 1994, S. 78.

[9] Vgl. Colin Loader, Kann ein experimentelles Leben geplant werden? Mannheims zweite Übergangsperiode, in: Martin Endreß/Ilja Srubar (Hrsg.), Karl Mannheims Analyse der Moderne. Mannheims erste Vorlesung von 1930. Edition und Studien, Opladen 2000, S. 171–196.

[10] Diese Darstellung findet sich vor allem bei M. Rainer Lepsius, Die Soziologie der Zwischenkriegszeit, in: Kölner Zeitschrift für Soziologie und Sozialpsychologie. Sonderheft 23 (1981), S. 7–23; René König, Vom vermeintlichen Ende der deutschen Soziologie vor der Machtergreifung des Nationalsozialismus, in: ders., Soziologie in Deutschland. Begründer, Verfechter, Verächter. München/Wien 1987, S. 343–387; ferner bei Ulf Matthiesen, Kontrastierungen/Kooperationen: Karl Mannheim in Frankfurt (1930–1933), in: Heinz Steinert (Hrsg.), Die (mindestens) zwei Sozialwissenschaften in Frankfurt und ihre Geschichte. Frankfurt am Main 1989, S. 72–87.

Diese beiden Interpretationsrichtungen sind in meinen Augen zentral für das Verständnis der Frankfurter Jahre von Karl Mannheim. Daher möchte ich Teile daraus zusammenführen, indem ich aufzuzeigen versuche, dass sich Karl Mannheims Wirken in Frankfurt zwischen Profession und Experiment vollzog. Er entwickelte eine Programmatik für die Soziologie als einer Profession, die in der Lage war, verschiedene soziologische Forschungsrichtungen unter einem Dach fruchtbar zu machen. Außerdem versuchte er seine Vorstellung von Soziologie sowohl in den Institutionalisierungsprozess dieses Faches als Universitätsdisziplin einzubringen als auch seine soziologische Analyse und Lehre weiter zu professionalisieren. Dies tat er vor allem auf dem Wege des Experimentierens, d. h. durch ein wiederkehrendes Einlassen und Ausrichten seiner soziologischen Analysen auf die jeweils gegebene gesellschaftliche Situation.[11] Seine gesamte Frankfurter Zeit vermag ich im Unterschied zu Loader jedoch nicht als Vorwegnahme seiner später in London vertretenen Soziologie zu lesen. Der in seiner Londoner Schaffenszeit im Zentrum stehende Aspekt der Gesellschaftsplanung deutet sich in meinen Augen vielmehr erst im letzten Halbjahr seiner Frankfurter Zeit an, das bereits deutlich unter den Restriktionen des aufkommenden Nationalsozialismus stand und zu einer erneuten Hinwendung Mannheims zur Rolle der Intelligenz geführt hatte.[12] Inwieweit sich Mannheims Londoner Soziologie bereits in Frankfurt ankündigt, ist ein Aspekt, der eine eigene Untersuchung notwendig macht und auf den ich deshalb an dieser Stelle nicht eingehen kann.

Hinsichtlich der beiden Interpretationsstränge sind für meine Lesart der Frankfurter Jahre Mannheims zwei Momente von zentraler Bedeutung: zum einen der soziologisch fundierte experimentelle Charakter, wie ihn Colin Loader ausführt hat, und zum anderen Mannheims Bestrebungen, die Soziologie zu professionalisieren. Um daher Mannheims Wirken in Frankfurt zwischen Profession und Experiment nachvollziehen zu können, möchte ich zunächst Mannheims Rolle und Position innerhalb und gegenüber der *Deutschen Gesellschaft für Soziologie* (DGS) ausloten, um damit anschließend sein Werk und Wirken während der Frankfurter Zeit in Beziehung zu stellen.

---

[11] In einer aus seinem britischen Exil vorgenommenen Retrospektive bezeichnete Mannheim seine Vorgehensweise in Frankfurt selbst als ein „experiment in working out a new pattern of research". Vgl. Karl Mannheim, Foreword, in: Viola Klein, The feminine Character. History of an ideology, London 1946, S. vii.).

[12] Deutlich wird dies exemplarisch in einem Vortrag, den Mannheim am 25. Oktober 1932 in Amsterdam unter dem Titel „Die soziale und politische Bedeutung der Intelligenz" gehalten hatte. Vgl. Karl Mannheim, The Sociology of Intellectuals (1932), in: Theory, Culture & Society 10 (1993), Heft 3, S. 59–80. Dieser Vortrag markiert eine Art Wendepunkt in Mannheims intellektueller Entwicklung, der in seiner Londoner Zeit voll zur Geltung kommen sollte.

Institutionalisierungsbestrebungen soziologischer Gesellschaften

In der zweiten Hälfte der Weimarer Republik war die *Deutsche Gesellschaft für Soziologie* zunehmend mit verschiedenen Erwartungen und Ansprüchen an ihre Disziplin konfrontiert. Bereits Carl Heinrich Becker wollte 1919 die Soziologie nutzen, um spezifisches Wissen aus den etablierten Wissenschaften in ihr zu bündeln und über diesen Schritt eine Demokratisierung der politischen Kultur erreichen. Andere sahen keinen Wert darin, einer disziplinenübergreifende, synthetisierende Wissenschaft Vorschub zu leisten, wollten sie doch die Soziologie ausschließlich als eine spezifische Untersuchungsmethode in den bestehenden Einzelfächern anwenden.[13] Die DGS und allen voran Ferdinand Tönnies und Leopold von Wiese beabsichtigten auf der politischen Ebene in erster Linie die Soziologie als Einzelwissenschaft zu institutionalisieren. Von Wiese begann 1921, in den *Kölner Vierteljahresheften für Soziologie* Umfrageergebnisse bezüglich der Position des Lehrfaches Soziologie an den Universitäten zu veröffentlichen. Drei Jahre später einigte man sich innerhalb der DGS darauf, die Etablierung der Soziologie als Lehrfach politisch zu forcieren, was darin mündete, dass die Gesellschaft beim Wissenschaftsministerium in Berlin 1929 durchsetzen konnte, dass an den Hochschulen in Deutschland Lehrstühle für Allgemeine Soziologie eingerichtet werden sollten.[14] Ausführlichen Gebrauch konnte man hiervon jedoch nicht machen. Denn die Weltwirtschaftskrise erlaubte keine umfassende Finanzierung von Professuren, so dass man sich statt dessen mit der Vergabe von Lehraufträgen zufrieden gab.

Parallel zu den Diskussionen über die Bestimmung und Aufgabe der Soziologie, die oftmals von außerhalb in die Disziplin getragen wurden, und dem Bestreben der DGS, ihr Fach als Lehr- und Einzeldisziplin zu etablieren, herrschte in dieser Fachgesellschaft ein Kampf um die theoretische Ausrichtung der Soziologie. Auf den Soziologentagen der 1920er Jahre hatte sich die naturwissenschaftliche Richtung der Soziologie der kulturwissenschaftlichen gegenübergestellt. Auf dem Wiener Soziologiekongreß von 1926 konnten zwar erste Auflockerungstendenzen zwischen diesen beiden methodischen Richtungen festgestellt werden, ohne dass sich jedoch eine synthetisierende Wirkung eingestellt hätte. Eine entsprechende Vereinbarkeit beider soziologischer Richtungen zeigte Karl Mannheim zwei Jahre später in Zürich auf, als er unter „lebhaftem Beifall"[15] die Vermittlung der beiden dominierenden, theoretischen Ausrichtungen anstrebte, indem er ein neues sozialwissenschaftliches Paradigma vorschlug, das „die Beziehungen zwischen ‚subjektiv gemeintem Sinn'

---

[13] Vgl. Lepsius, Die Soziologie der Zwischenkriegszeit, a. a. O., S. 11 ff.

[14] Vgl. Leopold von Wiese, Die Frankfurter Dozententagung, in: Kölner Vierteljahreshefte für Soziologie X (1932), S. 439 f.

[15] Deutsche Gesellschaft für Soziologie, Verhandlungen des Sechsten Deutschen Soziologentages vom 17. bis 19. September 1928 in Zürich, Tübingen 1929, S. 124.

und ‚Idee' in einer ähnlichen Weise, den wirklichen Verhältnissen adäquat und im Sinne eines Wechsellebens konzipiert."[16] Während die naturwissenschaftliche Ausrichtung versucht, über Beobachtung zu allgemeinen Gesetzmäßigkeiten zu gelangen, konzentriert sich die kulturwissenschaftlich fundierte Soziologie auf die Erfassung von Sinnzusammenhängen. Diese beiden Ansätze lassen sich Mannheim zufolge in einem übergreifenden sozialwissenschaftlichen Paradigma zusammenführen: „Unsere methodologischen Festlegungen dürfen den intimen und konstitutiven Bezug zwischen ‚subjektiv gemeintem Sinn' und jeweilig sich wandelnder objektiver Struktur und Gestalt des Gesamtzusammenhanges (Idee), der in der Wirklichkeit stets vorhanden ist, nicht verdecken."[17] Der jeweilige soziale Akteur ist sowohl in ein soziales Umfeld eingebettet als auch historischen Regelmäßigkeiten unterworfen, denen sein Handeln Rechnung tragen muß.

Mit einem solchen Verständnis von Soziologie vermochte Mannheim beide methodische Richtungen zusammenzuführen und begab sich damit auf umkämpftes Terrain. Zwar erhielt er viel Beifall und Lob für seine Ausführungen; jedoch seien bei ihm die entscheidenden Fragen „irgendwie in den Hintergrund geschoben"[18] worden. Und so recht mochte sich die Leitung der DGS nicht auf sein sozialwissenschaftliches Paradigma einlassen, so dass der Kongress in Zürich Mannheims erster und letzter Auftritt auf einem Soziologentag bleiben sollte. Bereits der nächste fand 1930 in Berlin ohne ihn statt, obwohl das Thema „Presse und öffentliche Meinung" ihm frühzeitig bekannt gewesen war, und obwohl er sich bereits in Heidelberg mit der Thematik auseinander gesetzt hatte und sich Wilhelm Carlé darüber bei ihm in Frankfurt promovieren sollte. Zwar suchte von Wiese kompetente Fachsoziologen, die es ermöglichen sollten, die Soziologie als Einzelwissenschaft zu etablieren. Doch statt im Vorfeld der Berliner Zusammenkunft Mannheims Position zu stärken, musste Leopold von Wiese nach ihr konstatieren, dass recht wenige Fachsoziologen gekommen waren, dass die Soziologe als Einzelwissenschaft weiterhin in Frage gestellt und der Terminus Soziologie für diverse Phänomene benutzt wurde.[19]

Obwohl Mannheim nicht an dem siebten Soziologentag teilnahm, wurde er im Jahr 1930 in die erste internationale soziologische Gesellschaft als korrespondierendes Mitglied aufgenommen. Die Gesellschaft war 1893 als *Institut International de Sociologie* gemeinsam mit der Zeitung *Revue Internationale de Sociologie* von René Worms gegründet worden und hatte vor dem Ersten Weltkrieg

---

[16] Ebd., S. 242.
[17] Ebd., S. 241.
[18] Ebd., S. 119.
[19] Vgl. Dirk Kaesler, Der Streit um die Bestimmung der Soziologie auf den Deutschen Soziologentagen 1910–1930, in: Kölner Zeitschrift für Soziologie und Sozialpsychologie. Sonderheft 23 (1981), S. 199–244.

großen Einfluss auf die deutschsprachige Gesellschaftslehre.[20] Während und nach dem Krieg sank die Aktivität des Instituts, bis Gaston Richard 1927 die Leitung übernahm. Richard hatte sich die Institutionalisierung der Soziologie mit einer interdisziplinären Fachausrichtung zum Ziel gesetzt und gewann in der Folge namhafte deutschsprachige Sozialwissenschaftler für die Mitarbeit.[21] Als von Wiese zwei Jahre später ins Präsidium des Institutes aufstieg, wurde Mannheim beauftragt, auf dem neunten Kongress des Instituts 1933 in Genf in der Sektion „The human habitat" einen Vortrag zu halten, der sich der Sektionsthematik aus der Perspektive der sozialen Rolle der Frau und der Hauswirtschaft zuwenden sollte. Da der Kongress im Oktober 1933 stattfand und Mannheim zu dieser Zeit bereits aus Frankfurt geflohen war, nahmen statt dessen sein Assistent Norbert Elias und Margarete Freudenthal, die ihre Dissertation bei Mannheim schrieb,[22] die Einladung wahr und hielten den Vortrag, in dem sie – einem Bericht in der Zeitschrift des Instituts zufolge – einen Zusammenhang zwischen „types of homes and levels of social existence"[23] ihrer Bewohner darlegten.

Allgemein lässt sich festhalten, dass sowohl die *Deutsche Gesellschaft für Soziologie* als auch das international agierende *Institut International de Sociologie* bestrebt waren, der Soziologie an den Universitäten einen festen Platz als Lehrfach und Einzeldisziplin zu sichern. Karl Mannheim wurde hierbei zwar nicht als Entscheidungsträger innerhalb der Leitung der Gesellschaften miteinbezogen, dennoch waren seine Positionen hierbei zu wichtig und komplex, als dass insbesondere von Wiese an ihnen vorbeisehen konnte.

Karl Mannheims Soziologie zwischen Profession und Experiment

Auf der Frankfurter Dozententagung von 1932 hatte Mannheim eine Programmatik für die Soziologie als Lehr- und Einzelfach entworfen, die verschiedene methodologische Ausrichtungen unter einem Dach vereinen ließ. Im gleichen Jahr hatte er im *American Journal of Sociology* in Form einer Rezension über ein empirisches Methodenbuch die deutsche mit der amerikanischen Soziologie

---

[20] Siehe hierzu Cécile Rol, Die *Soziologie*, faute de mieux. Zwanzig Jahre Streit mit René Worms um die Fachinstitutionalisierung, in: Cécile Rol/Christian Papilloud (Hrsg.), Soziologie als Möglichkeit. 100 Jahre Georg Simmels Untersuchungen über die Formen der Vergesellschaftung, Wiesbaden 2009, S. 367–400.

[21] Mit Alfred Weber, Franz Oppenheimer, Leopold von Wiese, Emil Lederer, Hans Freyer, Hans Kelsen, Carl Schmitt, Hans Lorenz Stoltenberg, Gottfried Salomon-Delatour und Karl Mannheim seien einige genannt, die 1930 als Mitglieder aufgenommen wurden. Vgl. Erhard Stölting, Akademische Soziologie in der Weimarer Republik, Berlin 1986, S. 68 f.

[22] Thema ihrer Arbeit war „Gestalt der städtischen, bürgerlichen und proletarischen Hauswirtschaft".

[23] Duprat, zitiert nach Kettler/Meja, Karl Mannheim and the Crisis of Liberalism, a. a. O., S. 132.

verglichen, was ich vorab anführen möchte, da Mannheim in dieser Rezension beispielhaft das theoretische Fundament für die Verbindung verschiedener Forschungen ansprach, worauf seine Lehrprogrammatik fußte. In der Rezension hob er hervor, dass Einzelereignisse auf das gesellschaftliche Ganze zurückbezogen werden müssen. Hierfür wies er der Philosophie als epistemologischer Instanz eine entscheidende Rolle zu, da der Wissenschaftler nur über eine konstruktive Vorstellungskraft die Struktur, die sozialen Phänomenen immanent ist, erschließen kann. Sie ist nicht über direkte Beobachtung erfassbar, da sie erst in Bezugsetzung zum gesellschaftlichen Ganzen sichtbar wird, wofür die Philosophie unverzichtbar ist, da sie die geistige Schulung schafft, die notwendig ist, um diese sozialen Verbindungen sichtbar werden zu lassen. Gleichzeitig ist Wissenschaft in soziale Prozesse eingebunden. Insbesondere dann, wenn man politische Thematiken mit einbezieht bzw. untersucht, läuft der Forscher Gefahr, seine Werturteilsfreiheit zu verlieren, weshalb er seine eigene Standortgebundenheit mit einbeziehen muss und insofern die Wissenssoziologie für Karl Mannheim von zentraler Bedeutung ist, da sie „an intimate historical acquaintance with the correspondence between the development of science and the evolution of society [creates]. Only a scholar well acquainted with these facts of human evolution is able to construct those systems of perspective which necessarily introduce an element of partiality into all human consciousness."[24] Die Auseinandersetzung mit der Wissenssoziologie ermöglicht nach Mannheim dem Wissenschaftler sowohl die Einsicht in seine eigene sozialen Standortgebundenheit als auch die Erkenntnis, selbst nur ein Teil der Gemeinschaft der Forschenden zu sein. Denn die zentralen Probleme kann nicht ein Einzelner lösen, sondern nur eine professionalisierte Wissenschaft: „Die Kunst des Soziologen besteht eben darin, über die Themen größter Aktualität und Dringlichkeit so zu reden, daß man alles Wißbare, das zur richtigen Beurteilung der Materie nötig ist, mitteilt, auch die Entscheidungsmöglichkeiten in ihrem ursprünglichen Zusammenhang vorträgt, aber so, daß man auch die eigene Meinung als Lehrer zur Diskussion stellt."[25]

Als Umgangsform für die Beschränktheit, die aus dieser sozialen Eingebundenheit resultiert, und somit nicht lösbar ist, sah Mannheim vor allem zwei Möglichkeiten. Die eine besteht in Form des experimentellen Lebens und die andere ist durch den Austausch mit anderen Wissenschaftlern möglich. Das experimentelle Leben setzt hierbei durch ständige Bewegung und Selbstreflexion den Menschen in die Lage, sich selbst zu erweitern, um Neuentstehendes verstehen und analysieren zu können. Innerhalb der Wissenschaften wandte sich Mannheim auch deshalb der Interdisziplinarität zu, da diese die wissenschaftliche Erkenntnis aus einer fach-

[24] Karl Mannheim, Book Review: Methods in Social Science, in: The American Journal of Sociology 38 (1932), Heft 2, S. 281.
[25] Karl Mannheim, Die Gegenwartsaufgaben der Soziologie. Ihre Lehrgestalt, Tübingen 1932, S. 39.

spezifischen Verschränktheit zu lösen vermag. Trotz der Entstehungsmöglichkeit von eben dieser fachspezifischen Verschränktheit sah Mannheim die Notwendigkeit, eine Programmatik für die Soziologie als Einzeldisziplin zu entwerfen.

Neben der Bestrebung der DGS, ihre Disziplin als Lehr- und Einzeldisziplin zu etablierten, war die Soziologie innerhalb der Hochschulen in Deutschland mit einer neuen Schwierigkeit konfrontiert. Denn die Nationalökonomie hatte sich von der Soziologie losgesagt und einen eigenständigen Studiengang errichtet, der mit dem Abschluss Diplom-Volkswirt versehen war und in dem der Soziologie lediglich eine Nebenrolle zugedacht war. Da an der Deutschen Gesellschaft für Soziologie zahlreiche Nationalökonomen beteiligt waren und Ferdinand Tönnies den ursprünglich für 1932 vorgesehenen achten Soziologentag um ein Jahr vertagte, veranlasste von Wiese eine eigenständige Zusammenkunft der Soziologiedozenten, um die Etablierung der Soziologie als Lehrfach voranzubringen. Er fand in Karl Mannheim einen großzügigen Unterstützter, der es ermöglichte, dass die Tagung im *Institut für Sozialforschung* stattfinden konnte. Zur Zusammenkunft waren alle Dozenten Deutschlands geladen worden, die ausdrücklich einen Lehrauftrag für Soziologie oder Gesellschaftslehre inne hatten. Man wollte die Frage klären, was als Soziologie unterrichtet werden sollte und durch wen dies zu geschehen habe. Um zu verbindlichen Ergebnissen zu kommen, hatte von Wiese vorab die Tagung in einen geschlossenen und einen offenen Kreis unterteilt. Da man jedoch nicht in der anberaumten Zeit zu den Beschlüssen gekommen war, musste der geschlossene Kreis, in dem alle Soziologiedozenten mit eingeschlossen waren, nach den Vorträgen in der offenen Runde zusammenkommen. Erst dadurch konnte das im Folgenden näher zu betrachtende wichtige Dokument für die Institutionalisierung der Soziologie in die Diskussion miteinbezogen werden.[26]

Leopold von Wiese, der auf der Tagung an die interne Einigkeit appellierte und martialisch die Schaffung einer Phalanx herbeisehnte, die bereit war, die Soziologie als Wissenschaft, Lehrfach und „ Lehrberuf nach außen zu verteidigen"[27], sah für die soziologische Lehre zwei Schwierigkeiten: zum einen das Verhältnis zwischen der theoretischen Soziologie und der historischen und deskriptiven Soziologie und auf der anderen Seite die Frage, inwieweit in der Prüfungsordnung noch das humanistische Bildungsideal der Freiheit verwirklicht werden könnte. Auch Karl Mannheim sah die großen Schwierigkeiten für die Soziologie in der beginnenden Verschulung dieses Faches und in der Unverbindlichkeit, mit der sich die Studierende dieser Thematik widmeten. Er stellte sich den Herausforderungen, denen sich die Soziologie am Ende der Weimarer Republik als Lehrfach ausgesetzt sah, indem er eine eigene soziologische Programmatik verfasste. Er entwickelte einen Maximalbegriff der Soziologie, der „all jene Probleme umfaßt, die überhaupt noch

---

[26] Vgl. ebd., S. 25.
[27] Wiese, Die Frankfurter Dozententagung, a. a. O., S. 443.

als soziologische Themata angesehen werden können"[28] und verstand dabei die
Soziologie sowohl als Spezialwissenschaft als auch als Grundlagenfach. Zentral
ist für ihn die Allgemeine Soziologie, die sich in theoretischer Weise mit den Prozessen der Vergesellschaftung befasst und die dabei sichtbaren Beziehungen und
Gebilde analysiert. Mannheim hob in diesem Zusammenhang drei Vorgehensweisen
hervor, die jeweils in einem reziproken Verhältnis zueinander stehen. Während
die unhistorisch-axiomatische Vorgehensweise, welche die Konstanten des Ver-
gesellschaftungsprozesses herauszukristallisieren versucht und hierfür die zweite,
nämlich die vergleichend-typisierende Methode benötigt, untersucht die dritte in
historisch-individualisierender Weise konkrete und einmalige Situationen in sozialen
Prozessen. Mannheim integrierte in seiner Darstellung der Allgemeinen Soziologie
insofern die bestehenden Zugangsformen zur Soziologie, als er aufzeigen konnte,
wie sie sich wechselseitig bedingen und dafür sorgen, dass keine methodische
Vorgehensweise die Möglichkeit erhält, sich selbst zu verabsolutieren. Denn um
in sozialen Prozessen das Konstante und ständig Wiederkehrende wahrnehmen zu
können, muss von dem historisch Variablen und Einmaligen abgesehen werden;
und umgekehrt benötigt die Erkenntnis eines Einzelphänomens die anderen beiden
Vorgehensweisen, um eingeordnet werden zu können.

Während die Allgemeine Soziologie bei der Analyse der Vergesellschaftungs-
prozesse auf die Berücksichtigung der „geistigen Objektivationen"[29] verzichtet,
werden genau diese von den soziologischen Einzeldisziplinen untersucht. Diese
von Karl Mannheim auch „Bindestrichsoziologien" genannte Ausdifferenzierung
der Gesellschaftswissenschaften entsteht dort, wo soziologisch „ein bestimmtes
geistiges Gebiet zum Sozialprozeß in Beziehung gesetzt wird, und die Bedeutung
des Sozialprozesses für dieses Gebiet zum Problem"[30] gemacht wird. Dies erfordere
somit die Zusammenarbeit mit den Nachbardisziplinen, da die Soziologie nicht
allein über das Fachwissen verfügt, um den gesellschaftlichen Charakter von
geistigen Objektivationen zu verdeutlichen.

Eine Sonderrolle nimmt Mannheim zufolge die Kultursoziologie ein, die für ihn
die „Lehre vom Gesamtzusammenhang des gesellschaftlich-geistigen Geschehens"[31]
darstellt. Da die soziale Wirklichkeit nicht in klar abgrenzbaren Formationen
innerhalb der Speziellen Soziologien behandelt werden kann, ist die Soziologie
mit einer Problematik konfrontiert, die Karl Mannheim als „Verklammerung"[32]
bezeichnet. Hierbei steht die Analyse der Wirklichkeit, und nicht das Insistieren auf
soziologischen Denkgebäuden im Vordergrund, wodurch die Kultursoziologie ihre

[28] Mannheim, Die Gegenwartsaufgaben der Soziologie, a.a.O., S.3.
[29] Ebd., S.14.
[30] Ebd., S.15.
[31] Ebd., S.22.
[32] Ebd., S.23.

Daseinsberechtigung erhält, indem sie die in den sozialen Prozessen vorkommenden Geschehnisse auf den gesamtgesellschaftlichen Zusammenhang zurückführt. Dies waren Vorstellungen, die von Wiese nur bedingt teilen konnte. Zwar stimmte er mit Mannheim überein, dass die Soziologie selbst zu einer Spezialisierung des Wissens beiträgt, jedoch sorgte er sich primär um universitätspolitische Aspekte. Um aus dem Schatten der Nationalökonomie und ihrem eigenständigen Studiengang herauszutreten, verständigte man sich darauf, die Soziologie zu einem Wahlpflichtfach zu machen, das von den Examenskandidaten gewählt werden sollte. Ferner beabsichtigte man, sich an verschiedenartigen Berufsausbildungen zu beteiligen. Insbesondere in der Berufstätigkeit von Lehrern, Kaufleuten und Juristen sollte dabei eine soziologische Bildung zur Geltung kommen. Außerdem stimmte man überein, was als Soziologie zu lehren sei und übernahm in diesem Zusammenhang die Formulierung Alfred von Martins: „Die Soziologie ist sowohl nach Seite ihrer theoretischen Grundlegung, wie der ihrer Konkretion am historischen und besonders gegenwärtigen Material wie endlich nach der Seite der empirischen Beobachtung und Beschreibung zu lehren."[33] Einigkeit herrschte darüber, dass die Allgemeine bzw. Theoretische Soziologie die Grundlage des Faches bilden sollte. Nicht einigen konnte man sich dagegen, in welchem Maße die Historische Soziologie, die Soziographie und die Gegenwartskunde in den Lehrkanon Einzug erhalten sollte. Mannheims Bestreben, die verschiedenartigen Methoden gleichberechtigt und als einander bedingend anzusehen, vermochte von Wiese nicht zu teilen. Insbesondere warf von Wiese Mannheim vor, eine geschichtsphilosophische Fundierung der Soziologie vornehmen zu wollen. Und er konnte die von Mannheim vorgenommene Unterscheidung der verschiedenen Methodenbereiche nicht teilen, da in all diesen Bereichen „die Anwendung der einheitlichen, eben beziehungswissenschaftliche Methode"[34] zum Ausdruck komme, also jene methodologische Ausrichtung, die von Wiese selbst vertreten wurde.

Mannheim hatte zwar ein umfassendes und komplexes Gebäude errichtet, das nicht nur vielen methodologischen Richtungen Platz gegeben hatte, sondern sie auch in Gestalt eines arbeitsteiligen Verhältnisses miteinander verbunden war; doch konnte sich seine Konzeption der Soziologie als Lehrfach auf der Frankfurter Dozententagung nicht durchsetzen.

Querverbindungen der Soziologie

Bereits in seiner Berufungsverhandlung mit Kurt Riezler wird Karl Mannheims Frankfurter Programm in seinen Grundzügen deutlich. Weil er in der Soziologie ein

---

[33] Von Martin, zitiert nach von Wiese, Die Frankfurter Dozententagung, a. a. O., S. 446.
[34] Ebd., S. 447.

neues Lehrfach sah, das sich im Entstehungsprozess befand und dessen Etablierung er als Notwendigkeit erachtete, ließ er sich eine administrative Abtrennung seines Soziologischen Seminars von Institut für Wirtschaftswissenschaften zusichern. Außerdem handelte er die Anschaffung einer Bibliothek für ein interdisziplinäres Forschen aus. Er argumentierte, dass für die Soziologie, wie er sie vertrete, die Aufgabe entstünde, „sogenannte ‚Querverbindungen' zwischen den Einzeldisziplinen herzustellen"[35], und beantragte deshalb die Anschaffung von neuen Büchern, die ihm dies ermöglichen sollten. Die Betreuung dieser Bibliothek übernahm Greta Kuckhoff, die in den USA studiert und in Erfahrung gebracht hatte, dass Karl Mannheim seinerseits daran interessiert war, die neuen amerikanischen Forschungsmethoden innerhalb der Soziologie kennenzulernen.[36]

Karl Mannheim verurteilt nicht grundsätzlich die Entstehung verschiedener Fachdisziplinen, da mit den Ausdifferenzierungen innerhalb einer Gesellschaft notwendigerweise auch eine entsprechende Spezialisierung des Wissens einher geht. Die Folge jedoch ist, dass das Fachwissen „partikularistisch und spezialistisch auf bestimmte differenzierte Aufgaben im Gesellschaftsprozeß ausgerichtet"[37] ist und somit das Verständnis für den Gesamtzusammenhang zu schwinden droht. Während er es nicht für möglich hielt, dass die Soziologie dem daraus resultierenden Bedeutungsverlust der klassischen Bildung allein hätte begegnen können, sah er in ihr dennoch die Chance, aufzeigen zu können, wie Gegenwart und Vergangenheit zusammenhängen und wie das konkret Gegebene aus der Geschichte hervorgetreten ist. Hierbei spielt das, was Mannheim „Querverbindungen" zu nennen pflegte und was heute unter dem Stichwort der Interdisziplinarität in aller Munde ist, eine zentrale Rolle. Durch die Spezialisierung des Wissens treten die in den verschiedenen Disziplinen gewonnenen Erkenntnisse nicht zwangläufig in einen fruchtbaren Austausch. Der Soziologe hingegen kann mit Zustimmung der jeweiligen Fachforschers als „Vermittler und Träger der neuauftauchenden synthetischen Fragestellung und als Kenner der jeweiligen Entwicklungsstufe solcher zusammenfassenden Forschungsergebnisse" fungieren, da er in der Lage ist, das Wissen in Bezug zur gegebenen gesellschaftlichen Lage zu stellen. [38]

---

[35] Brief Karl Mannheims an Kurt Riezler vom 17. Dezember 1929, in: Karl Mannheim, Selected Correspondence (1911–1946) of Karl Mannheim. Scientist, Philosopher, and Sociologist. Edited by Éva Gábor. Lewiston et al. 2003, S. 39 f.

[36] Vgl. Greta Kuckhoff, Vom Rosenkranz zur roten Kapelle. Ein Lebensbericht, Frankfurt am Main 1974, S. 109–126. Kuckhoff spricht von Büchern, „deren Stoffgebiete mir keineswegs geläufig waren bis auf die wenigen amerikanischen Bücher über Behaviorismus, Pragmatismus, Ökologie, Vokabeln, die bei uns in jener Zeit kaum bekannt waren."

[37] Mannheim, Die Gegenwartsaufgaben der Soziologie, a. a. O., S. 46.

[38] Ebd., S. 55. Mannheim war sich darüber im Klaren, dass es einem Einzelnen nicht möglich ist, eine Synthese von allem Wissbaren herzustellen: „The integration of knowledge „does not attempt to deal with all subjects at once, but when it considers a social fact such as the family, for instance, it examines

Diese Interdisziplinarität war für Karl Mannheim in Frankfurt in zweifacher Hinsicht gegeben. Zum einen erscheint sie in Form der Lehre und zum anderen durch entsprechende Diskussionszirkel. Für die interdisziplinäre Lehre ist das sogenannte „Liberalismus-Seminar" bekannt geworden. Dieses bot Karl Mannheim erstmals in seinem dritten Frankfurter Semester zunächst allein in Form einer Übung unter dem Titel „Ideengeschichte des XIX. Jahrhunderts in soziologischer Betrachtung" an. Schon im darauffolgenden Semester entwickelte sich diese Übung zu einer „Soziologischen Arbeitsgemeinschaft", an der – neben Mannheim – der Politologe Ludwig Bergsträsser, der Wirtschaftswissenschaftler Adolph Lowe und der Historiker Ulrich Noack mitwirkten. Das Liberalismus-Seminar blieb in Form der Arbeitsgemeinschaft vom Wintersemester 1931/32 bis zu der – Mannheim oktroyierten – Beurlaubung im April 1933 bestehen und widmete sich der soziologischen Analyse des deutschen Frühliberalismus. Neben dieser Arbeitsgemeinschaft hatten aller Wahrscheinlichkeit nach zwei weitere Lehrveranstaltungen einen interdisziplinären Charakter, an denen Mannheim mitwirkte. Dies war zum einen Mannheims Übung „Soziologie der Großstadt", die er im Wintersemester 1932/33 mit Paul Flaskämper, einem Schüler des Statistikers Franz Zizeks, leitete und die er im anschließenden Semester mit dem außerdem hinzu gekommenen Ernst Kahn, der einen Lehrauftrag für die Thematik „Wohnungsweise" wahrnahm, fortführen wollte, wäre ihm auch hierbei nicht der Nationalsozialismus in die Quere gekommen. Die andere Veranstaltung ist das sogenannte „Weisheits-Seminar", das Kurt Riezler leitete und in dem verschiedenen Wahrheitsbegriffen zahlreicher Disziplinen nachgegangen wurde.[39] Das Weisheitsseminar selbst trat in keinem Vorlesungsverzeichnis auf. Nach der Schilderung von Karl Rheindorf war es eine formlose Veranstaltung, bei der Professoren, Assistenten und fortgeschrittene Studierende bis tief in die Nacht diskutierten und somit den zahlreichen Diskussionskreisen, die es in Frankfurt am Ende der Weimarer Republik gab, in Nichts nachstand. Das Weisheitsseminar bildete eine Art Schnittstelle zwischen Universität und intellektueller „Kränzchenwelt".[40] In verschiedensten Kreisen und

---

many aspects and does not exclude those investigations which may go beyond the boundaries of a scientific department established by tradition. [...] Clearly the synthetic approach does not abandon the division of labor. No single scholar will cover the whole subject but there will be, as it were, specialists in integration. Their particular gift and training will enable them to co-ordinate the results of two or more traditional branches of knowledge concerning one particular subject" (Mannheim, Foreword, a. a. O., S. viii f.).

[39] Weitere Teilnehmer waren Max Wertheimer, Paul Tillich, Karl Reinhard, der Gräzist Walter Otto, der Physiker Madelung, der Jurist Hermann Heller und sein Kollege de Boor. Vgl. Karl Dietrich Erdmann, Kurt Riezler – ein politisches Profil, in: Kurt Riezler. Tagebücher, Aufsätze, Dokumente, Göttingen 1972, S. 144 f. und Wilhelm Pauck/Marion Pauck, Paul Tillich. Sein Leben und Denken, Bd. 1: Leben, Stuttgart 1978, S. 127 f.

[40] Vgl. Erdmann, Kurt Riezler, a. a. O., S. 144 f.

Zirkel kamen zahlreiche Akademiker zusammen und erörterten universitäts- und gesellschaftspolitische Themen wie die steigende Spezialisierung der einzelnen Disziplinen.[41]

Soziologie als Experiment

In seiner ersten Vorlesung in Frankfurt, die er über Allgemeine Soziologie abhielt, analysierte Mannheim Bewusstseinshaltungen und stellte die Fruchtbarkeit der Krise für die Entstehung von Denkformen dar. Er führte aus, dass dort, wo eine eindeutige Bedeutungsausrichtung nicht mehr ubiquitär gegeben ist, soziale Differenzierung möglich wird. Sobald diese Ausdifferenzierung zum Aufkommen verschiedener Lebenskreise führt, die zueinander in einem antinomischen Verhältnis stehen, kommt die Möglichkeit und Notwendigkeit der Lebensdistanzierung ins Spiel. D. h. der Einzelne steht nicht mehr in einem Ansprechungsverhältnis, in dem die ihm sozialisierten Sinnbedeutungen mit seiner erlebten sozialen Wirklichkeit übereinstimmen. Statt dessen erscheinen ihm die Dinge als etwas „Sinnfremd-Variables". Bis zur Auflockerung der eindeutigen Bedeutungsausrichtung, die Mannheim historisch mit der Reformation gegeben sieht, war es dem Menschen zwar möglich, sich selbst zum Objekt zu machen und sich damit in eine „Es-Beziehung" zu rücken; nach ihr entsteht jedoch eine spezifische Form der Es-Beziehung. Neu ist Mannheim zufolge nun die Distanzierung, die aus der Lebenssituation heraus entstanden ist. Der Einzelne fällt bei dem Versuch, sich mit etwas zu identifizieren, aus diesem Vollzugsakt heraus, da seine Bewusstseinshaltung nicht in einem deckungsgleichen Ansprechungsverhältnis zur sozialen Wirklichkeit steht. Hierin liegt für Mannheim die Voraussetzung, dass soziologisches Denken aufkommen kann, und zwar dadurch, dass „die Variabilität der Dinge möglich wird, dadurch, dass der Sinnzusammenhang, der eine Welt zu der Welt macht, zertrümmert

---

[41] Karl Mannheim traf dabei vor allem mit Kurt Riezler, Paul Tillich, Max Wertheimer, Max Horkheimer und Friedrich Pollock zusammen. Überliefert sind sowohl die Kränzchen im Haus Riezlers, der beabsichtigte, „ein akademisches Kulturzentrum in Frankfurt" aufzubauen, als auch Diskussionsrunden im Café Laumer sowie die Abende der Religiösen Sozialisten um Paul Tillich und die Vorträge in der Frankfurter Ortsgruppe der Kantgesellschaft, die Max Horkheimer 1928 mitgegründet hatte. Vgl. Adolph Lowe/Mathias Greffrath, Die Hoffnung auf kleine Katastrophen, in: Mathias Greffrath (Hrsg.), Die Zerstörung einer Zukunft. Gespräche mit emigrierten Sozialwissenschaftlern, Frankfurt am Main et al. 1989, S. 153; ferner Paul Tillich, Das Frankfurter Gespräch, in: ders., Briefwechsel und Streitschriften. Theologische, philosophische und politische Stellungnahmen und Gespräche, hrsg. von Renate Albrecht und René Tautmann, Frankfurt am Main 1983, S. 314–369 sowie David Kettler/Colin Loader, On the Historical Character of Concepts. Letter of Karl Mannheim to Max Wertheimer, in: Karl Mannheim, Sociology as Political Education, edited and translated by David Kettler and Colin Loader, New Brunswick/London 2001, S. 141–144.

wird."[42] Die Soziologie entsteht also als spezifische Gedankenbewegung aus dem Leben heraus.

Zu Beginn seiner Frankfurter Zeit skizzierte Mannheim die Soziologie in Form von drei Schichten. Sie ist für ihn sowohl die Einzeldisziplin, die mit der Gesellschaftslehre die Prozesse der verschiedenen Gesellschaftsbewegungen thematisiert, und sie ist zugleich Methode in allen geisteswissenschaftlichen Einzelfächern, wenn diese den Forschungsgegenstand auf gesellschaftliche Prozesse zurückführen sowie eine spezifische Bewusstseinshaltung. Diese soziologische Bewusstseinshaltung ist eng verbunden mit dem „experimentalen Leben", was zwangsläufig mit der Auflockerung der Bedeutungseindeutigkeit und den daraus resultierenden Krisen einhergeht. Der moderne Mensch ist mit dem beschleunigten Lebenstempo der Modernisierung und der Verdinglichung des Lebens konfrontiert, das mit der Verschiebung des Ansprechungsverhältnisses zur Es-Beziehung entsteht. In diesem Moment beginnt er sich zu distanzieren, die soziale Wirklichkeit erscheint in dem Sinne in einer relativen Weise als offenbar wird, dass die soziale Situation, in der sich der Einzelne befindet auch anders hätte sein können. Soziologisch greift an dieser Stelle für Mannheim die Wissenssoziologie, die die jeweilige Standortgebundenheit aufzuzeigen vermag. Für den Einzelnen wird das Leben experimentell, was es ihm ermöglicht, sich von den Dingen zu trennen, die „uns entfremdet sind, bei denen wir im Vollzuge aus dem Vollzugsakt herausfallen".[43]

Für Karl Mannheim entstehen sowohl aus der gegebenen Gesellschaftslage her als auch aus der Situation der Universität und der Wissenschaft Anforderungen an die Soziologie als Lehrfach. Die Soziologie, die für ihn erst durch das Erreichen einer rationalen Gesellschaftsordnung ermöglicht wurde, ist für ihn sowohl eine Lebensorientierung als auch, eng damit zusammenhängend, die Analyse der gegenwärtigen Sozialsituation. Mannheim war mit einer politischen Situation konfrontiert, in der die Demokratie, die längst von entsprechenden Stimmungen gekennzeichnet im Begriff war, durch eine Diktatur abgelöst zu werden. Er sah für die Soziologie eine Aufgabe darin, ihre Fähigkeit des „rational Zu-Ende-Denken-Könnens"[44] von sozialen Prozessen in die Demokratisierung der Kultur einzubringen und zur Orientierung von Individuen beizutragen. Da die Allgemeine Soziologie eine theoretische Bändigung sozialer Wirklichkeit und damit zu abstrakt für das Allgemeinverständnis und die Lebensorientierung ist, ging er davon aus, dass die Gegenwartskunde eine Möglichkeit darstellt, soziologisches Wissen in der Öffentlichkeit zur Geltung zu bringen und dadurch erstes, schlichteres soziologisches

[42] Karl Mannheim, Allgemeine Soziologie. Mitschrift der Vorlesung vom Sommersemester 1930 (1930), in: Martin Endreß/Ilja Srubar (Hrsg.), Karl Mannheims Analyse der Moderne. Mannheims erste Vorlesung von 1930. Edition und Studien, Opladen 2000, S. 57.
[43] Ebd., S. 59.
[44] Mannheim, Die Gegenwartsaufgaben der Soziologie, a. a. O., S. 37.

Wissen zu vermitteln. Er sah die Gefahr, dass eine zu große Kluft zwischen theoretischer und praxisorientierter Wissenschaft entstehen könnte. Mannheim führte
in seinem letzten Semester in Frankfurt die bereits genannte Lehrveranstaltung
zur Soziologie der Großstadt durch, die er im Sommersemester 1933 in Gestalt
einer Übung zur Gegenwartskunde fortsetzen wollte.

Ähnlich wie zur Gegenwartskunde ist Mannheims Verhältnis zur Soziographie
gewesen. Auch hier sah er ein entscheidendes Gegengewicht zur theoretischen
Soziologie, wenn sicher gestellt ist, dass sie nicht zu einer „Verdeckung der Zusammenhänge und zu einem Abstumpfen der Sensibilität für die konstruktive
Erfassung der Wirklichkeit" führt.[45] Seit dem siebten Soziologentag von 1930
existierte in der *Deutschen Gesellschaft für Soziologie* eine eigene Untergruppe
für Soziographie, deren Leitung Ferdinand Tönnies übernommen hatte. In einem
Rundschreiben erkundigte sich dieser über die Einbindung der Soziographie in den
soziologischen Seminaren der deutschen Hochschulen. In seiner Antwort schilderte
Mannheim die Dissertationen, die er betreute[46], erwähnte seine Methodenkurse
sowie eine Sitzung, zu der verschiedene Dozenten verschiedener Fakultäten den
Einsatz von statistischen Methoden, insbesondere des Fragebogens, diskutierten,
es jedoch nur zur Fixierung eines Arbeitsplanes gekommen war, deren Ausarbeitung man im Sommersemester 1931 angehen wollte. Inwieweit dies geschehen
ist, ist nicht bekannt.

Bekannt ist hingegen, dass er sich bei der *Rockefeller Foundation* um eine
finanzielle Zuwendung bewarb. Im Zuge einer Beurteilung des Pariser Büros der
Rockefeller Foundation wurde 1931 ein Forschungsprogramm geschildert, das
Mannheim in seinem soziologischen Seminar durchzuführen gedachte. Hierbei
werden neben den bereits bekannten historisch-philosophischen Untersuchungen
zum Liberalismus in England und Deutschland eine soziologische Studie des Struk-
turwandels der Wirtschaft in Deutschland und eine Untersuchung zu Nietzsche,
aber auch induktive Forschungsvorhaben angegeben. Mannheim beabsichtigte auf
diese Weise Immigration, Frauen in der Politik, den Einfluss von Bildung auf die
soziale Position und die sozialen Mechanismen zu untersuchen, die zur Wahl von
Führungspersönlichkeiten in politischen Parteien, Wirtschaftsverbänden und der
katholischen Kirche führen. Die Rockefeller Foundation befürchtete jedoch, dass

---

[45] Ebd., S. 29.
[46] Mannheim nannte in diesem Zusammenhang Wilhelm Carlés Analyse von Berichterstattungen
verschiedener Zeitungen, Nina Rubinsteins Vergleich der Emigrationsbewegungen, die auf die französische und russische Revolution folgten und Margarete Freudenthals Untersuchung zum Wandel
der Haushaltstruktur; ferner erwähnte er drei Promotionsschriften, die nicht eindeutig zugeordnet
werden können, sich jedoch mit den Themen „Soziologische Strukturanalyse der Wahlen im Saar-
gebiet", „Aufstieg durch Bildung", Wandel der Pädagogik und Fremdheitserlebnisse bei Auslands-
studierenden befassen. Vgl. den Brief von Karl Mannheim an Ferdinand Tönnies vom 9. April 1931
in: Reinhard Laube, Karl Mannheim und die Krise des Historismus, Göttingen 2004, S. 607–610.

der Schwerpunkt von Mannheims Soziologischem Seminar in erster Linie auf den historisch-philosophischen Untersuchungen liegen würde. Außerdem fürchtete man in Paris, dass eine finanzielle Unterstützung von der Öffentlichkeit in Deutschland schlecht aufgenommen werden würde, da die Atmosphäre in Frankfurt international und jüdisch geprägt sei.[47] So bleibt im Verborgenen, inwieweit Mannheim empirische Untersuchungen dieser Art aufgenommen hat.

In einem Zeitungsartikel über „Die geistige Krise im Lichte der Soziologie", den Mannheim am 31. Dezember 1932 im Stuttgarter *Neuen Tagblatt* und eine Woche später in leicht veränderter Weise im *Hamburger Fremdenblatt* veröffentlicht hatte, wies er hingegen auf die Verwendung von Fragebögen hin. Er hatte untersucht, ob veränderte gesellschaftliche Situationen mit einem Wertwandel einhergehen und war zu dem Schluss gekommen, dass geistige Krisen durch Veränderungen im Gesellschaftsleben entstehen und somit nur die davon betroffen sind, deren Lebenswirklichkeit sich verändert hat. Mannheim folgerte daraus, dass sich der gegenwärtige Mensch mit seiner sozialen Wirklichkeit auseinandersetzen muss, wenn sich für ihn etwas in dem gesamten gesellschaftlichen Prozess verändert hat.[48]

Es war der letzte Text, den Mannheim während seiner Frankfurter Zeit geschrieben hat. Man mag ihn als einen symbolischen Akt verstehen, der sowohl nach der Krise fragt, auf die Mannheims Antwort die experimentelle Lebensführung war, als auch die Anwendung neuer Methoden impliziert, die einen sich stets mit der Situationen verändernden Forschungsduktus zur Voraussetzung hat. Fest steht hingegen, dass die untersuchte Krise eng mit dem aufkommenden Nationalsozialismus in Verbindung stand, der dazu führte, dass Mannheim wenige Tage nach Erlassen des Gesetzes „zur Wiederherstellung des Berufsbeamtentums" am 7. April 1933 beurlaubt wurde und er sich nun erneut zur Emigration gezwungen sah. Damit wurde eine viel versprechende Karriere dauerhaft abgebrochen, die im Begriff war, eine professionelle und (auch) experimentelle Soziologie akademisch zu institutionalisieren.

---

[47] Vgl. Kettler/Meja, Karl Mannheim and the Crisis of Liberalism, a.a.O., S. 133 f.
[48] Vgl. Karl Mannheim, Die geistige Krise im Lichte der Soziologie, a.a.O., S. 598–602.

Soziologie und Lebensstil des Mannheim-Kreises in Frankfurt

Radostina Ilieva

In den 1930er Jahren befand sich die Soziologie an der Frankfurter Universität in einer sehr lebhaften Phase. Die Frankfurter Soziologen beteiligten sich an intellektuellen Debatten, die nicht nur weit über die Grenzen der Universität hinaus wahrgenommen wurden, sondern auch die Wirtschafts- und Finanzwissenschaft, die Politische Ökonomie und die Rechtswissenschaften beeinflussten. Unter dem einflussreichen Kurator Kurt Riezler entstand an diesem Ort eine produktive intellektuelle Konstellation, in der intellektuelle Auseinandersetzungen zwischen Geisteswissenschaftlern wie Karl Reinhardt und Walter F. Otto, dem Ethnologen Leo Frobenius, einem Georgianer wie Max Kommerell einerseits und einer sozialwissenschaftlich geprägten Intelligenz andererseits stattfanden. Dies kann als charakteristisch für diese frühe Phase der Frankfurter Soziologie angesehen werden.

Mit der 1929 erfolgten Berufung von Karl Mannheim auf den soziologischen Lehrstuhl Franz Oppenheimers trat dieser in diese spannungsvolle sozialwissenschaftliche Konstellation ein.[1] In diesem Umfeld bildete sich um Karl Mannheim und dem von ihm gegründeten *Soziologischen Seminar* ein spezifischer soziologischer Kreis. Ein Teil seiner Heidelberger Schülerinnen und Schüler folgte Mannheim nach Frankfurt; dazu gehörten unter anderem auch Norbert Elias, Nina Rubinstein, Hans Gerth und Kurt Wolff. Ludwig Bergsträsser, Gottfried Salomon, Julius Kraft, Walter Sulzbach, Erich Fromm, Leo Löwenthal, Paul Massing, Max Horkheimer und Theodor W. Adorno gehörten zu jenen Kollegen, die Mannheim in Frankfurt antraf und zu denen er sehr unterschiedliche Beziehungen unterhielt.[2] Zum einen wurde damit offensichtlich, dass sich der Schwerpunkt der Weimarer Soziologie,

---

[1] Mannheim war bereits in seiner Heidelberger Zeit durch sein Buch *Ideologie und Utopie* bekannt geworden. Vgl. Volker Meja/Nico Stehr (Hrsg.), Der Streit um die Wissenssoziologie, Frankfurt am Main 1982. Siehe ferner David Kettler & Colin Loader, Karl Mannheim's Sociology as Political Education, New Brunswick 2001. Zu Franz Oppenheimer und dem ersten Lehrstuhl für Soziologie siehe Paul Kluke, Die Stiftungsuniversität Frankfurt am Main 1914–1932, Frankfurt am Main 1972, ferner Bernd Vogt, Franz Oppenheimer. Wissenschaft und Ethik der sozialen Marktwirtschaft, Bodenheim 1997

[2] Zum Frankfurter Umfeld und den verschiedenen intellektuellen Gruppierungen vgl. Rolf Wiggershaus, Die Frankfurter Schule. Geschichte, theoretische Entwicklung, theoretische Bedeutung, München 1988. Siehe ferner auch Wolfgang Schivelbusch, Intellektuellendämmerung. Zur Lage der Intelligenz in den zwanziger Jahren, Frankfurt am Main 1982.

der sich bisher auf Berlin und Heidelberg konzentriert hatte, nach Köln, Leipzig und auch nach Frankfurt zu verlagern begann.[3] Mannheims Berufung nach Frankfurt ist aber auch noch in einem anderen Zusammenhang wichtig: Die deutsche Soziologie, die in ihren beiden Traditionslinien von Max Weber und Karl Marx begründet wurde, sollte sich nämlich gerade auch in Frankfurt erneuern.
Wie hat sich aber dieser Kreis um Karl Mannheim in Frankfurt gebildet? Was hat diese Gruppe verbunden? Worin bestand die Einzigartigkeit des Kreises um Karl Mannheim in Frankfurt? In dieser lebhaften Frankfurter Konstellation kann dem Kreis um Karl Mannheim eine entscheidende Bedeutung für die Verschiebung des Schwerpunkts der Weimarer Soziologie nach Frankfurt zugesprochen werden. Dies zeigt sich an der Geschichte der Herausbildung dieser Gruppe um Mannheim. Wie diese Akteure aufeinander Einfluss nahmen, kann anhand des Erfolgs des Frankfurter Soziologischen Seminars von Karl Mannheim verdeutlicht werden.[4]

Engagement und Lebensstil

Die Akteure innerhalb des Frankfurter Mannheim-Kreises haben sich aufgrund ihres akademischen Lebensstils um Mannheim versammelt. Dies wird im Folgenden anhand der Lebenserfahrungen der Akteure, die in ihre Dissertationsprojekte eingingen und anhand des interkulturellen Umfeldes, aus dem sich der Mannheim-Kreis zusammensetzte, sowie dem gesellschaftspolitischen Engagement einiger Akteure beschrieben.
Das Spannungsfeld, das die wissenschaftlichen Kontroversen und Diskussionen kennzeichnet, reichte weit über die Grenzen des Seminarlebens hinaus. Intellektuelle Debatten fanden damals in geschlossenen Kreisen wie im Salon von Marianne Weber in Heidelberg statt, zu dem auch Karl Mannheim als Privatdozent in Heidelberg gehörte. Es gab eine Distanz zwischen den jüngeren Intellektuellen und den Eliten.[5] Seit seiner Tätigkeit als Privatdozent bildete sich schon in Heidelberg ein entsprechender Kreis um Karl Mannheim. Dazu gehörten Norbert Elias, Hans Gerth und Nina Rubinstein, die Mannheim von Heidelberg nach Frankfurt

---

[3] Siehe hierzu den Vortrag von Jürgen Habermas anlässlich des 75. Jubiläums der Gründung der Universität Frankfurt in: Helmut Coing u. a., Wissenschaftsgeschichte seit 1900. 75 Jahre Universität Frankfurt, Frankfurt am Main 1992, S. 29–53.
[4] Die Informationen über die Protagonisten der Geschichte des Mannheim-Kreises wurden entsprechenden Unterlagen entnommen, die sich im Universitätsarchiv Frankfurt befinden.
[5] In seiner Studie über Norbert Elias ist Stephen Mennell auch auf dessen Heidelberger Zeit eingegangen. In Mennells Beschreibung der akademischen Situation im Heidelberg der 20er Jahre werden die Distanz zwischen dem Lern- und dem Lehrbetrieb sowie die Verhältnisse im Heidelberger Mannheim-Kreis deutlich. Diese Studie beschäftigt sich auch mit der Zeit von Norbert Elias in Frankfurt und seinem dortigen Engagement. Vgl. Stephen Mennell, Civilisation and the Human Self-Image, Oxford 1989.

folgten. Im Heidelberger Kreis um Mannheim haben intellektuelle Gespräche oft im Café am Ludwigsplatz stattgefunden. Dass sich Studenten und ihre Dozenten zum Diskutieren zu einer Tasse Kaffee in einem Café trafen, war eine Lehr- und Lerneinstellung, die den Privatdozenten Karl Mannheim seinen Heidelberger Studenten näherbrachte.[6] Dies bezeichne ich als *akademischen Lebensstil* dieser Gruppe. In Frankfurt bildete sich ebenfalls ein entsprechender Kreis um Mannheim im Café Laumer, in dem sich dieser am liebsten traf. Von Mannheims Frankfurter Zeit sind fotografische Erinnerungen erhalten geblieben, die von Gisela Freund und Nina Rubinstein erstellt worden sind und die den Lebensstil der Frankfurter Soziologinnen und Soziologen in den 30er Jahre dokumentieren. Eine Aufnahme zeigt Norbert Elias und Gisela Freund bei einem Spaziergang in Frankfurt. Eine andere Aufnahme hält Nina Rubinsteins Vortrag im Seminar für Soziologie fest. Weitere Aufnahmen zeigen Gespräche zwischen Karl Mannheim, Norbert Elias und den Studenten, die im Café Laumer stattgefunden haben.

Das Caféhaus war für den akademischen Lebensstil der Soziologinnen und Soziologen in Frankfurt aus zwei Gründen ein etablierter Ort: Im Cafe Laumer hatte sich erstens eine gemischte Gesellschaft versammelt, der sich auch junge unverheiratete Frauen anschließen konnten, ohne „out of place" zu sein. Lehrer und Schüler konnten zweitens ihre Diskussionen im Caféhaus bis spät in die Nacht führen. Durch diesen ungewöhnlichen Treffpunkt unterscheidet sich der akademischen Lebensstil des Mannheim-Kreises von den Verhältnissen in den anderen Fakultäten, in denen sowohl Professoren und Dozenten als auch die in traditionellen Studentenassoziationen organisierten Schüler durch eine autoritäre Mentalität geprägt waren.[7] Der akademische Lebensstil des Mannheim-Kreises hat sich jedoch nicht nur auf die im Café Laumer geführten Diskussionen erstreckt, sondern hat auch in die wissenschaftlichen Vorhaben der Studenten Eingang gefunden.[8] Dieser Frankfurter Kreis um Karl Mannheim hatte sich aus Personen

---

[6] Vgl. Hans Gerth, Wie im Märchenbuch: ganz allein…, in: Mathias Greffrath (Hrsg.), Die Zerstörung einer Zukunft: Gespräche mit emigrierten Sozialwissenschaftlern, Frankfurt am Main 1989, S. 57–95.

[7] In einem biografischen Beitrag zur Rezeption und Anerkennung des Wirkens und des soziologischen Werkes von Norbert Elias erinnert sich Ilse Seglow an ihre Studienzeit bei Karl Mannheim in Frankfurt und an die Diskussionen des Mannheim-Kreises im Café Laumer. Nach einer langen Diskussion mit den Soziologinnen und Soziologen, die um ein Uhr morgens endete, sollte Paul Tillich einmal gesagt haben: „Jetzt könnt Ihr zu eurer Struktur gehen, ich aber gehe ins Bett". Ferner beschreibt sie, was den Lebensstil des Mannheim-Kreises kennzeichnete und warum der Mannheim-Kreis Caféhäuser den Gasthäusern vorzog. Vgl. Ilse Seglow, Work at a Research Programm, in: Peter R. Gleichmann/Johan Goudsblom/Hermann Korte (Hrsg.), Human Figurations. Aufsaetze fuer Norbert Elias, Amsterdam 1977, S. 16–22.

[8] Damit die Schauspielerin Ilse Seglow zur wissenschaftlichen Vorbereitung ihres Promotionsvorhaben über Karrieremuster von Schauspielern Gespräche mit Darmstädter Schauspielern führen konnte, hatten Karl Mannheim und Norbert Elias zusammen mit Ilse Seglow Schillers Theaterstück „Maria

zusammengesetzt, die sich von dieser Art der Soziologie und dem damit zusammen-
hängenden Lebensstil angezogen fühlten.

Norbert Elias' Hinwendung zur Soziologie kann durch seine interdisziplinären
Interessen erklärt werden. Er studierte von 1918 bis 1922 Philosophie, Germanistik, Medizin und Psychologie in Breslau. 1919 hielt er sich für ein Gastsemester
in Heidelberg auf und besuchte Seminare und Vorlesungen von Heinrich Rickert,
Hans Driesch und Karl Jaspers. Seine Dissertation verfasste er in Breslau bei
Richard Hönigswald unter dem Titel „Idee und Individuum. Eine kritische Untersuchung zum Begriff der Geschichte" im Fachgebiet Philosophie. Diese lässt
seine Interessen deutlich erkennen.[9] Nach der Dissertation war Elias zunächst
in einer Breslauer Eisenwarenfabrik als Kaufmann tätig, weil „das väterliche
Vermögen in der Inflationszeit zum großen Teil verloren gegangen war"[10]. Nach
seiner kaufmännischen Tätigkeit ging er 1925 wieder nach Heidelberg, um zwei
große Fragestellungen zu bearbeiten: zum einen die soziologische Geschichte
des menschlichen Bewusstseins und zum anderen die Entstehung der modernen
Naturwissenschaften. Diese zweite Fragestellung wollte er am Beispiel der Bedeutung der Florentinische Gesellschaft und Kultur entwickeln und wurde von
Alfred Weber als Habilitationsprojekt angenommen.[11]

Während dieses Studien- und Forschungsaufenthalts in Heidelberg begann die
Bekanntschaft zwischen Norbert Elias und dem Privatdozenten Karl Mannheim,
die auch zu einem intellektuellen Austausch zwischen beiden Wissenschaftlern
führen sollte. Karl Mannheim war es auch, der Elias in Marianne Webers Salon
eingeführt hatte. Max Webers Witwe war zu dieser Zeit die einflussreichste Person im intellektuellen Umfeld der Universität Heidelberg. Elias hatte in ihrem
Salon einen Essay über Gotische Architektur vorgestellt, der sehr freundlich
aufgenommen wurde. Als vierter in der Liste der Habilitanden von Alfred Weber

---

Stuart" besucht und ein „Pilot-Interview" mit einem der Schauspieler durchgeführt. Durch das aufge-
zwungene Exil ist ihre Arbeit unfertig geblieben und leider verloren gegangen (vgl. ebd., S. 20 ff.).

[9] Die Zusammenarbeit zwischen Norbert Elias und seinem philosophischen Doktorvater Richard
Hönigswald verlief nicht reibungslos. Der Doktorand Elias und der Neokantianer Hönigswald zerstrit-
ten sich über die Bedeutung des Kantschen Apriori für die Geschichte. Dies markiert die endgültige
Abwendung von Norbert Elias von der Philosophie. Vgl. Peter-Ulrich Merz-Benz, Verstrickt in
Geschichte. Norbert Elias in seiner Breslauer Zeit, in: Karl-Siegbert Rehberg, (Hrsg.), Norbert Elias
und die Menschenwissenschaften. Studien zur Entstehung und Wirkungsgeschichte seines Werkes,
Frankfurt am Main 1996.

[10] Diese biografischen Informationen stammen aus dem von Hermann Korte entdeckten Lebenslauf
von Norbert Elias, der seinem Antrag auf Zulassung zur Habilitation an der Universität Frankfurt
1933 beigefügt war.

[11] Zur Entstehungsgeschichte und zu den Veröffentlichungen von Norbert Elias sowie zur Wirkungs-
geschichte seines Werks siehe die Beiträge in: Peter Gleichmann/Johan Gouldsblom/Hermann Korte
(Hrsg.), Materialien zu Norbert Elias' Zivilisationstheorie, Frankfurt am Main 1979. Vgl. Auch Peter
Gleichmann/Johan Gouldsblom/Hermann Korte (Hrsg.), Macht und Zivilisation, Frankfurt am Main 1984.

hätte Norbert Elias aber zu lange bis zur Habilitation im Fach Soziologie warten müssen, um dann eine Privatdozentenstelle zu bekommen.[12] Karl Mannheim bot ihm deshalb eine bezahlte Assistentenstelle in Frankfurt an sowie die Möglichkeit, sich innerhalb von drei Jahren zu habilitieren.

Dass Mannheim sich darum bemüht hatte, Elias nach Frankfurt zu holen, wird an der Organisation seines Soziologischen Seminars deutlich. Er stellte im Rahmen seiner Berufungsverhandlungen vor Beginn seiner Lehrtätigkeit in Frankfurt in einem Brief an den Kurator Kurt Riezler finanzielle Forderungen für den Aufbau dieses Seminars.[13] Die planmäßige Assistentenstelle bekam Gottfried Salomon, der zuvor bei Franz Oppenheimer Assistent war, während Elias eine außerplanmäßige Assistentenstelle erhielt. Mannheim sah vor, dass Elias als Assistent die zahlreichen Doktorarbeiten betreut und ihn in den Einführungs-, Doktoranden-, und Fortgeschrittenenseminaren unterstützt. Damit Elias seine soziologische Habilitationsschrift zum Thema „Der höfische Mensch. Beitrag zur Soziologie des Hofes, der höfischen Gesellschaft und des absoluten Königtums" in Frankfurt schnell verwirklichen konnte, verbrachte er die Sommerferien in Paris, um Material für seine Habilitationsarbeit zu sammeln.

Hans Gerth war in Heidelberg inoffizieller Assistent von Karl Mannheim gewesen und nahm oft an den Gesprächen im Café am Ludwigsplatz teil. In Frankfurt begann Hans Gerth bei Mannheim seine Dissertation über die „Bürgerliche Intelligenz um 1800. Zur Soziologie des deutschen Frühliberalismus" zu schreiben. Er war aktiv an Mannheims Liberalismus-Seminar beteiligt und teilte sich mit Elias auch den Assistentenlohn.[14] Nina Rubinstein folgte Mannheim ebenfalls von Heidelberg nach Frankfurt. Sie wurde 1908 in Berlin in einem balto-russischen Elternhaus geboren. Nach einem Orientierungssemester in Berlin ging sie nach Heidelberg und kam vermutlich über zwei menschewistische Genossen zum Heidelberger Mannheim-Kreis. Ursprünglich wollte sie schon dort eine Arbeit über die russischen Emigranten schreiben, die sich unter der Betreuung von Karl Mannheim und Norbert Elias in Frankfurt zu einer Arbeit über die französische Emigration nach 1789 im Sinne eines „Beitrags zur Soziologie der politischen Emigration" weiterentwickelt hatte.[15] Da sie in Frankfurt ihre Promotion nicht

---

[12] Siehe hierzu Norbert Elias, Autobiografisches und Interviews, Frankfurt am Main 1989; ferner Norbert Elias, Als Assistent Karl Mannheims in der interdisziplinären Diskussion, in: Bertram Schefold (Hrsg.), Wirtschafts- und Sozialwissenschaftler in Frankfurt am Main, 2. Aufl. Marburg 2004, S. 96–98.

[13] Vgl. Karl Mannheim, Selected Correspondence (1911–1946) of Karl Mannheim. Scientist, Philosopher, and Sociologist. Edited by Éva Gábor, Lewiston et al. 2003, S. 39.

[14] Vgl. Nobuko Gerth, Between Two Worlds, Opladen 2002.

[15] Mit Nina Rubinsteins Dissertation hat sich David Kettler beschäftigt. Vgl. David Kettler, Self-Knowledge and Sociology: Nina Rubinstein's Studies in Exile, in: Edward Timms/John Hughes (Hrsg.), Intellectual Migration and Cultural Transformation. Refugees from National Socialism in the English-Speaking World, Wien/New York 2003.

beenden konnte, weil sie 1933 aus Deutschland emigrieren musste, versuchte sie
ihre Dissertation zunächst in Paris an der *Sorbonne* durchzuführen und später an
der *New School for Social Research* abzuschließen, was ihr jedoch aus verschiedenen Gründen verwehrt blieb.

Nur einigen von Mannheims Frankfurter Studenten gelang es, ihre Dissertationen in Frankfurt erfolgreich abzuschließen. Auch Jakob Katz, ein ungarischer
Student jüdischer Herkunft, war aufgrund der Form der Soziologie, wie sie von
Karl Mannheim in Frankfurt vertreten wurde, zum Studium der Soziologie nach
Frankfurt gekommen. Mit seiner bei Karl Mannheim angefertigten Dissertation
über „Die Entstehung der Judenassimilation in Deutschland und deren Ideologie"
promovierte er 1934 beim Historiker Georg Künzel.[16] Margarete Freudenthal
studierte von 1914 bis 1917 an den Universitäten Freiburg, Frankfurt und Berlin
Nationalökonomie, Philosophie und Kunstgeschichte und unterbrach ihr Studium,
um Berthold Freudenthal zu heiraten, der an der Universität Frankfurt Professor
für Strafrecht war. Nach seinem Tod setzte sie 1929 ihr Studium im Hauptfach
Soziologie fort und kam 1930 zu Karl Mannheim. Sie promovierte über den „Ge-
staltwandel der städtischen, bürgerlichen und proletarischen Hauswirtschaft"[17].
Dank Mannheims Engagement konnten sich Margarete Freudenthal und Natalie
Halperin ein Urlaubssemester nehmen, um weiter an ihren Dissertationen zu
arbeiten. Natalie Halperin ist 1930 zu Karl Mannheim gekommen, als sie sich an
der Universität Frankfurt als Studentin einschrieb. Sie promovierte sich mit einer
Dissertation über „Schriftstellerinnen des 18. und 19. Jahrhunderts". Nach fünf
Jahren Berufstätigkeit als Sozialbeamtin schloss sich im Herbst 1930 auch Frida
Haussig dem Mannheim-Kreis an. Sie promovierte bei Mannheim mit einer Arbeit
über „W. H. Riehl. Ursprünge der mittelständischen Soziologie in Deutschland".
Hilde Herlemann und Käthe Truhel trafen ein Jahr später im Soziologischen Seminar
ein. Hilde Herlemann schrieb eine Arbeit über „ Die Frau als Erzieherin in der Sicht
des 18. Jahrhunderts". Käthe Truhel fertigte eine Dissertation über „Sozialbeamte.
Ein Beitrag zur Sozioanalyse der Bürokratie" bei Mannheim an.[18]

---

[16] Jakob Katz beschreibt in seinen Memoiren die Geschichte seiner Promotion. Jakob Katz, With My
Own Eyes, Hanover 1995, S. 63 ff.

[17] In ihrer Autobiografie erinnert sich Margarete Freudenthal an ihre Jahre im Soziologischen Seminar
von Karl Mannheim und beschreibt ihre Promotion bei Heinz Marr, der als Leiter des Soziologischen
Seminars Nachfolger von Mannheim wurde. 1934 sah sie sich ebenfalls gezwungen, in die Emigration
zu gehen. In ihrem Buch erzählt sie über ihre Erlebnisse in Palästina. Vgl. Margarete Freudenthal-
Sallis, Ich habe mein Land gefunden, Frankfurt am Main 1977.

[18] Keine der damaligen Studentinnen von Karl Mannheim hat sich später weiter mit Soziologie beschäftigt. Zur Bedeutung ihrer Arbeiten siehe auch Claudia Honegger, Die ersten Soziologinnen in
Frankfurt, in: Heinz Steinert (Hrsg.), Die (mindestens) zwei Sozialwissenschaften in Frankfurt und
ihre Geschichte, Frankfurt am Main 1989, S. 88–100; vgl. ferner Claudia Honegger, Jüdinnen in der
früheren deutschsprachigen Soziologie, in: Mechthild M. Jansen/Ingeborg Nordmann (Hrsg.), Lektü-
ren und Brüche jüdische Frauen und Kultur, Politik und Wissenschaft, Wiesbaden 1993, S. 178–195.

Einer weiteren Studentin gelang es, ihr bei Mannheim begonnenes Promotionsvorhaben im Exil abzuschließen: Gisela Freund. Sie war eine Studentin, die der Gruppe um Max Horkheimer zugerechnet wurde, aber mit Interesse auch Vorlesungen von Mannheim anhörte. Nach dem Abitur begann sie 1931 zunächst Kunstgeschichte in Freiburg zu studieren. Ein Jahr später wechselte sie nach Frankfurt, um bei Karl Mannheim Soziologie als Studienfach zu belegen. Gisela Freund sah sich gezwungen, 1933 nach Paris zu emigrieren. Ihre von Norbert Elias betreute Dissertation „Die Geschichte der Fotografie im 19 Jahrhundert. Eine kunstsoziologische Studie", wurde an der Sorbonne angenommen. Aber aus finanziellen Gründen konnte sie ihre Promotion erst drei Jahre später offiziell abschließen, weil sie es sich nicht leisten konnte, die Dissertation zu veröffentlichen, was Bedingung für die Zulassung zur Doktorprüfung in Frankreich war. Für die Anfertigung des Bildmaterials hatte Karl Mannheim für sie noch in Frankfurt 150 Reichsmark beantragt, wobei sie in Paris ca. 30 Reichsmark davon erhielt.[19]

Wilhelm Carlé ist der erste Doktorand, den Karl Mannheim in Frankfurt angenommen hatte. Seine Arbeit kann als Beitrag zur Soziologie der Presse verstanden werden. Carlé studierte schon im Wintersemester 1919 an der Universität Frankfurt. 1921–22 verbrachte er ein Semester in Berlin und setzte dann sein Studium ab dem Sommersemester 1929 wieder in Frankfurt fort. Nach dem Ersten Weltkrieg reiste er im Rahmen seiner journalistischen Tätigkeit nach Österreich, Ungarn, die Schweiz, Italien, Frankreich, Holland, England und in die Sowjetunion. Seine Lehrer an der Universität Frankfurt waren die Professoren Gelb, Schumann, Tillich, Wertheimer, Oppenheimer und Salomon. Mannheim und Horkheimer betreuten zusammen seine Promotion über das Thema „Weltanschauung und Presse. Eine Untersuchung an zehn Tages-Zeitungen. Als Beitrag zu einer künftigen Soziologie der Presse". Kurt Wolff machte 1930 am Realgymnasium in Darmstadt sein Abitur und fing gleich danach an, Philosophie, Germanistik, Romanistik und Soziologie bei Karl Mannheim in Frankfurt zu studieren. Während des Wintersemesters 1931–32 besuchte er auch Seminare in München. Kurt Wolff hat ebenfalls sehr früh eine Dissertation über „Intelligenz in Darmstadt" angefangen, die er mit Karl Mannheim und Norbert Elias am Soziologischen Seminar der Universität Frankfurt weiterentwickelte. Während er Intellektuelle aus seiner Heimatstadt Darmstadt für seine Doktorarbeit interviewte, kam Hitler an die Macht. Kurt Wolff sah sich dadurch gezwungen, nach Italien zu emigrieren.

---

[19] Bettina de Cosnac bezieht sich in ihrer biografischen Studie über das Leben von Gisela Freund auch auf unveröffentlichte Briefe aus Privatbesitz und benutzt Informationen, die das Verhältnis von Freund zum Soziologischen Seminar beleuchten. Vgl. Bettina de Cosnac, Gisèle Freund. Ein Leben, Zürich/Hamburg 2008. Anscheinend ist diese Finanzierung der Materialerhebung für Freunds Arbeit im französischen Exil vereinbart worden. Dies ist ein Hinweis auf Kontakte zwischen Mannheim und seinen Doktoranden während des Exils. Wahrscheinlich sind die Angehörigen des Mannheim-Kreises mit der Hoffnung in Kontakt geblieben, dass sie bald wieder nach Frankfurt zurückkehren würden.

Der Kreis um Karl Mannheim setzte sich in Frankfurt aus Personen zusammen, die ein Interesse an Soziologie als Wissenschaft hatten, welche sowohl die Distanz zwischen dem Studium der Soziologie und dem Lehrbetrieb überwindet als auch ein Engagement für die gegenwärtige Situation beinhaltet. Die politischen Ereignisse der Weimarer Zeit beeinflußten Mannheims Kreis in Frankfurt nachhaltig. Nachdem Privatarmeen auf den Frankfurter Straßen marschierten, warnte Norbert Elias in einer Rede vor dem Handelsverband das Publikum vor den Gefahren der damaligen Situation und appellierte, dass sie zum Widerstand bereit sein müssten.[20] Gisela Freund engagierte sich während ihrer Frankfurter Studienzeit als Aktivistin in sozialistischen Studentengruppen. Sie hat die zahlreichen Demonstrationen dokumentiert, die am 1. Mai. 1932 in Frankfurt stattfanden.

Der bedeutendste Aspekt des soziologischen Programms von Karl Mannheim in Frankfurt bestand darin, dass er seine Studentinnen und Studenten ermutigte, die soziologische Methode der Selbstdistanzierung anzuwenden, was sie einer wissenschaftlichen Form der Soziologie näher brachte. Diese soziologische Selbstdistanzierung kommt auch in den Arbeiten seiner Doktoranden zum Ausdruck. Unter diesen Vorgaben sind Arbeiten über Liberalismus, Emigration und über Intellektuelle bis hin zu Fragestellungen über die neue Rolle der Frau und die Anfänge der Frauenbewegungen in Deutschland entstanden.[21] Die von Mannheim vertretene Soziologie spielte eine wichtige und integrative Rolle in der ihn umgebenen Gruppe. Der Lebensstil der Frankfurter Gruppe um Mannheim trug weiter dazu bei, dass dieser Kreis in den 30er Jahren sowohl in Verbindung zu wichtigen Personen des *Instituts für Sozialforschung* trat als auch besonders kooperative Verhältnisse innerhalb der eigenen Gruppe ermöglichte. Wie im Frankfurter Mannheim-Kreis soziologisch gearbeitet wurde, soll im Folgenden anhand von vier Dissertationen aus diesem Kreis verdeutlicht werden.[22] Diese Dissertationen zeigen eine breite Palette an Arbeiten, die unter Mannheim und Elias in Frankfurt entwickelt wurden.

---

[20] Siehe dazu die Studie von Stephen Mennell, Civilisation and the Human Self-Image, a. a. O.

[21] Siehe dazu die Ausführungen über Mannheims Soziologisches Programm in Frankfurt und seine Methode der Selbstdistanzierung von Amalia Barboza, Die verpassten Chancen einer Kooperation zwischen der „Frankfurter Schule" und Karl Mannheims Soziologischen Seminars, in: Richard Faber/ Eva-Maria Ziege (Hrsg.), Das Feld der Frankfurter Kultur und Sozialwissenschaften, Würzburg 2007. Zu Mannheims Stilanalyse siehe auch Amalia Barboza, Kunst und Wissen. Die Stilanalyse in der Soziologie Karl Mannheims, Konstanz 2005.

[22] Zum Mannheim-Kreis in Frankfurt und zu den Dissertationen, die bei ihm geschrieben wurden, siehe auch David Kettler/Colin Loader/Volker Meja, Karl Mannheim and the Legacy of Max Weber. Retrieving a Research Programme, Aldershot/Burlington 2008.

Gisela Freund: Die Fotografin

Fotografie war das Hobby von Gisela Freund, die durch den Einfluss von Mannheims Assistenten Norbert Elias an seinem Soziologischen Seminar angeregt wurde, ihre Leidenschaft zum Gegenstand ihrer Doktorarbeit zu machen: „Er [Norbert Elias] sah mich immer mit der Kamera in der Hand, denn ich nahm sogar die Professoren im Hörsaal auf, und eines Tages sprach er mich an: ,Wenn Sie sich so für die Fotografie interessieren, wollen Sie nicht einmal der Frage nach dem Bildnis nachgehen?' Und wenig später erklärte er mir bei einem nachmittäglichen Spaziergang ganz genau, wie man vorgehen könnte. Seine Ratschläge waren sehr wichtig für mich, sie brachten mich auf den richtigen Weg. Danach habe ich nie mehr Hilfe von einem Professor erhalten. Zum einen verstanden sie nichts von Fotografie, schlimmer aber war, dass in ihren Augen ein Fotograf nicht mehr war als etwa ein Kellner. Die Fotografie wurde nicht ernst genommen."[23]

Gisela Freunds Arbeit stellt eine kunstsoziologische Studie dar, die der Frage nach der Bedeutung der Porträtfotografie für die Etablierung der Fotografie als Kunstform und für die Entstehung des Fotografenberufs im Zusammenhang von Gesellschaftswandel und Weltwahrnehmung nachgeht.[24] Sie versuchte die soziologische Bedeutung der Fotografie in einer historischen Perspektive deutlich zu machen. Die Veränderungen, die im 19. Jahrhundert in der gesellschaftlichen Struktur und der durch sie bedingten Lebensbedürfnisse in Frankreich festzustellen sind, führten zur Herausbildung eines Publikums für die Fotografie. Hinzu kommt ein institutioneller Aspekt bei der Entstehung der Fotografie: „Außerdem schuf die Zentralisierung, deren die moderne Gesellschaft bedarf, in Frankreich einen ungeheuren Beamtenapparat, der eine gesicherte Position einnahm. Aus diesen kleinbürgerlichen Schichten bildete sich ein neuer Kundenkreis für das fotografische Porträt."[25] Die sozial-historischen Bedingungen, unter denen sich die Fotografie als Kunstform und als Künstlerberuf entwickelte, bestätigen die These Freunds, dass die gesellschaftliche Geschmacksforderung, die das Publikum an die Fotografie stellte, bewirkt hat, dass die Fotografie sich nicht nur ökonomisch an die Lebensbedürfnisse anpaßte, sondern auch den Repräsentationswünschen der aufsteigenden bürgerlichen Klasse entgegenkam.

Trotz ihrer Promotion konnte Gisèle Freund keine akademische Laufbahn einschlagen. Als Porträtfotografin scheint sie ihre soziologische Schulung fortge-

---

[23] Vgl. Gisèle Freund, Gespräche mit Rauda Jamis, München/Paris/London 1993, S. 41 ff.
[24] Vgl. Gisèle Freund, Photographie und Gesellschaft, München 1976.
[25] Vgl. Ebd., S. 65 ff.

setzt zu haben.[26] Sie stand in Paris in engem Kontakt mit Norbert Elias.[27] Dieses Zwangsexil ermöglichte ihr ferner die Bekanntschaft mit Walter Benjamin. Nach der Veröffentlichung ihrer Doktorarbeit schrieb Walter Benjamin eine Besprechung dieser Arbeit in der *Zeitschrift für Sozialforschung*. Benjamin lobte sie besonders wegen ihrer Vorgehensweise. Da Benjamins Artikel „Das Kunstwerk im Zeitalter seiner technischen Reproduzierbarkeit" 1936 erschien, wird die Dissertation von Gisèle Freund oft in Verbindung zu Benjamin gebracht, obwohl sie in Paris auch weiterhin ihre Arbeit nur mit Norbert Elias diskutiert hat, wie wir von ihr erfahren: „Des öfteren ist behauptet worden, dass Walter Benjamin eigentlich mein Lehrer gewesen wäre. Zwar saßen Benjamin und ich in späteren Jahren in Paris fast jeden Tag im gleichen Saal der Staatsbibliothek, und sein Geist hatte auf mich damals dieselbe Anziehungskraft wie auf die Studenten dreißig Jahre später, aber nie besprachen wir meine Arbeit, wie auch Benjamin, der sich zu der Zeit mit Baudelaire beschäftigte, wenig über seine Forschungen sprach. Dagegen diskutierte ich mit Elias viel über meine Arbeit, der ja auch die erste Zeit der Emigration in Paris zubrachte. Er tat es mit einer Uneigennützigkeit, die bis zum Selbstvergessen reichte. Zwar waren meine Ideen entscheidend beeinflusst von der materialistischen Arbeitsmethode. Für diese hatte er weniger Verständnis, aber grundsätzlich war unsere Gedankenwelt nicht so verschieden, wenn ich auch bestimmte Tatsachen in etwas anderem Lichte sah."[28]

Wilhelm Carlé: Der Redakteur

Wilhelm Carlé hatte sowohl Karl Mannheim als auch Max Horkheimer gemeinsam als Betreuer für sein Promotionsvorhaben im Fach Soziologie gewonnen. Diese letztlich gescheiterte Allianz machte niemand glücklich.[29] Aus diesem Verfahren ist das Gutachten erhalten geblieben, das von beiden betreuenden Professoren unterschrieben wurde. Mannheims Vorschlag für die Note, dem sich Max Horkheimer anschloss, war zwischen „gut" und „genügend" angesiedelt. In seiner Dissertation über „Weltanschauung und Presse" führte Carlé eine wissenssoziologische Untersuchung von zehn Tageszeitungen durch, die sich mit zwei unterschiedlichen Ereignissen befassten: einem politischen Mord und einem Schülerprozess, der

---

[26] Siehe dazu Gisèle Freund, Gespräche mit Rauda Jamis, a.a.O.

[27] Nach ihrer Emigration versuchte Gisela Freund, Norbert Elias bei Flucht aus Deutschland zu helfen. Schon in Frankfurt fühlte sie sich von dem jungen Wissenschaftler angezogen und sie ist auch später im Kontakt mit ihm geblieben, was aus unveröffentlichten Briefen hervorgeht, die in ihrem Archiv aufbewahrt werden. Vgl. Bettina de Cosnac, Gisèle Freund. Ein Leben, a.a.O., S. 43 ff.

[28] Vgl. Gisèle Freund, Norbert Elias als Lehrer, in: Peter R. Gleichmann/Johan Goudsblom/Hermann Korte (Hrsg.), Human Figurations. Aufsätze für Norbert Elias, Amsterdam 1977, S. 12–16.

[29] Vgl. Claudia Honegger, Die ersten Soziologinnen in Frankfurt, a.a.O.

die Öffentlichkeit moralisch erschüttert hatte. Carlé betonte in seiner Arbeit, dass Max Weber schon 1910 auf dem Ersten Deutschen Soziologentag in Frankfurt am Main die Notwendigkeit einer soziologischen Untersuchung der Presse ausführlich begründet, aber selbst keine umfassende Untersuchung durchgeführt hatte.[30] Wilhelm Carlé nahm diese Webersche Anregungen auf und ging in seiner Arbeit dem Verhältnis zwischen öffentlicher Meinung, Presse und Leserschichten nach. Er versuchte dabei das Verhältnis zwischen dem konservativ-aristokratischen, katholisch-klerikalen, liberal-demokratischen, völkisch-nationalistischen und marxistisch-sozialistischen Prinzip im Rahmen einer Weltanschauungs-Typologie darzustellen und eine entsprechende Zuordnung zu den Presseorganen der jeweiligen politischen Parteien vorzunehmen.

Obwohl Mannheim in seinem Gutachten die Leistungen des Doktoranden hervorhob, wurde die Arbeit von ihm nur mit „genügend" benotet. Im Gutachten stellte Mannheim Carlés Dissertation als einen zweifelsohne interessanten Versuch dar, das Programm seiner Wissenssoziologie und Ideologienlehre anhand eines aktuellen Beispiels zu verdeutlichen. Für Karl Mannheim war die Fähigkeit, die eigene Lebenserfahrung wissenschaftlich aufzuarbeiten und die geistesgeschichtlichen Befunde soziologisch zu analysieren, Voraussetzung des wissenschaftlichen Arbeitens. Er schilderte in seinem Gutachten die Untersuchungsmethode, die seiner Ansicht nach diese Dissertation kennzeichnet. In methodologischer Hinsicht stelle die Arbeit den gelungenen Versuch einer Bewältigung der Probleme im Umgang mit den empirischen Quellen dar. Aufgrund der Lebenserfahrung von Wilhelm Carlé im journalistischen Bereich sei das Quellenmaterial „real-soziologisch" beschrieben. Auch bei dem Versuch einer geisteswissenschaftlich-soziologischen Analyse der verschiedenen Denkströmungen habe Carlé die Methoden der modernen Wissenssoziologie verwendet. Diese Arbeit war die erste Dissertation, die bei Mannheim angefertigt worden ist.[31]

Nina Rubinstein: Die Emigrantin

Die Dissertation von Nina Rubinstein stellt eine soziologische Studie der politischen Emigration dar. Ihre Dissertation wurde von Norbert Elias und Karl Mannheim gemeinsam betreut, was anhand eines Briefes von Elias an Nina Rubinstein deutlich wird. In diesem Brief vom 13. Juni 1932 gab ihr Elias Anweisungen, die er zuvor mit Mannheim abgesprochen hatte und aus denen hervorgeht, wie sie den Zusammenhang zwischen Haltung und Beruf darstellen solle. Dieser Brief wurde

---

[30] Vgl. Wilhelm Carlé, Weltanschauung und Presse, Frankfurt am Main 1932, S. 9 ff.
[31] Das entsprechende Gutachten von Mannheim, auf das hier Bezug genommen worden ist, befindet sich in Mannheims Personalakte im Universitätsarchiv Frankfurt.

offensichtlich kurz nachdem Karl Mannheim Frankfurt verlassen hat geschrieben. Im Zusammenhang mit seiner Habilitationsschrift schlug Norbert Elias Nina Rubinstein vor, wie sie ihre Arbeit methodisch ausarbeiten kann. Als Mannheim noch in Frankfurt war, hatte ihm Norbert Elias berichtet, was Nina Rubinstein geschrieben hat, und beide waren mit der Beschränkung der Fragestellung auf die französische Emigration einverstanden. Norbert Elias erklärte in diesem Brief an Rubinstein, was die eigentliche Fragestellung ihrer Studie über die französische Emigration nach 1789 sein sollte. Er schilderte die geschichtliche Bewegung und den Konflikt zwischen den zwei sich gegenüber stehenden und miteinander konkurrierenden Schichten: die Schicht derjenigen, die nicht durch Arbeit ihren Lebensunterhalt verdienen müssen und die Schicht derjenigen, die durch eine Berufsarbeit ihr Einkommen verdienen. Beide Haltungen, die berufsethische und die adlige, seien als geistige Existenzbedingungen der jeweiligen Schichten zu verstehen, die „gleich echt und gleichermaßen gesellschaftlich erzwungen" sind.[32] Die aus ihrer gesellschaftlichen Situation entstandene adlige Haltung findet sich in der Emigration einer fremden Welt gegenüber, an deren Verfassung sie sich anpassen muss, meistens ungeschickt, bis sie an dieser Existenzbedingung schließlich zerbricht.

Mit diesem Entwicklungsprozess beschäftigte sich Nina Rubinstein in ihrer Analyse des Gesellschaftswandel und der dadurch bedingten politischen Emigration. Aus den sozialgeschichtlichen Bedingungen der politischen Emigration versuchte sie zum einen die Struktur der sozialen Zusammensetzung der Emigranten aufzuzeigen und zum anderen den Gründen nachzugehen, die dazu führen, dass aus einem Flüchtling „ein typischer Emigrant wird"[33]. Nina Rubinstein setzte die Analyse der sozialen Konstruierung der Emigranten-Gesellschaft an den labilen Verhältnissen des Ancien Regime an, die zu den gesellschaftlichen Umstrukturierungen führten, aus denen die politische Emigration hervorgeht. In der sozialen Dynamik des wechselnden gesellschaftlichen Auf- und Abstiegs der Emigration versuchte sie die Mechanismen dieser gesellschaftlichen Dynamik zu bestimmen und als Prinzip der Prägung des Emigranten als Menschentypus nachzuweisen. Dabei stellte sie drei Struktureigentümlichkeiten der politischen Emigration fest, die sich im Emigranten-Bewusstsein wiederfinden. Die Einstellung auf Dauer, Umstellung auf Berufstätigkeit und gesellige und gesellschaftliche Kontakte seien die typischen Charakterveränderungen, die bei dem politischen Emigranten im Entwicklungsprozess der Emigranten-Ideologie zum Emigranten-Bewusstsein eintreten würden. Der Emigrant stelle sich darauf ein, auf Dauer im Gastland zu bleiben, und somit würden sich auch seine Berufseinstellung und sein soziales Leben verändern.

---

[32] Der Brief, in dem diese Informationen enthalten sind, wird im Nachlass von Norbert Elias im Deutschen Literaturarchiv in Marbach aufbewahrt.

[33] Vgl. Nina Rubinstein, Die französische Emigration nach 1789, Graz/Wien 2000, S. 134 ff.

Kurt Wolff: Der Darmstädter Intellektuelle

Kurt Wolff schrieb seine Dissertation „Soziobiografie Hans Schibelhuths als Beispiel einer kleinstädtischen deutschen Intelligenz" unter der Betreuung von Karl Mannheim und Norbert Elias. Er hatte seinen Arbeitsplan zusammen mit Norbert Elias entwickelt und mit dem Einverständnis von Karl Mannheim das Thema ausgearbeitet. Diese Dissertation von Kurt Wolff stellt ein gutes Beispiel dar, wie die Wissenssoziologie von Karl Mannheim mit soziobiografischen Methoden für die Sozialforschung fruchtbar gemacht werden kann.[34] In seiner Arbeit stellte er die Frage nach der Beziehung zwischen Kleinstadt und kleinstädtischer Intelligenz, um die kleinstädtischen Struktureigentümlichkeiten der Intellektuellen aufzuzeigen. Er beschrieb zunächst die konstitutiven Elemente der kleinstädtischen Intellektuellen in der Reihenfolge, wie sie entstehen, um sich dann auf diejenigen zu konzentrieren, die erst im Zusammenhang mit dieser Form der Intelligenz auftreten. Konkret versuchte er der Frage nach der Entstehung der städtischen Intelligenz und dem Zusammenhang zwischen Privatisierung und Individualisierung dieser Intelligenzform nachzugehen. Seiner These zufolge ist der moderne Intellektuelle derjenige Menschentypus, der zuerst von Individualisierungsprozessen geprägt wird. Die Intelligenz werde überhaupt stark von Zeitströmungen und Auswirkungen sozialer Strukturänderungen erfasst und so sei sie in der sozialen Struktur der Kleinstadt die Einbruchstelle, an der die soziale Struktur der Kleinstadt allmählich verändert wird.[35]

Durch eine soziobiografische Analyse der Lebensumstände und der sozialen Herkunft der Intellektuellen wollte Kurt Wolff in seiner Dissertation nachweisen, dass die Privatisierung eine wichtige Rolle bei der Herausbildung der kleinstädtischen Intelligenz spielt. Um einerseits die Ergebnisse seiner soziobiografischen Analyse prüfen zu können und andererseits die Einbruchstelle der Intelligenz in der Stadt herauszufinden führte Kurt Wolff qualitative Interviews mit Vertretern der Darmstädter Intelligenz durch. An den Interviews nahm auch Norbert Elias teil. Um die Herkunft der sozialen Hierarchie der Kleinstadt klären zu können ging er auch ausführlich auf die Geschichte der Stadt Darmstadt ein und analysierte dabei auch die soziale Entwicklung dieser Stadt.

---

[34] Dass im Soziologischen Seminar von Karl Mannheim empirisch gearbeitet wurde, war die Regel. Vor der Anfertigung ihrer historisch-soziologischen Dissertation hatte Margarete Freudenthal auf Mannheims Anweisungen Interviews in 50 Familien unterschiedlicher Schichtzugehörigkeit durchgeführt. Vgl. Claudia Honegger, Die ersten Soziologinnen in Frankfurt, a. a. O.

[35] Diese Informationen über Kurt Wolff entstammen den Recherchen, die Amalia Barboza im Sozialwissenschaftlichen Archiv Konstanz durchgeführt hat.

Die Einzigartigkeit des Frankfurter Mannheim-Kreises

Der Erfolg des Soziologischen Seminars von Karl Mannheim ist sowohl aus der
Gestaltungsweise des Seminars als auch aus der Zusammenarbeit der Studenten mit ihrem Professor und seinem Assistenten zu erklären. Sie waren in der
Weimarer Republik in gewisser Weise ein „skandalöses" akademisches Team im
Lehrbetrieb. Karl Mannheim war nur fünf Jahre älter als Norbert Elias, stand aber
in der akademischen Hierarchie höher als er. Er war durchaus ein exzentrischer
Professor. Kurt Wolff erinnerte sich an seine ersten Eindrücke, die Mannheim auf
ihn ausgeübt hat: „Als ich, hauptsächlich aus Neugier, in seine Vorlesung ging,
war ich unmittelbar fasziniert, vor allem von zwei Dingen (voller Geheimnis sind
die Wege Gottes, oder war es die List der Vernunft?): Mannheims ungarischem
Akzent und seinen seidenen Hemden. Später in seinen Seminaren, nachdem ich
weit tiefer beeindruckt worden war, fiel mir eine andere Merkwürdigkeit auf: Er
konsumierte nicht-angezündete Zigaretten, indem er an ihnen saugte und kaute".[36]
Diesen Eindruck und den dadurch bedingten Einfluss übte Mannheim auf seinen
Studenten Wolff nachhaltig aus: „Da war eben etwas an Mannheim, das mich
faszinierte und mich an seinem Akzent, seinen Hemden, seinem Zigarettenbrei
kleben ließ"[37], schrieb Kurt Wolff weiter.

Als Professor und Assistent übten Mannheim und Elias auf ihre Studenten
eine unterschiedliche Anziehungskraft aus. In dieser Anziehungskraft zeigt sich
die Distanz und Nähe in ihren Beziehungen zu den Studenten. Die Anziehungskraft des Professors war in seiner Distanz zu den Studenten begründet, während
vermittelt durch seinen Assistenten Norbert Elias Professor Mannheim seinen
Studenten näher stand als andere Koryphäen der Frankfurter Intelligenzija zu
Beginn der 30er Jahre. Im Gegensatz zu Mannheim unterhielt Walter Benjamins so
gut wie keinen intellektuellen Austausch mit den Frankfurter Studenten. Er blieb
in Gisela Freunds Erinnerungen vielmehr ein strenger Intellektueller: „Er war ja
damals ein berühmter Literaturkritiker und wir flüsterten uns [...] zu: dahinten,
das ist der Benjamin. Mit Brecht hatten wir schnell Kontakt, aber Benjamin umgab
sich und den Tisch, an dem er im Café immer schrieb, mit einer Aura, in die wir
jungen Studenten nicht ein[zu]dringen wagten."[38] Sie erinnerte sich an Mannheims
Seminare folgendermaßen: „Mannheim ließ immer den Abstand fühlen, der zwischen ihm und seinen Schülern bestand. Seine Vorlesungen und Seminare waren
für mich, eine Anfangsstudentin, nicht immer leicht zu folgen. Er liebte, wie so

---

[36] Vgl. Kurt Wolff, Soziologie in der gefährdeten Welt, Frankfurt am Main 1998, S. 68.
[37] Ebd., S. 69 ff.
[38] Vgl. Georg Reinhardt, Bio-Bibliographie, in: Gregor Kierblewsky/Barbara Kückels/Georg Reinhardt
(Hrsg.), Gisèle Freund. Fotografien 1932–1977, Köln 1977, S. 109–117.

viele deutsche Professoren, seine Gedanken in eine Terminologie einzukleiden, eine Art Geheimsprache, die nur seinen Schülern verständlich war."[39]

Norbert Elias war dagegen eine Person, die gern Kontakt mit den Studenten knüpfte und Verständnis für ihre wissenschaftlichen Schwierigkeiten hatte. Diese Nähe des Assistenten Norbert Elias zu den Studenten verstärkte die Anziehungskraft des soziologischen Unternehmens von Mannheim in seinem Frankfurter Kreis. Gisela Freund schätzte die Rolle, die Norbert Elias im Soziologischen Seminar von Mannheim gespielt hatte, folgendermaßen ein: „Norbert Elias war das Bindeglied zwischen Mannheim und seinen Studenten. Er war ungemein beliebt, da er es verstand, auf die Probleme jedes einzelnen einzugehen, und dies auch mit Großzügigkeit tat."[40] In der Art und Weise, wie Mannheim und Elias Distanz und Nähe in ihren Beziehungen zu den Studenten unterhielten, liegt die Einzigartigkeit des soziologischen Lebensstils im Frankfurter Mannheim-Kreis zu Beginn der 30er Jahre begründet.

Eine verhinderte Erfolgsgeschichte

Durch die politischen Ereignisse am Ende der turbulenten Weimarer Zeit brach die Entwicklung der Frankfurter Soziologie in den 1930er Jahren ab. Die Mitglieder des Frankfurter Mannheim-Kreises waren gezwungen, nach einem Ausweg zu suchen, wie sie ihren akademischen Lebensstil und ihre Dissertationsprojekte weiterführen und abschließen konnten. In einem Brief an Nina Rubinstein schilderte Karl Mannheim die widersprüchliche akademische Lage, in die er, Elias und seine Studenten ab 1933 durch die nationalsozialistische Machtergreifung versetzt wurden. Das Schicksal Nina Rubinsteins, die ihre Arbeit nicht mehr in Frankfurt abschließen konnte, teilen auch andere Angehörige des Mannheim-Kreises. Karl Mannheim wurde vom Ministerium gebeten, die bei ihm geschriebenen Dissertationen bis zur Promotion zu betreuen. Da er aber als Professor zwangsweise beurlaubt war, durfte er diese Dissertationen nicht annehmen.[41] Aus diesem Grund konnte Mannheim Nina Rubinstein nicht mehr beraten, wie sie ihre Arbeit fertig stellen sollte. Im schlimmsten Fall könne sie die Arbeit bei Lommatzsch schreiben, schlug Mannheim vor, weil sie als Studentin, die kurz vor dem Abschluss stand, das Recht habe, ihr Studium abzuschließen.

---

[39] Vgl. Gisèle Freund, Norbert Elias als Lehrer, a. a. O.

[40] Ebd.

[41] In einem Brief an Nina Rubinstein, der sich im Nachlass von Norbert Elias im Literaturarchiv Marbach befindet, beschreibt Karl Mannheim die widersprüchliche Lage, in der er sich 1933 als Professor in Frankfurt befand.

Mannheim hatte zunächst vor, in Frankfurt zu bleiben, verließ Frankfurt aber kurz nach seiner Zwangsbeurlaubung am 1. April 1933. Am 30. Juni 1933 wurde Norbert Elias aus dem Universitätsdienst entlassen. Sein Probevortrag nach Abgabe der Habilitation wurde damit verhindert.[42] Die schon eingereiche Habilitationsschrift „Der höfische Mensch. Ein Beitrag zur Soziologie des Hofes, der höfischen Gesellschaft und des absoluten Königtums" von Norbert Elias wurde Margarete Freudenthal 1934 ausgehändigt; diese erste Fassung von 1933 ist leider verloren gegangen.[43] Die Habilitationsschrift von Norbert Elias wurde stark überarbeitet erst 1969 veröffentlicht. Einer breiteren Öffentlichkeit ist Norbert Elias erst in den 70er Jahren bekannt geworden.

Von den Angehörigen des Kreises, der sich in den 30er Jahren an der Universität Frankfurt um Karl Mannheim bildete, konnten nach dem Krieg außer Norbert Elias nur Hans Gerth und Nina Rubinstein wieder eine Beziehung zur Universität Frankfurt herstellen. Zwar hatte Gerth von 1971–1975 eine Professur für Soziologie am Fachbereich Gesellschaftswissenschaften der Universität Frankfurt inne; er konnte sich aber nach den Studentenprotesten im Umfeld der Frankfurter Soziologie nicht etablieren.[44] Das Promotionsverfahren von Nina Rubinstein wurde erst 1989 aufgrund einer entsprechenden Initiative von David Kettler am selben Fachbereich abgeschlossen.[45] Im Sommersemester 1977 hatte Norbert Elias während seiner Gastprofessur an der Goethe-Universität Frankfurt endlich die Möglichkeit, an dem Ort sein soziologisches Werk vorzustellen, an dem seine akademische Karriere 1933 gewaltsam verhindert wurde. Er bot ein Forschungskolloquium über „Soziologie-Marxismus-Psychoanalyse im Lichte der Zivilisationstheorie" an, ferner Vorlesungen über Macht und Machtbalancen innerhalb des Prozesses der Staatenbildung in Europa. Ebenso wie Hans Gerth konnte auch er sich nicht mehr dauerhaft an der Universität Frankfurt etablieren. Im folgenden Wintersemester wollte Elias nicht nur Vorlesungen halten, sondern auch ein Seminar anbieten, bekam aber keinen Assistent bewilligt. In der Vorlesungsreihe „Etablierte und Außenseiter" setzte er seine Veranstaltungen fort und stellte dort sein Erklärungsmodell der Verschiebung der Machtbalancen zwischen Etablierten und Außenseitergruppen vor. Diese Vorlesungsreihe diente sowohl der soziologischen Analyse von Hierarchien und Eliten als auch einem Vergleich zwischen Europa und Afrika am Beispiel der Primärfunktion des

---

[42] Dies ist der Personalakte von Norbert Elias im Universitätsarchiv Frankfurt zu entnehmen.
[43] Vgl. Claudia Opitz, Quellen für und Einflüsse auf die Höfische Gesellschaft, in: Claudia Opitz (Hrsg.), Höfische Gesellschaft und Zivilisationsprozess. Norbert Elias' Werk in kulturwissenschaftlicher Perspektive, Köln/Weimar/Wien 2005, S. 39–59.
[44] Vgl. Nobuko Gerth, Between Two Worlds, Opladen 2002.
[45] In einem Artikel von Donatella Lorch wurde über Nina Rubinsteins Dissertation in der *New York Times* berichtet. Vgl. Donatella Lorch, Nazi Refugee Returns for Ph. D. Final, in: New York Times, 27. November 1989.

Krieger- und Priesterestablishments.[46] Er bekam 1977 den ersten Adorno-Preis der Stadt Frankfurt, was eine nachträgliche Anerkennung seines soziologischen Werkes darstellt.

Fazit

Dem Kreis, der sich in der Weimarer Zeit um Karl Mannheim in Frankfurt gebildet hatte, kommt eine besondere Bedeutung für die Frankfurter Soziologie zu. Mannheims Wissenssoziologie und der akademische Lebensstil dieses Kreises stellte eine Brücke zwischen dem Studium der Soziologie in den 30er Jahren und dem Lehrbetrieb an den deutschen Universitäten der Weimarer Zeit dar. Dies hatte auch ein öffentliches Engagement Mannheims bezüglich der Weimarer Ereignisse aus der Position des Soziologen möglich gemacht. Im Rahmen seines soziologischen Programms, das er in Heidelberg und Frankfurt entwickelt hatte, sind die theoretischen Voraussetzungen enthalten, in deren Rahmen seine Studenten ihre Dissertationsprojekte durchführten. Mannheims methodisches Konzept der Selbstdistanzierung war ein wesentlicher Grund, weshalb sich damals die Frankfurter Studenten zur Soziologie hingezogen fühlten. Sein soziologisches Unternehmen in Frankfurt ist durch eine Offenheit gekennzeichnet, die unter anderem auch in seinen Versuchen zur Kontaktaufnahme mit wichtigen Personen im *Institut für Sozialforschung* zum Ausdruck kommt.

Das Gleichgewicht von Distanzierung und Engagement in den Beziehungen zwischen den Mitgliedern des Mannheim-Kreises und dessen gesellschaftlichem Umfeld spiegelt sich in der Selbstdistanzierung und der wissenschaftlichen Nähe in den Dissertationen von Mannheims Studentinnen und Studenten wider. Die Hobbyfotografin Gisela Freund schrieb eine kunstsoziologische Studie über die Fotografie und wies im Rahmen einer sozialgeschichtlichen Perspektive die soziologische Bedeutung der Fotografie nach. Der Journalist Wilhelm Carlé analysierte wissenssoziologisch die Bedeutung der Presse für die öffentliche Meinung. Die Emigrantin Nina Rubinstein beantwortete die Frage nach der Entstehung einer berufsethischen Haltung am Beispiel der französischen Emigration nach 1789. Die Dissertation des Darmstädter Intellektuellen Kurt Wolff stellt eine wissenssoziologische Untersuchung dar, die soziografische Methoden verwendet hat. Zur Bedeutung des Mannheim-Kreises für die Frankfurter Universität in den 30er Jahren trugen auch die Arbeitsverhältnisse zwischen dem Professor und seinem Assistenten bei, die in ihrer Arbeit mit den Studenten sowohl Distanz als auch Engagement an den Tag legten. Der Frankfurter Kreis um Karl Mannheim stellt

---

[46] Die Tonaufnahmen der Frankfurter Vorlesungen von Norbert Elias werden in seinem Nachlass im Literaturarchiv Marbach aufbewahrt.

eine besondere Gruppierung dar, in der ein bestimmter akademischer Lebensstil zum Ausdruck kommt und der unter anderen historischen Voraussetzungen zu einer Erfolgsgeschichte der Frankfurter Soziologie hätte werden können.

Wie kritisieren? Gemeinsame und getrennte Wege in der Frankfurter Tradition der Gesellschaftskritik[*]

Stefan Müller-Doohm

Der Begriff „Kritische Theorie" taucht zur Bezeichnung des eigenen Forschungs-programms erstmals 1937 in einem Aufsatz auf, den Max Horkheimer in der *Zeitschrift für Sozialforschung* veröffentlicht hatte. Zu dieser Zeit war das *Institut für Sozialforschung*, dessen inhaltliche Orientierung und wissenschaftspolitische Ausrichtung von ihm als Leiter im wesentlichen bestimmt wurde, schon seit gut drei Jahren der Columbia University in New York assoziiert.[1] In diese Stadt am Hudson war Horkheimer mit dem Großteil seiner Mitarbeiter wie Leo Löwenthal, Herbert Marcuse, Erich Fromm und Fritz Pollock nach der Machtergreifung der Nationalsozialisten emigriert. Aufgrund ihrer jüdischen Herkunft und ihrer eigenen oppositionellen Positionierung als Linksintellektuelle und Marxisten waren sie im Hitler-Deutschland an Leib und Leben bedroht und folglich gezwungen, das Land so schnell wie möglich zu verlassen.

Den Titel „kritische Theorie" hatte Horkheimer zum einen gewählt, um sein eigenes gesellschaftstheoretisches Konzept gegenüber dem abzugrenzen, was er „traditionelle Theorie" nannte. Darunter verstand er einen am Ideal der Naturwissenschaften ausgerichteten ,Positivismus' von Descartes bis Carnap. Im Unterschied zu diesen Denkrichtungen, aber auch in Abgrenzung zu den rein spekulativen Strömungen der idealistischen Philosophie definiert Horkheimer seine Theorie als (selbst-)kritische, weil sie sich Rechenschaft über ihre Funktion innerhalb der gegebenen Gesellschaft gibt. Sie strebt nicht nach technisch brauchbaren und anwendbaren Erkenntnissen, sondern macht die Gesellschaft, ihre Antagonismen, zum Gegenstand der Reflexion. „Die Verhältnisse der Wirklichkeit (...) erscheinen

[*] Eine englische Fassung dieses Textes ist 2005 unter dem Titel „How to criticize? Convergent and divergent paths in critical theories of society" in englischer Sprache erschienen. Vgl. Gerard Delanty (Hrsg.), Handbook of Contemporary European Theory, London/New York 2005, S. 171–184.
[1] Dank seiner politischen Voraussicht hatte Horkheimer dafür gesorgt, das Stiftungsvermögen des *Instituts für Sozialforschung* im Ausland in Sicherheit zu bringen und zugleich Vorbereitungen getroffen, um Zweigstellen des Instituts in Genf, London und Paris einzurichten. Nachdem ein Mitarbeiter des Instituts, Julian Gumperz, ein gebürtiger Amerikaner, persönliche Kontakte mit der Columbia University geknüpft hatte bzw. bei ihrem Präsidenten Nicholas Murray Butler sowie bei den führenden Soziologen Robert S. Lynd und Robert Maciver auf großes Wohlwollen gestoßen war, fiel Horkheimers Entscheidung relativ schnell zugunsten der USA aus.

ihr nicht als Gegebenheiten, die bloß festzustellen und nach den Gesetzen der Wahrscheinlichkeit vorauszuberechnen wären."[2] Die Kritik, die Horkheimer mit seiner Konzeption von Gesellschaftstheorie im Auge hat, richtet sich sowohl gegen die Restriktionen der traditionellen Einzelwissenschaften in ihren verschiedenen Ausrichtungen (Wissenschaftskritik) als auch gegen die bewusstlose, sich selbst zerstörende Gesellschaft, die in ihrer Blindheit einer Katastrophe zutreibt (Gesellschaftskritik). Die zwei wesentlichen Bedingungen für kritisches Denken sind einerseits die Einsicht in die Ursachen von Unterdrückung, d. h. in die ökonomischen Mechanismen, von denen die repressiven Strukturen des Sozialen bedingt sind, andererseits Empathie im Sinne mitfühlender Erfahrung des sozialen Leids. Das Erkenntnisinteresse einer kritischen Theorie ist die individuelle und kollektive Emanzipation, die zur Gesellschaft ohne Ausbeutung führen soll.

Mit der von ihm gewählten Bezeichnung „Kritische Theorie" will Horkheimer aber nicht nur die marxistischen Erklärungsansätze von Gesellschaft bilanzieren und den wissenschaftlichen Status der eigenen kritischen Methode klären. Vielmehr signalisiert das neue Selbstverständnis einer kritischen Theorie auch eine neue Ausrichtung der zukünftigen Arbeiten des *Institute of Social Research* in den USA.[3] Horkheimer kommt gegen Ende seines programmatischen Aufsatzes auf die aktuelle Position der kritischen Theorie zu sprechen und schreibt, dass in einer historischen Situation, „da die ganze Macht des Bestehenden zur Preisgabe aller Kultur und zur finsteren Barbarei hindrängt"[4], es auch keine allgemeinen „Kriterien für die kritische Theorie als Ganzes" geben könne. Folglich habe die „kritische Theorie (…) keine spezifische Instanz für sich als das mit ihr selbst verknüpfte Interesse an der Aufhebung des gesellschaftlichen Unrechts. Diese negative Formulierung ist, auf einen abstrakten Ausdruck gebracht, der materialistische Inhalt des idealistischen Begriffs der Vernunft."[5] Auch wenn Horkheimer versucht, seinen Anspruch von Kritik normativ mit einem objektiven Wahrheitsanspruch zu verknüpfen, den

---

[2] Max Horkheimer, Traditionelle und kritische Theorie, in: Gesammelte Schriften, Bd. 4, Frankfurt am Main 1988, (S. 162–216) S. 217; vgl. Thomas McCarthy, Ideale und Illusionen. Dekonstruktion und Rekonstruktion in der kritischen Theorie, Frankfurt am Main 1993, S. 206 ff.

[3] Der Anspruch der Kritik bezieht sich auch auf das dogmatische Element des Marxismus. Dubiel bemerkt ganz richtig: „Die Wahl des Theorierahmens ‚kritische Theorie' entsprang nicht nur einer Tarnabsicht in der nordamerikanischen Emigration. Sie war ein theoriepolitisches Differenzsignal." Helmut Dubiel, Die verstummten Erben der kritischen Theorie, Frankfurt am Main 1995, S. 70.

[4] Horkheimer, Traditionelle und kritische Theorie, a. a. O., S. 215. Honneth stellt fest, dass es „die niederschmetternden Erfahrungen des deutschen Nationalsozialismus (waren), die bei den Mitgliedern der Frankfurter Schule (…) Zweifel (haben) aufkommen lassen, ob die zur Kritik herangezogenen Ideale tatsächlich noch den Sinngehalt besitzen, mit dem sie ursprünglich einmal entstanden waren." Vgl. Axel Honneth, Rekonstruktive Gesellschaftskritik unter genealogischem Vorbehalt. Zur Idee der ‚Kritik' in der Frankfurter Schule, in: Deutsche Zeitschrift für Philosophie (2000), S. 729–737 (hier S. 735 ff.).

[5] Horkheimer, Traditionelle und kritische Theorie, a. a. O., S. 216.

er mit dem selbstreflexiven Status des eigenen Denkens rechtfertigt, so wächst doch zugleich die Skepsis bezüglich der historisch-praktischen Wirkungskräfte kritischer Vernunft.[6]

Mit dieser Programmatik, kritische Theorie als eine spezifische Reflexionsform zu begründen, die die gesellschaftliche Wirklichkeit aus der Perspektive eines möglichen Andersseins kritisiert,[7] nähert sich der Institutsdirektor den Vorstellungen, die Adorno stets im Kopf hatte, wenn dieser gegenüber Horkheimer die Gemeinsamkeiten hinsichtlich der entscheidenden philosophischen Problemstellungen betont, die zwischen ihnen bestünden. Dem acht Jahre jüngeren Theodor W. Adorno war die geistige Nähe zu Horkheimer seit ihrer Begegnung im Frankfurt der zwanziger Jahre wichtig, obwohl es gerade in dieser Zeitphase erhebliche Meinungsunterschiede zwischen beiden gab.[8] Wenn Horkheimer aber im „Nachtrag" zu jenem richtungsweisenden Aufsatz von 1937 den philosophischen Charakter der Kritischen Theorie akzentuiert und zu dem Ergebnis kommt, ihr Sinn und Zweck sei nicht die „Vermehrung des Wissens" sondern gerade die philosophische Reflexion seines ‚Wozu', mehr noch und allgemeiner eine selbstreflexive Verhaltensweise, dann entspricht diese Zielbestimmung weitgehend den Ideen, die

---

[6] Mit dieser in der Tendenz defensiven Beschreibung der eigenen Aufgabe als Gesellschaftstheoretiker, der nicht mehr vermag als das Vernünftige und Gerechte in Zeiten der „Unmenschlichkeit" (ebd.) in Form der richtigen Theorie zu bewahren, gibt Horkheimer sein ursprüngliches Forschungsprogramm auf, das er 1931 als noch junger Direktor des Frankfurter *Instituts für Sozialforschung* entworfen hatte. In seiner Rede, die er aus Anlass der Übernahme der Institutsleitung sechs Jahre zuvor gehalten hatte, hatte er noch den Schwerpunkt der Institutsforschung auf eine dauerhafte interdisziplinäre Zusammenarbeit jener traditionellen Disziplinen wie Ökonomie, Psychologie, Soziologie, Geschichte und Recht gelegt. Zugleich sollten die einzelwissenschaftlichen Forschungsergebnisse und ihre jeweiligen methodischen Perspektiven der sozialphilosophisch fundierten Theoriebildung zugute kommen. Während Horkheimer damals, zwei Jahre vor der Hitlerdiktatur, vor allem daran interessiert war, mit Hilfe der fortschrittlichsten Methoden der empirischen Sozialforschung die Faktoren der (verkehrten) Bewusstseinsbildung bei den Menschen zu erforschen, den Zusammenhang zwischen dem wirtschaftlichen Leben der Gesellschaft, der psychischen Entwicklung der Individuen und den Veränderungen auf den Kulturgebieten zu analysieren, beschränkt sich sein Programm nach dem Sieg des Faschismus und der Ausbreitung totalitärer Herrschaftsformen darauf, die Kritische Theorie als eine alternative Praxis des Denkens am Leben zu erhalten. Jetzt ist der kleine Kreis von Personen, der am Anspruch der Sozialkritik in der Gesellschaftstheorie festhält, Statthalter eines emanzipatorischen Interesses, das als normativer Bezugspunkt die sich selbst bestimmende Gesellschaft zum Inhalt hat, das aber angesichts des welthistorischen Zustandes ortlos geworden ist.

[7] Vgl. Wolfgang Bonß, Warum ist die kritische Theorie kritisch? Anmerkungen zu alten und neuen Entwürfen, in: Alex Demirovic (Hrsg.), Modelle kritischer Gesellschaftstheorie, Stuttgart und Weimar 2003 S. 366–392; vgl. Stefan Müller-Doohm, Kritik in kritischen Theorien. Oder wie kritisches Denken selber zu rechtfertigen sei, in: ders. (Hrsg.), Das Interesse der Vernunft. Rückblicke auf das Werk von Jürgen Habermas seit ‚Erkenntnis und Interesse', Frankfurt am Main 2000, S. 71 ff.

[8] Vgl. Stefan Müller-Doohm, Adorno. Eine Biographie, Frankfurt am Main 2003, S. 112 ff. sowie S. 203 ff.; ders., Vom Niemandsland aus denken. Leben und Werk von Theodor W. Adorno, in: Swiss Journal of Sociology 30 (2004), Heft 1.

Adorno mit kritischer Erkenntnis als offenem Prozess antithetischen Denkens, als bestimmter Negation verbindet.[9]

Adorno: Verbindlichkeit ohne System

Schon in seiner Antrittsvorlesung als Privatdozent für Philosophie vom Sommer 1931 hat Adorno die Idee der „philosophischen Deutung" akzentuiert und den Gedanken verworfen, mit Hilfe der Wissenschaften oder einem System der Philosophie „die Totalität des Wirklichen" zu erfassen.[10] Vielmehr entwirft er ein Interpretationsverfahren, dessen Pointe darin besteht, eine Reihe variierender Deutungsmodelle zu den erklärungsbedürftigen Phänomenen zu entwickeln und diese Modelle in „wechselnde Konstellationen" zu bringen. Ziel der Deutungen, die sich durch das Mittel der „exakten Phantasie" inspirieren lassen, ist es, „Schlüssel zu konstruieren, vor denen die Wirklichkeit aufspringt"[11]. Kein Schlüssel vermag aber den konstitutiven „Rätselcharakter" der intentionslosen Wirklichkeit durch eine gültige Lösung zu beseitigen. Denn gäbe es für das Rätsel, das die Realität aufwirft, eine definitive Antwort, so wäre dies eine andere Welt als die historisch existierende, die aufgrund ihrer Kontingenz stets aufs Neue nach Deutungen verlangt, die nicht mehr vermögen, als in Momenten jene „Rätselgestalt blitzhaft zu erhellen"[12].

An diesem Konzept gedankenexperimenteller Kritik, die interpretativ verfährt, indem unterschiedliche Deutungsmodelle entworfen werden, ohne die letztendliche Wahrheit zu erlangen, die als unabschließbarer Prozess gedacht wird, hat Adorno bis zu seinem philosophischen Hauptwerk, der *Negativen Dialektik* von 1966 festgehalten. Er hat sich zeitlebens darauf konzentriert, an den verschiedenen Gegenständen Kritik als offenen Versuch der Dechiffrierung der inwendigen „Textur der Sache" praktisch vorzuführen. Diese Form der immanent ansetzenden Kritik grenzt er gegen instrumentelle Denkformen ab, die subsumtionslogisch vorgehen und so auf Zwecktätigkeit und Naturbeherrschung gerichtet sind. Kritik ist für ihn ein Prozess des Sichtbarmachens des Möglichen, des Öffnens durch die bestimmte Negation von Setzungen, seien es Gegebenheiten, seien es Behaup-

[9] Dennoch sind die Differenzen zwischen Horkheimer und Adorno offensichtlich. „Während Adorno das Problem (der Kritik, d. V.) eher *methodologisch* reflektierte und für Analysestrategien mit exemplarischen und monographischen Akzentsetzungen plädierte (...), argumentierte Horkheimer stärker *wissenschaftsorganisatorisch*" (Hervorhebung im Original). Vgl. Wolfgang Bonß, Warum ist die kritische Theorie kritisch?, a. a. O., S. 375.
[10] Theodor W. Adorno, Die Aktualität der Philosophie, in: Rolf Tiedemann (Hrsg.), Gesammelte Schriften, Bd. 1, Frankfurt am Main 1997, S. 326.
[11] Ebd., S. 340 und S. 342.
[12] Ebd., S. 335 und S. 338.

tungen oder Handlungsweisen. Der Wahrheitsgehalt des kritischen Gedankens erweist sich zwar in der Evidenz und der Tiefe des Erkannten. Aber im Prozess der Deutung werden Erkenntnisse zu Tage gefördert, die keineswegs „absolut richtig, hieb- und stichfest sind"[13]. Erkenntnisse, die sich als exakte Aussagen über das Sosein der Realität verstehen, gelten Adorno als tautologisch. Folglich kann das Wahrheitskriterium der Kritik weder die Korrespondenz der Sätze mit der Faktizität sein (Korrespondenztheorie), noch die Logik oder Systematik methodischer Begründungen (Kohärenztheorie). Die Kritik bedient sich des Mittels bewusster und in diesem Sinne kontrollierter Übertreibungen, die über die bloße Abbildung des Gegebenen hinaus will. Deutung macht überhaupt nur als Übertreibung, als Überinterpretation Sinn. „Sie kann sich an nichts festhalten – auch und erst recht nicht an der Übereinstimmung von Deutung und Gedeutetem, denn dann wäre die Deutung keine Deutung, sondern bloßer Nachvollzug.

Adorno hält damit an der Idee der Wahrheit fest, sieht die Wahrheit also nur dort, wo die Deutung etwas riskiert und sich nicht einfach „auf Vorgefundenes bezieht". Aus diesem Grund steckt in Adornos Prinzip der Überstilisierung und Übertreibung die Einsicht in die Kontingenz des Verstehensprozesses „unter Aufrechterhaltung des kritischen Impulses der eigenen Interpretation. Denn kritisch ist sie, weil sie auf Veränderung abzielt. Und nur mit der Kontingenz des Verstehens gibt es – erkenntniskritisch gesehen – überhaupt die Möglichkeit der Veränderung von Deutungsmustern und damit der Veränderung der sozialen Welt selber."[14] Nicht umsonst nennt Adorno Dialektik „das konsequente Bewußtsein von Nichtidentität". Mit anderen Worten: „Dialektik läuft (…) darauf hinaus, so zu denken, daß nicht länger die Form des Denkens seine Gegenstände zu unveränderlichen, sich selber gleichbleibenden macht; daß sie das seien, widerlegt Erfahrung."[15]

Adornos Deutungen kultureller und sozialer Phänomene decken ihre konkreten Bestimmungsmomente auf, die durch die Gesellschaft vermittelt sind. Dabei ist „Vermitteltheit keine positive Aussage über das Sein, sondern eine Anweisung für die Erkenntnis, sich nicht bei solcher Positivität zu beruhigen, eigentlich die

---

[13] Theodor W. Adorno, Minima Moralia, in: Gesammelte Schriften, Bd. 4, Frankfurt am Main 1997, S. 79.

[14] Thorsten Bonacker, Erschliessende Kritik. Über zwei Arten des Umgangs mit der Kontingenz des Verstehens bei Adorno, in: Georg Kohler, Stefan Müller-Doohm (Hrsg.), Wozu Adorno? Beiträge zur Kritik und zum Fortbestand einer Schlüsseltheorie des 20. Jahrhunderts, Weilerswist 2008, S. 64–82 (hier S. 3 f. und 14 f.). Bonacker entwickelt die These, dass Adornos Konzept des Deutens der von ihm erkenntnistheoretisch ausgewiesenen Überzeugung Rechnung trägt, dass Verstehen grundsätzlich kontingent ist, und zwar allein aufgrund der paradoxen Voraussetzungen des Verstehens. Vgl. Thorsten Bonacker, Die normative Kraft der Kontingenz. Nichtessentialistische Gesellschaftskritik nach Weber und Adorno, Frankfurt am Main 2000, S. 153 ff.; siehe ferner Alexander Garcia Düttmann, Philosophie der Übertreibung, Frankfurt am Main 2004.

[15] Theodor W. Adorno, Negative Dialektik, in: Gesammelte Schriften, Bd. 6, Frankfurt am Main 1997, S. 17 und 157.

Forderung, Dialektik konkret auszutragen"[16]. So wie die Dinge und Menschen in der Gesellschaft faktisch beschaffen sind, müssen sie ihm zufolge keineswegs sein. Denn da sie sich historisch gebildet haben, enthält alles Gesellschaftliche Potentiale der Veränderung. Deshalb definiert Adorno Kritik als „Widerstand gegen (…) alles bloß Gesetzte, das mit dem Dasein sich rechtfertigt"[17]. Der Raum der Freiheit als Raum für das Verschiedene liegt aber wegen der Macht des Bestehenden nicht offen zutage. Vielmehr bedarf es dazu der demontierenden Leistung der Kritik. Sie erzeugt stets aufs neue alternative Deutungen und legt Denkräume für das „Ferne und Verschiedene" offen.[18]

Man kann diesen Typus von Kritik, wie ihn Adorno praktiziert und begründet hat, als besondere „Form einer welterschließenden Kritik" bezeichnen. Ihr Sinn besteht Axel Honneth zufolge darin, das „von den sozialen Lebensbedingungen eine so radikale Neubeschreibung geliefert wird, daß schlagartig alles die neue Bedeutung eines pathologischen Zustandes annehmen soll"[19]. Zwei Merkmale seien kennzeichnend für eine solche erschließende Sozialkritik: Zum einen die eigenwillige provokative sprachliche Ausdrucksgestalt, die das Gewohnte in einem anderen Licht erscheinen lässt. Honneth verweist hier auf die sprachlichen Mittel der ‚narrativen Veranschaulichung', der ‚Kreuzstellung von zwei Satzgliedern oder Wörtern' sowie der ‚übertreibenden Hervorhebung'[20]. Zum anderen liege der argumentativen Beweisführung ein anderes Wahrheitskonzept zugrunde, das nicht dem Primat deduktiver Logik gehorcht und zugleich mehr sein will als „Feststellung oder Entwurf"[21]. Adorno hat für seine Dialektik als einer prinzipiell unabgeschlossen Dialektik in der Tat die Maxime aufgestellt, dass „der Wert eines Gedankens (…) sich an seiner Distanz von der Kontinuität des Bekannten (misst). Er nimmt objektiv mit der Herabsetzung dieser Distanz ab; je mehr er sich dem vorgegebenen Standard annähert, um so mehr schwindet seine antithetische Funktion, und nur in ihr (…) liegt sein Anspruch begründet"[22].

---

[16] Theodor W. Adorno, Metakritik der Erkenntnistheorie, in: Gesammelte Schriften, Bd. 5, Frankfurt am Main 1997, S. 32.

[17] Theodor W. Adorno, Kritik, in: Gesammelte Schriften, Bd. 10-2, Frankfurt am Main 1997, S. 785.

[18] Theodor W. Adorno, Negative Dialektik, in: Gesammelte Schriften, Bd. 6, Frankfurt am Main 1997, S. 192

[19] Axel Honneth, Über die Möglichkeit einer erschließenden Kritik. Die ‚Dialektik der Aufklärung' im Horizont gegenwärtiger Debatten über Sozialkritik, in: ders., Das Andere der Gerechtigkeit. Aufsätze zur praktischen Philosophie, S. 70–88, Frankfurt am Main 2000, S. 81; vgl. ferner Axel Honneth, Rekonstruktive Gesellschaftskritik unter genealogischem Vorbehalt. Zur Idee der ‚Kritik' in der Frankfurter Schule: in: Deutsche Zeitschrift für Philosophie, S. 729–737, Berlin 2000, S. 729 ff.

[20] Axel Honneth, Über die Möglichkeit einer erschließenden Kritik. Die ‚Dialektik der Aufklärung' im Horizont gegenwärtiger Debatten über Sozialkritik, in: ders., Das Andere der Gerechtigkeit. Aufsätze zur praktischen Philosophie, S. 70–88, Frankfurt am Main 2000, S. 84 ff.

[21] Theodor W. Adorno, Minima Moralia, in: Gesammelte Schriften, Bd. 4, Frankfurt am Main 1997, S. 83.

[22] Ebd., S. 90.

Als ausgeführtes Beispiel für diese Art einer erschließenden Kritik nennt Honneth zu Recht das erste Werk, das Horkheimer und Adorno gemeinsam geschrieben haben: die 1944 abgeschlossenen *Philosophischen Fragmente*, die 1947 unter dem Titel *Dialektik der Aufklärung* veröffentlicht wurden. Absicht dieses Buches ist es, den Aufstieg und den Fall des abendländischen Denkens zu rekonstruieren. In diesem Versuch, den Aufklärungsprozess und das Vernunftprinzip von ihrem Ursprung her neu zu denken, verzichten die Autoren auf die geschlossene Einheit eines logisch aufgebauten Darstellungszusammenhangs. Vielmehr entwickeln sie in drei Hauptteilen und zwei Exkursen ganz im Sinne von Adornos Methodik eine Reihe von Deutungsmodellen, die um die These gruppiert sind, dass die „Menschen (...) die Vermehrung ihrer Macht mit der Entfremdung von dem (bezahlen), worüber sie Macht ausüben"[23].

Der Begriff der Aufklärung dient Horkheimer und Adorno nicht zur Kennzeichnung einer Epoche der Philosophiegeschichte, sondern zur Beschreibung eines spezifisch modernen Bewusstseinszustandes. Aufklärung bezeichnet die stetige Erweiterung von Freiheit in den Sphären des pragmatischen Könnens, des moralischen Sollens und des emotionalen Wollens. Die Kehrseite der Flucht aus dem (irrationalen) Mythos und in die Freiheit des (rationalen) Weltgestaltens zwecks Selbstbehauptung ist der (selbst-)herrschaftliche Zugriff auf Natur und Gesellschaft sowie die Kontrolle des Subjekts. Auch der Begriff der Vernunft wird dichotomisch als operative und intuitive Vernunft gefasst: Sie bedeutet instrumentelle Verfügung und reflexive Selbstbesinnung.[24] Diese Momente einer als Einheit gedachten Vernunft als Fluchtpunkt des Aufklärungsprozesses sind den Autoren zufolge in ein Ungleichgewicht geraten.

Dass Vernunft mit Selbsterhaltung gleichgesetzt wird, diese Vereinseitigung ist für Horkheimer und Adorno schon an der Urform der Aufklärung, dem Mythos, ablesbar. Denn die Erzählungen über urzeitliche Ereignisse sind ihnen zufolge bereits erste Erklärungsversuche, die dazu dienen, dem Subjekt die Vorherrschaft gegenüber den Naturgewalten zu sichern. So wie schon der Mythos Aufklärung ist, schlägt die Aufklärung in Mythologie zurück. Das Mythologische bzw. Ideologische des aufgeklärten Bewusstseins der Moderne besteht in der Vorstellung, dass der Homo faber mittels Rationalität in der Lage sei, sich das Universum untertan zu machen. Der Grund für den Wunsch, die Welt durch gesichertes

---

[23] Theodor W. Adorno und Max Horkheimer, Dialektik der Aufklärung, in: Adorno, Gesammelte Schriften, Bd. 3, Frankfurt am Main 1997, S. 25; vgl. Stefan Müller-Doohm, Sagen, was einem aufgeht. Sprache bei Adorno – Adornos Sprache, in: Georg Kohler/Stefan Müller-Doohm (Hrsg.), Wozu Adorno? Beiträge zur Kritik und zum Fortbestand einer Schlüsseltheorie des 20. Jahrhunderts, Weilerswist 2008, S. 28–50.
[24] Vgl. Herbert Schnädelbach, Dialektik als Vernunftkritik. Zur Konstruktion des Rationalen bei Adorno, in: Ludwig von Friedeburg/Jürgen Habermas (Hrsg.), Adorno-Konferenz 1983, Frankfurt am Main 1983, S. 72.

Wissen zu beherrschen, für das Ineins von Aufklärung und Herrschaft, ist die Angst des Menschen vor der verschlingenden Gewalt, der realen Übermacht der Natur. Mit dem „Versuch, den Naturzwang zu brechen, indem Natur gebrochen wird", gerät das Denken „umso tiefer in den Naturzwang hinein. So ist die Bahn der europäischen Zivilisation verlaufen"[25].

Um dem zivilisatorischen Verhängnis zu entgehen, das mit der Unterwerfung äußerer und innerer Natur und dem Imperativ der instrumentellen Vernunft verbunden ist, bedarf es der Widerständigkeit dialektischen Denkens. Es ist für Adorno und Horkheimer der einzige Weg, sich auf einer erweiterten Stufe der Reflexion der Vernünftigkeit der Vernunft zu vergewissern. Adorno spricht in seinem zur gleichen Zeit geschriebenen Buch, den *Minima Moralia* in seltener Anschaulichkeit von dem Münchhausen-Kunststück, „sich an dem Zopf aus dem Sumpf (zu ziehen)". Eben das sei „zum Schema einer jeden Erkenntnis" geworden.[26] Dialektik heißt für Adorno mehr als ein Denken in oppositionellen Bestimmungen (These, Antithese), das in der Mitte zum Ausgleich kommt (Synthese). Vielmehr gibt es zwischen den gegensätzlichen Momenten eine innere Vermittlung ohne Mitte, eine Vermittlung der Gegensätze in sich; sie besteht darin, „dass die Analyse eines jeden der beiden einander entgegengesetzten Momente" seiner inneren Verfassung nach auf das ihm Entgegengesetzte verweist. „Das könnte man das Prinzip der Dialektik gegenüber einem bloß äußerlich, dualistisch oder disjunktiv, unterscheidenden Denken nennen."[27]

Dass diese Form des dialektischen Denkens mit einer spezifischen sprachlichen Ausdrucksweise verbunden ist, hat Adorno gerade in seinen *Reflexionen aus dem beschädigten Leben* zu zeigen und zu praktizieren versucht. Auffälligstes Merkmal der Textstücke der *Minima Moralia* ist ihre Sprachgestaltung, der Versuch, die philosophischen und gesellschaftstheoretischen Begriffe literarisch bzw. ästhetisch werden zu lassen und doch den Regeln der diskursiven Logik Rechnung zu tragen. So stehen neben den allegorischen Verweisungen, den beschwörenden Sprachgesten, dem disjunktiven Gegeneinander von Sätzen und den bewusst gewählten Übertreibungen streng begriffliche Explikationen, z. B. über die Geschichtlichkeit des Individuums, die Funktion der Kulturindustrie, die Beziehungen der Geschlechter, die Wirkungen des Okkultismus. Gerade das „Element der Übertreibung, des über die Sache Hinausschießens, von der Schwere des faktischen sich Loslösens"[28] gibt

---

[25] Theodor W. Adorno und Max Horkheimer, Dialektik der Aufklärung, a. a. O., S. 29.

[26] Adorno, Minima Moralia, a. a. O., S. 83.

[27] Theodor W. Adorno, Philosophische Terminologie, Bd. 2, hrsg. v. Rudolf zur Lippe, Frankfurt am Main 1974, S. 142.

[28] Adorno, Minima Moralia, a. a. O., An anderer Stelle heißt es: „Alles Denken ist Übertreibung, insofern als jeder Gedanke, der überhaupt einer ist, über seine Einlösung durch gegebene Tatsachen hinausschießt". Vgl. Theodor W. Adorno, Meinung Wahn Gesellschaft, in: Gesammelte Schriften, Bd. 10-2, Frankfurt am Main 1997, S. 577.

die auf deskriptive Wiedergabe beschränkte Funktion der Sprache auf. Auf diese
Weise kommt ein Erkenntnismodus zustande, dem das Gegen-sich-selbst-denken
eigentümlich ist.

Eine solche Darstellungsform ist für Adorno die Alternative zum begrifflich
subsummierenden Sprachgebrauch, der der Herrschaft der Menschen über die Natur
und über sich selbst dient. Durch seine Artistik des Formulierens führt Adorno
vor, wie kritische Erkenntnis als kontrapunktisches, als antithetisches Denken auf
der Ebene des sprachlichen Ausdrucks zu realisieren ist. Kennzeichnend für die
aphoristischen Miniaturen ist, dass sie ein Spannungsfeld von Paradoxien entstehen
lassen: „Einzig durch die Anerkennung von Ferne im Nächsten wird Fremdheit
gemildert; hineingenommen ins Bewußtsein."[29] Die Erkenntnis resultiert aus der
kontradiktorischen Argumentationsform. Durch Gegensatzbildungen überführen
sich die jeweiligen Sichtweisen wechselseitig ihrer Einseitigkeiten. Indem Adorno
die extremen Seiten einer Sache beleuchtet, entsteht ein geradezu provokativer
Bedeutungsüberschuss, auf den der Leser mit Nachdenklichkeit reagiert. Er stellt
das ihm soeben Aufgegangene erneut in Frage. Entsprechend heißt es bei Adorno: „Wahr sind nur die Gedanken, die sich selbst nicht verstehen."[30]

In der *Negativen Dialektik* von 1966 hat Adorno sich auf erkenntnistheoretischer Ebene Rechenschaft über die Art und Weise seiner Reflexion gegeben: „Die
Utopie der Erkenntnis wäre, das Begriffslose mit Begriffen aufzutun, ohne es
ihnen gleichzumachen.[31] Die wichtigste Voraussetzung für die Verwirklichung
dieses utopischen Erkenntnisziels ist für Adorno die *unreglementierte Erfahrung*:
in „angstloser Passivität der eigenen Erfahrung sich" anzuvertrauen.[32] Das Er-
fahrene ist in einem ersten Schritt der *Deutung* zugänglich zu machen, und zwar
durch das Mittel der *begrifflichen Reflexion*. Sie ist „der Versuch, Erfahrung oder
besser Es-sagen-wollen (...) verbindlich zu machen"[33]. Verbindlich machen heißt
für Adorno *Theoriebildung*, die in der Einheit von Begriff und Sache mündet. So
wie die Deutung dem „Trug der Erscheinung" misstraut, „so misstraut die Theorie desto gründlicher der Fassade der Gesellschaft, je glatter diese sich darbietet.
Theorie will benennen, was insgeheim das Getriebe zusammenhält"[34].

Dieser Typus von Theorie zielt jedoch – dies darf keinesfalls übersehen werden – auf „Verbindlichkeit ohne System"[35]. Diese Maxime beinhaltet durchaus

---

[29] Adorno, Minima Moralia, a. a. O., S. 240.
[30] Ebd., S. 254.
[31] Adorno, Negative Dialektik, a. a. O., S. 21.
[32] Theodor W. Adorno, Subjekt und Objekt, in: Gesammelte Schriften, Bd. 10-2, Frankfurt am Main
1997, S. 752.
[33] Adorno, Philosophische Terminologie, a. a. O., S. 83.
[34] Theodor W. Adorno, Soziologie und empirische Forschung, in: Gesammelte Schriften, Bd. 8:
Soziologische Schriften I, Frankfurt am Main 1970, S. 196.
[35] Adorno, Negative Dialektik, a. a. O., S. 39.

methodologische Prinzipien, die Adorno in jenem Konzept verwirklicht sieht, das
er „Denken in Konstellationen" nennt. Das konstellative Denken beinhaltet ein
besonderes Deutungsverfahren, das dem klassifikatorischen Zugriff auf die Phänomene, ihrer Subsumtion unter Oberbegriffe zu überwinden trachtet, indem die
Vielfalt der Eigenschaften einer Sache, die Fülle ihrer Bestimmungen interpretativ
erschlossen wird. Dieser Versuch einer hermeneutischen Öffnung der zu deutenden
Erscheinungen bleibt nicht bei exakter Deskription stehen. Vielmehr geht es der
Methode des Denkens in Konstellationen darum, über die Analyse der Elemente
der Oberflächenstruktur die Elemente der Tiefenstruktur zu dechiffrieren: „Was
ist, ist mehr, als es ist."[36] Dieses Mehr, der Variantenreichtum der zu erkundenden
Sache erschließt sich durch „Versenkung ins Innere" – ein Auslegungsverfahren,[37]
das mit Hilfe theoretisch entworfener Gedankengebilde, variierender Lesarten, für
die das Kriterium strikter Sachhaltigkeit gilt, das interpretativ zu explizierende
Phänomen unter stets neuen Bezügen, Gesichtspunkten und Perspektiven auf den
Begriff zu bringen versucht.

    Somit ist die kritische Theorie der Gesellschaft, wie sie Adorno konzipiert,
keine Theorie in systematischer Absicht. Vielmehr besteht sie aus einer Vielzahl
von Einzelanalysen. Deshalb spricht er ausdrücklich von einem Denken in Modellen: „Das Modell trifft das Spezifische und mehr als das Spezifische, ohne es in
seinem allgemeinen Oberbegriff zu verflüchtigen."[38] Die Wahrheit der Theorie liegt
ihm zufolge nicht allein in einem sich Messen von Sätzen an einmal gegebene Sachverhalte, sondern gerade auch im Moment des sprachlichen Ausdrucks, d. h. darin,
das zu sagen, was einem „an der Welt aufgeht". So widersprüchlich und zerrissen
wie die Welt beschaffen ist, kann der Erkenntnisprozess nur ein schmerzhafter
sein, der sich im Bewusstsein der Möglichkeit eines richtigen Lebens Rechenschaft
über die Absurdität des Weltlaufs gibt.[39]

---

[36] Ebd., S. 164.
[37] Adornos hermeneutisches Konzept ist von einer intentionalistischen (subjektiven) Hermeneutik
abzugrenzen, die auf die Rekonstruktion des subjektiv gemeinten Sinns zielt: „Aber wie kaum sich
ausmachen läßt, was einer sich da und dort gedacht hat, was er gefühlt hat, so wäre durch derlei Einsichten nichts Wesentliches zu gewinnen. Die Regungen der Autoren erlöschen in dem objektiven Gehalt,
den sie ergreifen". Vgl Theodor W. Adorno, Der Essay als Form, in: Gesammelte Schriften, Bd. 11,
Frankfurt am Main 1997, S. 11. Es gibt auffällige Gemeinsamkeiten zwischen der nur in Ansätzen
begründeten dialektischen Methode Adornos und der Methodologie einer objektiven Hermeneutik,
wie sie von Ulrich Oevermann in den letzten Jahrzehnten entwickelt wurde. Vgl. Ulrich Oevermann,
Zur Sache. Die Bedeutung von Adornos methodologischem Selbstverständnis für die Begründung
einer materialen soziologischen Analyse, in: Ludwig von Friedeburg und Jürgen Habermas
(Hrsg.), Adorno-Konferenz 1983, a. a. O., S. 234–289.; Ulrich Oevermann, Genetischer Strukturalismus
und das sozialwissenschaftliche Problem der Erklärung und Entstehung des Neuen, in: Stefan Müller-
Doohm (Hrsg.), Jenseits der Utopie. Theoriekritik der Gegenwart, Frankfurt am Main 1991, S. 267–336.
[38] Adorno, Negative Dialektik, a. a. O., S. 39.
[39] Vgl. Adorno, Philosophische Terminologie, a. a. O., S. 86 ff. und 160 ff.

Jürgen Habermas: Der linguistic turn der Kritischen Theorie

Während Honneth die *Dialektik der Aufklärung* als exemplarisches Modell einer erschließenden Gesellschaftskritik wertet, deren Sinn darin besteht, „eine veränderte Wahrnehmung von Beständen unserer scheinbar vertrauten Lebenswelt zu provozieren, durch die wir auf deren pathologischen Charakter aufmerksam werden"[40], klassifiziert Jürgen Habermas dieses Dokument der Kritischen Theorie als „schwärzestes Buch" der beiden Autoren.[41] Seine grundlegende Auseinandersetzung mit der radikalen Aufklärungs- und Vernunftkritik der *Dialektik der Aufklärung* führt zu erheblichen Konsequenzen. Ausgehend von der These, dass sich diese totalisierende Kritik in einem performativen Selbstwiderspruch verfangen hat,[42] unternimmt Habermas den Versuch, das Herzstück der Kritischen Theorie, die Kritik, neu zu fundieren. Insofern steht er zwar im Traditionszusammenhang der Kritischen Theorie, aber er geht über ihre „bewusstseinsphilosophische Grundbegrifflichkeit"[43] hinaus, indem er nach Antworten auf eine aus seiner Sicht bislang von Horkheimer und Adorno offen gelassene Frage sucht: wie kritisches Denken selbst zu rechtfertigen sei

Die Grundlagen der Kritik entdeckt Habermas nicht durch die Analyse der Defizite der älteren Kritischen Theorie, sondern auf dem Weg einer systematischen Prüfung und produktiven Aneignung der analytischen Sprachphilosophie und der pragmatischen Handlungstheorie.[44] Diese Rezeption trägt dazu bei, dass er Sprache als „Metainstitution" von Sozialität entdeckt. Er geht seit der „Wendung von der Erkenntnis- zur Kommunikationstheorie"[45] davon aus, dass Kritik in der Struktur der Sprache angelegt ist, denn sie eröffnet die prinzipielle Möglichkeit zum Einspruch. Der eigentliche Ort der Kritik ist bei Habermas die Praxis zwanglosen Argumentierens. Dem liegt die Prämisse zugrunde, die Habermas

---

[40] Axel Honneth, Über die Möglichkeit einer erschließenden Kritik, a. a. O., S. 84; vgl. hingegen ders., Kritik der Macht. Reflexionsstufen einer kritischen Gesellschaftstheorie, Frankfurt am Main 1985, S. 54 ff., S. 65 ff. und S. 74 ff. Wie soll, problematisiert Honneth, unter den Prämissen der ‚Dialektik der Aufklärung' „die kritische Theorie überhaupt noch zu gerechtfertigten Aussagen über die Wirklichkeit gelangen können, wenn sie doch die Wirklichkeit nur mit Hilfe begrifflicher Erkenntnisse erst zu erschließen vermag?" (ebd., S. 76).

[41] Vgl. Jürgen Habermas, Der philosophische Diskurs der Moderne, Frankfurt am Main 1985, S. 130.

[42] Ebd., S. 144 ff., Einwände gegen die Kritik von Habermas an der *Dialektik der Aufklärung* hat Bonacker vorgetragen. Vgl. Bonacker, Die normative Kraft der Kontingenz, a. a. O., S. 130 ff.

[43] Jürgen Habermas, Zur Logik der Sozialwissenschaften, Frankfurt am Main 1982, S. 7

[44] Vgl. Thorsten Bonacker, Ungewissheit und Unbedingtheit. Zu den Möglichkeitsbedingungen des Normativen, in: Stefan Müller-Doohm (Hrsg.), Das Interesse der Vernunft. Rückblicke auf das Werk von Jürgen Habermas seit ‚Erkenntnis und Interesse', Frankfurt am Main 2000, S. 115 ff. Dort differenziert er zwischen dem social turn der Erkenntnistheorie von Habermas, wie er in *Erkenntnis und Interesse* zum Ausdruck kommt und dem linguistic turn sowie dem pragmatic turn.

[45] Ebd., S. 10

im Rahmen seines sprachphilosophischen Klärungsprozesses Stück für Stück begründet hat: „Verständigung wohnt als Telos der menschlichen Sprache inne."[46] Auf der Basis dieser Begründung, dass die Bedingung der Möglichkeit für die Vernünftigkeit des sozialen Lebens in der sprachlich vermittelten Verständigung verankert ist, nimmt Habermas eine zweite entscheidende Weichenstellung in seiner Theorie vor: Wenn Menschen sich sprachlich miteinander verständigen, kommen Ansprüche zum Tragen – er nennt sie Geltungsgründe –, die der Überprüfung zugänglich sind und folglich prinzipiell kritisiert werden können. Solange im Prozess des Miteinanderredens Gründe und Gegengründe aufeinander stoßen und überprüft werden, darf erwartet werden, dass sich am Ende der zwanglose Zwang des besseren Arguments durchsetzt. Denn „Gründe sind aus einem besonderen Stoff; sie zwingen uns, mit Ja oder Nein Stellung zu nehmen. Damit ist in die Bedingungen verständigungsorientierten Handelns ein Moment Unbedingtheit eingebaut. Und dieses Moment ist es, welches die Gültigkeit, die wir für unsere Auffassungen beanspruchen, von der bloß sozialen Geltung einer eingewöhnten Praxis unterscheidet."[47] Habermas überwindet die bislang in der europäischen Bewusstseinsphilosophie vorherrschende Perspektive der Zwecktätigkeit eines einsamen Subjekts. An dessen Stelle tritt die Wechselbeziehung miteinander sprechender und handelnder Personen.

Auf diesem Weg gelingt ihm eine dritte Weichenstellung: In den Interaktionen nehmen die Handelnden, über die Verfolgung spezifischer Ziele hinaus, ein Einverständnis in Anspruch, das wiederum auf die anerkannten Normen und Werte der Gesellschaft Bezug nimmt. Dieses Einverständnis besteht in seinen elementaren Formen darin, sich wahr zu äußern, richtig zu verhalten und wahrhaftig darzustellen. Mit dieser Prämisse schlägt Habermas die Brücke zur Zeitdiagnose. Im Vordergrund steht die Situation der Verständigungsverhältnisse. Die gesellschaftliche Entwicklungsdynamik der Moderne führt zu grundsätzlichen Störungen, wenn die Alltagspraxis der Verständigung durch Kalküle rein instrumenteller oder strategischer Zweckorientierung ersetzt wird.

In seinem Hauptwerk, der *Theorie des kommunikativen Handelns* von 1981, entwirft Habermas ein Programm, das der gesteigerten Komplexität moderner Gesellschaften gerecht zu werden versucht. Gesellschaften sind aus der Beobachterperspektive, dies ist die vierte Weichenstellung, gegensätzliche Einheiten, die aus den Grundelementen „System" und „Lebenswelt" bestehen. Diese beiden fundamentalen Kategorien erfassen einerseits die institutionell organisierten Funktionsbereiche von Wirtschaft und Staat, die mit Hilfe von Geld und Macht Einfluss zu nehmen und zu steuern versuchen. Andererseits dient der Lebensweltbegriff dazu, die Selbständigkeit der gemeinschaftlichen Sphäre intuitiver Gewissheiten

---

[46] Jürgen Habermas, Theorie des kommunikativen Handelns, Bd. 1, Frankfurt am Main 1981, S. 387.
[47] Jürgen Habermas, Moralbewusstsein und kommunikatives Handeln, Frankfurt am Main 1983, S. 27.

zu akzentuieren. Es ist wiederum „der Logos der Sprache", der die „Intersubjektivität der Lebenswelt (stiftet), in der wir uns vorverständigt vorfinden, damit wir einander von Angesicht zu Angesicht als Subjekte begegnen können, und zwar als Subjekte, die ihre Zurechnungsfähigkeit, also die Fähigkeit unterstellen, ihr Handeln an transzendierenden Geltungsansprüchen zu orientieren"[48]. Die Lebenswelt ist der Bereich, in dem sich vermittels verständigungsorientierter Interaktionen drei Prozesse vollziehen: zum einen die Vermittlung des kulturellen Wissens, zum zweiten die Integration in die Gesellschaft durch die wechselseitige Anerkennung der Individuen und schließlich die Bildung selbstverantwortlicher Personen mit Ich-Identitäten.

Mit Blick auf die Eigengesetzlichkeit dieser beiden Sphären der Lebenswelt und des Systems ist Gesellschaftskritik Aufklärung über Tendenzen einer Kolonialisierung der Lebenswelt durch die abstrakten Funktionsmechanismen des Systems. Die Gesellschaftsanalyse muss als theoretisch und empirisch gehaltvolle Diagnose durchgeführt werden. Sie operiert als „Frühwarnsystem". Die Gesellschaftskritik erhebt ihre Stimme, wenn mit den Instrumentarien von Geld und Macht in die Alltagspraxis der sprachlich vermittelten Verständigungsprozesse eingegriffen wird. Denn durch die systemischen Übergriffe mittels Geld und Macht besteht die Gefahr, dass die sinnhaften Voraussetzungen des sozio-kulturellen Lebenszusammenhangs zerstört werden. Dies geschieht, wenn die kulturelle Praxis durch Geldbezüge und die Lebensverhältnisse durch administrative Zwänge reguliert werden. Pointiert warnt Habermas, dass sich Sinn weder kaufen noch erzwingen lasse. Zielperspektive der Sozialkritik im Verständnis von Habermas „ist nicht mehr schlechthin", wie noch bei Horkheimer und Adorno, „die Aufhebung eines kapitalistisch verselbständigten Wirtschafts- und eines bürokratisch verselbständigten Herrschaftssystems, sondern die demokratische Eindämmung der kolonialisierenden *Übergriffe* der Systemimperative auf lebensweltliche Bereiche"[49].

Dieser Rückblick auf die Architektonik des Theoriegebäudes von Habermas zeigt, dass er Kritik als Aufklärung durch den zentralen Begriff einer argumentativen Praxis konkretisiert. Diese Form der Kritik kann auf keinerlei Gewissheiten zurückgreifen. Und sie ist schon gar nicht durch eine als verbindlich unterstellte Konzeption guten Lebens motiviert. Die Gesellschaftstheorie, die sich wertende Aussagen zutraut, d. h. Aussagen über das, was unter dem Aspekt eines vernünftig zu gestaltenden Gemeinwesens als wahr und falsch nachgewiesen werden kann, ist aus eigener Kraft nicht in der Lage, das Gesollte als Richtschnur der sozialen Praxis zu implementieren. Der ursprünglich von Marx entwickelte Gedanke eines Praktischwerdens der Gesellschaftstheorie, mag sie von noch so viel selbstkriti-

[48] Jürgen Habermas, Texte und Kontexte, Frankfurt am Main 1991, S. 155.
[49] Jürgen Habermas, Strukturwandel der Öffentlichkeit (Vorwort zur Neuausgabe), Frankfurt am Main 1990, S. 36; vgl. auch Habermas, Der philosophische Diskurs der Moderne, a. a. O., S. 420 ff.

schem Bewusstsein getragen sein, ist Habermas zufolge eine Illusion, vor deren verführerischer Wirkung in einer Welt instrumentellen Denkens im übrigen schon Adorno gewarnt hat.[50] Gesellschaftstheorie kann als Kritik nur dann praktisch wirksam werden, wenn der Wissenschaftler die von fragwürdigen Entwicklungstendenzen der Gesellschaft jeweils Betroffenen durch gute Gründe von ihrer Fragwürdigkeit überzeugt. Sozialkritik kann nur dann praktische Folgen haben, wenn die mit ihr verknüpften Geltungsansprüche kritischer Gegenprüfung in der autonomen sozialen Lebenspraxis standhalten. Der Gesellschaftstheorie eröffnen sich zwei Bereiche der Kritik: sie überzeugt als Kritik *an* Verständigungsverhältnissen, wenn es ihr durch Analyse gelingt, systematische Verzerrungen der Kommunikation nach-zuweisen; als Kritik *in* Kommunikationsverhältnissen wird Gesellschaftstheorie dann furchtbar, wenn der Theoretiker in der Rolle des öffentlichen Intellektuellen als Experte im praktischen Diskurs durch seine Argumente besticht.[51] In beiden Fällen ist Gesellschaftskritik auf moralisches Wissen angewiesen, das „aus einem Vorrat von überzeugenden Gründen für die konsensuelle Beilegung von Hand-lungskonflikten (besteht), die in der Lebenswelt auftreten"[52]. Somit hält auch die Gesellschaftstheorie von Habermas, die sich als Neuansatz gegenüber der älteren

---

[50] Vgl. Jürgen Habermas, Noch einmal: Zum Verhältnis von Theorie und Praxis, in: Ders., Wahrheit und Rechtfertigung, Frankfurt am Main 1999, S. 233 ff.; Theodor W. Adorno, Marginalien zu Theorie und Praxis, in: Gesammelte Schriften, Bd. 10-2 [Stichworte], Frankfurt am Main 1997, S. 759 ff. Dort heißt es: „Das Ziel richtiger Praxis wäre ihre eigene Abschaffung" (S. 769). Vor diesem Hintergrund ist es zutreffend, wenn Seel die kontemplativen Momente von Adornos Philosophie akzentuiert. „Das Gravitationszentrum der gesamten Philosophie Adornos bilden Zustände nichtinstrumentellen Ver-haltens, die als solche eines zwanglosen subjektiven und intersubjektiven Selbstseins beschrieben werden". Martin Seel, Adornos Philosophie der Kontemplation, Frankfurt am Main 2004, S. 35.
[51] In der Rolle des öffentlichen Intellektuellen wendet sich der Wissenschaftler an eine politisch funktionsfähige Öffentlichkeit und verlässt dabei die Berufsrolle. Gerade die intellektuelle Praxis von Habermas demonstriert, dass der Intellektuelle keineswegs auf den politischen Machtkampf strategisch Einfluss nehmen will, sondern sich kommunikativ, d. h. verständigungsorientiert an die autonome und pluralistische Öffentlichkeit wendet. Anerkennung gewinnt der Intellektuelle als moralische Instanz durch die Qualität seiner kontroversen Argumente, die sich im Pro und Kontra als Impulse für öffentliche Auseinandersetzungen bewähren müssen. Vgl. Stefan Müller-Doohm, Theodor W. Adorno und Jürgen Habermas – Zwei Spielarten des öffentlichen Intellektuellen, in: Winfried Gebhardt/Ronald Hitzler (Hrsg.), Nomaden, Flaneure, Vagabunden: Wissensformen und Denkstile der Gegenwart, Wiesbaden 2006, S. 15. Diskurse definiert Habermas als reflexiv gewordenes kommunikatives Handeln, d. h. als eine Argumentationspraxis, in der problematische Geltungsansprüche als Hypothesen behandelt werden. „Zu den notwendigen Argumentationsvoraussetzungen gehören eine vollständige Inklusion der Betroffenen, Gleichverteilung von Argumentationsrechten und -pflichten, die Zwanglosigkeit der Kommunikationssituation und die verständigungsorientierte Einstellung der Teilnehmer" (Jürgen Habermas, Wahrheit und Rechtfertigung, Frankfurt am Main 1999, S. 310 f.).
[52] Jürgen Habermas, Wahrheit und Rechtfertigung, Frankfurt am Main 1999, S. 306.

Tradition von Horkheimer und Adorno versteht, im fallibilistischen Bewusstsein am kritischen Anspruch fest.

Wenn man unter der Fragestellung, wie kritisches Denken selber zu rechtfertigen sei, ein Resümee versucht, dann lassen sich drei Punkte akzentuieren. Erstens kann konstatiert werden, dass die Bestimmung von Kritik als Aufdeckung der Ursachen ihrer Verhinderung, d. h. von Strukturen systematisch verzerrter Kommunikation, eine Konstante im Werk von Habermas darstellt. Er versteht dieses Programm als Beitrag zur Fortführung der kritischen Gesellschaftstheorie. Eine Kontinuität gibt es auch für die Instanz von Kritik: es sind grundsätzlich die jeweils Betroffenen, die sich im Rahmen ihrer Argumentationspraxis überzeugen und darauf verständigen müssen, wozu sie ja oder nein sagen wollen. Die Kritik wird damit ihrer Exklusivität entkleidet und spielt die Rolle eines guten Arguments neben anderen guten Argumenten, das sich als besseres durch nichts als Rechtfertigungen durchsetzen lässt. Als weiterer Aspekt kommt hinzu, dass es Habermas gelungen ist, im Rahmen der sprachphilosophischen Begründungen (Formalpragmatik) eine Theorie genereller Kritisierbarkeit zu entwickeln. Die kritische Funktion dieser Theorie, die die Möglichkeit von Kritik in prinzipieller Weise rekonstruiert, besteht in der Differenzierung zwischen dem, was bloß faktisch gilt und dem, was Anspruch auf Geltung erheben kann.

Von der Theorie der Kritisierbarkeit zur Rehabilitierung der Sozialkritik

Die sprachpragmatische Begründung von Gesellschaftskritik durch Jürgen Habermas ist einer jüngeren, einer dritten Generation von Sozialtheoretikern zu abstrakt, die an die *Theorie des kommunikativen Handelns* von Habermas zwar zunächst anknüpft, sein Verständigungsparadigma dann aber zu überwinden versucht. An erster Stelle ist hier der Sozialphilosoph Axel Honneth zu nennen. Er, der die Nachfolge von Habermas auf seinem Frankfurter Lehrstuhl angetreten hat und derzeit Leiter des legendären *Instituts für Sozialforschung* ist, steht für das, was neuerdings die anerkennungstheoretische Wende der Kritischen Theorie genannt wird. Im Vordergrund steht hier die Frage, auf welchem Weg Individuen und Gruppen ihre soziale Bedeutung innerhalb ihres Lebenszusammenhangs erwerben können. Über welche vorsprachlichen Erfahrungsprozesse wird man sich der Tatsache bewusst, wer und was man in der Gesellschaft sein will? Kann man seine eigenen Ansprüche realisieren? Werden sie respektiert oder missachtet? Honneth zufolge muss sich die Gesellschaftstheorie auf diejenigen Erfahrungszusammenhänge beziehen, in denen die Verletzungen von Ansprüchen zum Ausdruck kommen, die in der Gesellschaft und durch sie missachtet werden. Aus dieser Perspektive der Missachtung hat er anthropologisch tiefsitzende Gerechtigkeitsvorstellungen vor Augen, die, wie er sagt, „mit der Respektierung der eigenen Würde, Ehre oder Integrität zusammenhängen"[53].

Honneths kritische Auseinandersetzung mit den Varianten kritischer Theorien von Horkheimer, Adorno und Habermas steht im Zeichen einer Rettung ihres Kernelements:[54] dem der Kritik als einem normativen und kontexttranszendierenden Verfahren. In seiner Rekonstruktion der Gemeinsamkeiten zwischen den verschiedenen Konzeptionen kritischer Theorie akzentuiert Honneth sechs Merkmale.[55] Zum einen sei es „die Idee einer mangelnden Rationalität von Gesellschaft" und der „Begriff einer sozial wirksamen Vernunft", die zentrale Elemente jener kritischen Theorien darstellen.[56] Zum anderen gingen Horkheimer, Adorno und Habermas „davon aus, daß die Ursache für den negativen Zustand der Gesellschaft in einem Defizit an sozialer Vernunft gesehen werden muss"[57]. Zugleich sei für sie die Prämisse bestimmend, dass „die Vergesellschaftung des Menschen nur unter Bedingungen kooperativer Freiheit gelingen kann"[58]. Schließlich teilten die kritischen Theorieansätze die Überzeugung, dass die strukturellen Gewaltverhältnisse in der Gesellschaft nicht als solche zu Bewusstsein kommen könnten, weil ihre Eigendynamik gleichsam als Sachgesetzlichkeit verschleiernd wirkt: „Insofern muß in der Kritischen Theorie, weil zwischen sozialem Mißstand und dem Ausbleiben negativer Reaktionen (der Betroffenen, d. V.) ein Verhältnis von Ursache und Wirkung unterstellt wird, die normative Kritik durch ein Element der historischen Erklärung ergänzt werden."[59] Es besteht Honneth zufolge in der von allen kritischen Theoretikern geteilten Überzeugung, dass mit der kapitalistischen Ökonomie eine Struktur geschaffen ist, die der Verwirklichung einer vernünftigen Allgemeinheit entgegensteht. Diese Pathologie sei wiederum

---

[53] Axel Honneth, Die soziale Dynamik von Mißachtung. Zur Ortbestimmung einer kritischen Gesellschaftstheorie, in: ders.: Das Andere der Gerechtigkeit, Frankfurt am Main 2000, S. 103.

[54] Zu anderen Schlussfolgerungen gelangt Honneth in einer älteren Auseinandersetzung mit der kritischen Theorie von Horkheimer und Adorno, die Affinitäten zu den Einwänden hat, die Habermas geltend gemacht hat. Vgl. Honneth, Kritik der Macht, a. a. O., S. 12 ff. sowie 307 ff.

[55] Zu einem entgegengesetzten Ergebnis käme man, wenn nicht die Aspekte akzentuiert werden, die Horkheimer, Adorno und Habermas auf einer sehr allgemeinen Ebene gemeinsam haben, sondern die Differenzen zwischen ihnen in den Vordergrund gestellt werden. Deutlich wird dann, dass die Kritik in höchst unterschiedlicher Weise begründet und durchgeführt wird. Vgl. Stefan Müller-Doohm, Kritik in kritischen Theorien, in: Stefan Müller-Doohm (Hrsg.), Das Interesse der Vernunft. Rückblicke auf das Werk von Jürgen Habermas seit ,Erkenntnis und Interesse', Frankfurt am Main 2000, S. 71 ff.

[56] Axel Honneth, Eine soziale Pathologie der Vernunft. Zur intellektuellen Erbschaft der kritischen Theorie, in: Christoph Halbig/Michael Quante (Hrsg.), Axel Honneth: Sozialphilosophie zwischen Kritik und Anerkennung, Münster 2004, S. 10 f.

[57] Ebd., S. 12.

[58] Ebd., S. 15.

[59] Ebd., S. 19.

die Ursache für die Erfahrungen sozialen Leids, aus denen sich der Wunsch nach selbstbestimmten Lebensformen speist.

Als größtes Defizit kritischer Theorien konstatiert Honneth ihre Unfähigkeit, empirisch gehaltvolle Erklärungen dafür zu liefern, wie die konflikthafte Erfahrung sozialer Missstände und die Erfahrung von subjektivem Leid sich in praktisches Handeln umsetzt, das als Bedingung für die Aufhebung der entwürdigenden Verhältnisse gelten muß: „Die Frage nach der motivationalen Verfaßtheit der Subjekte, die hier im Zentrum stehen müßte, wird vielmehr weitgehend ausgeblendet, weil die Reflexion auf die Bedingungen der Umsetzung in Praxis nicht mehr der Kritik selber zugemutet wird."[60] Diese Leerstelle will Honneth durch eine praxisphilosophische oder soziologische Neuorientierung der Gesellschaftstheorie ausfüllen. Von der Prämisse ausgehend, dass der Erwerb sozialer Anerkennung die normative Voraussetzung kommunikativen Handelns ist, müsse es Aufgabe einer aktualisierten kritischen Gesellschaftstheorie sein, sich den historisch gewachsenen, gesellschaftlich bedingten Verletzungen der Identitätsansprüche von Subjekten und sozialen Gruppen zuzuwenden, die aus dem Mangel an wechselseitiger Anerkennung im konkreten Zusammenleben resultieren. Nicht die Verständigungsverhältnisse sind der Fokus kritischer Analyse, wie noch bei Habermas, sondern die Anerkennungsverhältnisse bzw. die gesellschaftlichen Ursachen für deren systematische Verletzung. Honneth geht davon aus, dass „ein enger Zusammenhang (besteht) zwischen den Verletzungen, die den normativen Unterstellungen der sozialen Interaktion zugefügt werden, und den moralischen Erfahrungen, die Subjekte in ihren alltäglichen Kommunikationen machen: werden jene Bedingungen beschädigt, indem einer Person die verdiente Anerkennung verweigert wird, so reagiert der Betroffene darauf im allgemeinen mit moralischen Gefühlen, die die Erfahrung von Missachtung begleiten, also Scham, Wut oder Empörung."[61]

Die von Honneth entwickelte Variante kritischer Theorie geht den Weg zurück zur Kritik der leibhaftigen Gesellschaft, deren Pathologien als Verzerrungen und Defizite im Bereich sozialer Anerkennung analysiert werden. Um diese Idee einer normativ gehaltvollen Zeitdiagnose durch empirisch gegebene Formen der Missachtung von Anerkennungsbeziehung zu stützen, unterscheidet Honneth zwischen drei Mustern wechselseitiger Anerkennung: zum einen jene emotionale Zuwendung im intimen Raum der Liebes- und Freundschaftsbeziehungen; zum anderen die rechtliche Anerkennung als Person, die ihre eigenen legitimen Interessen vertritt;

---

[60] Ebd., S. 25; vgl. Klaus Roth, Neue Entwicklungen der kritischen Theorie, in: Leviathan, Nr. 3 (1994), S. 422 ff.

[61] Axel Honneth, Die soziale Dynamik von Mißachtung, a. a. O., S. 100; vgl. auch Axel Honneth, Zwischen Aristoteles und Kant. Skizze einer Moral der Anerkennung,, in: ders.: Das Andere der Gerechtigkeit, Frankfurt am Main 2000, S. 180 ff., sowie Axel Honneth, Kampf um Anerkennung, Frankfurt am Main 1994. Hier versucht der Autor erstmals, sein anerkennungstheoretisches Konzept auf dem Boden der Hegelschen Anerkennungslehre gemäß den Jenaer Schriften zu entwickeln.

schließlich die soziale Wertschätzung von persönlichen Leistungen, durch die die Gesellschaftsmitglieder ihr spezifisches Können unter Beweis stellen. Dieses Konzept von Gesellschaftskritik beansprucht, die moralischen Erfahrungen zu thematisieren, die die Subjekte bei der Missachtung ihrer Ansprüche auf Emotionalität, Rechtssicherheit und Wertachtung machen.[62]

Es besteht kein Zweifel: Honneth hält grundsätzlich an Kritik als einer starken Form von Gesellschaftsanalyse fest. Sie hat die Aufgabe, auch jene sozialen Pathologien der Modernisierung zu diagnostizieren, die noch nicht als aktuelle Konflikte und Krisenerscheinungen manifest und damit handhabbar geworden sind, sondern als latente Anomien zu sichtbaren Störungen und Gefährdungen, verzerrten Sichtweisen und falschen Selbsteinschätzungen führen können. Um diese verborgene Dimension sozialer und kultureller Defizite sichtbar zu machen, bedarf es einer radikalen Neubeschreibung der gewohnten Lebenszusammenhänge, die den Betroffenen die Augen für das zu öffnen in der Lage ist, worunter sie bewusst oder unbewusst leiden. Diese Form der welterschließenden Kritik, für die Honneth bekanntlich die *Dialektik der Aufklärung* als prototypisches Beispiel anführt, überzeuge nicht so sehr durch ihre normative und rationale Begründung, sondern durch ihre Ausdrucksweise. Ihr Zweck sei es, zu einer Veränderung der sozialen Lebenspraxis beizutragen.

Dieses ganz spezifische Kritikmodell, das Honneth durchaus verteidigt, hat er dadurch zu ergänzen und zu erweitern versucht, dass er die von Horkheimer, Adorno und Habermas praktizierte Methode der Rekonstruktion als immanentes Kritikverfahren mit der genealogischen Denkweise verknüpft. Rekonstruktion deutet er als eine immanente Methode, die die in der Gesellschaft eingelassenen, aber unterdrückten emanzipativen Ideale freizulegen erlaubt. Sie können dann als Bezugspunkte der „kontexttranszendierenden" Kritik zur Anwendung kommen, weil sich in ihnen der historisch erreichte Stand gesellschaftlicher Vernunft bzw. möglicher Freiheitsgrade ausdrückt. Mit Genealogie verbindet er den auf Nietzsche zurückgehenden Versuch, „eine gesellschaftliche Ordnung in der Weise zu kritisieren, daß von ihren bestimmenden Idealen und Normen historisch nachgewiesen wird, bis zu welchem Grade sie bereits zur Legitimierung einer disziplinierenden oder repressiven Praxis herangezogen werden"[63].

---

[62] Klaus Roth fragt zu Recht: „Ob sich die Anerkennungslehre unabhängig von ihrem bewusstseins-philosophischen Fundament entwickeln lässt, bleibt bislang eine offene Frage. Das menschliche Anerkennungsstreben befriedigt sich auch heute nur in den widerspruchsfreien und unproblematischen Formen des geselligen Verkehrs, der ungezwungenen Konversation, der Liebe, Freundschaft, Solidarität etc. Es äußert sich nicht nur in unterschiedlichen Arten der Kooperation, der diskursiven Willensbildung und der herrschaftsfreien Kommunikation, sondern verwirklicht sich auch weiterhin und vorwiegend in unerfreulichen Aktivitäten und wenig harmonischen Umgangsformen" (a. a. O., S. 442).
[63] Honneth, Rekonstruktive Gesellschaftskritik unter genealogischem Vorbehalt, a. a. O., S. 733 und 735.

Somit stellt Honneth neben das Konzept einer *welterschließenden*, sozialphilosophischen Kritik, die eingespielte Werthorizonte zu überschreiten und aufzuheben versucht, das immanent *rekonstruktive* und das *genealogische* Prinzip. Während dieses die Gesellschaft an ihre eigenen Ideale und deren Verfehlungen erinnert, weist jene den Umschlag der Ideale in herrschaftsstabilisierende Praktiken nach: „Insofern kreist eine Gesellschaftskritik, die aus der Dialektik der Aufklärung gelernt hat, die ihr zur Verfügung stehenden Normen von zwei Seiten aus gleichzeitig ein: einerseits müssen sie dem Kriterium genügen, als sozial verkörperte Ideale zugleich Ausdruck der gesellschaftlichen Rationalisierung zu sein; andererseits müssen sie aber auch daraufhin geprüft sein, ob sie in der sozialen Praxis überhaupt noch ihren ursprünglichen Bedeutungsgehalt besitzen. Keine Gesellschaftskritik ist daher heute mehr möglich, die nicht auch genealogische Forschungen im Sinne eines Detektors benutzt, um die sozialen Bedeutungsverschiebungen ihrer leitenden Ideale aufzuspüren."[64]

Auch wenn diese begriffliche Differenzierung es erlaubt, die distinkten Modi der Kritik in kritischen Theorien präziser zu fassen, um so ihre jeweilige Grenze und Reichweite, ihre rationale Begründbarkeit zu prüfen, so bleibt doch zunächst noch offen, in welchem Verhältnis welterschließende, rekonstruktive und genealogische Kritik stehen.

Ausblick: Ein Erbe nutzbar machen

Trotz der Versuche einer Überwindung der älteren Kritischen Theorie von Horkheimer und Adorno durch Habermas und Honneth gibt es auffällige Kontinuitäten. So besteht das Kritische in den verschiedenen Gesellschaftstheorien in der Sensibilität für die sozialen Missstände und für das Ungerechte. So wie Horkheimer auf Kritik als moralischer Einsicht besteht, die sich im Mitleid manifestiert, so wie Adorno mit seiner Kritik dem realen Leiden in der Geschichte zum Ausdruck verhelfen will, bezieht Habermas sein Denken auf die negative Idee der Abschaffung von Diskriminierung und Leid. Kaum anders versteht Honneth kritische Theorie als moralisch motiviertes Denken, das im wesentlichen darauf zugeschnitten sein muss, alle erdenklichen Formen der Missachtung und Demütigung auszuschließen.

Obwohl diese auffälligen Übereinstimmungen bezüglich des ‚moral point of view' ins Augen fallen, kann von ‚Kritischer Theorie' nur noch im Plural die Rede sein. Denn sie hat sich im Laufe von mehr als einem halben Jahrhundert in unterschiedlichen Typen der Kritik ausdifferenziert. Während die ältere Gesellschaftskritik auf einen geschichtlichen Zustand zielt, in dem man, wie es Adorno

---

[64] Ebd., S. 737.

formuliert hat, „ohne Angst verschieden sein kann"[65], stehen bei Habermas und Honneth die Kritik der Verständigungs- bzw. Anerkennungsverhältnisse im Zentrum gesellschaftstheoretischer Reflexion. Welche Perspektive für die Weiterentwicklung kritischer Theorie resultiert aus dieser Heterogenität? „Soweit die gesellschaftlichen und politischen Strukturen noch immer die alten sind, empfiehlt es sich, die Einsichten der *Alten* festzuhalten und ihre Analysen fortzuführen. Soweit sie sich geändert haben, werden neue theoretische Bemühungen erforderlich, die an die Vorgabe der Klassiker anknüpfen können. Anstatt die früheren Varianten vorschnell als ‚überholt' zu etikettieren und unbesehen zu verabschieden, sollten *alle* Ansätze ‚aufgehoben' und weitergeführt werden. Anstatt die einzelnen Autoren gegeneinander auszuspielen, sollte sich die kritische Theorie auf die *ganze* Tradition beziehen."[66]

Gegenüber der älteren Kritischen Theorie sind die jüngeren Varianten erheblich vorsichtiger, was die politisch-praktischen Dimensionen von Kritik betrifft. Gerade Habermas besticht hier durch Bescheidenheit. Er weigert sich, den Wissenschaften eine privilegierte Rolle zuzuerkennen. Aus eigener Kraft kann die Gesellschaftskritik die Welt nicht verändern, auch wenn es sich um eine begrifflich bis ins Letzte ausdifferenzierte Gesellschaftskritik handelt. In der Tat: es gibt keinen Weltgeist, zu dem die Vertreter kritischer Theorie privilegierten Zugang hätten und auf den sie sich berufen könnten. Die Schlüsselattitüde eines Sonderwissens, einer Sonderstellung des kritischen Kritikers, muss ebenso aufgegeben werden wie es keinen Anlass dafür gibt, dass das notwendige Weiterdenken der Kritischen Theorie dazu führt, entweder denunziatorisch oder prinzipiell harmlos zu sein.

---

[65] Adorno, Minima Moralia, a. a. O., S. 116.
[66] Klaus Roth, Neue Entwicklungen der kritischen Theorie, in: Leviathan, Nr. 3, 1994, S. 422–445, S. 444 f.

Das utopische Bewusstsein in zwei Frankfurter Soziologien: Wissenssoziologie versus Kritische Theorie

Amalia Barboza

Wenn man heute von der Frankfurter Soziologie spricht, wird gewöhnlich an die „Frankfurter Schule" bzw. das *Institut für Sozialforschung* gedacht. Zu Beginn des 20. Jahrhunderts war aber unter „Frankfurter Soziologie" nicht das Institut für Sozialforschung gemeint, sondern das *Soziologische Seminar* von Karl Mannheim. Fritz Neumark wies in seinen autobiografischen Erinnerungen darauf hin, dass es vor allem Karl Mannheim zu verdanken sei, dass sich Anfang der 1930er Jahre die Soziologie in Frankfurt etablieren konnte.[1] Während früher Heidelberg das Zentrum der Soziologie war, sollte mit Mannheim dieses Fach in Frankfurt zu einer „Modewissenschaft" werden.[2] Aufgrund der Machtübernahme durch die Nationalsozialisten wurde Mannheims Karriere in Frankfurt 1933 jedoch abrupt unterbrochen. Die Berühmtheit, die Mannheim in den 1930er Jahren erreicht hatte, geriet schon bald darauf in Vergessenheit. Sein Werk ist sowohl in Deutschland als auch im Ausland stark rezipiert worden; Mannheim gelang es jedoch nicht, eine Schule zu begründen, wie er es sich in seiner Frankfurter Zeit erhoffte. Dass Mannheim in Frankfurt gelehrt hat und seine Soziologie damals als *die* Frankfurter Soziologie galt, ist heute weithin vergessen.

Das *Institut für Sozialforschung* wird eine andere Geschichte schreiben. Dieses wurde 1924 in einem eigenen Gebäude im Universitätsviertel eröffnet[3]. Max Horkheimer bekam 1930 im selben Jahr, in dem Mannheim nach Frankfurt berufen

---

[1] Vgl. Fritz Neumark, Schüler Gerloffs und Privatdozent: Die Zeit von 1925–1933, in: Bertram Schefold (Hrsg.), Wirtschafts- und Sozialwissenschaftler in Frankfurt am Main, 2. erw. Aufl. Marburg 2004, S. 83–92 (hier S. 87 f.).

[2] Vgl. Wolfgang Schievelbusch, Intellektuellendämmerung. Zur Lage der Frankfurter Intelligenz in den zwanziger Jahren, Frankfurt am Main 1982, S. 15; ferner Ulf Matthiesen, Kontrastierung/Kooperationen: Karl Mannheim in Frankfurt (1930–1933), in: Heinz Steinert (Hrsg.) zwei Sozialwissenschaften in Frankfurt und ihre Geschichte, Frankfurt am Main 1989, S. 72.

[3] Die offizielle Gründung des Instituts fand am 3. Februar 1923 statt. Am Anfang benutzte das Institut Räume des Senckenberg-Museums für Naturwissenschaften. Erst im März 1923 begann die Einrichtung eines eigenen Gebäudes in der Viktoriaallee 17. Der Architekt Frank Röchle entwarf ein Haus im Stil der Neuen Sachlichkeit. Am 22. Juni 1924 wurde das Haus eröffnet.

wurde, die Leitung des Instituts für Sozialforschung übertragen. Erst um Horkheimer bildete sich dann die Gruppe, die heute als „Frankfurter Schule" bekannt ist,
wobei die Bezeichnung „Frankfurter Schule" eine Fremdbezeichnung ist, die erst
im Laufe der 1950er Jahre mit der Rückkehr der Gruppe nach Frankfurt entstand.[4]
    Das Institut für Sozialforschung hatte in den 1930er Jahren noch nicht die
Bekanntheit in der Soziologie erreicht, die es heute international genießt. Diese
Gruppe formierte sich aber in diesen Jahren, und in dieser Gründungsgeschichte
der „Frankfurter Schule" spielt die Auseinandersetzung mit der „Frankfurter
Soziologie" Karl Mannheims eine wichtige Rolle. Wie sah es mit diesen beiden
Soziologien aus? In welcher Beziehung standen sie zu einander? Bekannt ist,
dass sich diese beiden Frankfurter Soziologien in den 1930er Jahren in einem
Konkurrenzkampf befanden und sich dadurch als entgegengesetzte Schulen
verstanden. Heute werden diese sowohl in den Büchern zur Geschichte der deutschen Soziologie und zur Soziologie in Frankfurt als auch im Selbstverständnis
vieler Frankfurter Soziologinnen und Soziologen tatsächlich als entgegengesetzte
Soziologien angesehen.[5]
    In diesem Aufsatz beschäftige ich mich mit der Frage, ob die Polarisierung
zwischen der *Kritischen Theorie* und der *Wissenssoziologie* in dieser scharfen Form
überhaupt gerechtfertigt ist. Ich möchte zeigen, dass sich beide Soziologien trotz
ihrer Unterschiede in vielen Aspekten nahe standen. Beide vertraten eine Soziologie, die sich nicht auf die Analyse des Bestehenden beschränkt, sondern darüber
hinaus die Aufgabe stellt, eine kritische Reflexion über dieses Bestehende mit dem
Ziel auszuüben, an einer besseren Zukunft zu arbeiten. Bevor ich zu einer Analyse
der Rolle des utopischen Bewusstsein bei Karl Mannheim und Marx Horkheimer
übergehe, möchte ich kurz die kritische Auseinadersetzung der „Frankfurter Schule"
mit Mannheims Wissenssoziologie vorstellen, um zu zeigen, wie Mannheim von
der „Frankfurter Schule" als Gegenspieler rezipiert worden ist. Anschließend soll
gezeigt werden, dass sich die Gegnerschaft zwischen diesen beiden Frankfurter
Soziologien durch einige Gemeinsamkeiten relativieren lässt.

---

[4] Vgl. Helmut Dubiel, Kritische Theorie der Gesellschaft. Eine einführende Rekonstruktion von den
Anfängen im Horkheimer-Kreis bis Habermas, Weinheim/München 2001, S. 12.
[5] Es ist bei den Interviews, die wir im Wintersemester 2007/08 geführt haben, deutlich geworden,
dass die Polarisierung zwischen Mannheims Wissenssoziologie und der Kritischen Theorie auch
heute noch betont wird.

Die kritische Auseinandersetzung der „Frankfurter Schule" mit Mannheims Wissenssoziologie

In den 1930er Jahren arbeiteten Mannheim und Horkheimer im selben Haus an der Viktoriaallee 17 in Frankfurt am Main.[6] Die zwischen beiden bestehende Konkurrenzbeziehung machte Kooperationen beinahe unmöglich. Bekannt ist, dass diese Konkurrenz ihre erste explizite Äußerung in einem kritischen Aufsatz fand, den Horkheimer kurz vor der Ernennung zum Direktor des Instituts für Sozialforschung über Mannheims Soziologie geschrieben hatte. Dieser Aufsatz wurde unter dem Titel „Ein neuer Ideologiebegriff?" 1930 in der damaligen Zeitschrift des Instituts veröffentlicht.[7] Horkheimer kritisierte Mannheims „totalen Ideologiebegriff", ein Begriff, den Mannheim in einem Kapitel seines Buches *Ideologie und Utopie* eingeführt hatte. Der Aufsatz stellt eine Rezension dieses Buches dar, das Mannheim 1929 veröffentlichte und das von vielen Soziologen unterschiedlicher Provenienz scharf kritisiert wurde.[8] Horkheimer wies in diesem Aufsatz darauf hin, dass Mannheim mit seinem neutralen und totalen Ideologiebegriff eine idealistische Soziologie vertrete, die darum bemüht sei, verschiedene Denkstile aufzudecken, ohne der Frage nachzugehen, welche von ihnen auf einem ideologischen, d. h. falschen Bewusstsein gründen und welche nicht, da von Mannheim alle Denkstile als ideologisch betrachtet werden. Mit dieser Neutralisierung des Ideologiebegriffes werde aber der Marxsche Begriff der Ideologie ins Gegenteil verkehrt. Marx wolle die Welt ändern, Mannheim dagegen nur eine holistische Sicht der Welt, d. h. eine metaphysische Einheit herstellen, die von ihm als „totale Ideologie", „Weltanschauung" oder „Stil" bezeichnet wird. Mannheim biete mit seinem totalen Ideologiebegriff bloß eine holistische Kategorie und vertrete mit seinem Konzept einer „freischwebenden Intelligenz", welche die Möglichkeit habe, in die Pluralität von Denkstilen Ordnung zu bringen, nur eine harmonisierende und affirmative Haltung. In der Sprache des späteren Horkheimer kann man pointieren: Mannheim vertrete keine „kritische Theorie", sondern eine „traditionelle

---

[6] Das Institut für Sozialforschung hatte sich in den ersten Verhandlungen mit dem preußischen Ministerium für Erziehung und der Stadt Frankfurt 1923 damit einverstanden erklärt, für zwei Professuren der Wirtschafts- und Sozialwissenschaftlichen Fakultät entsprechende Räume in der ersten Etage seines Institutsgebäudes zur Verfügung zu stellen. Mannheim hatte bei seiner Berufung eigene Räume für sein Soziologisches Seminar beantragt, da er „von den Gesamtinstitutionen ‚Institut für Wirtschaftswissenschaften'" getrennt bleiben wollte. Er bekam zu diesem Zweck einen Teil der ersten Etage des Horkheimerschen Institutsgebäudes. Vgl. Karl Mannheim, Mannheim Károly levelezése 1911–1946, hrsg. v. Éva Gábor, Budapest: Lukács Archívum 1996, S. 38.
[7] Max Horkheimer, Ein neuer Ideologiebegriff?, in: Archiv für die Geschichte des Sozialismus und der Arbeiterbewegung, 15. Jg. 1930, S. 33–56.
[8] Siehe zu dieser Diskussion Volker Meja/Nico Stehr (Hrsg.), Der Streit um die Wissenssoziologie, Frankfurt am Main 1982.

Theorie". Horkheimer wies im Gegensatz zu dieser Art affirmativer Soziologie auf die Notwendigkeit hin, die Welt nicht nur verstehen zu wollen, sondern auch zu kritisieren, um an ihrer Veränderung mitarbeiten zu können.

Der Text „Ein neuer Ideologiebegriff?" präsentiert die erste Phase der Kritik der „Frankfurter Schule" an Mannheims Wissenssoziologie.[9] Allein schon in Anbetracht der wenigen Publikationen, die Horkheimer in dieser Zeit und auch später vorlegte, kann man die zentrale Bedeutung dieses kritischen Aufsatzes verstehen. Seine Dissertation und die Rezension von Mannheims Buch *Ideologie und Utopie* waren damals im Wesentlichen seine veröffentlichten Arbeiten.[10] Die Konkurrenzfigur „Mannheim" spielt aber für das Institut für Sozialforschung nicht nur in den 1930er Jahren eine wichtige Rolle. Mannheim behielt diese Funktion auch während der Emigrationszeit und sogar noch nach der Rückkehr der „Frankfurter Schule" ins Nachkriegsdeutschland bei. Mannheim wird stets als Antipode der Kritischen Theorie dargestellt und weitgehend in dieser Rolle wahrgenommen. Er wird als Gegenspieler der Kritischen Theorie behandelt, wobei dieser Gegenspieler verschiedene Gestalten annahm.

Gemäß dem kritischen Aufsatz von Horkheimer verkörpert Mannheim als holistischer und idealistischer Denker („totaler Ideologiebegriff") und als unkritischer und harmonisierender Intellektueller („freischwebende Intelligenz") den ideologischen Feind. Kurz nach der Emigration erweiterte Adorno in einem zwischen 1934 und 1938 mehrmals überarbeiteten Aufsatz die Eigenschaften des Feindes Mannheim. Dieser Aufsatz sollte in der *Zeitschrift für Sozialforschung* veröffentlicht werden, wurde aber erstmals in Adornos Nachlass publiziert.[11] Hier wird Mannheim als

---

[9] Man kann auch Marcuses Aufsatz von 1929 über Mannheims Wissenssoziologie als eine frühe kritische Auseinandersetzung ansehen. Vgl. Herbert Marcuse, Zur Wahrheitsproblematik der soziologischen Methode, in: Die Gesellschaft 2 (1929), S. 356–369. Als Marcuse diesen Text schrieb, war er noch nicht Mitglied des Instituts für Sozialforschung. Martin Jay hat zu Recht herausgestellt, dass in dieser antizipatorischen Kritik von Marcuse eine positive Auseinandersetzung mit Mannheims Wissenssoziologie stattfand. Vgl. Martin Jay, The Frankfurt School Critic of Mannheim and the Sociology of Knowledge, in: Telos 20 (1974), S. 79. Marcuse lobt zum Beispiel, dass Mannheim das Problem der Beziehung zwischen Theorie und Praxis wieder aufnimmt.

[10] Horkheimer hatte seine Dissertation *Zur Antinomie der teleologischen Urteilskraft* 1922 und seine Habilitation *Über Kants Kritik zur Urteilskraft* 1925 veröffentlicht. Nach dem Aufsatz „Ein neuer Ideologiebegriff?" veröffentlichte er 1930 das Buch *Anfänge der bürgerlichen Geschichtsphilosophie* und erfüllte damit die Voraussetzung, ordentlicher Professor für Philosophie sowie Direktor des Instituts für Sozialforschung werden zu können. Vgl. Zvi Rosen, Max Horkheimer, München 1995, S. 29 f. Aus Horkheimers unveröffentlichten Manuskripten wissen wir, dass er Ende der 1920er Jahre an einigen soziologischen Schriften arbeitete. Ein Text aus einer geplanten, aber nicht ausgeführten Schrift mit dem Arbeitstitel „Wissenssoziologie oder Historischer Materialismus" ist noch erhalten geblieben. Vgl. Max Horkheimer, Zur Geschichte der Soziologie von Machiavelli bis Saint-Simon (Fragment), in: Gesammelte Schriften, Bd. 11, Frankfurt am Main 1989, S. 189 ff.

[11] Theodor W. Adorno, Neue wertfreie Soziologie. Aus Anlass von Karl Mannheims ‚Mensch und Gesellschaft im Zeitalter des Umbaus' (1937), in: Gesammelte Schriften, Band 20 (I), Frankfurt

elitär und unkritisch bezeichnet, diesmal auch als Idealist, aber gleichzeitig als Positivist und Verfechter des Psychologismus. Auch in Horkheimers programmatischem Text „Traditionelle und kritische Theorie", der 1937 veröffentlicht wurde, spielt Mannheim indirekt eine wichtige Rolle.[12] Sowohl die Positivisten als auch die Idealisten und Metaphysiker werden hier als Vertreter einer traditionellen Theorie in einen Topf geworfen. Hier wird die Wissenssoziologie auch zum Gegenbild der Kritischen Theorie stilisiert, jetzt aber nicht mehr nur aufgrund ihres Idealismus, sondern aufgrund ihres Relativismus. Während die Wissenssoziologie nach Unwahrheit suche, bemühe sich die Kritische Theorie um Wahrheit.[13]

In den 1950er Jahren erscheint in einem kollektivem Artikel über Ideologie, in dem implizit Mannheims Ablehnung des konkreten Ideologiebegriffes „akzeptiert" und übernommen wird, noch eine weitere Auseinandersetzung der „Frankfurter Schule" mit Mannheims Wissenssoziologie.[14] Mannheims totaler Ideologiebegriff wird zwar immer noch als Symptom seines Idealismus und seiner unkritischen Haltung gedeutet.[15] Jedoch wird nicht zuletzt in diesem gemeinsamen Aufsatz deutlich, dass die „Frankfurter Schule" während des amerikanischen Exils in eine pessimistische Phase eintrat, in der eine klare Befürwortung des „wahren Bewußtseins" unmöglich wurde. Trotzdem hält die „Frankfurter Schule" weiterhin an dem Anspruch einer „kritischen Theorie" bei, die sich der Suche nach der Wahrheit verschieben hat.

In den späten Auseinandersetzungen der „Frankfurter Schule" mit Mannheims Soziologie verkörpert Mannheim also nicht mehr den idealistischen, sondern den relativistischen Denker. Auswege aus diesem Relativismus scheint die jetzt eher pessimistisch-kritische Theorie nicht mehr richtig benennen zu können.[16]

---

am Main 1998, S. 13–45. Adorno schrieb seinen Aufsatz zu einem Zeitpunkt, als er noch nicht offizielles Mitglied der „Frankfurter Schule" war und sich in London befand, wo er unter anderem dank Mannheim ein Stipendium bekommen hatte. Mit diesem gegen Mannheim gerichteten Aufsatz verschaffte sich Adorno eine Eintrittskarte in das Institut für Sozialforschung. Erst im Februar 1938 emigrierte er nach Amerika und wurde dort offiziell aufgenommen. Über den gegen Mannheim gerichteten Aufsatz von Adorno siehe Amalia Barboza, Die verpassten Chancen einer Kooperation zwischen der ‚Frankfurter Schule' und Karl Mannheims ‚Soziologischem Seminar', in: Richard Faber und Eva-Maria Ziege (Hrsg.), Das Feld der Frankfurter Kultur- und Sozialwissenschaften vor 1945, Würzburg 2007, S. 63–87.

[12] Marx Horkheimer, Traditionelle und Kritische Theorie (1937), Frankfurt am Main 1970.

[13] Martin Jay, Dialektische Phantasie. Die Geschichte der Frankfurter Schule und des Instituts für Sozialforschung 1923–1950, Frankfurt am Main 1981, S. 88.

[14] Theodor W. Adorno und Max Horkheimer, Beitrag zur Ideologielehre, in: Kölner Zeitschrift für Soziologie VI, 1953–1954, S. 360–375; wieder abgedruckt in: dies., Ideologie. Soziologische Exkurse, Frankfurt am Main 1956, S. 162–181. Siehe auch Max Horkheimer, Ideologie und Handeln, in: Soziologische Exkurse, Band 10, Frankfurt am Main 1962, S. 38–47.

[15] Jay, The Frankfurt School Critic of Mannheim and the Sociology of Knowledge, a. a. O., S. 84.

[16] Martin Jay ist der Meinung, dass die „Frankfurter Schule" am Ende doch einen Ausweg aus dem Relativismus gesehen habe; es gebe nämlich einen archimedischen Punkt, um das Problem, das die

Die „Frankfurter Schule" behielt dennoch das Feindbild Wissenssoziologie bei, indem der Pessimismus mit einer Art metaphysischer Sehnsucht aufgeladen wurde, um so nicht zu sehr in die Nähe des relativistischen Feindes zu geraten. Jedenfalls ist *die kritische Auseinandersetzung der „Frankfurter Schule" mit Mannheims Wissenssoziologie* aufgrund der unterschiedlichen Feindbilder, die Mannheims Soziologie verkörpert, nicht allzu leicht zu schreiben. Die Autoren, die bisher das Verfassen eines solchen Vorhabens versucht haben, weisen darauf hin, dass es in dieser Auseinandersetzung zu einer Simplifizierung von Mannheims Konzept der Wissenssoziologie gekommen sei, in der nur partielle und negative Seiten seiner Soziologie hervorgehoben wurden.[17] Hätte keine Konkurrenz geherrscht, hätten vielleicht nicht so sehr die Unterschiede, sondern die Ähnlichkeiten vorgeherrscht und doch zu möglichen Kooperationen zwischen Mannheims Soziologischen Seminar und dem Institut für Sozialforschung geführt.[18] In Wirklichkeit setzte sich aber die Konkurrenz durch, und so ist auch diese in die Geschichte der Soziologie eingegangen.

Egal, in welcher Form Mannheims Wissenssoziologie vom Institut für Sozialforschung „entlarvt" wurde (als Idealismus, als Positivismus, als Relativismus): sie wird diese auf jeden Fall immer als eine „traditionelle Theorie" bekämpfen, d.h. als eine Theorie, welche das bloß Bestehende untersucht, ohne dieses zu kritisieren oder sich Gedanken über eine bessere Zukunft zu machen. Ist das tatsächlich bei Mannheim der Fall? War Mannheims Soziologie eine, in der nur Denkstile analysiert wurden, ohne Kritik zu äußern oder ohne das Bestreben, das Bestehende in eine neue Richtung lenken zu wollen? Sieht man sich Mannheims wissenssoziologische Arbeiten an, die während seines Aufenthaltes in Deutschland entstanden sind, wird oft deutlich, dass er sich tatsächlich mehr auf die Analyse von Stilen, meist Denkstilen, konzentriert hatte und sich nur an wenigen Stellen zu einer bestimmten Richtung bekannte. Es gibt mit Sicherheit einen großen Unterschied zwischen der

---

Wissenssoziologie anspricht, zu lösen. Um mit dem falschen Bewusstsein aufzuräumen, sei nicht die harmonisierende Totalität durch die freischwebende Intelligenz oder das parteiliche Totalitätsbewußtsein des Proletariats erforderlich, sondern eine „reconciled totality that will accompany the end of the story" notwendig (ebd., S. 88). Jay bezieht sich hierbei auf den *Angelus Novus* von Paul Klee, der durch Walter Benjamins Geschichtsphilosophie bekannt wurde. Der Engel kann die Wahrheit sehen, wir dagegen nur Fragmente derselben. Jay ist sich aber seiner eigenen Interpretation nicht so sicher, da er gleichzeitig bemerkt, dass die „Frankfurter Schule" am Ende mehr eine Art kantianischen Agnostizismus vertrat, so dass das Problem der Wissenssoziologie eigentlich „has not yet been convincingly refuted" (ebd., S. 89).

[17] Vgl, Jay, Dialektische Phantasie. Die Geschichte der Frankfurter Schule und des Instituts für Sozialforschung 1923–1950, a.a.O.; The Frankfurt School Critic of Mannheim and the Sociology of Knowledge, a.a.O.; Eckart Huke-Didier, Die Wissenssoziologie Karl Mannheims in der Interpretation durch die Kritische Theorie – Kritik einer Kritik, Frankfurt am Main 1985.

[18] Vgl. Barboza, Die verpassten Chancen einer Kooperation zwischen der ‚Frankfurter Schule' und Karl Mannheims ‚Soziologischem Seminar', a.a.O.

offenen und selbstreflexiven Haltung von Mannheims Wissenssoziologie und der sehr bestimmenden Haltung von Horkheimers Ideologiekritik. Dennoch kann man nicht sagen, dass Mannheim eine Soziologie vertrat, welche die Entpolitisierung der Soziologie rechtfertigt. Gerade mit seiner Wissenssoziologie eröffnete er eine neue Auseinandersetzung mit dem Problem der Beziehung zwischen Theorie und Praxis. Und anders als die Vertreter einer „wertfreien" Soziologie war Mannheim sehr wohl der Meinung, dass eine Ausschaltung von Werturteilen in der Wissenschaft unmöglich und außerdem nicht wünschenswert sei. Gerade mit seiner Wissenssoziologie zeigte Mannheim, dass in der Forschung immer Werte und Werturteile präsent sind und dass sich die wissenssoziologische Forschung die Aufgabe stellt, diese Seinsgebundenheit zu analysieren. Diese Seinsgebundenheit solle nicht ausgeklammert oder künstlich ausgeschaltet werden, sondern Mannheim plädierte mit seiner Wissenssoziologie dafür, diese Seinsgebundenheit bewusst zu reflektieren. Die Wissenssoziologie wird von Mannheim insofern als eine selbstreflexive Instanz der Soziologie verstanden. Durch diese Selbstreflexion soll dem Soziologen bewusst werden, welche Standpunkte er in seinen wissenschaftlichen Arbeiten vertritt. Welche Position hatte Mannheim in der Soziologie vertreten? War diese der Position der „Frankfurter Schule" entgegengesetzt? Es lassen sich bestimmte Stellen hervorheben, an denen Mannheim sich dem Konzept einer Kritischen Theorie mehr angenähert hat als es dem Institut für Sozialforschung aufgrund der bestehenden Konkurrenz lieb gewesen sein konnte.

Das utopische Bewusstsein in der Wissenssoziologie

Die Kritik, welche die „Frankfurter Schule" an Mannheim übte, hat einen starken Einfluss auf das Bild der Wissenssoziologie gehabt, welches wir noch heute überwiegend vorfinden. Die zentralen Überlegungen, die gemäß der „Frankfurter Schule" Mannheims Soziologie kennzeichnen, sind bis heute in der Rezeptionsgeschichte seines Werkes von vorherrschender Bedeutung. Die beiden wichtigsten davon sind die eines metaphysischen, „totalen Ideologiebegriffs" und die einer harmonisierenden „freischwebenden Intelligenz". Diese beiden Lesarten beziehen sich auf zwei Kapitel von *Ideologie und Utopie*, während ein drittes Kapitel, in dem Mannheim die Möglichkeit einer Soziologie entwickelt hatte, die mit der soziologischen Position des Institutes besser in Einklang hätte gebracht werden können, nicht rezipiert worden ist.[19]

---

[19] Vgl. Karl Mannheim, Ideologie und Utopie, Frankfurt am Main, Bonn 1929 (= Schriften zur Philosophie und Soziologie, begründet von Max Scheler, hrsg. v. Karl Mannheim, Band III), hier zitiert nach Karl Mannheim, Ideologie und Utopie, Frankfurt am Main 1995.

Im ersten Kapitel des Buches *Ideologie und Utopie* präsentiert Mannheim in einer Zeit der Pluralität von Denkstilen und Ideologien tatsächlich eine relativistische Lösung des Problems der Wahrheitsfindung. Der totale Ideologiebegriff bewirkt eine „Radikalisierung" der Ideologiekritik, indem Mannheim zeigt, dass *alle* Denkstandpunkte seinsgebunden sind und dadurch *alle* auf eine bestimmte Weise einen ideologischen Gehalt implizieren. Diese „Radikalisierung" bewirkt, wie Horkheimer zu Recht argumentiert, zugleich eine Relativierung des Ideologiebegriffs, da man nicht mehr zwischen ideologischem und nicht ideologischem Bewusstsein unterscheiden kann. In einem weiterem Kapitel des Buches *Ideologie und Utopie*, das den Titel „Ist Politik als Wissenschaft möglich?" trägt, entwickelt Mannheim dagegen ein anderes Konzept und bietet eine harmonische Lösung des Problems des Stilpluralismus an. Der von Alfred Weber stammende Begriff der „freischwebenden Intelligenz" wird hier eingeführt. Die Intelligenz, die aufgrund ihrer zeitbedingten sozialen Entwurzelung Mannheim zufolge eine *relative* freischwebende Haltung gegenüber den verschiedenen weltanschaulichen Standorten einnehmen kann, bekommt von ihm die Aufgabe zugesprochen, eine Synthese der entgegengesetzten Ideologien und Standorte herzustellen. Wenn man nur dieses Kapitel betrachtet, kann man Mannheim zu Recht für einen harmonisierenden Denker halten. Mannheim hatte das Kapitel explizit als eine harmonische Lösung konzipiert und war sich des Problems dieser Haltung selbst auch bewusst. Dies wird in einem anderen Kapitel deutlich, in dem sich Mannheim ausdrücklich gegen diese harmonische Lösung wendet und eine andere Haltung vertritt. In dem Kapitel „Das utopische Bewußtsein" entwickelt Mannheim eine soziologische Position, die für das Aufbewahren eines „utopischen Bewußtseins" plädiert, welches das Bestehende nicht nur analysiert, sondern danach trachtet, dieses in einen besseren Zustand überzuführen.

Man fragt sich heute bei der Lektüre von *Ideologie und Utopie*, wieso Mannheim mit diesen entgegengesetzten Konzepten arbeitet. Man kann dies als extrem widersprüchliche Haltung kennzeichnen und man könnte sich beim Lesen dafür entscheiden, die Komplexität zu ignorieren und nur einige der Vorschläge von Mannheim wahrzunehmen und andere auszuklammern. Es wird dadurch verständlich, wieso Mannheim für die „Frankfurter Schule" unterschiedliche Feindbilder verkörperte. Die „Frankfurter Schule" hatte in ihrer kritischen Auseinandersetzung mit Mannheims Buch die Möglichkeit gehabt, zwei der Haltungen, die dieser in *Ideologie und Utopie* vertreten hatte, als entgegengesetzte Haltungen zur Kritischen Theorie anzugreifen, während der Teil, der mehr zu ihrem Bereich gepasst hätte, ausgeklammert wurde. Wie soll man dann Mannheims Buch *Ideologie und Utopie* verstehen, wenn man nicht in eine solch eingleisige Rezeption verfallen möchte?

Man bekommt in einer Fußnote Klarheit über Mannheims Vorgehensweise, in der er erklärt, dass er in *Ideologie und Utopie* ein Experiment mit verschiedenen Möglichkeiten des Umgangs mit der Pluralität von Denkstilen anbieten möchte, weil diese drei Möglichkeiten um seine eigene Person kreisen.[20] Mannheim entschied sich also nicht für eine Möglichkeit, sondern bot dem Leser im Gegenteil alle drei Möglichkeiten gleichzeitig an und betonte dabei, dass es ihm darum gehe, nicht die widersprüchlichen Wege, die sich in einem Denker äußern, zu retuschieren, sondern im Gegenteil darum, diese in einer „essayistisch-experimentierenden Denkhaltung" systematisch zum Ausdruck zu bringen.[21] Die verschiedenen Kapitel von *Ideologie und Utopie* werden als Studien vorgestellt, die zu verschiedenen Zeiten geschrieben worden sind.[22] Alle Studien beziehen sich auf das gleiche Problem: Wie soll man in einer Zeit, in der es einen Pluralismus von Weltanschauungen gibt, mit diesem Pluralismus umgehen? Wie kann der Mensch in einer Zeit, in der er von dieser Pluralität erfahren hat, denken und leben?

Die drei Studien bzw. die drei Kapitel des Buches geben verschiedene Antworten, indem das Problem des Stilpluralismus „jeweils in einem neuen Zusammenhang und daher in einem neuen Licht" dargestellt wird. Das erste Kapitel bietet eine relativistische Lösung an, das zweite Kapitel eine harmonisch-synthetische Lösung und erst im dritten Kapitel wird eine aktivistische und utopische Lösung angeboten, welche sich mit der Pluralität von Denkstilen nicht zufrieden gibt und auch nicht mit dynamisch-harmonischen Synthesen, sondern versucht, sich vom Ideologischen zu befreien und ein richtiges Bewusstsein zu finden.[23] Das dritte Kapitel ist besonders interessant, da hier klar wird, dass Mannheim mit seiner Wissenssoziologie einen Ansatz vertritt, der ebenfalls nach einer kritischen und befreienden Soziologie strebt. Mannheim sucht in diesem dritten Kapitel weder nach Stabilität noch nach einer gemeinsamen Basis, sondern nach der Möglichkeit,

---

[20] In der späteren Rezeption von Mannheims Buch *Ideologie und Utopie* wurde oft auf diesen experimentellen Charakter verwiesen (siehe u. a. David Kettler/Volker Meja, Karl Mannheim and the Crisis of Liberalism: „The Secret of these New Times". New Brunswick 1995, S. 8, S. 212). Diese Fußnote zur Bedeutung des Experiments wurde bisher wenig beachtet. Zur Logik des Buches, das in dieser versteckten Fußnote zum Ausdruck kommt, siehe Amalia Barboza, Kunst und Wissen. Die Stilanalyse in der Soziologie Karl Mannheims, Konstanz 2005, S. 218 ff. sowie Barboza, Karl Mannheim, Konstanz 2009, S. 89 ff. Zur experimentellen Soziologie Mannheims vgl. Felicia Herrschaft, Experimentelle Öffentlichkeit. Eine qualitativ-interpretative Untersuchung über Ausdrucksformen und Handlungsweisen bildender Künstler_innen, Frankfurt am Main 2010 (im Erscheinen).

[21] Karl Mannheim, Ideologie und Utopie, a. a. O., S. 47.

[22] Ebd.

[23] Die Fußnote lautet: „In diesem Zusammenhang sei darauf aufmerksam gemacht, daß im zweiten Teil des Buches die sogenannten relativistischen Möglichkeiten der gleichen Begriffe, im vierten Teil die aktivistisch-utopischen Elemente, und im letzten Teil die Tendenz zu einer harmonisch-synthetischen Lösung der gleichen fundamentalen Streitfragen in den Vordergrund treten" (Karl Mannheim, Ideologie und Utopie, a. a. O., S. 47, Anm. 10). Die Gliederung der Kapitel, die Mannheim in dieser Fußnote präsentiert, entspricht nicht der Gliederung der veröffentlichten Arbeit. Es lässt sich jedoch klar erkennen, dass das Kapitel „Ideologie und Utopie" eine relativistische Möglichkeit präsentiert, das Kapitel „Ist Politik als Wissenschaft möglich?" die harmonisch-synthetische Möglichkeit und das Kapitel „Das utopische Bewußtsein" die aktivistisch-utopische Möglichkeit.

die bestehende Wirklichkeit sprengen zu können, um eine andere möglich zu machen: „incipit vita nova" (Ernst Bloch). Unterscheidungen, die in den anderen Kapiteln von *Ideologie und Utopie* gemacht werden, scheinen hier nicht mehr zu gelten. Der Begriff „totale Ideologie" taucht zum Beispiel nicht mehr auf, man hat eher den Eindruck, dass Mannheim einen Ideologiebegriff im Sinne des konkreten Ideologiebegriffs benutzt: Ideologie wird als eine „Orientierung"[24] definiert, die sich mit der Wirklichkeit nicht in Deckung befindet. Der Mensch, der in einem ideologischen Bewußtsein befangen ist, befindet sich bewusst oder unbewusst nicht in Übereinstimmung, sondern in „Inkongruenz" mit der Wirklichkeit.[25]

In der Utopie geht es ebenfalls um eine Orientierung, die sich mit der Wirklichkeit nicht in Deckung befindet. Während aber Ideologien Vorstellungen sind, die nicht mit der Wirklichkeit in Deckung sind und *niemals* „zur Verwirklichung" kommen werden, sind Utopien dagegen Vorstellungen, die darauf gerichtet sind, „die historische Seinswirklichkeit durch Gegenwirkung in der Richtung der eigenen Vorstellung zu transformieren".[26] Ein utopisches Bewusstsein, das die bestehende Realität sprengt und eine eigene adäquate Realität herstellt, könnte also, anders als die Ideologie, zu einem „geklärten Bewußtsein"[27] werden. Diese begrifflichen Unterscheidungen zwischen *Ideologie* und *Utopie* scheinen am Anfang des Kapitels klar definiert zu werden. Doch in der Bestimmung dessen, was in concreto als Ideologie und Utopie zu bezeichnen ist, treten dann Schwierigkeiten auf. Hier wird deutlich, dass Mannheim wieder die Position des Wissenssoziologen einnimmt, der nicht sofort nach dem richtigen Utopiebegriff sucht, sondern zuerst den Weg einschlägt, die verschiedenen Auffassungen von Utopie je nach Standort zu analysieren. Und dabei wird klar, dass jeder Standort um die Durchsetzung eines bestimmten „Utopiebegriffs" kämpft. In diesem Kampf um die Bestimmung dessen, was „richtige" Utopien sind, werden nicht nur Utopien zu Ideologien gemacht, sondern auch „Gegenutopien" entworfen, die dann nicht mehr zu einer gemeinsamen Definition gebracht werden können. Mannheim führt eine wissenssoziologische Analyse der verschiedenen Definitionen von Utopie durch, um auf

---

[24] Mannheim, Ideologie und Utopie, a. a. O., S. 169.
[25] Ebd., S. 171. Mannheim differenziert hier zwischen verschiedenen Ideologietypen. Eine Form wäre die unbewusste Ideologie: das Subjekt kann die Inkongruenz seiner Vorstellungen mit der Wirklichkeit nicht wahrnehmen. Eine andere Form ist die verdeckte Ideologie: das Subjekt hat die Möglichkeit, die Inkongruenz wahrzunehmen, aber aufgrund vitaler Instinkte bleibt diese verborgen. Eine letzte Form der Ideologie ist die bewusste Ideologie: Das Subjekt ist sich hier des ideologischen Charakters seiner Vorstellung bewusst und nimmt diese aus verschiedenen Gründen an. Die Ideologie wird hier zu einer bewussten Vortäuschung, zu einer bewussten Lüge bzw. Fremdtäuschung.
[26] Ebd., S. 172.
[27] Ebd., S. 171.

diesem Weg „eine umsichtigere Lösung" zu finden, um die „Einseitigkeiten" zu überwinden.[28]

Am Ende dieser Analyse bekommt der Leser nicht die versprochene Lösung. Mannheim bekennt sich nicht zu einer dieser Utopiekonzeptionen und er findet auch nicht in einer Synthese die Lösung, wie er sie im vorherigen Kapitel gefunden hatte. Im Gegenteil, die synthetisch-harmonische Lösung wird hier ausdrücklich kritisiert. Solche Synthesen werden von Mannheim in diesem Kapitel als trockene Lösungen bezeichnet. Die Utopie verliere ihre Kraft und ihre Totalsicht zugunsten einer parlamentarischen Praxis. Und auch der soziologische Blick, der nach der Standortgebundenheit der Utopiekonzeptionen sucht, wird hier kritisiert, weil dieser eine schlechte Auswirkung auf die Utopien haben kann: Mit dem Relationieren verliere die Utopie ihre „utopische Intensität".[29] Derjenige, der anfängt, die historischen und sozialen Hintergründe seiner Utopie zu durchschauen, könne nicht mehr mit uneingeschränkter Überzeugung für diese kämpfen. Der wissenssoziologische Blick, der im zweiten Kapitel von *Ideologie und Utopie* geschätzt wurde, wird für die Utopie also zum Verhängnis. Genau dieser Relativismus und Konformismus, den die Mitglieder des Instituts für Sozialforschung an Mannheims Buch *Ideologie und Utopie* kritisiert hatten, bedenkt Mannheim in diesem Kapitel selbst kritisch. Mannheim scheint hier zuzugeben, dass man den wissenssoziologischen Blick ausschalten muss, wenn man die utopische Intensität bewahren möchte. Der Wissenssoziologe, der die utopische Kraft retten möchte, kann sich nicht zugleich als Analytiker der Pluralität und als bloßer Vermittler betrachten, weil er dann Gefahr läuft, zu einem sachlichen und trockenen Wissenschaftler ohne utopischen Willen zu werden.

Welche Lösung bietet Mannheim an, um das Utopische trotz des wissenssoziologischen Blickes retten zu können? Mannheim dekliniert gemäß seiner wissenssoziologischen Methode wiederum verschiedene Möglichkeiten durch. Er untersucht verschiedene Wege, um in seiner Zeit die Utopie zu retten: Eine erste Möglichkeit bietet ihm das Proletariat. Diese noch nicht arrivierte Schicht könnte eine utopische Kraft bewahren. Mannheim sieht aber schon voraus, dass sich auch bei dieser Schicht die utopische Überzeugung in Pragmatismus umwandeln wird, wenn es der Industrialisierung gelingt, dem Proletariat einen relativen Wohlstand zu verschaffen. Eine andere Lösung sieht Mannheim in der Intelligenz. Die Intelligenz wird nun aber nicht wie im vorherigen Kapitel als eine einheitliche Mitte dargestellt, sondern als eine in viele Flügel gespaltene Intelligenz: Eine erste Gruppe der Intelligenz ist nicht freischwebend, sondern befindet sich

---

[28] Ebd., S. 174. Mannheim analysiert in diesem Kapitel vier Standorte: erstens den orgiastischen Chiliasmus der Wiedertäufer, der sich z. B. in Anarchismus umwandeln kann, zweitens die liberal-humanitäre Perspektive, drittens die konservative und viertens die sozialistisch-kommunistische Perspektive.

[29] Ebd., S. 214.

im Bündnis mit dem radikalen Flügel des sozialistisch-kommunistischen Proleta-riats und unterstützt dieses in seinem Kampf (z. B. Georg Lukács). Eine zweite Gruppe der Intelligenz wird skeptisch und vollzieht in der Wissenschaft die Ideo-logiedestruktion. Dies führt aber auch zu einer Destruktion der utopischen Kraft (vgl. Max Weber und Vilfredo Pareto). Von hier aus ist also für Mannheim keine utopische Energie zu erwarten. Eine dritte Gruppe flüchtet in die Vergangenheit und sucht dort das Seinstranszendente. In dieser rückwärtsgewandten Richtung ist für Mannheim ebenfalls keine utopische Kraft zu finden. Die vierte Gruppe entwickelt sich für Mannheim dagegen mehr in Richtung einer freischwebenden Intelligenz, welche die utopische Kraft retten könnte, ohne dieser eine politische Richtung zu geben. Ob er sich hier selbst vertreten sieht? Wenn ja, scheint diese Gruppe sehr vage zu sein. Vielleicht ist es gerade das, was Mannheim selbst befürworten würde. Es handelt sich um eine Gruppe, die vereinsamt ist, die sich dem historischen Prozess aber bewusst aussetzt, ohne sich einer parteigebundenen Radikalität hinzugeben. Diese Gruppe sucht nicht in Parteien, Mythen, Religionen oder in der Vergangenheit das Utopische, sondern bleibt in „jenem ahistorischen Etwas, jenem ekstatischen Punkt [verhaftet], der einst den Mystiker und Chiliasten" beherrscht hatte.[30] Diese Richtung, die in ihrem Tasten sehr vage bleibt, nimmt für Mannheim in Bewegungen wie dem Expressionismus in der Kunst konkrete Gestalt an oder findet Vorläufer, so z. B. in dem Philosophen Søren Kierkegaard. Es wird nichts Konkretes prophezeit, aber mit einem „suchenden Instinkt" die Zukunft gesucht.[31]

Mannheim lässt also in diesem Kapitel die Lösung bewusst offen, als wolle er nur das utopische Bewusstsein retten, ohne einen inhaltlichen Weg zu verkün-den. Eines ist ihm dabei besonders wichtig: nämlich, dass es eine Gefahr für die Menschheit wäre, das utopische Bewusstsein zu verlieren. Denn der Untergang der Utopien führe nicht nur zu einer trockenen und statischen „Sachlichkeit", sondern könne auch „die gesamte Menschwerdung transformieren"[32]. Der Mensch laufe dabei Gefahr, sich selbst zu verlieren: „Es entstünde die größte Paradoxie, die denkbar ist, dass nämlich der Mensch der rationalsten Sachbeherrschung zum Menschen der Triebe wird, dass der Mensch, der nach einer so langen opfervollen und heroischen Entwicklung die höchste Stufe der Bewusstheit erreicht hat, – in der bereits Geschichte nicht blindes Schicksal, sondern eine Schöpfung wird –, mit dem Aufgehen der verschiedenen Gestalten der Utopie den Willen zur Geschichte und damit den Blick in die Geschichte verliert."[33]

---

[30] Ebd., S. 223.
[31] Ebd.
[32] Ebd., S. 225.
[33] Ebd.

Die Soziologie, die Mannheim in diesem Kapitel verteidigt, will die Utopie, d. h. den Willen zur Geschichte und damit den Blick in die Geschichte nicht preisgeben. Sie untersucht zwar den sozialen und historischen Hintergrund der Entwicklungen von Ideologien und Utopien; sie behält aber über diese wissenssoziologischen Untersuchungen hinaus den Willen bei, eine Zukunft zu entwerfen. Wie diese Zukunft und diese Utopie aussehen sollen, wird aber nicht konkretisiert.

Das „utopische Bewußtsein" in der Kritischen Theorie

Auch in der Kritischen Theorie wird ein utopisches Bewusstsein vertreten, das keine konkrete Utopie anzubieten hat. Es wird zwar betont, dass eine kritische Theorie die Utopie nicht aufgeben kann, da sich in der Utopie die Hoffnung auf ein besseres Leben ausdrückt, d. h. die Möglichkeit, dass die Gesellschaft auch anders sein könnte, als sie ist.[34] Gleichzeitig wird aber die Möglichkeit verneint, eine konkrete Utopie zu benennen.

In vielen Notizen von Max Horkheimer finden wir Passagen, in denen dieses Problem thematisiert wird: „Die kritische Philosophie geht aus von einem Zustand der Gesellschaft und des Menschen, wie er sein sollte, kurz, von dem, was richtig ist, und kritisiert von dort aus das Bestehende. Das Problem liegt in ihrem Ansatzpunkt: Woher weiß ich, was das Richtige ist, sofern es mir nicht durch Gott gezeigt oder gar befohlen ist?"[35] Diese Frage wird mit der tröstenden Haltung beantwortet, dieses Gute nicht bezeichnen zu können. Die Philosophie hat die „Theologie abgelöst, aber keinen neuen Himmel gefunden, auf den sie weisen kann, nicht einmal einen irdischen Himmel".[36]

Diese Zurückhaltung gegenüber der Konkretisierung einer Utopie hängt einerseits damit zusammen, dass für die Kritische Theorie durch die Erfahrung des realen Sozialismus deutlich wurde, dass sich gewünschte Utopien schnell in falsche Utopien umwandeln können. Horkheimer stellt fest: „Auch die radikalste Kritik am Bestehenden muss sich klar darüber sein, dass (die als) großkollektiv angelegte Veranstaltung zu seiner Veränderung diesem Bestehenden verhaftet ist und notwendig alles noch schlimmer macht. Man denke an die Erfahrungen der Oststaaten und die Gewalt des zur Herbeiführung des Besseren ausgebauten Apparates...".[37] Der Verzicht auf die Konkretisierung einer Utopie kann also als

---

[34] Christian Kreis, Das Verhältnis der „Kritischen Theorie" von Max Horkheimer und Theodor W. Adorno zum utopischen Denken, Stuttgart 2006, S. 8.

[35] Max Horkheimer, Kritische Philosophie [1957–1967], in: Späne. Notizen über Gespräche mit Max Horkheimer, in unverbindlicher Formulierung aufgeschrieben von Friedrich Pollock. Gesammelte Schriften, Bd. 14, Frankfurt am Main 1988, S. 333.

[36] Ebd., Kritische Theorie. Notizen [1956–1958], in: Bd. 6, Frankfurt am Main 1985, S. 253.

[37] Ebd., Kritische Theorie [IV] (Juli 1967), in: Bd. 14, a. a. O., S. 419.

Reaktion auf diese Enttäuschung gelesen werden. Sie wird aber in der Sekundärliteratur auch als eine Haltung gedeutet, die sich auf religiöse und philosophische
Überzeugungen gründet. Viele Autoren haben darauf hingewiesen, dass dieser
Verzicht, die Beschreibung einer besseren und gerechteren Gesellschaft abzugeben,
seine Begründung im alttestamentarischen Bilderverbot und dem Verbot hat, den
Namen Gottes zu missbrauchen (vgl. Exodus 10, 1–7).[38] Dieses Verbot bekommt
eine universale Bedeutung, indem die prinzipielle Nichtbenennbarkeit Gottes mit
der Nichtbenennbarkeit und Unmöglichkeit der Beschreibung des absolut Guten
gleichgesetzt wird. Horkheimer weist in einer Notiz selbst auf dieses Bilderverbot
hin, indem er diese Zurückhaltung in einer Definition der Kritischen Theorie zum
Ausdruck bringt: „Die Welt kritisch darstellen, wie sie ist, so dass durchleuchtet,
wie sie nicht sein soll, und damit eine Ahnung aufgeben, wie sie sein sollte. Wir
können nicht sagen, was das Wahre ist, sondern nur bezeichnen, was unwahr
ist. (…) Dass wir das Positive nicht formulieren können, ist charakteristisch für
die condition humaine. Die jüdische Religion hat eine Ahnung davon, indem sie
verbietet, ein Abbild Gottes zu machen, ja ihn beim Namen zu nennen."[39]

Interessant ist, dass die Kritische Theorie in dieser Zurückhaltung und diesem
Verzicht auf eine konkrete Utopie sich nicht immer so sicher war. Das Problem
besteht darin, dass dieser „Bezug auf das Andere" (d. h. auf eine andere Zukunft)
ohne Konkretisierung und einen Weg in die Verwirklichung zu liefern als bloßer
Utopismus und Idealismus verstanden werden könnte. Und damit würde sich die
Kritische Theorie zu sehr in Richtung des feindlichen Idealismus bewegen. In
einem Gespräch zwischen Adorno und Horkheimer wird genau dieser problematische Punkt thematisiert. Horkheimer äußert dieses Unbehagen: „Es darf nicht
so aussehen, als hätten wir bürgerliche Wünsche metaphysisch vergoldet."[40] Und
Adorno antwortet, dass man doch dialektisch an die Konkretisierung denken solle,
um tatsächlich nicht dem Idealismus zu verfallen. Die „Frankfurter Schule" hält
aber trotz der Angst, als idealistisch kritisiert zu werden, am Bildverbot fest.[41] Insofern bleibt sowohl für Mannheim als auch für Horkheimer die Utopie eine vage

[38] Vgl. Christian Kreis, Das Verhältnis der „Kritischen Theorie" von Max Horkheimer und Theodor W. Adorno zum utopischen Denken, a. a. O.; Zvi Rosen, Max Horkheimer, a. a. O. Zvi Rosen ist der Meinung,
dass das Bildverbot eine enorme Rolle in der Kritischen Theorie spielt. Diese Haltung, die nur Kritik
beinhaltet, aber keinen Weg aus der Misere zeigt, wird aber von Horkheimer, so Zvi Rosen, nicht nur
dem jüdischen Geist zugerechnet, sondern auch der klassischen deutschen Philosophie (ebd. 152).
[39] Max Horkheimer, Kritische Theorie [IV] (Juli 1967), in: Gesammelte Schriften, Bd. 14, a. a. O., S. 418.
[40] Max Horkheimer, Bezug auf das Andere: Kein Utopismus (25.3. nachmittags), Max Horkheimer
und Theodor W. Adorno [Diskussion über Theorie und Praxis], in: Gesammelte Schriften, Bd. 19,
Frankfurt am Main 1989, S. 62.
[41] Die Kritik, welche am Utopiebegriff der Kritischen Theorie gemacht wurde, bestand unter anderem
darin zu zeigen, dass diese auf ihre kritische Funktion reduziert wurde. Vgl. Burghardt Schmidt,
Kritik der reinen Utopie, Stuttgart 1988, S. 169 ff. Adorno wird zum Beispiel von Burghardt Schmidt
als ein „radikaler Minimalisierer" der Utopie bezeichnet, der postuliert, dass „der Utopie nur treu

Vorstellung einer besseren Gesellschaft und einer verwirklichten Humanität – eine Vorstellung, der man kein konkretes Bild gibt.[42]

Der gemeinsame Weg der beiden Frankfurter Soziologien

Die Differenzen zwischen der „Frankfurter Schule" und Mannheims Soziologischem Seminar sollen hier keineswegs bestritten werden. Es lässt sich aber feststellen, dass es doch einige Gemeinsamkeiten zwischen diesen beiden Frankfurter Soziologien gibt. In einem anderen Zusammenhang habe ich gezeigt, dass es viele Aspekte in den 1930er Jahren gab, welche mehr die Ähnlichkeiten als die Unterscheide zwischen beiden Soziologien belegen; so z. B. das Bestreben nach Interdisziplinarität oder das Bemühen, die Theorie mit der Empirie zu verbinden und danach an verschiedene methodologische Ansätze anzuknüpfen, oder das gemeinsame Interesse für die Psychoanalyse.[43] Hier wollte ich mich auf einen anderen Aspekt konzentrieren: nämlich auf das utopische Bewusstsein. Mein Ziel war es zu zeigen, dass auch Mannheim mit seiner Wissenssoziologie eine Befreiungssoziologie vertrat und dass die daraus folgende Polarisierung zwischen einer traditionellen und einer kritischen Theorie nicht als Polarisierung zwischen der Wissenssoziologie und der Kritischen Theorie verstanden werden kann. Der Gegensatz zwischen diesen beiden Lagern liegt neben einer bloß psychologisch zu erklärenden Konkurrenz vielmehr darin, dass im Unterschied zu der überzeugten Haltung der „Frankfurter Schule", die Welt wie sie ist kritisieren zu können, Mannheim mit seiner Wissenssoziologie eine selbstreflexive Haltung ausübte, die sich oft in Unentschiedenheit umwandelte. Mit seiner Wissenssoziologie verstand er es immer wieder, den eigenen Standpunkt zu hinterfragen und einer kritischen Überprüfung zu unterziehen. Und dieses Hinterfragen steht immer im Wege, wenn eine „objektive Kritik" ausgeübt werden soll. Während Mannheim also Reflexion und keine schnelle Entschiedenheit postulierte, vertrat die „Frankfurter Schule" in der Ausübung von Kritik eine eher kämpferische und überzeugte Haltung, aber auch eine unentschiedene Haltung bezüglich dem Postulieren einer konkreten Utopie.

Dieses Bild zweier unterschiedlicher „Frankfurter Soziologien" – hier die überzeugten Marxisten und dort die relativistischen Soziologen – kann leicht

---

bleibt, wer auf sie verzichte und sich an die Kritik" hält (Burghart Schmidt, Am Jenseits zu Heimat, Wien 1994, S. 115).

[42] Mannheim wird nach seiner Emigration in England einen anderen Weg nehmen, da er seinen wissenssoziologischen Ansatz zugunsten einer Soziologie der Erziehung und der Gesellschaftsplanung aufgeben wird. Mannheims utopisches Bewusstsein verwandelt sich in England schnell in einen Pragmatismus, um konkrete Wege für die Umgestaltung der Demokratie in Zeiten des Totalitarismus zu finden.

[43] Vgl. Amalia Barboza, Die verpassten Chancen einer Kooperation zwischen der ‚Frankfurter Schule' und Karl Mannheims ‚Soziologischem Seminar', a. a. O.

relativiert werden. Die „Frankfurter Schule" war in der Tat gar nicht so marxistisch und politisch, wie sie sich manchmal vorkam, und Mannheim auch nicht so relativistisch und unparteiisch, wie seine Selbstbeschreibung es ab und zu glauben machen wollte. Es ist schon oft bemerkt worden, dass Horkheimer „Marxist" war, aber nie ein politischer oder gar aktivistischer Marxist. Sein Marxismus war, wie Rolf Wiggershaus es formuliert hat, „mehr oder weniger Privatsache"[44]. Horkheimer lehnte einen unkritischen Marxismus deutlich ab, und zwar merklich, seitdem er die Institutsleitung übernommen hatte. Einige frühere Institutsmitglieder, die unter Grünberg gearbeitet hatten und auch unter Horkheimer am Institut verblieben, vertraten eine andere Haltung und wurden deshalb von den „jüngeren Institutsmitgliedern" ausgelacht.[45] Mit Horkheimer wurde das Institut, das früher als „Café Marx" bekannt war, eine gegenüber dem Marxismus eher distanzierte Institution.[46] Besonders nach der Enttäuschung über die Entwicklung der Sowjetunion zu einem totalitären Land wurde für Horkheimer klar: „So ist es gekommen, dass unsere neuere Kritische Theorie nicht mehr für die Revolution eingetreten ist, denn nach dem Sturz des Nationalsozialismus würde in den Ländern des Westens die Revolution wieder zu einem neuen Terrorismus, zu einem neuen furchtbaren Stand führen."[47] Die Ablehnung revolutionärer Mittel wurde dann in der Auseinandersetzung mit der Studentenbewegung deutlich. Hier trennten sich die Wege von Horkheimer und Marcuse, der auf der Seite der Studentenbewegung stand.

So wie sich die „Frankfurter Schule" nicht auf den orthodoxen Marxismus reduzieren läßt, ist auch Mannheims Soziologie dieser Zeit mit dem Stichwort „Relativismus" nur ungenügend beschrieben. Es ist bekannt, dass Mannheim eine soziologische Analyse von Denkstilen vornahm und darum bemüht war, mit verschiedenen Ansätzen und Denkstilen zu experimentieren. Allein schon deshalb nahm Mannheim mit seiner Soziologie keine orthodoxe Position ein, sondern vertrat programmatisch Offenheit. Wegen dieser Offenheit wurde Mannheim nicht nur von den Mitgliedern des Instituts für Sozialforschung bekämpft, sondern auch von vielen alten Freunden aus Budapest, mit denen er seit deren Bekenntnis zum Marxismus in keinem guten Verhältnis mehr stand. Diese Freunde – und unter

---

[44] Vgl. Rolf Wiggershaus, Die Frankfurter Schule, München 1988, S. 69.

[45] Wie Martin Jay schreibt, wurde die unkritische Übernahme marxistischer Theoreme durch einige der alten Institutsmitglieder von Horkheimer und den übrigen Jüngeren, „die die Interpretation der marxistischen Theorie anzweifelten", als wenig überlegt und naiv eingeschätzt (vgl. Martin Jay, Dialektische Phantasie, a. a. O., S. 33 f.).

[46] Wie Martin Jay herausstellt, war das „Café Marx" zu Grünbergs Zeiten nicht für politisches Engagement bekannt (ebd. 31). Politische Tätigkeit übten die einzelnen Mitglieder außerhalb des Instituts aus, da die Gründungsmitglieder des Institutes beabsichtigten, das Institut von jeder Parteibindung freizuhalten. Mit der Leitung von Horkheimer wurde dieser Zug noch verstärkt.

[47] Max Horkheimer, Vorträge und Aufzeichnungen 1949–1973, Gesammelte Schriften, Bd. 8, Frankfurt am Main 1985, S. 341.

ihnen speziell Georg Lukács – spielten in der Konfrontation mit dem Institut für Sozialforschung eine stellvertretende Rolle, gerade weil Mannheim mit ihnen einen langen gemeinsamen Weg gegangen war, welcher sich aber des Marxismus wegen teilte. In einem Brief vom 15. Februar 1930 versöhnte sich Mannheim mit dem alten Freund Belá Balaz, indem er sich glücklich darüber zeigte, dass Balaz trotz politisch-weltanschaulicher Unterschiede „positiv zu der Änderung meines Lebens steht"[48].

Mannheim gab zu, dass er sich seinerseits von früheren gemeinsamen Prinzipien distanziert hat: „Was ich aus alter Zeit nicht gut mitmachen kann, ist die Lebenskonstruktion und Betrachtung der Dinge in völlig gerader Linie und Einseitigkeit. Wenn ich auch die Bedeutung der geradlinigen und eindeutigen, aber gerade deshalb beschränkten oder sich beschränkenden Menschen durchaus hochzuschätzen geneigt bin, glaube ich doch nicht, dass dies der einzige Weg für den Einzelnen und für die Gesellschaft ist."[49] Statt geradlinige und eindeutige Doktrinen zu verfolgen, vertrat Mannheim jetzt eine Einstellung, die verlangt, die verschiedenen Möglichkeiten des Denkens und Handelns ins Auge zu fassen. Diese Einstellung darf aber nicht mit Beliebigkeit, Gleichgültigkeit, Teilnahmslosigkeit oder Leidenschaftslosigkeit verwechselt werden. Mannheim war zu dieser Zeit kein relativistischer und distanzierter Denker, sondern die Offenheit, die Selbstreflexion und die Bereitschaft zum Experimentieren entsprach dem beibehaltenen Verlangen nach einem „richtigen" Weg. Die Aufgabe der Soziologie bestand für ihn dabei darin, diesen Weg nicht „in völlig gerader Linie und Einseitigkeit" zu suchen, sondern stets begleitet von Reflexion und Selbstkritik. Er sah die Mission der Soziologie gerade darin, die „Aufgabe der Aufklärung zu vollenden", indem sie die „Freilegung der Wirklichkeit" sucht.[50] Die Wissenssoziologie plädiert für die Reflexion über die verschiedenen Wege, die Welt zu verstehen und die Welt zu ändern – aber mit dem Ziel, nicht alles reflexiv zu machen, sondern mit einer „suchenden Intention" auf „das Neue hin" zu arbeiten.[51]

---

[48] Mannheim Károly levelezése 1911–1946, a. a. O., S. 39.

[49] Ebd. S. 39 f.

[50] Karl Mannheim, Die Gegenwartsaufgaben der Soziologie. Ihre Lehrgestalt, Tübingen 1932, S. 19.

[51] Ders., Allgemeine Soziologie. Grundriss und Mitschrift der Frankfurter Vorlesung vom Sommersemester 1930, in: Karl Mannheim, Analyse der Moderne, Jahrbuch für Sozialgeschichte 1996, hrsg. v. Martin Endreß und Ilja Srubar, Opladen 2000, S. 78. Mannheim präsentiert in dieser Vorlesung die Soziologie als eine Bewusstseinhaltung, die das Leben reflexiv gemacht hat, indem sie auf die Seinsgebundenheit des Lebens aufmerksam wird und dadurch aus dem Aktvollzug herausgefallen ist. Alles reflexiv zu machen, alles in Frage zu stellen wäre für Mannheim der Missbrauch der Reflexion und er betrachtet diese Möglichkeit als die Gefahr der Soziologie. Sein Vorschlag lautet, das Reflexiv-Werden zu systematisieren, dies aber nicht als Spiel ohne Ziel zu treiben, sondern „mit der suchenden Intention", „mit der wirklichen Intensität auf das Neue hin" (ebd.).

Während Mannheim eine bessere Zukunft durch das Mittel der Reflexion zu finden versuchte, propagierte die Kritische Theorie die Kritik, um der Utopie näher zu kommen. Beide Soziologien gingen gemeinsam den Weg der Aufklärung: einer Aufklärung, die sich aber selbstkritisch hinterfragt, indem entweder eine Reflexion über ihre weltanschaulichen Hintergründe (Mannheims Wissenssoziologie des Liberalismus) oder eine Kritik ihrer ideologischen Hintergründe (Horkheimers Kritik der instrumentellen Vernunft) durchgeführt wurde. Die beiden Gegenpositionen – hier die überzeugten Marxisten und dort der relativistische Soziologe – können insofern auch aus einem anderen Blickwinkel betrachtet werden. Und dabei lässt sich auch vorstellen, dass trotz der Unterschiede eine Kooperationsbeziehung zwischen den Gegnern hätte entstehen können. Tatsächlich blieb es aber bei der Konkurrenz zweier entgegengesetzten Schulen. Heute können wir uns fragen, ob diese beiden „Frankfurter Soziologien" trotz ihrer Unterschiede dennoch zusammen an einer gemeinsamen Soziologie hätten arbeiten können. Die heutigen Frankfurter Soziologinnen und Soziologen könnten durch ein neues Verständnis derer, die bis jetzt als feindliche Geister betrachtet wurden, vielleicht eine neue Verständigungsmöglichkeit finden. Und auf diesem Wege wäre es letztendlich möglich, dass die einstigen Feinde zu Gefährten werden.

„Nicht Aufklärung durch die Sozialwissenschaften brauchen wir, sondern Aufklärung über die Sozialwissenschaften" – Friedrich Tenbruck und die Soziologie (in Frankfurt)

Fehmi Akalin

Mit Friedrich Tenbruck starb 1994 „einer der Großen der zeitgenössischen Soziologie"[1]. Obwohl er die Entwicklung der deutschen Nachkriegssoziologie von Anfang an maßgeblich mitgeprägt hatte,[2] sich unter anderem „um die Neubegründung der Kultursoziologie besonders verdient" machte,[3] sein Ruf als „große[r] Weber-Forscher"[4] unbestritten ist und eine stattliche Anzahl von renommierten Soziologen bei ihm in die akademische Lehre ging, stößt man jedoch in den gegenwärtigen soziologischen Fachbüchern nur noch selten und in Einführungs- und Lehrbüchern so gut wie gar nicht auf Tenbrucks Namen. Das mag in erster Linie damit zusammenhängen, dass Tenbruck „keine eigene Schule begründen konnte"[5] bzw. damit, dass dessen soziologisches Schaffen „schwer einzuordnen" und „weder Schulen noch Richtungen eindeutig zuzurechnen ist"[6].

---

[1] Johannes Weiß, In memoriam Friedrich H. Tenbruck, in: Berliner Journal für Soziologie, Heft 3 (1994), S. 437–438, hier S. 437.

[2] Zur Entwicklung der Soziologie in der Bundesrepublik nach dem Zweiten Weltkrieg siehe insbesondere den konzisen Überblick von Lepsius, der übrigens die Ausnahmeposition hervorhebt, die Tenbruck in einer Zeit zukam, für die „weder eine breite Anknüpfung an die klassischen Theorien erkennbar, noch eine systematische Rezeption neuerer Ansätze typisch" war. Vgl. M. Rainer Lepsius, Die Entwicklung der Soziologie nach dem Zweiten Weltkrieg 1945 bis 1967, in: Günter Lüschen (Hrsg.), Deutsche Soziologie nach 1945. Entwicklungsrichtungen und Praxisbezug (= Kölner Zeitschrift für Soziologie und Sozialpsychologie, Sonderheft 21), Opladen 1979, S. 25–70, hier S. 42 sowie S. 60, Anm. 47.

[3] Helga Reimann, Rezension von Friedrich H. Tenbruck, Die kulturellen Grundlagen der Gesellschaft, in: Kölner Zeitschrift für Soziologie und Sozialpsychologie 41 (1989), S. 748–749, hier S. 748.

[4] Dirk Kaesler, Rezension von Friedrich Tenbruck, Das Werk Max Webers, in: Kölner Zeitschrift für Soziologie und Sozialpsychologie 52 (2000), S. 823–825, hier S. 825.

[5] Weiß, In memoriam, a. a. O., S. 437.

[6] Reimann, Rezension, a. a. O., S. 749.

Bei einer eingehenden Sichtung von Tenbrucks beeindruckendem Schriftenverzeichnis[7] fällt in der Tat auf, dass er sich primär als allgegenwärtiger und kritischer Beobachter seines Fachs verstand und wohl auch deshalb die Zeitschrift als Medium der Aktualität dem Speichermedium Buch vorzog – die verhältnismäßig geringe Zahl seiner Buchpublikationen im Vergleich zu den zahlreichen Aufsätzen, Rezensionen und Zeitungsartikeln täuscht aber darüber hinweg, wie produktiv Tenbruck bis zuletzt eigentlich war.[8] Vermutlich hat gerade diese von Tenbruck präferierte Publikationspraxis einer angemessenen und systematischen Rezeption seiner Soziologie bislang im Weg gestanden. Auf der anderen Seite ging es Tenbruck allerdings auch nie um die systematische Formulierung einer soziologischen Theorie, schon gar nicht um die Aufstellung einer universalen Großtheorie. Stets ließ er sich von aktuellen Fachproblemen und -debatten anregen und befruchtete diese seinerseits mit zunächst eher optimistischen und wegweisenden, dann zunehmend skeptischer und pessimistischer werdenden Kommentaren, deren Höhepunkt gewiss seine Streitschrift über „Die unbewältigten Sozialwissenschaften" darstellt.[9] Selbst seine viel beachteten Abhandlungen über Max Weber wollte Tenbruck keineswegs als selbstgenügsame philologische Exegesen verstanden wissen, sondern stets als Stellungnahmen zur gegenwärtigen Lage der deutschen Soziologie im Medium des Werkes dieses großen Klassikers.[10]

Im Folgenden soll der Versuch unternommen werden, Leben, Werk und Schaffen Friedrich Tenbrucks soweit nachzuzeichnen, dass ein erster Eindruck vom Soziologieverständnis dieses Wissenschaftlers in der Selbst- und Fremdbeschreibung gewonnen werden kann. Zu diesem Zweck sollen daher zunächst nach einer biografischen Skizze (Abschnitt I) die wichtigsten Frühschriften Tenbrucks, welche seinen Ruhm als einer der bedeutendsten und wirkungsmächtigsten Vertreter der Nachkriegssoziologie begründeten, vorgestellt werden (Abschnitt II) Anschließend wird Tenbrucks Frankfurter Zeit ins Zentrum gerückt, wobei hier die Perspektive auf den Standort von Fremdbeobachtern umgestellt wird und die dramatischen Verhandlungen um die Berufung Tenbrucks nach Frankfurt anhand von Archivdokumenten rekonstruiert werden (Abschnitt III). Abschließend soll Tenbrucks spätere Schaffensperiode, die je nach Standpunkt eine Umorientierung oder eine Radikalisierung in dessen Soziologieverständnis erkennen lässt, kurz umrissen werden (Abschnitt IV).

---

[7] Für die Zeit bis zum Publikationsjahr 1989 vgl. die Festgabe für Friedrich H. Tenbruck zum 70. Geburtstag am 22. September 1989. Vollständiges Schriftverzeichnis. Zusammengestellt von Volker Kalisch, Graz/Wien/Köln 1989.

[8] Vgl. ebd., Vorwort, S. 2.

[9] Friedrich H. Tenbruck, Die unbewältigten Sozialwissenschaften oder Die Abschaffung des Menschen, Graz/Wien/Köln 1984.

[10] Vgl. Friedrich Tenbruck, Das Werk Max Webers. Gesammelte Aufsätze zu Max Weber, Tübingen 1999.

I Biografische Skizze

Wie die meisten bedeutenden Soziologen seiner Generation war auch Friedrich Tenbruck, was seine akademische Sozialisation betrifft, nicht vom Fach. 1919 in Essen geboren, studiert er nach dem Abitur von 1939 bis 1941 in Freiburg unter anderem Philosophie, Geschichte und Germanistik und wechselt nach Unterbrechungen durch den Kriegsdienst und Zwischenstationen an den Universitäten in Berlin, Köln und Greifswald an die Universität Marburg über. Zu seinen akademischen Lehrern gehören im Bereich der Philosophie dabei Martin Heidegger, Nicolai Hartmann und Julius Ebbinghaus, im Bereich der Geschichte Gerhard Ritter, im Bereich der Literaturgeschichte Max Kommerell, in der Sozial- und Wirtschaftsgeschichte Clemens Bauer, in der Pädagogik Eduard Spranger und in den Rechtswissenschaften Erik Wolf. 1944 promoviert er beim Kantianer Ebbinghaus mit einer Arbeit über „Die transzendentale Deduktion der Kategorien", dem theoretischen Herzstück von Kants *Kritik der reinen Vernunft*.[11] Den Plan einer Habilitation über Rousseau gibt Tenbruck auf, weil das Projekt Ebbinghaus als nicht philosophisch genug erscheint. Stattdessen wirkt er zunächst in verschiedenen bildungs- und gesellschaftspolitisch tätigen Kreisen wie den Marburger Hochschulgesprächen von 1946–1948 mit.

In diese Zeit fällt auch seine Umorientierung von der Philosophie zur Soziologie. 1950–1951 wendet er sich während eines Post-doctoral-studies-Aufenthaltes an der University of Virginia dem Studium der Soziologie und ihren empirischen Methoden zu.[12] Aus Amerika zurückgekehrt, arbeitet er von 1951 bis 1953 als „Consultant, Staff Assistant and Advisor in Higher Education" bei der *American High Commission* in Frankfurt am Main und Bad Godesberg/Mehlem und berät die amerikanische Besatzungsmacht, die sich in ihrer Zone um die Errichtung eines demokratischen Hochschulwesens bemüht. In dieser Phase ist er auch maßgeblich an der organisatorischen Vorbereitung der Weilburger und Hinterzartener Arbeitstagungen über das „Studium Generale" bzw. die „Probleme der deutschen Hochschule" beteiligt. Von Oktober 1952 bis Februar 1953 ist er in Frankfurt am *Institut für Sozialforschung* wissenschaftlicher Mitarbeiter von Max Horkheimer, den er in dieser Zeit „schätzenlernte, zugleich aber ein Mißtrauen entwickelte gegen dessen ideologisch verbohrte und methodisch ziemlich unbekümmerte Adepten"[13].

---

[11] Siehe hierzu auch die entsprechenden Ausführungen im Interview, das wir mit Alois Hahn geführt haben.

[12] Homann weist darauf hin, dass Tenbrucks Hinwendung zur Soziologie insbesondere der Einsicht geschuldet war, dass die klassischen Geisteswissenschaften, insbesondere die deutsche Philosophie, keine angemessenen Antworten auf die Probleme der modernen Gesellschaft zu liefern vermochten. Vgl. Harald Homann, Einleitung zu Friedrich Tenbruck, Das Werk Max Webers, a. a. O., S. VII.

[13] Konrad Adam, „Scheu vor dem Schema. Ein skeptischer Soziologe der Soziologie: Zum Tod von Friedrich Tenbruck, in: Frankfurter Allgemeine Zeitung, Nr. 36, 12.02.1994, S 27.

Danach ist Tenbruck bis 1957 Assistent und Studienleiter am *Institut für Verglei-chende Sozialwissenschaften* der George-Washington-Stiftung in Stuttgart, wo er mit Walter Rüegg zusammenarbeitet, den er noch aus seiner Marburger Studienzeit kennt und mit dem ihn eine lange akademische Freundschaft verbinden wird.[14] 1957 geht er durch Vermittlung von Carl Mayer als Assistant Professor für Soziologie erneut in die USA, und zwar an die *Hobart and William Smith Colleges* in Geneva, New York.[15] Hier hält er Vorlesungen über mehrere Teilgebiete der Soziologie und die Methoden der Sozialforschung und führt gemeinsame Seminare mit National-ökonomen, Kulturanthropologen, Politikwissenschaftlern und Historikern durch.

In dieser Periode entstehen auch jene Aufsätze, in denen er sich mit zentra-len Figuren der älteren deutschen geistesgeschichtlich orientierten Soziologie, insbesondere mit Georg Simmel und Max Weber, auseinandersetzt und die in der deutschen *scientific community* so große Beachtung finden, dass er sich im Herbst 1960 von seiner amerikanischen Hochschule beurlauben lässt, um im Auftrag der *Deutschen Forschungsgemeinschaft* eine grundsätzliche Methodenkritik der Sozio-logie in Angriff zu nehmen. Er geht an das Seminar von Arnold Bergstraesser in Freiburg, an dem er auch einen Lehrauftrag übernimmt und seine Arbeit in Form einer 500-seitigen Habilitationsschrift abschließt. Er entwickelt am Beispiel des Problems „Geschichte und Gesellschaft" eine soziologische Theorie, in welcher durch eine Begrenzung der soziologischen Erkenntnis und durch ihre entscheiden-de Zuordnung zur geschichtlichen und gesellschaftlichen Wirklichkeit nicht nur der Gegensatz von empirischer und theoretischer Soziologie überwunden werden soll, sondern zugleich eine „Integration der amerikanischen Strukturtheorie mit den aus der deutschen Tradition stammenden Einsichten in die Zusammenhänge und Bedingungsgefüge geschichtlichen Werdens" versucht wird – eine Thematik, die Tenbruck bis zuletzt „gefangen hält und ihn schließlich immer weiter von der zünftigen Soziologie distanziert hat"[16]. Noch ist Tenbruck allerdings von der Ergiebigkeit einer Synthese von deutscher und amerikanischer Soziologie über-zeugt, die er mit zwei weiteren breit diskutierten Arbeiten – einer Abhandlung über die deutsche Rezeption der amerikanischen Rollentheorie und einer Studie über „Jugend und Gesellschaft" – eindrucksvoll demonstriert.

„Bald nach der Habilitation", so ist es in Alois Hahns biografischer Skizze ganz lapidar zu lesen, „folgt Tenbruck einem Ruf der Wirtschafts- und Sozial-

---

[14] Rüegg war für die Besetzung des zweiten soziologischen Lehrstuhls an der Frankfurter WiSo-Fakultät der wichtigste Fürsprecher Tenbrucks, und war auch maßgeblich daran beteiligt, dass dieser zahlreichen Widerständen zum Trotz das Ordinariat schließlich doch noch bekam.

[15] Siehe hierzu auch die entsprechenden Stellen im Interview, das wir mit Thomas Luckmann geführt haben.

[16] Alois Hahn, Friedrich Tenbruck. Eine biografische Skizze, in: Hans Braun/Alois Hahn (Hrsg.), Kultur im Zeitalter der Sozialwissenschaften. Friedrich H. Tenbruck zum 65. Geburtstag, Berlin 1984, S. 269–272, hier S. 270.

wissenschaftlichen Fakultät der Universität Frankfurt auf einen Lehrstuhl für Soziologie"[17]. Tatsächlich zogen sich die Berufungsverhandlungen, die bereits vor Abschluss seines Habilitationsverfahrens aufgenommen wurden, über eine längere Zeit hin, die Tenbruck bis zu seiner bis zuletzt unsicheren Ernennung zum ordentlichen Professor im Januar 1964 mit der kommissarischen Vertretung des Lehrstuhls „Soziologie II" der Wirtschafts- und Sozialwissenschaftlichen Fakultät in Frankfurt überbrückt. „Hier geriet Tenbruck", so ist es in Karl Häusers Nachruf auf seinen damaligen Frankfurter Kollegen zu lesen, „in das Spannungsfeld, das sich zwischen den der Philosophischen Fakultät angehörenden Soziologen und den unabhängigen Soziologen der Wirtschafts- und Sozialwissenschaftlichen Fakultät aufgebaut hatte"[18].

Wohl nicht zuletzt deshalb verlässt Tenbruck bereits 1967 Frankfurt und folgt einem Ruf der Philosophischen sowie der Rechts- und Staatswissenschaftlichen Fakultät der Universität Tübingen auf den vakant gewordenen Lehrstuhl Ralf Dahrendorfs, wo er bis zu seiner Emeritierung im Jahre 1987 bleibt.[19] Im Zuge negativer Erfahrungen mit der deutschen Hochschulpolitik und den Studentenunruhen von 1968 gründet er 1970 mit mehreren Hochschullehrern, darunter Wilhelm Hennis, Ernst Nolte, Walter Rüegg, Heinz Sauermann und Erwin K. Scheuch, den *Bund Freiheit der Wissenschaft*, was ihm endgültig den Ruf eines ‚konservativen' Wissenschaftlers beschert.[20] In diese Zeit fällt auch Tenbrucks Revision der Einschätzung von Max Webers Bedeutung für die deutsche Soziologie im Allgemeinen und für die Kultursoziologie im Besonderen sowie seine äußerst kritische Abrechnung mit der eigenen Zunft. Nach kurzer Krankheit stirbt Tenbruck 1994 im Alter von vierundsiebzig Jahren in Tübingen.

II Tenbrucks Frühschriften

Die Geschichtsvergessenheit der deutschen Nachkriegssoziologie in Bezug auf die Leistungen ihrer Gründungsväter ist das Ausgangsproblem von Tenbrucks

---

[17] Ebd., S. 270 f.

[18] Karl Häuser, Nachruf auf Friedrich H. Tenbruck, in: Wissenschaftliche Gesellschaft an der Johann Wolfgang Goethe-Universität (Hrsg.), Sitzungsberichte., Band XXXVI, Nr. 6, Stuttgart 1999, S. 23–26 (hier S. 24).

[19] Zu Tenbrucks Zeit in Tübingen siehe auch das Interview mit Alois Hahn.

[20] Zu einer nüchternen Einschätzung des „BFW" vgl. Till Kinzel, Der ‚Bund Freiheit der Wissenschaft' und die ‚Notgemeinschaft für eine freie Universität' im Widerstand gegen die Achtundsechziger, in: Hartmuth Becker u. a. (Hrsg.), Die 68er und ihre Gegner. Der Widerstand gegen die Kulturrevolution, 2. Aufl. Graz 2004, S. 112–156.

Gedenkaufsatz zu Simmels 100. Geburtstag.[21] Wie viele Gründungsväter einer neuen Disziplin habe auch Simmel das Schicksal ereilt, dass seine Soziologie in dem Maße überflüssig wurde, wie deren Grundeinsichten und Kernelemente zum Allgemeingut des Fachs sedimentierten. Eine angemessene Würdigung Simmels sei aber umso dringender, als dessen Soziologie nicht nur „ein Glied der Kette [ist], an deren Ende wir sind und wirken", sondern mehr noch der „Ort, wo eine zentrale Weiche gestellt wird", die unmittelbar zur modernen Soziologie führt.[22]

Obwohl Simmels soziologisches Wirken von Tenbruck auf die wenigen Jahre zwischen 1890 *(Über soziale Differenzierung)* und 1900 *(Philosophie des Geldes)* eingeschränkt wird und er dabei eine systematisch-zusammenhängende Theorie vermisst,[23] gilt es für ihn als ausgemacht, dass Simmel in dieser kurzen Zeit ein festes Fundament geschaffen hat, auf dem die moderne Soziologie ruht. Moderne Soziologie, das ist für den frühen Tenbruck in erster Linie gleichbedeutend mit amerikanischer Soziologie, genauer: der Theorie der gesellschaftlichen Struktur. Wo diese menschliches Handeln später als ,patterned' ausweisen werde, definiere Simmel die Formen der Wechselwirkung als Objekt der Soziologie: Gegen substantialistische und individualistische Theorien gerichtet, liege für Simmel die ,Geformtheit des sozialen Handelns' nicht in solitären Handlungen, sondern in der stabilen Struktur von Beziehungen. Menschen seien in ihrem Handeln jeweils so „verklammert [...], daß alle ihre Handlungen sich in eine stabile Struktur einfügen, die als Form ihrer Beziehung angesprochen werden kann. Die moderne Soziologie benutzt [...] für genau diesen Tatbestand den Begriff der Rolle. Menschliches Handeln ist als soziales Handeln Rollenhandeln."[24]

Handeln soll folglich nicht durch Aufdecken individueller Motivationen studiert werden, sondern durch Analyse sozialer Beziehungen. Insofern soziales Handeln stets Glied einer schon bestehenden Beziehung und für den Handelnden deshalb letztlich gar nicht disponibel sei, bestehe die Aufgabe des Soziologen darin, nicht die Regelmäßigkeit der Handlungen einzelner Individuen zu betrachten, sondern die Regelmäßigkeit in den *Relationen* der Handlungen mehrerer Individuen. Zwar bestimme Simmel Gesellschaft primär als soziale Struktur im Sinne der Verhältnisse von Rollen, Gruppen und sozialen Positionen. Aber indem er soziales Handeln grundsätzlich als Bedeutungshandeln betrachte und nicht leugne, dass Menschen sich sinnvoll aufeinander beziehen, formuliere er eine eindeutig nicht-reduktionistische Theorie der sozialen Struktur, die den Faktor Kultur nicht ausblende.

---

[21] Friedrich H. Tenbruck, Georg Simmel (1858–1918), in: Kölner Zeitschrift für Soziologie und Sozialpsychologie 10 (1958), S. 587–614.
[22] Ebd., S. 590.
[23] Vgl. ebd., S. 592.
[24] Ebd., S. 597.

In einer weiteren Hinsicht erblickt Tenbruck in Simmel den Stichwortgeber für die amerikanische Soziologie. Mit seiner Bestimmung des Individuums als ‚Kreuzungspunkt sozialer Kreise' und der These vom Getragensein der modernen Individualität und Freiheit durch die gesellschaftliche Differenzierung habe dieser spätere Themen der modernen Soziologie von Mead bis Riesman, nämlich die Beziehung zwischen ‚Self' und ‚Society', zwischen Charakterstruktur und Gesellschaftsstruktur bereits vorweggenommen. Auch wenn Tenbruck die „Weitschweifigkeiten", die „Begriffslockerheit" und manche methodischen Unzulänglichkeiten in Simmels Untersuchungen nicht unter den Tisch kehren möchte, so gibt es für ihn nicht den geringsten Zweifel daran, dass sie eine „Fibel" sind, „in der man konkret soziologische Perspektive lernen kann. Und sie sind es gerade auch für denjenigen, der mit dem Rüstzeug moderner Soziologie an sie herantreten kann"; sie sind außerdem „eine noch gar nicht ausgeschöpfte Fundgrube für Durchsichten durch Gesellschaft und Kultur"[25]. So eindeutig wie Tenbruck Simmels positive Anschlussfähigkeit an die moderne Soziologie herausstreicht, so kritisch wird seine Abhandlung über die Leistungen eines anderen klassischen Soziologen ausfallen, die er bereits in seinem Simmel-Aufsatz ankündigt.

Den Ausgangspunkt seines berühmten Weber-Aufsatzes[26], der Tenbruck in der deutschen Soziologie mit einem Schlag berühmt machen und die Weber-Forschung der kommenden Jahre nachhaltig beeinflussen wird, bildet einmal mehr die aktuelle Lage der deutschen Soziologie, in die sie sich durch eine verfehlte Einschätzung der Methodologie Webers hineinmanövriert habe. Programmatisch dafür und in ihrer Radikalität bemerkenswert ist die viel zitierte Bilanz Tenbrucks am Ende des ‚Genesis-Aufsatzes': „Bei dieser Sachlage ist nur ein Schluß möglich: die Methodologie *Max Webers* hat uns als ein Ganzes sachlich nichts zu sagen. An ihre Voraussetzungen, Grundbegriffe, Forderungen und Folgerungen können wir, aufs Ganze gesehen, nicht anknüpfen, ohne unser Selbstverständnis von soziologischer Arbeit, ohne unsere soziologische Theorie, ohne unsere wissenschaftliche Aufgabenstellung aufzugeben."[27]

Tenbruck begründet seine Fundamentalkritik an der Methodologie Webers durch eine zweifache Kontextualisierung. Zum einen geschieht dies durch die Einordnung der methodologischen Arbeiten Webers in dessen Gesamtoeuvre, wobei er mit einer umfassenden Kenntnis desselben beeindruckt. Nicht nur zeige ein Blick auf Webers Schriftenverzeichnis „die sinkende Bedeutung der methodologischen Arbeiten Webers und überhaupt das Erlahmen seines methodologischen Interesses", sondern „auch die methodologischen Schriften selbst zeugen nicht gerade

---

[25] Ebd., S. 610.
[26] Friedrich H. Tenbruck, Die Genesis der Methodologie Max Webers (1959), in: ders.: Das Werk Max Webers, a. a. O., S. 1–58.
[27] Ebd., S. 53 f.

von Berufung und Leidenschaft. Eine gewisse Flüchtigkeit, ja Gleichgültigkeit ist unverkennbar". Viele der immer wieder als Schlüsseltexte zitierten Schriften seien „Auftragsarbeiten" gewesen, „(s)elbst das Kernstück, der Objektivitätsaufsatz" entbehre einer „systematische(n) Darstellung" und sei eine in Aussicht gestellte Fortsetzung letztlich schuldig geblieben.[28]

Zum anderen geschieht die Relativierung der Weberschen Methodologie durch explizites Herausstreichen der Zeitgebundenheit ihrer Entstehung. Der Anlass für Webers methodologische Arbeiten liege in jenem Methodenstreit, der die zeitgenössische Nationalökonomie durch die Gegnerschaft der historischen und theoretischen Schule damals in Mitleidenschaft gezogen habe. Da dieser Streit die Leistungsfähigkeit der Sozialwissenschaft zu gefährden gedroht habe, habe Weber seine Anstrengungen in Richtung einer Versöhnung dieser beiden Lager konzentriert. Tenbruck zufolge habe Weber darauf aufmerksam machen wollen, dass eine ‚objektive' Behandlung der Kulturvorgänge durch Reduktion auf Gesetze inadäquat ist, da die Wirklichkeit an jeder Stelle einmalig sei und durch Gesetze nicht erkannt werden könne. Allerdings habe dieser die Aufstellung von Gesetzen nicht per se abgelehnt, sondern nur als Ziel jener Sozialwissenschaft, wie *er* diese treiben wolle, nämlich als ‚Wirklichkeitswissenschaft'[29].

Webers Bekämpfung des Naturalismus sei in Wirklichkeit auch keine Frage der Methodologie, sondern zuallererst durch die Sorge um die Zukunft der Kulturwissenschaften motiviert gewesen. Der Streit um die beiden Wissenschaftsformen laufe nämlich letztlich auf die Frage hinaus, „ob es in Zukunft noch eine an Wertgesichtspunkte gebundene Bewältigung der Wirklichkeit im Rahmen der Wissenschaft geben wird oder nicht". Dabei stehe nichts weniger als „die Kontinuität der an Wertgesichtspunkte gebundenen Kultur auf dem Spiel". Die Sozialwissenschaft, wie sie Weber betreiben wolle, nämlich als eine Wirklichkeitswissenschaft, sei eine Wissenschaft, die sich durch die Benutzung von Wertgesichtspunkten auszeichne. Dies sei eine aller Methodologie vorgeschaltete erkenntnistheoretische Entscheidung. Die Kulturwissenschaft könne für Weber nicht objektiv sein, weil sie eine „willkürliche Auslese und Zusammenfassung von Erscheinungen zu einem Gegenstande ist, dem objektiv nichts entspricht". Indem Weber Kultur als einen subjektiven Begriff und Geschichte als willkürliche Auswahl und Zusammenfassung von Ereignissen bestimme, rede er einer subjektiven Willkür das Wort. Die „Rettung der Kulturwissenschaften" gehe so aber, stellt Tenbruck ohne Umschweife klar, „auf Kosten ihrer Objektivität". Da es nämlich aus der Realität selbst keine Anweisung komme, wie aus dem Strom der Ereignisse eine Auswahl und Verbindung vorzunehmen sei, rücke das Erkenntnisinteresse des Forschers, also eine theoretische Wertbeziehung, an die Stelle der Objektivität. In dieser „Soziologie des Als-Ob"

---

[28] Ebd., S. 8 und S. 9.
[29] Ebd., S. 13 f.

werde letztlich das Individuum zum alleinigen Träger des Sozialen erklärt, gebe
es keine über das Individuum hinausgehenden Strukturen.[30]
　　Seine wichtigsten Vorbehalte gegen Webers Methodologie resümierend stellt
Tenbruck schließlich fest: „Kein Zweifel also, daß eine Welt uns von Weber trennt.
Für uns beginnt die Soziologie mit der Entdeckung einer besonderen und über
dem Reich des Individuellen gelegenen Schicht. [...] Wir sind von der Objektivität
soziologischer Erkenntnis überzeugt. Der akkumulative Charakter unserer Arbeit
steht für uns außer Frage."[31] Bevor er sein hier *in nuce* formuliertes Bekenntnis zur
Struktursoziologie in seiner Habilitationsschrift programmatisch entfaltet, in der
ihm die amerikanische Soziologie als Positiv- und die Webersche Kulturwissenschaft
als Negativfolie dienen wird – nicht zuletzt deshalb kommt seinem Genesis-Aufsatz
eine Schlüsselposition in seinem Gesamtwerk zu –, macht Tenbruck komplemen-
tär dazu in einem weiteren viel beachteten Aufsatz die moderne amerikanische
Soziologie in ihrer avanciertesten Form explizit zum Gegenstand seiner Analyse.
　　Gleich zu Beginn seines Aufsatzes „Zur deutschen Rezeption der Rollentheorie"[32]
zeigt sich Tenbruck hoch erfreut darüber, dass das „Renommee" der amerikanischen Sozialwissenschaft aufgrund ihrer „terminologischen Geschlossenheit"
und des „offenbaren Erkenntniswert(es)" ihrer Kernbegriffe wie „Position, Rolle,
Erwartung, Sanktion" in der gegenwärtigen deutschen Soziologie stark gestiegen
ist. Denn die „soziologische Erkenntnis" beginne erst dort, „wo mittels der genannten Begriffe [...] das allgemeine Funktionieren einer Gesellschaft als eines
Ensembles von Rollen greifbar wird". Kurzum: die Struktursoziologie „hält uns
die grundlegenden Tatbestände jeder Gesellschaft vor Augen". Allerdings drohe
die angemessene Rezeption der amerikanischen Soziologie – insbesondere der
Rollentheorie – in Deutschland durch krasse Missverständnisse und eine nach
wie vor wirkungsmächtige deutsche Tradition blockiert zu werden, „die Gesellschaft und Individuum trennt und im gesellschaftlichen Sein eine Entfremdung
erblickt"[33]. Exemplarisch wird diese Fehlrezeption am Beispiel der Schrift ‚Homo
Sociologicus' von Ralf Dahrendorf vorgeführt.
　　Anstatt die Rolle als ein dynamisches Relationsverhältnis zwischen aneinander
orientierten Rollenträgern zu konzipieren – hier tritt die von Tenbruck in seinem
Simmel-Aufsatz herausgestellte Affinität zwischen dessen formaler Soziologie
und der amerikanischen Rollentheorie wohl am deutlichsten zu Tage –, werde
sie bei Dahrendorf als etwas für den Einzelnen Substantielles isoliert und diesem
als etwas Äußeres und Fremdes gegenübergestellt. Die soziale Rolle werde dabei

---

[30] Ebd., S. 18, 30 und 53.
[31] Ebd., S. 53.
[32] Friedrich H. Tenbruck, Zur deutschen Rezeption der Rollentheorie, in: Kölner Zeitschrift für Soziologie und Sozialpsychologie 13 (1961), S. 1–40.
[33] Ebd., S. 1 f. und 37.

als „die Vergewaltigung des Einzelnen und seiner Freiheit" gedacht. Dahinter komme ein Gesellschaftsverständnis zum Vorschein, welches das Individuum zum Ausgangspunkt der Analyse nehme und in der Gesellschaft eine antagonistische ‚Zwangsanstalt' sehe, die „aus einer Art von Monaden bestünde, zwischen denen eine Harmonie durch von außen kommende Rollenanweisungen hergestellt wird, über denen sie in ihrer Zelle brüten, um insgesamt und einzeln aus dieser Isolierung nur hervorzubrechen, wenn es Übertretungen zu ahnden oder Sonderleistungen zu beklatschen gilt". Zwar sei das ‚Problem des Konformismus' in der amerikanischen Soziologie beileibe kein vernachlässigtes Thema, aber die Gefährdung der ‚menschlichen Freiheit' ausgerechnet im Zusammenhang mit dem Rollenhandeln zu diskutieren, sei dieser fremd. „Warum", so fragt Tenbruck, „ist plötzlich und ohne Präzedenz in der amerikanischen Vorlage die Rede von ‚Entfremdung', ‚Ärgernis der Gesellschaft' und ‚Entpersönlichung'?"[34]

Das größte Manko der deutschen Rezeption der Rollentheorie sieht Tenbruck in der Ausblendung der kulturellen Komponente, die der amerikanischen Struktursoziologie inhärent sei. Diese zeichne sich nämlich dadurch aus, dass sie sich den gesellschaftlichen Tatsachen nicht nur durch die Analyse der Struktur nähere, sondern auch durch die Würdigung der Kultur, die als stets in der Struktur verankert betrachtet werde. Die ausschließliche Beschränkung auf die Struktur würde nämlich nur die eine Seite der gesellschaftlichen Wirklichkeit in den Blick bekommen und jene gemeinsamen Ideen und Werte ignorieren, die das Tun der Handelnden stets mit Bedeutung anreichern. Das soziale Handeln würde nur einseitig erfasst, wenn bloß das beobachtbare Verhalten in seiner Tatsächlichkeit oder in seiner Konformität mit den Erwartungen anderer beachtet würde. Andererseits dürften Bedeutungs- und Sinnmomente des Handelns nicht als individuelle Leistungen angesehen werden, weil sie ihrerseits eine soziale Struktur aufwiesen. Wo aber die gesellschaftliche Struktur als independent und selbstgenügsam gedacht werde, reduziere sich z. B. das Verständnis von Sozialisierung zum bloßen Lernen von Rollenfertigkeiten und zur Zumutung seitens der Gesellschaft. Die dabei zugrunde gelegte Vorstellung des Individuums sei „soziologisch abwegig". Denn die von Dahrendorf behauptete vorsoziale Freiheit und Individualität setze eine innere Struktur der Person voraus, die aber doch selbst ein Produkt der Sozialisierung sei – den ‚reinen Menschen', den ‚sozialen *tabula rasa* des rollenlosen Menschen' gebe es nämlich gar nicht. Falsch sei daher auch die Annahme, abweichendes Verhalten als Aufbegehren des in seiner Freiheit bedrohten Individuums zu deuten. Vielmehr sei auch die Abweichung eine kulturell imprägnierte ‚soziale Erscheinung': beispielsweise seien Autodiebstahl und Unterschlagung nicht einfach Normverletzungen, sondern

---

[34] Ebd., S. 3, 4 und 17.

wurzelten ihrerseits in Normen und Bedeutungen, die die moderne Gesellschaft dem materiellen Besitz zuordne.[35]

Das Problem der Sozialisierung macht Tenbruck schließlich zum zentralen Aspekt seiner ersten monothematischen Buchpublikation, mit der er ausnahmsweise nicht als Werkinterpret auftritt, sondern sein aus der intensiven Auseinandersetzung mit deutscher und amerikanischer Soziologie entwickeltes Analyseinstrumentarium auf ein konkretes soziologisches Untersuchungsobjekt anwendet. Gemeint ist die Schrift „Jugend und Gesellschaft"[36], über die ein zeitgenössischer Rezensent anmerkte, dass es sich dabei um „die bedeutendste Arbeit der deutschen Nachkriegssoziologie zur Theorie der modernen Jugend handelt"[37]

,Jugend' ist insofern auch ein nahe liegendes Thema für Tenbruck, als er an diesem Untersuchungsobjekt ganz konkret die Erfordernis einer Struktur und Kultur verschränkenden soziologischen Analyse demonstrieren kann. Jugend wird denn auch zum einen als eine „Teilkultur" der modernen Gesellschaft mit je spezifischen „Einstellungen, Kenntnisse, Normen, Verhaltensweisen" bestimmt; und zum anderen als eine ,Struktur', die aus „informellen und formellen Gruppenverhältnissen" besteht, „welche die Gesellschaft zwischen jugendlichen Menschen direkt oder indirekt stiftet, ermöglicht oder zuläßt". Und in beiden Dimensionen wird der Bezug zur Gesellschaft betont. Jugend ist dabei einerseits eine „abhängige Größe". Denn die Gruppenverhältnisse lassen sich nur aus der Struktur der Gesamtgesellschaft begreifen, wobei Jugend als Teilkultur sich „im vollen Umfang dessen bedient, was ihr die Gesamtkultur materiell oder immateriell bietet". Andererseits ist Jugend aber auch „eine Einführung in die Kultur", genauer: „der Filter, durch den Kultur einer Gesellschaft ständig passieren muß", eine „geschichtliche Drehscheibe, auf der die Zukunft einer Gesellschaft neu eingestellt wird", sowie „ein Durchgangsstadium, ein Übergang, eine Vorbereitung auf die Erwachsenenrollen"[38].

Eine eingehende Auseinandersetzung mit Tenbrucks Jugendsoziologie verdeutlicht, wie multidimensional der Untersuchungsgegenstand hier aufgefaßt wird. Es fällt auf, dass Tenbruck am Beispiel der Jugend nahezu die gesamte Bandbreite der modernen Soziologie zur Geltung bringt. Jugend wird dabei differenzierungstheoretisch, funktionalistisch, institutionalistisch und gruppensoziologisch konturiert. Aus *differenzierungstheoretischer* Perspektive wird Jugend als ein genuin modernes Phänomen verstanden. Die Entstehung der Jugend als einer ,altershomogenen Gruppe' ist eng gekoppelt an die zunehmende Komplexität der

---

[35] Ebd., S. 17.

[36] Friedrich H. Tenbruck, Jugend und Gesellschaft. Soziologische Perspektiven, 2. erw. Aufl., Freiburg 1965.

[37] Günther Lüschen, Rezension von Friedrich H. Tenbruck, Jugend und Gesellschaft, Freiburg 1962, in: Kölner Zeitschrift für Soziologie und Sozialpsychologie 16 (1964), S. 607–610, hier S. 608.

[38] Tenbruck, Jugend und Gesellschaft, a. a. O., S. 9, 10, 18 und 25.

Gesellschaft – sie wird in dem Maße möglich, wie altersheterogene soziale Gruppen wie die Familie, Verwandtschaft und Gemeinde ihre Kultur und Gesellschaft prägende Bedeutung einbüßen und die Gesellschaft ‚institutionalisierte Kontakträume' wie z. B. Schule, Universität, Militär und Freizeitindustrie schafft, welche altershomogene Gruppenbildungen begünstigen und stabilisieren. Jugend wird aber auch insofern *funktionalistisch* gefasst, als ihr die Aufgabe zugedacht wird, für die ‚Kontinuität der Gesellschaft' zu sorgen: „Der Jugend falle die Zukunft immer und automatisch zu". Überhaupt könne „die Zukunft eines Volkes wie der Völker immer nur das sein [...], was eine Jugend in diese Zukunft hineinzutragen vermag. Menschliches Dasein ist das in der Kette der Generationen fortgereichte Erbe, von dem verloren ist, was nur ein Glied der Kette nicht weiterreicht." Bei Tenbruck hat der Funktionsgesichtspunkt freilich eine deutlich finalistische Note: Jugend diene nämlich in erster Linie der „Vorbereitung auf die Erwachsenenrollen". Und es muss *Institutionen* geben – neben ‚schulischen Einrichtungen' denkt Tenbruck hier in erster Linie an die ‚Vergnügungs- und Freizeitindustrie' sowie an weite Bereiche der ‚Massenkommunikation' – welche diesen Übergang von der einen zur anderen Rolle regeln bzw. den „Transport der Jugendlichen in Kultur und Gesellschaft" sichern.[39]

Schließlich wird Jugend *gruppensoziologisch* definiert. Tenbruck legt dabei Wert darauf, dass Jugend keine ‚statistische Gruppe' ist, die von Sozialforschern hinter dem Rücken der Akteure anhand abstrakter Merkmalsausprägungen gebildet wird, sondern eine durch und durch ‚soziale Gruppe'. D. h. es bestehen nicht nur direkte und indirekte Verbindungen zwischen den Mitgliedern dieser Gruppe, sondern diese haben auch ein ‚Bewußtsein' ihrer Gemeinsamkeit und sind sich ihrer Gruppenzugehörigkeit bewußt. Die Gruppenbildung ist mithin nicht nur ‚von außen bedingt', sondern die Jugend verhält sich selbst ‚gruppenbildend': Jugend ist insofern ein ‚Identifikationsraum'[40].

Bereits in dieser frühen Schrift führt Tenbruck mustergültig vor, wie eine die geschichtlichen und kulturellen Aspekte wie selbstverständlich berücksichtigende Soziologie aussehen muß; und ebenfalls bereits hier wird eine skeptische Sicht auf die empirische Sozialforschung formuliert, die beim späteren Tenbruck immer mehr ins Zentrum seines publizistischen Schaffens rücken wird.

Bei dieser exemplarischen Analyse ausgewählter Schriften aus der Frühphase des Tenbruckschen Schaffens wollen wir es zunächst bewenden lassen, zumal wir damit auch vor allem den diskursiven Rahmen aufspannen wollten, innerhalb dessen die Verhandlungen um die Berufung Tenbrucks nach Frankfurt stattgefunden hatten.

---

[39] Ebd., S. 17 f.
[40] Ebd., S. 68, 72 ff. und 92.

III Tenbruck in Frankfurt

In einem Brief vom 31. Mai 1963, der den Vermerk „Persönlich-Vertraulich" trägt, wendet sich Fritz Neumark, der damalige Prorektor der Frankfurter WiSo-Fakultät „in einer etwas heiklen Angelegenheit" an die für die Universität Frankfurt zuständige einflußreiche Ministerialrätin Dr. Helene von Bila: „Seit Jahren schwebt bekanntlich die Angelegenheit ‚Soziologie II' in unserer Fakultät."[41] In den sich in dieser Zeit hinziehenden Verhandlungen der Berufungskommission, zu denen auch Adorno mit beratender Stimme hinzugezogen worden ist, habe sich gezeigt, „daß sämtliche, von unserer Seite vorgeschlagenen Kandidaten keine Gegenliebe bei Herrn Adorno und Herrn Horkheimer fanden". Obwohl die Kommission schon seit längerem dafür plädiere, Tenbruck zur Berufung vorzuschlagen und sich dabei nicht nur auf eine deutliche Fürsprache des diesbezüglichen Frankfurter Fachvertreters Walter Rüegg, sondern auch auf die höchst positiven Gutachten von René König, Helmut Schelsky und Arnold Bergstraesser gestützt habe, habe sich Adorno wiederholt negativ über Tenbruck geäußert. Nun habe Tenbruck aber inzwischen bereits Rufe auf einen amerikanischen Lehrstuhl und ein Extraordinariat in Erlangen erhalten; er würde jedoch eine Berufung nach Frankfurt vorziehen; die Sache sei daher eilbedürftig. Neumark bedauert nicht nur aufs Äußerste, daß „wir trotz aller ehrlichen Bemühungen nicht in der Lage waren, einen Kandidaten zu finden, der auch die Billigung der Herren Horkheimer und Adorno gefunden hätte", sondern er wagt allmählich zu bezweifeln, „daß es irgend jemanden gibt, der beiden Teilen genehm wäre". Man habe „in außerordentlich langwierigen Verhandlungen ein Maximum an Verständnis und Geduld bewiesen". Inzwischen sei man aber davon überzeugt, dass die Angelegenheit „im Interesse des Soziologieunterrichtes in unserer Fakultät" keinen weiteren Aufschub mehr dulde.[42]

In einer Aktennotiz Walter Rüeggs vom 18. Juni 1963, in der er seine Unterredung mit Max Horkheimer dokumentiert, wird die Brisanz des ‚Falls Tenbruck' noch deutlicher. Rüegg hat Horkheimer gegenüber nämlich unmissverständlich klar gemacht, dass „im Falle einer Intervention" seitens des Instituts für Sozialforschung gegen die Nominierung Tenbrucks die bisherigen Bemühungen zur Entspannung des Verhältnisses zwischen der Wirtschafts- und Sozialwissenschaftlichen Fakultät und dem Institut für Sozialforschung Schiffbruch erleiden würden. Die Verbesserung dieser Beziehungen und somit auch der soziologischen Lehre in Frankfurt

---

[41] Akten der WiSo Fakultät, Abt. 150, Nr. 294/295, Bl. 183, Archiv der J. W. Goethe-Universität. Soweit nicht anders vermerkt, stammen die Zitate in diesem Abschnitt aus den Akten der WiSo-Fakultät im Archiv der Goethe-Universität. Um eine gewisse optische Übersichtlichkeit zu wahren, werden im Folgenden lediglich die ‚Blattangaben' („Bl.") aus den Akten vermerkt. Siehe hierzu auch die entsprechenden Dokumente im Anhang dieses Bandes.
[42] Bl. 55 ff.

hänge ganz wesentlich davon ab, ob der Ruf an Tenbruck rasch erfolge.[43] Es mag zunächst überraschen, dass die Kontroverse um die Berufung einer Person jenseits der organisationsüblichen Machtspiele eine solche Eigendynamik entwickeln konnte, dass nichts Geringeres als die Zukunft des Verhältnisses zwischen der Frankfurter WiSo-Fakultät und dem Institut für Sozialforschung als Spieleinsatz fungieren musste. Es dürfte aber gewiss lohnend sein, den Streit um die Berufung Tenbrucks, soweit es die Aktenlage zulässt, ausführlich zu rekonstruieren, zumal man dabei nicht nur einen Einblick in die Fremdwahrnehmung der betreffenden Personen in Erfahrung bringen, sondern auch Zeuge eines – wenn auch recht kleinen – Kapitels der Frankfurter Universitätsgeschichte als Organisationsgeschichte werden kann.

Einem Brief des Dekans der Wirtschafts- und Sozialwissenschaftliche Fakultät Hermann Priebe an den Hessischen Kultusminister, datiert auf den 31. Mai 1963, ist zu entnehmen, dass „[b]ereits bei den ersten Überlegungen, welche die Fakultät der Besetzung des zweiten Ordinariats für Soziologie im Herbst 1961 widmete", diese „auf Grund der das allgemeine Niveau soziologischer Arbeiten an Übersicht, gedanklicher Schärfe und bildungsmäßigem Horizont weit überragenden Aufsätze" auf Friedrich Tenbruck aufmerksam geworden sei.[44] Daraufhin werden Gutachten von René König, Helmut Schelsky und Arnold Bergstraesser erbeten, die allesamt eine Empfehlung für den Kandidaten aussprechen.

So wundert sich René König, der als erster sein Gutachten einreicht und in dessen „Kölner Zeitschrift für Soziologie und Sozialpsychologie" Tenbruck mit seinem Aufsatz über Georg Simmel die soziologische Fachwelt erstmals nachdrücklich auf sich aufmerksam gemacht hatte – und den er ebenso wie dessen Abhandlung über Max Weber „ganz überragend bedeutsam" fand –, „warum diese abnorme Begabung nicht schon lange habilitiert ist und warum sich ausser mir überhaupt niemand um ihn früher gekümmert hat", wo er doch einer der „bedeutendsten Nachwuchskräfte auf dem Gebiet der Soziologie" sei, „die mir überhaupt bekannt sind". Auch sonst ist König über sein Protegé voll des Lobes. Dieser sei „gebildet im weitesten Sinne"; seine historische und geistesgeschichtliche Bildung sei „ganz ungewöhnlich, wobei er sowohl den deutschen wie den französischen und den englischamerikanischen Kulturkreis" überblicke.[45]

Auch Helmut Schelsky – einer der wenigen zeitgenössischen Soziologen, den Tenbruck in seiner späteren Abrechnung mit der gegenwärtigen Soziologie explizit von einer Kritik ausnehmen, ja auf dessen ‚Anti-Soziologie' er wiederholt positiv rekurrieren wird,[46] – hält den Aspiranten „seiner sachlichen Qualifikation nach ohne

---

[43] Vgl. Bl. 53.
[44] Bl. 58.
[45] Bl. 183.
[46] Siehe Tenbruck, Die unbewältigten Sozialwissenschaften, a. a. O., S. 18, 25 und 231. Tenbruck bezieht sich dabei auf Helmut Schelsky, Die Arbeit tun die anderen. Klassenkampf und Priesterherrschaft

weiteres als ordinariabel" und würde „ihn in vieler Hinsicht auf einen Lehrstuhl für Soziologie empfehlen". Die sachliche Qualifikation Tenbrucks sieht Schelsky insbesondere in dessen Auseinandersetzung mit Dahrendorfs Rollentheorie und der Abhandlung über die Jugend deutlich zu Tage treten. Auch weist Schelsky darauf hin, dass Tenbruck in der empirischen Sozialforschung bewandert und selbst empirische Untersuchungen durchgeführt habe, wie z. B. eine kirchliche Gemeindeuntersuchung, deren Ergebnisse dieser in einem unter anderem von Schelsky herausgegebenen Band präsentiert hatte.[47]

Tenbrucks „Meisterschaft auf dem Gebiet der empirischen Soziologie" steht auch für Arnold Bergstraesser außer Frage, ebenso seine Gewissheit, dass dessen Buch über die Jugend „die in Deutschland herrschende Diskussion über jugendsoziologische Fragen in entschiedener Weise fördern" wird. Darüber hinaus schätze er seinen Habilitanden – „unter den besten deutschen Soziologen mit Recht zu nennen" – als Person und als Wissenschaftler außerordentlich hoch, zumal er nicht nur mit der älteren deutschen Soziologie bestens vertraut sei, sondern neben Ralf Dahrendorf auch der gegenwärtig „beste Kenner" der amerikanischen Soziologie. Zudem habe sich Tenbruck in den Proseminaren als „hervorragender Pädagoge" erwiesen und eigne sich auch deshalb „vorzüglich" zur Lehre des Faches Soziologie an einer deutschen Universität.[48]

Mit diesen drei Gutachten im Gepäck schlägt Walter Rüegg in der Sitzung der Berufungskommission vom 12. Juli 1962 vor, „dass die Kommission sich mit der Person des Herrn Tenbruck beschäftigen" möge. Neben Rüegg und den weiteren Kommissionsmitgliedern der Fakultät – Heinz Sauermann, Hans Achinger und Karl Abraham – nehmen an der Sitzung außerdem noch der Dekan Erich Loitlsberger und mit beratender Stimme Theodor W. Adorno von der Philosophischen Fakultät

---

der Intellektuellen, Opladen 1975 sowie auf ders., Rückblicke eines ‚Anti-Soziologen', Opladen 1981. Schelsky seinerseits urteilt in diesem Zusammenhang zustimmend über Tenbrucks „Grundaussagen", z. B. in Schelsky, Rückblicke eines ‚Anti-Soziologen', a. a. O., S. 68. Vgl. hierzu auch Clemens Albrecht u. a., Einleitung der Herausgeber, in: Friedrich H. Tenbruck, Perspektiven der Kultursoziologie. Gesammelte Aufsätze, hrsg. v. Clemens Albrecht u. a., Opladen 1996, S. 9 f.

[47] Bl. 181. Zur erwähnten Gemeindeuntersuchung siehe Friedrich H. Tenbruck, Die Kirchengemeinde in der entkirchlichten Gesellschaft. Ergebnisse und Deutung der ‚Reutlingen-Studie', in: Dietrich Goldschmidt/Franz Greiner/Helmut Schelsky (Hrsg.), Soziologie der Kirchengemeinde, Stuttgart 1960: S. 122–132.

[48] Bl. 127. Zu Tenbrucks Tätigkeit als Universitätsdozent hat sich Ulrich Oevermann in dem Interview, das wir am 6. Februar 2008 mit ihm geführt haben, folgendermaßen geäußert: „Es war Tenbruck, der mich in die Soziologie eingeführt hat. Mein erstes Soziologieseminar machte ich 1961, in dem Jahr, in dem Tenbruck als junger Mann aus Amerika zurückgekommen war; da haben wir zum ersten Mal etwas Geregeltes über Rollentheorie gehört. Wir waren fasziniert, das war alles vollkommen neu für uns. Das war zu der Zeit, als Tenbruck in der Kölner Zeitschrift für Soziologie seinen berühmten Aufsatz zur Kritik der funktionalistischen Rollentheorie geschrieben hatte, das war die Kritik an Dahrendorfs ‚Homo Sociologicus'. Auf dem Level sind wir in die Soziologie einsozialisiert worden."

teil, da es ganz zweckmäßig sei, bei der Besetzung dieses Lehrstuhls eng mit der Philosophischen Fakultät zusammenzuarbeiten und eine Zusammenarbeit den beiderseitigen Interessen am besten diene.[49] Nachdem der Dekan Adorno das Wort erteilt hat, geht dieser gleich *in medias res*: Tenbruck habe nach seiner Meinung „weder die erforderliche fachliche Qualifikation noch die nötige menschliche Reife". Zum einen seien einzelne Aufsätze Tenbrucks, insbesondere der über die Rezeption der Rollentheorie, völlig ungenügend. Zum anderen habe er, Adorno, dessen „menschliche Seite" im Institut für Sozialforschung, an dem Tenbruck von Oktober 1952 bis Februar 1953 Assistent von Horkheimer war, näher kennen lernen können. Nach dieser Erfahrung sei es ihm daher völlig unmöglich, mit Tenbruck in irgendeiner Weise zusammenzuarbeiten. Daraufhin entbrennt ein hitziges Streitgespräch zwischen den Sitzungsteilnehmern, über dessen Details das Protokoll leider keine Auskünfte erteilt. Immerhin wird festgehalten, dass Adorno zum Ende der Sitzung die Zusicherung machte, ein ausführliches Gutachten über den erwähnten Aufsatz zu erstellen.[50]

Nach etwas mehr als einem halben Jahr legt Adorno am 25. Februar 1963 endlich sein Gutachten vor. Seinem Statement stellt er die Mitteilung voran, „daß Herr Tenbruck mich besucht hat und daß in einem Gespräch auch jene Belastungen der Vergangenheit zur Sprache gelangt sind, auf die ich bei unserer letzten Kommissionssitzung hinwies". Das Gespräch habe sich „in der denkbar angenehmsten Atmosphäre abgespielt". Tenbruck habe auch „nicht mehr jene Art der Aggressivität, die ich früher an ihm kennenlernen mußte". Und es sei auch nicht seine, Adornos, „Art, derlei Erfahrungen nachzutragen". Dennoch sieht Adorno in der Person Tenbrucks ein Problem, welches die mögliche Kooperation mit dem Institut für Sozialforschung zweifelhaft erscheinen lasse. Denn Tenbruck habe „mehrmals, und mit gewissem Nachdruck" betont, dass er „für sogenanntes teamwork ungeeignet" sei und „eigentlich nur als Einzelwissenschaftler richtig sich entfalten" könne. Ihm, Adorno, falle es schwer, bei diesem Bekenntnis etwas anderes zu sehen als eine versteckte Absage an eine Zusammenarbeit mit dem Institut. Unter diesen Umständen sei es „wohl selbstverständlich, daß eine solche Kooperation, in beiderseitigem Interesse, dann nicht anzuraten wäre, wenn sie Herrn Tenbruck

---

[49] Bl. 122.
[50] Bl. 122. Dass der Umgang mit Tenbruck auch sonst sehr schwierig war, bestätigen sogar Schüler und Weggefährten. So beschließt etwa Weiß sein Nekrolog mit folgenden Worten: „Es war oft schwierig, manchmal und für manche(n) unglaublich und unerträglich schwierig, mit Friedrich Tenbruck zurechtzukommen. Nicht wenigen von denen, die ihn besonders schätzten (und gut wußten warum), hat er dies besonders schwergemacht" (Weiß, In memoriam, a. a. O., S. 438). Auch Konrad Adam charakterisiert in seinem Nachruf in der Frankfurter Allgemeinen Zeitung Tenbruck als einen, „der alles schwernahm. Er hatte seine Schwierigkeiten mit sich selbst und pflegte es auch anderen nicht gerade leichtzumachen, oft über das sachlich gebotene Maß hinaus" (Adam, Scheu vor dem Schema, a. a. O., S. 27). Ähnlich äußerte sich auch Alois Hahn in dem Interview, das wir mit ihm geführt haben.

gegen den Strich geht". Im Folgenden möchte er sich jedoch ausschließlich über die wissenschaftliche Leistung von Tenbruck äußern. Als Objekt seines Gutachtens habe er sich den Text über die deutsche Rezeption der Rollentheorie ausgesucht, da seiner Ansicht nach sich durch die konkrete Diskussion eines bestimmten Textes mehr sagen lasse als durch allgemeine Übersichten, zumal der Gegenstand des zu begutachtenden Textes zu einem der meist diskutierten und tatsächlich auch zentralen Probleme der gegenwärtigen Soziologie gehöre. Bei der Beurteilung von Tenbrucks fachlicher Qualität wolle er von dessen Arbeit *Jugend und Gesellschaft* absehen, da diese zu populär, und zu inhaltsarm sei, als daß „sie Herrn Tenbruck Gerechtigkeit widerfahren ließe". Zunächst moniert Adorno, dass Tenbruck eine bestimmte Art von amerikanischer Soziologie als Referenz für seine Kritik der Dahrendorfschen Variante der deutschen Soziologie in Anspruch nimmt. In dieser von Tenbruck bevorzugten Strukturtheorie sei aber kein Platz zur Erforschung gesellschaftlicher Herrschaftsverhältnisse. Im Grunde bastele Tenbruck hinsichtlich der Dahrendorfschen Rezeption der Rollentheorie „eine Strohpuppe zusammen, die er dann bequem zerstören kann". Überhaupt sei Tenbrucks Versuch, Herrschafts- verhältnisse insgesamt aus der Soziologie zu eskamotieren, typisch für dessen Soziologieverständnis. Während die Kritische Theorie für ihre Erkenntnisse auf empirische Belege verweisen könne, lehne Tenbruck diese Vorgehensweise als Reifizierung soziologischer Begriffe, als Vermengung von Theorie und Empirie ab. Adorno kommt deshalb zum Schluß, dass Tenbruck die „elementarsten Theo- reme der kritischen Soziologie" völlig fremd seien. In dessen Theorieanlage werde der „Gegenstand Gesellschaft [...] a priori als einer der ‚Ordnung' und ‚Einheit' gewertet"; sie orientiere sich letztlich am „altbewährtem Muster" als wertfreie, vorurteilslose und neutrale Soziologie.[51]

Knapp einen Monat nach dem Vorliegen von Adornos Gutachten nimmt Rüegg in einer Aktennotiz vom 27. Mai 1963 ausführlich zu dessen Äußerungen Stellung.[52] Dabei zeigt er sich sehr irritiert über die neu formulierten „Bedenken, wonach Herr T. für Kooperation im allgemeinen und eine solche mit dem Institut für Sozialforschung im besonderen weder geeignet noch interessiert sei". Er, Rüegg, könne die Zweifel über Tenbrucks Bereitschaft zum Teamwork auf Basis persön- licher Erfahrungen nicht teilen. Zudem habe Tenbruck „im Gegensatz zu anderen Soziologen, die ihrer Position nach für eine Berufung auf den 2. soziologischen Lehrstuhl durchaus in Frage kämen", dem Institut für Sozialforschung gegenüber stets eine positive Haltung eingenommen und „mir gegenüber seiner persönlichen Hochschätzung der Herren Horkheimer und Adorno Ausdruck gegeben". Auch habe er sich erfreut darüber gezeigt, dass seine Vorlesungen und Übungen „doch wohl auf ihre Empfehlung hin, von soviel Soziologiestudenten der Philosophi-

---

[51] Bl. 84 ff.
[52] Siehe hierzu das entsprechende Dokument im Anhang dieses Bandes.

schen Fakultät besucht werden". Sodann konfrontiert Rüegg Adornos Kritik an
der Qualität des Tenbruckschen Rollentheorie-Aufsatzes mit den dieser diametral
entgegenstehenden, diesbezüglich nämlich äußerst positiven Einschätzungen von
Schelsky, König, Graf von Krockow und Helmuth Plessner. Angesichts dieser von
mehreren Autoritäten mit ähnlichen Argumenten geteilten kritischen Einschätzung der Dahrendorfschen Rollentheorie dränge sich Rüegg der Verdacht auf,
dass Adornos unzutreffende Kritik „von einer zu schmalen Basis oder aus einer
zu flüchtigen Lektüre" herrühre, andernfalls dieser doch erkennen müsste, „daß
ihm Tenbruck in der Sache, im Anliegen und im wissenschaftlichen Niveau viel
näher steht als Dahrendorf"[53].

Trotz dieses Entgegenkommens auf sozialtheoretischer Ebene scheinen auf
organisatorischer Ebene die Fronten mittlerweile doch ziemlich verhärtet gewesen
zu sein. Denn zu der sechs Tage vor Rüeggs Aktennotiz abgehaltenen Sitzung
der Berufungskommission am 21. Mai war „[e]in Vertreter der Philosophischen
Fakultät [...] nicht eingeladen". In dieser Sitzung beantragt Rüegg, die Kommission
möge „die dem Ministerium eingereichte Berufungsliste durch die Nominierung
von Tenbruck ergänzen". Daraufhin beschließt die Kommission, dass „im Falle
einer Intervention von Seiten des Instituts für Sozialforschung gegen die von der
Fakultät eingereichte und noch zu komplettierende Liste die Fakultät jegliche
Zusammenarbeit mit dem Institut, insbesondere auch bei der Durchführung der
Prüfungen, sofort einstellt"[54].

An der Sitzung der Berufungskommission am 29. Mai nimmt Adorno wieder
teil. Er versucht ein letztes Mal die Nominierung Tenbrucks zu blockieren, indem
er vergeblich zwei andere Kandidaten vorschlägt. Als Ergebnis der Sitzung wird
schließlich festgehalten, dass die Kommission sich „einstimmig dem Antrag von
Herrn Rüegg, Herrn Tenbruck auf die Berufungsliste für das zweite soziologische
Ordinariat zu setzen, anschließt", dass aber „Herr Adorno, der der Kommissionssitzung mit beratender Stimme beiwohnt, sich diesem Antrag nicht anschließen
kann"[55]. Bereits zwei Tage später teilt der Dekan der Fakultät dem Hessischen

---

[53] Bl. 69 ff. Über die vermeintliche Nähe der Positionen von Adorno und Tenbruck in Bezug auf
Dahrendorfs Soziologieverständnis lässt sich freilich trefflich streiten. Bemerkenswert in diesem
Zusammenhang ist aber, dass sich Dahrendorf im Vorwort zur 16. Auflage seines Longsellers
über „allerlei falsche Freunde" aus dem Lager der Adorno-Anhänger beklagt und sich explizit von
deren Interpretationsrichtung distanziert: „Die Gesellschaft als ärgerliche Tatsache zu sehen und
vor allem zu bekämpfen, wurde bald zum verbreiteten Sport an den Universitäten"; insbesondere
die Schüler Adornos suchten „den eigentlichen Menschen, der sich von den Zwängen von Wirtschaft
und Gesellschaft befreit. Da kam manchen der *Homo Sociologicus* gerade recht. Mir kam eben diese
Interpretation indes gar nicht recht. Während viele die große Reform gegen die Gesellschaft suchten,
lag mir daran, Reformen innerhalb der Gesellschaft in die Wege zu leiten.". Vgl. Dahrendorf, Homo
Sociologicus, a. a. O., S. 12 f.
[54] Bl. 76 f.
[55] Bl. 67 f. Vgl. hierzu auch den Anhang dieses Bandes.

Kultusminister den Beschluss der Berufungskommission mit und „benennt für die Besetzung des Ordinariats für Soziologie II primo loco [...] Herrn Professor Dr. phil. Friedrich H. Tenbruck". Die Fakultät sei nämlich „einstimmig der Auffassung, daß mit Herrn Tenbruck der zweite Lehrstuhl für Soziologie durch einen Gelehrten besetzt werden könne, der imstande sei, auf Grund der besonderen wissenschaftlichen Interessenrichtung und der theoretischen Durchdringung empirischer Forschung die Vertretung der Soziologie an der Wirtschafts- und Sozialwissenschaftlichen Fakultät in glücklicher Weise zu ergänzen, um am dringend notwendigen Ausbau des soziologischen Unterrichts an der Universität Frankfurt dank seiner erwiesenen pädagogischen Fähigkeiten erfolgreich mitzuwirken und kraft seiner ungewöhnlichen Forschungs- und Kooperationsfähigkeit dazu beizutragen, das Ansehen, das die Johann Wolfgang Goethe-Universität seit jeher auf dem Gebiete der Sozialwissenschaften genießt, zu wahren und zu mehren"[56]. Im Januar 1964 kommen mit der Ernennung Friedrich Tenbrucks zum ordentlichen Professor der Soziologie und Direktor des *Seminars für Gesellschaftslehre* an der Frankfurter WiSo-Fakultät die mehrere Monate gegen erhebliche Widerstände sich hinziehenden Bemühungen von Walter Rüegg bezüglich der Durchsetzung seines Wunschkandidaten endlich zu einem erfolgreichen Abschluss. Tenbruck bleibt allerdings nur drei Jahre in Frankfurt. Vor allem „weil er den Eindruck hatte, er könne doch nicht seine Soziologie gegen diejenige von Adorno durchsetzen. [...] Er konnte einfach nicht die gleiche Luft atmen wie Adorno"[57].

Einen Eindruck davon, welche Art von Soziologie Tenbruck in Frankfurt betrieben hat, gewinnt man, wenn man die Vorlesungsverzeichnisse jener Zeit sichtet.[58] So bietet er Vorlesungen, Seminare und Übungen zu folgenden Themen an: „Soziologie der Großstadt" und „Der Nationalismus" (SS 1963); „Grundlagen der empirischen Sozialforschung" (WS 1963/64); „Einführung in die Soziologie" (SS 1964); „Theorie des sozialen Wandels und Geschichte" (WS 1964/65); „Soziale Schichtung" (SS 1965); „Soziologie der Massenkommunikation", „Öffentliche Meinungsbildung in der BRD: Analyse einer deutschen Wochenzeitung" und „Probleme der Entwicklungsländer, am Beispiel Indien" (WS 1965/66); ferner „Grundbegriffe der Soziologie", „Jugendsoziologie" und „Verhältnis von Wissenschaft und Praxis" (SS 1966).

Bezüglich seiner Veröffentlichungen war Tenbrucks Frankfurter Zeit verhältnismäßig unproduktiv. Neben der erweiterten Auflage seines ‚Jugend-Buches' ragt

---

[56] Bl. 58.
[57] Dieses Zitat entstammt dem Interview, das wir mit Rüegg geführt haben und das im vorliegenden Band abgedruckt ist.
[58] Siehe http://www.ub.uni-frankfurt.de/cdrom/vorlesungsverzeichnisse-2.html (Zugriff vom 15.02.2010).

aus dieser Zeit allein seine Abhandlung über die ‚Freundschaft' heraus.[59] Mit der Untersuchung persönlicher Beziehungen im Allgemeinen und der Freundschaft im Besonderen nimmt er in diesem Aufsatz in Anlehnung an Simmel nun jene Strukturen in den Blick, die nicht nur ein komplementäres Phänomen zu sozialen Rollen darstellen, sondern deren soziologische Erfassung auch unbedingt eine strikt historische Perspektive erfordert. Als persönlich werden alle Beziehungen definiert, „welche Menschen auf der Breite des Daseins nicht vorwiegend oder ausschließlich in engen, zweckbestimmten und leistungsorientierten Rollen zusammenführen"[60]. Wiewohl Freundschaft als private, auf Freiwilligkeit basierende und gesellschaftlich nicht geregelte Beziehung nur aus der Individualität erklärbar erscheint, wehrt sich Tenbruck einmal mehr gegen die üblichen Vorbehalte der *Mainstream*-Soziologie, dass es sich hierbei nicht nur um ein gesellschaftlich unwichtiges, sondern überdies um gar kein gesellschaftliches Phänomen handele. Aus historischer Perspektive wird Freundschaft als ein neuer Modus in den sozialen Beziehungen bestimmt, der in Deutschland gegen Ende des 18. Jahrhunderts zunächst in der Oberschicht erstmals in der uns heute bekannten Form auftrete. Dass sie überdies parallel zur Idee der romantischen Liebe, also der Beziehung zum Partner des anderen Geschlechts entstand, ist für Tenbruck ein Indiz dafür, dass man es hierbei mit einer Reaktion auf gesellschaftliche Veränderungen zu tun hat, die von der Soziologie gemeinhin als Übergang zur funktional differenzierten Gesellschaft beschrieben wird. Die soziale Welt, in der der Mensch lebt, beginnt heterogener und anonymer zu werden. Das Gefühl des Ausgesetztseins, der hoffnungslosen Unsicherheit und Desorganisation geht einher mit der Entdeckung der Einsamkeit: „Das ist der gesellschaftliche Nährboden, aus dem die Pflanze der Individualisierung des Daseins sprießt."[61]

In dieser Lage, in der die institutionalisierten Beziehungen und Rollen allmählich als defizitär erlebt werden, beginnen die persönlichen Beziehungen, und hierbei insbesondere die Freundschaft, an Bedeutung zu gewinnen und Korrektivfunktionen zu übernehmen. Denn persönliche Beziehungen erlauben es, sich selbst und sein Gegenüber nicht nur als Rolleninhaber, sondern als unverwechselbare Persönlichkeit zu erleben: „Erst daß zwei Menschen sich aufeinander richten, ein jeder sich stets ein Bild von dem anderen macht und mit diesem Bild lebt und zugleich sich dessen bewußt ist, daß auch der andere mit einem solchen Bild von ihm selbst lebt, begründet [...] Freundschaft. In der Konzentration der Freunde aufeinander finden beide sich auf doppelte Weise auf ein Ich festgelegt. Hier

---

[59] Friedrich H. Tenbruck, Freundschaft. Ein Beitrag zu einer Soziologie der persönlichen Beziehungen (1964), in: ders., Die kulturellen Grundlagen der Gesellschaft. Der Fall der Moderne, Opladen 1989, S. 227–250.
[60] Ebd., S. 227.
[61] Ebd., S. 234.

gelingt in einer sozial heterogenen Welt die Stabilisierung des Daseins durch die Freundschaftsbeziehung. In der persönlichen Beziehung entgeht der Mensch der Desorganisation, mit welcher ihn die Heterogenität seiner sozialen Welt bedroht."[62]

IV Der „spätere" Tenbruck

In publizistischer Hinsicht ist Tenbrucks Tätigkeit nach seiner Frankfurter Zeit durch drei markante Schwerpunkte gekennzeichnet. Zum einen nimmt er seine Auseinandersetzung mit Max Webers Methodologie erneut auf und intensiviert diese.[63] Dabei wird deutlich, dass er sich „vom Weber-Kritiker zum Weber-Verehrer" entwickelt hat.[64] Zum anderen plädiert er angesichts des von ihm wahrgenommenen Dominantwerdens der Struktursoziologie und der damit einhergehenden Vernachlässigung des kulturellen Faktors in einer Reihe von programmatischen Aufsätzen für einen „Neubeginn der Kultursoziologie"[65]. Drittens ist Tenbrucks späteres Schaffen von einer energischen Gegenposition gegen den aktuellen Zustand der Sozialwissenschaften im Allgemeinen und die Praxis der Sozialforschung im Besonderen geprägt. Diesem zuletzt genannten Schwerpunkt wollen wir uns zum Schluß kurz zuwenden, da hierbei die Radikalität des Tenbruckschen Verständnisses von Soziologie deutlich zum Ausdruck kommt.

An einer Schlüsselstelle seiner erst 1986 publizierten Habilitationsschrift *Geschichte und Gesellschaft*, die nichts Geringeres als eine Synthese der amerikanischen und deutschen Soziologie zur Zeit ihrer Niederschrift beabsichtigt, sieht Tenbruck die moderne Gesellschaft in erster Linie durch das Merkmal der „Vielheit und Unübersichtlichkeit" geprägt.[66] Dieses Merkmal war, so Tenbrucks These, den älteren Gesellschaftsformationen in diesem Ausmaß völlig fremd. Eben dieser

---

[62] Ebd., S. 235 f. Die Kenner Niklas Luhmanns werden nicht nur an dieser Stelle deutliche theoretische Parallelen zwischen diesen beiden Soziologen festgestellt haben – ein Umstand übrigens, der eine gesonderte Aufmerksamkeit verdient hätte, der wir an dieser Stelle leider nicht Folge leisten können. Siehe vgl. hierzu auch die instruktiven Äußerungen, die Alois Hahn in dem Interview gemacht haben, das wir mit ihm geführt haben.

[63] Siehe insbesondere Friedrich Tenbruck, Das Werk Max Webers (1975), ders., Wie gut kennen wir Max Weber? (1975) und ders., Die Wissenschaftslehre Max Webers (1994), abgedruckt in Tenbruck, Das Werk Max Webers, a. a. O., S. 59–98, 99–122 und 219–241.

[64] Kaesler, Rezension, a. a. O., S. 824. An dieser Stelle hebt Kaesler anerkennend Tenbrucks „Mut zum Umdenken, zur immer erneuten Überprüfung seiner eigenen Einschätzungen und Urteile" hervor, exemplarisch demonstriert in seinen späteren Abhandlungen über Weber, in denen er „seinen ‚Irrtum' über Webers Methodologie öffentlich […] zu korrigieren suchte" (ebd.).

[65] Clemens Albrecht u. a., Einleitung der Herausgeber, a. a. O., S. 8. Vgl. hierzu insbesondere Friedrich H. Tenbruck, Die Aufgaben der Kultursoziologie (1979), in: ders., Perspektiven der Kultursoziologie, a. a. O., S. 48–74.

[66] Vgl. Friedrich H. Tenbruck, Geschichte und Gesellschaft, Berlin 1986, S. 324.

Diversität und Ambivalenz der Moderne verdankten die Sozialwissenschaften ihre Entstehung und Fortdauer: „Der Ruf nach den Sozialwissenschaften, der überall in der modernen Gesellschaft ertönt, entspricht dieser Unübersichtlichkeit. [...] Sie bedarf [...] der Sozialwissenschaften, die immer wieder Teilzusammenhänge aus der unübersichtlichen gesellschaftlichen Wirklichkeit herausheben und dem ordnenden Willen des Menschen zur Verfügung stellen."[67] Um dieser Unübersichtlichkeit Herr zu werden, seien die wissenschaftlichen Mittel, deren wir uns dabei bedienen, immer wieder neu zu überprüfen.

Von diesem Optimismus bezüglich der Orientierungsfunktion der Sozialwissenschaften für die moderne Gesellschaft ist knapp zwanzig Jahre später beim selben Autor, dem es von Beginn an um die Frage ging, welche Soziologie zu betreiben sei, nichts mehr zu spüren.[68] Dieser hat inzwischen vielmehr einem großen „Unbehagen an der Soziologie" sowie einer „radikalen Kritik am Konzept der Soziologie" Platz gemacht, die ihn spätestens jetzt zu einem ‚Außenseiter' des Fachs werden ließ und ihm auch das Etikett eines im Gefolge von Helmut Schelsky stehenden ‚Anti-Soziologen' eingebracht hatte.[69] Tenbruck kommt es nun darauf an, „die Schleier der Täuschung von den Sozialwissenschaften" wegzuziehen und „hinter das Selbstverständnis zu blicken, das die Soziologie sich und uns aufdrängt", wenn sie sich als objektive Beobachterin und Analytikerin der Gesellschaft geriert.[70] Denn sie habe unter dem Mantel der Autorität nicht nur ein Weltbild durchgesetzt, das den Menschen entmündige, sondern sie halte noch immer „an der Idee fest, daß die Sozialwissenschaften zu jener Therapie berufen sind, deren die Gesellschaft bedarf"[71]. Tenbruck zufolge leben wir solange „in einer durch und durch verkehrten Welt", wie wir „nicht die Unwahrhaftigkeit der Doppelrolle durchschauen, in der die Sozialwissenschaften öffentlich als die wissenschaftliche

---

[67] Ebd., S. 328 f.
[68] Vgl. Harald Homann, Widergänger. Zur Aufklärung der Anti-Soziologie am Beispiel Friedrich H. Tenbrucks, in: Peter-Ulrich Merz-Benz/Gerhard Wagner (Hrsg.), Soziologie und Anti-Soziologie. Ein Diskurs und seine Rekonstruktion, Konstanz 2001, S. 61–88 (hier S. 63).
[69] Tenbruck, Die unbewältigten Sozialwissenschaften, a. a. O., S. 8 und 17. Siehe hierzu ferner vor allem Homann, Widergänger, a. a. O. Obwohl Tenbruck – insbesondere durch die wiederholte zustimmende Bezugnahme auf Schelskys Wissenschaftsverständnis – selbst mit dem Image des Anti-Soziologen kokettiert hat, trifft diese Deutung nicht den eigentlichen Kern der Sache, wie es auch Alois Hahn in dem Interview, das wir mit ihm geführt haben, betont: „Ich würde Tenbruck nicht als Anti-Soziologen bezeichnen. [...] Mit seiner Kritik ist er vielleicht übers Ziel hinausgeschossen, aber ein Anti-Soziologe in dem Sinne, dass er soziologische Argumentationen nicht mehr praktizierte, war er sicher nicht. Wenn man die ‚Unbewältigten Sozialwissenschaften' mit dem Schelsky-Buch vergleicht, dann sieht man sofort, dass da in Bezug auf den antisoziologischen Affekt zwischen Tenbruck und Schelsky Welten liegen. Tenbruck hat bis zum Schluss die großen soziologischen Lichtgestalten hochgehalten: Simmel, Weber und auch Dilthey, den er auch als Soziologen verstanden hat."
[70] Tenbruck, Die unbewältigten Sozialwissenschaften, S. 16 und 265.
[71] Ebd., S. 41.

Autorität auftreten, während sie insgeheim und unvermerkt diese Wirklichkeit durch ihre Erkenntnisse modeln und lenken"[72]. Diesem Problem sei mit einer Kritik der Theorien und Methoden der Soziologie nicht beizukommen, weil diese Art von Kritik nur auf deren Verbesserung ziele und damit an der Frage nach ihrer Macht und Wirkung völlig vorbeigehe. Man müsse viel fundamentaler ansetzen: „Nicht Aufklärung durch die Sozialwissenschaften brauchen wir, sondern Aufklärung über die Sozialwissenschaften."[73]

Zentrale Arena der Tenbruckschen Kritik an den Sozialwissenschaften ist ganz eindeutig die aktuelle Praxis der Sozialforschung. Der Grund für diese prominente Rolle der empirischen Sozialforschung wird darin gesehen, dass die Sozialwissenschaften heute nicht zuletzt durch diese allgegenwärtig sind, wobei sie die Sozialforschung „nicht nur als den empirischen Garanten ihrer Theorien ansehen", sondern vielmehr auch „als ein Mittel benutzen, um sich laufend in Erinnerung zu bringen und in die öffentlichen und privaten Dinge einzuschalten"[74]. In aller Deutlichkeit wird konstatiert: „Als Wissenschaft wie als Lebensmacht ist die Soziologie ohne diese Praxis der Sozialforschung nicht mehr denkbar."[75] Dabei gilt Tenbrucks Missbilligung keineswegs der Sozialforschung im Ganzen. Er attestiert ihr durchaus Erkenntniswert und Nützlichkeit, wenn es darum geht, Informationen über gesellschaftliche Probleme zu liefern. Als Lieferant öffentlichen Wissens für jedermann sei sie denn auch entstanden und habe z. B. mit Erhebungen über die missliche Lage der Arbeiterklasse auf gesellschaftliche Probleme aufmerksam gemacht, die daraufhin durch staatliche Interventionen bearbeitbar gemacht werden konnten. Mittlerweile habe sich die Rolle der Sozialforschung jedoch fundamental verändert. Nicht um gesellschaftliche Probleme, die nach einer öffentlichen Entscheidung verlangen, ginge es nunmehr, sondern um die vollständige ‚Publizität' der persönlichsten und privatesten Belange der Menschen, ihrer „Überzeugungen, Gesinnungen, Einstellungen, Lebenshaltungen, Meinungen, Wertmaßstäbe, Wünsche und Träume"[76]. Sie sei inzwischen rücksichtslos in den bislang verschlossenen Alltag und die Privatsphäre der Menschen eingedrungen – ihr Erkenntnisinteresse gelte nicht länger einem gesellschaftlichen „Wissen *für* jedermann", sondern einem „Wissen *über* jedermann"[77].

Aber nicht nur in der Vorgehensweise und den Folgen der gegenwärtigen Sozialforschung sieht Tenbruck ein Problem ersten Ranges, sondern vor allem und insbesondere im vermeintlich aufklärerischen Impetus ihrer Vertreter: „Nie

---

[72] Ebd., S. 16.
[73] Ebd., S. 17.
[74] Ebd., S. 203.
[75] Ebd.
[76] Ebd., S. 205.
[77] Ebd.; Hervorhebungen von mir.

war die Sozialforschung eine empirische Wissenschaft, die das Handeln bloß feststellen und erklären wollte, stets war sie ein aufklärerisches Unternehmen, belastet mit der Überzeugung, daß die Menschen durch ein falsches Bewußtsein am richtigen Handeln gehindert würden, berufen zu der Aufgabe, sie von diesem falschen Bewußtsein zu befreien. Und das alte Ziel der Soziologie, das Wissen der Gesellschaft über sich selbst ein für allemal zu korrigieren, radikalisierte sich zu der Absicht, das alltägliche Verhalten ständig und überall von seinem falschen Bewußtsein zu befreien."[78]

Insofern ist Alois Hahns Anmerkung, dass die von Tenbruck gegen die Sozialforschung vorgetragenen Thesen auch von Adorno hätten stammen können,[79] dahingehend zu präzisieren, dass Tenbrucks Kritik viel umfassender angelegt ist. So überrascht es nicht, dass Tenbruck, der einer der ersten wissenschaftlichen Mitarbeiter im neu errichteten Institut für Sozialforschung und später selbst Frankfurter Hochschullehrer war, gleich an mehreren Stellen seiner Streitschrift auch die Forschungspraxis der ,Frankfurter Schule' bzw. des Instituts ins Visier nimmt. So etwa, wenn er in „verschiedenen Varianten" der Sozialforschung, auch und vor allem bei Max Horkheimer und Theodor W. Adorno eine anmaßende Haltung walten sieht, „als geistige Führungsmacht die Direktiven für das richtige Handeln zu liefern"; oder wenn er konstatiert, dass „die Sozialforschung zur Waffe einer soziologischen Aufklärung geworden" sei, welche „die aktuelle Erlösung des Menschen von allen Vorurteilen und Vorschriften, von aller Dumpfheit und Ignoranz versprach, so wie Max Horkheimer seinem ,Institut für Sozialforschung' ja auch eine Aufgabe der persönlichen Aufklärung und Therapie beimaß"[80]. Hart am Rande der Denunziation bewegt sich freilich Tenbrucks Vorwurf an die Adresse der Frankfurter, den er seiner Kritik der Vorurteilsstudie von Adorno & Co. in *The Authoritarian Personality* folgen lässt: „Der Einfluß, den Horkheimer und Adorno auf Generationen ausgeübt haben, war lange darauf gegründet, daß sie deutschen Studenten Absolution von den Vorwürfen und Gewissensqualen, sie seien ,autoritäre Persönlichkeiten', erteilen konnten."[81]

Später hat Tenbruck – sollte man vielleicht hinzufügen: konsequenterweise? – seine These über die Wirkungsmacht der ,Frankfurter Schule' in ein von ihm selbst initiierten Forschungsprojekt zur „Entstehungs- und Wirkungsgeschichte der ,Frankfurter Schule' im Umfeld der intellektuellen Lagen und Lager in der Bundesrepublik Deutschland"konkretisiert, dessen Abschluss er jedoch nicht

---

[78] Ebd., S. 208 f.
[79] Vgl. das Interview mit Alois Hahn.
[80] Tenbruck, Die unbewältigten Sozialwissenschaften, S. 208 f.
[81] Ebd., S. 252.

mehr erlebt hatte.[82] Wenn man will, kann man in dieser Auseinandersetzung mit der ‚Frankfurter Schule' ein Indiz dafür sehen, dass Tenbrucks Zeit in Frankfurt nicht bloß eine unbedeutende Episode war.

---

[82] Vgl. Clemens Albrecht/Günter C. Behrmann/Michael Bock/Harald Homann/Friedrich H. Tenbruck, Die intellektuelle Gründung der Bundesrepublik. Eine Wirkungsgeschichte der Frankfurter Schule, Frankfurt/New York 1999.

Die gesellschaftliche Konstruktion und die soziale Wirklichkeit
Thomas Luckmann in Frankfurt

Thorsten Benkel

Über die Zeit, die Thomas Luckmann als Professor für Soziologie in Frankfurt am Main verbracht hat, schweigen sich die verschiedenen biographischen und werkgeschichtlichen Darstellungen überwiegend aus, die mittlerweile auf dem Markt (und teilweise von dort schon wieder verschwunden) sind. Die harten Fakten seiner Forschungs- und Lehrtätigkeiten in der Mainmetropole von 1965 bis 1970 stehen zwar fest und können ohne Probleme recherchiert werden: Thomas Luckmann, M. A., Ph. D., Visiting Professor an der *New School for Social Research*, New York, tritt am 1. Juni 1965 seine Position als ordentlicher Professor für Soziologie in Frankfurt am Main an, übernimmt im Sommersemester 1966 den Posten des Geschäftsführenden Direktors des *Seminars für Gesellschaftslehre* – damals eine Unterabteilung der Wirtschafts- und Sozialwissenschaftlichen Fakultät – und verlässt Frankfurt wieder 1970. Wer sich darüber hinaus näher damit auseinander setzen möchte, worum es Luckmann in seiner Frankfurter Forschungs- und Lehrtätigkeit ging, welche Themen er behandelte und wer ihn hörte, der kommt um den Weg in das Frankfurter Universitätsarchiv nicht herum – und er wird auch dort nicht auf alle Fragen Antworten finden. Denn Luckmanns Frankfurter Zeit war von wichtigen Vernetzungen und von spannungsreichen Begegnungen geprägt, über die kein Aktenstapel, sondern allenfalls die Erinnerungen der Beteiligten Auskunft geben können.

Gerade die Frankfurter Soziologie erschließt sich im Rückblick zu weiten Teilen als *oral history*. Es ist kein Zufall, dass das Frankfurter soziologische Department (das formal nie eine einzige Einrichtung war, sondern auch heute noch aus zwei getrennten Instituten besteht), schon öfter zum Gegenstand historischer Rückblicke gemacht worden ist. Denn fraglos war Frankfurt nicht nur in der Weimarer Republik, sondern auch in den ersten Jahrzehnten nach dem Zweiten Weltkrieg eine wichtige, vielleicht sogar die bedeutendste soziologische Adresse in der deutschen Hochschullandschaft. Die Erinnerungen und Aufzeichnungen, die Zeitzeugen der Nachwelt hinterlassen, sind deshalb wichtig, weil sie für die Frankfurter Soziologie eine rekonstruktive Annäherung erlauben, die über die Analyse der Archivmaterialien weit hinausgehen. Um ein rundes Bild von den wissenschaftlichen *und* den sozialen Realitäten zu gewinnen, braucht es den

lebendigen Rückblick und die neugierige Nachfrage. Die Frankfurter Jahre von
Thomas Luckmann sind hierfür ein exemplarisches Beispiel.

Im Rückblick hebt Luckmann hervor, dass ihn seine Frankfurter Zeit nicht
besonders interessiert habe.[1] Hinsichtlich seines soziologischen Lebenswerkes
steht in der Tat fest, dass seine Frankfurter Jahre nicht zu jener Periode gehören,
die man an erster Stelle mit Luckmann verbinden würde; in dieser Hinsicht stellt
die spätere Konstanzer Phase das bedeutendere Bezugsfeld dar. Andererseits ist
Frankfurt jener Ort, an dem Luckmann wissenschaftlich tätig war, als seine beiden bedeutendsten Bücher publiziert wurden (zunächst auf englisch und später in
deutscher Übersetzung beim S. Fischer-Verlag und Suhrkamp-Verlag) und ihren
weltweiten Eroberungsfeldzug in den soziologischen Seminaren antraten. Frankfurt
war für den jungen Professor außerdem die erste Andockstelle in der akademischen
Landschaft der Bundesrepublik Deutschland gewesen – und überdies die erste
eigene Berührung mit deutschsprachiger soziologischer Forschung und Lehre.
Dabei war Luckmanns Gang nach Frankfurt, wenigstens aus heutiger Sicht, eine
unzeitgemäße Entscheidung. Denn er nahm seinen Posten inmitten einer Phase
an, in der die deutsche Soziologie gerade aus Frankfurt jene nachhaltigen Impulse
bekam, die sie – gegen das von Luckmann bevorzugte Erkenntnisziel – in Richtung
einer „kritischen Theorie der Gesellschaft" führte.

Die Annäherung an eine Berufskarriere über die Aktenberge ist ein wesentlich biographisch orientierter Schritt. Man wird auf der Suche nach dem „Akteur"
Luckmann bedingt fündig, der sich in eine Profession begibt (bzw. diese Pro-
fessionsgebundenheit an einem neuen Ort unter neuen Bedingungen fortführt)
und damit seine berufliche Karriere vorantreibt. Nun tut die Reduktion auf diese
Sachlage Luckmann, auch wenn er 1972 als Mitherausgeber einer „Berufssoziologie" (und daneben als Veranstalter thematisch verwandter Seminare) sich solchen
Verlaufsprozessen selbst gewidmet hat[2], insofern unrecht, als der Kern dessen, was
Luckmanns Wirken in Frankfurt (und selbstverständlich auch anderswo) in der
Perspektive der Soziologiegeschichte ausmacht, eben nicht zwischen den Deckeln
der Personalakten steht, sondern in den Regalen der Fachbibliotheken soziologischer Departments von New York über Konstanz bis nach Salzburg, Ljubljana,
Trondheim und anderswo. Denn für den Fortschritt und Erkenntnisgewinn einer
historisch-reflexiven Wissenschaftsdisziplin wie der Soziologie wiegen die (veröffentlichten) Werke schwer, mit denen ein Teilnehmer des „Expertenkreises", in
diesem Sinne vorrangig als *Autor* verstanden, Aufmerksamkeit auf sich zieht. Die
Anschlussfähigkeit seiner Publikationen macht einen Soziologen zum „Namen",
auch wenn das Werk mitunter den Verfasser als Person hinter sich lässt. Michel

---

[1] Vgl. hierzu das Interview, das wir mit Thomas Luckmann geführt haben und das in diesem Band
abgedruckt ist.
[2] Vgl. Thomas Luckmann/Walter M. Sprondel (Hrsg.), Berufssoziologie, Köln 1972.

Foucault hat in diesem Zusammenhang von der lediglich „klassifikatorischen Funktion" der Verfasserangabe gesprochen.[3] Aber das trifft im Falle Luckmanns nicht zu. Denn seine wissenschaftliche Neugier hat ihn in vielfältige Bereiche des soziologischen Denkens geführt. Das Resultat dieser Vielfalt ist aber keine unübersichtliche Multiperspektivität. Vielmehr zeigen Luckmanns Schriften, dass er sein Theorieprojekt – letztlich eine Aktualisierung der phänomenologisch orientierten Wissenssoziologie – an einem breit gefächerten Themenhorizont zu verdeutlichen weiß.

Luckmanns große Produktivität und publizistische „Ausstoßungsrate" legt von einer lebenslangen Begeisterung für die wissenschaftliche Forschung Zeugnis ab. Sein Werk – sofern man in der Soziologie retrospektiv überhaupt je von einem geschlossenen Werk sprechen kann, wo doch Max Weber eindringlich gezeigt hat, wie unfertig jede sozialwissenschaftliche Betätigung angesichts des unabdingbaren sozialen Wandels sein muss[4] –, sein Werk also bezieht sich nicht schnörkellos auf wenige elementare Aspekte. Luckmann setzt durchaus Schwerpunkte, die er aber in einer gewissermaßen Sektionen übergreifenden Grundsätzlichkeit untersucht. Sein Œuvre weist Leitlinien und, wenn man so will, Orientierungsmaßstäbe auf, die wiederkehren und die für die Kontinuität seines Denkens stehen, ohne dass dies der inhärenten Weiterentwicklung widersprechen würde.

Schon zu Beginn seiner akademischen Karriere ist Luckmann ungewöhnlich vielseitig interessiert. Er studiert Philosophie, Sprachwissenschaften, Psychologie, Kirchenslawisch, Ägyptologie, Philologie, Geschichte und Germanistik.[5] Seine ersten Studienjahre verbringt Luckmann in Wien und Innsbruck; nach der Emigration in die USA 1950 setzt er sein Studium an der „Graduate School" der *New School for Social Research* in New York fort. Zu diesem Zeitpunkt stellt diese Institution ein akademisches Auffangbecken für Wissenschaftler dar, die vor dem Dritten Reich in die USA geflohen sind.[6] Sein Schwerpunkt liegt zunächst in der Philosophie. Luckmann besucht insbesondere die Seminare von Karl Löwith, der heutzutage noch am ehesten für seine Kritik am geschichtsphilosophischen Denken in *Welt-*

---

[3] Michel Foucault, Was ist ein Autor? In: ders., Schriften zur Literatur, Frankfurt am Main/Berlin/Wien 1979, S. 7–31 (hier: S. 18).

[4] Max Weber, Wissenschaft als Beruf, in: ders., Gesammelte Aufsätze zur Wissenschaftslehre, Tübingen 1988, S. 582–613.

[5] Bernt Schnettler, Thomas Luckmann, Konstanz 2006, S. 21.

[6] Benita Luckmann, Eine deutsche Universität im Exil. Die ‚Graduate Faculty' der ‚New School für Social Research', in: Rainer M. Lepsius (Hrsg.), Soziologie in Deutschland und Österreich 1918–1945, Opladen 1981, S. 427–441; dies., New School. Varianten der Rückkehr aus Exil und Emigration, in: Ilja Srubar (Hrsg.), Exil, Wissenschaft, Identität. Die Emigration deutscher Sozialwissenschaftler 1933–1945, Frankfurt am Main 1988, S. 353–378.

geschichte und Heilsgeschehen bekannt ist.[7] Es verdankt sich unter anderem dem Einfluss von Alfred Schütz, der zu diesem Zeitpunkt sowohl als Finanzökonom in der Bankenwelt wie auch als Dozent an der New School tätig ist, dass Luckmanns Interessenschwerpunkt sich allmählich zur Soziologie hin verlagert. Die Wahl des Themas seiner Magisterarbeit – die Moralphilosophie von Albert Camus – erscheint im Rückblick überraschend. Sie ist aber dadurch verständlich, dass auch Schütz dem französischen Existenzialismus einige Aufmerksamkeit gewidmet hat.[8] Überdies steht das Sujet Luckmanns späterer Beschäftigung mit religionssoziologischen Fragen nahe – insbesondere angesichts der weitläufig angelegten Definition des Religiösen, die Luckmann in *The invisible Religion* liefert. Religiosität steht für Luckmann in diesem „Essay" von 1967 (der inmitten der Frankfurter Zeit verfasst wurde) dann im Raum, wenn Subjekte sozial handeln und dieses Handeln moralisch beurteilbar ist. Als universelle Größen sind Sinnstiftungsmomente, die gemeinhin als Ausdruck einer quasi-religiösen Transzendenzsuche verstanden werden, laut Luckmann auch in subjektzentrierten „Mikro-Religionen" präsent.[9] (Eine deutsche Übersetzung von *The invisible Religion* erschien erst 1991; das Buch baut allerdings auf einer deutschsprachigen Studie von 1963 auf[10]). Als explizit *soziologische* Stellungnahme entspricht dieser Ansatz seinem Credo „Never argue with theologists"[11]. Auch in der Dissertation *A comparative Study of four protestant Parishes in Germany*, die 1956 im Rahmen einer Projektstelle entstand, zu der er eher zufällig kam[12], hat Luckmann sich bereits der Religionssoziologie gewidmet, die für ihn sukzessiv zu einem thematischen Fixstern wird.

Wenn es einen soziologischen Klassiker gibt, auf dessen Schultern sich Luckmann ausdrücklich gestellt hat, dann ist dies Alfred Schütz – der in seiner New Yorker Zeit aber noch lange nicht als Klassiker der Zunft gilt. Durch Schütz kommt Luckmann zur Phänomenologie und damit endlich zu einer „Philosophie, die zur Sache ging"[13]. Die Zusammenarbeit der beiden Emigranten, die sich Anfang der 1950er Jahre an der *New School for Social Research* kennen und schätzen lernen, kulminiert, aus Schütz' Sicht *post mortem*, in Luckmanns Edition der nachgelassenen Skizzen, mit denen Schütz unter dem Titel *Strukturen der Lebenswelt* eine

---

[7] Karl Löwith, Weltgeschichte und Heilsgeschehen. Die theologischen Voraussetzungen der Geschichtsphilosophie, Stuttgart 2004.

[8] Alfred Schütz, Sartres Theorie des Alter Ego, in: ders., Gesammelte Aufsätze, Bd. 1: Das Problem der sozialen Wirklichkeit, Den Haag 1971, S. 207–234.

[9] Thomas Luckmann, Die unsichtbare Religion, Frankfurt am Main 1991.

[10] Thomas Luckmann, Das Problem der Religion in der modernen Gesellschaft, Freiburg 1963.

[11] Schnettler, a. a. O., S. 57.

[12] Vgl. Thomas Luckmann, Vier protestantische Kirchengemeinden. Bericht über eine vergleichende Untersuchung, in: Dietrich Goldschmidt/Franz Greiner/Helmut Schelsky (Hrsg.), Soziologie der Kirchengemeinde, Stuttgart 1960, S. 132–144.

[13] Vgl. in diesem Band das Interview mit Luckmann.

Grundlagenarbeit vorlegen wollte, bevor der frühe Herztod ihm 1959 die Sorge um das Manuskript abnahm. So wandelte sich das, was als Schütz' zweites Buch konzipiert war (nachdem sein *Sinnhafter Aufbau der Welt* von 1932 erst spät zur Gründungsurkunde einer soziologisch-phänomenologischen Tradition geworden ist[14]), schließlich zu einer zweibändigen Zusammenstellung, die Luckmann mit dem Segen der Witwe Ilse Schütz unter dem geplanten Titel, aber mit Hinzuziehung seines eigenen Namens 1975 bzw. 1984 vorlegte. Diese *Strukturen der Lebenswelt*, die heute in einem einbändigen Format nach wie vor gedruckt werden[15], bilden eine Schnittstelle zweier Denkweisen, die sich über weite Strecken gleichen, wenn auch Luckmann betont hat, dass insbesondere der zweite Band sich mehr seiner eigenen Feder als den Notizen von Schütz verdankt. In diesem Sinne ist die nachträgliche Vervollständigung oder zumindest *Druckbarmachung* des Schütz'schen Welt-abschiedswerkes auch eine Hommage, die den originären Ausgangsgedanken – wie jede gute Hommage es tut – würdigt, ohne ihn schlicht zu duplizieren.

Es ist schwierig, über Luckmanns Frankfurter Jahre zu schreiben, ohne bei dem Versuch der Balancehaltung zwischen Erinnerungsquellen von Zeitzeugen auf der einen und dem Fundus an vorliegenden Fachpublikationen auf der anderen Seite ein wenig ins Strauchreln zu kommen. *Für* eine Fokussierung seiner Tätigkeit als Inhaber des dritten an der Frankfurter WiSo-Fakultät eingerichteten neuen soziologischen Lehrstuhls spricht neben der Tatsache, dass sich entsprechende Charakterisierungen von Schülern, Weggefährten und Zuhörern einholen lassen (mancher Rückblick liegt bereits vor[16]), vor allem der Umstand, dass Luckmann sich selbst bereitwillig in einem Interview über seine Frankfurter Jahre geäußert hat.[17] Mit diesem Interview wird die Reihe früherer Gespräche fortgesetzt, in denen Luckmann über sein Lebenswerk Auskunft erteilt hat, wenn auch bislang primär im Kontext seiner (mit Peter L. Berger verfassten) bahnbrechenden Untersuchung über *Die gesellschaftliche Konstruktion der Wirklichkeit*, die mittlerweile allein in Deutschland eine Auflage von über 35.000 Exemplaren erreicht hat.[18] Das Buch, 1966 (und damit während der Frankfurter Periode) erstmals in einer amerikanischen

---

[14] Alfred Schütz, Der sinnhafte Aufbau der sozialen Welt. Eine Einleitung in die verstehende Soziologie, Frankfurt am Main 1991.

[15] Alfred Schütz/Thomas Luckmann, Strukturen der Lebenswelt, Konstanz 2003.

[16] Siehe etwa Ulf Matthiesen, Das Wissen des Karneades in der Hauptstadt der Kritischen Theorie, in: Dirk Tänzler/Hubert Knoblauch/Hans-Georg Soeffner (Hrsg.), Neue Perspektiven der Wissens-soziologie, Konstanz 2006, S. 337–344.

[17] Vgl. das Interview mit Luckmann in diesem Band.

[18] Vgl. Peter L. Berger/Thomas Luckmann: Die gesellschaftliche Konstruktion der Wirklichkeit. Eine Theorie der Wissenssoziologie, Frankfurt am Main 1992. Siehe hierzu auch Tatjana Pawlowski/H. Walter Schmitz (Hrsg.), 30 Jahre ‚Die gesellschaftliche Konstruktion der Wirklichkeit', Aachen 2003; ferner Joachim Matthes/Manfred Stosberg (Hrsg.), Die gesellschaftliche Konstruktion der Wirklichkeit. Berger-Luckmann revisited, Nürnberg 1997.

Ausgabe erschienen, zählt ohne Frage zu den Meilensteinen der soziologischen Theorie und hat bis in die Gegenwart hinein auf so vielschichtige Debatten wie die Renaissance der Wissenssoziologie, die Fundamente sozialer Institutionen, die Verknüpfung der Handlungs- mit der Kommunikationstheorie, die Sprachsoziologie, die Rollentheorie und vor allem auf den später so ausufernden Diskurs über den *Sozialkonstruktivismus* Einfluss genommen.[19]

Gegen die Beschränkung auf eine personenzentrierte Sichtweise zugunsten einer eher textfixierten Ausbeute spricht die (beim Anlass der Konfrontation mit einer übertriebenen „Lebensweltexegese" der Person Max Webers formulierte) Devise von Alfred Schütz, dass die Rückführung einer Theorie auf die Persönlichkeit des Theoretikers nicht nur ein Irrweg, sondern auch und gerade eine „wissenssoziologische Perversion" darstellt[20]. Das sind harte Worte, die aber nicht darüber hinweg täuschen können, dass Luckmanns Frankfurter Episode einen Erlebniszusammenhang umfasst, der eben nicht nur das Werk beinhaltet, sondern auch die Person. Luckmann befand sich in Frankfurt in einer Situation, in der die Dämme der Werturteilsfreiheit vom einfallenden Strom der studentischen Politisierung hinweg gerissen zu werden drohten; zumindest hat sich dieser Eindruck bei einer Situationsbetrachtung der soziologischen Seminare in diesen Jahren in der Optik einiger konservativer Beobachter aufgedrängt. Auch wenn es so dramatisch nicht gewesen sein mag: Die Konfrontation des Lehr- und Forschungsbetriebes mit der letztlich *intern* propagierten Forderung, diesen Betrieb künftig stärker „politisch" zu betrachten, war nicht nur als kritische Bewusstseinserweiterung gedacht. In der politischen Reflexion sollte, nach dem Willen einiger, nämlich ein radikalaktionistischer Impetus keimen, der die Zustände im Prozess der Kritik auch gleich umwirft.

Ein solches Programm macht es schwierig bis unmöglich, als Wissenschaftler eine neutrale „Sachlichkeit" (so der Titel der von Luckmann mitedierten Festschrift zum 80. Geburtstag von Helmuth Plessner[21]) zu bewahren. Es soll an dieser Stelle unerörtert bleiben, ob nicht im damaligen Empfinden der Studenten, die ihr politisches Bewusstsein (oder vielmehr: Gewissen?) entdecken, sich *auch* ein Sinn für Wertfreiheit konstituiert hat, der die Zurückhaltung einiger Mitglieder der Professorenschaft gegenüber konkreten gesellschaftlichen Problemlagen als selbst verschuldete Blindheit durchschaut hat. Fest steht, dass Luckmanns Arbeit an der

---

[19] Vgl. Ian Hacking, Was heißt soziale Konstruktion? Zur Konjunktur einer Kampfvokabel in den Wissenschaften, Frankfurt am Main 1999, der die Fallstricke der „Modeerscheinung" Konstruktivismus bloßlegt, was um so stärker die undogmatische Position Bergers und Luckmann unterstreicht. Siehe ferner John Searle, Die Konstruktion der gesellschaftlichen Wirklichkeit, Reinbek 1997, der dem Werk dieser beiden Autoren weit mehr verdankt, als er ihnen zugesteht.
[20] Alfred Schütz/Eric Voegelin, Eine Freundschaft, die ein Leben ausgehalten hat. Briefwechsel 1938–1959, Konstanz 2004, S. 387 f.
[21] Günter Dux/Thomas Luckmann (Hrsg.), Sachlichkeit. Festschrift zum 80. Geburtstag von Helmuth Plessner, Opladen 1974.

Frankfurter Universität nicht unbeeindruckt von diesen Einflüssen abgelaufen ist (und auch gar nicht hätte ablaufen können), und dass dies auch schon im Vorfeld von 1968 stattfand, zu einer Zeit, als noch ein gewisser (mit Pflastersteinen gesäumter) Weg bis zur universitären „Rebellion" zu gehen war.

Die Umstände haben dafür gesorgt, dass Luckmann – wie jeder andere, der sich an der Fakultät aufhielt – die Entwicklung der Frankfurter Hochschule zur von Studenten so deklarierten „Karl Marx-Universität" deutlich registrieren musste. Der Mythos von Grabenkämpfen zwischen den Anhängern unterschiedlicher soziologischer Denkweisen – um das Wort *Ideologie* zu vermeiden –, lässt sich für die Mitte der 1960er Jahre allerdings nicht halten. Es ist, wie der damalige Frankfurter Student Ulf Matthiesen rückblickend betont, falsch, anzunehmen, dass die dezidiert „linke" Studentenschaft sich ausschließlich von Theodor W. Adorno und anderen Vertretern der Kritischen Theorie über gesamtgesellschaftliche Problemlagen unterrichten ließ, während sich auf der anderen Seite (und zwar wortwörtlich auf der anderen Seite der Senckenberganlage) die wenigen bürgerlich gesinnten Studierenden zum Kleingruppenseminar im Elfenbeinturm des *Seminars für Gesellschaftslehre* eingefunden hätten.[22]

Selbstbeschränkungen auf eine einzige soziologische Sichtweise wurden zumindest von Luckmann (und auch von Adorno) nicht propagiert. In der persönlichen Begegnung – so selten es dazu kam – herrschte ein freundlicher und angenehmer Ton vor. Zugegeben: Obwohl Adornos sozialphilosophische Ausrichtung überdeutlich Philosophie und Soziologie miteinander verknüpft hatte, stand er dem Grenzüberschreitungsansprüchen von Luckmanns Lehrer Schütz skeptisch gegenüber. Schütz versuchte zeitlebens (und im übrigen durchaus mit kritischer Betrachtung), die Phänomenologie Edmund Husserls sozialwissenschaftlich fruchtbar zu machen. Daraus sollte eine „philosophische Soziologie" entstehen[23]; durchgesetzt hat sich der Begriff der „Sozialphänomenologie" (ein Terminus, den Luckmann wiederum für intern widersprüchlich hält). Adorno war diese Gedankenwelt nicht völlig fremd. Seine Dissertation, die er als 21jähriger an der Frankfurter Universität einreichte, setzte sich mit Husserl auseinander; später folgte seine Schrift über die *Metakritik der Erkenntnistheorie*. Trotz seiner Vorbehalte lobte Adorno öffentlich an Schütz – und dieses Lob ist, als Verlautbarung während seiner Vorlesung zur „Einführung in die Soziologie" im Jahr 1968, auch eine Empfehlung für den Kollegen Luckmann – „dieses Moment, daß lebendige Erfahrung zur Geltung kommen muß gegenüber der selbst schon verdinglichten und verhärteten"[24].

---

[22] Matthiesen, Das Wissen des Karneades in der Hauptstadt der Kritischen Theorie, a.a.O., S. 341 f.
[23] Alfred Schütz, Werkausgabe, Bd. V.1: Theorie der Lebenswelt I. Zur pragmatischen Schichtung der Lebenswelt, Konstanz 2003, S. 341 f.
[24] Theodor W. Adorno, Einleitung in die Soziologie, Frankfurt am Main 2003, S. 92.

Ob Adorno Bergers und Luckmanns Publikation über die *Gesellschaftliche Konstruktion der Wirklichkeit*, die zu diesem Zeitpunkt nur in englischer Sprache vorlag, gekannt hat, ist ungeklärt, darf aber bezweifelt werden. (Seine nahezu legendären Invektiven gegen Vertreter der älteren Wissenssoziologie wie etwa Karl Mannheim lassen gewisse Rückschlüsse zu.) In diesem Buch spielt der Verdinglichungsgedanke als zentrales *Objektivierungsmoment* für die nur „quasinatürliche" Substanz der Gesellschaft eine tragende Rolle und lässt sich – über die Schnittstelle Marx – durchaus mit Elementen der Kritischen Theorie in Beziehung setzen. Die entsprechenden Verbindungslinien sind indes bis heute nicht systematisch untersucht worden. Dass der Erfolg dieses Buches von Berger und Luckmann im deutschsprachigen Raum sich erst nach einigen Jahren abzeichnete (gemäß einer Umfrage unter Soziologen in den 80er Jahren des vergangenen Jahrhunderts handelt es sich um das einflussreichste Buch des Faches), dürfte nicht unwesentlich damit zusammen hängen, dass es sich dabei um eine Darstellung fundamentaler soziologischer Probleme handelt, die auf Mannheim, Durkheim und Weber rekurriert. Damit werden genau jene Ansätze aufgegriffen, die von Adorno und Horkheimer – mit der von ihnen in den 60er Jahren vertretenen, in Soziologiekreisen sehr dominanten Deutungsstrategie – als „traditionelle" (und das heißt: *unkritische*) Theorie denunziert worden sind.

Es waren allerdings nicht diese unterschiedlichen soziologischen Weltanschauungen, die zu Luckmanns Bruch mit Frankfurt geführt haben. Der große Einfluss, den die Kritische Theorie und Adorno als ihr „Generalbevollmächtigter" Mitte der 60er Jahre auf das akademische und intellektuelle Leben ausübten (so war Adorno beispielsweise 1963 zum Vorsitzenden der *Deutschen Gesellschaft für Soziologie* gewählt worden und ein Dauergast in den Massenmedien, mit denen er sich andererseits in seinen Schriften so polemisch auseinander gesetzt hat), gehörte bei Luckmanns Amtsantritt in Frankfurt zum *common sense*. Dass Luckmanns Verständnis von Sozialtheorie mit den Arbeiten der Kritischen Theorie nur bedingt kompatibel ist, war von Beginn an klar; dass sich allein daraus im universitären Miteinander noch keine Probleme ergeben müssen, ebenso. Es waren auch nicht nur die (hochschul-)politischen Unruhen von Seite der Studenten und die daraus resultierenden Schwierigkeiten für den Forschungs- und Lehrbetrieb (diese Hindernisse trafen im Übrigen auch die Vertreter der Kritischen Theorie[25]), die dafür verantwortlich waren, dass Luckmann 1970 Frankfurt zugunsten eines Rufes an die *University of Virginia* den Rücken kehrte – und dann anschließend nach Konstanz ging. (Auch Peter L. Berger hatte übrigens zu dieser Zeit eine Professur in Virginia angeboten bekommen.) In Luckmanns Erinnerung waren es vielmehr Gründe, die ihn *für* den Weggang einnahmen als solche, die *gegen* Frankfurt sprachen. Dazu zählte die

---

[25] Vgl. Rolf Wiggershaus, Die Frankfurter Schule. Geschichte, theoretische Entwicklung, politische Bedeutung, München/Wien 1986.

Aussicht, an einer Fakultät zu arbeiten, die weniger stark vom Konkurrenzkampf unterschiedlicher Paradigmen geprägt ist. Die politische Unruhe in Frankfurt hat jedoch gewiss auch eine nicht zu unterschätzende Rolle gespielt. Seiner Erinnerung nach war Luckmann über die Frankfurter Situation „betroffen, es hat mich auch manchmal geärgert, aber meine wissenschaftliche Tätigkeit war relativ unabhängig davon, mein Privatleben war relativ unabhängig davon und ich hatte keine große emotionale Anteilnahme an diesen Vorgängen; meine Einstellung dazu war eher kontra als pro, aber ohne emotionale Ladung. Ich hielt das Ganze für dumm."[26]

In der Rückblende scheint Luckmanns Verhältnis zu seiner Frankfurter Zeit keineswegs so verbittert zu sein wie etwa das von Friedrich Tenbruck, mit dem Luckmann seit der gemeinsamen Zeit am *Hobart College* in Geneva (1956) gut bekannt war.[27] Tenbruck wurde dort von Luckmann, der sich in der gleichen Position befand, als „Assistant Professor" angestellt, weil Luckmann zugleich als Fachbereichsvorstand fungieren musste.[28] Zum Frankfurter Fakultätskollege von Tenbruck wurde Luckmann 1965 nicht zufällig: Tenbruck, der seit 1963 in Frankfurt als Ordinarius für Soziologie wirkte, hatte nun seinerseits Luckmann empfohlen und, soweit dies möglich war, für den dritten soziologischen Lehrstuhl protegiert. (Tenbruck hat sich, so berichtet Alois Hahn, beispielsweise dafür stark gemacht, dass Luckmann trotz fehlender Habilitation „berufenswert" sei[29]). Zudem hat sich Tenbruck bei dem Freiburger Politikwissenschaftler Arnold Bergstraesser genau zu jener Zeit habilitiert, als Luckmanns Frau Benita dort unter Bergstraessers Aufsicht an ihrer Dissertation über *Russland als Entwicklungsland* arbeitete; hier entstanden private Verbindungen, die sich in Frankfurt intensivierten. (In Frankfurt war Benita Luckmann, die übrigens auch Mitübersetzerin der amerikanischen Schriften von Alfred Schütz ins Deutsche war, als Tenbrucks Assistentin tätig).

Spätestens mit dem ersten Anschwellen der 68er-Bewegung wurde Tenbruck, dessen Talent zu beißender Polemik mit einer Neigung für das unerbittliche Ausfechten verbaler Kontroversen einherging, jedoch zu einer Zielscheibe des studentischen Protestes. Ohne Frage liegt dies weniger in seiner persönlichen Haltung begründet, die zu diesem Zeitpunkt ohnehin kaum nach außen drang, als vielmehr in dem Umstand, dass Tenbruck sich als Hochschullehrer an jenem Fach versuchte, das für nicht wenige Sinnsucher und Flüchtlinge vor der politischen Festgefahrenheit der Kleinbürgerrepublik zumindest in Frankfurt damals wie eine akademisch institutionalisierte Heilslehre daherkam. Wäre Tenbruck

---

[26] Thomas Luckmann, „Ich habe mich nie als Konstruktivist betrachtet" (in diesem Band, S. 359 f.).
[27] Vgl. den Beitrag von Fehmi Akalin in diesem Band.
[28] Luckmann, „Ich habe mich nie als Konstruktivist betrachtet" (in diesem Band S. 364).
[29] Vgl. Alois Hahn, ‚In der Höhle des Löwen'. Das doppelte Paradigma in der Frankfurter Soziologie der 1960er Jahre (in diesem Band S. 436).

beispielsweise an der Fakultät für Chemie angestellt gewesen, hätte der Protest vermutlich niemals ein Maß erreicht, welches den Lehrstuhlwechsel rein aus diesem Grund zu einer gangbaren Option gemacht hätte. So aber ging Tenbruck 1967 nach Tübingen auf den vakant gewordenen Lehrstuhl von Ralf Dahrendorf. Eine vergleichbar polarisierende Rolle in den dramatischen Inszenierungen einiger (nun mehr *post '68* verorteten) studentischer Gruppen spielte wenig später Horst Baier, der als Lehrstuhlnachfolger für den 1969 verstorbenen Adorno nach Frankfurt gelangt war (und der sich dafür unter anderem mit der Herausgeberschaft einer Studie über *Studenten in Opposition* empfohlen hatte[30]). Wie bei Tenbruck hat Baier, der 1975 ebenfalls nach Konstanz ging, unter diesen Eindrücken einen Berufshabitus entwickelt, der selbst als „politisiert" bezeichnet werden kann – und zwar in Richtung eines „Wissenschaftskonservatismus" mit reaktionären Zügen. Der Effekt, den die Proteste der Studenten auf Tenbruck und Baier ausgeübt haben, resultierte dabei in einer hochschulpolitischen Rückkopplung: nämlich in der Gründung des *Bundes Freiheit der Wissenschaft*, der sich – unter Mitarbeit eines weiteren Frankfurter Soziologen, Walter Rüegg – in den folgenden Jahren so aufdringlich die weberianische Werturteilsfreiheit auf die Fahnen schrieb, dass Skepsis an seiner Unparteilichkeit mehr als gerechtfertigt waren.

Luckmann hat den Sprung ins konservative Soziologenlager nicht mitgemacht, sondern blieb einem Verständnis von wissenschaftlicher Sachlichkeit verbunden, die ausdrücklich nicht mit politischer Stellungnahme vermengt werden sollte. In der Konsequenz hat er sich als Hochschullehrer auf jene Studierenden konzentriert, die keine Ideologie (gleich welcher Couleur) in das Seminar hineintrugen. „Ich kann nicht sagen, dass ich ein großes Ressentiment gegen sie [die studentischen Protestierer, aber auch die bloß Karrierefixierten; T. B.] habe, aber mein Leben war das nicht und die Studenten, die sich dafür interessiert haben, haben mich wiederum nicht interessiert."[31] Was die Kritische Theorie als dominierende sozialwissenschaftliche Denkrichtung jener Jahre (und als theoretischer Impulsgeber studentischer Proteste) angeht, so darf Luckmanns zurückhaltendes Schweigen wohl durchaus als implizite Beurteilung über deren Diskussionswürdigkeit verstanden werden. Eine interessante Anekdote stellt in diesem Zusammenhang Luckmanns Funktion als Vorstandsmitglied des *Instituts für Sozialforschung* dar, der damaligen Zentrale kritischtheoretischen Denkens – eine Position, die er 1966 aus rein formalen Gründen antreten musste.[32]

Seine spätere und nur kurze Beschäftigung mit der Systemtheorie Niklas Luhmanns demonstriert, dass Luckmann sich in scharfen Kontrast zu theoretischen

---

[30] Horst Baier (Hrsg.), Studenten in Opposition. Beiträge zur Soziologie der deutschen Hochschule, Bielefeld 1968.
[31] Luckmann, „Ich habe mich nie als Konstruktivist betrachtet" (in diesem Band S. 366).
[32] Ebd. S. 355.

Modellen zu setzen weiß, die für ihn keine Lösung soziologischer Fragen zu liefern versprechen.[33] Gegen *Grand Theories*, die das Neue vom Alten trennen wollen, wendet Luckmann ein, dass es oft nicht so sehr auf die Innovation als vielmehr auf die gründliche *Interpretation* sozialer Tatsachen ankommt – ein Gedanke, der aber durchaus Luhmanns Devise nahe kommt, wonach Empirie für eine „Objekttreue" steht, die dem untersuchten Gegenstand nichts Neues hinzufügt.[34] Eine Interpretationslehre wollte die Kritische Theorie nun aber ganz gewiss nicht sein. Zu den Berührungspunkten, die es in Frankfurt zwischen ihren Vertretern und Luckmann dennoch gab, zählt der Kontakt zu Jürgen Habermas, der nach einem Intermezzo in Heidelberg ab 1965 in Frankfurt die Nachfolge von Max Horkheimers antrat. Auch Habermas, obwohl gerne als Kronprinz der älteren Kritischen Theorie verklärt, hatte mit Adorno und besonders mit Horkheimer seine Probleme.[35] Auch Habermas geriet in den Sog der 68er Bewegung (die ihn als positive Integrationsfigur gewinnen wollte und durch seine berühmte „Linksfaschismus"-Analogie getroffen wurde)[36]. und auch Habermas verließ gegen Ende der Protestbewegungen Frankfurt in Unzufriedenheit – wenn auch aus ganz anderen Motiven. Bei den Kontakten, die Luckmann und Habermas in der Frankfurter Epoche verbanden, handelt es sich primär um Annäherungen im kollegial-kommunikativen Bereich, kaum jedoch um Austausch und Anschluss auf der Ebene der wissenschaftlichen Diskussion. (So war, um ein symptomatisches Beispiel anzuführen, Habermas zwar der dritte Gutachter für die Dissertation von Alois Hahn, der 1967 mit einer Untersuchung über *Einstellungen zum Tod und ihre soziale Bedingtheit* bei Tenbruck und Luckmann promovierte;[37] das geht aber nicht auf die absichtliche Wahl der Beteiligten zurück, sondern ist lediglich ein Zufallskonstellation[38]).

Die gemeinsame Veranstaltung zur sozialwissenschaftlichen Datenanalyse aus dem Sommersemester 1968 stellt eine der wenigen Direktverbindungen im Lehrbetrieb zwischen dem *Soziologischen Seminar* der Philosophischen Fakultät und dem der Wirtschafts- und Sozialwissenschaftlichen Fakultät zugeordneten *Seminar für Gesellschaftslehre* dar; allerdings dürften dabei die Assistenten von Habermas und Luckmann einen großen Teil der Arbeit übernommen haben.

---

[33] Vgl. Thomas Luckmann, Symposium über Niklas Luhmann, ‚Gesellschaftsstruktur und Semantik', Bd. I, in: Soziologische Revue 5 (1982), S. 1–5.
[34] Niklas Luhmann, Eine Redeskription ‚romantischer Kunst', in: ders., Schriften zu Kunst und Literatur, Frankfurt am Main 2008, S. 353–371 (hier S. 353).
[35] Wiggershaus, a. a. O., S. 597 ff.
[36] Vgl. zu diesem Kontext Jürgen Habermas, Protestbewegung und Hochschulreform, Frankfurt am Main 1969; ferner Oskar Negt (Hrsg.), Die Linke antwortet Jürgen Habermas, Frankfurt am Main 1968.
[37] Alois Hahn, Einstellungen zum Tod und ihre soziale Bedingtheit. Eine soziologische Untersuchung, Stuttgart 1968.
[38] Vgl. Hahn. „In der Höhle des Löwen": Das doppelte Paradigma in der Frankfurter Soziologie der 60er Jahre (in diesem Band S. 439).

Diese Distanz oder vielmehr: die vermiedene Nähe zwischen Luckmann und Habermas ist bemerkenswert für zwei Soziologen, die beide auf je eigene Weise später die Soziologie der Kommunikation zu ihrem zentralen Thema ernennen sollten. (Luckmanns erste diesbezügliche Lehrveranstaltung fand unter der Überschrift „Sprachsoziologie" im Sommersemester 1967 statt, aber schon ab 1960 hat er zu diesem Komplex publiziert;[39] in diesen Zeitraum fallen auch Habermas' erste intensivere Auseinandersetzungen mit kommunikationstheoretischen Fragen.) Es ist folglich wohl kein Fehlschluss, wenn man sagt, das Fehlen von Konvergenzpunkten in der sozialtheoretischen Perspektive hat die Kommunikationsschwierigkeiten, die sich aufgrund unterschiedlicher Positionen gegenüber den Tendenzen von '68 schon angedeutet hatten, wohl noch verstärkt. Gewiss, Habermas hat sich mit den *Strukturen der Lebenswelt* in seiner *Theorie des kommunikativen Handelns* kritisch auseinander gesetzt – in einer Zeit also, da seine Rückkehr aus dem Starnberger Exil zurück nach Frankfurt nicht mehr lange auf sich warten lassen sollte.[40] Diese Rekonstruktion lässt sich allerdings, selbst wenn es mehr um Schütz als um Luckmann geht, auch als verspäteter Nachweis für die tiefen Gräben interpretieren, die zwischen diesen unterschiedlichen Theoriegebäuden bestehen. Immerhin, Habermas thematisiert in diesem, seinem Hauptwerk, auch frühere Aufsätze von Luckmann, wenn auch nur *en passant* und überwiegend im Kontext seines eigenen Verständnisses des Lebensweltbegriffs. Luckmann sagt über die Lesart von Habermas, er habe Schütz missverstanden; das kann implizit auch als Urteil über Habermas' Reflexion zu Luckmanns eigene Fortführung der *Strukturen der Lebenswelt* gelten.

Bereits vorher (aber auch schon Jahre nach dem Frankfurter Zwischenspiel) hatte Luckmann sich zusammen mit seinem Schüler Hans-Georg Soeffner zu Habermas' Sprachsoziologie geäußert und daran die artifizielle Vernunftargumentation kritisiert, die von einer Distanz zu den nicht-idealistischen Sprechsituationen des Alltags geprägt sei.[41] Denn Luckmann begreift Sprache als Mechanismus des kommunikativen Handelns, der bei der sozialen Vermittlung handlungsorientierten Wissens (und damit bei der Sedimentierung von Wirklichkeitsannahmen) mitwirkt, was – weitaus stärker als in der mehr philosophischen Konzeption von Habermas – im Dienste der „Rekonstruktion von sinnkonstituierten Alltagspraktiken" steht.[42] Von dieser Warte aus ist der Schritt hin zur Konversationsanalyse und zur ethnomethodologisch gefärbten Sprachwissenschaft verständlich, den verschiedene Schüler

---

[39] Thomas Luckmann, Soziologie der Sprache, in: Görres-Gesellschaft (Hrsg.), Staatslexikon Recht, Wirtschaft, Gesellschaft, Freiburg 1962, S. 514–517.
[40] Jürgen Habermas, Theorie des kommunikativen Handelns, Bd. 2: Zur Kritik der funktionalistischen Vernunft, Frankfurt am Main 1981, S. 192 ff.
[41] Vgl. Schnettler, Thomas Luckmann, a. a. O., S. 61.
[42] Ebd., S. 121 ff. und 129.

von Luckmann, hier ist insbesondere Jörg Bergmann zu nennen, vollzogen haben. (Und nicht zuletzt ist erwähnenswert, dass die Sektion „Wissenssoziologie" der Deutschen Gesellschaft für Soziologie, innerhalb derer die Arbeiten Luckmanns von großer Bedeutung sind, vormals unter der Überschrift „Sprachsoziologie" firmierte.)

Die Vielschichtigkeit der Frankfurter Soziologie – denn eine monopolartige Vorrangstellung *einer* bestimmten Sichtweise hat es in Frankfurt nie gegeben – brachte Polarisierungseffekte mit sich, die aus heutiger Sicht beinahe wie standortgebundene *science wars* im Kleinformat wirken. Über Tenbruck beispielsweise heißt es, er habe seinen Studierenden verboten, Vorlesungen von Adorno zu besuchen. Das hat Interessierte allerdings nicht davon abgehalten, dies zu tun.[43] Überhaupt ist es falsch, die Distanz zwischen der Philosophischen und der Wirtschafts- und Sozialwissenschaftlichen Fakultät – wenn sie denn überhaupt je derart manifest existiert hat, wie zuweilen behauptet wird – als Konsequenz der „Selbstbeschneidung" von Studierenden zu verstehen. Die Schwierigkeit, die widerstrebenden soziologischen Ansätze miteinander zu versöhnen, wurzelt primär in den fundamental unterschiedlichen Deutungsmustern, derer sich die beiden Lager bei der Dechiffrierung der sozialen Welt bedienten. Während für die Vertreter der Kritischen Theorie die soziologische Analyse nicht ohne das Bewusstsein für die notwendige Umstrukturierung gesellschaftlicher Problemlagen stattfinden konnte, was zwangsläufig (mit der berühmten Differenzierung Horkheimers[44]) eine Abkehr von der nur konstatierenden „traditionellen Wissenschaft" bedeuten sollte, sind die wichtigsten Schriften Luckmanns aus seiner Frankfurter Zeit von einem ganz anders gearteten kritischen Impetus geprägt.

Wie bereits angesprochen, wandern Luckmann und Berger in *Die gesellschaftliche Konstruktion der Wirklichkeit* durchaus auf den Pfaden, die vor ihnen Marx (und auch schon Vico) beschritten hatte, um zu erhellen, wieso Gesellschaft ein derart wirkmächtiges und scheinbar unüberwindliches Gebilde darstellt, wenn doch auf der anderer Seite Gesellschaft als Kulturerrungenschaft kontrastiv gegen die „Naturförmigkeit" der Welt aufgefasst werden kann.[45] Dass die soziale Wirklichkeit das Produkt menschlicher Arbeit ist und ihre Herstellungsmechanismen zuweilen selbst vergisst, ist eine Erkenntnis, die keineswegs nur traditionalistisch Fakten aufzählen und ansonsten unkritisch sein will.

---

[43] Alois Hahn, „In der Höhle des Löwen" (in diesem Band S. 441).

[44] Max Horkheimer, Traditionelle und kritische Theorie, in: ders., Kritische Theorie, Frankfurt am Main 1977, S. 521–577.

[45] Luckmann, „Ich habe mich nie als Konstruktivist betrachtet" (in diesem Band S. 363).

Es ist reizvoll, die Kerngedanken dieser Schrift mit Adornos kurzem Aufsatz *Gesellschaft* zu vergleichen, der nur ein Jahr zuvor verfasst wurde.[46] Im vorliegenden Rahmen können dazu indes nicht mehr als Stichpunkte geliefert werden. Für Adorno ist Gesellschaft ein prozessuraler Begriff, ein Vorgang, kein fest zementiertes „Ding". Insofern liefert er eine Anti-Definition, die den Konstruktionsgedanken durchaus aufgreift, weil gesellschaftliche Objektivität nicht „unmittelbar vorfindlich" ist, sondern über subjektives Denken vermittelt wird.[47] Das „Übergewicht von Verhältnissen über die Menschen"[48] wird von Adorno sozusagen in die andere Richtung interpretiert: Die künstliche Natur der Gesellschaft steht fest, ihre konstruierte Stabilität ist allerdings derart stark, dass nun die Verhältnisse den Menschen formen und zum Produkt machen – in Umkehrung (und damit letztlich in scheinbarer *Aufhebung*) jenes Konstitutionsprozesses, den Berger und Luckmann beschreiben.

Neben der Forschungsarbeit steht, als mehr oder minder gleichberechtigtes Aufgabenfeld, die universitäre Lehre. In seiner Funktion als Hochschullehrer trat Luckmann in Frankfurt zunächst mit einem Seminar zu „Methodologischen Grundfragen der Soziologie" in Erscheinung, das er neben einem „Praktikum zur Sozialforschung" (Teil 1) im Wintersemester 1965/66 abhielt. Die Praktikumsfortsetzung folgte im Sommersemester 1966 mit dem damals nicht unüblichen Verweis: „Donnerstag 14–16 Uhr und zusätzlich zweistündig nach Vereinbarung". Mittwochs sprach Luckmann in diesem Sommer am Morgen über „Berufsstruktur und soziale Mobilität in der industriellen Gesellschaft" und am Abend über „Literatur zu methodologischen Problemen der Sozialwissenschaft"; daneben veranstaltete er, gemeinsam mit Tenbruck und Rüegg, ein Kolloquium. (Später wird er seine Diplomantenkolloquien gemeinsam mit Wolfgang Zapf abhalten.) Die Methodenproblematik, die in dieser Zeit in Luckmanns Seminaren eine prominente Stellung einnimmt, verdankt sich seinem Aufenthalt in den USA und der Bekanntschaft mit Tenbruck; bei Schütz und anderen Vertretern der phänomenologischen Soziologie galt empirische Forschung dagegen *quasi-weberianisch* noch als Hilfsinstrument zum Ausschmückung theoretischer Überlegungen, nicht jedoch als Forschungsmethode *sui generis*. Die berufssoziologische Thematik wiederum markiert erstaunlicherweise jenes Sachgebiet, welches Luckmann in seinen Frankfurter Jahren am kontinuierlichsten und damit am intensivsten in seinen Seminaren aufgegriffen hat.

Im darauf folgenden Wintersemester war der Mannheim-Schüler Kurt H. Wolff Gastprofessor am Seminar für Gesellschaftslehre und sprach über Wissenssoziolo-

[46] Theodor W. Adorno, Gesellschaft, in: ders., Soziologische Schriften I, Frankfurt am Main 1979, S. 9–17 und 569–573 (= Gesammelte Schriften, Bd. 8).
[47] Ebd. S. 570.
[48] Ebd. S. 9.

gie – just zu dem Zeitpunkt, als Berger und Luckmann ihre betont „neue" Theorie der Wissenssoziologie auf den Buchmarkt gebracht hatten. In den Inhalten von Luckmanns Veranstaltungen spiegeln sich seine Publikationen aber nur bedingt; was das *Konstruktions*-Buch betrifft, liegt in diesem Semester das Seminar zur „Sozialpsychologie G. H. Meads" zwar nahe, weniger jedoch die „Theorie des sozialen Handelns", die Luckmann in diesem Wintersemester in drei Semesterwochenstunden behandelt (und die für das Wintersemester 1970/71 nochmals angekündigt war). Im Sommersemester 1969 kommt Luckmanns Interesse an der Handlungstheorie in einem Seminar über „Spiel als soziales Handeln" zum Ausdruck, das explizit eine „Kritik des Begriff sozialen Handelns" am Beispiel der Ansätze von Weber, Pareto, Parsons und Schütz verspricht – es ist von außen betrachtet die einzige explizite Referenz auf Schütz' sozialphänomenologische Perspektive, die Luckmann in den Seminaren seiner Frankfurter Zeit artikulierte. Bemerkenswert ist in diesem Kontext, dass Luckmanns Auseinandersetzung mit der Handlungstheorie sich erst 1992, zwei Jahre vor seiner Emeritierung, in einer umfangreichen Darstellung niederschlägt, die gleichsam als ein Hauptwerk gelten kann. Das Buch erscheint unter der gleichen nüchternen Betitelung wie die Seminare: *Theorie des sozialen Handelns.*[49]

Die Auseinandersetzung mit der wissenssoziologischen Tradition und ihrer *Refundierung* durch die Analyse des wirklichkeitsstützenden und bestätigenden Charakters von als objektiv vermittelten Wissensinhalten spiegelt sich neben dem Mead-Seminar in einer Hauptstudiumsveranstaltung über „Plessners philosophische Anthropologie als Beitrag zur Wissenssoziologie" im Wintersemester 1968/69 und einer „Vorlesung mit Übung" zur „Wissenssoziologie" im darauf folgenden Sommer wider. (Plessner, den Luckmann in New York kennen gelernt hatte, war übrigens der Verfasser des Vorwortes zur *Gesellschaftlichen Konstruktion der Wirklichkeit*; seine Frau Monika hat das Buch in die deutsche Sprache übersetzt.) Angesichts der Forschungsschwerpunkte aus der Zeit *nach Frankfurt* sind darüber hinaus die Seminare zur „Sprachsoziologie" (SS 1967 und WS 1967/68) erwähnenswert. Erst im Sommersemester 1968 setzt sich Luckmann in einem Seminar mit der „Religionssoziologie" auseinander. Dem folgt ein Jahr später ein „Forschungsseminar" zur gleichen Thematik und, angekündigt für das Sommersemester 1970/71, die Veranstaltung „Sozialer Wandel und Religion".

Daneben finden sich Veranstaltungen zur „Kunstsoziologie", die bereits erwähnte, mit Habermas veranstaltete „Datenanalyse", sogar eine Behandlung von „Problemen der Rechtssoziologie" und, auch dies eine untypische Wahl, ein Seminar zur „Methodologie und Wissenschaftstheorie"; letztes wurde als eine Auseinandersetzung mit „Husserl, Peirce, Wittgenstein" angekündigt (und

---

[49] Thomas Luckmann, Theorie des sozialen Handelns, Konstanz 1992.

auf „Donnerstag 16–18 Uhr oder nach Vereinbarung" terminiert). Luckmann sprach ferner über die „Kritik des Anomiebegriffs", über „Probleme des sozialen Status und der Statuskonsistenz", über „Prozesse struktureller Dekomposition" sowie und über „Sozialstruktur und Sozialisierung in primitiven und komplexen Gesellschaften". Für den Zeitraum vom Wintersemester 1965/66 bis Wintersemester 1970/71 (mit teilweise nicht gehaltenen, sondern nur angekündigten Seminaren und Veranstaltungen, die primär von Luckmanns Assistenten Dux, Grathoff, Kellner und Sprondel geleitet wurden) ergibt die Bilanz 34 Einträge in den Vorlesungs- verzeichnissen, davon quantitativ hervorstechend vier zur Berufssoziologie (ein Thema, das in den Schriften nicht besonders hervor tritt) und drei zur Religions- soziologie (ein Gegenstand, der hingegen in Luckmanns Schriftenverzeichnis sehr stark vertreten ist).

Soziologie, wie Luckmann sie betreibt, findet unter der Überzeugung statt, dass das Fundament des Sozialen lebensweltlich ist; aus dieser Perspektive liegt „die Verankerung jeder Humanwissenschaft in der Lebenswelt"[50]. Es soll an dieser Stelle nicht weiter nachverfolgt werden, inwieweit sich dies mit der Argumenta- tionslinie von Alfred Schütz in Verbindung bringen lässt, der der lebenswelt- lichen Verwurzelung zwar viel Aufmerksamkeit gewidmet, die Wissenschaft aber doch als Spezialwirklichkeit von dieser Wurzel abgetrennt hat (ein Vorwurf, den übrigens schon Talcott Parsons in dem kurzen Briefwechsel, den er in den 40er Jahren mit Schütz führte, erhoben hatte[51]). Für Luckmann ist wichtig, dass die Sozialwelt den Menschen stets schon als eine *gedeutete* Wirklichkeit begegnet, und dies unabhängig von den Definitionsbestimmungen, die im Elfenbeinturm der Wissenschaft gewonnen werden. Es geht Luckmann um die Orientierungen sozialer Akteure im Alltag, die durchaus und absichtsvoll *protosoziologisch* gefasst werden können – wobei zu bedenken sei, dass Protosoziologie in diesem Sinne notwendig „Protopsychologie und Soziologie" zugleich ist.[52]

Luckmann, der sich andererseits selbst als „Antipsychologe" bezeichnet[53] und sich zeitlebens damit beschäftigt, aus einer dezidiert soziologischen Perspektive zu bestimmen, wie sich das Wirklichkeitsverständnis kommunikativ und sozial verfestigt. Und für ihn bildet die Wissenssoziologie, deren Renaissance und Reformulierung er auf (nicht nur) deutschem Boden maßgeblich mitgeprägt hat, dafür den zentralen theoretischer Bezugspunkt[54] – garniert mit den vielschichtigen religionssoziologischen, sozialphänomenologischen und anderen Impulsen, die

---

[50] Schnettler, Thomas Luckmann, a. a. O., S. 36.
[51] Vgl. Thorsten Benkel, Die Signaturen des Realen. Bausteine einer soziologischen Topographie der Wirklichkeit, Konstanz 2007, S. 152 ff.
[52] Schnettler, a. a. O., S. 83.
[53] Luckmann, „Ich habe mich nie als Konstruktivist betrachtet" (in diesem Band S. 365).
[54] Vgl. Hubert Knoblauch, Wissenssoziologie, Konstanz 2005.

Luckmann in sein Verständnis der „neueren Wissenssoziologie" integriert. So sehr auch Luckmanns Aufenthalt in Frankfurt wie eine biographische Episode und eine berufliche Zwischenstation wirken mag – die Fundamente dieses Theorieprogramms wurden in den Jahren von 1965 bis 1970 gelegt und wurzeln daher auf Frankfurter Boden.

Die Lehrgestalt der Frankfurter Soziologie in den 1950er und 1960er Jahren – Theorie und Praxis

Felicia Herrschaft

Grundlage diese Beitrags stellt eine Auswertung der erhalten gebliebenen Materialien (insbesondere Protokolle und Referate) von soziologischen Lehrveranstaltungen dar, die in den 1950er und 1960er Jahren an der Goethe-Universität Frankfurt durchgeführt worden sind und deren Unterlagen heute in verschiedenen Archiven der Goethe Universität aufbewahrt werden.[1] Hierbei sind die an der *Philosophischen Fakultät* und am *Institut für Sozialforschung* durchgeführten soziologischen Lehrveranstaltungen am ausführlichsten dokumentiert. Aber auch von den ab den 1960er Jahren an der Frankfurter *Wirtschafts- und Sozialwissenschaftlichen Fakultät* durchgeführten Lehrveranstaltungen liegen entsprechende Materialien vor. Von der Philosophischen Fakultät und dem Institut für Sozialforschung sind von den Seminaren und Übungen von Theodor W. Adorno, Egon Becker, Max Horkheimer, Jürgen Habermas, Christina Herkommer, Ludwig von Friedeburg, Helge Pross, Klaus Schönbach, Manfred Teschner u. a. umfassende Bestände erhalten geblieben.[2] Von der ehemaligen Wirtschafts- und Sozialwissenschaftlichen Fakultät WiSo-Fakultät sind Materialien der soziologischen Lehrveranstaltungen von Julius Kraft, Hans Gerth, Thomas Luckmann, Friedrich H. Tenbruck, Dieter Prokop, Walter Rüegg und Wolfgang Zapf aufbewahrt worden.[3]

---

[1] Diese erhalten gebliebenen Unterlagen von soziologischen Lehrveranstaltungen befinden sich im Frankfurter Universitätsarchiv, im Horkheimer-Nachlass des Archivzentrums der Universitätsbibliothek Frankfurt, im Archiv des Frankfurter Instituts für Sozialforschung und im Theodor W. Adorno-Archiv in Frankfurt und Berlin und umfassen den Zeitraum von 1949 bis 1973. Eine inzwischen für alle Nutzer dieser Archive vorliegende Bestandsübersicht, die von mir im Rahmen eines von Prof. Dr. Klaus Lichtblau geleiteten und von der Fritz Thyssen Stiftung finanziell geförderten Forschungsprojektes erstellt worden ist, ermöglicht erstmals einen systematischen Überblick über die entsprechenden Archivalien sowie über die zusammengehörigen Archivaliengruppen. Vgl. http://wiki.studiumdigitale.uni-frankfurt.de/SOZFRA/images/1/11/Bestand_soziologische_Lehre.pdf

[2] Die entsprechenden Dokumente dieser Lehrveranstaltungen liegen in gebundener Form vor.

[3] Die diesbezüglichen Materialien der Lehrveranstaltungen der Wirtschafts- und Sozialwissenschaftlichen Fakultät, die ebenfalls im Frankfurter im Universitätsarchiv aufbewahrt werden, sind dagegen nur in Ordnern abgeheftet worden. Warum der Aufbewahrung der Dokumente aus diesen Veranstaltungen in den 1960er Jahren weniger Sorgfalt entgegen gebracht wurde als denen der soziologischen Lehrveranstaltungen an der Philosophischen Fakultät ist eine offene Frage, die nur durch gezielte Forschung in den Archiven beantwortet werden kann.

In diesem Beitrag möchte ich anhand von entsprechenden Bezugs- und Berührungspunkten die Brücken zwischen einer soziologischen Lehre und Praxis an der Philosophischen Fakultät sowie und an der Wirtschafts- und Sozialwissenschaftlichen Fakultät deutlich machen und dabei aufzeigen, wie sich die Soziologie in den 1950er Jahren in Frankfurt als Fach neu formiert hatte. Dies erlaubt es möglicherweise von einem spezifischen ‚Stil' der Frankfurter Soziologie zu sprechen, der zu dieser zeit entwickelt worden ist und der sich erst durch die an der Goethe-Universität Frankfurt 1971 erfolgte Gründung der Fachbereiche aufgrund der hierdurch entstandenen neuer Konfliktlinien allmählich aufzulösen begann.[4]

Inwiefern unterschied sich die soziologische Lehre an der *Philosophischen Fakultät* von der an der *Wirtschafts- und Sozialwissenschaftlichen Fakultät*? Und wie äußert sich dies in den erhalten gebliebenen Dokumenten? Gibt es diesbezüglich prinzipielle Unterschiede in der thematischen Ausrichtung und der faktischen Lehrpraxis der Soziologie, durch die sich die Soziologen der Wirtschafts- und Sozialwissenschaftlichen Fakultät von der an der Philosophischen Fakultät betriebenen Form der Soziologie abzugrenzen versuchten? Diese Frage versuche ich anhand eines konkreten Falls zu beantworten. Es handelt sich hierbei um das Hauptseminar „Wirtschaft und Kultur", das Max Horkheimer und Walter Rüegg im Wintersemester 1963/64 gemeinsam durchgeführt haben und anhand dessen einige Übereinstimmungen zwischen Horkheimers und Rüeggs Verständnis von Soziologie aufgezeigt werden können. Dies lässt jedoch nicht unbedingt Rückschluss auf institutionelle Gemeinsamkeiten zwischen der Philosophischen Fakultät und der Wirtschafts- und Sozialwissenschaftlichen Fakultät zu. Denn Horkheimer und Rüegg verband eine langjährige Freundschaft.

Ein Nebenschauplatz dieser soziologischen Lehrpraxis stellt die erste institutionell geführte Auseinandersetzung zwischen beiden Fakultäten dar, die im Rahmen der im Wintersemester 1954/55 erfolgten Einführung der Diplomprüfungsordnung für das Fach Soziologie an der Philosophischen Fakultät und dem Institut für Sozialforschung stattfand.[5] Dieser neue, für die damalige Zeit

---

[4] Rolf Klima zeigt anhand einer ausführlichen Analyse von Vorlesungsverzeichnissen der westdeutschen Universitäten das quantitative Wachstum des Fachs Soziologie, das im Berichtszeitraum stattfand, die zunehmende Spezialisierung und thematische Differenzierung des soziologischen Lehrangebotes auf. Er verdeutlicht dies anhand der Ausdehnung der Prüfungsfächer in den entsprechenden Diplomprüfungsordnungen für Soziologie. In diesem Beitrag unternehme ich dagegen den Versuch, die soziologische Lehrpraxis von Adorno, Horkheimer und anderen Frankfurter Soziologen in explorativer Weise darzustellen. Vgl. Rolf Klima, Die Entwicklung der soziologischen Lehre an den westdeutschen Universitäten. Eine Analyse der Vorlesungsverzeichnisse, in: Günther Lüschen (Hrsg.), Deutsche Soziologie seit 1945: Entwicklungsrichtungen und Praxisbezug. Sonderheft 21 der Kölner Zeitschrift für Soziologie und Sozialpsychologie, Opladen 1979, S. 221–256.

[5] Anscheinend fand die Deutsche Gesellschaft für Soziologie zuerst in Adorno und Horkheimer entsprechende Ansprechpartner für die Entwicklung eines Diplomstudiengangs für Soziologie in Frankfurt. In der Wirtschafts- und Sozialwissenschaftlichen Fakultät gab es jedoch ebenfalls

einzigartige Diplomstudiengang in Deutschland hatte im Laufe der Zeit unterschiedliche Lehr- und Forschungsansätze zur Konsequenz. Für Adorno, der diese Diplomprüfungsordnung im Auftrag des Lehrausschusses der Deutschen Gesellschaft für Soziologie und des amtierenden Rektors der Goethe-Universität Max Horkheimer ausarbeitet hatte, eröffnete dies die Möglichkeit, jene Art von Soziologie, wie sie sich seit 1951 an der Philosophischen Fakultät herausgebildet hatte, in eine gefestigte institutionelle Bahn zu lenken.[6] Am 18. September 1953 schrieb Adorno an Leopold von Wiese, dass ihm Horkheimer ein auf den 9. September 1953 datierten Brief von Leopold von Wiese übergeben habe, dem zufolge der Vorsitzende der Deutschen Gesellschaft für Soziologie ihm, Max Horkheimer, „die Ausgestaltung der soziologischen Ausbildung an den Hochschulen [...], soweit unser Institut daran mitwirkt, wesentlich in meine Hände gelegt [habe]."[7] Ende des Jahres 1953 lag dann eine beschlussfähige Fassung einer vorläufigen Diplomprüfungsordnung vor, die von der Philosophischen Fakultät der Goethe-Universität angenommen wurde und die am 15. Januar 1954 vom Hessischen Ministerium für Wissenschaft zunächst für das Sommersemester 1954 genehmigt worden ist.[8] Dieser Entwurf der ersten Diplomprüfungsordnung für Soziologie enthält denn auch eine entsprechende Präambel, die bis zur Verabschiedung einer gemeinsamen Diplom-Prüfungsordnung für Soziologie durch die Philosophische Fakultät und die Wirtschafts- und Sozialwissenschaftliche Fakultät im Jahre 1966 Verwendung fand: „Seit einigen Jahren wird die soziologische Wissenschaft für Verwaltung, Kultur und Erziehungswesen und Wirtschaft immer wichtiger. Die Organisation des soziologischen Studiums trägt jedoch bisher den Erfordernissen der Ausbildung der Soziologen nicht genügend Rechnung. Mit der Einführung einer Diplom-Prüfungsordnung für Soziologen kommt die Universität einer Aufgabe nach, die ihr von der Gesellschaft gegenwärtig gestellt wird."[9]

---

einige mögliche Ansprechpartner wie Heinz Sauermann und Hans Achinger, die sich aber nicht mit dem von ihnen geplanten Einführung eines Diplomstudiengangs für Sozialwirte an ihrer Fakultät durchsetzen konnten.

[6] Dies kann anhand von Briefen nachvollzogen werden, die sich im Archivzentrum der Universitätsbibliothek Frankfurt befinden.

[7] Brief von Th. W. Adorno an Leopold von Wiese vom 18. September 1953, Archivzentrum, Horkheimer-Nachlass, V 179, 52.

[8] Diese erste Diplomprüfungsordnung für Soziologie von 1954 ist im Anhang dieses Bandes abgedruckt.

[9] Seit 1966 werden die soziologischen Lehrveranstaltungen, die nach Einführung der gemeinsamen Diplom-Prüfungsordnung an der Wirtschafts- und Sozialwissenschaftlichen Fakultät durchgeführt worden sind, ebenfalls besser dokumentiert. Ob dies durch eine entsprechende Zusammenarbeit der verantwortlichen Sekretariate erfolgte oder durch einen intensiveren Austausch zwischen den betroffenen Wissenschaftlern bedingt ist, kann bisher nicht beantwortet werden. Dass bei der Einführung der neuen Bachelor- und Masterstudiengänge am Fachbereich Gesellschaftswissenschaften der Goethe-Universität Frankfurt die verantwortlichen Professoren nicht darauf geachtet haben, sich mit den Fragen und Aufgaben auseinanderzusetzen, die diesen Studiengängen durch die Gesellschaft

Seit 1951 wurden am Institut für Sozialforschung soziologische Empirie-praktika angeboten. Den Soziologiestudentinnen und -studenten sollte damit die Gelegenheit zu selbständiger Forschungsarbeit gegeben werden. Dies wurde dadurch möglich, dass der Mitarbeiterstab an diesem Lehr- und Forschungsinstitut vergrößert und zu diesem Zeitpunkt die Zusammenarbeit in dieser Gruppe mehr oder weniger reibungslos verlief. Das in den Empiriepraktika vermittelte Wissen sollte durch den Erwerb der entsprechenden handwerklichen Kenntnisse, d. h. die Durchführung von Interviews und die gemeinsame Ausarbeitung der Fragebögen gefestigt und zur Anwendung gebracht werden. Eine der ersten repräsentativen Umfragen beschäftigte sich 1953 mit den Frankfurter Studenten, die durch den Krieg und seine Folgen überaltert waren. D. h. diese Studenten waren zwischen 22 und 25 Jahre alt und ca. 46 Prozent von ihnen waren Kriegsteilnehmer. Man wollte nun herausfinden wie viel Geld ihnen zur Bestreitung des Lebensunterhalts monatlich zur Verfügung stand.[10] Die Vorgehensweise bei der Durchführung der Interviews wurde in Form von Protokollen festgehalten.[11] Ferner fanden in den soziologischen Lehrveranstaltungen von Adorno Diskussionen statt, die sich auf diese jeweiligen Forschungsansätze beziehen. Das soziologische Gespräch mit Adorno, die Ausarbeitung einer qualitativen Methode der Sozialforschung sowie die Ausarbeitung von entsprechenden Forschungsfragen wurden dann in den Seminaren von Friedeburg, Pross, Teschner, Herkommer, Thomssen und Schönbach fortgesetzt.

Eine exponierte Stellung nehmen in diesem Zusammenhang die Lehrveranstaltungen von Jürgen Habermas ein, der sich seit 1965 in seinen Seminaren intensiv

---

gegenwärtig gestellt werden, kann anhand der aktuellen Diskussionen während des Bildungsstreiks im Dezember 2009 nachvollzogen werden. Auf welches veränderte Berufsbild hin schneidet man einen soziologischen Studiengang und eine entsprechende Prüfungsordnung eigentlich zu? Neue berufliche Anforderungen spiegeln sich nicht in den einzelnen Modulen des Frankfurter Bachelor-Studiengangs für Soziologie. Die Studierende finden in der Organisation ihres Studiums keine Orientierung. Bezeichnenderweise spricht man erneut von den „Frankfurter Verhältnissen", da in Frankfurt die Magister- und Bachelorabschlüsse vermischt oder gar verwechselt werden, weil versäumt wurde, das hierfür zuständige Prüfungsamt, nämlich die Philosophische Promotionskommission, die zugleich für alle Magisterstudiengänge der Goethe-Universität zuständig ist, mit einer personellen Besetzung auszustatten, die diesen Anforderungen gerecht wird.

[10] Über diese Untersuchung wird in einem Artikel der Frankfurter Allgemeinen Zeitung vom 16.1.1953 berichtet, der den Titel „135 Mark als Lebensunterhalt" trägt und von dem sich ein Exemplar in dem Ordner „Gerhard Brandt, IfS und Myliusstr. 1962–1970" im Institut für Sozialforschung (unerfasstes Material) befindet.

[11] Diese äußerst produktiven Studien sind in Protokollen in noch nicht erfassten Ordnern im Institut für Sozialforschung dokumentiert. Dies verwende ich in diesem Aufsatz als Argument dahingehend, dass die Studien über die Frankfurter Studenten und die Entwicklung weiterer Studien, die als sogenann-te „Quickies" in der schon erwähnten Bestandsliste dokumentiert sind, dazu führten, das Soziologie-studium am Institut für Sozialforschung durch die Einführung einer Diplom-Prüfungsordnung weiter zu professionalisieren und in eine Berufsausbildung zu überführen.

mit Problemen der politischen Soziologie, der Sozialisationsforschung sowie des sozialwissenschaftlichen Funktionalismus auseinandergesetzt hatte.[12] In dem Seminar über *Intrafamiliale Sozialisationsprozesse* vom Sommersemester 1965 wurde der Funktionswandel in Familien behandelt. Hierbei wird ein Bezug zu Adorno deutlich. Habermas kritisierte die funktionale Bestimmung von Institutionen, da diese zu inhaltslos sei. Sinnvoller sei es, meinte Habermas, „dass jede Gesellschaft Institutionen schaffen muss, die für ihre Reproduktion, für Triebversagung, für Produktion und Distribution von Gütern und Leistungen sorgen und außerdem Traditionen sichern und Lebensprozesse institutionalisieren"[13]. Institutionen müssten in ihrer Entwicklung betrachtet werden, da die Funktion einer Institution wechseln kann, wie dies am Beispiel der Familie zu sehen sei, die früher produktive Funktionen einnahm, die sie aber im Laufe der Zeit an andere Institutionen abgeben musste. Institutionelle Ordnungen hätten in der Gesellschaft eine integrative Funktion und einen hohen Grad an Autonomie, was eine Analyse der sozialen Strukturen ermögliche. Adorno habe die Methode kritisiert, von der „‚Einzelerhebungen zur Totalität der Gesellschaft' aufzusteigen, wodurch man höchstens klassifikatorische Oberbegriffe, aber nie solche, welche das Leben selber ausdrücken, gewinne"[14].

Im Folgenden stelle ich verschiedene Bezugslinien und Brücken zwischen einzelnen Frankfurter Soziologen her und werde diese, sofern sie vorliegen, anhand von gemeinsamen Seminaren von Adorno und Horkheimer sowie Horkheimer und Rüegg aufzeigen, um dann auf die entsprechenden Unterschiede innerhalb ihrer soziologischen Lehrpraxis einzugehen. Der Bezug zu ihrem jeweiligen theoretischen Selbstverständnis ist dabei insofern notwendig, als in ihren Seminaren ein spezifisches Verständnis einer Theorie der Gesellschaft artikuliert wird, was übrigens bei Horkheimer stärker deutlich wird als bei Adorno. Denn bei Horkheimer ist die Orientierung an den klassischen Themen der Kritischen Theorie stärker sichtbar, während Adorno in seinen Seminaren, auch angeregt durch die entsprechende Kritik von Siegfried Kracauer, die Methode der qualitativen Inhaltsanalyse dezidiert weiterentwickelt hat.[15]

---

[12] Nur ein Bruchteil der Lehrveranstaltungen von Habermas sind im Universitätsarchiv dokumentiert. Es bleibt zu hoffen, dass im Vorlass seines Archivs, den Habermas inzwischen an das Frankfurter Archivzentrum übergeben hat, noch weitere Materialien enthalten sind, die seine Frankfurter Lehrpraxis dokumentieren.

[13] Jürgen Habermas, *Intrafamiliale Sozialisationsprozesse* (SS 1965), Protokoll vom 4.6.1965, S. 2 (Stefan Müller), Bestand Universitätsarchiv.

[14] Ebd.

[15] Vgl. Max Horkheimers Aufsätze „Traditionelle und kritische Theorie" (1937) sowie „Zur Soziologie der Klassenverhältnisse" (1943). Der Aufsatz von Siegfried Kracauer über „The Challenge of Qualitative Content Analysis", der in der Zeitschrift *Public Opinion Quarterly*, Jg. 16 (1952), S. 631–642 veröffentlicht worden ist, regte Adorno dazu an, im SS 1961 ein Seminar über „Probleme der qualitativen Analyse" anzubieten. Adornos einführender Vortrag zu diesem Seminar ist nicht vollständig erhalten geblieben, da in der gebundenen Fassung mindestens eine Seite fehlt. Interessant ist hierbei

In Adorno findet man den konsequenten Verfechter einer qualitativen Methode der empirischen Sozialforschung, die sich kritisch mit verschiedenen Ideologien auseinandersetzt und in der Lage ist, Sachverhalte zu entlarven, wenn objektive Inhalte falsch dargestellt werden. Er diskutiert unter Einbeziehung der Psychoanalyse die Quantifizierung qualitativen Materials, die durch die Methoden der Sozialforschung möglich gewordene Transparenz von bisher unverständlichen Zusammenhängen sowie die Abwertung der qualitativen gegenüber der quantitativen Methode. Er stellt in diesen Diskussionen insofern die Frage nach der Angemessenheit der einzelnen sozialwissenschaftlichen Methoden für die Analyse des jeweiligen empirischen Materials. Dies verdeutlicht unter anderem die nachhaltige Aktualität von Adornos soziologischer Forschung und Lehrpraxis.

Dass Horkheimer ein anderes Programm verfolgt hatte, wird anhand seiner Lehrveranstaltungen sowie deren Übereinstimmung mit den Themen deutlich, die er in einigen seiner Schriften behandelte. In seinem Aufsatz „Soziologie an der Universität" ist es ihm ein Anliegen, eine Verbindung zwischen der Philosophie und Soziologie aufzuzeigen, weil diese zur deutschen Geistesgeschichte gehöre und den diesbezüglichen Einfluss Hegels bestätige, der aus dem Zusammenhang des spekulativen Gedankens die Inhalte des Lebensprozesses einer Gesellschaft zu entwickeln in der Lage war.[16] Wie kann gesellschaftliche Erkenntnis in die akademische Bildung einfließen? Dies ist eine der Leitfragen, die Horkheimer weit über den theoretischen Bereich hinaus zusammen mit den Frankfurter Studentinnen und Studenten bearbeiten wollte. Nachdem die Soziologie in Deutschland während der Zeit des Nationalsozialismus viele Jahre lang in ihrer Entwicklung gehemmt war, verknüpfte Horkheimer mit der zu dieser Zeit im Ausland erfolgten Weiterentwicklung der Sozialwissenschaften die Auffassung, dass diese während der letzten zwanzig Jahre mit „höchster Präzision" entwickelten Methoden „bei der Bewältigung vieler praktischer Aufgaben unentbehrlich geworden sind"[17]. Dies komme in den zahlreichen beruflichen Möglichkeiten zum Ausdruck, die insbesondere in den Vereinigten Staaten von Amerika gegeben seien, durch die der Sozialwissenschaftler die gleiche Bedeutung wie Ärzte und Techniker erlangen kann. Die zentrale Gegenwartsaufgabe der Soziologie sah Horkheimer unter

---

die Selbstverständlichkeit, mit der Adorno über die Anwendung qualitativer Methoden spricht. Er hatte damals schon die Eignung der Methoden der qualitativen Sozialforschung für die Erforschung gesellschaftlicher Entwicklungen gesehen. Bereits während seiner Zeit im amerikanischen Exil konnte er seine Kenntnisse der empirischen Sozialforschung vertiefen, die er dann auch in seinen späteren soziologischen Seminaren seinen Studentinnen und Studenten zu vermitteln versuchte.

[16] Max Horkheimer, Soziologie an der Universität (1951), MHA, Frankfurt am Main 1985, S. 378–380. Max Horkheimer fertigte diesen Aufsatz auf Einladung der Frankfurter Studentenzeitung an.

[17] Ebd., S. 379. Für eine ausführliche Darstellung der Anpassungsleistungen der während des Nationalsozialismus in Deutschland und Österreich verbliebenen Soziologen siehe Otthein Rammstedt, Deutsche Soziologie 1933–1945. Die Normalität einer Anpassung, Frankfurt am Main 1986.

anderem im „Wiederaufbau der zerstörten Städte, bei der wirtschaftlichen und menschlichen Lösung des Flüchtlingsproblems, fernerhin bei der Überwindung vieler psychologischer Schwierigkeiten, die der Erfüllung politischer Aufgaben nach innen und außen entgegenstehen"[18]. Damit pragmatistische Tendenzen, wie sie sich an vielen Universitäten durchgesetzt haben, nicht weiter zunehmen, forderte Horkheimer, dass die Tradition der Philosophie mit sozialwissenschaftlichen Verfahrensweisen durchdrungen werden solle. Wie kommt dieses theoretische Programm aber in den soziologischen Seminaren zum Ausdruck, die in den 1950er Jahren an der Goethe-Universität Frankfurt durchgeführt worden sind?

1954 führten Horkheimer und Adorno ein Seminar über *Max Webers wissenschaftlich-theoretische Schriften* durch.[19] In einem der Referate wird der Neukantianismus sowie die Phänomenologie Edmund Husserls diskutiert, um unter Bezug auf den gleichnamigen Essay von Georg Simmel die Möglichkeit eines „individuellen Gesetzes" zu eruieren.[20] In einem weiteren Referat wird das Leben Max Webers dargestellt. Bezüglich seiner Auffassung über die Aufgabe der Wissenschaft wird die Position vertreten, „dass Werturteile der wissenschaftlichen Analyse nicht entzogen seien". Webers Eintreten für Tugend und Enthaltsamkeit wird als eine männliche Selbstbescheidung angesehen, „die Disziplin und Zweckrationalismus dem öffentlichen und Freiheit dem privaten Raum zuweist". Hinsichtlich der Frage, ob sich Wissenschaft in der Aussage über das Allgemeine erschöpfe, wird Weber kritisiert, weil in Webers überspitztem Logizismus die Gefahr beinhaltet sei, das Einmalige und Spezifische dem Zufall zu überlassen. Zum Schluss lobte Horkheimer das Dreistadiengesetz von Auguste Comte, das im Widerspruch zu Webers Auffassung stünde, dem zufolge nur im theoretisch-methodologischen Bereich Gesetzmäßigkeiten existierten.[21] In einer weiteren Sitzung vom 24. Juni 1954 wurde der Objektivitätsaufsatz von Weber diskutiert. Trotz scharfer Kritik an seiner nominalistischen Art der Begriffsbildung bestand jedoch Einigkeit darüber, ihn besser verstehen zu wollen.

In Max Horkheimers *Übungen über Soziologische Grundbegriffe* von 1951–1963 dominieren die schon angesprochenen Themen. In der Übung von 1951 wird in den Referaten unter anderem das Verhältnis von Sozialismus und Kommunismus analysiert und wie diese Begriffe als politische Schlagworte von Philosophen und Politikern angewendet wurden. Ferner wird die kapitalistische Produktionsweise

---

[18] Horkheimer, Soziologie an der Universität, a. a. O.
[19] Im Folgenden beziehe ich mich hauptsächlich auf Akten aus dem Horkheimer-Nachlass des Frankfurter Archivzentrums, da diese schon erfasst und mit Signaturen versehen sind.
[20] Max Horkheimer und Th. W. Adorno, *Max Webers wissenschaftlich-theoretische Schriften* (1954), Protokoll vom 13.5.1954 (Lutz Roesner), Bestand Archivzentrum, Signatur: XIII 168. Vgl. hierzu Georg Simmel, Das individuelle Gesetz. Philosophische Exkurse, Frankfurt am Main 1968, S. 174 ff.
[21] Max Horkheimer und Th. W. Adorno, *Max Webers wissenschaftlich-theoretische Schriften* (1954), Protokoll vom 3.6.1954 (Werner Wilkening) Bestand Archivzentrum, Signatur: XIII 168.

und die Entwicklung des Kapitalismus behandelt, um dann auf die mögliche Besitzergreifung der Produktionsmittel durch die Gesellschaft einzugehen. In dem Referat über das Verhältnis von „Revolution und Evolution" wird die Revolution als Umgestaltung eines bestehenden Zustandes beschrieben, die sowohl in sozialer, politischer, rechtlicher und geistesgeschichtlicher Hinsicht erfolge. Evolution sei hingegen eine „Entwicklung, Entfaltung oder Ausgestaltung im Rahmen bestehender, identisch bleibender Grundlagen"[22].

In den Referaten, die in der *Übung über Soziologische Grundbegriffe* (SS 1957) gehalten wurden, dominieren Begriffe wie Klasse, Eigentum und sozialpsychologische Ansätze. Gegenstand des Seminars sind Klassen, Schicht, Familie, Rationalisierung und Herrschaft. Gesellschaften seien dynamische Gebilde, die nur in ihrer historischen Gegebenheit verstanden werden könnten. In der kommunistischen Gesellschaft kämen Anordnung und Befehl gar nicht mehr vor. Dann erst beginne das Reich der Freiheit, die eigentliche Geschichte der Menschheit. Diesen Zustand bezeichnete Horkheimer als *Utopie*. Können Beziehungen zwischen Angestellten und dem Chef noch als Herrschaftsverhältnisse verstanden werden? Horkheimer erläutert dazu das Verhältnis der Rollentheorie zur Marxschen Klassentheorie: Mit dem Schwinden der Evidenz der Klassenstruktur der Gesellschaft und der Neutralisierung des Klassenantagonismus, die sich auch in einer parallelen Neutralisierung des Herrschaftsbegriffs niederschlage, habe in der Theorie der Gesellschaft der Klassenbegriff seine dominierende Stellung an den Begriff der sozialen Rolle abgegeben. Die Gesellschaft erscheine als Komplex von Rollen, und nicht mehr als ein in der Polarität der feindlichen Klassen sich reproduzierendes Ganzes. Dies schlage sich in der Figur des Fachmanns bzw. Spezialisten nieder.[23]

Auch in der *Übung über soziologische Grundbegriffe* vom Sommersemester 1963 ist der Zugang zur Soziologie philosophisch angelegt.[24] Neben Hegel ist Marx ein wichtiger Bezugspunkt. Die Soziologie wird anhand der Ausdifferenzierung der Fächer und mittels des Funktionalismus bestimmt. Die Soziologen interessierten sich für die Frage, was die Gesellschaft zusammenhält und was die Ursachen des sozialen Wandels sei. Begründet wurde dies in der Übung mit sozialen Konflikten als Ursache des sozialen Wandels, weil diese auf dem Antagonismus zwischen Klassen beruhen würden und die zunehmende Verwissenschaftlichung der Lebenswelt für das, was die Gesellschaft zusammenhalte, entscheidend geworden

---

[22] Max Horkheimer, Referate zu den „Übungen über Soziologische Grundbegriffe" (WS 1951/52), Referat von Ingeborg Halberstedt, Bestand Archivzentrum, Signatur: XIII 162 1–3.

[23] Vgl. Max Horkheimer, *Übung über Soziologische Grundbegriffe* (SS 1957), Bestand Archivzentrum, Signatur: XIII 48.

[24] Das Anliegen, den Blick auf die Soziologie philosophisch anzureichern, hat sich bei Horkheimer in diesem gesamten Zeitraum nicht verändert. Die Philosophie übernimmt dabei im Sinne einer kritischen Sozialwissenschaft die Aufgabe einer wissenschaftstheoretischen Überprüfung soziologischer Annahmen.

sei. Die Arbeitsteilung wird unter dem Aspekt der modernen Betriebssoziologie und anhand „gefügeartiger Kooperationen" diskutiert. Sie sei ein zentrales Gliederungsprinzip, das den Gesamtkomplex der Gesellschaft „beleuchte". In Bezug auf den Begriff der Selbstentfremdung fragte ein Kommilitone, was denn das Selbst dieses Bildes sei, von dem sich der Mensch entfremdet habe. Horkheimer antwortete mit Hegel: „Das was der Mensch ist, ist für den Einzelnen ein Fremdes. Der Mensch meint, er habe ein Bild von sich, während dieses doch ein Produkt seiner Geschichte ist; das Bild, das die Menschen vom Menschen haben, wandelt sich. Das, was der Mensch ist, enthüllt also erst die Analyse der Geschichte. Hegel wollte das durch seine Philosophie leisten, Marx durch seine Klassentheorie, denn er war überzeugt, dass der Mensch aus seiner Entfremdung erst zu sich selbst komme, wenn er sich seiner Klassenlage bewusst werde."[25]

Das im Wintersemester 1963/64 von Walter Rüegg und Max Horkheimer gemeinsam durchgeführte Seminar über *Wirtschaft und Kultur* kann als Besonderheit angesehen werden, weil hier eine Kooperation zwischen Lehrenden der Wirtschafts- und Sozialwissenschaftlichen Fakultät sowie der Philosophischen Fakultät stattfand. Die Themen des Seminars zeigen deutlich eine Verbindung von wirtschaftswissenschaftlichen und soziologischen Schwerpunkten, wobei wechselseitige Abhängigkeiten zwischen diesen Fächern diskutiert werden. Die Wissenschaftsförderung durch Stiftungen, das neuhumanistische Bildungsideal, die „Protestantische Ethik" von Max Weber, Wissenschaft und Kultur aus Sicht der Bildungsökonomie, Kultur und Verwaltung, Romantik und Gesellschaft, die Rolle der Intellektuellen in der Gesellschaft, Sigmund Freuds Kulturtheorie sowie die Geschichte des Mäzenatentums stellen die Schwerpunkte innerhalb dieses Seminars dar.

Die Zielsetzung des Seminars wird im Protokoll der Sitzung vom 29.11.1963 deutlich, in dem gesagt wird, „dass sich nicht nur Wirtschaft und Kultur, sondern auch Theorie und Empirie ebenso wie Philosophie und Soziologie sich gegenseitig durchdringen und bedingen"[26]. Aufgrund des Problems, eine These zu bilden, die empirisch belegt werden kann, wie zum Beispiel die, dass die Kultur eindeutig die Wirtschaft bestimme, soll durch empirisch-soziologische Forschung diesbezüglich Klarheit verschafft werden, weil die Philosophie auf dieses Problem keine Antwort geben könne. Empirische Forschung bediene sich hierbei der modernsten Mittel, da auch im Detail „das Ganze" stecke.[27] In einem weiteren Protokoll wird anhand des

---

[25] Vgl. Max Horkheimer, *Übung über Soziologische Grundbegriffe* (SS 1963), Protokoll vom 10. und 17. Mai 1963 (Kuttner), S. 1, Bestand Archivzentrum, Signatur: XIII 48.
[26] Vgl. Walter Rüegg und Max Horkheimer, *Wirtschaft und Kultur* (WS 1963/64), Protokoll der Sitzung vom 29.11.1963, S. 2, Bestand Archivzentrum, Signatur: XIII 172 1–6.
[27] Ebd., S. 3.

Referats über das Mäzenatentum referiert, wie sich das Verhältnis des Künstlers
zu seinem Mäzen historisch darstellt.

Im Protokoll vom 14.2.1963 wird Horkheimer dahingehend zitiert, dass davon
auszugehen sei, dass die Soziologie sich bisher nicht genügend mit dem Verhältnis
von Wirtschaft und Kultur befasst habe und deshalb die These in den Mittelpunkt
gestellt werden müsse, „dass Wirtschaft mit dem Werden und den Inhalten der Kultur
ebenso zusammenhänge, wie Bedürfnisse, die aus dem Wirtschaftsleben hervor-
gehen, ihrerseits Einfluss auf das nähmen, was man Kultur nennt"[28]. Neben einer
soziologischen Deutung von Kultur, Recht, Politik, Kunst, Literatur, Wissenschaft
und Philosophie lasse sich anhand der Philosophie des 19. und 20. Jahrhunderts
und deren Nähe zur exakten Wissenschaft verdeutlichen, wie die „Entwicklung der
Gesamtgesellschaft begriffen werden könne". Als Beispiel sei hierfür Horkheimers
Versuch genannt, Heideggers Philosophie in ihren sozioökonomischen Kontext zu
stellen. Bezüglich des Referats über „Wissenschaftsförderung durch Stiftungen"
berichtet Horkheimer am Beispiel der *Ford-Foundation* von seinen Erfahrungen
aus Amerika. Dort sei das Stiftungswesen wesentlich weiter entwickelt als in
Deutschland. Friedrich Pollock nahm an dieser Diskussion teil und versuchte
den Widerspruch zwischen Arbeitslosigkeit und der Leistung von Überstunden
in den USA zu erklären. Hier hätten die Gewerkschaften bereits eingegriffen und
forderten Überstundenzuschläge. Für Horkheimer sind es die Kriege, die bedeutende wissenschaftliche Errungenschaften initiieren. Stiftungen würden zu sehr
materielle Interessen statt Forschung fördern, die nicht der marktwirtschaftlichen
Nutzbarmachung unterworfen sei. Als Beispiel führt Horkheimer Lehrer an, die aus
seiner Sicht intensiver in Psychologie und Soziologie ausgebildet werden müssten,
um erziehen zu können, da die Lehrerausbildung nicht sofort greifbare Ergebnisse liefere. Das Referat „Kultur und Verwaltung" veranlasste Horkheimer darauf
hinzuweisen, dass sich das Tauschprinzip auf alle Lebensbereiche ausgedehnt und
sich mit der bürgerlichen Gesellschaft durchgesetzt habe.[29]

Rüegg und Horkheimer haben sich in der Durchführung dieses Seminars
anscheinend abgewechselt; Rüegg übernahm die erste Hälfte des Seminars und
Horkheimer die zweite Hälfte. In dem Protokoll der Sitzung vom 22.11.1963 wird
im Anschluss an das Referat über „Wirtschaftliche Bedingungen für pädagogische
Reformen" auf ein wesentliches Element in der Diskussion zwischen Jürgen Habermas und Helmut Schelsky hingewiesen. Schelsky verteidige das Elternrecht, weil
die elterliche Vorstellung, dass Kinder die Schule besuchen, mit den Wünschen der
Kinder eine Einheit bilde, während Habermas' Einwand darin bestehe, dass dies
für Kinder aus Arbeiterfamilien ein Hemmnis sein könnte. Dies solle mit Hilfe

---

[28] Ebd., Protokoll der Sitzung vom 14.2.1964 (S. Schmidt), S. 2, Bestand Archivzentrum, Signatur:
XIII 172 1–6.
[29] Ebd.

der Förderstufe abgebaut werden. Es handelt sich hierbei um ein Modell, das seit 1955 an hessischen Schulen getestet worden. Diskutiert wurde außerdem, „warum der Rahmenplan am Elternrecht festhalte, obwohl dies eine wirkliche Demokratisierung formal behindere". Dies erkläre sich aus der „Furcht der Initiatoren vor dem Verdacht, einer sozialistischen Schulplanung das Wort zu reden". Kritik wird deshalb an Schelsky geübt, weil dieser mit der Aufrechterhaltung des Elternrechts die Konzeption einer marktwirtschaftlich orientierten Gesellschaft begünstige, die an der „Entscheidungsfreiheit der Individuen" festhalte. Auch Rüegg wandte sich gegen eine Überschätzung der Möglichkeit, die Gesellschaft durch eine Schulreform zu verändern. Um den hemmenden Einfluss von Milieus bei sozial Schwächeren zu begegnen, führte Rüegg eine Genfer Studie an und forderte die „Vermehrung von Internaten, großzügigere Vergabe von Stipendien nach englischem Vorbild und die konsequente Verwirklichung einer Pädagogik im Sinne von Habermas, der die Schule als Schonraum postuliere"[30].

In den Seminaren von Walter Rüegg werden neben Betriebswirtschaftlichen Hauptseminaren zu Funktionen des Managements vorrangig Themen der klassischen Soziologie behandelt.[31] Die Organisation der Seminare ist dagegen sehr modern. Denn in den Veranstaltungen von Rüegg werden ab 1964 Kleingruppen gebildet, die von Assistenten geleitet werden. Referate und Protokolle sind von fast allen Seminaren dokumentiert. 1966/67 behandelt Rüegg in seinen Übungen zur Geschichte der Soziologie Saint-Simon. Aufschlussreich hierfür ist das Referat von Angelika Jannasch, die im zweiten Semester Philosophie und Soziologie studiert hatte und über „Die Stellung des Arbeiters im Saint-Simonistischen Gesellschaftsbild" vortrug. Saint Simon wird dort als Soziologe dargestellt, der die „gesellschaftliche Realität als Krise" erfahren habe. Die Soziologie wurde seit ihrer Gründung als Krisenwissenschaft verstanden, und diese Bedeutung der Soziologie wird in dem Referat ausführlich diskutiert. Das Protokoll der Sitzung vom 21.12.1966 mit dem Schwerpunkt „Saint-Simon, die Zukunft der Industrie und das Proletariat" wurde mit ungenügend bewertet, weil der Protokollant Saint Simons Theorie aus einer Marxschen Perspektive behandelte und danach fragte, warum Saint-Simon keine Lohntheorie entwickelt habe und dies damit begründete, dass Saint-Simon für sein Verständnis von Gesellschaft eine Einteilung vornehme, die drei Klassen enthalte: Aristokratie, Bürgertum und Proletariat. Die Arbeit und nicht die Produktionsmittel würden zum Gegenstand dieser Einteilung gemacht, wobei zwischen Müßiggängern und Arbeitenden unterschieden werde.[32]

---

[30] Ebd., Protokoll der Sitzung vom 22.11.1963 (Bott), S. 1, Bestand Archivzentrum, Signatur: XIII 172 1–6.

[31] Vgl. hierzu das Interview mit Walter Rüegg in diesem Band.

[32] Walter Rüegg, Proseminar: *Geschichte der Soziologie im Überblick* (mit Arbeitsgruppen), Gruppe IV, Dipl. Soz. Mosen, (WS 1966/67), Die Stellung des Arbeiters im Saint-Simonistischen Gesellschaftsbild (Angelika Jansen) S. 2, Bestand Universitätsarchiv.

In den Übungen zur Geschichte der Soziologie von Rüegg werden unter anderem „Die möglichen Funktionen der sozialen Rolle in Max Webers Begriff der sozialen Rolle" diskutiert. In einem Referat werden das Rollenverhalten, Rollenattribute und Rollenerwartungen und der Gebrauch des Rollenbegriffs anhand von Beispielen ausführlich besprochen. In einem weiteren Referat werden Webers Gebrauch der Begriffe Macht, Herrschaft und Disziplin behandelt. Der Referent befindet sich im ersten Semester und versucht eine Analyse von drei Grundbegriffen des soziologischen Werk Max Webers durchzuführen, was ihm jedoch nicht gut gelingt. „Zum Verständnis der Gedanken von Karl Marx zum Menschen und zur Geschichte in ‚Deutsche Ideologie'" wird ein weiteres Referat gehalten. Darin ist eine sehr gute Diskussion über die Frühschriften von Karl Marx und die Frage enthalten, wie sich seine Denkkategorien entwickelt haben. Das „Manifest der Kommunistischen Partei" ist Gegenstand eines weiteren Referats, in dem der Begriff der Gesellschaft erörtert wird. Die Protokolle liefern sowohl detaillierte Beschreibungen der jeweiligen Sitzungen als auch der Inhalte des Seminars wie zum Beispiel eine Diskussion über die soziologischen Grundbegriffe von Max Weber. Die entsprechenden Paragraphen 8–17 werden referiert; ferner wird der Begriff des Kampfes und seine Bedeutung für die Konkurrenz diskutiert. Der Begriff der Gesellschaft und die Gesetze ihrer Bewegung in der Theorie von Lorenz von Stein sowie in Durkheims Schrift „Sociologie et Philosophie" werden ebenfalls in dieser Lehrveranstaltung behandelt.

Teilnehmende in Adornos Seminaren waren unter anderem Ludwig von Friedeburg, Klaus Schönbach und Christoph Oehler.[33] Mit diesen wurde das Gespräch über die qualitative Sozialforschung anhand von Studien aus dem Institut für Sozialforschung auch in den Seminaren fortgesetzt. Diese Diskussion wird exemplarisch in dem Privatissimum über *Erkenntniskritische Fragen der Soziologie* vom Sommersemester 1955 dokumentiert, in dem die erkenntnistheoretischen Grundlagen der empirischen Sozialforschung untersucht wurden, um dabei „ein ständiges Spannungsverhältnis zwischen Theorie und Empirie" zu konstatieren. Dies stehe im Gegensatz zu Talcott Parsons' These, „dass eine bruchlose Einheit zwischen beiden möglich ist"[34]. Anhand von Referaten zur Meinungsforschung wird einstimmig festgestellt, „dass es so etwas wie ‚Meinung' gibt, und sei es auch nur in einem empirisch verifizierbaren Sinn, und dass der alte Positivismus

---

[33] Klaus Schönbach führte seit 1961 am Institut für Sozialforschung Forschungsprojekte durch, so dass das von ihm im Wintersemester 1964/65 angebotene Seminar über Methoden der Inhaltsanalyse einen interessanten Bezugspunkt zu Adornos Seminar über Probleme der qualitativen Analyse von 1961 darstellt, da hier die Arbeitsweisen des Instituts in der Lehre deutlicher werden.
[34] Th. W. Adorno, *Erkenntniskritische Fragen der Soziologie* (SS 1955), Protokoll der Sitzung vom 3.5.1955, (Klaus Liepelt), S. 1–2, Bestand Universitätsarchiv, keine Signatur.

in der Meinungsforschung, der Meinungen zu ‚ernst' nimmt, intelligenteren Fragestellungen weichen muss".

Ludwig von Friedeburg stellte die Überlegung an, „wie man durch empirische Untersuchungen Punkte gewinnen kann, die sich analog zu den Eisenteilchen im Magnetfeld zueinander ordnen und damit das soziale Kraftfeld indizieren"[35]. Adornos Kritik an der empirischen Sozialforschung bestehe darin, dass sich diese zu viel darum sorge, welche Reaktionen es auf Untersuchungseinheiten geben könnte, so dass die eigentliche Sache dabei verloren gehe. Dies wurde am Beispiel der mechanistischen Interpretation von Eignungstests veranschaulicht. Daran anschließend entwickelte sich eine Debatte darüber, welche Aufgabe der Empirie „angesichts der notwendigen Unvollkommenheit gesellschaftlicher Theorien" zukomme. Adorno bestritt zum Beispiel Friedeburgs Analogie des magnetischen Kräftefelds, das dieser als soziales Kräftefeld indizierte[36]. Wenn man nichts über Elektrodynamik wisse, könne man darüber auch keine Aussagen machen. Die empirische Forschung solle sich auf jeweils „relevante Aspekte der gesellschaftlichen Wirklichkeit beschränken", merkte Harald Weltz an, worauf Adorno einwendete, „dass man an der von der Theorie angebotenen Unterscheidung zwischen Relevantem und Irrelevantem in der empirischen Forschung nicht vorbei kommt"[37]. Einen statistischen Meinungsbegriff lehnte Adorno genauso ab wie das Verifizierungsverfahren, mit dem Friedeburg Aussagen über Bewusstseinsinhalte der Gesellschaft machen wollte.

In der zweiten Sitzung wurde das Referat von Christoph Oehler über „Die Angemessenheit der Methode der empirischen Sozialforschung an ihrem Gegenstand" diskutiert. Oehler vertrat die These, dass das Experiment zur Tautologie geworden sei und bezog dies auf die der Quantifizierbarkeit zugrunde liegenden Gleichsetzung, durch die der Gegenstand eine „Fiktion" bleibe. Adorno wandte ein, dass mit „open definitions", „die nicht identisch mit dem Sinnzusammenhang zu sein brauchen", sehr wohl synthetische Urteile gefällt und etwas Neues gesagt werden könne"[38]. Erkenntnis könne den Charakter des Scheins annehmen, und es könne nur dort Erkenntnis geben „wo sie in Beziehung zur Totalität der Gesellschaft gesetzt würde"; ferner vertrat Adorno gegenüber dem Einwand Oehlers

---

[35] Ebd.
[36] Auch in dem Hauptseminar über *Probleme der qualitativen Analyse* (SS 1961) wird diese Diskussion anhand der Möglichkeit der Quantifizierung qualitativen Materials fortgesetzt. Adorno lehnt in diesem Zusammenhang die von Frenkel-Brunswiks bevorzugte quantifizierende Methode ab, während Ludwig von Friedeburg sie verteidig. Für Adorno ist es möglich, aus statistische Ergebnissen „stringente Aussagen über den Zusammenhang von Kategorien und Tatbeständen zu machen" (Protokoll v. 13.6.1961, Klaus Döll, S. 1), Bestand Universitätsarchiv.
[37] Ebd.
[38] Vgl. Th. W. Adorno, Privatissimum (SS 1955), Protokoll der Sitzung vom 10.5.1955 (Klaus Liepelt), S. 1–2, Bestand Universitätsarchiv.

die Ansicht, dass „die herrschende Sozialwissenschaft, dem gesellschaftlichen Schein unterliege"[39].

Wie der gesellschaftliche Schein mit der richtigen Gesellschaft zusammengebracht werden könne, war Gegenstand der sich anschließenden Diskussion. „Gesellschaft sei ja insofern schon eine antagonistische, weil ja die Menschen auch als Selbstentfremdete nicht aufhören, Menschen zu sein"[40]. In der dritten Sitzung stellte Adorno fest, dass es bisher in diesem Seminar „nicht zu dem gekommen sei, was man ein echtes Gespräch nennen könnte", weil sich der theoretische und der empirische Teil noch unvermittelt gegenüber stünden. Er schlug einen Vergleich der vorherigen Referate vor, um die Angemessenheit der Methoden zu diskutieren. Oehler wurde dahingehend kritisiert, dass er die Wahrheit der empirischen Sozialforschung, die im Schein liege, nicht erkenne, während das Problem bei dem Referat von Harald Weltz darin bestand, dass dieser glaube, mit den Mitteln der Sozialforschung etwas wahrhaft Repräsentatives, etwas vom „Wesen der Sache" fassen zu können.[41]

Adorno vertrat in diesem Zusammenhang die Ansicht, dass es keinen echten Gegensatz zwischen quantitativer und qualitativer Forschung gebe. Er verwies dabei auf eine Arbeit von Paul Lazarsfeld, in der die qualitative Analyse nur als heuristisches Prinzip anerkannt sei und nicht „als eigenständige Quelle der Erkenntnis", die nur noch toleriert werde. Der Begriff der Methode solle nicht zu eng oder als fertiger Rahmen gefasst werden, sondern die Methode solle aus dem einzelnen Gegenstand heraus entwickelt werden, damit nicht nur das untersucht werde, was sich mit den Methoden am einfachsten darstellen lasse. Kann mit empirischen Methoden überhaupt der Schleier der Ideologie durchdrungen werden? Dies bestätigte zwar Adorno; er merkte jedoch an, dass es so gut wie keine Untersuchungen über diesen Schleier gäbe. Das „Betriebsklima" könne als ein solches Phänomen gelten, da sein Begriff Ideologie sei; da dieses Phänomen aber dennoch existiere, könne es auch empirisch untersucht werden und sei insofern nicht nur ein reiner Schleier. Aufgrund der von Friedeburg, Teschner und Weltz vertretenen Ansicht, dass man das Relevante empirisch in den Griff bekommen könne, wurden sie von Adorno dazu aufgefordert, in einem beliebigen Sektor eine Untersuchung durchzuführen. Adorno vertrat diesbezüglich die Ansicht, „dass der Glaube, in einer harmonischen, spannungsarmen Gesellschaft zu leben, in der alles sich zum Besseren hin entwickle, ein Schein sei, und zwar selbst dann, wenn die Menschen, die ihm unterliegen – wie z. B. in der Kulturindustrie – an ihn glauben"[42].

---

[39] Ebd.
[40] Ebd.
[41] Ebd., Protokoll der Sitzung vom 24.5.1955 (Inge Ptasnik), S. 1–2, Bestand Universitätsarchiv.
[42] Ebd., Protokoll der Sitzung vom 24.5.1955 (Inge Ptasnik), S. 1–2, Bestand Universitätsarchiv.

In Adornos Hauptseminar *Begriff der Ideologie* vom Wintersemester 1956/57 und Sommersemester 1957 wird die Geschichte des Ideologiebegriffs behandelt. In der Sitzung vom 20.11.1956, die Bacon, Helvetius und die Ideologienlehre zum Gegenstand hat, wird die Ansicht diskutiert, dass die Ideologien zu einer bloßen Branche im Wissenschaftsbetrieb degeneriert seien. Als „typische Repräsentanten eines nach-revolutionären Bürgertums" seien sie im „gesellschaftlichen Betrieb" durch die Forderung neutralisiert, alles Denken auf Empfindung zu reduzieren. Der Versuch, die Wahrheit konstruktiv zurückzugewinnen, scheitere notwendigerweise, wenn man nicht der Marxschen Auffassung folge, dass der Widerspruch die eigentliche Wahrheit sei. Marx versuche die Wahrheit aus der Verschüttung zu befreien, während andere die Versöhnung der Wahrheit mit dem Schein herbeiführen wollten. Die moderne Ideologienlehre wird mit dem totalen Ideologiebegriff von Karl Mannheim verglichen, bei dem das Moment der Wahrheit ausgelöscht werde und das „kritische Korrektiv" verschwinde.[43] Diese Tendenz sei auch in der gegenwärtigen Soziologie feststellbar, die in Gestalt des „Mythos der Sachlichkeit" eine Welt reproduziere, „wie sie ist". Würde sich die Wissenschaft auf die Verdoppelung der Welt beschränken, wäre sie selbst ideologisch.[44] Emile Durkheims Untersuchung über australische Stämme wird in diesem Seminar unter dem Aspekt diskutiert, dass das Bewusstsein bis in die Anschauung hinein Produkt der Vergesellschaftung, d. h. ein Derivat sowie eine Spiegelung der bestehenden Eigentumsverhältnisse und „hierarchischen Gliederungen" der Gesellschaft sei. In der Art und Weise, wie Stämme und Clans ihr Gebiet aufteilten, seien allmählich die räumlichen Vorstellungen entstanden und durch den sozialen Rhythmus von Festen und Riten die Zeiteinteilung geprägt worden. Zum Schluss wird die Religion als Spiegelung der gesellschaftlichen Verhältnisse im Sinne eines „vergegenständlichten Kollektivbewusstseins" bezeichnet, das durch eine Projektion des Verhältnisses des Einzelnen zur Gesellschaft entstanden sei.

Im Protokoll der Sitzung vom 25.6.1957 wird anschließend darauf hingewiesen, dass ein Seminar wie das über den Begriff der Ideologie insofern eine kritische Funktion habe, als dadurch wie im Falle der Psychoanalyse einer breiteren Öffentlichkeit Reflexionswissen vermittelt werde. Eine Popularisierung der Psychoanalyse könne zwar eine Gefahr darstellen; sie könne aber auch dazu beitragen, Eltern im Umgang mit ihren Kindern zu sensibilisieren. Denn „dann gibt es schon ein Unheil weniger", meinte Adorno, weil die Brechung der elterlichen Autorität eine

---

[43] Die in diesem Seminar vertretene Interpretation des ideologiekritischen Gehalts von Mannheims Wissenssoziologie steht allerdings in einem krassen Widerspruch zu der von Mannheim betonten kritischen Funktion einer wissenssoziologischen Aufklärung. Vgl. Karl Mannheim, Ideologie und Utopie, 5. Aufl. Frankfurt am Main 1969, bes. S. 60 ff.

[44] Vgl. Th. W. Adorno, Hauptseminar: *Begriff der Ideologie*, (WS 1956/57), Protokoll der Sitzung vom 15.1.1957 (J. Bergmann), S. 1, Bestand Universitätsarchiv.

Humanisierung der Gesellschaft zur Folge habe. Diesem positiven Aspekt der Psychoanalyse wurde entgegengesetzt, dass die Psychoanalyse auch in den Dienst von Herrschaftszwecken gestellt werden könne. Adorno wandte ein, dass es zur Aufgabe der Soziologie gehöre, diesen Tendenzen entgegenzuwirken.

Seit Mitte der 1960er Jahre bis Anfang der 1970er Jahre hatte sich das Verständnis der soziologischen Lehre und soziologischer Praxis an der Universität Frankfurt massiv verändert. An der Wirtschafts- und Sozialwissenschaftlichen Fakultät und an der Philosophischen Fakultät wurden in den soziologischen Seminaren nun kleine Arbeitsgruppen gebildet, in denen die Studierenden ihre Forschungsvorschläge einbringen konnten. Manche Dozenten trafen sich nur in Plenen mit den Studierenden und ließen diese an frei gewählten Themen in den Gruppen arbeiten. Die Struktur des Empiriepraktikums festigte sich außerdem, so dass die Vorgehensweisen für die qualitative Forschung, die Adorno Anfang der 1960er Jahre diskutiert hatte, sich nun etablieren konnte und auch heute noch am Frankfurter Fachbereich Gesellschaftswissenschaften in entsprechenden Empiriepraktika zum Tragen kommt. Festzuhalten bleibt, dass sich auch der Lehrstil, den Thomas Luckmann, Friedrich H. Tenbruck und Wolfgang Zapf in den 1960er Jahren an der Wirtschafts- und Sozialwissenschaftlichen Fakultät pflegten, als zeitgemäß bezeichnet werden kann, obwohl sich dies weniger durch ihre jeweilige Themenwahl als vielmehr durch ihre Erfahrungen mit dem US-amerikanischen Forschungs- und Lehrstil erklären lässt.[45]

In Adornos Seminaren wurden ab 1967 Referate und Koreferate gehalten, die sich jeweils aufeinander beziehen sollten. Auch diese Vorgehensweise kann als Reaktion auf den rapiden Anstieg der Zahl der Studierenden sowie auf die damit verbundene Notwendigkeit angesehen werden, sich den neuen Anforderungen in der Lehre zu stellen. Diese ‚progressive' Lehrpraxis konnte jedoch nicht mehr verhindern, dass auch Adornos Lehrveranstaltungen seit 1968 massiven Störungen ausgesetzt waren, weshalb er sich im Wintersemester 1968/69 durch keinen Geringeren als Niklas Luhmann in der Lehre vertreten ließ.[46] Das von Adorno für das Sommersemester 1969 angekündigte Hauptseminar „Probleme des Strukturalismus" fand dann nicht mehr statt. Adorno verstarb schließlich vor lauter Gram am 6. August 1969 während eines Urlaubsaufenthaltes in der Schweiz. Insofern ist spätestens zu diesem Zeitpunkt jedem unparteiischem Beobachter der ‚Frankfurter Verhältnisse' deutlich geworden, dass in diesem Fall die Theorie letztlich an der Praxis gescheitert ist.

---

[45] Vgl. hierzu das Interview mit Thomas Luckmann in diesem Band.
[46] Vgl. Otthein Rammstedt, In Memoriam: Niklas Luhmann, in: Theodor M. Bardmann/Dirk Baecker (Hrsg.), „Gibt es eigentlich den Berliner Zoo noch?" Erinnerungen an Niklas Luhmann, Konstanz 1999, S. 16–20 (hier S. 17 f.).

Die Assistenten an der Goethe Universität Frankfurt in den 1960er Jahren

Kai Müller

Als sich am 7. Juli 1971 der neu gegründete Fachbereich Gesellschaftswissenschaften der Universität Frankfurt zu seiner ersten Fachbereichskonferenz zusammenfand, hatte ein langwieriger Reformprozess der Hochschulen, der zwar schon unmittelbar nach Kriegsende in der gesamten Bundesrepublik eingeleitet, aber vor allem im Laufe der sechziger Jahre mit Rückhalt durch die Studentenproteste stärker vorangetrieben wurde, seinen vorläufigen Höhepunkt erreicht.[1] Den institutionellen Rahmen der neuen Hochschule stellte das Hessische Hochschulgesetz von 1970 dar, das eine umfassende Umstrukturierung der Universitäten bezweckte und dabei nicht nur das Verhältnis der Hochschulen zu staatlichen Instanzen, sondern auch ihre binnenstrukturelle Verfasstheit im Hinblick auf eine stärker fachbezogene und gesamtkollegiale Organisation neu regelte.[2] Paritätische Mitbestimmung aller an der Universität Beteiligten war eines von mehreren maßgeblichen Zielen der Reform, das eine größere Effektivität gewährleisten sollte, und das man mit einem neuen Organ der fachlichen Selbstverwaltung zu erreichen beabsichtigte: nämlich der Einführung von Fachbereichen. An dessen Selbstverwaltung waren nun nicht mehr nur die Professoren beteiligt, sondern auch der Mittelbau und die Studierenden.[3]

---

[1] Vgl. Ludwig Voegelin, Die Folgen der Studentenbewegung und der Übergang zum Fachbereich, in: Heinz Steinert (Hrsg.), Die (mindestens) zwei Sozialwissenschaften an der Universität Frankfurt, Frankfurt am Main 1989, S. 228. In Frankfurt waren Max Horkheimer und Theodor W. Adorno schon früh maßgeblich an der Hochschulreform beteiligt. Die 1954/55 erfolgte Einführung einer Diplomprüfungsordnung für Soziologie steht im Zusammenhang mit dieser Universitätsreform.
[2] Vgl. Dokumentationsabteilung der Westdeutschen Rektorenkonferenz (Hrsg.), Hochschulgesetze der Länder der Bundesrepublik, in: Westdeutsche Rektorenkonferenz. Dokumente zur Hochschulreform XV/1971, Bonn-Bad Godesberg 1971, S. 71 ff.; ferner Jürgen Habermas, Für ein neues Konzept der Hochschulverfassung, in: ders., Protestbewegung und Hochschulreform, Frankfurt am Main 2008, S. 202–243.
[3] Das Problem der paritätischen Mitbestimmung war damit noch nicht gelöst. Durch ein Urteil des Bundesverfassungsgerichts vom Mai 1973 mussten einige Regelungen wieder zurückgenommen werden. Auf Bundesebene wurde erst 1976 ein neues Hochschulrahmengesetz verabschiedet. Siehe hierzu Andreas Keller, Hochschulreform und Hochschulrevolte. Selbstverwaltung und Mitbestimmung in der Ordinarienuniversität, der Gruppenhochschule und der Hochschule des 21. Jahrhunderts, Marburg 2000, S. 166 ff.

Der folgende Beitrag untersucht die Stellung der Assistenten an den damaligen soziologischen Einrichtungen an der Universität Frankfurt im Vorfeld der Hochschulreform und mündet in einen Ausblick auf die Veränderungen, die sich durch die Gründung der Fachbereiche ergeben haben. Ausgegangen wird hierbei von den Aussagen der Akteure, mit deren Hilfe ein Bild der unterschiedlichen Situationen entworfen werden soll, wobei sich der Fokus im Wesentlichen auf die Lehrstühle von Jürgen Habermas und Thomas Luckmann richtet. Zunächst sollen jedoch kurz auf die Struktur der deutschen Hochschule nach 1945 eingegangen werden, um einen Einstieg in die Thematik zu ermöglichen.

Die Frankfurter Ausgangslage: Soziologie an zwei Fakultäten

In den Jahren vor der Fachbereichsgründung war die Frankfurter Soziologie noch an zwei unterschiedlichen Fakultäten untergebracht. Unterrichtet wurde am *Soziologischen Seminar*, das an der Philosophischen Fakultät dem *Institut für Sozialforschung* zugeordnet war, während das *Seminar für Gesellschaftslehre* die Organisationseinheit der soziologischen Forschung und Lehre an der Wirtschafts- und Sozialwissenschaftlichen Fakultät bildete. Ihren eigentlichen Ursprung hatte diese Aufteilung in einer personellen Konstellation, die bis in die zwanziger Jahre zurückreicht. Insbesondere geht es dabei um die Frage nach der Beheimatung des Lehrstuhls des jeweiligen Direktors des *Instituts für Sozialforschung*, der ursprünglich an der Wirtschafts- und Sozialwissenschaftlichen Fakultät angesiedelt war, im Zuge der Ernennung von Max Horkheimer zum Direktor dieses Instituts im Rahmen seiner Berufung auf einen Lehrstuhl für Sozialphilosophie jedoch der Philosophischen Fakultät zugeordnet worden ist. Von da an gab es neben der Wirtschafts- und Sozialwissenschaftlichen Fakultät, an der Franz Oppenheimer bereits seit 1919 als Professor für Soziologie tätig war und dessen Nachfolge Karl Mannheim zeitgleich mit der Ernennung von Max Horkheimer zum Direktor des Instituts für Sozialforschung antrat, noch eine zweite, stark philosophisch ausgerichtete Soziologie in der Philosophen Fakultät der Universität Frankfurt. Nach dem Nationalsozialismus, der die genannten Akteure zwang, ins Exil zu gehen, machte sich diese strukturelle Konstellation erneut geltend und blieb bis zur Gründung der Fachbereiche im Jahr 1971 an der Universität Frankfurt bestehen.[4] Diese Zuordnung eines einzigen Faches zu zwei verschiedenen Fakultäten verrät darüber hinaus auch etwas über die damalige Struktur der deutschen Universität, die offensichtlich noch keine dezidiert fachspezifische Form der Organisation

---

[4] Vgl. hierzu Clemens Albrechts Vortrag „Der Streit zwischen den Fakultäten: Die Linken gegen die Rechten – oder doch etwas mehr? Anmerkungen zur Soziologie in Frankfurt" vom 31. Januar 2008, abrufbar unter: http://wiki.studiumdigitale.uni-frankfurt.de/SOZFRA/index.php?title=Vortr%C3%A4ge_und_Konferenzen.

kannte. Sie veränderte sich auch nach 1945 nur unwesentlich und hatte ihr Vorbild in den Hochschulen des 19. Jahrhunderts. Wie lässt sich diese Struktur beschreiben?

Die Entstehung der klassischen deutschen Universitätsidee mit ihrer Verwaltungsstruktur geht auf die preußische Universitätsreform sowie die damit verbundene Gründung der Berliner Universität von 1810 zurück.[5] Die „Humboldt-Universität" war von nun an das spezifisch deutsche Modell für eine die Einheit von Forschung und Lehre garantierende Hochschulausbildung. Denn sie hatte sich im expliziten Gegensatz zu den französischen Spezialhochschulen – denen man vorwarf, unter staatlicher Direktion zu stehen – und dem amerikanischen Hochschulmodell entwickelt.[6] Ihr Selbstverständnis war das einer Gelehrtenkorporation, die trotz ihrer kulturstaatlichen Verfasstheit weitgehend autonom von politischer Einflussnahme sein sollte. Und diese Autonomie schien nur dann gewährleistet, wenn die jeweiligen Professoren – oder Ordinarien – selbstständig über die Administration ihrer Institute entscheiden konnten.[7] Die einzelnen Fächer wurden daher rein professoral verwaltet, wobei jeder Inhaber eines Lehrstuhls die Belange seines Instituts allein in verantwortlicher Position regelte. Die Institute waren ihrerseits zu Fakultäten zusammengeschlossen, die als zentrale Verwaltungseinheit für die Bearbeitung institutsübergreifender Aufgaben wie z. B. Berufungs- und Habilitationsverfahren zuständig waren. Vollwertige Mitglieder der Fakultäten waren nur die sogenannten „ordentlichen" Professoren.[8] Die wissenschaftlichen Assistenten, Privatdozenten, „außerordentlichen" Professoren sowie die Studierenden waren dagegen nur nominell der „Gemeinschaft von Lehrenden und Lernenden" zugehörig. Und ihre hochschulpolitische Partizipation bestand allein darin, sich den Entschlüssen der Selbstverwaltungsorgane „anzuschließen"[9]. Eine darüber hinaus gehende Möglichkeit zur Artikulation oder gar Durchsetzung eigener Interessen bezüglich der

---

[5] Vgl. Wilhelm Schumm, Kritik der Hochschulreform. Eine soziologische Studie zur hochschulpolitischen Entwicklung in der Bundesrepublik Deutschland, München 1969, S. 16. Eigentlich müsste eine Geschichtsschreibung der Universität schon im Mittelalter einsetzen. Aber es ist die Humboldt-Universität des 19. Jahrhunderts, deren Idee für den Wiederaufbau der deutschen Hochschulen nach 1945 maßgeblich gewesen ist und die bis zur Hochschulreform die Gestalt der Universitäten bestimmte.

[6] Vgl. Keller, Hochschulreform und Hochschulrevolte, a.a.O., S. 33. Dort heißt es: „Die klassische Universitätsidee zielte vielmehr darauf ab, den geforderten Schutz kultureller und wissenschaftlicher Freiheit mit dem staatlichen Kulturauftrag in Übereinstimmung zu bringen." Vgl. auch Walter Rüegg, Themen, Probleme, Erkenntnisse, in: Ders. (Hrsg.), Geschichte der Universität in Europa, Band III, Vom 19. Jahrhundert zum zweiten Weltkrieg (1800–1945), München 2004, S. 17. Vgl. außerdem Christophe Charle, Grundlagen, ebd., S. 43.

[7] Zumindest war dies der Anspruch. Dass diese Autonomie vom Staat niemals ungebrochen zugelassen wurde, zeigt Keller, Hochschulreform und Hochschulrevolte, S. 30 ff. Zum Verhältnis der Universität zu Staat und Gesellschaft nach 1945, siehe Wilhelm Schumm, a.a.O., S. 71 ff.

[8] Vgl. Keller, Hochschulreform und Hochschulrevolte, a.a.O., S. 50.

[9] Ebd., S. 50.

Wissenschaftsorganisation hatten sie vorerst nicht.[10] Diese Vormachtstellung der ordentlichen Professoren in der Hochschulverwaltung gab der Universität humboldtscher Prägung den bezeichnenden Namen „Ordinarienuniversität".

Ein ideelles Gegenstück hierzu hatte die Universitätsstruktur im so genannten „Fachvertreterprinzip", demzufolge an jeder Universität immer ein bestimmter Professor nicht nur in den hochschulpolitischen Organen, sondern auch in Forschung und Lehre für sein Fach verantwortlich war – und damit für die Ausbildung seiner Studierenden. Ein solches Prinzip konnte aber nur so lange durchgesetzt werden, wie sich die Zahl der Studierenden in Grenzen hielt. Und so scheint es wenig verwunderlich, wenn bereits Mitte des 19. Jahrhunderts im Rahmen der Zunahme der Studierenden erste Anzeichen einer Überlastung auftraten und Extraordinarien eingesetzt werden mussten, die allerdings von der Verwaltung der Universität und entsprechenden Pensionsbezügen weitgehend ausgeschlossen waren. Nach dem Ende des Nationalsozialismus versuchte man unter Berufung auf diese Tradition und mit der bewussten Anlehnung an Humboldt dieses Universitätsmodell zu restaurieren, dieses Mal allerdings durch eine stärkere Einbeziehung der politischen Bildung, mit deren Hilfe die Demokratisierung der deutschen Bevölkerung forciert werden sollte.[11] Intern hielt man indes im Wesentlichen an der alten Universitätsverfassung fest. Man hatte „die Universität mit einer gewissen politischen Ausweitung ihres traditionellen Selbstverständnisses, *im übrigen aber so, wie sie war*, in die Demokratie hineingesetzt."[12]

Im Verlauf der 1950er und vor allem der 1960er Jahre zeichnete sich bundesweit allerdings immer deutlicher ein Problem ab, dem diese alten Strukturen der Universitätsorganisation nun endgültig nicht mehr gewachsen waren. Grund war die Öffnung der Universitäten, deren internes Gefüge zwar so lange stabil bleiben konnte, wie sie der Rekrutierung des privilegierten Nachwuchses des Bürgertums dienten. Jedoch hatten die deutschen Universitäten inzwischen aber einen enormen Anstieg der Studentenzahlen zu verzeichnen. Während 1950/51 an den westdeutschen Universitäten nämlich noch ca. 111.000 Studierende ein-

---

[10] In Hessen änderte sich das mit dem Hochschulgesetz von 1966. Es sah ein Rederecht für Assistenten und Studierende vor, allerdings weiterhin kein Stimmrecht. Vgl. Walter Rüegg, Die studentische Revolte gegen die bürgerliche Gesellschaft, Erlenbach-Zürich 1968, S. 6.

[11] Vgl. George Turner, Hochschulpolitik. Bilanz der Reformen und Perspektiven, Asendorf, 1995, S. 9. Zur Neugründung der Frankfurter Universität siehe Notker Hammerstein, Hochschulreformziele an der Johann Wolfgang Goethe-Universität Frankfurt am Main 1945–1949, in: Andreas Franzmann/Barbara Wolbring (Hrsg.), Zwischen Idee und Zweckorientierung. Vorbilder und Motive von Hochschulreformen seit 1945, Berlin, 2007, S. 13–33. Für einen weiteren Überblick zur Situation in Frankfurt mit Fokus auf das Institut für Sozialforschung, siehe Ludwig von Friedeburg, Anfänge und Wiederbeginn der Soziologie in Frankfurt am Main, in: Wolfgang Glatzer (Hrsg.), Ansichten der Gesellschaft. Frankfurter Beiträge aus Soziologie und Politikwissenschaft, Opladen, 1999, S. 15–27.

[12] Jürgen Habermas, Universität in der Demokratie – Demokratisierung der Universität, in: ders., Protestbewegung und Hochschulreform, a. a. O., S. 120.

geschrieben waren, vermehrte sich deren Anzahl 1964/65 schon auf 250.000, bis 1975 schließlich die Zahl von 690.000 Studierende erreicht worden ist.[13] In den fünfziger Jahren versuchte man auf dieses Problem zunächst noch mit der Einrichtung von Parallellehrstühlen zu reagieren, wie dies z. B. bei den Doppellehrstühlen für Philosophie und Soziologie von Max Horkheimer und Theodor W. Adorno der Fall war. Allerdings waren diese Maßnahmen nur ein Tropfen auf dem berühmten heißen Stein. So erinnert sich beispielsweise Herbert Schnädelbach daran, dass es zu Beginn seines Studiums in Frankfurt an der Philosophischen Fakultät insgesamt 13 Lehrstühle gab. Mit diesen Parallellehrstühlen versuchte man „mit den Studentenzahlen fertig zu werden". Allerdings war das ab einem bestimmten Zeitpunkt nicht mehr möglich: „das wurde dann einfach zu viel."[14]

Die Einrichtung von Parallellehrstühlen sowie von Extraordinarien, die vor allem für die Lehre zuständig waren, untergrub indessen sukzessive auch das Fachvertreterprinzip. Denn faktisch waren an der Aufrechterhaltung der Einheit von Forschung und Lehre nicht mehr nur die Ordinarien, sondern mehrere Statusgruppen inklusive der wissenschaftlichen Assistenten maßgeblich beteiligt. Trotzdem veränderte sich bis 1970 institutionell nur sehr wenig. Denn man verfolgte bis dahin primär nur eine rein quantitative Aufstockung des entsprechenden Personals. Alle Versuche einer Reformierung der Hochschulen verblieben dementsprechend noch innerhalb der alten Hochschulstruktur, weshalb es angemessen scheint, die neue Hochschulgesetzgebung der siebziger Jahre als etwas aufzufassen, was eine schon längere Entwicklung letztendlich nur institutionell nachvollzog, ja sogar nachvollziehen *musste*. Ludwig von Friedeburg, Professor für Soziologie an der Philosophischen Fakultät und von 1969–1974 auch Hessischer Kultusminister, der in verantwortlicher Position an den Reformen beteiligt war, macht genau auf diesen Punkt aufmerksam, indem er den damals noch unklaren Status der Extraordinarien beschreibt. Diese waren zwar ebenso verbeamtet und habilitiert wie die eigentlichen Ordinarien, hatten aber nicht dieselben Befugnisse wie die letzteren. Denn den richtigen Ordinarien war nach wie vor der Status des Fachvertreters zugedacht, was nach von Friedeburgs Auffassung der größer werdenden Universität nicht mehr angemessen war. Diese Entwicklung einer ungeordneten Vermehrung des Personals ohne eine entsprechende Veränderung der institutionellen Rahmenbedingungen hatte die „abenteuerlichsten Verhältnisse" zur Konsequenz. Und dies wurde im Laufe der zeit dermaßen problematisch, dass man bundesweit „Abstand von den Fakultäten" nahm.[15]

---

[13] Vgl. George Turner, Hochschule zwischen Idee und Wirklichkeit. Zur Geschichte der Hochschulreform im letzten Drittel des 20. Jahrhunderts, Berlin, 2001, S. 33.
[14] Vgl. das Interview, das wir mit Herbert Schnädelbach geführt haben (in diesem Band S. 463).
[15] Vgl. das Interview mit Ludwig von Friedeburg (in diesem Band S. 318).

Speziell in Frankfurt stellte sich dieses Problem noch etwas komplizierter dar. Die Unterbringung der Soziologie an zwei Fakultäten hatte nämlich zur Folge, dass es zum einen bis 1966 keine einheitliche Prüfungsordnung mit entsprechendem soziologischem Abschluss gab, was eine geregelte Organisation der Studiengänge verhinderte, und zum anderen dazu führte, dass die Studierenden sehr ungleichmäßig auf diese beiden Fakultäten verteilt waren. An der Philosophischen Fakultät stiegen die Studentenzahlen stärker als an der Wirtschafts- und Sozialwissenschaftlichen Fakultät und diese Entwicklung hielt bis in die sechziger Jahrean, was bei vergleichbarer personaler Ausstattung ein „völlig unausgeglichenes Verhältnis" zur Folge hatte. 1966 waren an der Philosophischen Fakultät 600 Hauptfachstudierende eingeschrieben und an der Wirtschafts- und Sozialwissenschaftlichen Fakultät nur 300.[16]

Zur Lage der Frankfurter Assistenten an der Ordinarienuniversität: Zwischen institutioneller Abhängigkeit und wissenschaftlicher Autonomie

Diese gerade vorgenommene strukturelle Beschreibung zeigt eine in institutioneller Hinsicht von Professoren dominierte Universität, deren Kapazitäten in den sechziger Jahren längst erschöpft waren. Diese Überlastung machte die Assistenten für den Universitätsbetrieb unverzichtbar, ohne dass sich deren wachsende Bedeutung institutionell niederschlug. Vor diesem Hintergrund wird im Weiteren die Situation der Frankfurter Assistenten dargestellt, um anhand verschiedener Fragen Schlüsse auf das Verhältnis Assistent – Professor zu ziehen und zu klären, wie die Bindung der Assistenten an die Ordinarien genau beschaffen war. Vor allem hinsichtlich zweier Dimensionen sind diese Fragen aufschlussreich. Erstens ist es nämlich interessant zu erfahren, ob es zwischen Assistenten und Professoren eine enge inhaltliche Bindung gab – ob man also die Assistenten als „Schüler" ihrer Professoren bezeichnen kann, die auch in die Forschung der Professoren eingebunden wurden. Zweitens wird in der Forschungsliteratur darauf hingewiesen, dass die wissenschaftlichen Assistenten an den immer größer werdenden Universitäten in den Institutsbetrieb oftmals dermaßen eingespannt waren, dass häufig kaum noch Zeit für eigene Forschungsarbeiten blieb. Dies steht in Kontrast zu dem, was damalige Assistenten berichtet haben, die mittlerweile selbst bereits in den Ruhestand getretene Professoren sind und sich also in der Regel trotz ihrer einstmaligen Assistentenstelle dennoch weiter qualifizieren konnten.

An der Ordinarienuniversität waren die Professoren gerade auch bei der Stellenvergabe die maßgeblichen Akteure. Als Assistent war man gewöhnlich direkt

---

[16] Ebd., S. 316.

einem Professor zugeordnet bzw. man arbeitete an dessen Institut, und schon bei der Vergabe der Stellen ging in der Regel die Initiative von den Ordinarien aus. Am Lehrstuhl von Thomas Luckmanns lässt sich das gut verdeutlichen. Luckmann war von 1965 bis 1970 am *Seminar für Gesellschaftslehre* der Wirtschafts- und Sozialwissenschaftlichen Fakultät Professor für Soziologie und hatte Richard Grathoff, Walter Sprondel, Günter Dux und Hansfried Kellner als Assistenten eingestellt. Luckmann beschreibt in dem Interview, das wir mit ihm geführt haben, wie es zu diesen Arbeitsverhältnissen kam: Grathoff hatte in Göttingen Mathematik studiert und war zusätzlich in Statistik ausgebildet. Luckmann lernte ihn an der New Yorker *New School for Social Research* kennen. Nachdem er seinen Ruf nach Frankfurt angenommen hatte, bot er Grathoff eine Stelle als wissenschaftlicher Mitarbeiter an, die dieser sofort annahm. Mit Kellner, dem er seine zweite Mitarbeiterstelle anbot, war Luckmann schon länger befreundet. Günter Dux kannte Grathoff aus einer gemeinsamen Zeit in Göttingen und kam über eine Empfehlung von dessen Seite zu Luckmann, der ihm allerdings keine planmäßige Stelle geben konnte, da Dux Jurist war und Soziologie nicht studiert hatte. Luckmann gab ihm deshalb eine irreguläre Assistentenstelle, die es Dux zu unterrichten ermöglichte und sich in die Soziologie einzuarbeiten. Walter Sprondel kam aus München und hatte dort bei Johannes Winckelmann im Max Weber-Archiv gearbeitet. Diese vier Mitarbeiter nahm Luckmann dann 1970 auch nach Konstanz mit.

Die direkte Zuordnung der Assistenten zu ihrem Professor äußerte sich hier in zweierlei Weise: zum einen in dem entsprechenden Angebot seitens des Professors, bei ihm anzudocken, und zum anderen darin, dass dieser seine Assistenten bei seinem Wechsel an die Universität Konstanz mitnahm. An der Philosophischen Fakultät war das ähnlich. Ulrich Oevermann, der ab 1966 bei Jürgen Habermas eine Assistentenstelle „verwaltete" hatte"[17], ist diesem von Heidelberg aus gefolgt. Und auch Ludwig von Friedeburg nahm seine Frankfurter Assistenten Gerhard Brandt und Jürgen Ritsert nach Berlin mit und brachte sie danach wieder nach Frankfurt zurück, ergänzt durch Wilhelm Schumm, der in Berlin zu seinem Team gestoßen war.[18] All dies gibt nur einen vorläufigen Aufschluss über die Lage der Assistenten an der Universität Frankfurt und zeigt nicht viel mehr als die persönliche Zuordnung der Assistenten zu einem Professor, die für die Assistenten insofern von Bedeutung war, als mit der Anbindung an einen Lehrstuhl gewährleistet wurde, dass sie überhaupt im wissenschaftlichen Feld einen Platz einnehmen konnten. Für ihren weiteren Werdegang war das von zentraler Bedeutung, was sich auch am Beispiel von Herbert Schnädelbach belegen lässt. Die direkte Zuordnung der Stellen bedeutete, dass der Ordinarius „die Leute einstellen und rauswerfen" konnte „wie

---

[17] „Verwaltung einer Assistentenstelle" bedeutete, dass man ohne Promotion – manchmal sogar ohne jeglichen akademischen Abschluss – für einen Professor als wissenschaftlicher Assistent arbeitete.

[18] Vgl. das Interview mit Ludwig von Friedeburg in diesem Band.

er wollte", was erkennen lässt, wie sehr die Personalpolitik auf die Interessen der Professoren zugeschnitten war. Nach dem Tod Adornos, bei dem Schnädelbach bis 1966 eine Stelle als wissenschaftliche Hilfskraft wahrgenommen hatte und mit dessen Unterstützung er ein Habilitationsstipendium bei der *Deutschen Forschungsgemeinschaft* (DFG) bekam, musste er von Habermas unterstützt werden, um nicht ins wissenschaftliche Abseits zu geraten. Er ist davon überzeugt, dass er ohne die Protektion durch Habermas „damals aus dem System herausgefallen" wäre.[19] Schwieriger wird es jedoch, wenn man aus der persönlichen Zuordnung weitergehende Schlüsse auf die wissenschaftliche Ausrichtung der Assistenten ziehen möchte und hier etwa eine Art Vereinnahmung durch die Professoren vermutet. Dazu ist es erforderlich zu klären, woher die Assistenten akademisch jeweils herkamen – wo sie also wissenschaftlich sozialisiert wurden – und ob theoretische Differenzen zwischen Assistenten und Professoren zugelassen oder, im Gegenteil, durch die Ordinarien sanktioniert wurden.

Auffallend ist, dass beinahe alle Interviewten entweder aus der Perspektive von Quereinsteigern berichten oder ihre Studienzeit an mehreren Universitäten verbracht hatten. Die direkte Prägung durch die Professoren jedenfalls, bei denen sie dann später arbeiteten, war in allen hier in Erwägung gezogenen Fällen eher gering, zumindest nie auf eine Art Schulbildung angelegt. Günter Dux zeichnet sich beispielsweise durch den im Vergleich zu den anderen Mitarbeitern von Luckmann spätesten Zugang zur Soziologie aus. Er kam 1965 auf Grathoffs Empfehlung nach Frankfurt zu Luckmann, nachdem er in Jura promoviert, am Oberlandesgericht in Mainz sein zweites Staatsexamen gemacht und auch schon einige Jahre als juristischer Assistent in Göttingen gearbeitet hatte. Schon in jener Zeit interessierte er sich für Staats- und Verfassungsrecht, was dann auch seine weitere Beschäftigung mit genuin soziologischen Fragestellungen initiierte.[20] Seine Anfangszeit in Frankfurt verbrachte er mit der Einarbeitung in die soziologische Theorie, da er als Quereinsteiger natürlich einiges aufzuholen hatte. Für ihn gab es damals praktisch keine Beeinflussung durch Luckmann; die jeweiligen Forschungsschwerpunkte lagen vielmehr verhältnismäßig weit auseinander. Die ersten Lehrveranstaltungen führte er, seinen eigenen Interessen entsprechend, zur Rechtssoziologie durch, „was Luckmanns Interesse durchaus war, aber womit er selbst nicht unmittelbar etwas zu tun hatte"[21]. Im Gegenteil: Dux betont in dem Interview, das wir mit ihm geführt haben, mehrmals die wissenschaftliche Differenz zu Luckmann. Gerade Luckmanns phänomenologischer Zugang stößt bei ihm damals wie heute prinzipiell auf eine gewisse Skepsis. Die Folge hiervon waren grundlegende Diskussionen zwischen beiden, die allerdings durch ein

---

[19] Vgl. das Interview mit Herbert Schnädelbach in diesem Band.
[20] Vgl. das Interview mit Günter Dux in diesem Band.
[21] Ebd.

persönliches Vertrauensverhältnis ermöglicht wurden und die Zusammenarbeit nicht weiter belastet haben. Es sind vor allem verschiedene Forschungsimpulse, die Dux von Luckmann erhalten hatte. Denn auch Dux hat sich umfassend mit der neueren Wissenssoziologie und der kognitiven Soziologie beschäftigt, und diese Entwicklung wurde durch den Einfluss von Luckmann eingeleitet. Besonders die zusammen mit Peter L. Berger verfasste Studie über *Die gesellschaftliche Konstruktion der Wirklichkeit* von Luckmann bezeichnet er als „Initialzündung, bei der man solch einen Zugang zur Kognition bekommen konnte, nämlich die Kognition als Konstrukt zu verstehen"[22].

Mit Luckmanns anderen Assistenten gab es in theoretischen Belangen ebenfalls zahlreiche Auseinandersetzungen, wenngleich hier die grundlegende wissenschaftliche Orientierung nicht allzu weit von seiner eigenen entfernt lag. Hansfried Kellner kannte Luckmann schon vor ihrer gemeinsamen Zeit an der *New School for Social Research*, wo Kellner auch einige Seminare bei ihm besucht hatte. Aber vor allem seine Kenntnisse in der Phänomenologie brachten ihn auch in wissenschaftlicher Hinsicht in Luckmanns Nähe. Er hatte bei Carl Mayer, Aron Gurwitsch und Werner Marx studiert und war in New York noch Assistent bei Helmuth Plessner gewesen, bei dem er ein Interesse für philosophische Anthropologie entwickelte.[23] In Detailfragen hingegen ging auch er nicht mit Luckmann konform: „Was Soziologie angeht, haben wir eigentlich eher rumgestritten, aber mit Lust. Das war ein sehr gutes, fruchtbares Verhältnis, also ich habe viel von ihm gelernt."[24] Während seines Studiums hatte Kellner vor allem bei den oben genannten Wissenschaftlern Seminare besucht. Und das Arbeitsverhältnis mit Luckmann entwickelte sich eher aufgrund ihrer persönlichen Freundschaft. Kellner war zunächst einer Einladung von Friedrich Tenbruck gefolgt und aus New York nach Frankfurt gekommen, wo er vorerst als Tenbrucks Assistent gearbeitet hatte. Erst nachdem beide merkten, dass sie „nicht so gut miteinander konnten"[25], kam Luckmann für ihn als verantwortlicher Professor in Betracht. Dieser hatte Kellner dazu überredet, in Frankfurt zu bleiben, so daß der Wechsel von Tenbruck zu Luckmann in einer sozialverträglichen Art und Weise zustande kam. Richard Grathoff hatte ebenfalls an der *New School for Social Research* studiert und viele Seminare bei Alfred Schütz besucht; er kam also ebenfalls aus der phänomenologischen Tradition der Soziologie und Sozialphilosophie.[26] Hier ist es Luckmann, der die inhaltlichen Differenzen hervorhebt. Mit Grathoff habe er sich „eigentlich

---

[22] Ebd.

[23] Carl Mayer war einer der Lehrer Luckmanns, bei dem er auch als Assistent arbeitete.

[24] Interview mit Hansfried Kellner, S. 409.

[25] Ebd.

[26] Vgl. hierzu das Interview mit Günter Dux. Alfred Schütz hat für den gesamten Luckmann-Kreis eine überaus zentrale Bedeutung. Er war ebenfalls Lehrer von Luckmann und hatte dessen Magisterarbeit betreut. Siehe diesbezüglich in diesem Band auch den entsprechenden Beitrag von Thorsten Benkel.

nie so gut verstanden. Ich habe seine Dissertation angenommen, aber später hielt ich verschiedenes von ihm eher konfus."[27]

Gemeinsame wissenschaftliche Herkunft und/oder ein gutes persönliches Verhältnis scheinen die groben Anhaltspunkte zu sein, mit denen man die Verbindung Luckmanns zu seinen Assistenten beschreiben kann. Es lässt sich aber nicht erkennen, dass der gesamte Lehrstuhl an einem gemeinsamen Forschungsprogramm gearbeitet hätte, dessen theoretischer Rahmen verbindlich gewesen und von Luckmann aufgestellt worden wäre. Die inhaltliche Auseinandersetzung mit Luckmann war für seine Assistenten zwar bezüglich ihrer weiteren wissenschaftlichen Arbeit hilfreich – allerdings nicht in dem Sinne, dass hier eine einseitige Orientierung an ihrem Professor stattgefunden hätte.

Hinsichtlich der Philosophischen Fakultät ergibt sich ein etwas anderes Bild. Auch Ulrich Oevermann war Quereinsteiger. Nachdem er Geschichte, Germanistik, Romanistik, Sprachwissenschaften, Ethnologie und Philosophie studiert hatte, kam er nach drei Semestern in Freiburg über Friedrich Tenbruck und Eduard Baumgarten zur Soziologie. Als wichtigste spätere Lehrer nannte er uns gegenüber Rainer Lepsius und Jürgen Habermas. Letzterer wurde in Heidelberg auf ihn aufmerksam, weil er eine „halbwegs ordentliche erfahrungswissenschaftlich-empirische Ausbildung" hatte und nahm ihn deshalb nach Frankfurt mit.[28] Oevermann war dort neben Claus Offe soziologischer Assistent von Habermas, während Albrecht Wellmer und Oskar Negt die philosophischen Assistenten von Habermas im Rahmen seines von Horkheimer übernommenen Doppellehrstuhls für Philosophie und Soziologie waren. Inhaltlich war Oevermann im Rahmen von Habermas' Professur vor allem für Familiensoziologie und Sozialisationstheorie sowie für die Methoden der empirischen Sozialforschung zuständig. Die Frage nach einem gemeinsamen Programm von ihm und Habermas beantwortete Oevermann folgendermaßen: „Programm…? Ich weiß nicht, ob wir ein gemeinsames Programm hatten. Habermas hatte sicher ein Programm, aber ich hatte kein Programm. Ich wollte anständig forschen, und mich hatte die Soziologie immer als Forschungsdisziplin interessiert."[29]

Die inhaltlichen Gemeinsamkeiten mit Habermas waren Oevermanns Aussagen zufolge eher gering; er hat an Habermas' Theorien „einiges auszusetzen, immer mehr eigentlich, damals auch schon."[30] Und trotzdem schien am Lehrstuhl von Habermas die Auswahl der Assistenten etwas enger mit dessen eigenen Forschungsschwerpunkten verknüpft gewesen zu sein. Die Inhalte der Veranstaltungen beispielsweise, die Oevermann leitete oder in denen er die „Seminarassistenz" wahrgenommen hatte, spielten für Habermas' eigene Studien später eine bedeutende Rolle. So bot

[27] Interview mit Thomas Luckmann, S. 362
[28] Vgl. in diesem Band das Interview mit Ulrich Oevermann, S. 370 f.
[29] Ebd., S. 371.
[30] Ebd., S. 370.

Habermas zu Beginn von Oevermanns Frankfurter Zeit ein Seminar über Sozialisationstheorie an, bei dem Oevermann die ersten beiden Sitzungen leiten musste, denn Habermas war zu diesem Zeitpunkt in den Vereinigten Staaten. Oevermanns Aufgabe war es, die Studierenden in die Sozialisationstheorie von Talcott Parsons einzuführen, deren Rezeption sich in Deutschland noch in den Anfängen befand und bei den Studierenden deshalb auf entsprechend große Schwierigkeiten stieß: Sie „verstanden nichts, die hatten nicht einmal Mead gelesen, das war unbekannt hier."[31] Es ist sehr wahrscheinlich, dass Oevermann über Tenbruck vermittelt mit diesen soziologischen Ansätzen vertraut war, da Tenbruck als einer der ersten die moderne amerikanische Soziologie in Deutschland ausführlich rezipiert hatte. Bei ihm lernte Oevermann 1961 auch die funktionalistische Rollentheorie kennen und er beschreibt ihn als denjenigen, der ihn wissenschaftlich sozialisiert hat. Habermas wollte ihn offensichtlich in seinem Umfeld, weil er diese Kenntnisse bereits besaß und weil dieser bereits über diverse Kenntnisse in den neueren Methoden der empirischen Sozialforschung verfügte.

Zusammenfassend sind vor allem zwei Dinge festzuhalten: In den hier untersuchten Fällen nahmen die Assistenten erst nach ihrer primären wissenschaftlichen Sozialisation zu jenen Professoren Kontakt auf, bei denen sie später gearbeitet und mit denen sie bestehende theoretische Differenzen auch während der gemeinsamen Arbeit offen ausgetragen haben. Die Vermutung, eine institutionell allein von Ordinarien geführte Universität könnte einen erhöhten Anpassungsdruck auf die Assistenten zur Folge gehabt haben, lässt sich bezüglich der hier untersuchten beiden Lehrstühle und ihrer Assistenten in dieser Form nicht bestätigen. Die Gründe hierfür liegen zum einen an den Fach- oder Universitätswechseln, die alle Assistenten vollzogen, so dass sie mit einer Vielzahl von wissenschaftlichen Ansätzen vertraut wurden und schon auf diese Weise keiner nur einseitigen Prägung ausgesetzt waren. Zum anderen waren inhaltliche Gemeinsamkeiten auch für die Professoren selbst offensichtlich kein allzu großes Hindernis für eine Zusammenarbeit. Auf einen dritten Grund macht Herbert Schnädelbach aufmerksam, der einen Generationenwechsel bei den Assistenten der sechziger Jahre konstatiert hat: Philosophie und Soziologie waren ihm zufolge nämlich lange Zeit „personengebundene Bedeutungsdisziplinen", die durch bestimmte Ordinarien repräsentiert wurden. Diese Begleiterscheinung des Fachvertreterprinzips, durch dessen Hilfe Studierende, gebunden an einen bestimmten Wissenschaftler, in ihr Fach eingeführt wurden, hatte spätestens gegen Ende der sechziger Jahre jedoch Risse bekommen. So habe man zwar noch „von Schulen gesprochen, aber dieses Reden von Schule ist dann Ende der 60er Jahre auch schon zu Ende gegangen." Wenn man etwa als

---

[31] Ebd., S. 391.

Mitarbeiter auf Tagungen ging, traf man „die jüngeren Assistenten der angeblichen Todfeinde, mit denen konnte man sich fantastisch unterhalten."[32]

Auch zu einer übermäßigen Einbeziehung der Assistenten in die funktionalen Abläufe der Institute scheint es an den beiden Lehrstühlen nie gekommen zu sein. In Westdeutschland wurde dieses Problem allerdings schon seit den fünfziger Jahren diskutiert. Zu dieser Zeit meinte man einen Wandel in der Ausrichtung der Assistentenstelle wahrnehmen zu können, die ursprünglich als Qualifikationsstelle gedacht waren, aber in vielen Fällen, da den Assistenten eine Reihe von Verwaltungsaufgaben übertragen wurden, zu einer reinen Funktionsstelle verkamen. Auf der Hochschullehrertagung in Bad Honnef von 1955 kam dieses Problem offen zur Sprache. Für viele angehende Wissenschaftler, die an einer weitergehenden Qualifikation interessiert waren, verloren die Assistentenstellen an Attraktivität und sie beantragten statt dessen entsprechende Habilitationsstipendien. So berichtet von Medem auf dieser Tagung: „Die Gründe hierfür liegen zum Teil sicher darin, daß der wissenschaftliche Assistent heute weniger Wissenschaftler in eigener Funktion als Träger einer speziellen Aufgabe im Instituts- und Lehrbetrieb [...] ist, so daß der nach Habilitation strebende oft gar nicht erwünscht sein mag, die Habilitation in der Regel jedenfalls durch die normalen Dienstaufgaben behindert wird."[33] Hansfried Kellner und Herbert Schnädelbach teilten uns zwar ebenfalls mit, solche Habilitationsstipendien in Anspruch genommen haben. Im Fall von Schnädelbach war dies aber kein Resultat einer Überlastung oder gar Funktionalisierung durch seinen Professor, sondern die schlichte Tatsache, dass Adorno ihm keine Assistentenstelle anbieten konnte, wodurch das Stipendium für ihn ein sehr attraktive Option wurde. Hansfried Kellner gab uns gegenüber dagegen keine Auskunft darüber, wieso er seine Stelle bei Luckmann niedergelegt hatte und ein entsprechendes Stipendium wahrnahm.

Günter Dux hatten wir dagegen direkt auf das Problem seiner möglichen Funktionalisierung durch Luckmann direkt angesprochen. Er ist diesbezüglich der Auffassung, dass Luckmann seine diversen Assistentenstellen als Funktionsstellen hätte definieren müssen. Aber das sei „nie eine Frage" gewesen, denn er verlangte von seinen Assistenten nicht, dass sie ihm zuarbeiten; und er sei auch insgesamt „kein Ordinarius im alten Sinne" gewesen. Die einzige Verpflichtung seiner Assistenten bestand in der Durchführung von Lehrveranstaltungen, die allerdings gering gehalten werden konnte, weil es an der Wirtschafts- und Sozialwissenschaftlichen Fakultät damals bereits ein großes Lehrangebot gab. Außerdem war das persönliche Verhältnis zu seinen Assistenten nach Einschätzung aller interviewten Mitarbeiter des Lehrstuhls von Luckmann immer so eng gewesen,

---

[32] Vgl. das Interview mit Herbert Schnädelbach, S. 451.
[33] Zitiert nach Klaus Dieter Bock, Strukturgeschichte der Assistentur. Personalgefüge, Wert- und Zielvorstellungen in der deutschen Universität des 19. und 20. Jahrhunderts, Düsseldorf 1972, S. 196.

dass er sie eigenständig arbeiten und auch forschen ließ. Es war unstrittig, dass sich die Assistenten weiter qualifizieren wollten und am wissenschaftlichen Arbeiten interessiert waren.[34] Zwischen der direkten Zuordnung und dem eigenständigem Forschen scheint es an diesem Lehrstuhl keinen Widerspruch gegeben zu haben.

Oevermann geht sogar noch einen Schritt weiter und sieht in der Ordinarienuniversität alten Typs mit ihrer persönlichen Zuordnung für die wissenschaftlichen Assistenten überhaupt erst die Möglichkeit zum eigenständigen Forschen gegeben. Er begreift die Funktion der persönlichen Zuordnung eines Assistenten zu einem für ihn verantwortlichen Professor darin, dass man „bis zur Habilitation durch den Lehrstuhlinhaber geschützt war". Dadurch war sicher gestellt, dass man „in Ruhe – und ohne nach Karrieremöglichkeiten schielen zu müssen –, forschen" konnte oder „Querdenkerei betreiben". Gerade durch diese Schutzfunktion der Professoren wurde eine „professionalisierte Wissenschaft" erst ermöglicht, weshalb für Oevermann die Beseitigung der Ordinarienuniversität nicht nur als „eine Reform und ein Gewinn, sondern auch ein Verlust" darstellt.[35] Oevermann spricht damit die Verantwortungsproblematik an, die im folgenden Abschnitt ausblicksartig angesprochen wird.

Ausblick: Die Reformphase zur Zeit der Gründung der Fachbereiche

Mit der Gründung der Fachbereiche an der Universität Frankfurt wurde die direkte Zuordnung der Assistenten zu ihren Professoren aufgehoben. Der Reform vorausgegangen waren lange Debatten um die paritätische Beteiligung der Hochschulmitglieder: und zwar um die Frage, welche Fächer zu einem Fachbereich zusammengeschlossen werden sollten und ob die Lehrerausbildung in den Fachbereich Gesellschaftswissenschaften integriert werden sollte.[36] Die Hochschulreform wird von allen Interviewten rückblickend zwar nach wie vor prinzipiell positiv bewertet, in ihrer konkreten Durchführung allerdings heftig kritisiert. Ein erster wichtiger Streitpunkt sind die im Zuge der Reformen vorgenommenen automatischen Überleitungen von Assistenten in Professorenstellen. Ehemalige Assistenten hatten auf einmal die Möglichkeit, eine Professur zu bekommen, ohne sich bereits habilitiert zu haben. Begründet wurden diese in der Folgezeit nicht nur in Hessen heftig umstrittenen Überleitungen damit, dass man weitläufig neue Lehrstühle einrichten und den ehemaligen Assistenten mehr Eigenständigkeit in Forschung und Lehre zusichern wollte. Die Kritik an dieser Praxis richtet sich auf

---

[34] Vgl. das Interview mit Günter Dux.

[35] Vgl. das Interview mit Ulrich Oevermann, S. 389.

[36] Insbesondere Ludwig von Friedeburg, Ulrich Oevermann und Herbert Schnädelbach sind in den Interviews, die wir mit ihnen geführt haben, ausführlich auf diese Auseinandersetzungen eingegangen.

zweierlei: Erstens wird den reformbefürwortenden Assistenten vorgeworfen, in diesem Zusammenhang eigene Karriereinteressen verfolgt und den Anspruch der Universität Frankfurt als einer exzellenten akademischen Anstalt vernachlässigt zu haben.[37] Zweitens wird in manchen Interviews mehr oder weniger die fachliche Eignung der übergeleiteten Assistenten offen bezweifelt.[38]

Die Auflösung der Fakultäten und die Gründung der Fachbereiche wurden dagegen befürwortend angenommen. Schon die Bemühungen um die 1966 erfolgten Einrichtung einer gemeinsame Diplomprüfungsordnung für Soziologie an der Philosophische Fakultät und an der Wirtschafts- und Sozialwissenschaftlichen Fakultät bezeugen den Willen, in Bezug auf die Ausbildung von Soziologinnen und Soziologen an der Universität Frankfurt bereits in den sechziger Jahren zumindest bezüglich der Studienorganisation eine fachspezifische Form durchzusetzen. Thomas Luckmann kannte zum Beispiel die Form der fachbezogenen Selbstverwaltung bereits von den amerikanischen Departments für Soziologie und sieht auch heute noch ihre Stärke in der Einbeziehung des Kollegiums in die Entscheidungen des jeweiligen Lehrstuhls.[39] Allerdings wurde mit dieser Umstrukturierung ein Problem deutlich, das bestimmte Hoffnungen, die man mit der Universitätsreform verband, zwiespältig erscheinen ließ. Innerhalb der Fachbereiche waren die einzelnen Interessensgruppen weiterhin nach Statusgruppen sortiert, was für lange Zeit eine effektive Fachbereichspolitik verhindert hatte. Wilhelm Schumm, der 1969 seine Dissertation zur *Kritik der Hochschulreform* veröffentlicht hatte, berichtet hierzu aus seiner Zeit als Dekan: „Man muss sagen, es gab – gut, ich bin vielleicht zu sehr ein Mensch des Kompromisses – es war nicht möglich, eine verlässliche Gruppierung während eines Semesters im Fachbereichsrat zusammen zu holen. […] Die Meinungen lagen sehr weit auseinander."[40] Diese Interessensproblematik wird in den einzelnen Interviews, die wir geführt haben, ausführlich diskutiert und gibt einen Einblick in die Schwierigkeiten, die mit statusgebundenen Form der paritätischen Mitbestimmung zusammenhingen. Wenn Thomas Luckmann beispielsweise sagt: „Die Drittelparität war keine Demokratie. Aber es wurde als Demokratie verstanden. Es sollte ja ein Ständestaat werden. Und dann hat sich der Mittelbau – es ist schon richtig, Mittelbau heißt es, aber mein Versprecher war eigentlich gar nicht so falsch: es war der Mittelstand, der sich als ständische Interessensgruppe entwickelt hat"[41], dann spricht er damit ein Problem an, das man auch aus der Perspektive eines Befürworters dieser Reformen sehen kann.

---

[37] Diesen Standpunkt vertritt Ulrich Oevermann.
[38] Diesen Standpunkt vertreten zum Beispiel Hansfried Kellner und Walter Rüegg.
[39] Vgl. in diesem Band das Interview mit Thomas Luckmann.
[40] Dieses Zitat ist dem Interview entnommen, das wir am 23. November 2007 mit Wilhelm Schumm geführt haben und das hier aus Platzgründen nicht zum Abdruck gebracht worden ist.
[41] Vgl. das Interview mit Thomas Luckmann, S. 359.

Die paritätische Beteiligung war schon ihrer Idee nach nicht unproblematisch. Zwar wurde allen Statusgruppen die Mitsprache zugesichert, allerdings immer nur als Statusgruppe. Genau aus diesem Grund spricht Luckmann vom Ständestaat und von ständischen Interessen. Auch die Wahl der Repräsentanten wurde nach Statusgruppen durchgeführt,[42] wodurch die hochschulpolitischen Interessen der Einzelnen zugunsten der Interessen von Statusgruppen zurückgedrängt wurden. Die Studierenden wählten ihre Vertreter, die Assistenten die Assistentenvertreter usw. Eine umfassende Demokratisierung hätte eine Interessenspolitik auch gemäß den tatsächlichen Interessen und nicht nur nach der statischen Zugehörigkeit zu einer Gruppe zum Zuge kommen lassen können.

Mit der neuen Form der kollegialen Selbstverwaltung der Fachbereiche wurde außerdem die Verantwortungsfrage virulent. An der Ordinarienuniversität waren die Professoren für ihre Assistenten, aber auch für die hochschulpolitischen Entscheidungen unmittelbar verantwortlich. Oevermanns Aussage über die Schutzfunktion der Professoren macht dies bezüglich des Professor-Assistent-Verhältnisses deutlich. Nun, nach der Gründung der Fachbereiche wurden aber auch die politischen Entscheidungsprozesse verrechtlicht und die alten Zuständigkeiten aufgelöst. Es wurde, Rüegg zufolge, die ganze bisherige Struktur verändert, derzufolge die Universität durch die Professoren geleitet wurde, während man die anderen Statusgruppen an der Leitung allenfalls „beteiligte". Diese Form der direkten Verwaltung wurde durch repräsentative Verfahren abgelöst, indem die jeweiligen Statusgruppen ihre jeweiligen „Vertreter" ernannten und in die hochschulpolitischen Organe entsandten. Rüegg sieht genau darin ein großes Problem, „dass heute die Professoren nicht mehr für das verantwortlich sind für das, was an der Universität geschieht, sondern nur durch ihre Vertreter."[43] Wilhelm Schumm sieht bezüglich seiner Erfahrung als Dekan des Fachbereichs Gesellschaftswissenschaften rückwirkend dennoch etwas Positives: „Der Vorwurf, dass die Arbeit sehr aufwendig gewesen ist und zum Teil auch unproduktiv, der ist sicher berechtigt, aber wir waren ausgegangen von einer Kritik an dem Ordinarienmodell, wo im Grunde durch Gespräche zwischen den Ordinarien oder durch Telefonate die meisten Dinge entschieden werden konnten. Und das war jetzt eine andere Situation und das war neu. Und ist ja dann auch relativ schnell kanalisiert worden, indem bestimmte Regeln, die es zunächst nicht gab, eingezogen wurden, um das Ganze effektiver zu machen."[44]

---

[42] Vgl. Keller, Hochschulreform und Hochschulrevolte, S. 161 f.
[43] Vgl. das Interview mit Walter Rüegg, S. 297.
[44] Dieses Zitat entstammt dem bereits erwähnten Interview mit Wilhelm Schumm.

Fazit

Prüft man die Aussagen der betroffenen Akteure, so lassen sich einige Widersprüche zu dem feststellen, was sich aus einer strukturellen Beschreibung der damaligen Hochschulorganisation ergibt. Die institutionelle Abhängigkeit der Assistenten, die durch die persönliche Zuordnung zu den Professoren bis Ende der sechziger Jahre bestand, lässt als solche noch keine Schlüsse zu, mit denen man das reale Verhältnis dieser beiden Gruppen zueinander charakterisieren könnte. Gerade mit Blick auf das eigenständige wissenschaftliche Arbeiten belegen die Interviews einen sehr großen Spielraum, der den Assistenten zur Verfügung stand, der ihnen aber auch nur von den für sie verantwortlichen Professoren zugestanden werden konnte. Das schließt zwar nicht grundsätzlich eine wissenschaftliche Orientierung an den Professoren aus, denen man formalrechtlich zugeordnet war. Allerdings ist sie in keinem der hier versammelten Fälle einseitig gewesen. Ob es sich bei den Lehrstühlen von Jürgen Habermas und Thomas Luckmann dabei um Ausnahmen handelt, wäre in weiteren Untersuchungen zu überprüfen. Sie wurden von unseren Interviewpartnern beide als Professoren charakterisiert, die sich nicht wie klassische deutsche Ordinarien verhielten. Dies bedeutet, dass es an anderen Lehrstühlen auch ganz anders ausgesehen haben könnte. Gerade die sich widersprechenden Aussagen über die diesbezügliche Position von Friedrich Tenbruck legen einen solchen Verdacht nahe.

Die Reformphase wurde von den Akteuren und Zeitzeugen, die wir interviewt haben, als widersprüchlich beschrieben. Zwar hielten alle die Universität für reformbedürftig. Allerdings gibt es keine weiteren Äußerungen bezüglich der Gründe für diese Reformbedürftigkeit, da die Kritik der Reformen im Vordergrund steht. Drei zentrale Kritikpunkte werden genannt: Mit Blick auf die Assistenten sind es die unterstellten Eigeninteressen, die die Interessen der Universität in den Hintergrund drängten. Außerdem wird die Verantwortungsproblematik betont, die sich nach den Reformen stellte, weil im Prinzip kein Verantwortlicher mehr auszumachen war. Und schließlich wird die neue Verwaltungsstruktur hervorgehoben, die eine effektive Fachbereichspolitik erschwerte. Um über die Reformphase hinaus etwas über die neue Stellung der Assistenten an den Fachbereichen zu erfahren, müssten Assistenten aus den siebziger Jahren befragt werden, um deren Perspektive einzubeziehen und das hier gezeichnete Bild weiter zu differenzieren.

Teil 2

Interviews und autobiographische Erinnerungen

Ein unvollendetes Lehrstück:
Meine Verhandlungen mit drei Frankfurter Schulen

David Kettler

In einem von Siegfried Kracauer, dem vielleicht größten Autor der alten *Frankfurter Zeitung,* im Exil geschriebenen und erst posthum veröffentlichten Buch lesen wir: „Die antiken Historiker stellten ihren Werken eine kurze autobiographische Stellungnahme voran – als ob sie den Leser umgehend über ihre Position in Zeit und Gesellschaft aufklären wollten, dieser archimedische Punkt, von dem sie anschließend aufbrechen würden, die Geschichte zu durchstreifen."[1] Ich bin natürlich versucht, Kracauer deshalb als Schutzengel für die folgenden Exerzitien in Anspruch zu nehmen, weil er sowohl mit Max Horkheimer als auch mit Karl Mannheim, die hier beide wichtige Rollen spielen werden, in Korrespondenz stand. Doch ich fahre auch fort unter dem warnenden Signal, das Robert D. Cumming aufgestellt hat, der in brillanter Weise John Stuart Mills seltsam verstellte „Autobiographie" als eine warnende Lektion für den Missbrauch der „Ideengeschichte" benutzte, im Besonderen, um ungelöste philosophische Probleme zu verschleiern.[2] Demgemäß steht das Folgende weniger im Geiste klassischer Historiker, als in dem eines ewigen und andauernd hoffnungsvollen Studenten.

Da ich im Titel von „Verhandlungen" spreche, ist bereits klar, dass ich kein getreuer Schüler der berühmtesten der Frankfurter Schulen bin, obwohl auch sie mir wichtig waren. Das Verhandeln und der Kompromiss waren dem Kreis um Horkheimer und Adorno zutiefst zuwider. Es waren eher Karl Mannheim und Hugo Sinzheimer, meine beiden anderen Frankfurter Lehrer, für die „Verhandlungen" und „Kompromiss" keine Fremdwörter waren. Ein favorisierter Begriff Mannheims war der Begriff der „Synthese", die stets zu erneuernde Zusammenschau jeweils vorhandener partikularer Einsichten. Und auch Hugo Sinzheimer, der Theoretiker des kollektiven Tarifrechts, beschäftigte sich immer wieder in grundsätzlicher Weise mit Zusammenschau und Ausgleichen. Mein eigentlicher Lehrer, Franz Neumann, hat mir, vielleicht sogar ungewollt, alle drei Richtungen nahe gebracht. Obwohl ich nur verhältnismäßig kurze Zeit in Frankfurt verbracht habe – im Ganzen etwa

---

[1] Siegfried Kracauer, History. The Last Things Before the Last, New York/Oxford 1961. Für die Zitate und andere Anregungen bin ich meinem Freund Jerry Zaslove dankbar; ihm widme ich diese Arbeit.
[2] Robert Denoon Cumming, Human Nature and History, Chicago 1969; vgl. David Kettler, Robert Dennon Cumming (1916–2004), in: Political Theory 33: 2 (2005), S. 154–157.

anderthalb Jahre –, könnte man deshalb ruhig sagen, dass ich nie aufgehört habe, mich mit Frankfurter Gedanken zu beschäftigen.

Aber das Ganze beginnt in Leipzig, wo ich am 1. Juli 1930 geboren wurde. Mein Vater kam 1908 im Alter von 3 Jahren aus Kherson in Russland nach Deutschland, meine Mutter im Alter von 12 Jahren 1914 aus Brody im Habsburger Teil Polens. Sie waren Ostjuden mit nicht mehr als der allgemeinsten Bildung. Sie haben sich aber als junge Leute in der Welt der Stehplätze in der Oper akkulturiert. Das gepfiffene Signal an Mutter, wenn der Vater nach Hause kam und unten den einzigen Schlüssel herbeirufen wollte, war eine Melodie aus „Mignon". Die Eltern meiner Mutter waren orthodox und lebten zurückgezogen, aber ihre Brüder waren weltlich ausgerichtete und ziemlich erfolgreiche Geschäftsmänner. Sie lernte meinen Vater im Bar-Kochba Sportverein kennen, dessen Besuch sie sich erkämpft hatte, und heiratete trotz der Widerstände in der Familie den etwas jüngeren, mittellosen Sohn eines gänzlich säkularisierten und russisch ausgerichteten Haushalts. Anstatt einer großen Hochzeit bekamen sie etwas mehr Geld und wurden ganz privat von einem Rabbi in der damaligen Tschechoslowakei getraut. Bis zur Zwangsübergabe der Geschäfte an arische Treuhänder arbeitete mein Vater als schlecht bezahlter Angestellter im Geschäft meiner Onkel; meine Eltern aber versuchten uns im Sinne der deutsch-jüdischen Mittelklasse zu bilden. Also gingen mein etwas älterer Bruder und ich in die Höhere Jüdische Schule, geleitet von einem Ehepaar aus der berühmten rabbinischen Carlebach-Familie, bis es diese Schule am 10. November 1938 nicht mehr geben konnte. Laut Auskunft meines Cousin Heinz, der als ein Überlebender von sieben Jahren Konzentrationslager im Alter zwischen mir und meinem Vater lag, war mein Vater politisch links orientiert und las gierig allerlei Reiseberichte über die Sowjetunion. Ich selbst kann darüber nichts aussagen, denn er starb am 30. April 1940 vier Wochen nach unserer Ankunft in den USA im Alter von 35 Jahren, als ich gerade erst meinem 10. Geburtstag entgegenging.

Meine Mutter arbeitete in den ersten vier Jahren in einer Fabrik und wir waren abhängig von entfernten Verwandten für gelegentliche Ausflüge in das Amerika der Mittelklasse, hauptsächlich in der Form von langweiligen Autofahrten ins Grüne, zusammengequetscht in dem überfüllten Wagen. Obwohl meine Mutter Teil einer kleinen Gruppe deutschsprachiger Flüchtlinge war, die vom wohltätigen Chef einer Büstenhalterfabrik billig bezahlte Arbeit erhielten, hörten wir fast sofort auf, zu Hause deutsch zu sprechen. In der zum größten Teil aus der Arbeiterklasse bestehenden Schule, die ich besuchte, gab es keine deutschsprachigen und nur wenige jüdische Schüler. 1944 heiratete meine Mutter einen verwitweten Ladenbesitzer, einen ungebildeten jüdisch-russischen Emigranten – ein Abkommen, in dem Haushalts- und ähnliche Frauendienste gegen einen etwas sichereren Lebensstandard ausgetauscht wurden – „zum Besten der Kinder". Meine Jugend war zwar ein ziemlich einsames Ringen. Doch ich schaffte es, die Highschool ohne irgendwelche Bildung zu beenden, aber mit Noten, die gut genug waren, um am

Columbia College aufgenommen zu werden und mit genügenden Ersparnissen aus meinen Sommerjobs die Gebühren für das erste Semester bezahlen zu können. Das einzig Herausragende am Ende der Highschool, das ich vorweisen konnte, war ein ungewöhnliches Vokabular, das ich mir wohl durch die Leihbücherei angeeignet hatte, von der ich bis zu fünf „*Bestseller*" die Woche auslieh, wobei ich während der Schulstunden die Lehrer, immer mit einem aufgeschlagenen Roman vor mir, zur Weißglut brachte. Obwohl ich mir von irgend woher eine links-liberale politische Meinung angeeignet hatte, die meine patriotischen Lehrer kränkte, und mit meinen zwei einzigen Freunden etwas Freud gelesen hatte, um ungebetene Einsichten in die Träume und Versprecher unschuldiger Mitschüler zu bekommen, kann ich mit Sicherheit behaupten, dass alles, was ich im College erfuhr, neu für mich war. Ich war ein eifriger, dankbarer Student.

Zu dieser Zeit musste man im Columbia College noch kein eigenes Hauptfach belegen, solange man Scheine in fortgeschrittenen Kursen belegte; also belegte ich Kurse in Philosophie, Ökonomie, Politikwissenschaften und Geschichte. Meine Abschlussarbeit schrieb ich über die „Die deutsche Ideologie" von Marx. Ich hatte nicht viel darüber zu sagen, da ich gewillt war, an alles zu glauben, aber ich hatte schon ein paar Zweifel. Obwohl der Aufsatz nie richtig fertig wurde, bekam ich von einem wohlgesinnten Lehrer die erwünschte Auszeichnung. Bis dahin war ich eines von bloß sechs Mitgliedern einer hinfälligen linken Studentenorganisation, deren andere fünf Mitglieder die Zelle der kommunistischen Partei bildete und die im Voraus Beschlüsse trafen, in denen die Linie der Partei festgelegt wurde. Ich war der einzige Fang dieser armseligen Angler. Wir demonstrierten sowohl gegen den Koreakrieg als auch gegen die Verleihung der Ehrendoktorwürde an einen rechten Diktator. Unser größter Beitrag war eine verhältnismäßig seriöse Serie über die Geschichte der Schwarzafrikaner, ein Thema, das damals bis auf die ethnischen Zeitungen und den demoralisierten Rest linker Gruppierungen wenig Beachtung fand. Es war meine Überzeugung, dass meine Beziehungen zu den Kommunisten rein taktische Gründe hatten, dass ich sie für meine eigenen Zwecke benutzte und dass diese opportunistische Verbindung mich nicht verpflichtete, alles zu glauben, was sie besonders über die Sowjetunion und ihre Verbündeten behaupteten. Dennoch brachte mich meine Kooperation mit ihnen dazu, Berichte über die kommunistischen Missetaten so klein zu halten, wie es meine Beziehungen zu ihnen erforderte.

Während meines Bachelor-Studiums war mein Wissenschaftsverständnis ziemlich passiv. Ich war ein „guter Student", der bereit war, die verschiedenen Spiele mitzuspielen, die meine Professoren vorgaben, und der dennoch die Hoffnung hegte, dass diese mir auch helfen würden, mit meinen eher politischen Projekten voranzukommen. Irgendwie müssen aber auch die Familiengerüchte der ersehnten Bildungskultur nachgewirkt haben, obwohl weder meine Mutter noch mein Brüder viel Verständnis für mein wirtschaftlich unergiebiges Studium aufbringen konnten: ich sollte tagsüber arbeiten und Abendklassen besuchen, wie mein Bruder es getan hat. Aber ich habe das nötige Geld aufgetrieben und meinen eigenen Weg verfolgt. Meine Durchschnittsnote war „A minus", was zum Ausdruck bringen sollte, dass ich die Arbeit hinter mich gebracht hatte, ohne irgendwelche neuen Entdeckungen gemacht zu haben. Nach einem Kurs über die Geschichte des politischen Denkens bei einem jungen Kanadier, der das Programm Franz Neumanns verfolgte, wusste ich, dass ich diese Studien irgendwie fortsetzen wollte. Da ich aber überhaupt keine Vorstellungen von einer akademischen Karriere hatte, hatte ich auch keine Ahnung, wie dies geschehen sollte. Einige liberale Professoren mit einem Hang zum amerikanischen Pragmatismus brachten mir etwas von ihrem anti-dogmatischen Skeptizismus bei, der mich z. B. dazu brachte, trotz meines politischen Glaubens Karl Mannheims Theorie der Ideologie derjenigen Nikolai Bukharins vorzuziehen. Meistens habe ich einfach sehr sorgfältig gelernt, was mir aufgegeben wurde. Jedoch blieb mir sowieso wenig Zeit für intellektuelle Abenteuer, da ich täglich über acht Stunden als einziger Angestellter (und ab und zu als Lehrer) in einer kommerziellen High School für Erwachsene gearbeitet habe, die auf die Schulungsstipendien der nachholbedürftigen Veteranen des Zweiten Weltkriegs und des Koreakonfliktes ausgerichtet war. Ein offensichtliches Ergebnis dieser Art von Studentenjahren war, dass ich mir zwar einiges Selbstvertrauen und manchen Lehrstoff angeeignet hatte, dafür aber auch nie wirklich in der studentische Kultur heimisch geworden war. Ich kannte fast niemand, nachdem meine politische Verbindungen sich unbemerkt aufgelöst hatten.

Mein Übergang in die nächst höhere Studienphase an der *Columbia Universität* geschah wie von selbst. Mein Job in der kommerziellen Schule war gesichert; es gab nie einen Zweifel daran, dass ich zu der politikwissenschaftlichen Fakultät zugelassen werden würde; und es fand sich ein Stipendium, um die Ausgaben zu decken. Es war genauso natürlich, dass ich ein Student von Franz L. Neumann werden würde, den ich allerdings noch nie gesehen hatte, bis ich in meinem letzten Sommersemester als „Under-Graduate" an seiner großen Vorlesung über Demokratie und Diktatur teilnahm. Wenn ich mich nicht irre, war der andere Kurs, den ich in diesem Sommersemester besucht hatte, der von Karl Polanyi. Es fing an, ernst zu werden. Nun, nachdem mir Georg Lukács in einem Seminar vorgestellt wurde, in dem auch Karl Mannheim und Karl Popper behandelt wurden, war ich nicht mehr auf mechanistische Deutungen des Marxismus angewiesen. Man könnte fasst sagen, dass ich mich jetzt – dank Neumann, Polanyi und etwas später Marcuse und einigen anderen – zur antifaschistischen Emigration bekannt habe. So machte ich mich in meinem Habitus zu einem unzeitgemäßen Mitglied einer Generation, deren tatsächliche Mitglieder etwa dreißig Jahre älter waren als ich. Sogar mein politisches Selbstverständnis ähnelte dem der „Volksfront," die schon zu Zeiten des Hitler-Stalin Paktes nicht einmal mehr als Hoffnung existierte. Besonders auf

emotionaler Ebene ging meine Emanzipation von dieser moralisch widersprüch-
lichen politischen *Unzeitmäßigkeit* nur schrittweise und stockend vonstatten.
Zusätzlich zu meinen Seminaren bei Neumann und den Vorlesungen von
Robert K. Merton und Seymour Martin Lipset, zu der Zeit große Namen der
amerikanischen Soziologie, hörte ich ein Seminar von Herbert Marcuse mit dem
bezeichnenden Titel „Die Theorie des sozialen Wandels" (in Opposition zu einem
Seminar im selben Fachbereich mit dem Titel „Theorien des sozialen Wandels").
Meine Magisterarbeit über „Platon und das Problem des sozialen Wandels", eine
Kritik an Poppers „Open Society", entstand als Arbeit für Neumanns Seminar,
entfaltete aber die Formulierung des Problems aus Marcuses Seminar. Es war
übrigens meine zweite Wahl eines Themas, nachdem ein älterer Professor mir
dringend davon abgeraten hatte, eine Seminararbeit über „Das politische Delikt als
unterirdischer Begriff im amerikanischen Recht" als Magisterarbeit einzureichen.
Mir gut gesinnt, befürchtete er, dass dieses Projekt mich auch in Universitäts-
kreisen auf eine schwarze Liste bringen konnte. Das Beängstigende war damals
keineswegs auf McCarthy beschränkt. Seltsamerweise wiederholte sich der Rat,
mehr auf Platon als auf politisch provokative Themen zu achten, im Jahr 1970, als
ein Fachbereichsleiter mir dabei helfen wollte, einer politischen Diskriminierung
an seiner Universität zu entgehen. Aber das ist eine andere, nicht außerordentlich
interessante Geschichte, mit einem *„Happy End"* in Kanada.

Sowohl Neumann als auch Marcuse hatten den Essay über Platon gelesen und
anerkannt. Meine These war, dass Platon, weit davon entfernt, im Popperschen
Sinne mit Historizismus belastet zu sein, jegliche Theorie sozialer oder politischer
Veränderung fehlte. Die Konfrontation mit Popper setzte sich in meiner Dissertation
fort, die als grandiose Kritik historischer Theorien von Plato bis Marx begann und
als knappe Studie zu Adam Ferguson endete, dem ursprünglich nur ein Kapitel
gewidmet sein sollte. Ich suchte Wege, um den Gebrauch der Geschichte nach der
Art undogmatischer Marxisten in der Konstruktion sozialer Theorien zu verstehen,
ohne der logischen Kritik zu unterliegen, die ich Popper einräumte. Philosophisch
war ich dabei großenteils und vielleicht zum Glück auf mich selbst angewiesen.
Weder Neumann noch Marcuse lenkten die studentische Aufmerksamkeit auf die
philosophischen Schriften Adornos und Horkheimers. Im Seminar Neumanns
wurden wir mit den politischen und geschichtsphilosophischen Schriften von Hegel
und Marx bekannt gemacht. Aber dies geschah in gleicher Weise wie die Behandlung anderer politischer Theoretiker, indem es von uns auch nicht verlangt wurde,
die philosophischen Strukturen ihrer Behauptungen zu reflektieren. Sie wurden
vielmehr unterschiedslos „Theorien" oder „Ideologien" genannt und durchgehend
daraufhin geprüft, wie viel sie zur „Entfaltung menschlicher Freiheit" beizutragen
hatten – ein Maßstab, den Neumann als selbstverständlich betrachtete.

Meine Arbeit über Ferguson prüfte konsequent eine Methode, um philosophische Themen im technischen Sinne zu umgehen und führte (allerdings erst nach

fünf Jahren, nach dem frühen Tod von Franz Neumann und Marcuses Abschied von Columbia) zu einer Konzeption der Moralphilosophie des 18. Jahrhunderts als einem von überschaubaren Spannungen durchzogener Orientierungsversuch moderner Intellektueller. Es handelte sich dabei also um eine Studie, die am Ende mehr Karl Mannheim verpflichtet war und weniger der Kritischen Theorie der Frankfurter Schule, an der sich Neumann bestimmt auf seine Weise orientiert hatte. Trotz der ungewöhnlichen soziologischen Herangehensweise, die eigentlich nur von ein paar skeptischen Mitgliedern der Prüfungskommission bemerkt wurde, blieb das Buch in dem zugegebenermaßen kleinen Feld ein Standardwerk und wurde kürzlich neu aufgelegt.[3]

Als 1960 meine Dissertation angenommen wurde, war ich bereits fünf Jahre lang Mitglied im Fachbereich Politikwissenschaften an der *Ohio State University*. Ich verdankte diese Stellung einem überraschenden Interesse für politische Theorie, das von der *Rockefeller Foundation* in den frühen 50er Jahren geweckt wurde, sowie der Offenheit eines weltklugen Politologen, der vor kurzem aus dem Kriegsdienst in Washington zurückgekehrt war und nicht nur als Fachbereichsleiter des ehrgeizigen Programms der Ohio State Universität, sondern auch als leitender Redakteur der für die Politologie maßgeblichen Zeitschrift ausgewählt worden war. Sogar die Einstellung eines Anfängers wie mich, der sich auf dem denkbar niedrigsten Posten befand, musste 1955 noch erkämpft werden, da es Beschwerden darüber gab, dass erstens dem Fachbereich schon drei jüdische Lehrer angehörten, und dass zweitens ein Programm im amerikanischen Kernland nicht von Ostküstlern überschwemmt werden sollte. Es gab dann einen Kompromiss, und ein anderer junger Doktorand, der dieses Mal nicht jüdischer Abstammung war und dazu auch noch aus Wisconsin kam, wurde gleichzeitig auf eine neue Stelle berufen.

Der Vorsitzende des Fachbereichs tolerierte auch die zögerliche Entwicklung meiner Dissertation nicht zuletzt deshalb, weil er mich schnell als seinen Assistenten bei der Herausgabe der *American Political Science Review* einstellte. Es handelte sich hierbei um eine Position, die ich fünf Jahre lang behielt und die mir beinahe zehn Manuskripte in der Woche zur ersten Begutachtung bescherte. Dies bewirkte eine dauerhafte Bildung im breiten Feld der Politikwissenschaften, die ich, außer der politischen Theorie, in meinem Studium vollkommen vernachlässigt hatte. Bis auf einige Rezensionen veröffentlichte ich in dieser Zeit der Lehrjahre nichts. Eine dieser Rezensionen war aber der erste von vielen Versuchen, mich mit Neumann auseinanderzusetzen. Es war eine Kritik seiner posthum erschienenen amerikanischen Essays, in der ich einige Bedenken wiederholte, die ich 1953 schon persönlich in seinem Seminar geäußert hatte. Das Hauptproblem war,

---

[3] The Social and Political Thought of Adam Ferguson (1965); dieses Buch wurde mit einer neuen Einleitung und einem Nachwort unter dem Titel „Adam Ferguson: His Social and Political Thought" in New Brunswick 2005 neu verlegt.

wie seine Vorraussetzungen einer rationalen Politik mit seinen Grundsätzen der demokratischen Selbstbestimmung und liberalen Rechte übereinstimmen konnten, wenn die Krise der Kultur und der Gesellschaft wirklich so schwerwiegend war, wie es seine Diagnose nahe gelegt hatte.[4] Damals im Seminar wies er die Frage ungeduldig von sich, vielleicht weil er mutmaßte, dass dahinter ein stalinistischer Rationalisierungsversuch versteckt sein könnte. In derselben Ausgabe des *Dissent*, in der meine Rezension erschien, stand auch eine Würdigung Neumans von Otto Kirchheimer, dessen Hinweise zu einer feinsinnigeren Deutung ich erst einige Jahre später zu schätzen lernte. Auf jeden Fall könnte man sagen, dass ich viele Jahre lang damit beschäftigt war, eben diese kritischen Fragen weniger grob zu formulieren und dabei vielleicht auch etwas zu deren Beantwortung beizutragen.

Nicht ganz zufällig war 1960 auch das Jahr, in dem ich Max Horkheimer kennen lernte. Der Soziologe, Kurt Wolff, der ihn nach Ohio eingeladen hatte, half mir, ihn zum Gastvortrag für mein Seminar zu gewinnen, wo er mich damit überraschte, mit Schopenhauer gegen Nietzsche zu sprechen. Wir sprachen nachher über meinen Wunsch, für ein Jahr nach Frankfurt zu kommen, um meiner Studie über Ferguson eine über Marx anzuschließen, die zu jener immer als eine Einleitung gemeint war. Als ich mich aber den Bewerbungen für ein Forschungsstipendium zuwandte, wurde mir klar, dass ich zuerst die theoretischen Implikationen meiner praktischen Bevorzugung von Karl Mannheim durcharbeiten musste. Die Folge war, dass meine Zugehörigkeit zum *Institut für Sozialforschung* im darauf folgenden Jahr größtenteils fiktiv war. Weder Adorno noch Horkheimer waren – aus Gründen, die ich zu jener Zeit kaum verstand – gesinnt, meine Studien über Mannheim zu fördern. Und ich war keineswegs geneigt, mich selbst als Schüler ihrer Schule zu unterwerfen.

Zusammen mit meiner Freundin und späteren Ehefrau zog ich nach Königstein – damals noch ein „heilklimatischer Kurort" im Taunus – und da mir schon am ersten Tag ein Arbeitsplatz am Institut verweigert worden war, kam ich nur gelegentlich nach Frankfurt, um mich mit frischen Büchern zu versorgen. Meine Notizen zu meinem einzigen von mir gesuchten Gespräch mit Adorno zeigen, dass er, nachdem er mir eine abschätzige Anekdote über Mannheim erzählt hatte und mich nach dem möglichen religiösen Gründen für meinen Bart ausfragte, mich an einen fortgeschrittenen Studenten namens Jürgen Habermas verwiesen hatte. Doch ich war leider durch seine deutliche Geringschätzung meiner Studien zu enttäuscht, um irgendeinen seiner Ratschläge zu befolgen. Als ich Horkheimer einst während der letzten Wochen meines Aufenthalts in seiner Sprechstunde aufsuchte, machte er mir Vorwürfe, dass ich mich nicht für die Seminare am Institut eingetragen hatte. Im Nachhinein war es vielleicht gut, dass es mir nie eingefallen ist, als sogenann-

---

[4] Dilemmas of Radicalism. Review of Franz L. Neumann, „The Democratic and the Authoritarian State" (Glencoe, Ill. 1957), in: Dissent (Herbst 1957), S. 386–392.

ter *„Senior Fulbright Research Scholar"* und *„Fellow"* des *Social Science Research Council* ohne eine Einladung am Seminar teilzunehmen. Ich würde fortan meine Frankfurter Schule in kleinen, verträglichen Dosen erhalten – eine Metapher, die mir auch in den Sinn kommt, da mein Nervensystem bei meiner ersten Wiederkehr nach Deutschland mit unangenehmen Unterleibsbeschwerden reagierte; eines der wenigen Gesprächsthemen, die ich damals mit Horkheimer gemein hatte.

Das Fulbright-Programm brachte mich nach Berlin, wo ich im ersten Frühling nach dem Bau der Mauer unter anderem Willy Brandt hörte. Die Unmöglichkeit, auf eine andere Art und Weise an ein Visum in die DDR heranzukommen, führte mich damals trotz des Boykotts zur Frühlingsmesse in meiner Geburtsstadt Leipzig, wo ein Taxifahrer mir sagte, dass seine Hosen noch aus dem Geschäft meiner Onkel stammte, um sich dann ganz einfältig zu wundern, was wohl aus dem Laden und den Leuten geworden sei. Ich sah Willy Brandt ein zweites Mal, als ich den SPD-Parteitag in Köln als Vertreter der kleinen und unbedeutenden Partei amerikanischer Sozialisten besuchte, dessen winzigen Verein in Columbus (Ohio) ich leitete. Beim Essen flüsterte mir ein norwegischer Delegierter zu, dass er sich noch daran erinnere, wie Karl Schiller, der an unserem Tisch saß, über den Internationalen Handel unterrichtete, während er das NSDAP-Parteiabzeichen getragen hatte. Später schloss ich mich mit der Vertreterin Maltas zusammen, als wir uns weigerten, uns selbst für die befriedete Version von *„Deutschland über alles"* zu erheben. Sie war übrigens eine junge deutsche Frau, die Malta bloß von den Erzählungen ihres abwesenden Gatten her kannte. Irgendwo in meinen Akten habe ich noch einen Brief an einen Kollegen in Ohio, dem ich von einem illusionslosen Besuch Ost-Berlins und des Theaters am Schiffbauerdamm berichtete und in dem ich ein unplausibles Schema aufstellte, in dem Berlin zu einer neutralen, offenen Stadt geworden war, ein freier Hafen für den Handel zwischen Ost und West. Die drei oder vier öffentlichen Lesungen, zu denen mich das Fulbright-Stipendium verpflichtete, handelten zum größten Teil von der amerikanischen Bürgerrechtsbewegung, der ich zu dieser Zeit aktiv angehörte, obwohl es in Dortmund auch eine Vorlesung über die amerikanische Präsidentschaft gab, in der ich vor einem übertriebenen Enthusiasmus gegenüber Kennedy warnte.[5] Einige dieser Veranstaltungen waren sehr schwierig. Wie auch immer, es war in Dortmund, wo ich aus einer Übersetzung von meinem Vortrag vorgelesen habe, dass ich zum ersten Mal erfuhr, als eine ältere Dame mich fragte, ob ich aus „Laipzsch" oder „Draisdn" stammte, dass meine deutsche Aussprache durch und durch Sächsisch war.

Trotz der großen Anforderungen meiner zumeist verinnerlichten Auseinandersetzung mit Deutschland setzte ich meine unabhängigen Studien über Mannheim fort. Die Veröffentlichungen, die zu der Zeit vorbereitet wurden, mussten noch einen

---

[5] Möglichkeiten und Grenzen der amerikanischen Präsidentschaft, Dortmund 1962.

weiteren Sommer voller Recherchen zurückgestellt werden, die ich hauptsächlich in London durchführte. In einer derselben versuchte ich, strukturelle Parallelen zwischen Ferguson und Mannheim als zwei Enden eines Kontinuums innerhalb der charakteristischen Einstellung der modernen Intelligenzschicht aufzuzeigen.[6] Die andere Publikation war eine Monographie über Mannheim, Lukács und den so genannten Budapester „Sonntagskreis" – Sachen, die damals außer in Ungarn ganz unbekannt waren.[7] Die letzte Generation von Lukács-Studenten gab mir zu verstehen, dass sogar sie nur durch meine kleine Monographie etwas über diese frühen Jahre erfahren hatte. Diese basierte ausschließlich auf deutschsprachigen Quellen sowie auf Interviews mit den Überlebenden der Gruppe, da ich natürlich kein ungarisch verstand. Ich weiß noch, dass ich zu Lukács, den ich zuerst 1962 und dann wieder 1963 besuchte, sehr naiv sagte, dass es essentiell sei, einen ungarisch sprechenden Amerikaner kommen zu lassen, der eine angemessene kulturhistorische Studie der Jahre 1917–1919 anfertigen solle. Als Antwort darauf wurde mir lediglich gesagt, dass „sie" das niemals erlauben würden, da sie ja schon die Geschichte hätten, die sie haben wollten. Er selbst hatte wenig Geduld mit meinen historischen Fragen, war aber nett zu mir, unterhielt sich über allerlei Sachen, die ihn damals interessierten, und schickte mich zu Zoltán Horváth, der gerade an einem gründlichen, wenn auch etwas altertümlichen geschichtlichen Überblick arbeitete. Es gelang mir, Frank Benseler vom Luchterhand-Verlag davon zu überzeugen, diese höchst nützliche Studie auf deutsch zu veröffentlichen, aber ich konnte sie nicht an die Ohio State University Press verkaufen, die zu dieser Zeit mein einziger Kontakt zu einem amerikanischen Verlag darstellte. Für mich war Horváths Buch unersetzbar.

Meine eigene These in dieser Monographie war, dass die von mir untersuchten Unternehmungen von Lukács und seinem Kreis die Unzulänglichkeiten dessen bezeugten, was ich revolutionären Kulturismus nannte, und dass sich beide auf die Suche nach einem adäquateren politischen Konzept machten, was schließlich zu ihren verschiedenen Wegen führte. Im Laufe diese Überlegungen wurde mir immer klarer, dass Revolution für mich keine eigentliche Wahlmöglichkeit war – und zwar weder die praktische Version der Kommunisten noch die esoterische „virtuelle" Frankfurter Adaption derselben. Ein indirektes Zeugnis für diese Schlussfolgerung war ein in einem ganz anderen Vokabular geschriebener kleiner Artikel über Montesquieus *Lettres persanes*, in welchem ich in Anleihe an Neumann und mit Bezugnahme auf Marcuses Buch *Eros and Civilisation,* zu

---

[6] Sociology of Knowledge and Moral Philosophy: The Place of Traditional Problems in the Formation of Mannheim's Thought, in: Political Science Quarterly LXXXII (1967), S. 399–426.
[7] Marxismus und Kultur. Mannheim und Lukács in den ungarischen Revolutionen 1918/19, Neuwied 1967 (jap. 1970); eine überarbeitete Version erschien in der Zeitschrift *Telos*, Nr. 10 (Winter 1971), S. 35–92.

David Kettler

zeigen versuchte, dass Montesquieu zurecht die Liebe als ein Prinzip der Politik ausschloss und dass Politik ein stärker begrenztes Projekt sein müsse.[8] Im Amerika jener Jahre galt ich noch, auch mir selbst, als ein (sogar gefährlicher) Linker, aber dass ich in der Tat recht wenig Talent für Revolution oder Utopie besaß, war mir auch augenscheinlich.

Meine Zeit in den 60er Jahren war durch meist lokalen Unternehmen im reformistischem politischen Aktivismus, damals „radikal" genannt, und durch eine Serie von publizierten Essays über die Beziehungen zwischen Aktivismus und demokratischer Theorie geprägt. Dabei kehrte ich zu Themen zurück, die ich bereits in meiner Neumann-Rezension angesprochen hatte und die nun durch die erste Durcharbeitung von Mannheims Werk sowie meine Erkundungen der Schriften der „Neuen Linken", insbesondere deren Manifestationen in England, etwas mehr vertieft wurden. Meine Ausbildung wurde zusätzlich durch die uner-wartete Möglichkeit bereichert, für ein Jahr an der *Universität Leiden* als Vertreter des eigentlich ersten dortigen Politikwissenschaftlers zu lehren. Dies geschah in der Fakultät der Rechtsgelehrtheit, wo fast niemand daran glaubte, dass es eine Politikwissenschaft geben könnte, gepaart mit gelegentlicher Lehrtätigkeit am Institut für Soziallehre, abgehalten am königlichen Palast in Den Haag für Studen-ten und Praktiker aus der „Dritten Welt". Meine Ruhepause vom Aktivismus und die Möglichkeit, eine Welt der links gerichteten Politik zu beobachten, die von der Partei der Arbeit über die damals berüchtigten zehn „roten Dissidenten" bis zur Provo-Szene in Amsterdam reichte, lehrten mich weiter, zwischen der nötigen Distanz für theoretische Reflexionen über die Politik grundsätzlicher Gesellschaftsveränderungen einerseits und den mobilisierenden Doktrinen, die mit direkten Praktiken verbunden sind, andererseits zu unterscheiden, was später eines meiner Hauptthemen werden sollte.[9] Hauptsächlich benutzte ich aber die Zeit in den Niederlanden, um zu Mannheim zurückzukehren, über dessen Schriften ich wie besessen detaillierte Notizen zusammenstellte, wobei ich mich auch über den Weimarer Kontext seiner bekanntesten Werke informierte. Ich hielt an holländischen Universitäten einige Vorlesungen über dieses Thema, war aber längst noch nicht bereit dafür, etwas darüber zu veröffentlichen.

---

[8] Montesquieu on Love: Notes on the Persian Letters, in: American Political Science Review LVIII (September 1964), S. 658–661; eine Neuauflage erschien in: James E. Person, Jr., (Hrsg.), Literary Criticism from 1400 to 1800 (1988) und unter dem Titel „The Cheerful Discourses of Michael Oake-shott" in: World Politics XVI (April 1964), S. 883–889.

[9] Political Science and Political Rationality, in: David Spitz (Hrsg.), Political Theory and Social Change, New York 1967; S. 59–89; ders., The Politics of Social Change: The Relevance of Democratic Ap-proaches, in: William E. Connolly (Hrsg.), The Bias of Pluralism, New York 1969; S. 213–249; ders., Beyond Republicanism: The Socialist Critique of Political Idealism, in: Marvin Surkin/Alan Wolfe (Hrsg.), An End to Political Science. The Caucus Papers, New York 1970; S. 34–81.

Nach meiner Rückkehr in die Vereinigten Staaten wurde ich wieder politisch aktiv, aber jetzt konzentrierte ich mich auf nationaler Ebene auf die Politik der Politikwissenschaften als Disziplin und Beruf, über die ich durch meine Zeit als Assistent des Herausgebers der *Review* etwas zu wissen glaubte. Ich hatte keine revolutionären Offenbarungen anzubieten, aber schloss mich denjenigen (meist jüngeren) Fachkollegen an, die dagegen protestierten, dass das kritische und historische Studium politischer Strukturen und Veränderungsmöglichkeiten ganz von einem tendenziell konservativen technologischen Wissen verdrängt wurde. Kurz gesagt waren unsere Schriften und praktischen Versuche darauf ausgerichtet, Themen der Sozialtheorie, die wir hauptsächlich von den Exilanten gelernt hatten, in diesem Gebiet wieder relevant werden zu lassen, auch wenn manche von uns sich in den damals üblichen radikalen Gesten ausdrückten. Ich wurde Mitglied und nachher Vorsitzender eines „Komitees für eine neue politischen Wissenschaft", enttäuschte aber die eher aktivistischeren unter den Mitgliedern durch mein Insistieren auf akademischem Stil und Berufsorientiertheit.[10] Während diese eher gemäßigte Tendenz manche jüngeren Kollegen abschreckte, machte sie wenig Eindruck auf die etablierten Kollegen, da die Vermengung von methodologischen und politischen Kontroversen innerhalb des Fachs, die auch auf diverse schwierige Elemente der damaligen „Symbolischen Politik" hindeuteten, die Verhandlungsmöglichkeiten überladen hatte. Dazu kamen die klugen Zuspitzungsmanöver der ersten Vortruppe des später so genannten „Neokonservatismus", die in der US-amerikanischen Politikwissenschaft ihren Geburtsort hatte.

Im Frühling 1970 wurde ich dann plötzlich diesem Diskussionsfeld entrissen. Ich war ganz ruhig und zufrieden auf dem Weg heraus von der Ohio State University, wo meine Professur aufgrund der dortigen Geringschätzung der polischen Theorie untragbar geworden war, in Richtung einer vergleichbaren Position in einem Programm mit einem starken Kern von Personen, die sich für meine Art politischer Theorie interessierten, und in der es auch nicht nötig sein würde, meine Studenten vor nachteiligen Bedingungen zu beschützen. Als aber während meiner letzten Wochen in Ohio die militanten Studentenproteste auch die Ohio State University erreichten, wurde ich als Fürsprecher einer kompromißbereiten Politik gegenüber den protestierenden Studenten öffentlich sichtbar und mir wurde deshalb von konservativen Kreisen die Rolle des eigentlichen Antreibers der Studentenrevolte angehängt. Obwohl mich die Kollegen und nach kurzem Zögern auch die konservative Verwaltung meiner neuen Universität trotzdem haben wollten, haben die Politiker und Geschäftsleute im Kuratorium dies nicht zugelassen. Ich bekam eine finanzielle Abfindung und behielt die Unterstützung von angesehenen

---

[10] The Vocation of Radical Intellectuals, in: Politics and Society I (Herbst 1970); ferner in: Ira Katznelson u. a. (Hrsg.), The Politics and Society Reader, New York 1974; S. 333–359; Intellectuellen tussen macht en wetenschap (mit Godfried van Benthem van den Bergh), Amsterdam 1973.

Fachkollegen auch unter ehemaligen Gegnern meiner politischen Tätigkeit in der Disziplin. Aber es fanden sich in anderen Colleges und Universitäten immer wieder die paar nötigen Stimmen, die einen Unruhestifter nicht haben wollten, so dass für mich, da solche Berufungen in Amerika normalerweise einen Konsens erfordern, anscheinend keine angemessene Professur mehr offen stand. Als Opfer wollte ich mich keineswegs gebärden, aber ich war auf andere angewiesen, ob und wie es weiter gehen könnte.

Nach einem Jahr als schlecht bezahlter, aber dankbarer Lehrer ohne irgendwelchen Rang im sicheren Hafen eines experimentellen Colleges kam ich als Professor an eine kleine kanadische Universität und war durch meinen Status als Fremder für jegliches aktive Engagement disqualifiziert, etwas gedemütigt, aber auch für wissenschaftliche Arbeit unter zivilisierten Verhältnissen befreit. Wie schon an der Ohio State University waren meine Studien während der Jahre an der *Trent University* eng mit meiner Lehrtätigkeit verbunden, und zwar um so mehr, als die Studenten in den dort üblichen kleinen Lehrkolloquien mich täglich zur Selbstkritik herausforderten. Nachdem ich einen Artikel über die Geschehnisse in Ohio geschrieben hatte und zum ersten Mal seit einigen Jahren wieder auf Neumann zurückgekommen bin, um mir auch über die juristischen Formen dieser Konflikte klar zu werden[11] und zudem eine englische Version meiner Studie über Lukács und Mannheim überarbeitete, nahm ich den Auftrag an, einen längeren Aufsatz über Herbert Marcuse für ein Lehrbuch zu schreiben, das von zwei ziemlich konservativen Gelehrten herausgegeben wurde. Dies sollte mir die Möglichkeit geben, ungeachtet des seltsamen Ortes dieser Veröffentlichung und der Unwahrscheinlichkeit, dass je einer meinen Fachkollegen sich dorthin verirren würde, die Rechnung mit diesen Lehrern zu begleichen.

Ich vertiefte mich damals in beinahe das gesamte Werk von Marcuse, obwohl ich mich in diesem Aufsatz aus Platzmangel auf die Schriften nach dem Zweiten Weltkrieg beschränken musste. Etwas zu meiner Verlegenheit, fand ich am Ende, dass eigentlich recht wenig verloren ging nach einer Preisgabe der angeblich dialektischen Dynamik seiner Theorie zugunsten einer Dreiteilung der Theorie in verschiedenartige Aspekte: einer Verneinung der Möglichkeit der bürgerlichen Gesellschaft (im Sinne von Hobbes Darstellung der Unmöglichkeit der Menschheit im Krieg aller gegen alle), einer utopische Projektion, und einer skizzenhaften Theorie des politischen Wandels. In Missachtung von Marcuses ureigensten Regeln konnte ich also seinem Werk erst dann einen Wert abgewinnen, als ich seinen Entwurf enttotalisierte, um eine kraftvolle und manchmal brillante Version des linken bürgerlichen Humanismus zu enthüllen, der die Lingua franca des antifaschistischen

---

[11] Law as a Political Weapon (mit Harry R. Blaine), in: Politics and Society I (November 1971), S. 479–526.

Exils gewesen war.[12] Als Ergänzung veröffentlichte ich nach seinem Tod eine kurze Würdigung, um diesen Humanismus im Zusammenhang mit seiner Vortragsreihe über „Social Change" darzustellen sowie einen Artikel über die Bedeutung von Marcuses ästhetischer Theorie für den rhetorischen Aufbau seiner Kritik an der bürgerlichen Gesellschaft zu schreiben.[13] Zum Schluss hörte ich auf, an die Frankfurter Schule wie an einen hohen Berg, den ich erst noch zu besteigen hatte, zu denken und ging statt dessen in den etwas tiefer gelegenen Wäldern spazieren. Ich bezog Adorno und Horkheimer in die kulturwissenschaftlichen Seminare ein, die ich zu entwickeln begann, und ich fand auch nichts Ungewöhnliches daran, in ihren Texten zwischen selbststilisierender Übertreibung und tiefen Fragen zu unterscheiden. Hierfür war Habermas eine Hilfestellung, auch wenn ich von Anfang an wusste, dass ich auch dieser Schule nie als eingeschriebener Schüler angehören würde.

Die Verbindung zwischen Achtung und Reserviertheit gegenüber den großen Entwürfen von Habermas brachte mich zu einer neuen Umkreisung meiner früheren Themen. In einem Frühling vor einem ganzen Urlaubsjahr, das ich am *Balliol College* in Oxford verbringen und in dem ich mich ganz einem Buch über Karl Mannheim widmen wollte, dort wieder ansetzend, wo ich beinahe zehn Jahre vorher aufgehört hatte, und während ich schon einen kurzen programmatischen Artikel darüber aufbereitete,[14] wurde ich gebeten, ein Buch zu rezensieren, das in einer Abhandlung schottischer Moralphilosophen des 18. Jahrhunderts mündete und an Habermas' Interpretation dieser Texte anknüpfte. Meine Interpretationsansätze wurden in der Zwischenzeit nicht nur durch meine praktischen Entdeckungen im Zuge meiner eigenen Experimente unstetig gemacht, sondern auch durch die antithetischen, aber ebenso stimulierenden Gedanken von Robert D. Cummings strukturellen Lesart und dem neuen Cambridger Neohistorizismus, der durch J. G. A. Pocock vorweggenommen wurde, den ich in einem neu gegründeten Verein für die Erforschung politischer Ideen kennen gelernt hatte.

Die wichtigste Frage, die sich im Laufe dieser Rezension stellte, streifte meine zentrale Frage, als ich mich zuerst Ferguson zuwandte, ob seine Moralphilosophie und seine Sozialtheorie tatsächlich auf einem Schema beruht, das unterschiedliche historischen Stufen beinhaltet. Ich bemerkte, dass dieses Schema zweifellos in einigen seiner Schriften enthalten war. Aber nun forderte ich, dass seine tatsächliche Funktion in der Struktur der Theorie erst sorgfältig aufgedeckt werden muss

---

[12] Herbert Marcuse. The Critique of Bourgeois Civilization and Its transcendence, in: Anthony de Crespigny/Kenneth Minogue (Hrsg.), Contemporary Political Philosophers, New York/London 1975 und 1976; S. 1–48.

[13] The Aesthetic Dimension of Herbert Marcuse's Social Theory, Political Theory 10 (Mai, 1982), S. 267–275.

[14] Political Theory, Ideology, Sociology. The Question of Karl Mannheim, in: Cultural Hermeneutics 3 (1975), S. 69–80.

und ihr nicht einfach aufgrund späterer Theorien, die Ferguson antizipieren sollte, zugeschrieben wird.[15] Es war mir möglich, am *Institute for Advanced Studies in the Humanities* einen dreimonatigen Aufenthalt in Edinburgh zu verbringen und dort in seinem Archiv vor allem Fergusons Vorlesungsnotizen durchzuarbeiten. Obwohl das historische Schema für die praktische Deutung von Situationen durch den Akteur wichtig war, schloss ich, dass ihm keine wesentliche Rolle für die rein wissenschaftliche Erklärung eines distanzierten Beobachters zukommt. Die Beziehung zwischen dem aktiven Intellektuellen und dem passiven Gelehrten war eine ergänzende, keine verdrängende. In einem größeren Aufsatz von 1976 und seiner Fortsetzung ein Jahr später habe ich meine neuen Forschungsergebnisse auf meine frühere Interpretation von Ferguson korrigierend angewendet. Obwohl es richtig gewesen war, Fergusons Theorie als Kompositum darzustellen, hatte ich mich in der Zusammenfassung derselben zu sehr auf ein stabiles konventionelles Modell verlassen und deshalb das wichtige Element der verfassungsähnlichen Verhandlungen und politischen Offenheit innerhalb seines essayistischen und rhetorischen Theoriemodells sowie seiner politischen Theorie selbst unterschätzt.[16]

Mein Mannheim-Projekt ging nur zögerlich voran, und zwar teilweise deshalb, weil ich es interessanter fand, meine Arbeit über das 18. Jahrhundert fortzusetzen und ich den richtigen Schwung erst ein oder zwei Jahre nach meiner Rückkehr aus Kanada fand, als zwei deutsch-kanadische Soziologen, die für ihre Beiträge zu Mannheim und der Soziologie schon bekannt waren, mich dafür gewonnen hatten, mit ihnen zusammenzuarbeiten. Auf die Dauer war Volker Meja am wichtigsten, mit dem ich in den letzten 30 Jahren viel zusammen erreicht habe. Er ist übrigens ein Produkt Frankfurts und des Instituts für Sozialforschung, zumindest bis zu seiner Abreise in die USA, wo er seinen Magistergrad und seinen Doktortitel erwerben konnte. Zusammen mit Nico Stehr redigierten wir zwei umfangreiche Manuskripte aus Mannheims Nachlass, deren Übersetzungen wir ebenfalls gründlich überarbeiteten. Später auch in andere Sprachen übersetzt, waren sie von uns auch mit analytischen Einführungen versehen worden.[17] Danach schrieben wir zu dritt ein

---

[15] History and Theory in the Scottish Enlightenment, in: Journal of Modern History 48 (März 1976), S. 95–100.

[16] History and Theory in Ferguson's Essay on the History of Civil Society. A Reconsideration, in: Political Theory 5 (November 1977), S. 437–460; Ferguson's Principles. Constitution in Permanence, in: Studies in Burke and His Time 19 (1978), S. 208–222. Siehe auch meinen Aufsatz „Political Education for Empire and Revolution," in Eugene Heath/Vincenzo Merolle (Hrsg.), Adam Ferguson: History, Progress and Human Nature, London 2008, S. 87–114.

[17] David Kettler/Volker Meja/Nico Stehr (Hrsg.), Karl Mannheim, Strukturen des Denkens, Frankfurt am Main 1980; die englische Ausgabe erschien unter dem Titel „Structures of Thinking" (London 1982; (Neuauflage 2001). Eine ungarische Übersetzung erschien unter dem Titel „Hungarian as A gondolkodás struktúrái", Budapest 1995. Vgl. ferner David Kettler/Volker Meja/Nico Stehr (Hrsg.), Karl Mannheim, Konservatismus. Ein Beitrag zur Soziologie des Wissens, Frankfurt am Main 1984

kurzes Buch über das gesamte intellektuelle Projekt von Mannheim, worin meine Funde über seine ungarischen Anfänge, eine neue Lesart seiner Standardwerke dank der neuen Manuskripte sowie eine differenzierte Behandlung seiner englischen Jahre, die ich in den sechziger Jahren untersucht hatte, mit einbezogen waren. Vielleicht aufgrund seiner Qualitäten als kurzer Übersicht – und trotz unaufmerksamer, etwas herablassender Rezensionen von seiten der Branche – wurde dieses Buch ins Deutsche, Französische, Spanische und Japanische übersetzt.[18] Unsere Lektüre Mannheims legte den Akzent auf den experimentellen Charakter seiner Essays, trotz der damals üblichen systematischen Lesart seines berühmten Buches *Ideologie und Utopie*, und auf die grundlegende Wichtigkeit des Themas „Politik als Wissenschaft", gedeutet als eine Notwendigkeit, das was historisch das irrationale Element im sozialen Leben genannt wurde, zu beachten, aber auch kontrollierbar zu machen. Als Meja und ich fünfzehn Jahre später die Analyse umarbeiteten, um den vielen Spezialstudien über Mannheim Rechnung zu tragen, die wir in der Zwischenzeit veröffentlicht hatten, charakterisierten wir Mannheims Projekt als die Verfassung eines offenen, mehrdimensionalen Verhandlungsregimes, das konstruiert wurde, um mit den klassischen Schwierigkeiten des Liberalismus seit seiner ersten Ausformulierung durch John Stuart Mill umzugehen, ohne sie lösen zu können.[19] Während sich die strukturelle Analyse des

(Neuauflage 2003) Übersetzungen: Conservatism, London 1986 (Neuauflage 2001); Conservatorismo. Nascita e Sviluppo del Pensiore Conservatore. Prefazione di Giuseppe Bedeschi, Rom 1989.

[18] David Kettler/Volker Meja/Nico Stehr (Hrsg.), Karl Mannheim, Chichester/London/NewYork 1984 (frz. 1987); dies., Politisches Wissen. Studien über Karl Mannheim, Frankfurt am Main 1989 (die entsprechenden Übersetzungen erschienen 1990 in Mexiko, 1996 in Tokio sowie 1997 in Taipeh.

[19] David Kettler/Volker Meja/Nico Stehr (Hrsg.), Politik als Wissenschaft: über Theorie und Praxis bei Karl Mannheim, in: Angewandte Sozialforschung 11 (1983), S. 403–417; Is a Science of Politics Possible? (Mitverfasser), in: Transactions/Society 24:3 (1987), S. 76–82; ital.: La Scienza Politica di Mannheim, in: Mondo Operaio 12 (Dezember 1987), S. 76–81; Karl Mannheim and Conservatism: The Ancestry of Historical Thinking (mit Volker Meja und Nico Stehr), in: American Sociological Review 49 (Februar 1984), S. 71–85; Auszüge wurden im *Times Higher Education Supplement* unter dem Titel „Arguing for Democracy" veröffentlicht, auf französisch erschien diese Studie unter dem Titel „Karl Mannheim et ‚Le Conservatisme', „in: Cahiers internationaux de Sociologie LXXXIII (1987), S. 245–256 und auf italienisch in: Storia della Storiografia 6 (1984), S. 44–69; Settling with Mannheim (mit Volker Meja), in: State, Culture, and Society 1:3 (April 1985); The Romance of Modernism. Besprechungsaufsatz von Mary Gluck, „George Lukács and His Generation", in: Canadian Journal of Sociology (Winter 1986–87), S. 443–455; The Reconstitution of Political Life. The Contemporary Relevance of Karl Mannheim's Political Project (mit Volker Meja und Nico Stehr), in: Polity 20: 4 (Sommer 1988), S. 623–647; Rationalizing the Irrational. Karl Mannheim and the Besetting Sin of German Intellectuals (mit Volker Meja und Nico Stehr), in: American Journal of Sociology 95:6 (Mai 1990), S. 1441–1473; ital.: Razionalizzare l'irrazionale. Karl Mannheim e il vizio inveterato degli intellectuali tedeschi, in: Rassegna Italiana di Sociologica 29:4 (1988), S. 487–512; Karl Mannheim und die Entmutigung der Intelligenz (mit Volker Meja and Nico Stehr), in: Zeitschrift für Soziologie 19:2 (April 1990), S. 117–130; That typically German kind of sociology which verges towards philosophy. The Dispute about Ideology and Utopia in the United States (mit Volker Meja),

Liberalismus auf R. D. Cummings wunderbares (und wunderlich exzentrisches) Buch über Mill stützte – eine erneute Rückkehr zu meinen Lehrern –, stammte die Darstellung von Verhandlungsregimes aus einer ganz anderen Art von Rückkehr und Überdeterminiertheit.

Im Herbst 1979 wurde ich Vorsitzender der „Faculty Association" an der Trent University, eine Verantwortung, die niemand haben wollte. Aber ich stellte für meine Zusage die Bedingung, dass mir die bestehende Kerngruppe dabei helfen würde, den Verband in eine richtige Gewerkschaft zu verwandeln, die dazu berechtigt ist, bei Zubilligung eines Streikrechtes einen gültigen Tarifvertrag auszuhandeln. Die Aussichten waren nämlich bedrohlich. In dieser pragmatischen und lokalisierten Situation wachten einige meiner alten politischen Instinkte wieder auf. Die Gewerkschaftsorganisierungskampagne war erfolgreich und die nächsten 18 Monate verbrachte ich mehr oder weniger 12 Stunden die Woche am Verhandlungstisch, wo ich für die Fakultät die ganze Arbeitsverfassung bis hin zu den Lohnabkommen neu verhandelte. Zwei Dinge machten diese Erfahrung zu einer besonders gewichtigen. Ein Verleger bat mich um Rat bezüglich einer Veröffentlichung von Franz Neumanns an der *London School of Economics* 1934 abgeschlossenen Dissertation über die „Domination of the Rule of Law", deren Existenz mir vorher unbekannt war. Und zweitens wurde ich ganz unerwartet eingeladen, 1981–1982 ein Jahr am niederländischen *Institute of Advanced Study* in den Sozial- und Humanwissenschaften (NIAS) zu verbringen. Eigentlich riet ich davon ab, Neumanns Dissertation zu veröffentlichen, sollte ihr nicht ein Begleitband über den historischen Kontext und die Bedeutung der Schrift beigefügt werden. Und natürlich beschloss ich daraufhin, mein Jahr am NIAS Neumanns Rechtstheorie ausgehend von seinen Weimarer Jahren als Arbeitsrechtler zu widmen. Dies führte mich zum dritten Mal zu einer Frankfurter Schule zurück, da Neumanns arbeitsrechtliches Denken aus seinen dortigen Jahren mit Hugo Sinzheimer einschließlich seiner Tätigkeit als Dozent an der *Akademie der Arbeit* der Universität Frankfurt entstammte.

Das von Sinzheimer begründete Arbeitsrecht war im Grunde ein Recht der kollektiven Verhandlungen, mit dem die ungelöste Frage nach dem Rechtsstatus des kollektiven Tarifvertrags verbunden war. Die zentrale politische Frage hing dabei mit der Beziehung zwischen der sozialen Verfassung zusammen, die sich jeweils dynamisch aus den andauernden Verhandlungen zwischen Bürokraten, Arbeitern und Arbeitgebern ergab, und mit der formell konstituierten politisch-demokratischen Verfassung, besonders insofern, als die letztere als Ausdruck und Förderer eines sozialen Wandels in Richtung Sozialismus gesehen wurde. Aus meinen Studien schloss ich, dass nicht einmal das verhängnisvolle Ergebnis des Weimarer

in: Sociological Theory 12:3 (November 1994), S. 279–303; Karl Mannheim and the Crisis of Liberalism: „The Secret of these New Times" (mit Volker Meja), New Brunswick 1995.

Experiments das Argument für ein Zusammengehen der quasi-korporatistischen Sozialverfassung mit der demokratischen Sphäre des politischen Handelns in Frage stellen konnte. Eine Niederlage ist noch keine Widerlegung, obwohl es verständlich ist, warum die Besiegten – wie Neumann und seine Kollegen – zumindest eine Zeit lang so gedacht haben sollten. In meinem zweiten Jahr am NIAS war es mir möglich, bei der verspäteten Rezeption von Sinzheimers im Exil geschriebenen Beiträgen zur Gründung eines Forschungsschwerpunktes für Arbeitsrecht in den Niederlanden eine Rolle zu spielen und aus den damaligen deutschen Diskussionen über die Verrechtlichung der Politik und die Entformalisierung des Rechts zu lernen, die mit einem wiederkehrenden Interesse für die sozialistische Rechtstheorie der Weimarer Republik zusammenfiel.[20] Auch gab es das frühe Werk Gunther Teubners über reflexives Recht, das eigentlich aus den Ansätzen einiger amerikanischer Arbeitsrechtstheoretiker entsprang und auch an das Weimarer Arbeitsrecht erinnerte. Der Kontrast zwischen dem Modus der Rechtlichkeit, für den das Arbeitsrecht paradigmatisch war, und dem Modus der Rechtlichkeit, der dem Eigentumsrecht entsprang, führte mich zum Versuch einer Kritik der theoretischen Fundierung des Wohlfahrtsstaats in der damals viel diskutierten „Neues Eigentum"-Konstruktion und zu einen Entwurf für einen theoretischen Zugang zum Problem, der auf die Erfahrungen des Arbeitsrecht gegründet war. Zudem wollte ich auch die Unterschiedlichkeit von Verhandlungsregimes und ihre verschiedenartigen Möglichkeiten, Beziehungen mit angemessenem Konfliktmanagement zu bilden, wie auch ihre Fähigkeiten, Änderungen in den anerkannten Verhandlungsparteien sowie in den Gütern, die als unterschiedlich verhandlungsfähig gelten, mit besonderer Betonung auf die Rolle des reflexiven Rechts in den untersuchten Fällen analysieren. Meine diesbezüglichen Forschungen gingen dabei in zwei Richtungen:

Zuerst gab es eine Fallstudie über die Rolle der Arbeitsrechtsanwälte in den frühen Verhandlungsexperimenten der bekannten amerikanischen *International*

---

[20] The Question of „Legal Conservatism" in Canada. A Review of Essays in the History of Canadian Law I, in: Journal of Canadian Studies 18 (1983), S. 136–142; Works Community and Workers' Organizations. A Central Problem in Weimar Labour Law, in: Economy and Society 13:3, (August 1984), S. 278–303; ‚Betriebsgemeinschaft' en Arbeidersorganisatie. Een Kernprobleem in het Arbeidsrecht van de Weimar republik, in: Recht en Kritiek 10:4 (December 1984), S. 377–396; Sociological Classics and the Contemporary State of the Law, in: Canadian Journal of Sociology 9 (1984), S. 447–458; A Review of Essays in the History of Canadian Law II, in: Journal of Canadian Studies 19 (1984); „Sancho Pansa als Statthalter". Max Weber und das Problem der materiellen Gerechtigkeit (mit Volker Meja), in: Heinz Zipprian/Gerhard Wagner (Hrsg.), Max Webers Wissenschaftslehre. Interpretation und Kritik, Frankfurt am Main 1993; Legal Formalism and Disillusioned Realism in Max Weber (mit Volker Meja), in: Polity, 28:3 (1996), S. 307–331; Hugo Sinzheimer. Advocacy, Law and Social Change, in: A.J. Hoekema (Hrsg.), Mededelingen 6. Hugo Sinzheimer Instituut voor onderzoek van arbeid en recht, Amsterdam 1993; erweiterte Fassung in: Bard Journal of Social Sciences 2: 7–8 (April–Mai 1994), S. 12–20.

Ladies Garment Workers Union zur Zeit des ersten Weltkriegs[21], eine Veröffentlichung, die einige Jahre später in einer Studie über die Quellen der japanischen Institution der lebenslangen Anstellung, die in der verhandlungsbedingten Sozialverfassung und nicht in irgendeiner Tradition begründet war, fortgesetzt wurde. Letztere Studie wurde durch einen Spezialisten der japanischen Arbeitsverhältnisse angeregt, der überrascht feststellen musste, welche bedeutende Rolle Hugo Sinzheimer und das Weimarer Arbeitsrecht ungeachtet der formellen Nachkriegseinfügung in das verrechtlichte amerikanische Konzept in der japanischen Praxis spielten.[22]

Die zweite Richtung der Weiterführung meines arbeitsrechtsbezogenen Projekts wurde durch Seymour Martin Lipset angeregt, der mir die Frage stellte, ob die Unterschiede im Arbeitsrecht dazu beitragen könnten, die Divergenzen zwischen der US-amerikanischen und der kanadischen Gewerkschaftsmitgliederzahl nach 1960 zu erklären. Dieser Ansporn führte zu drei Studien. Darunter befand sich zuerst ein praktischer und dann ein eher theoretischer Vergleich der Unterschiede der sozialen Verfassungen im Arbeitsbereich, wie sie besonders durch die damalige Spaltung zwischen den US-amerikanischen und den kanadischen Automobil-Gewerkschaften deutlich wurden.[23] Einige Jahre später gab es mit einem anderen Mitarbeiter eine Fortsetzung dieser Studien über die neuen Entwicklungen im reflexiven Recht der Arbeitsverhältnisse, wobei der dramatische Kontrast zwischen den amerikanischen und den kanadischen Kollektivregelungen in der Stahlindustrie betont wurde, die sinnvollerweise in einer vom *Hugo Sinzheimer-Institut* der Universität Amsterdam herausgegebenen Sammlung von Artikeln über das reflexive Arbeitsrecht veröffentlicht wurde.[24] All diese Studien, die auch auf der damaligen Literatur und den Erfahrungen des europäischen Neo-Korporativismus basierten, einte eine Ablehnung militanter Konfliktmodelle, die in der nordamerikanischen Fachwelt überraschend populär waren, zu Gunsten der Vielseitigkeit und Elastizität der Verhandlungsmodelle.

---

[21] Interest, Ideology, and Culture. From the Protocols of Peace to Schlesinger v. Quinto, in: Ian Angus (Hrsg.), Anarcho-Modernism. Toward a New Critical Theory, Vancouver 2001, S. 271–290.

[22] Light from a Dead Sun: The Japanese Lifetime Employment System and Weimar Labor Law (mit Charles T. Tackney), in: Comparative Labor Law and Policy 19 (1997).

[23] Is Canada's Experience „Especially Instructive"? (mit Christopher Huxley und James Struthers), in: Seymour Martin Lipset (Hrsg.), Unions in Transition. Entering the Second Century, San Francisco 1986, S. 113–132; neu aufgelegt unter dem Titel „Trade Unions in North America Since 1945. A Comparison", in Donald Avery/Roger Hall (Hrsg.), Coming of Age. Readings in Canadian History Since World War II, Toronto 1996, S. 148–165; Unionization and Labour Regimes in Canada and the United States. Considerations for Comparative Research (mit James Struthers und Christopher Huxley), in: Labour/Le Travail 25 (1990), S. 161–187.

[24] American and Canadian Labour Law Regimes and the Reflexive Law Approach (mit Peter Warrian), in: Ralf Rogowski/Ton Wilthagen, Reflexive Labour Law, Deventer/Cambridge 1994, S. 95–137.

Nach einer eher verabschiedenden Besprechung der Marginalisierung des Arbeitsregimes und der Gewerkschaften Ende der 80er Jahre[25] kehrte ich ganz zu meiner dritten Auseinandersetzung mit Mannheim zurück. Dies war nicht nur durch die äußerlichen Veränderungen beeinflusst, sondern auch durch meine verfrühte Verabschiedung von meiner kanadischen Universität im Jahr 1990 und den darauf folgenden Verlust der direkten Beziehungen zu kanadischen Mitarbeitern und Gegebenheiten. Ein Ergebnis meiner Studien zu Arbeitsverhältnissen war, dass ich mich besser gerüstet fühlte, um Karl Mannheim in jener Weimarer Kultur des Kompromisses zu situieren, der auch Franz Neumann vor seinem Exil angehörte, und ihre Arten der Verhandlungen zu verstehen. Ausgelöst durch eine Gastprofessur im „Graduate Center" der *City University of New York* und danach durch eine Ernennung durch Leon Botstein, der mich schon 1970 beherbergte und jetzt Präsident des *Bard Colleges* war, als „Scholar in Residence" im *Bard Center* dauerhaft untergebracht, war mein früher Rückzug von Trent auch dazu geschaffen, zum kulturellen Raum New Yorks zurückkehren. Zum ersten Mal seit 20 Jahren hatte ich regelmäßigen Kontakt mit Kollegen vom selben Fach, und ich war deshalb auch dazu aufgefordert, in Erwägung zu ziehen, ob meine Arbeiten auch näher an den Fragestellungen fachbezogener Diskussionen gebracht werden sollten. Nach kurzer Überlegung beschloss ich, es dabei zu belassen: ich blieb ein nur gelegentlicher Besucher der politischen Theorie. Ich fühlte mich folglich frei, meinen eigenwilligen Kurs beizubehalten. Zusammen mit Volker Meja versammelte ich zum letzten Mal, wie ich dachte, unsere verstreuten Arbeiten über Karl Mannheim und widmete dabei zum ersten Mal auch seinen Schülern einige Aufmerksamkeit.

Diese letzte Phase begann mit einem ungefährlichen, aber erfreulichen akademischen Abenteuer, das noch andere Folgen haben sollte. Um 1985 herum wurde mein Interesse an Nina Rubinstein geweckt, die 1933 bei Mannheim ihre Doktorarbeit eingereicht hatte und deren Promotionsverfahren aufgrund der Entlassung ihres Lehrers durch die Nationalsozialisten wie auch durch das erzwungene Exil ihrer menschewistischen Familie vereitelt worden war. Hanna Papanek, eine Anthropologin, die Rubinsteins Habschwester war, und ich in Nordamerika sowie die Soziologin Claudia Honegger in Frankfurt (die seitdem lange Zeit Direktorin des Instituts für Soziologie der Universität Bern gewesen ist) überredeten schließlich die *Goethe-Universität Frankfurt*, der damals 81-jährigen Kandidatin eine angemessene mündliche Prüfung zu geben, auf der das Prüfungsamt des

---

[25] The end of western trade unionism? Social progress after the age of progressivism (mit Volker Meja), in: Jeffrey C. Alexander und Piotr Sztompka (Hrsg.), Rethinking Progress, London/New York 1990, S. 123–158. Die wichtigsten Aufsätze, die in den Fußnoten 19–25 zitiert worden sind, wurden zusammen veröffentlicht in: David Kettler, Domestic Regimes, the Rule of Law, and Democratic Social Change, Berlin/Cambridge MA 2001.

Frankfurter Fachbereichs Gesellschaftswissenschaften komischerweise bestand, so dass Nina Rubinstein im Dezember 1989 endlich die verdiente Doktorwürde verliehen werden konnte. Sie hat der Prüfungskommission ihr Fotoalbum erläutert, welches bemerkenswerte Aufnahmen enthielt, von ihrer Freundin Gisèle Freund gemacht worden sind. Die Dissertation wurde zusammen mit meiner Laudatio und anderen Dokumenten nachträglich veröffentlicht.[26] Als Teil einer Familie, deren Mitglieder sich selbst als Exilanten Sowjet-Russlands fühlten, hatte Rubinstein einen Vergleich der Emigrationsbewegungen im Kontext der Russischen und der Französischen Revolution geplant, musste sich am Ende aber auf den weniger nahe liegenden Fall Frankreich beschränken. Meine Begegnung mit dieser Studie öffnete mir einen neuen Weg, um mein immer noch unerledigtes Geschäft mit Mannheim und Neumann weiterzuführen, da in beiden Fällen die Konsequenzen ihrer erzwungenen Auswanderung und ihre darauf folgenden Unterhandlungen mit Fachgenossen in Asylländern schon früher meine Interesse geweckt hatten.[27]

Diese Umstellung wurde 1997 durch den überraschenden Fund einer bedeutenden Schrift Mannheims verschoben. Es handelt sich dabei um eine wörtliche Transkription, so schien es, seiner Einleitung in die Soziologie in seinem ersten Frankfurter Semester von 1930. Obwohl seine eigenen recht detaillierten Aufzeichnungen zu anderen Vorlesungen im Archiv der *Universität Keele* zugänglich waren, enthielt dieser Text eine dramatische Darstellung seiner charakteristischen Ideen über Form und Absicht der Soziologie.[28] Eine Konferenz zu diesem neuen Material brachte mich mit Colin Loader, einem etwas jüngeren Autor einer angesehenen Studie über Mannheim, zusammen. Wir entschieden uns dafür, eine englische Übersetzung des Textes mit erweiterten Materialien zu veröffentlichen sowie ein Buch über ein Thema, das durch diese Dokumente viel an Gewicht gewonnen hatte: nämlich Mannheims Verständnis der Soziologie als die einzige der demokratischen Epoche angemessene Form der Bildung.[29] Fragen der Bildung, besonders

---

[26] Wie kam es zu Nina Rubinsteins Promotion?, in: Nina Rubinstein, Die französische Emigration nach 1789. Ein Beitrag zur Soziologie der politischen Emigration, hrsg. von Dirk Raith, Graz 2000, S. 74–85.

[27] Schattenseiten einer erfolgreichen Emigration. Karl Mannheim im englischen Exil (mit Volker Meja), in: Exilforschung. Ein internationales Jahrbuch, Band 5: Fluchtpunkte des Exils, München 1987, S. 170–195.

[28] Can we master the global tensions or must we suffer shipwreck on our own history?, in: Martin Endreß/Ilja Srubar (Hrsg.), Karl Mannheims Beitrag zur Analyse moderner Gesellschaften, Opladen 1999, S. 293–308.

[29] Karl Mannheim, Sociology as Political Education, (herausgegeben und übersetzt zusammen mit Colin Loader), New Brunswick 2001; Karl Mannheim's Sociology as Political Education (mit Colin Loader), New Brunswick 2002; Political Education for a Polity of Dissensus. Karl Mannheim and the Legacy of Max Weber, in: European Journal of Political Theory I: 1 (2002), S. 31–51; Temporizing with Time Wars. Karl Mannheim and Problems of Historical Time (mit Colin Loader), in: Time and Society 13 (2004), Heft 2–3, S. 155–172; The Secrets of Mannheim' Success, in: Eberhard Demm

der politischen Bildung, hatten bereits in unseren früheren Interpretationen eine Rolle gespielt. Doch das erhalten gebliebene Dokument seiner Frankfurter Lehr-tätigkeit zeigte die Bandbreite von Mannheims Ansprüchen an die Soziologie als Wissensstruktur sowie in Bezug auf den historischen Ort der Bildung als einer bedeutenden Frage politischer und kultureller Konflikte in Deutschland. Die Vor-lesungen boten Einsicht in Mannheims Beziehungen zu Autoren, die er im Vorfeld als faschistisch einordnete, wie auch zu solchen, die er als orthodoxe Marxisten einschätzte. Trotz des engen Blickwinkels auf die Jahre zwischen 1930 und 1933 hielt ich die Studie mit Loader nicht nur in Bezug auf den Soziologen Mannheim, sondern auch im Hinblick auf seinen Status als repräsentativer Intellektueller sowie in Bezug auf das Verhältnis zwischen Demokratie und Kultur in diesen Jahren, die nach 1933 von den intellektuellen Exilanten so bitterlich vermisst und zugleich so selbstzerfleischend kritisiert wurde, für ungeheuer instruktiv.

2001 begann ich eine intensive, wenn auch unsystematische Studie zu diesem zuletzt genannten Phänomen. Viele der Fragen stellten sich natürlich schon bei meinen monographischen Arbeiten zu Mannheim, Neumann und Sinzheimer. Das Zusammentreffen mit Nina Rubinstein und ihrer Dissertation aber trieb das Thema voran. Nun hatte ich jedoch beschlossen, die Mitarbeit von Kollegen zu suchen, vor allem von jungen Gelehrten, um zu sehen, ob meine Erfahrungen nicht einen frischen Wind in diese viel diskutierten Materialien bringen könnten. In dieser Arbeit gab es drei Abschnitte, die deutlich durch einen Workshop, eine große Kon-ferenz und einer auf E-Mails basierenden Sonderausgabe eines interdisziplinären Journals bestimmt wurden. Die Fragestellung an die Teilnehmer des Workshops, von denen mir die meisten unbekannt waren, war mit dem Titel „No Happy End" formuliert und von der tiefen Enttäuschung und die eigene Schuldzuweisung in-spiriert, die in den späten Schriften Mannheims und Neumanns ungeachtet ihres Status als vorbildliche erfolgreiche Emigranten deutlich wird. Aus dem Workshop ergab sich eine vieldeutige Problematik, nämlich „Contested Legacies" (umstrittene Erbschaften), die sich auf drei verschiedene Arenen bezog: erstens die Weimarer Szene, zweitens die diversen Verhandlungen unter den Exilanten selbst sowie in Beziehung zu ihren jeweiligen beruflichen und disziplinierten Feldern im Exil, und drittens die darauf folgenden Rezeptionsschübe.[30]

Die Herkunft dieser Art der Kontextualisierung als meiner Auseinander-setzung mit Mannheims Ansätze ist evident. Aber meine eigenen Beiträge zu

---

(Hrsg.), Soziologie, Politik und Kultur. Von Alfred Weber zur Frankfurter Schule, Frankfurt am Main 2003, S. 141–153, übersetzt, durchgesehen und erweitert unter dem Titel „Das Geheimnis des bemerkenswerten Aufstiegs Karl Mannheims", in: Bálint Balla/Vera Sparschuh/Anton Sterbling (Hrsg.), Karl Mannheim. Leben, Werk, Wirkung und Bedeutung für die Osteuropaforschung, Ham-burg 2007, S. 149–168.
[30] Contested Legacies: The German-Speaking Intellectual and Cultural Emigration to the US and UK 1933–1945, Berlin/Cambridge, MA 2002.

dem Projekt hatten dieses Mal meistens mit Neumann zu tun, obwohl ich auch einige eng fokussierte Studien über Nina Rubinstein, Hans Mayer und Erich Kahler veröffentlichte.[31] Das Ergebnis dieser Arbeit wurde in einer Einleitung zu der aus dem Projekt hervorgegangenen Publikation vorgestellt, die ich zusammen mit dem Germanisten Gerhard Lauer geschrieben habe. Die aus dem Buch über Mannheim und die politische Bildung gewonnenen Einsichten aufnehmend stellten wir den Disput zwischen Bildung und Wissenschaft, wie er in den Weimarer Jahren ausgelegt war, der analogen, aber keineswegs identischen Spaltung zwischen Vertretern der *„liberal arts"* und der Professionalisierung innerhalb der höheren Ausbildungsstätten der USA im Hinblick auf die vielfachen Verhandlungen der Exilanten zwecks Übertragung des einen Disputs in das Gehäuse des anderen mit besonderem Gewicht auf die Dokumentation dieser Bemühungen in ihren wesentlichen Werken gegenüber.[32]

Das Projekt über die „umstrittene Erbschaften" führte mich zu drei weiteren Fragen, bei denen ich immer noch am Anfang stehe. Die erste, die mit der oben erwähnten dritten Phase übereinstimmt, kommt in einer Sammlung mit dem Titel „Grenzen des Exils" zum Ausdruck, in vergleichender Absicht mit Studien über mehrere intellektuelle Emigrationen befasst, von Exilanten des Spanischen Bürgerkriegs in Mexiko und russischen Philosophen in Weimar bis zu irakisch-jüdischen Schriftstellern in Israel und iranischen Studenten in den Vereinigten Staaten.[33] Die leitende Frage hat mit den postmodernen und *post-colonial studies*-Varianten der lange bestehenden metaphorischen Erweiterung des Begriffs des Exils zu tun, die Stadien der Entfremdung andeutet, welche keinen spezifisch politischen Grund oder Charakter hatten – ein Themenkomplex, der mir immer wieder bei Konferenzen begegnete und mich ratlos zurückließ. Mein Vorschlag war, den Begriff des Exils auf verhältnismäßig unmetaphorische Dimensionen zu begrenzen, um unsere Möglichkeiten, die von dem eigentlichen Zustand hervorgerufenen Beschränkungen zu untersuchen, nicht einzuschränken – und gar die Erforschung der Veränderungen, die vielleicht das Exil im eigentlich politischen Sinne tatsächlich immer mehr als

---

[31] Self-Knowledge and Sociology: Nina Rubinstein's Studies in Exile, in: Edward Timms/Jon Hughes (Hrsg.), Intellectual Migration and Cultural Transformation, Wien/New York 2003, S. 195–206; The Symbolic Uses of Exile. Erich Kahler at Ohio State University, in: Alexander Stephan (Hrsg.), Exile and Otherness, Oxford/Bern 2005, S. 269–310; A German Subject to Recall. Hans Mayer as Internationalist, Cosmopolitan, Outsider and/or Exile, in: New German Critique 96 (Juni 2006).

[32] „The ‚Other Germany' and the Question of Bildung" (mit Gerhard Lauer), in Kettler und Lauer (Hrsg.), Exile, Science, and Bildung. The Contested Legacies of German Emigre Intellectuals, New York/London 2005; Contested Legacies. Political Theory and the Hitler Regime. Special Issue of the European Journal of Political Theory, zusammen herausgegeben mit Thomas Wheatland, Juni 2004; „Weimar and Labour" as Legacy. Ernst Fraenkel, Otto Kahn-Freund, and Franz L. Neumann, in: Helga Schreckenberger (Hrsg.), Die Alchemie des Exils. Exil als schöpferischer Impuls, Wien 2005.

[33] The Limits of Exile. Special Issue of the Journal of the Interdisciplinary Crossroads, mit Zv Ben-Dor (Hrsg.), April 2006.

Anachronismus erscheinen lassen, durch begriffliches Diktat und entsprechende Vorwegnahme zu erübrigen.[34] Die an der Sammlung beteiligten Autoren, meinen ausgezeichneten Co-Redakteur eingeschlossen, waren selbstverständlich nicht mit allem einverstanden, und das Projekt blieb ein offenes.

Die zweite neue Frage, die sich aus meiner erneuten Aufmerksamkeit auf Neumann als einem Vertreter sozialwissenschaftlichen Emigrantentums stellte, hatte mit dem Wechselspiel zwischen den Emigranten und den akademischen Disziplinen zu tun, in denen einige ein Zuhause gefunden hatten. Ich habe deshalb zwei Aufsätze publiziert, die sich auf Archivmaterial stützten wie auch auf die Erinnerung an meine Arbeit bei der *American Political Science Review,* mit dem Fokus auf den unerwarteten Aufschwung der Politischen Theorie, die unvereinbar mit den anerkannten Wissenschaftsmodellen in den 50er Jahren war, zu einer Zeit also, als recht einfache positivistische Modelle der Soziologie vorherrschend waren.[35] In diesem Kontext habe ich auch auf einigen Treffen von Politikwissenschaftlern Podiumsdiskussionen organisiert und auch selbst vorgetragen. Meine Überlegungen zu dieser gefährdeten Erbschaft verursachten kurz gesagt meine erste Rückkehr zu disziplinspezifischen professionellen Zusammenkünften seit über zwanzig Jahren. Besonders wichtig war es, die Verflechtung von theoretischen Überlegungen und das Interesse für empirische Forschung aufzuzeigen.

In diesem Sinne kehrten Volker Meja, Colin Loader und ich ein letztes Mal zu Karl Mannheim zurück, um unseren Blick auf eine weniger selbstreflexive Dimension seines Werkes zu richten: nämlich den Teil, den er vor von Max Weber inspirierten disziplinären Fachleuten präsentierte, und zwar besonders durch eine Betrachtung der Projekte, die Mannheim seinen Doktoranden aufgegeben hatte sowie der Studien von Norbert Elias und anderen in Mannheims Arbeitsgruppe während seiner bedauerlich kurzen, jedoch ungeheuer reichhaltigen drei Jahre in Frankfurt – einer Zeit, in der es ihm immerhin gelungen war, den Platz der Frankfurter Schule Oppenheimers in ihrem Wettbewerb mit der Kölner Schule von Ludwig von Wiese auszufüllen. Dieses Buch richtet sich an die gegenwärtige Generation derer, die sich – vor allem in Frankfurt am Main – wieder mit Mannheim beschäftigen, und enthält viele unserer Aufsätze über verschiedene seiner Studentinnen wie auch kürzlich veröffentlichte Arbeiten über Käthe Truhel, die über Sozialarbeiterinnen

---

[34] ,Les émigrés sont les vainçus.' Spiritual Diaspora and Political Exile, in: Journal of Interdisciplinary Crossroads I: 3 (2004).

[35] Political Science and Political Theory. The Heart of the Matter, in: Brian Caterino/Sanford Schram (Hrsg.), Making Political Science Matter. The Flyvbjerg Debate and Beyond, New York 2006; The Political Theory Question in Political Science 1956–1967, in: American Political Science Review 100: 4 (November 2006).

und Bürokraten im Weimarer Wohlfahrtsstaat schrieb, und über Jacob Katz, der über die Ideologie der jüdischen Assimilation gearbeitet hat.[36]

Diesen Aufsatz habe ich zusammen mit Volker Meja während einer gemeinsamen Zeit am *Dubnow-Institut* von Dan Diner in Leipzig geschrieben. Es bezeugt eine alte Freundschaft, die sich zwanzig Jahre früher an einem Tag in Polen festigte, als wir zum ersten Mal das Dorf besuchten, in dem Volker, der 1940 in Berlin geboren wurde, einige Kriegsjahre zusammen mit seiner Großmutter verbracht hatte, bis sie durch den Einzug der russischen Armee zur Flucht gezwungen wurden. Wir fuhren dann kurz vor der Dämmerung nach Auschwitz, wo ich geliebte Tanten, Onkel und Cousins in meinem Alter verloren habe und wo ich selber auch gestorben wäre, hätten mich nicht mehrere glückliche Zufälle davor bewahrt.

Der Leipziger Aufsatz „Mannheims Judenfrage" sucht unter Berücksichtigung seiner Begegnung mit seinem Studenten und späteren berühmten jüdischen Historiker Jacob Katz eine Antwort auf die Frage, warum Mannheim nie auf die unmenschlichen Geschehnisse eingegangen ist, die später unter dem Titel *Holocaust* zusammengefasst wurden, obwohl er seine jüdischen Eltern, die beide die Jahre im Budapester Ghetto überlebt hatten, oder überhaupt seine jüdische Abstammung in seinem persönlichen Leben niemals verleugnet hat. Unsere Vermutung ist, dass der Mannheimsche „Intellektuelle", wenn er Jude war, gute Gründe dafür hatte, unabhängig von den Klischees über Selbsthaß das Topos Judentum auszuklammern, um dazu beizutragen, eine bestimmte Sphäre, worin die Bildungsschicht sich konstituieren konnte, auch von der sonst allgegenwärtigen Christlichkeit frei zu halten. Vielleicht ist dies ein genaues Gegenstück zu Adam Ferguson, der die Entscheidung, sein Amt als Pfarrer aufzugeben als er in das Edinburgh von David Hume und Adam Smith zurückkehrte, nie erklärt hat.

Diese halbernste Anspielung auf Ferguson und die Anfänge meiner eigen intellektuellen Laufbahn unterstreicht die offensichtlich selbstbezüglichen Implikationen der These des Katz-Aufsatzes hinsichtlich meines Versuchs, dieser Laufbahn etwas Sinn abzugewinnen. Schließlich fehlt die Frage nach Judentum und Holocaust auch in meinem Werk. Doch das Argument über die Intellektuellen ist viel zu vage. Viel treffender ist die Generationsidentifizierung, die ich zu Beginn angeführt habe. Antifaschismus war eine Lesart des kurzen 20. Jahrhunderts, die eine Zentrierung auf Antisemitismus oder gar Holocaust ausschloss. Bis er sich bestimmten Entwicklungen am Verhandlungstisch beugen musste, hat sich Neu-

---

[36] Their own „peculiar way". Karl Mannheim and the Rise of Women (mit Volker Meja), in: International Sociology 8:1 (März 1993), S. 5–55; Women and the State. Käthe Truhel and the Idea of a Social Bureaucracy, in: History of the Human Sciences 20:1 (2007), S. 19–44; Karl Mannheim's Jewish Question. History, Sociology, and the Epistemics of Reflexivity (mit Volker Meja), in: Simon Dubnow Institute Yearbook 3 (2004), S. 325–347; Karl Mannheim and the Legacy of Max Weber. Retrieving a Research Programme (mit Colin Loader und Volker Meja), Aldershot 2008.

mann gegen die Wendung in Horkheimers Institut zur Antisemitismus-Forschung gestemmt und behauptet, dass er den Nationalsozialismus in seinem *Behemoth* ohne die Notwendigkeit, sich mit dem oberflächlichen Phänomen der Judenhetze ernsthaft zu beschäftigen, total entlarvt habe. Um diesen Standpunkt zu klären, hätte ich mich gern viel mehr mit dem Werdegang des Antifaschismus, seinen verschiedenen Erscheinungen sowie Wandlungen im Exil und bei der Rückkehr beschäftigt. Mein Beitrag zum Sammelband „Grenzen des Exils" dreht sich um das Verhältnis zwischen der allgemeinen Abwendung vom Antifaschismus in anti-kommunistischen Ländern und der Rückkehr linker Gefangener aus den Konzentrationslagern, die auch eine Art Exil darstellten. Das breitere Thema, zu dem dieser Aufsatz als Einführung gedacht war, hätte für mich selbst besondere Bedeutung gehabt, da die Geschichte des Antifaschismus nicht ohne eine offene Auseinandersetzung mit den Geschehnissen – hauptsächlich dem Stalinistischen Terror – untersucht werden kann, welche die eigentlichen Mitglieder der Generation, dessen idealisierten Mythen ich mich mühelos angeschlossen habe, so bitter zerquält und gespalten haben. Aber für solch ein anspruchsvolles Projekt ist es leider zu spät. Das schaffe ich nicht mehr.

Als indirekter Zugang zu manchen diese Fragen beschäftige ich mich nun mit einem kooperativen Projekt über die ersten Nachkriegsbriefe von Exilanten an Menschen in Deutschland, von denen sie durch das Exil getrennt waren.[37] Ein Abklingen des Antifaschismus sowie eine manchmal verlegene Absage an das Exil durchziehen überraschend viele dieser Briefe, obwohl auch in der intellektuellen Emigration ein Unterschied zwischen Juden und Nicht-Juden bemerkbar ist. Es geht auch hier um schwierige Verhandlungen, wenn auch manche sich überhaupt nicht darauf einlassen. Das Projekt ist weit davon entfernt, vollendet zu sein, aber versprechend. Ein weiteres Vorhaben soll mich auch etwas weiter bezüglich der früher erwähnten Fragestellung bringen, nämlich einer Zusammenfassung aller meiner Versuche über Franz Neumann in einer Art abschließendem Verhandlungsprotokoll. Das wäre dann meine eigene letzte Abrechnung und Rückkehr.

---

[37] „Erste Briefe" nach Deutschland. Zwischen Exil und Rückkehr, in: Zeitschrift für Ideengeschichte II:2 (Mai 2008), S. 80–108.

„Natürlich hätte die Entwicklung einen ganz anderen Verlauf genommen, wenn Karl Mannheim nach dem Krieg nach Frankfurt zurückgekommen wäre."

Gespräch mit Walter Rüegg

Sie sind in der Nachkriegszeit aus der Schweiz nach Deutschland gekommen. Wie haben Sie, als Sie das erste Mal hier in Frankfurt und in Köln unterrichtet haben, die universitäre Landschaft in Deutschland wahrgenommen? Können Sie sich daran erinnern?

Daran kann ich mich gut erinnern. Nach Deutschland bin ich gekommen, weil ich klassische Philologie in der Meinung studiert hatte, dass der Humanismus die Menschen humaner mache. Deutschland war die Hochburg des so genannten Neuhumanismus, der humanistischen Bildung, welche die deutschen Eliten bis 1900 geprägt hat. Bis zu diesem Zeitpunkt musste man in Preußen ein humanistisches Gymnasium absolvieren, wenn man an einer Universität studieren wollte. Auch nachher hatten in Deutschland die meisten Akademiker Latein, die Grundlage humanistischer Bildung gelernt. Als aber der Nationalsozialismus zu den bekannten Unmenschlichkeiten führte, von denen auch die Angehörigen meiner als Jüdin in der ostslowakischen Zips geborenen Mutter betroffen war, arbeitete ich gerade an einer Dissertation über das Bildungsideal des Staatsmanns bei Cicero, dem eigentlichen Vorbild der humanistischen Bildung durchs Mittelalter hindurch in der Renaissance und in Westeuropa bis zum Zweiten Weltkrieg. Ausgerechnet dieser Cicero wurde von Theodor Mommsen, dem liberalen deutschen Historiker, als Charakterlump und bloßer Journalist bezeichnet. Beides, die Verbrechen gegen die Menschlichkeit durch die Hochburg des Humanismus und die Verurteilung Ciceros, des Vorbilds des europäischen Humanismus veranlasste mich, zu untersuchen, was die bildende Wirkung von Cicero in der Neuzeit gewesen ist. So überraschte ich 1944 meinen „Doktorvater" mit einer Dissertation über die Rezeption Ciceros in der italienischen Renaissance, vor allem durch Petrarca, und im europäischen Humanismus, verkörpert durch Erasmus von Rotterdam. Das hat dann meinen weiteren Weg bestimmt.

    Ich hatte schon oft für die *Neue Zürcher Zeitung* Artikel über das Problem der humanistischen Bildung geschrieben. Als der dafür zuständige Feuilletonredakteur, der Philosoph Hans Barth, der später den Lehrstuhl für Staatsphilosophie an der

Universität Zürich erhielt, eine Einladung zu den Marburger Hochschulgesprächen an Pfingsten 1946 erhielt, ermutigte er mich, an seiner Stelle nach Marburg zu reisen, er habe dazu keine Lust. Interessanterweise hatten Schweizer Germanisten oder Philosophen, die in Deutschland ihr Auslandssemester verbracht hatten, Hemmungen, das zerstörte Deutschland wieder zu sehen. Das zeigte sich vor allem, als ich noch im selben Jahr für einen internationalen Ferienkurs in Marburg Schweizer Hochschullehrer als Vortragende mitbringen sollte.

Nach Deutschland bin ich gegangen, weil ich mich nicht mit der allgemeinen Vorstellung zufrieden gab, die Gräueltaten der Nazi seien nur möglich gewesen, weil es in Deutschland nur Feiglinge oder Verbrecher gab. Bereits die erste abenteuerliche Autofahrt nach Marburg zeigte, dass die Wirklichkeit sehr viel differenzierter war, und dass es eine weit stärkere innere Emigration gegeben hatte, als man sich dies vorgestellt hatte. An den ersten Marburger Hochschulgesprächen beteiligten sich aus diesen Kreisen Hochschullehrer der amerikanischen und britischen Besatzungszonen auf Einladung des amerikanischen Universitätsoffiziers Edward Hartshorne, eines Harvardsoziologen, der in der Hitlerzeit in Berlin studiert hatte, und des Marburger Rektors, des Philosophen Julius Ebbinghaus, der zu diesem Amt wegen seines notorischen Widerstandes gegen das Naziregime gekommen war.

Bei dieser Tagung gewann ich drei Frankfurter sozusagen als Freunde. Der eine war Walter Hallstein, der damalige Rektor der Universität, der als glasklarer Jurist später eine glänzende politische Karriere machte, als Staatssekretär bei Konrad Adenauer die Außenpolitik der Bundesrepublik prägte und der erste Präsident der Europäischen Kommission wurde. Der zweite war der Direktor des Goethemuseums Ernst Beutler, der zugleich Professor für deutsche Literaturgeschichte war. Die engste Freundschaft entwickelte sich mit dem Staatswissenschaftler Heinz Sauermann. Er hatte 1927 als Soziologe bei Othmar Spann und Hans Kelsen in Wien promoviert, war 1929 bis 1935 zuerst als Assistent am Institut für angewandte Soziologie in Berlin bei Karl Dunkmann und nach dessen Tod 1932 als kommissarischer Direktor bis zur Auflösung des Instituts 1935 tätig. Er habilitierte sich 1937 für Soziologie und Nationalökonomie, erhielt jedoch wegen seiner so genannten „jüdisch versippten" Frau eine Dozentur nicht in Berlin, sondern dank Wilhelm Gerloff 1939 in Frankfurt und wandte sich ganz der Nationalökonomie zu. 1946 erhielt er den ordentlichen Lehrstuhl für Wirtschaftliche Staatswissenschaften und wurde gleichzeitig als politisch Unbelasteter Dekan der Wirtschafts- und Sozialwissenschaftlichen Fakultät in der Phase ihres Wiederaufbaus. Er war auch derjenige, der mich sehr subtil für die Soziologie-Professur vorbereitete, die ich 1961 in Frankfurt erhielt. Die erste indirekte Vorbereitung hierfür fand 1950 statt, als Adorno gerade aus Amerika zurückgekommen war und Sauermann, der die Rückkehr Horkheimers von Santa Monica nach Frankfurt initiiert und maßgeblich bewerkstelligt hatte, mich telephonisch bat, Adorno ein paar Nächte in unserm kleinen Reihenhaus zu beherbergen, da Horkheimer nicht in der Lage sei, ihm

eine Hotelunterkunft während der Ersten Internationalen Soziologenkongresses in
Zürich vom 4.– 9. September 1950 zu ermöglichen. Ich hatte nie Soziologie studiert,
hätte es aber tun können, weil René König als Philosoph nach Zürich emigriert
war und dank meines sehr liberalen und hochschulpolitisch einflussreichen Lehrers Ernst Howald als Privatdozent mit ständigem Lehrauftrag sehr erfolgreich
Soziologie lehrte; doch war ich neben der Philologie mehr an Philosophie und
Wirtschaftswissenschaften interessiert.

Deshalb erwartete ich während des mehrtägigen Besuchs Adornos keine
soziologischen Erkenntnisse. Allerdings fand ich es merkwürdig, dass er als Soziologe von der sehr lebhaften vierjährigen Tochter gar keine Notiz nahm und vom
halbjährigen Sohn nur insofern, als er meiner Frau beim Einsteigen in die Strassen
half, den Kinderwagen zu heben. Doch trug die Beherbergung Adornos zweifellos
dazu bei, dass Horkheimer und er meine Frankfurter Berufung nicht verhinderten.

Ist aus diesen ersten Begegnungen eine Freundschaft entstanden?

Freundschaft wäre übertrieben, doch habe ich in der Frankfurter Zeit Adorno
immer wieder kollegial getroffen und war auch bei ihm zu Hause eingeladen. Mit
Horkheimer war die Beziehung enger. Im Tessin hatten wir ein Ferienhaus, das
man nur zu Fuß erreichen konnte, und wenn wir dort waren, hat er meine Frau und
mich immer wieder in sein Haus in Montagnola eingeladen. Ich hatte mit beiden
Direktoren des Instituts für Sozialforschung persönlich ein gutes Verhältnis.

Horkheimer hat es verstanden, im Rahmen seines angestammten Lehrstuhls
für Sozialphilosophie den er 1949 wieder erhielt, auf eine sehr interessante Art die
Philosophie mit der Soziologie zu verbinden, so dass das von ihm geleitete Institut
für Sozialforschung das Monopol der Soziologieausbildung in den fünfziger Jahren
erreichte. Während dieser Jahre hat er jeden Versuch der Wirtschafts- und Sozialwissenschaftlichen Fakultät, den seit 1934 verwaisten Lehrstuhl für Soziologie
durch die Nennung bekannter Soziologen wieder zu besetzen, im Kultusministerium hintertrieben. Er war ein außerordentlich urbaner Intellektueller, wurde
1951 Rektor und gewann nicht nur in Frankfurt, sondern auch in Wiesbaden allgemeine Anerkennung, so dass er auch bei sozialwissenschaftlichen Berufungen
der Wirtschafts- und Sozialwissenschaftlichen Fakultät im Kultusministerium
intervenieren konnte.

Die Änderung seiner Lehrstuhlbezeichnung, mit der die Soziologie als Lehrfach
von der WiSo-Fakultät zuerst ganz, nachher zum Teil in die Philosophische Fakultät
abwanderte, wäre früher nicht möglich gewesen. Das Institut für Sozialforschung
war ein reines Forschungsinstitut gewesen, und die Universität war die erste, die
neben Köln seit 1919 einen Lehrstuhl für Soziologie hatte. Er gehörte konstitutiv
zur Wirtschafts- und Sozialwissenschaftlichen Fakultät und wäre es unter normalen Umständen geblieben, denn bis 1934 gab es nur an der Wirtschafts- und

Sozialwissenschaftlichen Fakultät Soziologieunterricht. Horkheimer erreichte die
Änderung seiner Lehrstuhlbezeichnung „Sozialphilosophie" in „Philosophie und
Soziologie", indem er sie zuerst in der eigenen Fakultät mit dem Hinweis begründete,
dass er im Institut für Sozialforschung auch Studierende soziologisch ausbilde.
Doch konnte er als Rektor die Lehrstuhländerung nicht ohne das Einverständnis der
für die Soziologie zuständigen Fakultät an das Kulturministerium weiterleiten. Er
suchte persönlich den in Abwesenheit des Dekans Sauermann geschäftsführenden
Prodekan der Wirtschafts- und Sozialwissenschaftlichen Fakultät, den Statistiker
Paul Flaskämper auf, der als harmloser Mitläufer entnazifiziert worden war, und
überzeugte ihn vermutlich nicht ohne diskrete Anspielung auf sein moralisches
Recht auf Wiedergutmachung, dass es sich um eine dringliche Angelegenheit
handle. Jedenfalls versah der Prodekan sofort den Antrag mit dem Plazet der
Wirtschafts- und Sozialwissenschaftlichen Fakultät, so dass diese an der nächsten
Sitzung zu ihrem Erstaunen erfuhr, dass Soziologie zu einem ordentlichen Lehr-
fach der Philosophischen Fakultät geworden war. Bis gegen Ende der fünfziger
Jahre bauten Horkheimer und Adorno dieses Lehrfach zur ‚Frankfurter Schule'
aus. Ich gestehe, dass ich die politischen Fähigkeiten Horkheimers, vor allem die
Verteidigung seines Instituts bewundert habe. Im Nachruf, den ich auf ihn in der
Frankfurter Wissenschaftlichen Gesellschaft hielt, habe ich ihm etliche Lorbeeren
persönlicher Art gewidmet. Andere Personen haben eher die negativen Auswirkungen seiner Machiavellismus erfahren, wie Golo Mann, der 1963 einen Ruf als
Politologe an der Wirtschafts- und Sozialwissenschaftlichen Fakultät erhalten hatte,
jedoch nach der Intervention Horkheimers in den Berufungsverhandlungen derart
schäbig behandelt wurde, dass er den Ruf ablehnen musste.

Ich bin also nach Deutschland gegangen, um persönlich zu erfahren, was aus
Deutschland geworden war. Ich war nicht nur in der Sprache, sondern auch in der
ganzen Literatur und Philosophie deutsch erzogen worden. Zugleich war Deutsch-
land, d. h. das deutsche Regime und die deutsche Wehrmacht zum Symbol des
Bösen geworden. Dann aber stellte sich heraus, dass dieses Urteil differenzierter
ausfallen musste. Ich war bei den Marburger Hochschulgesprächen der jüngste
Teilnehmer. Beim Abschiedsgespräch mit den Schweizer Teilnehmern legte uns
Hartshorne den Plan vor, im Herbst einen internationalen Ferienkurs für Studenten aus möglichst allen Besatzungszonen zu veranstalten. Während die andern
Schweizer zurückhaltend reagierten, hielt ich den Plan für eine großartige Idee.
Im Sommer erhielt ich einen Anruf der amerikanischen Militärregierung, in dem
mich Hartshorne bat, einige Schweizer Hochschullehrer zu veranlassen, mit mir
als Referenten an diesem Ferienkurs teilzunehmen. International bedeute, dass die
Vortragenden als Ausländer die deutschen Teilnehmer aus den drei Westzonen mit
dem internationalen Stand der Forschung in ihrem Fach bekannt machen sollten.
Im September folgte eine weitere abenteuerliche Reise, diesmal mit der Bahn, die
von Basel bis Marburg anderthalb Tage dauerte. Als ich dort zusammen mit einem

Zürcher Professor ankam (vier andere aus Basel, Freiburg und Genf kamen etwas später) empfing uns Harthornes deutsche Sekretärin mit der Nachricht, ihr Chef sei bei der Rückfahrt aus München, wo er auch für die bayerischen Universitäten verantwortlich geworden war, durch irgendwelche Amerikaner erschossen wurde. Er hatte mich aber zusammen mit dem nach Chicago emigrierten Rechtssoziologen Max Rheinstein als Leiter des zwei Wochen dauernden Ferienkurses bestimmt, und so bin ich in die Reformdiskussion der amerikanischen Besatzungszone hineingekommen, die an den Marburger Hochschulgesprächen noch zwei Jahre weiterging und ihre Fortsetzung in den Tagungen zum Studium Generale 1951 in Weilburg und 1952 in Hinterzarten fand. Für das Sommersemester 1948 wurde ich als – noch nicht habilitierter – Gastdozent an der Universität Köln eingeladen. Als Hallstein davon hörte, sollte ich jeweils auch nach Frankfurt kommen. Doch als ich an einem schönen Mittwochmorgen in Frankfurt beginnen wollte, war der Hörsaal vollkommen leer. Im Rektorat, wo ich Hallstein aufsuchte, war zufälligerweise der damalige Dekan der Philosophischen Fakultät Hans-Georg Gadamer anwesend, und der rief entsetzt aus: Er habe vergessen, meine Vorlesung anzukündigen. Das Pendeln zwischen Köln und Frankfurt hatte keinen Sinn mehr, und in Köln hatte ich ein sehr interessantes, aber auch anstrengendes Semester mit intelligenten, lernbegierigen Studenten vor und nach der Währungsreform. Diese erlebte ich, als mich der Dekan der Philosophischen Fakultät zu einer Reise nach Hamburg mitnahm. Als wir die Nacht durchgefahren waren, wurden wir im Bahnhof Hamburg-Dammtor von der Polizei abgefangen und in ein Büro geführt. Dort unterzog man uns jedoch nicht einem Verhör, sondern gab jedem von uns – wie allen westdeutschen Einwohnern – 50 oder 60 neue D-Mark, so dass wir von der Zigaretten- zu einer Geldwährung übergehen konnten und sofort Lebensmittel und Bücher erhältlich waren. Das war nicht die einzige Erfahrung der damaligen Zeit. Ich war in einem unversehrten Privathaus als Gast der dortigen Familie untergebracht, doch wenn ich zum Fenster hinausschaute, sah ich nur Ruinen, und das Essen bestand bis zur Währungsreform zumeist aus den von mir mitgebrachten Fleischkonserven und Teigwaren mit Kartoffelsalat oder Kartoffeln mit Teigwarensalat.

Ich bin in jenen Jahren öfters in Westdeutschland gewesen. Münster war so zerstört, dass man mir im Winter 1946 vom Bahnhof die weitab in der Stadt gelegene Universität zeigen konnte. In der Nacht zuvor hatte ich im Bahnhof Hannover, abends von Göttingen her kommend, beim Warten auf den ersten Morgenzug das furchtbare Elend der Ostflüchtlinge hautnah zu spüren bekommen. Ich habe also die erste Nachkriegszeit in Westdeutschland mit ihren Höhen und Tiefen erlebt, vor allem auch die Situation der Studierenden. Eine große Hochachtung habe ich nicht nur für Teile der Intelligenz, sondern noch mehr für die Bevölkerung schlechthin bekommen, die mit den äußeren und inneren Verwüstungen, die Hitler hinterlassen hatte, mit erstaunlicher Einsicht und Energie aufräumte.

1952 wurde ich von Sauermann und dem Rektor Horkheimer eingeladen, im Rahmen des „Chicago-Frankfurt Interuniversity-Exchange" ein interdisziplinäres Seminar mit einem Thema zu moderieren, das mich sehr interessierte, nämlich das deutsche Reformprogramm des Studium Generale mit seinem Vorbild, der amerikanischen *General Education* Bewegung, zu vergleichen. Die angelsächsischen Besatzungsmächte wollten, dass die Deutschen sich zu Demokraten umerziehen sollten. Das bedeutete für die Universitäten die Einführung neuer Curricula, in erster Linie der Politikwissenschaften, sowie die politische Bildung der Studierenden durch allgemeinbildende Studienangebote und Wohngemeinschaften, in denen diese Bildung eingeübt werden konnte. Beides wurde unter dem semantisch falschen Namen „Studium Generale" propagiert und an vielen wissenschaftlichen Hochschulen durchgeführt. (Studium Generale war die mittelalterliche Bezeichnung für Universitäten, weil diese im Unterschied zu den Dom- und Mönchsschulen das Recht hatten, akademische Titel zu verleihen, die generell, das heißt in allen römisch-katholischen Ländern zur akademischen Lehrtätigkeit berechtigten). Im akademischen Jahr 1952/53 behandelten fünf Chicagoer, sieben Frankfurter Professoren und ein Schweizer Dozent sowie 15–20 Studierende in einem wöchentlich stattfindenden Seminar die unter den Namen „Studium Generale" in Gang gekommene westdeutsche Hochschulreform vor dem ideellen Hintergrund der europäischen Humanismusdiskussion im Lichte der amerikanischen Vorläufer und westdeutschen Versuche als bildungssoziologisches Problem.[1] Das Programm schloss mit der Besichtigung einiger süddeutscher Studium Generale-Einrichtungen durch die Chicagoer Gäste ab.

1955 wurde ich von der Wirtschafts- und Sozialwissenschaftlichen Fakultät eingeladen, mich mit einer Vorlesung und einer Seminardiskussion im Hinblick auf die erstrebte Wiedererrichtung des haushaltsmäßigen Lehrstuhls für Soziologie vorzustellen und wurde, nachdem 1960 der Wissenschaftsrat die soziologische Schwerpunktbildung an dieser Fakultät empfohlen hatte, 1961 auf den ersten der drei empfohlenen ordentlichen Lehrstühle berufen. In den 50er-Jahren hatte die Fakultät Wiedergutmachungsprofessuren erhalten, deren Inhaber 1961 verstorben oder emeritiert waren. Hans Gerth fehlte unter ihnen. Adorno weigerte sich nicht nur, in seiner Fakultät für Gerth eine Wiedergutmachungsprofessur zu beantragen, sondern verhinderte dies auch in der Wirtschafts- und Sozialwissenschaftlichen Fakultät. Während meines Rektorats erfolgte ein entsprechender Vorstoß aus dem Ministerium. Jemand hatte derart erfolgreich interveniert, dass ich als Rektor gebeten wurde, zu prüfen, ob man etwas für Gerth tun könnte. Ich wusste, dass Gerth kein üblicher Lehrer für Anfängerstudenten war. Wir brauchten einen solchen auch nicht; aber ich war überzeugt, dass es für fortgeschrittene Studie-

---

[1] Walter Rüegg, Humanismus, Studium Generale und Studia humanitatis in Deutschland, Genf 1954.

rende und die Assistenten wissenschaftlich ergiebig sein würde, mit Gerth und seiner amerikanischen Art, Vorlesungen zu halten, zusammen zu arbeiten. Das war zwar noch kein Graduiertenkolleg, doch eine einmalige Gelegenheit, sich auf dieser Ebene soziologisch weiter zu bilden. Dies bestätigte sich, als Hans Gerth auf Grund meines Gutachtens seine Professur bekam.[2]

Können Sie sich vielleicht daran erinnern, wie sich Adorno und Horkheimer angesichts des Umstandes verhielten, dass auch Karl Mannheim Soziologieprofessor in Frankfurt und Hans Gerth in dieser Zeit sein Schüler war?

Die Wirtschafts- und Sozialwissenschaftliche Fakultät wollte Mannheim zurückholen; doch bevor das überhaupt möglich war, ist er gestorben.

Aber es gab entsprechende Versuche, Mannheim nach Frankfurt zurückzuholen?

Mannheim war bereits 1946, als sich Sauermann als Dekan um seine Rückkehr bemühte, so schwer erkrankt, dass er anfangs Januar 1947 starb. Natürlich hätte die Entwicklung einen ganz anderen Verlauf genommen, wenn Karl Mannheim nach dem Krieg nach Frankfurt zurückgekommen wäre.

Haben sich Adorno und Horkheimer eigentlich auch auf die Zeit vor 1933 bezogen, als Mannheim wie ein Soziologiestar nach Frankfurt gekommen ist?

In meiner Antrittsvorlesung habe ich mich auf Mannheim bezogen, doch haben Horkheimer und Adorno, die ihr beiwohnten, mich weder darauf angesprochen noch sich später über ihre Beziehungen zu Mannheim geäußert. Horkheimer sprach mit mir gerne über Aufklärungsphilosophen und auch über aktuelle universitätspolitische Fragen. Bei Adorno wusste ich, dass ich ihn mit ziemlicher Sicherheit nach dem Abendessen in seiner Wohnung bei einer Radio- oder Fernsehsendung bewundern konnte und „Wie war ich?" gefragt wurde. Als ich 1961 meine Tätigkeit in Frankfurt aufnahm, begrüßte er mich mit dem Angebot, mir zu helfen, in Frankfurt voranzukommen. Er könne mir eine Sendung beim Hessischen Rundfunk, sei es beim Radio oder beim Fernsehen verschaffen. Dann müsse ich nur etwa zwanzig Hörer- oder Zuschauerbriefe organisieren, und ich sei beim Hessischen Rundfunk ein gemachter Mann. Die Rückmeldungsquote sei bei wissenschaftlichen Sendungen so gering, dass das genüge, um regelmäßig zu Sendungen eingeladen zu werden. Das hat mich damals sehr schockiert. Der gleiche Mann, der nicht müde wurde, sich über die Kulturindustrie und die Vermarktung des Geistes durch den Kapitalismus

---

[2] Vgl. Nobuka Gerth, „Between Two Worlds". Hans Gerth. Eine Biografie 1908–1978, Opladen 2002, S. 253 ff.

zu empören, gibt mir diesen Rat und hat das offenbar selbst mit großem Erfolg praktiziert. Während meiner Frankfurter Zeit war Horkheimer der bewunderte Leiter der Frankfurter Schule. 2003 feierte Frankfurt ein Adorno-Jahr, während der Name Horkheimers, der ein viel bedeutenderer Denker und Wissenschaftler war, schon 1995 öffentlich so wenig bekannt war, dass sein hundertster Geburtstag nur noch im engen Kreis um die Herausgeber seiner Gesammelten Schriften gefeiert werden konnte.[3] Das hat Adorno mit seiner Medien-Strategie erreicht.

Die Soziologie, schreiben Sie in dem Funkkolleg Soziologie, an dem Sie beteiligt waren, entsteht aus einer Erfahrung der Krise. Es kann auch eine Krise der Wissenschaft sein, die dazu befähigt, soziologisch zu denken.[4] Hat es 1961 in Deutschland ebenfalls diese Erfahrung der Krise gegeben? Hat Sie das dann auch mehr zur Soziologie befähigt oder gab es keine Krisenerfahrung?

1961 war das Jahr nach den „Empfehlungen des Wissenschaftsrats zum Ausbau der wissenschaftlichen Einrichtungen, Teil I wissenschaftliche Hochschulen". Die Universität Frankfurt war bekannt für ihren seit der Gründung existierenden Schwerpunkt der Soziologie, und dieser sollte entsprechend ausgebaut werden. Dafür waren drei Lehrstühle für Soziologie an der WiSo-Fakultät vorgesehen. Der erste Lehrstuhl wurde mir angeboten, wobei, wie ich später erfuhr, er noch nicht im Staatshaushalt erwähnt wurde, sondern von der *Vereinigung von Freunden und Förderern der Goethe-Universität Frankfurt* vorfinanziert wurde. Die Empfehlungen wurden von den Kultusbehörden bis 1966 schrittweise und buchstabengetreu erfüllt. Das Problem war nur, dass der Ausbau auf der Studierendenzahl von 1960 beruhte, diese jedoch im Laufe der 60er Jahre rasant anstiegen, so dass das zahlenmäßige Betreuungsverhältnis Lehrende/Lernende 1967 nicht besser war als 1960. Für die WiSo-Fakultät waren drei Professuren für Soziologie eine schöne Anzahl, verbesserten jedoch die allgemeine Situation der Überfüllung nicht wesentlich.

Zunächst gelang es mir, zwei Kollegen zu gewinnen, die weit bessere Soziologen als ich waren, nämlich 1962 Friedrich Tenbruck und 1965 Thomas Luckmann. Das erleichterte mir die Übernahme des Rektorats, das ich aus Zufall bekam: Die Wirtschafts- und Sozialwissenschaftliche Fakultät war turnusgemäß an der Reihe, dem Konzil den Rektor für das folgende Jahr vorzuschlagen, als ich meine Arbeit als Dekan überdurchschnittlich zu Ende führte, weil ich dies in der Schweiz als Geschäftsführer von Wirtschaftsverbänden gelernt hatte. Das Rektorat hat sich dann immer mehr zu einem *Fulltime Job* entwickelt und den konnte ich nur ausführen,

---

[3] Walter Rüegg, Die 68er Jahre und die Frankfurter Schule, Schriften der Margot und Friedrich Becke-Stiftung, Bd. 9, Heidelberg 2008, S. 27.
[4] Walter Rüegg, Soziologie. Funk-Kolleg zum Verständnis der modernen Gesellschaft, Bd. 6, Frankfurt am Main 1969.

weil ich sehr gute Kollegen hatte. Tenbruck hatte eine feste Vorstellung von Soziologie, so dass wir beispielsweise in unserem Seminar für Gesellschaftslehre keine Bücher von Adorno anschaffen durften, weil dies keine Soziologie sei. Man kann über die Bedeutung von Adorno als Soziologe geteilter Meinung sein, aber gleich so weit gehen? Tenbruck war seit den Marburger Gesprächen mein erster gleichaltriger deutscher Freund, und er bewog mich 1961 zur Annahme des Frankfurter Rufes. Ich habe als Professor dort zunächst nur zeigen können, wie man den Weg zur Soziologie finden kann, aber er hatte ihn bereits gefunden. Dies haben führende Kollegen anderer Universitäten anerkannt, die ihn für den damals besten deutschen Soziologen hielten. 1967 ging er nach Tübingen, weil er den Eindruck hatte, dass er in Frankfurt seine Soziologie nicht gegen diejenige von Adorno durchsetzen könne.

Thomas Luckmann ist auch nicht sehr lang geblieben?

Luckmann war ein wenig der Freiherr von Luckmann aus Slowenien, das sein Vater noch als Teil der k. & k. Monarchie erlebt hatte. Er wohnte auf dem Land in Oberhessen, kam zwei Tage nach Frankfurt, hielt sehr gute Vorlesungen und Seminare und hatte ausgezeichnete Schüler. 1970 nahm er nach der Annahme des Hessischen Universitätsgesetzes einen Ruf aus Konstanz an.

Wie haben Sie das Verhältnis zwischen dem Institut für Sozialforschung und dem Seminar für Gesellschaftslehre erlebt, bevor Sie Rektor wurden?

Ich wollte nicht in einer Art Kampfsituation mit ihm leben; nicht nur, weil ich beide Herren persönlich kannte, sondern grundsätzlich. Da wollte es der Zufall, dass meine eigene Fakultät vom wirtschafts- und sozialwissenschaftlichen Fakultätentag aufgefordert wurde, die Rahmenprüfungsordnungen für die Sozial- und Wirtschaftswissenschaften auszuarbeiten. Für die Soziologie hatte ich die Federführung und benutzte die Gelegenheit, mit Horkheimer eine gemeinsame Prüfungsordnung für Diplomsoziologie zu vereinbaren, die strukturell den Prüfungsordnungen der Wirtschafts- und Sozialwissenschaftlichen Fakultäten entsprach, im Grundstudium dieselben Fächer für die Soziologiestudenten beider Fakultäten enthielt, sich jedoch im Hauptstudium dadurch unterschied, dass als zweites Hauptfach die Soziologiestudenten der Philosophischen Fakultät Psychologie, diejenigen der Wirtschafts- und Sozialwissenschaftlichen Fakultät dagegen Nationalökonomie studierten. Soziologie konnte bei Professoren beider Fakultäten studiert werden. Das Ergebnis war ein gemeinsames Prüfungsreglement und eine gemeinsame Prüfungskommission beider Fakultäten.

Wann wurde eigentlich die gemeinsame Diplomprüfungsordnung für Soziologie eingeführt, an der sowohl die Philosophischen Fakultät als auch die WiSo-Fakultät beteiligt waren?

Das weiß ich nicht mehr genau.[5] In Erinnerung geblieben ist mir, dass wir damals die Idee hatten, die Zwischenprüfung nach fünf Semestern mit einem Zeugnis zu bescheinigen, das Studierenden, die im Grundstudium genug für eine berufliche Tätigkeit gelernt hatten, den Wechsel ins Berufsleben zu erlauben, wie uns dies bei vielen Betriebswirten möglich schien, die akademisch ausgebildete Buchhalter wurden. Ich hatte die Idee vor allem lanciert, um eine akademische Ausbildung von Sozialarbeitern zu ermöglichen, die nicht unbedingt ein soziologisches Vollstudium absolvieren wollten. Die Idee wurde in der Kommission gut aufgenommen und fand auch den Beifall der Vertreterin der Kultusministerkonferenz (KMK), scheiterte aber rasch am so genannten A 13-Syndrom. Danach muss man ein universitäres Vollstudium erfolgreich abgeschlossen haben, um den Status höherer Beamten zu erwerben. Immerhin wurde das, was heute mit dem Bachelor nach sechs Semestern erstrebt wird, vor über 40 Jahren für bestimmte Studienrichtungen ernsthaft diskutiert. Die Expansion der Massenuniversität mit ihren Auswirkungen auf Anonymisierung und Verlängerung des Studiums rief nach strukturellen Reformen, vor allem durch eine institutionelle Stufung des Studiums. Es gab bereits das dreijährige Hauptstudium in England, und in Frankreich erhielt man die License in einem vergleichbaren Zeitraum.

Dann hat man also auch schon sehr früh darüber nachgedacht, welche berufliche Qualifikation man mit dem Soziologiestudium erhalten kann?

Zweifellos. Die Soziologie ist ja nicht auf einen bestimmten Beruf ausgerichtet wie Medizin oder Ingenieurwissenschaften. Was man mit der Soziologie erreichen konnte, war eine wissenschaftliche Allgemeinbildung und empirische Technik zur Analyse sozialen Handelns. Die Vorstellung war, das Juristenmonopol bei der Behandlung gesellschaftlicher Probleme zu brechen durch eine Ausbildung, in der man lernt, gesellschaftliche Probleme kompetent anzupacken. Die Juristen haben ihr sehr gefestigtes und tradiertes Regelsystem, auf das sie sich stützen können und mit dessen Hilfe sie gesellschaftliche Verhältnisse untersuchen und beurteilen. Wir wollten in den 60er Jahren mit Hilfe der Soziologie Akademiker ausbilden können, die – abgesehen vom Gesetzes- und Gerichtswesen – ähnliche Funktionen wie die Juristen professionell ausüben konnten. Die Juristen betreiben ja alles Mögliche neben den eigentlichen Rechtsfragen; die Soziologen sollten in

---

[5] Diese gemeinsame Prüfungsordnung trat 1966 in Kraft.

Verbindung mit einer gesellschaftlich relevanten Wissenschaft wie der National-ökonomie mindestens ebenso gut auf diese verschiedenen gesellschaftlich wichtigen Berufstätigkeiten vorbereiten.

Hätte sich die Soziologie als Fach weiter professionalisieren sollen, damit dieser Schritt in Richtung Verwaltung gelingt?

Wir wollten den Soziologiestudenten eine professionelle Ausbildung geben, einer-seits die theoretischen Elemente für das Verständnis sozialen Handelns und dessen Folgen, andererseits die praktische Technik der quantitativen Analyse. Während zwei Semester mussten sie im Hauptstudium lernen, die Methoden der empirischen Sozialforschung anzuwenden. Das war die wichtigste inhaltliche Neuerung unserer gemeinsamen Prüfungsordnung.

Wurde die Lehrerausbildung in den 60er Jahren ebenfalls in das Soziologiestu-dium integriert?

Die Wirtschafts- und Sozialwissenschaftliche Fakultät hatte mit der Lehrerausbil-dung nichts zu tun, abgesehen von der Ausbildung der Handelslehrer, die durch einen eigenen Lehrstuhl betreut wurde; aber da stand die Wirtschaftslehre im Vordergrund.

In Ihrer Antrittsrede als Rektor der Universität Frankfurt sprechen Sie auch davon, dass man in der Universität Kommunikationsflächen und Räume benötigt, durch die sich in der Hochschule eine kritische Öffentlichkeit herausbilden kann.[6] Konnten Sie diese Vorstellung dann als Rektor weiter vorantreiben?

Als Rektor versuchte ich dieses Ziel durch die Teilung der Universität Frankfurt teilweise zu erreichen. Die Medizinische Fakultät in Sachsenhausen war faktisch eine selbständige Teiluniversität und hatte mit ihrer Studierendenzahl nicht die Kommunikationsprobleme der Massenuniversität, wie die anderen Fakultäten an der Bockenheimer Warte. Ich war überzeugt, dass die Kommunikationsprobleme der Massenuniversität entschärft würden, wenn man sie in Einheiten mit weniger als 9000 Studierenden teilt, was der Wissenschaftsrat in seinen Empfehlungen als Maximalgröße optimal arbeitender Universitäten bezeichnet hatte. Die Gelegenheit dazu bot der Plan, naturwissenschaftliche Institute, deren Ausbau am angestamm-ten Platz nicht möglich war, auf den Niederurseler Hang zu verlegen. Ich schlug vor, diese Auslagerung mit der Planung einer zweiten Teiluniversität für das

---

[6] Walter Rüegg, Hochschule und Öffentlichkeit, Frankfurt am Main 1965.

Grund- und Hauptstudium der nichtmedizinischen Fakultäten zu verbinden. Auf der Graduiertenstufe sollten die Teiluniversitäten sich spezialisieren und ergänzen. So würde auf dem Niederurseler Hang eine Campus-Universität mit reichlichen Kommunikationsflächen entstehen, wie sie Ulm in vorbildlicher Weise gestaltete. Die Idee überzeugte den Senat, die naturwissenschaftliche Fakultät und schließlich auch die Landesregierung – 1966 war die Zahl der Studierenden von den 9000, die 1960 den Empfehlungen des Wissenschaftsrates als Richtzahl für den Ausbau des Lehrkörpers zugrunde lagen, auf 13000 gestiegen und erhöhten sich bis zum Ende meines Rektorats 1970 auf 17000. Der Ausbau auf dem Niederurseler Hang wurde zügig in Angriff genommen. Am 21. September 1971 feierte die Universität das Richtfest der ersten Gebäude für die chemischen Institute.[7] Der Präsident der Universität, Erhard Kantzenbach, hielt in seiner Rede an der doppelten Zielsetzung, Ausbau der naturwissenschaftlichen Institute und Planung einer zweiten Universität auf lange Sicht fest.[8] Doch die 1969 neu gebildete Landesregierung verfolgte andere hochschulpolitische Ziele und ließ die zur selben Zeit in Frankreich verwirklichte Idee der Teilung von Massenuniversitäten fallen. In der alten Universität an der Bockenheimer Warte war die Schaffung studentischer Kommunikationsräume schwerer zu verwirklichen. Doch als das Seminar für Gesellschaftslehre die früheren Verwaltungsräume des Senckenberg-Museums erhielt, versuchten wir im kleinen Rahmen es so einzurichten, dass sich die Assistenten und Studierenden darin zuhause fühlen konnten.

Gab es bezüglich der hochschulpolitischen Reformvorstellungen, die Sie einerseits als amtierender Rektor und andererseits als Soziologieprofessor vertreten hatten, irgend einen nennenswerten Unterschied?

Eigentlich nicht. Als ich nach Frankfurt kam und ein Proseminar mit neunzig oder hundert Studierenden durchführen sollte, habe ich es sofort in drei oder vier Gruppen aufgeteilt. Assistenten und wissenschaftliche Hilfskräfte moderierten die Diskussionen und Arbeiten. Ich ging anfangs von einer Gruppe zur anderen, machte jedoch eine schmerzliche Erfahrung, die mich veranlasste, darauf bald zu verzichten: Wenn ich zum betreffenden Raum kam, hörte ich vor der Tür, dass drinnen eine lebhafte Diskussion im Gang war. Diese brach sofort ab, wenn ich eintrat und ließ sich nicht wieder beleben, obwohl ich den Teilnehmern zu erklären versuchte, dass sie sich in meiner Gegenwart ebenso frei wie in meiner Abwesenheit äußern könnten. Das empfand ich wie eine verschmähte Liebeserklärung. Denn mit der Aufteilung auf Gruppen hatte ich auf das Lehrmonopol des Ordinarius verzichtet und die Studierenden als Erwachsene anerkannt, die sich auch in Gegenwart des

---

[7] Heinrich Nitschke, Universitätserweiterung, Bauwelt 62 (1971), Nr. 18, S. 741–3.

[8] Uni-Report. Mitteilungsblatt der Goethe-Universität Frankfurt, Jg. 4, Nr., 9, (28.10.1971), S. 1.

Professors frei ausdrücken könnten. Der Abbau der Ordinarienherrlichkeit war mir von Anfang an ein wichtiges Reformziel. An der Philosophischen Fakultät gab es Professoren, die in ihre Vorlesung mit einem Gefolge einzogen, als ob sie Klinikdirektoren wären. Adorno zog ebenfalls mit Pomp in seine große Vorlesung ein, allerdings nicht mit einem Schweif von Assistenten; diese erwarteten ihn in im Hörsaal. All das widerstrebte mir. Ich war zwar nie der Meinung, dass man mit seinen Studenten burschikos umgehen sollte; denn als Professor hat man ein anderes Alter und eine andere Funktion. Doch ebenso grausten mich Studenten, die mir unbedingt die Mappe tragen wollten. Für mich waren Studenten angehende Akademiker, die sich selbst bilden müssen und die ich in ihrem Bildungsprozess mit meinem Wissen und Können bestenfalls anregen und herausfordern konnte.

Dies bestimmte mein Verhalten sowohl als Professor wie als Rektor, und besonders empfindlich reagierte ich auf den falschen Gebrauch von Symbolen. So hielt ich Talare für eine Universität, die 1914 als bürgerliche Stiftungsuniversität gegründet worden war, für anachronistisch und vollkommen sinnlos. Ich war stolz darauf, dass man an der Universität Zürich, die 1833 gegründet wurde, am Stiftungstag den Bratenrock trug und nur für den Fall, dass der Rektor an eine fremde Universität gehen musste, eine Rektoratskette und einen Reise-Talar einführte, nachdem ein Züricher Rektor nach 1945 bei einer akademischen Veranstaltung in England mit einem Oberkellner verwechselt worden war. Von meiner Berufung nach Frankfurt wurde ich nicht zuerst vom Ministerium in Kenntnis gesetzt, sondern von einem Frankfurter Schneidergeschäft, das mich zur Anprobe des Talars einlud.

Wer hat für das Selbstverständnis der Frankfurter Soziologie eine Rolle gespielt? Gibt es da einen Bezug auf eine bestimmte Tradition?

Der erste Inhaber des soziologischen Lehrstuhls Franz Oppenheimer war ein bedeutender soziologischer Theoretiker und Praktiker. Nach seiner Emigration hat er in Israel maßgeblich die Kibbuz-Bewegung beeinflusst. 1964 stiftete die Stadt Frankfurt der Hebräischen Universität in Jerusalem ein Oppenheimer-Zentrum, an dessen Einweihung die Frankfurter Delegation den Dekan der Wirtschafts- und Sozialwissenschaftlichen Fakultät einschloss. Trotz seiner damaligen Bedeutung war Oppenheimer während meiner Frankfurter Zeit nur noch historisch interessant. Das gilt nicht von seinem Nachfolger Karl Mannheim. Er war nicht nur in seiner Frankfurter Zeit ein sehr bedeutender Soziologe; er blieb es als Emigrant in England und nach seinem Tod, mindestens bis in die achtziger Jahre. Ich selbst habe mich auch im soziologischen Selbstverständnis als Nachfolger Mannheims verstanden.

Wie war eigentlich die Stellung des akademischen Mittelbaus am Seminar für Gesellschaftslehre? Sie haben ja selbst in einer Schrift über die Studentenrevolte gesagt, dass den Assistenten eigentlich eine andere Rolle zukommen müsste.

Ich bin dort vielleicht zu hart in meinem Urteil gewesen. Freunde von der National-ökonomie – dazu gehörte nicht nur der ältere Kollege Sauermann, sondern auch sein Schüler Karl Häuser – waren der Meinung, dass ich das Verhältnis zwischen Professoren und Assistenten nicht richtig geschildert hätte. Es ist richtig, dass gerade an unserer Fakultät die Professoren für ihre Assistenten geistige Väter gewesen sind, die sich auch um deren Zukunft kümmerten. Ich selbst habe die Assistenten immer als gleichwertige Partner behandelt und die damals gängige Praxis angeprangert, dass sie nicht unter ihrem Namen eine Lehrveranstaltung ankündigen konnten, sondern nur unter dem des Lehrstuhlinhabers, der die formelle Verantwortung trug. „Rüegg mit Assistent" bedeutete praktisch „Assistent ohne Rüegg". Doch wirkte sich die Verantwortung des Lehrstuhlinhabers für die Lehrtätigkeit ihrer Assistenten zweifellos oft insofern positiv aus, als die Professoren für die Laufbahn ihrer Assistenten gesorgt haben. Ich habe schon die Bezeichnung „Doktorvater" ungern gebraucht. Denn eine Dissertation soll eine selbstständige Arbeit sein, die keinen anderen Vater hat als den Verfasser, allenfalls einen Mentor, der nicht sagt, wo es lang geht, sondern dem Doktoranden für besondere Fragen zur Verfügung steht. Ähnlich war auch meine Haltung gegenüber den Assistenten. Ich stand ihnen zur Verfügung, wenn sie meinen Rat oder meine Hilfe brauchten. Doch ihre Zukunft war ihre Sache.

Hat es denn in den 60er Jahren auch noch andere Konflikte zwischen den Assisten-ten und den Professoren gegeben?

An der Wirtschafts- und Sozialwissenschaftlichen Fakultät überhaupt nicht. Es gab auch sonst keine offenen Konflikte. Aber die Bundesassistentenkonferenz, deren Gründung ich als Präsident der Westdeutschen Rektorenkonferenz unterstützt hatte, benutzte das Argument latenter Konflikte, um ihre berechtigte Forderung nach struktureller Verbesserungen des Assistentenstatus durchzusetzen. Die Bundesassistentenkonferenz hat sich aufgelöst, als viele Mitglieder Professoren geworden waren, zum Teil als berühmt-berüchtigte „Hessenprofessoren", die in einem normalen Berufungsverfahren nie durchgekommen wären. Viele verdienten es, ohne Habilitation Professor zu werden, denn ihre Dissertation war besser, als manche Habilitationsschriften früherer Jahrzehnte, und auch als Hochschullehrer hatten sie sich bewährt.

In welcher Weise wurde Ende der 60er Jahre im Rektorat und in den einzelnen
Fakultäten die bevorstehende Gründung der Fachbereiche diskutiert? Habermas
zum Beispiel war ja aufgrund der sich dabei abzeichnenden Belastung durch die
Lehrerausbildung gegen eine Zusammenlegung der Philosophie mit der Soziologie
gewesen.

Wir hatten seit 1966 ein Hessisches Universitätsgesetz, das in bestimmten Bereichen
sehr fortschrittlich war. Zum Beispiel konnte ein Rektor länger als zwei Jahre im
Amt bleiben und die Universität wirksamer vertreten als im ein- bis zweijährigen
Ehrenamt. So bin ich fast fünf Jahre lang Rektor gewesen und wurde in den letz-
ten Jahren zu Haushaltsberatungen und Berufungsverhandlungen hinzugezogen,
während ich im ersten Rektoratsjahr bei Gesprächen mit Ministerialbeamten den
Eindruck hatte, dass sie es nicht für nötig hielten, sich meinen merkwürdigen
Schweizer Namen zu merken.

Im Rahmen des Gesetzes von 1966 diskutierten wir 1967 auch die Frage der
Mitbestimmung von Studenten und Assistenten. Die studentische Mitsprache
(ohne Stimmrecht) bei der Behandlung studentischer Angelegenheiten in den
Fakultäten und im Senat hatten die amerikanischen Besatzungsbehörden als eine
der Bedingungen für die rasche Wiedereröffnung der Universitäten nach 1945
eingeführt. 1967 ging es um die Einführung einer qualitativen Mitbestimmung
von Vertretern der Studenten und Assistenten, das heißt in allen Fragen, in denen
sie auf Grund ihres Status für Entscheidungen qualifiziert waren. Praktisch war
dies in allen universitären Angelegenheiten mit Ausnahme von Forschungsmitteln
und Berufungsvorschlägen für Lebenszeitstellen der Fall. 1968 vereinbarten wir
vier Rektoren der wissenschaftlichen Hochschulen mit dem Hessischen Ministerpräsidenten Georg August Zinn eine Revision des Universitätsgesetzes von 1966
auf Grund der Vorschläge der so genannten Godesberger Rektorenerklärung,
und sie wäre auch zustande gekommen, wenn Zinn nicht einen Hirnschlag erlit-
ten hätte. Das sind eben die Zufälle des Lebens. So konnte Friedeburg, der am
1. Oktober 1969 Kultusminister in der neuen Landesregierung geworden war, den
Entwurf eines neuen Universitätsgesetzes, den er zusammen mit Jürgen Habermas sowie den Juristen Erhard Denninger und Rudolf Wiethölter 1968 vorgestellt
hatte, als Regierungsvorlage dem Landtag vorlegen. Es sah eine vollständige
Strukturreform vor, die Ablösung der Fakultäten durch Fachbereiche und die Leitung der Universitätsorgane durch paritätisch aus Vertretern der Professoren, des
Mittelbaus und der Studierenden zusammengesetzte Gremien. Damit wurden die
Professoren aus ihrer persönlichen Verantwortung für das Zusammenleben in der
Universität entlassen, brauchten nur noch Vertreter zu wählen und konnten sich in
ihr Fachgebiet zurückziehen. Es war vorauszusehen, dass die informelle kollegiale
Zusammenarbeit bei der Vorbereitung fachübergreifender Universitätsgeschäfte
durch einen bürokratischen Apparat in den Fachbereichen, ständigen Ausschüssen

und dem Präsidium ersetzt, damit die Anonymität sozialer Beziehungen in der Massenuniversität verstärkt und die in Gang gekommene Reform zu deren Abbau für Jahrzehnte lahmgelegt würde.

Wie haben Sie die Universitätsbürokratie während der Studentenunruhen wahrgenommen?

Dass Bürokratie aus einer Mücke Elefanten machen kann, wurde mir 1947 von der amerikanischen Militärverwaltung in Berlin eindrücklich demonstriert. Ich war mit meiner Frau von einem Pädagogen in der Hochschulabteilung vor den zweiten Marburger Hochschulgesprächen zu einem Gespräch nach Berlin eingeladen worden. Als wir mit einem amerikanischen Militärzug in Frankfurt ankamen, stand auf dem selben Bahnsteig ein Militärzug nach Berlin zur Abfahrt bereit, so dass wir nach Rückfrage bei einem Schaffner einstiegen, in Berlin jedoch unseren Gastgeber in Schrecken versetzten, als wir ihm von der reibungslosen herrlichen Reise erzählten. Wir hätten in Frankfurt im Militärbüro des Bahnhofs den Reisepermit vorlegen müssen, um die notwendige Bescheinigung zur Rückreise aus der Vierzonenstadt Berlin in die amerikanische Zone zu erhalten. So ging dem Gespräch über Hochschulreformen eine Wanderung von einem Büro zum andern voraus; überall wurde ich freundlich empfangen und hilfsbereit in das nächste Büro geführt, bis nach drei Stunden unsere Reisepapiere die notwendigen Bestätigungen für die Rückfahrt aufwiesen.

So lernte ich, dass Bürokratie zunimmt, wenn das gesellschaftliche Zusammenleben durch Krieg oder andere Anlässe der Überforderung nicht mehr durch die gewohnten Normen geregelt werden kann. Dies war auch in den Studentenunruhen der 68er Jahre der Fall. Ausgelöst wurden sie, als die Massenuniversität der 60er Jahre die traditionellen Strukturen der Universität überforderte. Der SDS hatte in den 50er Jahren begonnen, eine gesellschaftliche Revolution zu diskutieren, und 1961 veröffentlichte er die berühmte Kampfschrift gegen die Empfehlungen des Wissenschaftsrates, wonach diese Empfehlungen rein technokratische Reformen bringen würden, welche die Universität vollends dem Kapitalismus zu unterwerfen drohten. Dagegen entwickelte der SDS das Modell der ‚demokratischen Universität‘, die von den Studenten als Volk konstituiert und geleitet wird. Dieses ‚demokratische‘ Universitätsmodell blieb bis 1967 ein Hauptgegenstand der Theoriediskussionen, die der SDS in Räumen der Universität durchführen konnte. Solange diskutiert wurde, hatte ich formell nichts gegen diese Art ‚politischer Bildung‘ einzuwenden.

Der SDS gewann nach dem Tod von Benno Ohnesorg im Sommer 1967 eine politische Breitenwirkung. An der Trauerkundgebung in Frankfurt nahm ich teil, weil ich es für die Pflicht des Rektors hielt, den Studierenden die Teilnahme der Universität zu bekunden. Als aber der SDS am 16. November ankündigte, durch ein Go-in den Professor Carlo Schmid, der zugleich Bundesminister war, in seiner nächsten Vorlesung wegen der in Bonn vorbereiteten Notstandsgesetze zur Rede zu stellen, musste ich bürokratisch reagieren: Ich telegraphierte ihm, dass die Hörer einer Vorlesung frei seien, mit dem Professor ihrer Vorlesung über die behandelten Themen zu reden; Studenten als Bürger den – sozialdemokratischen – Minister zu einer politischen Diskussion einladen können; doch in seine Vorlesung einzudringen und ihn wegen seiner Tätigkeit als Minister zur Rede zu stellen, sei nicht Ausübung demokratischer Rechte, sondern Einübung faschistischer Terrormethoden und könne nicht mehr geduldet werden. Damit war der Burgfrieden, der mir bei Kollegen den Titel eines SDS-Rektors eingetragen hatte, zu Ende, wobei ich nicht realisierte, dass das Wort „faschistisch", das ich wie alle historisch gebildeten Zeitgenossen auf Mussolinis nationalistisch motivierte Einschüchterungsmethoden bezog, von linken Studierenden nach DDR-Manier mit „nazistisch" gleichgesetzt werden und den Verdacht erregen konnte, ich vergleiche die SDS-Anhänger mit Nazis.

Da fing dann der Streit an?

Zunächst spielte er sich universitätsintern ab. Das Konzil, die oberste legislative Instanz der Universität, hatte am 6. Dezember eine Satzungsänderung beschlossen, die den Studenten eine 20prozentige Mitbestimmung in den Leitungsorganen der Universität und der Fakultäten zusprach. Anschließend fand im Rektorat die monatliche Senatssitzung statt. Der SDS, der eine 33prozentige Mitbestimmung und einen studentischen Konrektor gefordert hatte, folgte mit 150 bis 200 Studierenden zu einem Sit-in in die Vorhalle vor dem Rektorat. Einige SDS Prominente unternahmen ein Go-in ins Rektorat, um „die Öffentlichkeit der Senatsverhandlungen" herzustellen, wurden aber durch den Justitiar und einige Bedienstete der Universität daran gehindert. In der Folge gingen der AStA-Vorsitzende und der zweite Studentenvertreter im Senat abwechselnd zu den in der Vorhalle Sitzenden und orientierten sie über den Verlauf der Sitzung. Als diese nach etwa zwei Stunden zu Ende ging und sich herausstellte, dass auch der Notausgang zum Hof blockiert war, lehnte ich die Aufforderung, die Polizei kommen zu lassen, ab und ging an der Spitze des Senats zum üblichen Ausgang. In der Vorhalle wurde mir sofort die Flüstertüte gereicht; doch lehne ich es ab, unter Druck zu reden und ging vorsichtig über die sitzenden Studentinnen und Studenten hinweg zum Hauptausgang, wo ich feststellte, dass die anderen Senatsmitglieder zurückgehalten wurden. Zwei Studierende, die mich aus dem Seminar persönlich kannten, bestürmten mich mit dem Ausruf: „Aber wir wollen Sie hören", zu den Sitzenden zu sprechen und den Einwand zu entkräften, sie hätten doch von ihren Vertretern gehört, was der Senat verhandelt habe. Dieser Bitte konnte ich nicht mehr widerstehen, zumal ich im Gegensatz zu den andern Senatsmitgliedern frei war, nach Hause zu gehen. Was ich sagte und wie lange ich sprach, ist mir völlig entschwunden. Jedoch erhoben sich die Sitzenden nach meiner Rede, und Studierende wie Senatsmitglieder gingen ihrer Wege. Auf dem viertelstündigen Heimweg zur Ulmenstrasse wurde mir das Groteske der soeben erlebten Szene bewusst: Da sitzen Studenten und Studentinnen der Alters- und zum Teil Gymnasialklasse meiner ältesten Tochter, die bereits in Florenz studierte; Söhne und Töchter aus bürgerlichen und großbürgerlichen Familien, zwei Stunden auf den Fliesen der kalten Vorhalle, bis die von ihren Anführern verteufelte Autorität einige Worte an sie richtet. Das ungelöste Autoritätsproblem der Studierenden war mir seit dem Proseminarerlebnis 1961 immer wieder, jedoch nie so stark begegnet. Ich habe es deshalb den Studenten nie übel genommen, wenn sie Ihre Lehrer auf die Probe stellten, ob sie Autoritäten im richtigen Sinne sind oder nicht. Das Schlimme war, dass Professoren, die sich vorher am autoritärsten gebärdeten, sich am schnellsten anpassten

Sie sagen ja, dass die 68er-Bewegung auch einen extremen Personenkult entwickelt hat.

Das war zunächst ein Großvaterkult, in den auch Horkheimer und Herbert Marcuse mit einbezogen wurden

Wie soll man das verstehen: „Großvaterkult"?

Mit den Vätern hatte man Probleme, und das Vorbild war ein Lehrer im Großvateralter oder eine mythische Figur. So erhielten im Jahr 1969 bei der Besetzung des Seminars für Soziologie an der philosophischen Fakultät die Bücher den Stempel „Spartakus-Seminar" (Habermas war 1964 unter der Bedingung nach Frankfurt gekommen, dass er nichts mit dem Institut für Sozialforschung zu tun hätte und ein Soziologisches Seminar für die Ordinarien Adorno, Habermas und Friedeburg in der Myliusstrasse eingerichtet wurde). Spartakus war neben Marx, Mao oder Ho Chi Minh ein mythischer Großvater, der den Befreiungskampf der Unterdrückten mit dem Tod bezahlt hatte.

Eine bestimmte Revolte gegen die Verwaltung, gegen die Ohnmacht der Studenten oder dagegen, dass es Unstimmigkeiten gibt, können Sie nachvollziehen?

Ich habe sogar die Rektoratsbesetzung zugelassen. Das nahm mir die *Frankfurter Allgemeine Zeitung* zunächst sehr übel. Ich nannte das damals die „Politik der aktiven Geduld". Sie hat sich dann auch bewährt. Der SDS wollte für eine große Kundgebung, die vor der dritten Lesung der Notstandsgesetze an Pfingsten in der großen Messehalle stattfinden sollte, einen spektakulären Polizeieinsatz provozieren, der die beabsichtigte Teilnehmerzahl von zehntausend Schülern und Studierenden mobilisieren könnte. Politisch war die Rektoratsbesetzung für den

SDS ein Misserfolg; denn zur Kundgebung an Pfingsten kamen nur einige hundert Demonstranten, die statt die Messehalle die Studentenmensa füllten.

Das war dann nach zwei Wochen der Fall?

In den Tagen vor und nach Himmelfahrt hatte der SDS mit einem so genannten politischen Streik begonnen, die Zugänge zum Hauptgebäude zu blockieren Am Freitagnachmittag beschloss der Senat, in der Woche vor Pfingsten die Vorlesungen und Prüfungen auszusetzen, um Gewalttätigkeiten zu verhindern. Aus demselben Grund verlegte ich vorsorglich das Rektorat ins Botanische Institut im Palmengarten, da eine Besetzung als Reaktion auf die Schließung der Lehrveranstaltungen zu erwarten war. Tatsächlich brachen am Montagmorgen Mitglieder des „Streik-komitees" ins Rektorat ein, „um dieses in ihre Aktionszentrale umzuwandeln", fanden dort aber einzig die Schweizer Assistentin des Rektors vor, die diesen in den folgen Tagen und Nächten in Schweizerdeutsch über das Treiben im Rektorat unterrichten konnte. Dieses verwandelte sich sofort von einer Aktionszentrale zum Besuchziel zuerst von Studierender, dann von Frankfurter Bürgerinnen und Bürgern. Ich ließ die Anführer wissen, dass ich das Ministerium um polizeiliche Räumung ersuchen werde, wenn die Besetzer sich an den für das Funktionieren der Universitätsverwaltung notwendigen Einrichtungen, wie der Telefonzentrale oder den Aktenschränken vergreifen würden. Letzteres war der Fall, nachdem das Rektorat während drei Tagen der „Öffentlichkeit" studentischer „Aktionen" und während zweieinhalb Nächten als Freistatt jugendlicher Bedürfnisbefriedigung gedient hatte. Am Donnerstag um 4 Uhr früh wurde ich informiert, dass Studierende in Talaren herumtanzten und auch die eigentlichen Aktenschränke geöffnet würden, worauf ich das Ministerium ersuchte, die polizeiliche Räumung des Hauptgebäudes zu veranlassen. Als die Frankfurter Polizei um 6 Uhr in der Universität eintraf, fand sie nur noch ein verschlafenes nichtstudentisches Pärchen im Rektorat und vier Studenten im übrigen Hauptgebäude. Die anderen Besetzer waren weg, zusammen mit der Rektoratskette, die nach etlichen Jahren der Universität von einem Anwalt käuflich zurück erstattet wurde.

Würden Sie sagen, dass die studentische Revolte möglicherweise zu ideologisch gewesen ist und keinem emanzipatorischen Anspruch einer Revolution entsprochen hat?

Das hatte sie, aber den Zulauf von so vielen Studenten hatte sie nur durch die Massenuniversität. Zunächst ging es gar nicht um Reformen. Ich kann mich an Folgendes gut erinnern, aber leider hatte der Senat nur Beschlussprotokolle, so dass bloße Erklärungen nicht festgehalten wurden. Als ich unter den „studentischen Angelegenheiten" Reformpläne zur Diskussion stellen wollte, erklärten die studentischen Vertreter – das waren damals Mitglieder des SDS –, sie seien

an einer Reform nicht interessiert; je schlechter die Universität funktioniere, um
so besser sei es für die Revolution. Dies ist sehr gut nachvollziehbar. Insofern
war auch die Mitbestimmung kein Grundanliegen der Studenten gewesen. Durch
den Kampf gegen die Verabschiedung der Notstandsgesetze wurden studentische
Kundgebungen zu Events, an denen sich viele an Universitätspolitik gar nicht
interessierte Studierende beteiligten.

Zweifellos war dies bei der Abteilung für Erziehungswissenschaft anders.
Eine vollkommen neue Studentenschaft, die sich in der Universität erst zurecht
finden musste, nahm es mit den hochschulpolitischen Protesten ernster. Als nicht-
vollwertig universitäre Abteilung unterstand sie nicht dem Rektor. Ich empfand
aber diese Abteilung nicht nur formell, sondern auch substantiell als Fremdkörper.
Als historisch arbeitender Soziologe lernte ich den Lehrerberuf als ausgezeichneten Aufsteigerberuf für Volksschichten kennen, die mit dem geschriebenen Wort
nicht viel anzufangen wussten. Nicht umsonst haben in den letzten Jahrzehnten
Studienabbrecher gerade aus diesen Kreisen zugenommen, weil die Universität
eine fremde Welt darstellt, wenn man aus einer akademisch vollkommen fremden Atmosphäre kommt. Ich hatte Eltern, die sehr viel gelesen hatten, und meine
Mutter hatte Brüder, die im damaligen Ungarn Ärzte und Apotheker waren. Ich
hatte keine intellektuellen Anfangsschwierigkeiten, aber auch ich hatte beim
Studienbeginn in Zürich von universitären Dingen keine Ahnung. In einer der
ersten Wochen marschierte ich an einem Fackelzug für den Chemieprofessor Paul
Karrer mit, der den Nobelpreis erhalten hatte, ohne zu wissen, was ein Nobelpreis
und ein Fackelzug bedeuteten. Ähnlich dürfte es sich bei vielen Mitläufern der
Studentenrevolte verhalten haben.

*In Ihrer Einführung in die Soziologie sprechen Sie von einem dialogischen Prinzip.
Ist das ein humanistisches Ideal?*

Es erregte ziemliches Aufsehen, als ich in der Dissertation nachwies, dass der
Humanismus der Renaissance nicht in der Entdeckung des Altertums bestand, das
auch für das Mittelalter bestimmend war, sondern in eine neuen Beziehung zum
Altertum, nämlich der dialogischen, indem man im Altertum Menschen erlebte,
während man früher materielle und geistige Bauelemente aus der Antike übernommen hatte, sich aber kaum für die Menschen interessierte. Cicero war das Symbol
für Beredsamkeit, Aristoteles war der Philosoph, aber für Aristoteles als Person
und für seine Lebensumstände hat man sich nicht interessiert. Das kam erst mit
dem Humanismus auf. Petrarca schrieb Briefe an Cicero, als ob es sich um einen
Dialogpartner handelte, mit dem er von Angesicht zu Angesicht sprechen würde.
Damals war der Dialog noch nicht zum Schlagwort verkommen. Den Dialog in
der Universität zu fördern schien mir wichtig. Darum bevorzugte ich – wie andere
Kollegen – Seminare, die nicht wie bei Adorno einigen studentischen Wortführern

ermöglichten, die Rolle von Volkstribunen einzuüben, sondern sich im Dialog um die gemeinsame Lösung eines wissenschaftlichen Problems bemühen. Auch die neue Prüfungsordnung schrieb nicht eine bestimmte Konzeption der Soziologie vor, sondern überließ den Studierenden die Freiheit, sich soziologisch im Dialog mit Adorno oder Tenbruck, Habermas oder Luckmann zu bilden.

In Frankfurt gab es die durch die Frankfurter Schule geprägte Tradition, dass die Philosophie und die Soziologie sehr stark miteinander verzahnt gewesen sind. Das scheint sich durch die Gründung der Fachbereiche aufgelöst zu haben ...

Die Verbindung von Soziologie und Philosophie war nicht auf die Frankfurter Schule beschränkt. Tenbruck war Schüler und Assistent des Kantianers Julius Ebbinghaus in Marburg, bevor er in den Vereinigten Staaten Soziologe wurde. Luckmann war in New York Schüler des aus Wien emigrierten Phänomenologen Alfred Schütz. Ich war in Zürich durch den Kenner des deutschen Idealismus Fritz Medicus in die Philosophie eingeführt und in Bonn primo loco für die Nachfolge Theodor Litts als Professor für Philosophie und Pädagogik vorgeschlagen worden. Dass Soziologie philosophisch begründet werden muß, war in der WiSo-Fakultät selbstverständlich und ist es für mich immer noch. Doch ob sich dies mit dem Übergang zum Fachbereich geändert hat, kann ich nicht beurteilen. Ich habe nur an der ersten Sitzung des neuen Fachbereichs teilgenommen, an der die Beförderung von Assistenten zu Professuren behandelt wurde. Als ein Kollege die Kandidatur eines seiner Assistenten, die er in der vorherigen wissenschaftlichen Evaluation im Kollegenkreis als unqualifiziert abgelehnt hatte, in der offenen Diskussion und Abstimmung des Fachbereichs unterstützte, wollte ich mit diesem nichts mehr zu tun haben

War das in der Zeit, als Hans Gerth nach Frankfurt kam und eine Wiedergutmachungs-professur erhielt?

Wie ich erwähnte, war ich vom Ministerium als Rektor gebeten worden, die Möglichkeit der von Adorno abgelehnten Wiedergutmachungsprofessur für Gerth zu prüfen. Das geschah also vor meinem aus Protest gegen die Verabschiedung des Hessischen Universitätsgesetzes 1970 erfolgten Rücktritt als Rektor. Alle vier Rektoren der wissenschaftlichen Hochschulen Hessen hatten angekündigt, sie würden zurücktreten, wenn dieses Gesetz in Kraft trete. Der Darmstädter Rektor und ich haben es getan. Der Giessener Rektor wurde von seinem Senat bekniet, er müsse bleiben, man brauche ihn als Juristen jetzt umso mehr und der Marburger Rektor blieb ohne besonderen Druck ebenfalls im Amt. Ich wurde nachher öfter gefragt, weshalb ich zurückgetreten sei, niemand nehme derartige Warnungen ernst. Doch ich nahm mein Wort ernst.

Dann war ich ein Jahr lang beurlaubt, um buchstäblich wieder wissenschaftlich lesen und schreiben zu lernen, und nahm 1971 meine Lehrtätigkeit wieder auf. Die erste Vorlesung wurde sofort gestört. Doch gab es nach der Selbstauflösung des SDS straff organisierte K-Gruppen, die eine Abstimmung verlangten. Darauf konnte ich nicht eingehen, stellte fest, dass ich die Vorlesung nicht halten könne und es beim nächsten Termin nochmals versuchen würde. Als ich gegangen war, beschloß eine Mehrheit, die Vorlesung hören zu wollen, und dann hielt ich sie ungestört mit 20 bis 30 Teilnehmern. Es waren sehr gute Studierende, mit denen ich auch im Seminar gerne arbeitete. Doch war mein Verhältnis zum Fachbereich gestört, und so nahm ich 1973 den Ruf an die Universität Bern an, wo die Rechts- und Wirtschaftswissenschaftliche Fakultät die im Kantonsparlament diskutierte Auflösung des Soziologischen Instituts verhindern wollte.

Wie hat Herr von Friedeburg an diesen Reformen mitgewirkt?

Er war einer der vier Frankfurter Ordinarien, die das neue Universitätsgesetz entworfen hatten. Von daher war er nicht nur als Kultusminister daran beteiligt.

Gab es nach dem 1964 erfolgten Amtsantritt von Habermas einen nennenswerten Austausch zwischen dem Soziologischen Seminar und dem an der WiSo-Fakultät beheimateten Seminar für Gesellschaftslehre?

Neben der gemeinsamen Prüfungskommission der Soziologieprofessoren beider Fakultäten gab es nur einen gemeinsamen Anlass, das Faschingsfest, an dem Habermas, soweit ich mich erinnere, nicht teilnahm.

Hatte sich die Spaltung zwischen bürgerlicher und marxistischer Soziologie in den 60er Jahren fortgesetzt, die ja bereits Ende der Weimarer Republik zwischen dem Mannheim-Kreis auf der einen Seite und Horkheimer und Adorno auf der anderen Seite begonnen hatte?

Zweifellos knüpfte das Institut für Sozialforschung an seine marxistische Tradition der Weimarer Zeit an und war viel antibürgerlicher als wir Soziologen der Wirtschafts- und Sozialwissenschaftlichen Fakultät, auch wenn wir das Bürgertum ebenfalls kritisch unter die Lupe nahmen. Aber wir zerfleischten uns ideologisch mit unserer „bürgerlichen" Soziologie nicht so, wie es die in ihrer Lebensform weit bürgerlicheren Herren Horkheimer und Adorno mit geradezu masochistischem Impetus taten.

Könnten Sie eine Ahnengalerie der Frankfurter Soziologie aufstellen?

Ich könnte nur die bereits unter den „bedeutenden Soziologen" genannten Frankfurter Namen wiederholen. Es gab darüber hinaus einen Soziologieprofessor, der als Folge der Wiedergutmachungsmaßnahmen in Frankfurt lebte, jedoch nicht mehr lehrte, als ich dort Professor wurde, Gottfried Salomon-Delatour. Ich habe ihn öfters besucht und den Nachruf auf ihn in der *Kölner Zeitschrift für Soziologie* geschrieben.[9] Er war auch sehr marxistisch geprägt gewesen. Ich selbst war 1948 einer der ersten Hochschullehrer gewesen, die in Westdeutschland die Frühschriften von Marx zum Gegenstand eines Seminars machten, nämlich die in den dreißiger Jahren entdeckten humanistisch-philosophischen Pariser Manuskripte. Ich habe gar nichts gegen Marx als philosophischen Denker und fand ihn vor allem in diesen Frühschriften faszinierend. Dass man mit Marxismus die Probleme der menschlichen Gesellschaft lösen kann, habe ich allerdings nie geglaubt.

Ist Ihnen denn auch Norbert Elias aufgefallen?

Persönlich ja; dass er an der Wirtschafts- und Sozialwissenschaftlichen Fakultät gelehrt hat, erfuhr ich jedoch erst aus dem 1989 von Bertram Schefold herausgegebenen Erinnerungsband „Wirtschafts- und Sozialwissenschaftler in Frankfurt am Main"[10].

Die Wiedergutmachungen sind nach dem Krieg zum Teil auch sehr stark in der Universität versandet. Hat es nicht sehr lange gedauert, bis diese Lehrstühle wieder besetzt wurden?

Das kann man so nicht sagen. Es war 1946 gar nicht leicht, vom Staat sofort die notwendigen Mittel zu erhalten, und auch dann klappte es aus anderen Gründen nicht immer. Unsere Fakultät hat sich zum Beispiel sehr bemüht, für die Politikwissenschaft emigrierte Kollegen aus New York zurück zu holen. Sie haben zwar verhandelt, dann aber dankend abgelehnt. Etliche Emigranten, Helmuth Plessner zum Beispiel, kamen schon sehr früh zurück – in diesem Fall nach Göttingen. Ein Professor für griechische Philosophie und Literatur, Kurt von Fritz, der sich wie es hieß – als einziger deutscher Professor geweigert hatte, den Amtseid auf Hitler zu leisten und deshalb in die USA auswandern musste, nahm als Lehrstuhlinhaber

[9] Walter Rüegg, Gottfried Salomon-Delatour, 21.11.1892–26.4.1964, in: Kölner Zeitschrift für Soziologie und Sozialpsychologie 16 (1964), S. 624–629.
[10] Bertram Schefold, Wirtschafts- und Sozialwissenschaftler in Frankfurt am Main. Erinnerungen an die Wirtschafts- und Sozialwissenschaftliche Fakultät und an die Anfänge des Fachbereichs Wirtschaftswissenschaften in Frankfurt, Marburg 1989.

der Columbia University in New York einen Ruf nach München an. Als ich 1948 in Köln lehrte, lernte ich den bekannten Germanisten Richard Alewyn kennen, der trotz einer Professur auf Lebenszeit am Queens College in New York einen Lehrstuhl in Köln annahm. Das waren Ausnahmen. Manche Emigranten waren seelisch derart verletzt, dass sie nicht wieder in Deutschland leben wollten, wenn sie es anderswo befriedigend tun konnten. Dies muss man bei der Beurteilung der Rückberufung von Emigranten auch zur Kenntnis nehmen. Herbert Marcuse kam nur für kurze Zeit als Gastprofessor zurück und blieb in San Diego. Es gab vielleicht Universitäten, die nicht darauf aus waren, Emigranten zurück zu holen. Aber das war nicht die Regel.

Das Gespräch mit Walter Rüegg führte Felicia Herrschaft am 4. Januar 2008 in Montreux-Veytaux in der Schweiz.

„Es war die enge Freundschaft und Solidarität mit Adorno, die meine Grundbeziehung zum Institut für Sozialforschung bestimmte."

Gespräch mit Ludwig von Friedeburg

Sie sind für uns einer der wichtigsten Zeitzeugen, weil Sie ja schon lange in Frankfurt sind; darauf gehen wir natürlich gleich ein. Wir möchten von Ihnen zunächst gern wissen, wie Sie Soziologe geworden sind.

Ursprünglich wollte ich Chemiker werden, Chemie hatte mich in der Schule interessiert. Aber dann begann der Krieg, ich wurde Seeoffizier und U-Bootkommandant. Sie sehen, dass ich noch fern von der Soziologie bin, aber ich bin natürlich mitten im Nationalsozialismus. So wie ich in meiner Familie in nationalsozialistischer Überzeugung aufgewachsen bin, war ich dann auch als Offizier davon betroffen. Das änderte sich erst nach dem Krieg. Ich habe buchstäblich am letzten Tag, am 1. Mai 1945, mein zweites U-Boot in Kiel in den Dienst gestellt, das ich dann in der Geltinger Bucht versenkte. Bei der Beerdigung meines Vaters fragte mich ein Crewkamerad meines Vaters, ob ich mich nicht der Gefangenschaft, die dann begann, entziehen wollte, und ich bin dann zwei Jahre lang als Wachoffizier auf einem Minensuchboot gefahren.

Damals war die Zeit der Reeducation, wie Habermas einmal gesagt hat: „Wir sind das Produkt der Reeducation." 1947 begann mein Studium, noch sehr von den Naturwissenschaften bestimmt. Ich habe zunächst Physik, Chemie und Mathematik studiert, aber im Verlauf der 1940er Jahre kam die Vergangenheit immer stärker in die Diskussion. Deshalb habe ich von Anfang an auch Lehrveranstaltungen in Philosophie und Psychologie besucht. Es rückte dabei mehr und mehr die Frage in den Mittelpunkt, was da eigentlich geschehen ist und warum ich da mitgemacht habe. Nur war die Psychologie in Kiel – ich habe in Kiel zu studieren angefangen – nicht auf dem aktuellen Stand. Der dortige Ordinarius Mierke war der höchste Marinepsychologe gewesen und im Grunde hörte es bei ihm mit der Psychologie des vergangenen Jahrhunderts auf. Einen besonderen guten Ruf in der Psychologie hatte damals Freiburg. Der Hauptvertreter der dortigen Psychologie war Robert

Heiß, dessen Schwerpunkt die Ausdrucks- und Persönlichkeitspsychologie war.[1] Und dann gab es da noch einen weiteren Psychologen, Bender, der sich primär für die Parapsychologie interessierte, aber auch sozialpsychologische Vorlesungen anbot. Das war die Richtung, in die ich mich langsam immer mehr bewegte. Für das Diplom waren drei Praktika Voraussetzung. Ich hatte einige Kenntnisse über das, was in Deutschland vor sich ging, in Schloss Leopoldskron in Salzburg gewonnen. In der damaligen Zeit gab es internationale Sommerkurse für Heranwachsende und junge Leute. Diese Sommerkurse waren im Allgemeinen so, dass man alles sehr schön fand; und wenn man wieder nach Hause kam, dann waren da die tatsächlichen Verhältnisse. Davon unterschied sich dieser Kurs in Salzburg, den Harvard-Studenten organisierten. Wirklich etwas gelernt wurde dort, weil da erstklassige Professoren lehrten.[2] Und dann hatten sie im Schloss diese schöne Bibliothek, in der sie Fachliteratur präsentierten. Da habe ich gesessen und neben mir saß übrigens ein Fräulein Helge Nissen aus Heidelberg, die ich dann später hier im Institut als Helge Pross wieder traf. In Salzburg habe ich zum ersten Mal moderne sozialwissenschaftliche Literatur gefunden, alles in Englisch; so unter anderem auch Freud. Die Begriffe habe ich alle auf Englisch kennengelernt, bis ich begriffen habe, dass das mehr oder weniger gute Übersetzungen waren. Und da wurde mir klar, wo ich hin wollte: in die empirische Soziologie und Sozialforschung. Ich erfuhr, dass es am Bodensee ein Institut für Umfrageforschung bzw. für Demoskopie gab, wie Frau Noelle das genannt hat; und deshalb machte ich dort mein erstes Praktikum.[3]

Noch während des Studiums?

Ja, denn die Praktika fanden vor dem Examen statt und dauerten vier Wochen. Und da sagte sie zu mir: „Wenn Sie jetzt nach dem Diplom nicht wissen, was Sie machen sollen, können Sie jederzeit hier arbeiten." Das habe ich mir gemerkt und zugleich habe ich in Salzburg von den Amerikanern erfahren, dass Horkheimer und Adorno, deren Namen ich noch niemals im Studium gehört hatte, nach Frankfurt zurückgekommen seien. Ich habe mir gesagt: „Das musst Du Dir auch einmal anschauen", was ich während der Reise zu meinem zweiten Praktikum, das im Kieler Arbeitsamt stattfand, denn auch tat. Ich wurde als klinischer Psychologe ausgebildet und habe eine Reihe von Kenntnissen erworben, die ich nie richtig

---

[1] Robert Heiß wurde 1943 in Freiburg auf den Lehrstuhl für Psychologie und Philosophie berufen.
[2] Ab 1948 bot der *Harvard Student Council* dreiwöchige Sommerkurse an. Unter anderem kam Talcott Parsons schon 1948 nach Salzburg. Vgl. Uta Gerhardt, Die Wiederanfänge der Soziologie nach 1945 und die Besatzungsherrschaft, in: Bettina Franke/Kurt Hammerich (Hrsg.), Soziologie an deutschen Universitäten: Gestern – heute – morgen, Wiesbaden 2006, S. 31–114.
[3] Gemeint ist das Allensbacher Institut für Demoskopie.

angewendet habe; und ich habe umgekehrt eine Reihe von Tätigkeiten in meinem Leben ausgeübt, für die ich nicht ausgebildet worden bin. Dazu gehört ganz ohne Frage auch die Soziologie. Gut, in Freiburg gab es einen Philosophen, der Baumgarten hieß, und einen Lehrauftrag in Soziologie hatte, weil er der Neffe von Max Weber war. Er hat sehr gut über Max Weber Auskunft gegeben.[4] Was ich für meine eigene Entwicklung mindestens genauso wichtig fand, war der Umstand, dass er in der Weimarer Zeit sieben Jahre Professor in Amerika war und in seinen Lehrveranstaltungen und im persönlichen Umgang mit den Studierenden kooperative Momente zur Geltung brachte. So erlebte ich zum ersten Mal, dass am Ende jeder Vorlesung eine Viertelstunde für Fragen und Diskussionen vorgesehen war.

Um endlich auf Frankfurt zu kommen: Ich fuhr hier in Frankfurt vorbei und war durch ein Vorgespräch darüber informiert, dass ich den für die empirische Arbeit im Institut zuständigen Mann ansprechen sollte. Der hatte eine Stellung im Klaviergeschäft Kaiser in der Goethestraße, wo wir uns trafen. Und er sagte: „Ja, sehr gern." Denn damals sammelten sie diejenigen, die in der Lage waren – ausgebildet hierfür war ja niemand –, die Ergebnisse ihrer ersten empirischen Untersuchung auszuwerten. Die sofort nach der Wiedereröffnung des Instituts 1950 begonnene Untersuchung wurde mit dem falschen Namen „Gruppenexperiment" bezeichnet. Es war eine Studie, in der mit dem Gruppendiskussionsverfahren Informationen über die damalige politische Grundstimmung in Deutschland im Hinblick auf Juden, Krieg, Schuld, Amerikaner und so fort gewonnen wurden.[5] Nun ging es darum, sie auszuwerten. Und wenn man heute sieht, was inzwischen alles getan worden ist, um die Auswertung von Gruppendiskussionen wissenschaftlich weiterzuentwickeln, dann war das damals so, dass es unter 6–7 Studierenden nur einen einzigen gab, der schon ein Examen gemacht hatte. Der Leiter der Gruppe hatte ein erstes juristisches Staatsexamen absolviert. Wir saßen um einen Tisch herum und versuchten, Exemplare der Gruppeninterviews zu analysieren. Das war mein letztes Studienjahr. Ich sollte das Diplom in Freiburg Ende 1951 ablegen. Also telefonierte Adorno mit Heiß und vereinbarte mit ihm, dass ich drei Monate an dem „Gruppenexperiment" teilnehmen sollte. Ich wurde in Freiburg beurlaubt und war dann von Januar bis März 1951 drei Monate in Frankfurt. Das war die Zeit, wo wir im Keller der Ruine des alten Institutsgebäudes saßen und unsere Auswertungen probierten. Jeden Tag trafen wir uns mit Adorno, der ein Arbeitszimmer im gegenüberliegenden Haus des Kurators hatte, um unsere Arbeit mit ihm zu besprechen.

---

[4] Eduard Baumgarten ist nach dem Krieg als Max Weber-Forscher bekannt geworden und hat auch Schriften von Max Weber herausgegeben.
[5] Theodor W. Adorno/Walter Dirks (Hrsg.), Gruppenexperiment. Ein Studienbericht. Bearbeitet von Friedrich Pollock im Auftrag des Instituts für Sozialforschung, Frankfurt am Main 1955.

Mit dem Diplom ging ich zunächst nach Allensbach. Ich wollte erst einmal
Erfahrungen in der Umfrageforschung sammeln und habe dann mit einer Untersuchung über die Umfrageforschung und einer Untersuchung promoviert, die Frau
Noelle über die Intimsphäre durchgeführt hatte und die im Zusammenhang mit
den Arbeiten eines amerikanischen Sexualwissenschaftlers stand.[6]

War das McKinsey?

Ja, der war das. Diese Umfrage beruhte aber nicht auf den Methoden von McKinsey, denn das war damals eine sehr prüde Zeit. Umfrageforschung war zu diesem
Zeitpunkt in Deutschland noch völlig neu. Frau Noelle hatte schon während des
Krieges in Berlin darüber promoviert[7] und war in Amerika gewesen. Nachdem
ich die Beziehung zu Frankfurt hergestellt hatte, bat man mich dann um den
ersten Teil meiner Doktorarbeit. Nach diesem wurde dann auch hier am Institut
die Umfrageforschung gelehrt. Ich hatte das gerade erst verstanden, übrigens in
erster Linie als Marktforscher. Denn das war meine zweite Ausbildung, die ich
später im Beruf nicht weiter verfolgt habe, obwohl es damals gute Angebote von
Marktforschungsinstituten gab. Nachdem ich dann zwei weitere Jahre in Allensbach
gearbeitet hatte, verhalf mir ein Harvard-Professor aus Leopoldskron zu einem
Ford-Stipendium. Wenn Sie damals in der Ausbildung waren und in der Soziologie
weitermachen wollten, gingen Sie nach Amerika.

Nur mit Ausnahme von Ihnen?

Ja. Vorschrift für Ford-Stipendien war damals, dass ich das nicht von einem Privat-
institut aus beantragen könnte, sondern nur von einer öffentlichen Einrichtung.
Ich schrieb an Baumgarten und Adorno, dass ich gern einmal 1–2 Monate zu
ihnen kommen würde, damit ich einem öffentlichen Institut angehöre, weil ich
nach Amerika wollte. Baumgarten hatte damals in Mannheim ein sozialwissenschaftliches Institut aufgebaut, aber es war noch nicht so weit wie das Frankfurter
Institut. Adorno schrieb sofort und sehr entgegenkommend, weil sie hier nach
einer schwierigen Anfangszeit inzwischen die erste große industriesoziologische
Untersuchung durchgeführt hatten. Wenn wir jetzt über Soziologie reden, muss
ich gelegentlich auch über die Randbedingungen reden. In den Jahren 1953–1954

[6] Ludwig von Friedeburg, Die Umfrage in der Intimsphäre. Beiträge zur Sexualforschung, 4. Heft,
Stuttgart 1953; siehe hierzu auch die Rezension von Leopold von Wiese in der Kölner Zeitschrift
für Soziologie und Sozialpsychologie, Bd. 6 (1954), S. 121–122; ferner Elisabeth Noelle-Neumann,
Anmerkungen zu Leopold von Wieses Rezension, ebd., S. 631–634.
[7] Elisabeth Noelle, Meinungs- und Massenforschung in den USA. Umfragen über Politik und Presse,
Frankfurt am Main 1940.

stand im Mittelpunkt der innerdeutschen Auseinandersetzung die Frage der Betriebsverfassung und der Mitbestimmung. In diesem Zusammenhang gab es Institute, die darüber arbeiteten, insbesondere das wirtschaftswissenschaftliche Institut der Gewerkschaft, aber auch eine Gruppe um Heinrich Popitz und Hans-Paul Bahrdt, die Gelder von der *Ford-Foundation* bekamen. Dann gab es auf der anderen Seite die Interessen der Großindustrie, und eine dieser Großindustrien war damals Mannesmann. In welchem Ausmaß die Leitung von Mannesmann noch mit der Vergangenheit verhaftet war, wenn man an die Vorstandsvorsitzenden und Aufsichtsratsvorsitzenden denkt, konnte man sich damals schwer vorstellen. Über diese Dinge wurde nicht diskutiert. Die Gefängnisurteile, die ja zunächst gegen eine ganze Reihe von Personen aus der Wehrmacht und der Industrie erlassen wurden, waren inzwischen mehr oder weniger aufgehoben. Es kam allein darauf an, dass über die Mittel, die von der amerikanischen Hilfe nach Mitteleuropa hineingepumpt wurden, in der sich inzwischen immer mehr zuspitzenden Auseinandersetzungen zwischen den Vereinigten Staaten und dem westlichen Europa einerseits und der Sowjetunion andererseits gar nicht mehr geredet wurde. Die Alibifunktion, die nun dadurch entstand, dass das mit Abstand linkste Universitätsinstitut, das es damals in der Bundesrepublik gab – nämlich das Institut für Sozialforschung –, in die anschließende Auseinandersetzung um die Mitbestimmung mit einbezogen wurde, war offensichtlich ohne jene möglich, die davon betroffen waren. Nun läuft so etwas nie allein im Sinne von objektiven Verhältnissen ab. Es läuft immer auch personalisierend und netzwerkartig verbunden. Denn Horkheimer hatte in der kurzen Zeit, in der Adorno in Amerika war, eine Reihe von Beratern um sich versammelt, die dann wieder verschwanden.[8] Aber einer verschwand nicht. Und der war ganz hervorragend. Das war ein Rechtsanwalt am Bodensee, Hellmut Becker, der zugleich Vorsitzender des Volkshochschulverbandes in Deutschland war und der das besonders gern tat, weil er die Möglichkeit hatte, im Gästezimmer des Instituts zu übernachten. Denn mit Hotelunterbringungen war es damals immer schwierig.[9]

Ich greife jetzt vor. Ich war damals schon im Institut, und dann haben wir hier abends zusammen gesessen. Sein Vater war der wichtigste und wirklich bedeutendste Kultusminister der Weimarer Zeit.[10] Becker hatte 1947 den Staatssekretär des Auswärtigen Amtes Ernst von Weizsäcker bei den Nürnberger Prozessen verteidigt. Dessen jüngster Sohn Richard von Weizsäcker, der später als Bundespräsident bekannt wurde, war 1954 Mitglied des Mannesmann-Stabes. So ist über die Vermittlung von Richard von Weizsäcker und Becker den Mannesmann-Leuten

---

[8] Adorno war im Oktober 1952 bis August 1953 in den USA als Forschungsdirektor der *Hacker-Foundation* tätig.
[9] Hellmut Becker wurde 1956 Präsident des Deutschen Hochschulverbandes und gründete 1963 das Max-Planck-Institut für Bildungsforschung in Berlin.
[10] Carl Heinrich Becker war von 1925–1930 preußischer Kultusminister.

das Institut vorgestellt worden. Damit bin ich wieder bei dem Punkt, warum es Adorno so recht war, dass ich herkam. Die Koordination der Auswertung der empirischen Erhebungen schaffte der Leiter der Arbeitsgruppe nicht. Ich hatte in Allensbach Erfahrungen mit Betriebsuntersuchungen gesammelt. So hatte ich z. B. eine Betriebsuntersuchung bei Dunlop in Hanau durchgeführt. Marktforschung und empirische Sozialforschung waren gar nicht so weit voneinander entfernt. Es kommt erstens immer darauf an, welche Ziele Sie verfolgen, und zweitens, dass Sie sich vorbehalten, ihre Ergebnisse allein auswerten und auch veröffentlichen zu können, was in Allensbach nicht der Fall war. Eines Tages kam also Horkheimer und fragte mich, ob ich nicht die Leitung der Abteilung für empirische Sozialforschung zum 1. Januar 1955 übernehmen möchte. Gut, dachte ich, die kommen aus den USA und bringen eine ganze Menge Erfahrung mit. Und so bin ich hier geblieben und erst sehr viel später nach Amerika gefahren. Jetzt haben Sie schon den Weg, auf dem ich Soziologe wurde. 1955 kündigte Adorno noch Lehrveranstaltungen über Industriesoziologie und über empirische Sozialforschung an, die ich dann an seiner Stelle gehalten habe.[11] Dann erhielt ich an der Fakultät einen Lehrauftrag. Und das ist doch klar: Wenn Sie etwas lehren und mit den Studierenden diskutieren, so lernen Sie unentwegt. 1960 wurde ich für Soziologie habilitiert und damit war dann klar, dass ich ein Soziologe mit dem Schwerpunkt empirische Sozialforschung war.

Wir würden gerne wissen, wie nach dem Krieg in Frankfurt der Ausbau der Soziologie erfolgt ist. Da gibt es einmal das Institut für Sozialforschung und Horkheimer und Adorno. Daneben taucht dann in den Interviews, die wir bereits durchgeführt haben, immer wieder das Soziologische Seminar in der Myliusstraße auf. Und dann gibt es auch noch die WiSo-Fakultät. Dieses Spannungsverhältnis zwischen diesen Institutionen sowie die Beziehungen zu den sonst noch in Frankfurt existierenden soziologischen Einrichtungen würde uns interessieren.

Das ist jetzt einmal der erste Satz, dass die Soziologie nach der Entlassung und Vertreibung aller wichtigen hier lehrenden und forschenden Soziologen praktisch abgeschafft worden war und in der NS-Zeit in einer ganz kümmerlichen Weise von Heinz Marr fortgesetzt wurde, indem er wenigstens einigen Doktoranden, die bei Karl Mannheim und Norbert Elias angefangen hatten, noch den Abschluss ihrer Promotion ermöglichte.[12] Aber im Übrigen war das, abgesehen vom strafversetzten Sauermann, ganz kläglich. Deshalb gab es hier nach dem Krieg zunächst kein Studium der Soziologie. Es war wesentlich der Initiative von Stadt und Land zu verdanken, dass das Institut für Sozialforschung nach dem Exil wieder zurück nach

---

[11] Adorno bot im SS 1955 eine Übung über „Umfragemethoden II" und im WS 1955/56 eine Übung über „Neuere industriesoziologische Untersuchungen" an.

[12] Siehe in diesem Band den Beitrag von Radostina Ilieva über den Mannheim-Kreis und sein Schicksal.

Frankfurt kam. Schon 1946 fand die erste diesbezügliche Anfrage statt. Und die erste Rückfrage lautete: „Wie ist das mit der Gesellschaft für Sozialforschung?" Die Gesellschaft für Sozialforschung gibt es noch heute. Sie verfügte über das Stiftungsgeld der Familie Weil, das Horkheimer gerettet hatte und bezahlte noch bis 1940 die Pension von Professor Grünberg, der in den 1920er Jahren der erste Direktor dieses Instituts war. „Was ist mit dem Institutsgebäude, was ist mit der Bibliothek, die dem Vernehmen nach völlig verteilt wurde?" Die Auskünfte waren kläglich.

Wenn ich mich richtig erinnere, ist Horkheimer zum ersten Mal 1948, finanziert von der *Ford Foundation*, nach Frankfurt gekommen – und zwar als Amerikaner! Hier am Bahnhof existierte ein noch halbwegs erhalten gebliebenes großes Hotel, das nur für Amerikaner bestimmt war. Das war seine Adresse: Hotel Carlton am Bahnhof. Er hielt Vorlesungen, wurde freundlich empfangen und erneut zur Rückkehr aufgefordert.

Der Kontakt mit Frankfurt riss nicht mehr ab, so schwer Horkheimer und Pollock, die in gemeinsamen Memoranden ihre Beschlüsse immer wieder umwarfen, die Entscheidung fiel. Jedenfalls einigten sie sich darauf, die Professur in Deutschland und den möglichen Wiederaufbau des Instituts nicht von Amerika aus aufzugeben, sondern zusammen im Sommer 1949 zu einer weiteren Erkundung nach Frankfurt zu reisen. Als Gastprofessor und Direktor des Institute of Social Research an der Columbia University stand Horkheimer in diesem Semester erstmals wieder im Vorlesungsverzeichnis der Universität mit der Ankündigung, über neuere Gesellschafts- und Geschichtsphilosophie zu lesen. Schon während dieses Gastaufenthaltes wurde Horkheimer wieder seine Professur für Sozialphilosophie übertragen, für die er sogleich aushandelte, sich im folgenden Semester wegen seiner amerikanischen Verpflichtungen von Adorno vertreten lassen zu können. Der kam im Herbst aus Kalifornien herüber und hielt an Horkheimers Statt eine Vorlesung über Theorie der Gesellschaft sowie ein Seminar über Hegels Dialektik. Horkheimer kam schon im Februar des folgenden Jahres wieder nach Frankfurt. Ein „Ausschuss zur Gründung des Instituts für Sozialforschung" wurde aus Mitgliedern des Lehrkörpers der Universität gebildet, zu denen auch die Rektoren der Nachkriegszeit Hallstein, Böhm und Rajewski sowie die Institutsmitglieder Horkheimer, Pollock und Adorno gehörten. Dieser Kreis beschloss dann am 12. November 1951 die erneute Instituts-Stiftung.

Die Wirtschafts- und Sozialwissenschaftlichen Fakultäten in Deutschland hatten inzwischen ihre wirtschaftswissenschaftlichen Diplomstudiengänge. Dies liegt daran, weil diese nicht aus der Philosophischen Fakultät, sondern aus den Handelshochschulen hervorgegangen sind, die um 1900 bewirkt hatten, dass in Frankfurt und in Köln mittels zweier Handelshochschulen – hier in Frankfurt nannte sie sich „Akademie für Sozial- und Handelswissenschaften" – eine Basis gebildet wurde, auf der dann in Frankfurt mit der Gründung der Universität die erste Wirtschafts- und Sozialwissenschaftliche Fakultät in Deutschland entstand.

Diese Fakultät hatte also bereits ihre wirtschaftswissenschaftlichen Diplomstudiengänge und befürchtete, dass womöglich auch noch ein Diplomstudiengang für
Soziologie dazu kommt. Das ging sogar so weit, dass man auch die Einführung
eines volkswirtschaftlichen Diplomstudiengangs soziologischer Richtung ablehnte.
Dadurch wurden einige Mitglieder der Philosophischen Fakultäten begünstigt,
die sich darum bemühten, mit der Unterstützung der Deutschen Gesellschaft für
Soziologie einen soziologischen Diplomstudiengang einzuführen. Es ist schon eine
sehr merkwürdige Geschichte, dass ausgerechnet zwei Philosophen wie Horkheimer
und Adorno es waren, denen wir die Einführung des ersten Diplomstudiengangs
für Soziologie in Deutschland verdanken.[13]

*Warum waren die Professoren der Wirtschafts- und Sozialwissenschaftlichen
Fakultät nicht daran beteiligt?*

Diese sollten sich ja als Prüfende beteiligen! Darauf komme ich noch zurück. Aber
zunächst einmal wurde in Frankfurt der Diplomstudiengang für Soziologie mit 12
oder 13 Hauptfachstudenten an der Philosophischen Fakultät eingeführt. Die enge
Verbindung zwischen Soziologie, Nationalökonomie und Philosophie kam zum
Beispiel schon dadurch zum Ausdruck, dass bereits im Vorexamen die Nationalökonomie Prüfungsfach war. Nun müssen Sie natürlich die Bereitschaft von den
entsprechenden Fachvertretern haben, dass sie das auch tatsächlich prüfen, was
alles nicht sehr einfach war, aber mehr oder weniger gut gelang. Nach einem Jahr
Probezeit wurde dann 1955 erstmals eine soziologische Diplomprüfungsordnung
für zwei oder drei Jahre genehmigt. Und diese wurde später ihrerseits auf ihre
Tauglichkeit hin überprüft, so dass nach dieser Überprüfung die Nationalökonomie in das Hauptexamen als Prüfungsfach hinzukam und im Vorexamen fortfiel.
Der entscheidende Unterschied gegenüber den wirtschaftswissenschaftlichen
Studiengängen war dann, dass Sie nicht notwendigerweise in Nationalökonomie
geprüft werden mussten. Aber danach hatten Sie die Wahl zwischen verschiedenen Ergänzungsfächern, die Sie sich selbst aussuchen konnten. Der Unterschied
zwischen den beiden Fakultäten ist also der: Während in der WiSo-Fakultät trotz
des Engagements von Heinz Sauermann Zurückhaltung bezüglich der Einführung
dieses Diplomstudiengangs bestand, gab es in der philosophischen Fakultät eher
eine Zustimmung.[14]

---

[13] Siehe im Anhang dieses Bandes die Frankfurter Diplomprüfungsordnung für Soziologie von 1954,
auf die sich Herr von Friedeburg in diesem Zusammenhang bezieht und die 1955 offiziell in Kraft
getreten ist.
[14] Heinz Sauermann hatte an der Frankfurter WiSo-Fakultät von 1946–1972 einen Lehrstuhl für „Wirtschaftliche Staatswissenschaften" inne, war von 1946–1948 Dekan dieser Fakultät und spielte auch
bei der Rückkehr des Instituts für Sozialforschung nach Frankfurt eine zentrale Rolle.

Da Horkheimer seit 1930 amtierender Direktor des Instituts für Sozialforschung war und bereits damals eine Professur an der Philosophischen Fakultät wahrnahm, war es überhaupt keine Frage, dass das Institut für Sozialforschung, wenn Stadt und Land es zurückhaben wollten, wieder an der Philosophischen Fakultät untergebracht werden würde. Horkheimer bekam also seinen Lehrstuhl für Sozialphilosophie wieder, weil die Philosophische Fakultät 1930 für eine Widmung dieses Lehrstuhls, wie er sie gern gehabt hätte – nämlich Lehrstuhl für Philosophie und Soziologie – nicht zu haben war. Adorno bekam die Genehmigung, Vorlesungen abzuhalten, denn er war schließlich an dieser Universität habilitiert. Seitdem hat er bis zu dem Zeitpunkt, an dem er zum Professor für Philosophie und Soziologie ernannt wurde, nur Philosophie vorgetragen.[15] Es dauerte eine ganze Weile, bis die WiSo-Fakultät nach dem Anstieg der Studentenzahlen Ende der 1950er bzw. Anfang der 1960er Jahre darauf reagierte. Julius Kraft, der sich in den 1920er Jahren bei Franz Oppenheimer habilitiert hatte, bot zu diesem Zeitpunkt als einziges Mitglied des Lehrkörpers der WiSo-Fakultät im Rahmen einer Wiedergutmachungsprofessur soziologische Lehrveranstaltungen an. Nach seinem Tod wurde seine Professur ersatzlos gestrichen.[16] Auch die Professur, die Karl Mannheim von 1930–1933 innehatte, wurde nie wieder besetzt, sondern ersatzlos gestrichen. In den 1960er Jahren hat die WiSo-Fakultät dann endlich drei neue ordentliche Professuren für Soziologie eingerichtet, während die Philosophische Fakultät und damit das Institut für Sozialforschung aufgrund der steigenden Studentenzahl immer mehr in Bedrängnis gerieten – da das Institut für den Lehrbetrieb als Soziologisches Seminar der Philosophischen Fakultät verantwortlich war.

Interessant ist, dass es in Frankfurt Anfang der 1930er Jahre schon einmal ein Soziologisches Seminar gab: nämlich das von Karl Mannheim.

Ja, natürlich, und zwar damals mit Recht bei der Wirtschafts- und Sozialwissenschaftlichen Fakultät.

Dieses Seminar hatte offensichtlich keinen dauerhaften Bestand?

Nein, Mannheim wurde vertrieben. Diese Universität hatte als oberste Entscheidungsgremien einen Großen Rat und ein Kuratorium. Dem Kuratorium stand ein

---

[15] Adorno wurde 1953 zum außerordentlichen Professor und 1957 zum ordentlichen Professor für Philosophie und Soziologie berufen. Seit dem SS 1954 bot er bis zu seinem Tod regelmäßig soziologische Lehrveranstaltungen an der Universität Frankfurt an.
[16] Julius Kraft nahm vom 1.7.1957 bis zu seinem Tod am 29.12.1960 einen eigens für ihn eingerichteten Lehrstuhl für Soziologie an der Frankfurter WiSo-Fakultät wahr. Dieser Lehrstuhl wurde nach Krafts Tod wieder aufgelöst.

Kurator vor, der das Land Hessen vertrat. Ferner saßen in diesem Kuratorium auch Vertreter der Stiftungen und der Stadt Frankfurt. Und in diesem Gremium wurde ausgemacht, dass sich die beiden Fakultäten die Bezeichnung Soziologie versagen sollten. Also war nun die Frage, wie es denn bei der WiSo-Fakultät organisatorisch weitergehen soll, wenn nun ein soziologischer Lehrstuhl nach dem anderen eingerichtet wird. Zuerst wurde Walter Rüegg berufen, danach Friedrich Tenbruck und dann Thomas Luckmann. Deshalb wurde dort ein Seminar für Gesellschaftslehre gegründet. Hier bei uns gab es überhaupt keine Schwierigkeiten. Das Institut für Sozialforschung war zugleich ein soziologisches Seminar und weil wir hier allein den Diplomstudiengang Soziologie zu verantworten hatten, hatten wir auch das Prüfungsamt hier im Hause und die Lehranzeigen des Instituts erfolgten in völlig legitimer Weise.

Ich gehe jetzt weiter auf die organisatorischen Fragen ein. Das wurde immer schwieriger, weil die Zahl der Soziologie-Hauptfachstudenten ständig stärker stiegen als in der Wirtschafts- und Sozialwissenschaftlichen Fakultät. In den 60er Jahren entstand dabei ein völlig unausgeglichenes Verhältnis, was dazu führte, dass es gelang, in der Philosophischen Fakultät einen neuen Lehrstuhl – nämlich einen Lehrstuhl für Soziologie – einzuführen, den es ja vorher nicht gab und den ich erhielt. Es gab vorher ja nur Doppellehrstühle für Philosophie und Soziologie, nämlich die von Horkheimer, Adorno und Habermas. Auch Habermas war als Nachfolger von Horkheimer ein Professor für Philosophie und Soziologie und hier gab es dann 1966 ungefähr 600 Hauptfachstudenten und drüben bei der WiSo-Fakultät gab es 300 Hauptfachstudenten. Neben den bereits erwähnten drei soziologischen Ordinarien gab es dort außerdem noch einen Gastprofessor, nämlich den Mannheim-Schüler Kurt Wolff. Dieser war damals hier Gastprofessor. Auch Ludwig Neundörfer und Rudolf Gunzert waren dort noch tätig; letzterer bot Statistik-Lehrveranstaltungen in einem durchaus soziologischen Sinne an. Dies war insofern eine durchaus große Ausstattung für 300 Studierende, während hier auf der anderen Seite der Senckenberganlage nur zwei halbe Soziologieprofessuren existierten. Adorno machte ja wirklich enorm viel in der Lehre und hatte einen ungeheuren Zulauf, während Habermas eher etwas zurückhaltend gegenüber großen Studentenzahlen war. Ich war aufgrund des Umstandes, dass ich mich 1960 in Frankfurt habilitiert habe, 1962 nach Berlin gegangen und kam erst wieder 1966 nach Frankfurt zurück, wo ich bis zu meiner Ernennung zum Hessischen Kultusminister die ordentliche Professur für Soziologie wahrnahm.

Darauf gehen wir nachher noch einmal ein. Reden wir jetzt zunächst kurz über Ihre Berliner Zeit.

Die Kultusministerkonferenz hatte damals nicht aufgepasst, da ich zwei Rufe gleichzeitig bekam: nämlich nach Gießen und einen nach Berlin. Ich war gar nicht besonders davon angetan, einen Ruf nach Berlin anzunehmen, weil ich dann nicht gleichzeitig am Institut für Sozialforschung tätig sein konnte. Aber Berlin bot eine derart bessere Ausstattung für die Durchführung von empirischen Forschungsprojekten, dass ich mich entschloss, nach Berlin zu gehen. Meine Frau und ich haben damals sehr gern in Berlin gelebt und wären gern dort geblieben. Was wir 1962–1966 in Berlin erlebten, war der Aufstieg der Stadt und eine interessante Universität. Aber die Freundschaft mit Adorno und Habermas führten dazu, dass wir wieder zurückgekommen sind. Und wieder fingen die Berufungsverfahren mit Frau von Bila relativ kümmerlich an, die damals die für die Hochschulen zuständige Abteilungsleiterin im hessischen Kultusministerium war. Dann aber gab es drüben im Philosophischen Seminar eine Sitzung. Habermas war dabei; und ihm lag alles daran, dass ich wegen der großen Menge an Studierenden wieder nach Frankfurt zurückkam, und Adorno war sowieso dafür. Da hat sie endlich verstanden, dass 600 gegen 300 Studierende standen. Das Institut brach aus allen Nähten und hatte schon einige Jahre lang die Forschung auf ein Minimum beschränkt, weil es durch die Lehre völlig überlastet war. In der Myliusstraße gab es ein Haus, in dem die Ärztekammer untergebracht war. Diese zog aus irgendeinem Grund aus und es gelang dem Kurator, dieses Gebäude per Berufungsvereinbarung, die mir gewährt wurde, für die Soziologieausbildung zu bekommen. Außerdem wurden dort Adorno, Habermas, Mitscherlich und die Soziologieassistenten untergebracht. Ich bekam mehrere Assistenten und einen akademischen Rat, die man damals auch wirklich für die Betreuung der großen Zahl von Studierenden benötigte. Und dieses Gebäude in der Myliusstraße hieß dann „Institut für Sozialforschung (Seminar)". Drüben auf der anderen Seite gab es, wie gesagt, das Seminar für Gesellschaftslehre. Ich weiß noch, wie Rüegg als Rektor allen Wert drauf legte, dass wir in den Zeiten, die aufgrund der Studentenbewegung immer schwieriger wurden, hier im Institutsgebäude nicht mehr unsere Vorlesungen ankündigten.

Können Sie noch etwas dazu sagen, wie das Verhältnis zu Friedrich Tenbruck war?

Tenbruck kam erstmals aus Marburg hierher, um als Assistent bei Horkheimer zu arbeiten. Er hatte bei Julius Ebbinghaus und Klaus Reich studiert, und war ein Kantianer, wie er im Buche steht. Thomas Luckmann war, wenn ich so sagen darf, ein richtiger Soziologe und ist es auch weiterhin geblieben. Luckmann hatte auch keine problematischen Erlebnisse mit dem Institut gehabt wie Tenbruck als Assistent von Horkheimer. Der Umgang mit Luckmann war wirklich sehr angenehm. Habermas sagte ebenfalls gleich: „Mit Luckmann können Sie reden." Da Ende der 1960er Jahre die Unterteilung der deutschen Universitäten in große Fakultäten immer problematischer wurde, waren Habermas, ich und zwei Frankfurter Jura-Professoren, Denninger und Wiethölter, an einer entsprechenden Universitätsreform interessiert und wir machten deshalb einen neuen Vorschlag für die zukünftige Hochschulorganisation.[17] Horkheimer sorgte dafür, dass wir unsere Reformvorstellungen dem damaligen hessischen Ministerpräsidenten Zinn unterbreiten konnten. Aber der Kultusminister Schütte, mit dem wir engen Kontakt hatten und der zum Teil auch an unseren Diskussionen teilnahm, hatte sich vor allem mit dem Kanzler in Marburg zusammengetan und bereits eine redigierte Fassung des hessischen Hochschulgesetzes vorgelegt. Wir haben dann Abstand von den Fakultäten genommen, wie übrigens in ganz Deutschland.

War das ein Trend oder ging das speziell von Frankfurt aus?

Das war allgemein so. Man fand, dass durch die große Studentenzahl übergroße Einheiten wie die Fakultäten nicht mehr die richtige Art und Weise der akademischen Selbstverwaltung waren. Und deshalb wurden die Fachbereiche eingerichtet. In unserem Fall hieß das konkret, das Problem zu lösen, dass es da dasselbe Fach – nämlich die Soziologie – an zwei verschiedenen Fakultäten gab. Als ich Kultusminister in Wiesbaden wurde, strebte ich ein neues Hochschulgesetz an. Aber Schüttes Gesetz war schon eingebracht; und wenn das Gesetz für die Hochschulreform eingebracht ist, hat die Regierung nichts mehr zu sagen, denn dann entscheidet das Parlament. Damals hatte die SPD noch die absolute Mehrheit und der Fraktionsvorsitzende hatte Kultusminister werden wollen. Das war nicht ohne Spannung, wie Sie sich denken können, aber er zog in diesem Fall mit. Ich habe dann vor der Fraktion erklärt, wie ich mir das vorstelle und wie das Gesetz funktionieren soll. Und das wurde dann entsprechend verändert und im Endeffekt ist jenes Gesetz dabei herausgekommen, das wir uns ausgedacht hatten. Von da ab gab es einen Fachbereich für Gesellschaftswissenschaften und zwar im Universitäts-Turm, in dem Sie derzeit noch arbeiten und studieren – kann ich gerade noch erzählen, was es mit dem Turm auf sich hat?[18]

Ja.

Es gab überall in der Bundesrepublik eine Lehrerausbildung, in der die Volksschullehrerausbildung von der Gymnasiallehrerausbildung getrennt war. Die Gymnasiallehrer studierten an der Universität und die Volksschullehrer lernten an anderen Einrichtungen. Die Bemühungen, das zu ändern, reichten ins 19. Jahrhundert zurück. Als ich nach Berlin kam, war ich als erstes in einer Kommission,

---

[17] Vgl. Jürgen Habermas, Protestbewegung und Hochschulreform, Frankfurt am Main 1969, S. 202 ff.
[18] Ludwig von Friedeburg bezieht sich hier auf den sogenannten AfE-Turm, der sich im Campus Bockenheim der Universität Frankfurt befindet und der nach dem Umzug der Erziehungs- und Sozialwissenschaften in den neuen Campus Westend aufgrund zahlreicher baulicher Mängel abgerissen werden soll.

die darüber bestimmte, ob das nun zusammengeht oder nicht. In Hessen bestand die Tendenz, die Lehrerausbildung in die Universitäten zu integrieren, und zwar zunächst einmal als eigenständige Hochschulen und später als Abteilung der Universitäten. Formal war in Frankfurt die Lehrerausbildung als Abteilung schon zur Universität gekommen; und nun baute man neben der Universität einen großen Turm, in dem dann die Abteilung für Erziehungswissenschaften untergebracht werden sollte. Da gab es Szenen, die Sie sich nicht vorstellen können. Es gab zum Beispiel Diskussionen in der Philosophischen Fakultät, in denen darum geworben wurde, dass jetzt Platz da sei. Wir hatten ja alle nicht genügend Platz. Also: „Wer ist dafür, dass wir uns darum bemühen, dass einzelne Fächer dort untergebracht werden?" Die einzigen drei, die sich daraufhin gemeldet haben, waren Habermas, Adorno und ich. Allerdings hatte das Gebäude dann ziemliche Mängel. Wir haben also das Problem der Lehrerausbildung damit gelöst, dass wir diese in die universitäre Ausbildung miteinbezogen. Als einziges Bundesland ist nur Baden-Württemberg bei der getrennten Ausbildung von Volksschullehrern und Gymnasiallehrern geblieben. Was für Vorteile und was für Nachteile dadurch entstanden sind, erleben Sie in der andauernden Diskussion über die Lehrerausbildung.

Sie meinen, dass das Problem offensichtlich bis heute nicht zufriedenstellend gelöst ist?

Ganz klar. Als der Landtag das Universitätsgesetz beschloss, traten sämtliche Rektoren Hessens zurück. Denninger wurde hier in Frankfurt Rektor und Wiethölter wurde Prorektor. Das war alles mit Auseinandersetzungen verbunden, die aber im Vergleich mit den Auseinandersetzungen über Schulfragen relativ harmlos waren. Zugleich hatte der Wissenschaftsrat beschlossen, Gesamthochschulen einzurichten. Ich habe dann die Universität in Kassel als Gesamthochschule gegründet.

Als in den 1960er Jahren an der WiSo-Fakultät die Soziologie ausgebaut worden ist, kamen Rüegg, Tenbruck und Luckmann nach Frankfurt. Bezüglich Luckmann haben Sie schon gesagt, dass das ganz gut ging. Wie war denn das Verhältnis zu den anderen beiden Soziologen an der WiSo-Fakultät und jenen Soziologen, die an der Philosophischen Fakultät tätig waren? Haben sie in irgendeiner Form kooperiert oder gab es Konkurrenz? Wie kann man dieses Verhältnis beschreiben?

Mit Rüegg war es so, dass er mit ausdrücklicher Unterstützung von Horkheimer und Adorno hierher gekommen ist, so dass es anfangs ein sehr kooperatives Verhältnis gab. Mit Tenbruck war es sehr viel schwieriger. Tenbruck war in den 1950er Jahren eine Zeit lang Assistent von Horkheimer am Institut für Sozialforschung gewesen. Wenn Sie lesen, was Dahrendorf darüber geschrieben hat, als er hier war, oder Tenbruck selbst, dann ist es verständlich, dass Tenbruck im Unterschied zu Dahrendorf so distanziert war, was später übrigens auch in dem Buch seinen Niederschlag fand, das seine Mitarbeiter mit ihm geschrieben haben.[19] Also das war wirklich keine gute Zusammenarbeit.

Hat sich das auf die Institutionalisierung der Soziologie in Frankfurt negativ ausgewirkt? Oder konnte man trotzdem im Rahmen der Philosophischen Fakultät diesen Ausbau betreiben? Wenn drei Professuren an der Wirtschafts- und Sozialwissenschaftlichen Fakultät bestehen, ist man doch zu irgendeiner Form der Kooperation gezwungen, wenn man einen gemeinsamen Diplomstudiengang hat.

Sie konnten an der Wirtschafts- und Sozialwissenschaftlichen Fakultät Soziologie studieren, ohne den Voraussetzungen ganz zu genügen, die man erfüllen musste, wenn man an der Philosophischen Fakultät Soziologie studierte. Zum Beispiel gehörten weniger Lateinkenntnisse dazu. So studierten an dieser Fakultät eine Reihe von Studenten, die im Allgemeinen bei uns hörten, weil sie dort zum Studium formal zugelassen waren. Wir haben ziemlich schnell versucht, eine Verständigung über die jeweiligen Inhalte zu erreichen, die da gelehrt wurden, um Überschneidungen zu vermeiden. Das war außerordentlich mühsam, denn das waren doch zwei einzelne Geschichten, die mehr oder weniger nebeneinander herliefen. Ich hatte zu einzelnen Kollegen an der Wirtschafts- und Sozialwissenschaftlichen Fakultät wie zum Beispiel Luckmann ein gutes Verhältnis. Später kam auch Wolfgang Zapf nach Frankfurt.[20] Zapf hatte bei uns studiert und wäre mein erster Assistent geworden, wenn ich ihn nicht Dahrendorf als Mitarbeiter empfohlen hätte, der gerade einen Ruf nach Tübingen erhalten hatte und Zapf dann dorthin mitnahm.

Dann hat es offensichtlich mit einer bestimmten Person zu tun, dass es entsprechende Probleme gab. Mit Herrn Rüegg gab es wahrscheinlich keine Probleme ...

Bis er Rektor war und bis die Auseinandersetzung begann.[21]

Sie gerieten dann mit ihm in eine hochschulpolitische Konfrontation?

Sie müssen sich das so vorstellen: Es gab hier Notsitzungen des Großen Senats, die nicht in der Universität stattfinden konnten, weil die Universität besetzt war. Sie

[19] Clemens Albrecht u. a., Die intellektuelle Gründung der Bundesrepublik. Eine Wirkungsgeschichte der Frankfurter Schule, Frankfurt am Main 1999.
[20] Wolfgang Zapf war als Nachfolger Friedrich Tenbrucks von 1968–1972 Professor in Frankfurt. Er erwarb 1961 das Diplom für Soziologie in Frankfurt, war von 1961–1962 Mitarbeiter am Institut für Sozialforschung und von 1962–1966 Mitarbeiter von Ralf Dahrendorf in Tübingen.
[21] Walter Rüegg war von 1965–1970 Rektor der Universität Frankfurt.

fanden also in einem großen Hörsaal naturwissenschaftlicher Art im Palmengarten statt. Da kam man ziemlich mühsam rein. Und dann sitzen sie alle in großer Runde und es geht um die Frage, ob nun drei Studenten an diesem Gremium teilnehmen sollen oder sechs, was der Vorschlag war. Und Rüegg hält eine große Rede dagegen und fragte: „Wer ist denn dafür?" Habermas, Friedeburg und Adorno sind dafür! Rüegg ist einen Augenblick fassungslos. Dann sagt er: „Ich glaube, ich bin missverstanden worden. Ich wiederhole die Abstimmung noch einmal!" Der ganze Saal schaut zu uns rauf. „Ich habe gefragt, wer dafür ist." Wir melden uns wieder. Wissen Sie, das macht das Zusammenleben nicht gerade einfacher. Und etwas Schlimmeres konnte ihm gar nicht passieren, dass ich danach Kultusminister geworden bin; da wurde unser Verhältnis nur noch schlechter.

Kam Jürgen Habermas zur selben Zeit wie Sie an das Institut?

Etwas später. Ich war ja 1951 schon einmal drei Monate lang hier. Insofern ist das etwas anderes, als wenn Sie neu hereinkommen. Sie können einfach die historische Entwicklung besser verstehen. Adorno ist einmal für ein Jahr nach Amerika gegangen, um seine amerikanische Staatsbürgerschaft zu erhalten. Horkheimer hat einige Zeit Hellmuth Plessner aus Göttingen geholt und Becker war ebenfalls sein Berater. Dahrendorf war hier und kam immer mal wieder vorbei. Wenn Horkheimer jemand traf, dann sagte er: „Kommen Sie doch einmal vorbei und arbeiten Sie einmal einen Augenblick bei uns." Ich kann die Namen der Personen gar nicht alle nennen, die dann hier waren und auch wieder verschwanden. Es gibt jedoch zwei wichtige Ausnahmen: Die eine ist Helge Pross. Sie war mit Franz Neumann befreundet.[22] Als Neumann bei einem Unglück in Deutschland gestorben war, stand sie hier plötzlich auf dem Flur und Horkheimer besprach mit ihr, dass sie fortan hier arbeiten würde. Sie war klug genug, sich mit denen, die hier die empirische Arbeit machten, gut zu verständigen und nicht irgendwie zu glauben, dass sie von oben kam, wie die meisten, die hier nur kurz da waren und nie richtig Fuß gefasst haben. Ich betone das deshalb so sehr, weil Habermas etwas später 1956 an das Institut kam. Die Zeitunterschiede sind nicht so groß; aber wenn man in der Zeit lebt, dann sind die Unterschiede immer viel größer, als wenn man nach Jahrzehnten darauf schaut. Habermas kam wegen Adorno nach Frankfurt. Er wurde nicht von Horkheimer hierher geholt. Bei Helge Pross konnte man noch sagen, dass es die Beziehung zu Neumann und zu dem Institut in Amerika war, die sie hierher führte. Aber Habermas kam wegen Adorno. Er war promoviert und war schon auffällig geworden. Er hatte nämlich einen Artikel über Heidegger geschrieben,

---

[22] Vgl. Helge Pross, Einleitung, in: Herbert Marcuse (Hrsg.), Franz Neumann, Demokratischer Staat und autoritärer Staat. Studien zur politischen Theorie, Frankfurt am Main 1986.

der allgemein Aufsehen erregt hatte, auch das Adornos.[23] Adorno hatte einen Sinn für begabte Leute. Aber das Erstaunliche bei Adorno war immer, dass er in andere Menschen wie in einen goldenen Kelch schaute. Die Art und Weise, wie Adorno erwartete, dass andere auch so begabt sind wie er, war schon erstaunlich. Aber zumindest bei Habermas hatte er Recht. Zunächst einmal hatte ich mit Habermas nicht sehr viel zu tun. Wir hatten neue industriesoziologische Projekte in Angriff genommen. Habermas wurde von Adorno gebeten, sich um die Hochschulreform zu kümmern. Übrigens befasste sich Tenbruck seiner Zeit ebenfalls schon mit der Hochschulreform, denn da gab es Gelder von der DFG: Habermas hat später bei *Student und Politik* die zentrale Rolle gespielt.[24] Eines wurde nun ziemlich klar: Wenn man länger im Institut bleiben will, muss man mit den Mitarbeitern, die dort tätig sind, zusammen arbeiten. Das hat dazu geführt, dass wir sehr eng zusammen gearbeitet haben. Als es für Habermas mit Horkheimer schwieriger wurde, ist eine richtige Freundschaft daraus geworden. Habermas ging es damals ja auch wirtschaftlich nicht besonders gut.

Er hat dann doch ein Stipendium bekommen ...

Das Stipendium hat er später für die Ausarbeitung seiner Habilitationsschrift bekommen. Wir hatten gewisse Mittel und er wurde vom Institut bezahlt. Mit dem Geld vom Institut konnte man damals allerdings keine großen Sprünge machen. Wenn er ein paar Schuhe kaufen wollte, dann musste er einen Vortrag halten. Und dann wurde immer deutlicher, dass Horkheimer aus Furcht, dass Habermas zu großen Einfluss auf die Mitarbeiter haben könnte, dagegen war, dass er hier am Institut blieb. Habermas hat sich dann bei Wolfgang Abendroth in Marburg in Soziologie habilitiert und bemerkenswert ist, dass er in Heidelberg von Gadamer veranlasst schon eine außerordentliche Professur für Philosophie erhielt, bevor das Habilitationsverfahren überhaupt abgeschlossen war. Gadamer hatte Habermas gebeten, einen Aufsatz über die gegenwärtige Literatur zum Marxismus zu schreiben. Gadamer hat diesen Aufsatz dann in einer philosophischen Fachzeitschrift veröffentlicht.[25] Er hatte erkannt, welches Potential in Habermas steckt.

---

[23] Jürgen Habermas, Im Lichte Heideggers, in: Frankfurter Allgemeinen Zeitung, 12.7.1952; ders., Mit Heidegger gegen Heidegger denken: Zur Veröffentlichung von Vorlesungen aus dem Jahre 1935, ebd., 25.7.1953.

[24] Jürgen Habermas, Student und Politik: Eine soziologische Untersuchung zum politischen Bewusstsein Frankfurter Studenten (mit Ludwig von Friedeburg, Christoph Oehler, Friedrich Weltz), Neuwied/ Berlin 1961 (geschrieben 1958).

[25] Jürgen Habermas, Literaturbericht zur philosophischen Diskussion um Marx und den Marxismus, in: Philosophische Rundschau (1957), Heft 3–4, S. 165–235.

Hatten Sie auch noch engen Kontakt mit Habermas und dem Institut für Sozial-forschung behalten, als Sie in Berlin waren, oder war das eher eine Art Auszeit?

Nein, vor allem mit Adorno war der Kontakt sehr eng. Adorno war oft in Berlin und hat da Vorlesungen gehalten; wir sind auch zusammen ins Theater gegangen. Wenn Sie von einer Universität zu einer anderen gehen, dann sind da zunächst noch mindestens zwei Jahre lang Prüfungs- und sonstige Verpflichtungen. Zum Teil haben Sie auch noch Lehrverpflichtungen, denen Sie weiter nachkommen müssen. Und so kam ich dann bis 1964 immer wieder nach Frankfurt. Adorno kam wegen vielfältiger Anlässe nach Berlin. Das war doch eine sehr enge Verbindung. Habermas war auch gelegentlich in Berlin und da waren eine ganze Reihe von Bekannten von uns und von ihm. Berlin entfaltete sich. Es kamen damals zahllose Dichter und Künstler nach Berlin. Es war eine sehr schöne Zeit.

Was war denn der Grund für ihre Rückkehr nach Frankfurt?

Es war die enge Freundschaft und Solidarität mit Adorno, die meine Grundbeziehung zum Institut bestimmte.

Gab es damals eigentlich nennenswerte Unterschiede zwischen Berlin und Frank-furt? Wir stellen diese Frage, weil Sie gesagt haben, dass in Berlin eine Art Auf-bruchstimmung herrschte. Stärker vielleicht als in Frankfurt. Wie wirkte sich das auf die Studenten aus? Waren diese in Berlin politischer? Und wie wirkte sich das in dieser Zeit aus, in der Sie in Berlin waren?

Das ist eine gute Frage. Ich muss allerdings sagen, dass ich im Wesentlichen mit einem bestimmten Ausschnitt der Studentenschaft zu tun hatte. Wir hatten hier in Frankfurt schon Ende der 1950er, Anfang der 1960er Jahre insbesondere aus dem Umkreis des Sozialistischen Deutschen Studentenbundes (SDS) eine Reihe sehr kluger und sehr guter Studenten für unsere Untersuchung und Diskussionen über *Student und Politik* im Institut. Sie kennen ja die Ergebnisse. Diese waren übrigens keinesfalls sehr befriedigend. Im Gegenteil, wir haben damals daraus geschlossen, dass wenn sich die Gesellschaft so entwickelt wie sie sich entwickelt, es um Anpassung geht und dass man einen entsprechenden Job bekommt. Es wird also eher alles unpolitischer – so unsere damalige Annahme. Uns wurde später dann zu Recht vorgeworfen, dass es nachher – zeitweise – ganz anders gekommen ist. Aber in der Zeit, in der wir diese Untersuchung durchgeführt haben, waren die Studierenden auf der ganzen Welt eher so, wie wir sie beschrieben haben. Das hat sich dann in den 1960er Jahren dramatisch verändert. Die Bundesrepublik hatte sich schon in den 1950er Jahren im Hinblick auf die Demokratie verbessert. Man soll nur nicht so tun, dass das erst 1968 erfunden wurde, so wichtig die Studentenbewegung für die Hochschulreform war. In Berlin war die Freie Universität eine Gegeninstitution der Humboldtuniversität in Ost-Berlin und sie zog daher nicht nur aus Berlin, sondern auch aus der Bundesrepublik eine Reihe von wirklich guten Studenten an. Vor allem dürfen Sie eins nicht vergessen: Die Soziologie ist ja Anfang bzw. Mitte der 1960er Jahre in Deutschland zu einer Wissenschaft geworden, die sagte, wo es lang geht und die so tat, als wüsste sie es und die auch so angesehen wurde. Seit diesem Zeitpunkt kam bis in die 1970er Jahre ja die große Vermehrung der Lehrstühle. Vorher war das alles so knapp, wie ich es Ihnen gerade geschildert habe. Aber dann haben wir erfolgreich dafür gesorgt, dass die Lehrer im Rahmen ihres Studiums Soziologie lernen mussten. Das gab es vorher alles noch gar nicht. Durch den Zustrom von Studenten aus dem Bereich der Rechts- und Geisteswissenschaften waren in Berlin die Vorlesungen sehr voll, und ich kam als ein Vertreter der Frankfurter Soziologie dorthin. Ich bin ja eigentlich gar kein Vertreter der Frankfurter Schule, sondern ich bin ein empirisch arbeitender Soziologe und habe hier eine Menge gelernt, z. B. dass man eben in der Tat vernünftige gesellschaftstheoretische Ansätze haben muss, um vernünftige empirische Sozialforschung zu betreiben. Aber die ganze Art und Weise, wie man Vorlesungen und Seminare halten soll, wie man also das Interesse seiner Zuhörer gewinnt, hatte ich schon von Eduard Baumgarten gelernt und später weiterentwickelt. Ich habe sehr gute Mitarbeiter nach Berlin mitgenommen, Gerhard Brandt und Jürgen Ritsert, anschließend habe ich sie wieder nach Frankfurt zurückgebracht. Dazu kamen noch zwei Berliner Assistenten. Einer von ihnen war damals in Berlin als Assistent von Otto Stammer für die Empirie tätig.

Weil ich nun die Empirie übernahm, kam Wilhelm Schumm zu uns. Insofern habe ich keinen großen Unterschied zwischen den Professoren und Studenten in Frankfurt und Berlin erlebt. Mir fehlte natürlich das Institut für Sozialforschung in Berlin. Aber es war immerhin möglich, größere empirische Forschungsprojekte durchzuführen. So die Studie über die „Freie Universität" und das politische Potential der Studenten, über die Entwicklung des Berliner Modells und den Anfang der Studentenbewegung in Deutschland.

Kann man sagen, dass Berlin zu dieser Zeit fortschrittlicher als Frankfurt war?

Hochschulpolitisch ja, einen erheblichen Schritt fortschrittlicher. In jeder Fakultät saß unter den Professoren ein Student und stimmte mit bei allen Fragen, auch Berufungen; und im Senat saßen zwei Studenten. Das änderte das Klima sehr. Wilhelm Schumm war einer von diesen Studenten, oder auch Hans-Jürgen Puhle, der jetzt hier in Frankfurt Professor ist. Das waren erstklassige, sachverständige Studenten von ihren Interessen, Begabungen und Erfahrungen her.

Insofern war es auch ein gewisser Verlust, als Sie dann wieder von Berlin nach Frankfurt gegangen sind?

Es ist jetzt nicht meine Sache, darüber zu reden, dass ein richtiger Fackelzug unternommen wurde, um mich in Berlin zu behalten. Ich weiß noch, welchen schönen Brief mir damals Renate Mayntz geschrieben hat, dass ich da bleiben müsse. Das war eine hervorragende Soziologin, die schon länger als ich habilitiert war. Ich merkte ziemlich rasch, dass sie als Privatdozentin gar keinen Anteil an den mir zur Verfügung stehenden Mitteln und Möglichkeiten hatte. Darauf habe ich ihr alle Quellen eröffnet, die mir zugänglich waren.

Gut, dann kamen Sie wieder nach Frankfurt zurück. Und dann fängt dieser Politisierungsprozess an, der sich auch in Frankfurt sehr stark bemerkbar machte?

Ja, zum Zeitpunkt meiner Rückkehr nach Frankfurt allerdings noch nicht so stark. Sie müssen bedenken, dass die Stundentenbewegung ursprünglich in Amerika entstanden ist. 1966 habe ich dann unmittelbar miterlebt, wie die Studentenbewegung in Berlin begann. Die deutsche Studentenbewegung begann dort mit den ersten Sit-ins und Teach-ins und den entsprechenden Verboten. Und wenn ich an die ASTA-Vorsitzenden von damals, Wolfgang Lefèvre und Knut Neuermann, denke – das waren wirklich befähigte Leute! Jedenfalls wurde es erst 1967–1968 in der Bundesrepublik wirklich heftig.

Das haben Sie dann hier in Frankfurt ja alles voll miterlebt.

Das habe ich in der Tat hier miterlebt.

Wie hat sich dies denn auf Ihre Arbeitsverhältnisse und Arbeitsmöglichkeiten ausgewirkt?

Was die Vorlesungen und die Arbeit mit Studenten anbelangt, tendierte es immer mehr gegen Null. Es machte immer größere Schwierigkeiten, überhaupt noch Vorlesungen zu halten. Ich weiß noch, dass ich eine Vorlesung in einem relativ großen Hörsaal gehalten hatte und mitten in die Auseinandersetzungen hinein geraten bin. Da saßen in den letzten drei Reihen politisch sehr aktive Studenten und ich ging nach vorn und fing mit der Vorlesung an; und dann warfen sie Feuerwerkskörper, die neben mir explodierten. Ich bin bei der Marine gewesen, nicht bei der Infanterie und packte meine Sachen zusammen und ging raus. Das war das Ende der Vorlesung. Es war ja auch kein Zufall, dass sie das Soziologische Seminar in der Myliusstraße besetzt haben, da sie genau wussten, dass dort Mitscherlich, Habermas, Adorno und ich untergebracht waren. Gerade diejenigen, die diese

Bewegung als Bewegung für eine Universitätsreform und eine Gesellschaftsreform unterstützten, wurden bestreikt.

Wurde nur das Seminar für Soziologie in der Myliusstraße, nicht aber das Institut für Sozialforschung besetzt?

Das Seminar wurde einige Wochen lang besetzt. Dessen Räumung unterstand auch nicht uns, das war Sache des damals amtierenden Rektors Walter Rüegg. Egal, ob er die Polizei gerufen hat oder ob die Polizei selbst gesagt hat, dass sie da einmal hineingehen müsse: Auf jeden Fall sprach sich das rechtzeitig herum, und sie haben das Seminar in der Myliusstraße geräumt. Dann kam hier im Institut für Sozialforschung eine kleinere Gruppe mit Hans-Jürgen Krahl anmarschiert und ging in den Raum nebenan, wo jetzt das Adorno-Archiv ist. Das war damals der Raum für die Lehrveranstaltungen der empirischen Sozialforschung. Sie sagten, dass sie jetzt hierher kämen und hier bleiben würden, weil die Polizei das Seminar in der Myliusstraße besetzt hätte. Und so kam es dann zu der bekannten Auseinandersetzung. Denn Adorno und ich waren Institutsdirektoren einer privaten Stiftung und insofern persönlich verantwortlich.

Wer hat denn damals die Polizei gerufen?

Adorno, glaube ich, hat damals angerufen; das weiß ich nicht mehr so genau. Wir waren zusammen in seinem Zimmer, genauso gut kann ich den Hörer in die Hand genommen haben. Wir entschlossen uns, die Polizei zu rufen.

Die Studentenbewegung hat ja das Fach Soziologie richtig wachgerüttelt und zum Teil auch lahm gelegt. Die Deutsche Gesellschaft für Soziologie hat nach dem Frankfurter Soziologentag von 1968 jahrelang nicht mehr öffentlich getagt und der nächste Soziologiekongress fand dann 1974 in Kassel statt. Würden Sie dennoch der Studentenbewegung positive Einflüsse auf die weitere Entwicklung der Soziologie zusprechen oder sehen Sie nur das destruktive Moment?

Nein, ich sehe keinesfalls nur das destruktive Moment. Denn die Auseinandersetzung, auch die öffentliche Auseinandersetzung, ist ja nicht so sehr das, was die Studentenbewegung für die Soziologie gebracht hat, sondern das, was sie für die weitere Entwicklung der Bundesrepublik gebracht hat. Und ohne dies jetzt überzustrapazieren halte ich nach wie vor das, was in der Studentenbewegung diskutiert wurde und zunächst einmal zu einer entschiedenen Änderung der Universitätsverfassung führte, nach wie vor für positiv. Die Militarisierung der „Rote Armee Fraktion" (RAF) kann man nicht als das Ziel der damaligen Studentenbewegung auffassen. Gewalt gegen Sachen ist etwas anderes als Gewalt gegen Personen.

Wenn man sich vor eine Straßenbahn setzt, ist das eine strafbare Handlung, weil die Straßenbahn halten muss und die Leute gezwungen sind auszusteigen, wenn sie weiterkommen möchten. Etwas anderes ist es, wenn man Leute erschießt. Sie können natürlich auch sagen, dass ohne diese Entwicklung jemand wie ich und in anderen Fällen auch andere natürlich nie die Möglichkeit gehabt hätten, an Gesetzgebungsverfahren mitzuwirken. Ich gehörte keiner Partei an und bin durch eine Richtung der Soziologie geprägt worden, die grundsätzlich der Auffassung war, dass man nicht nur über Dinge nachdenken und darüber reflektieren soll, sondern auch etwas dafür tun soll, um die Verhältnisse zum Besseren zu verändern, wenn man die Chance hat, das dann auch tatsächlich zu bewirken.

1971 wurde in Frankfurt im Gefolge der Auflösung der Fakultäten der Fachbereich Gesellschaftswissenschaften gegründet. Zu dieser Zeit waren die Verhältnisse hochgradig politisiert. Dies betraf nicht nur die Studierenden, sondern auch weite Teile des Mittelbaus und zum Teil auch linke Professoren. Wie hat sich denn ihr Verhältnis zur Frankfurter Soziologie entwickelt, als Sie hessischer Kultusminister waren? Haben Sie ein spezielles Verhältnis zu dieser Frankfurter Situation gehabt oder haben Sie als Minister eine gewisse Distanz zu den verschiedenen hessischen Universitäten gehabt?

Gleich nach meiner Ernennung zum Kultusminister hat Habermas dafür gesorgt, dass ich an der Universität Frankfurt Honorarprofessor wurde. Denn nach dem hessischen Hochschulgesetz scheidet jemand, der Minister wird, aus dem Universitätsdienst aus. Ich hatte ja noch eine ganze Reihe Prüfungsverpflichtungen, obwohl damals aufgrund der großen Anzahl an Studierenden in sehr hohem Maße auch die Mitarbeiter an den Prüfungen beteiligt waren. Also war ich als Honorarprofessor mit der Universität Frankfurt verbunden. In der Öffentlichkeit wurde meine Beziehung zum Fachbereich Gesellschaftswissenschaften allerdings dergestalt wahrgenommen, dass z. B. die *Frankfurter Allgemeine Zeitung* in einem entsprechenden Zeitungsartikel vom „Fachbereich des Kultusministers" sprach, um bestimmte Probleme, die mit ihm verbunden waren, möglichst mir anzulasten. Sie wissen ja, was ein Honorarprofessor an einer Entwicklung im Fachbereich für einen Anteil hat. Nun könnten Sie sagen, dass ein Kultusminister einen großen Einfluss hat. Aber nicht für interne Probleme eines Fachbereichs. Dass insbesondere Berufungsverfahren von oben letztlich entschieden werden konnten, stimmt. Das ist eine ganz andere Frage. Diese Universität wäre in den 1920er Jahren nie das geworden, was sie war, wenn man nicht stark von oben in die Berufungsverfahren eingegriffen hätte. Auch die Frankfurter Soziologie wäre unter diesen Umständen niemals das geworden, was sie damals war, nämlich die bedeutendste Soziologie in der Republik. Horkheimer und das Institut waren ja nur ein Teil davon. Wenn nicht Kurt Rietzler, der hier Kurator war, nach Oppenheimers Eintritt in den Ruhestand zusammen mit dem preußischen Kultusministerium die entscheidenden Berufungen geregelt hätte, wäre nach dem Willen der WiSo-Fakultät zum Beispiel die Juristen Carl Schmitt oder Hans Kelsen auf diesen vakant gewordenen soziologischen Lehrstuhl berufen worden, den dann Karl Mannheim bekam.[26] Jemand wie Karl Mannheim zu berufen, war aufgrund seiner allgemeinen Bekanntheit keineswegs selbstverständlich. Es war schon ein mutiger Schritt. Schon die Tatsache, dass die WiSo-Fakultät die Berufung von Carl Grünberg auf den neu eingerichteten Stiftungslehrstuhl für „Wirtschaftliche Staatswissenschaften IV" akzeptierte, war ja keinesfalls selbstverständlich. Denn das Institut für Sozialforschung, dem er von 1924 bis 1929 als geschäftsführender Direktor vorstand, beruhte auf einer Stiftung und war insofern eine private Angelegenheit, aber sein Lehrstuhl war ein Lehrstuhl des Landes Preußen. Einen Marxisten wie Grünberg hierher zu holen, der durch seine Tätigkeit wesentlichen Einfluss auf Marxisten wie Rudolf Hilferding und Otto Bauer genommen hat, war eine mutige Entscheidung, die dem damaligen preußischen Kultusminister Carl Heinrich Becker zu verdanken ist. Insofern kann man nicht sagen, dass der staatliche Einfluss auf die Entwicklung der Universität Frankfurt einen problematischen oder negativen Einfluss hatte. Wenn ich mir die gegenwärtige Einrichtung der Hochschulräte als Entscheidungsgremien anschaue, kann man diesbezüglich schon eher Bedenken haben. Ende 1929 bis 1933 waren die Soziologien in Frankfurt und in Köln die führenden Soziologien in Deutschland. Vorher waren Heidelberg und Berlin die soziologischen Zentren gewesen.

Wir haben abschließend noch eine Frage zum heutigen Status des Instituts für Sozialforschung. Vor der hessischen Universitätsreform war es doch eine zentrale Säule der Soziologenausbildung gewesen. Wieso ist das nach der Gründung der Fachbereiche ganz anders geworden? Heute ist ja das Institut primär für die Forschung zuständig. Woran lag es, dass sich in Frankfurt im Bereich der Soziologie die Forschung und Lehre so stark auseinander entwickelt haben?

Das begann schon Ende der 1960er Jahre. Rüegg war immer sehr darauf bedacht, dass nachdem es in der Myliusstraße ein Seminar für Soziologie gab, dieses die Lehrveranstaltungen ankündigte und nicht das Institut für Sozialforschung. Das ist der erste Grund für die weitere Entwicklung, der die institutionelle Seite betrifft. Zweitens haben das Institut für Sozialforschung und die, die hier lehrten, auch nicht immer große Rücksicht darauf genommen, mehr Transparenz in die verschiedenen Lehrprogramme zu bringen, worum ich mich nach 1966 bemüht habe und wobei ich nicht sehr erfolgreich war.

---

[26] Zu den Umständen der Berufung von Karl Mannheim nach Frankfurt siehe die entsprechenden Dokumente im Anhang dieses Bandes.

Also hing es zum einen von den Personen ab, die vor der Universitätsreform in der Soziologie für die Forschung und Lehre verantwortlich waren; und zweitens hing es offensichtlich auch mit der Restrukturierung der gesamten universitären Institutionen zusammen. So kam es dann dazu, dass das Institut für Sozialforschung ein reines Forschungsinstitut wurde?

Ja, wobei es dabei blieb, dass in der Forschung zwar weiterhin Studenten beteiligt waren, aber eben nicht mehr in dem Ausmaß wie früher. Bei einer Reihe von langfristig angelegten Forschungsarbeiten waren Mitarbeiter des Instituts beteiligt, die im Fachbereich Gesellschaftswissenschaften studierten, um dort ihr Diplom und ihre Promotion zu erlangen.

Kann es heute überhaupt noch ein realistisches Ziel sein, die Einheit von Forschung und Lehre zu erhalten? Oder ist es vielmehr nicht so, dass man Forschung und Lehre noch stärker als in den letzten Jahrzehnten voneinander abkoppelt?

Das ist eine schwierige Frage. Natürlich lebte auch diese engere Zusammenarbeit davon, dass es im Fachbereich Gesellschaftswissenschaften eine Reihe von Lehrenden gab, die eng mit dem verbunden waren, was man als Frankfurter Schule bezeichnet hat. Doch hat sich in den letzten Jahren die Berufungspolitik sehr verändert. Am deutlichsten sehen Sie es vielleicht daran, dass Alex Demirovic in Frankfurt keine Professur bekommen hat.[27] Aber auch sonst ändert sich derzeit sehr viel. Gerade werden am Fachbereich Gesellschaftswissenschaften eine Reihe der älteren Professoren pensioniert, die der Frankfurter Schule nahe standen; z. B. Heinz Steinert, um einen Namen zu nennen. Es fehlt nicht an Anregungen für eine engere Zusammenarbeit zwischen dem Institut für Sozialforschung und dem Fachbereich Gesellschaftswissenschaften, aber es fehlt an einer entsprechenden Vermittlung.

Wir danken Ihnen ganz herzlich dafür, dass Sie uns so lange zur Verfügung standen.

Das Gespräch mit Ludwig von Friedeburg führten Eva Frankenthal, Jens Koolwaay, Klaus Lichtblau und Nina Merget am 22. Januar 2008 im Frankfurter Institut für Sozialforschung.

---

[27] Alex Demirovic stand auf dem ersten Platz einer Berufungsliste, die im Zusammenhang mit der Wiederbesetzung der Professur von Jürgen Ritsert in den hierfür zuständigen Universitätsgremien ordnungsgemäß beschlossen worden ist. Das Präsidium der Goethe-Universität ist diesem Listenvorschlag jedoch nicht gefolgt, sondern hat den Zweitplatzierten berufen.

„Ich verbiege mich nicht. Ich sage, was ich für richtig halte."

Gespräch mit Iring Fetscher

Herr Fetscher, Sie haben 1963 einen Ruf an die Frankfurter Universität bekommen. Wie kam es dazu und welche Bedeutung hatte damals die Frankfurter Universität für Sie?

Ich hatte damals unter anderem Angebote aus Erlangen und Saarbrücken, aber dies waren zwei Orte, die mich weniger gereizt haben als Frankfurt. Glücklicherweise klappte es mit Frankfurt, da Max Horkheimer sich für mich engagierte. Ich war der zweitplatzierte Bewerber, Golo Mann war auf dem ersten Listenplatz. Das war damals noch die wirtschafts- und sozialwissenschaftliche Fakultät, bei der Sozialwissenschaftler eine kleine Minderheit bildeten und lediglich einen politischen und einen soziologischen Lehrstuhl hatten. Für den politischen Lehrstuhl wollte man nun einen berühmten Namen. Thomas Mann war bekanntlich nicht mehr zu haben, also bemühte man sich um Golo Mann. Man ist sogar eigens an ihn herangetreten und hat ihm gesagt: „Wir würden uns freuen, wenn Sie den Ruf annehmen würden." Dann hat aber Horkheimer, der gute Beziehungen zum Hessischen Kultusministerium in Wiesbaden hatte, das ‚hintertrieben' und zu mir gesagt: „Keine Angst, Sie werden berufen!" Ich wusste damals noch gar nicht, wer die Nummer eins gewesen war. Später, als ich es erfahren hatte, habe ich Golo Mann, den ich sehr mochte, einen Brief geschrieben. Er reagierte sehr großzügig und sagte: „Sie können ja nichts dafür. Außerdem glaube ich, dass Sie für den Lehrstuhl viel geeigneter waren als ich." Die angebliche Verleumdung Golo Manns, die von Horkheimer ausgegangen sein soll, halte ich übrigens für ganz unwahrscheinlich. Horkheimer hatte ganz gute Beziehungen zu Helena von Bila, der Ministerialdirigentin im Hessischen Kultusministerium, bei der er nur anzurufen brauchte: „Hören Sie, die Nummer zwei ist für mich viel interessanter." Wenn er ein Interesse daran hatte, dass jemand Bestimmtes berufen werden sollte, dann hätte er deswegen den anderen Bewerber nicht verleumden müssen. Angeblich gab es verschiedene Verleumdungen. Die eine war, dass Golo Mann antisemitische Äußerungen gemacht habe, wonach die Juden dazu beigetragen hätten, dass die Weimarer Republik zu Grunde gegangen ist. Dass Golo Mann etwas in dieser Richtung gesagt haben könnte, glaube ich eher nicht, aber es wurde ihm unterstellt. Und die andere war, dass er homosexuell war. Aber ich glaube, dass Horkheimer keine dieser Behauptungen verbreiten wollte.

Angeblich soll ja Thomas Manns Nichterwähnung der Mitarbeit von Horkheimer an „Doktor Faustus" für dessen Aversionen verantwortlich gewesen sein.

Das sind Eitelkeiten und Abneigungen der Emigranten untereinander. Eigentlich hat das mit Politik wenig zu tun, obgleich Golo Mann schon konservativer war als die Frankfurter. Die Frankfurter waren ursprünglich sehr links und später vorsichtig links. Das war eine andere Orientierung. Horkheimers Intervention in mein Berufungsverfahren war aber insofern nicht selbstverständlich, als er ja in der Philosophischen Fakultät war und nicht in der Wirtschafts- und Sozialwissenschaftlichen Fakultät, an die ich berufen wurde. Von daher habe ich in der Fakultät, der ich sozusagen von außen aufgezwungen wurde, eine Zeit lang ein bisschen Widerstand gespürt. Aber das legte sich dann mit der Zeit, da ich mich mit den einflussreichen Leuten in der Fakultät ganz gut verstand. Aber der Stärkste an der Fakultät war der spätere Rektor Walter Rüegg, der einmal gesagt hat, dass er seine eigentliche Aufgabe als Rektor leider nicht verwirklichen habe können: nämlich die Bekämpfung der Frankfurter Schule! Und da ich der Frankfurter Schule relativ nahe stand, gehörte ich nicht gerade zu den von ihm Bevorzugten. Letztlich ist sein Plan ja auch nicht aufgegangen, und ich fand auch, dass er sich damit reichlich überschätzt hat.

In Ihrer Autobiographie schreiben Sie, dass Horkheimer im Falle einer Habilitation von Ihnen erwartete, dass Sie in seinem Sinne Gutachten schreiben. Aber das wollten Sie nicht?

Ja, ich verbiege mich nicht. Ich sage, was ich für richtig halte. Ich weiß auch nicht, ob er mich hätte habilitieren wollen. Habermas hat er jedenfalls nicht habilitiert, weil dessen Arbeit nicht das war, was er wollte. Bevor ich nach Frankfurt kam, kannte ich weder Adorno noch Horkheimer persönlich. Aber ich hatte viel Georg Lukács gelesen und durch Lukács war ich auf Adorno vorbereitet, von dem ich nur seine Bücher kannte. Ich hatte ihn einmal auf einem großen Kongress in Frankfurt erlebt, an dem auch Herbert Marcuse eine Rede gehalten hatte, die mir sehr gefiel. Sie haben auch nie Einfluss auf mich genommen. Aber die Personen, die nach mir berufen wurden, hatten dann schon eine andere Orientierung. Damals war ich ja erst der zweite Politologe hier, vorher gab es nur Carlo Schmid, der aber aufgrund seiner Tätigkeit als Parlamentspräsident nicht so oft verfügbar war, und sich z. B. nur an zwei Tagen in der Woche in Frankfurt aufhielt. Er hielt traditionelle Vorlesungen, die gut waren und auch gut besucht wurden, aber er ging auf die Bedürfnisse der Studenten nicht ein.

Wie war Ihr Verhältnis zu Horkheimer?

Ich fand Horkheimer sehr sympathisch und angenehm. Er hat mich immer in ein schönes Restaurant eingeladen, das es heute nicht mehr gibt: in den Englischen Garten. Er war eigentlich immer sehr freundlich. Und in seinen Aufzeichnungen, die mir jetzt jemand geschickt hat, wird über mich allerhand berichtet, nichts Negatives zwar, aber Einiges, was zum Teil nicht stimmt. So gab es im Zusammenhang mit der Verabschiedung der Notstandsgesetze im Mai 1968 eine große Protestveranstaltung, an der ich, Alexander Mitscherlich und Horkheimer teilnahmen, aber auch viele Pressevertreter, wie z. B. der Herausgeber des „Spiegel". Am Interessantesten fand ich dabei die Reden von radikalen Personen: Einmal die Rede von Hans Magnus Enzensberger, der sagte: „Schafft endlich französische Verhältnisse!" Französische Verhältnisse bedeuteten damals: den Mai 1968 in Frankreich. Als dann später die Sachen gedruckt werden sollten, hatte de Gaulle die Neuwahlen mit großem Erfolg gewonnen, die Gewerkschaften hatten die Bedingungen für die Arbeiter verbessert, aber von Revolution war keine Rede mehr. Da habe ich Enzensberger gesagt: „Nein, das kann so nicht veröffentlicht werden." Damit konnten auch die nicht veröffentlicht werden. Und der zweite Radikale war Jürgen Moltmann, ein evangelischer Theologe. Er sagte: „Die Deutschen haben doch nur eine große Revolution gemacht und das war der Bauernkrieg. Nehmt euch ein Vorbild an den Bauernkriegen!" Das fand ich schon toll. Das waren also die beiden radikalsten Redner. Ich habe in meinen übrigen Reden gesagt, dass in jedem anderen Land ein solches Notstandsgesetz etwas Normales sei, wir uns mit unserer Vergangenheit dabei aber etwas vorsehen müssten, damit nicht gleich wieder die Regierung über die Köpfe der verfassungsgebenden Institutionen, also über die unabhängigen Gerichte und die Parlamente hinweg die Dinge entscheidet! Horkheimer stellt dies in seinen Aufzeichnungen aber so dar, dass ich etwas ganz Radikales gesagt hätte, etwa, dass es das Ende der Demokratie wäre. Das hat er missverstanden. Als das veröffentlicht wurde, war er aber leider schon tot, so dass ich das Missverständnis nicht mehr zurechtrücken konnte.

Sie haben Romanistik, Germanistik und Philosophie studiert. Was hat sie dazu veranlasst, sich in Politikwissenschaft zu habilitieren?

Es gab damals einfach Bedarf an Politologen. Ich hatte mich sowohl mit Hegels Lehre als auch mit Rousseaus politischer Philosophie beschäftigt und mich so schon in Richtung Politikwissenschaften bewegt. Ich war schon sehr interessiert an politischen Fragen, aber ich wollte mich eigentlich nicht direkt in der Politik engagieren. Ich wurde dann relativ früh in die Grundwertekommission der SPD berufen, da war ich noch nicht Mitglied der SPD. Ich bin später doch in die Partei eingetreten, weil ich dachte, es sei unanständig, mich dauernd in ihre theoretische

Orientierung einzumischen, ohne Parteimitglied zu sein. Aber als ich mich habilitierte, hätte die Arbeit auch für Philosophie gelten können. Ich hatte Jahre später auch einmal eine Anfrage aus Tübingen, die mich gern auf einen philosophischen Lehrstuhl berufen hätten, aber meine Frau wollte nie wieder in einer Kleinstadt leben. Da brauchte ich gar nicht erst verhandeln. Ich fand, dass Politische Theorie, nicht nur Demokratietheorie, sondern auch Theorien totalitärer Systeme, eine zentrale Bedeutung für die Politikwissenschaft hat. Ich sage den Studenten, die mich um Rat fragen, was sie studieren sollen, immer: Machen Sie vor allem das, was Ihnen selber Spaß macht und was Sie interessiert.

Sie haben eine Zeit lang auch Humanmedizin studiert.

Ja, ganze drei Semester. Es war eine fixe Idee, dass ich das machen müsste, was bereits mein Vater gemacht hat. Dann sagten Freunde: „Du redest ja dauernd nur über die lateinischen Namen, die du in der Anatomie gelernt hast." Zum Beispiel, dass der *musculus trapetius* auch *cucularis* heißt. Ich war dann doch zu sehr von anderen Dingen begeistert. In Tübingen gab es in den ersten Nachkriegsjahren einen *dies universitatis*. Da gab es sehr interessante Vorlesungen in allen Fächern, von Lehrern aller Fakultäten für Schüler und Studenten aller Fakultäten. Da konnte man den ganzen Tag Philosophie hören, Psychologie, auch Medizin, wenn man wollte. Da gab es einen sehr guten Psychiater, der hat, was man heute nicht mehr darf, Geisteskranke vorgestellt. Das fand ich auch ganz interessant, aber ich dachte, wenn ich Medizin studiere und noch Facharzt für Psychiatrie werden will, dauert das endlos. Und ein sehr netter Philosophielehrer schlug mir dann vor: „Machen Sie doch beides: Medizin und Philosophie." Aber beides wurde mir dann doch zu viel. Vom vierten Semester an habe ich mir dann die Philosophiescheine anrechnen lassen.

Was hielten Sie von der 1971 erfolgten Auflösung der Fakultäten und der Gründung der Fachbereiche? War dies eine Verbesserung der Verhältnisse oder eher eine Verschlechterung?

Die Zusammenführung der diversen Frankfurter Sozialwissenschaftler in dem neu gegründeten Fachbereich Gesellschaftswissenschaften war zunächst einmal sinnvoll. Sie hat uns dann aber der fixen Idee der Hochschulen ausgesetzt, immer mehr zu sparen. Man brauche nicht mehr zwei Sekretärinnen, hieß es dann, und nicht jeder brauche drei Assistenten. So gesehen war es also eine Verschlechterung der Situation. Und es kamen ja nicht nur die verschiedenen Institute zusammen, sondern auch noch Personen von der Hochschule für Erziehungswissenschaften, die ja eigentlich Grundschullehrer ausbildeten. Einige wurden dann ebenfalls als Professoren in den neu gegründeten Fachbereich Gesellschaftswissenschaften aufgenommen. Ich war eine Zeit lang einer der Gründungsdekane und habe gesagt: „Wir müssen sofort einen von diesen Personen zum Dekan machen, damit sie nicht das Gefühl haben, sie würden nicht für voll genommen werden." Und der hat dann in den Ferien gleich dafür gesorgt, dass seine Professur in ein Ordinariat verwandelt wurde. Damit muss man rechnen, und es war mir auch egal. Es gibt natürlich Hochschullehrer, die das schlimm fanden. Aber die Folge war, dass einige von den neu Hinzugekommenen aus der Hochschule für Erziehungswissenschaften weniger Erfolg bei den Studenten hatten und auch nicht so gute Leute in ihren Seminaren und weniger gute Doktoranden hatten. Das konnte man nicht vermeiden.

Bereits vor dieser Zusammenführung der sozialwissenschaftlichen Institute im Fachbereich Gesellschaftswissenschaften haben einige bekannte Soziologen die Universität Frankfurt verlassen. Friedrich Tenbruck beispielsweise.

Wenn sie von einer anderen Hochschule einen Ruf bekamen, sind sie natürlich weggegangen. Das alte Prinzip war damals noch voll in Takt. Jeder Hochschullehrer versuchte so viele Berufungen wie nur möglich zu bekommen, weil er dann sein Gehalt verbessern konnte. Es hieß dann immer: „Ich werde ernsthaft in Erwägung ziehen." Ich hatte z. B. von der neu gegründeten Universität Konstanz einen Ruf erhalten. Und Konstanz stand damals schlechthin für das Neue, es sollte das deutsche Princeton werden. Und als ich da gewesen bin, hieß es: „Der letzte Zug nach Zürich fährt abends um sechs." Da habe ich gesagt: „Nein, da sind wir von Frankfurt noch zu sehr verwöhnt." Bei Tenbruck war es wiederum so, dass er hier durch die Dominanz der Frankfurter Schule an den Rand gedrängt wurde und ihm der Ruf nach Tübingen insofern ganz gelegen kam.

Dieses Verhältnis zwischen den marxistischen Soziologen auf der einen Seite und den bürgerlichen Soziologen auf der anderen Seite ist also nicht nur eine nachträgliche Konstruktion?

Da war tatsächlich etwas daran, aber das hat meiner Meinung nach keine große Rolle gespielt. Ich musste ja alles machen. Carlo Schmid machte immer nur seine Klassikervorlesungen, am liebsten die über Machiavelli. Ich machte z. B. Veranstaltungen über die Geschichte der politischen Theorien sowie über das amerikanische und das englische Regierungssystem, also internationale Politik und vergleichende Regierungswissenschaften sowie Ideengeschichte. Die Ideengeschichte war eigentlich mein Lieblingsfach, und je mehr Lehrstühle hinzukamen, desto mehr konnte ich mich darauf konzentrieren. Und natürlich machte ich dann auch, weil es einfach erwartet wurde, Veranstaltungen über Marx, Marxismus, Sowjetmarxismus und Maoismus. An meinen Seminaren nahmen Trotzkisten, Stalinisten, Maoisten, westliche Marxisten usw. teil. Es war dann aber manchmal etwas schwierig in den Seminaren, weil ich gesagt habe: „Es ist mir ganz egal, was Sie sind, aber Sie müssen trotzdem tolerant sein und die anderen auch anhören und nicht gleich sagen, dass Sie die Diktatur des Sowjetmarxismus nicht akzeptieren." So kam es vor, dass ich die Maoisten auch einmal gegen die Sowjetmarxisten verteidigt habe, was ein bisschen komisch war, aber ich sagte ihnen, daß sie wenigstens ernsthaft diskutieren müssten.

Als Sie dann ein Seminar über Anarchismus hielten, nahmen wahrscheinlich auch einige militante Studenten daran teil.

Das ist eine lustige Geschichte. In meinem Seminar behandelte ich nicht nur den Marxismus und den utopischen Sozialismus, sondern auch den Anarchismus – da gibt es ja ganz interessante russische Theoretiker wie Pjotr Kropotkin und Michail Bakunin. Jedenfalls kamen zur Vorbesprechung zu diesem Seminar ziemlich viele mir gänzlich unbekannte Studenten, aber auch viele Nicht-Studenten im Alter von 20 bis 40. Als ich die Literaturliste verteilte, die auch Texte von Autoren enthielt, die den Anarchismus kritisierten, also von Autoren, die auch ehemalige Anarchisten waren und darüber Auskunft gaben, wie utopisch und idiotisch diese Theorie doch war, gab es Widerstand: „Nein, das sind Renegaten, deren Texte wollen wir nicht lesen." Da habe ich gesagt: „Aber dadurch erfährt man vielleicht etwas, was man sonst von anderen nicht erfährt, ohne dass man ihnen gleich Recht geben muss." Sie waren also nicht sehr begeistert, nahmen aber die Literaturliste mit und waren auch in der nächsten Sitzung wieder da. Später teilten mir meine Assistenten mit, dass einige der Seminarteilnehmer Pistolen in ihren Taschen hatten. Das wusste ich nicht, aber es wäre mir auch egal gewesen, da ich ja lange Zeit Soldat gewesen war und wusste, wie man mit bewaffneten Leuten umgeht. Später erfuhr ich auch, dass sie die Literaturliste vor allem deshalb haben wollten, damit sie diese im Falle polizeilicher Ermittlungen wegen anarchistischer Tendenzen den Polizisten vorzeigen und sagen konnten: „Ja, das ist für das Seminar von Professor Fetscher, das müssen wir haben." Das war das einzige Mal, dass meine Assistenten gesagt haben, dass das Ganze nicht ungefährlich war. Am nächsten Tag waren dann wahrscheinlich die Gleichen, die an meinem Seminar teilnahmen, im Büro der Deutschen Presseagentur! Tatsächlich habe ich auch einige von ihnen später auf Fotos wieder erkannt. Ich weiß nicht, was mit ihnen dann passiert ist, aber sie kamen nicht wieder; sie haben sich wohl nicht mehr getraut. Aber sonst kam ich mit den „Radikalen", solange es noch relativ zivil zuging, eigentlich ganz gut zurecht. Und als es dann gewalttätig wurde, waren an der Universität solche gewalttätigen Leute kaum noch zu sehen. Ich weiß noch, als in den 1970er Jahren Kathleen Cleaver, die Frau von Eldridge Cleaver, einem bekannten afroamerikanischen Radikalsozialisten, bei uns einen Vortrag halten sollte, sich aber etwas verspätete. Unter den Vortragsbesuchern waren auch Mitglieder des Sozialistischen

Patientenkollektivs aus Heidelberg, die sagten: „Solange die Frau noch nicht da ist, können wir hier erst einmal für unsere Bewaffnung Geld sammeln". Als ein Frankfurter Student fragte: „Wofür denn eine Bewaffnung? Habt Ihr überhaupt eine Theorie? Was wollt Ihr?", bekam er zur Antwort: „Aber die Polizei ist doch ebenfalls bewaffnet! Deshalb müssen wir auch bewaffnet sein. Wir können doch der Polizei nicht unbewaffnet gegenübertreten." Aber sie haben am Ende kaum Geld bekommen. Ich will damit nicht sagen, dass alle Frankfurter gegenüber einem bewaffneten Kampf kritisch eingestellt waren; aber auch Anfang der 70er Jahre stießen solche Programme keineswegs mehrheitlich auf Akzeptanz.

Welche Haltung hatten Sie gegenüber der Studentenbewegung? Wie nahmen Sie diese wahr?

Nun ja, es gab ja schon vor 1968 eine Studentenbewegung. Ich war zwar nicht Zeitzeuge, aber ich weiß aus Berichten, dass es in der Nazizeit Studenten gab, die jüdischen Professoren das Leben schwer machten. Das vergisst man manchmal. Als die 68er kamen und mit ihnen einige rabiate Studenten, gab es Kollegen, die sagten: „Es ist ganz wie im Dritten Reich!" Diese Analogie behagte mir überhaupt nicht und ich war der Meinung, dass man es differenzierter sehen müsse: „Da gibt es doch Unterschiede. Diese Leute sind doch Antinazis, die sind gegen Rechtsradikale und konservative Professoren!" „Aber die stören genauso den Unterricht", bekam ich darauf zu hören. Von diesen Störungen waren nicht wenige Professoren betroffen, z. B. auch Carlo Schmid. Der wollte z. B. einmal seine Vorlesungen nicht unterbrechen, um über die deutsch-polnischen Beziehungen zu reden. Auf meinen Vermittlungsversuch: „Das ist doch ein interessantes Thema – wenn die Studenten darüber reden wollen, könnten Sie ja eine halbe Stunde von Ihrer Vorlesung über Machiavelli für dieses Thema reservieren." Darauf wollte Schmid sich aber nicht einlassen: „Nein, das mache ich nicht. Ich lasse mich nicht von den Studenten bedrängen." So ähnlich muss es auch in der Nazizeit gewesen sein, nur haben sie damals die jüdischen Professoren und Professoren, die liberal und links waren, niedergebrüllt. Es war damals insofern schon etwas anders. Von der Studentenbewegung habe ich deshalb relativ viel wahrgenommen, weil ich eine Zeit lang Beauftragter für die studentischen Tätigkeiten, also für studentische Organisationen war, was ich allerdings nicht sehr gern gemacht habe. Diese Organisationen bekamen für ihre Aktionen auch Gelder und konnten deshalb Vorträge und Diskussionen veranstalten. Ich kann mich an einen Konflikt mit einer Studentenvertretung erinnern, die einen Vortrag mit dem Titel: „Enteignet Springer!" veranstalten wollte. Meine Entgegnung darauf war: „Das ist die Enteignung einer einzelnen Person, das ist gegen unser Rechtsprinzip. Sie können sagen ‚Gegen die Konzentration der Presseorgane!', das kann man machen, aber ‚Enteignet Springer!' – das geht nicht! Das ist doch das gleiche Thema, das können

Sie doch so aufziehen!" Darauf wollten sie aber nicht eingehen: „Nein das wollen wir nicht." Daraufhin blieb mir nichts anderes übrig als zu sagen: „Gut, dann gibt es kein Geld!" Der weitere Konfliktverlauf war damit vorprogrammiert. Man hat dann später meine Aufgabe abgeschafft, die Studenten bekamen am Ende auch das Geld, sie hätten ihre Veranstaltung „Enteignet Springer!" auch durchführen können, haben es dann aber, glaube ich, doch gelassen, weil ihnen vermutlich klar wurde, dass ihr Vorhaben mit den Grundprinzipien der Rechtsordnung nicht konform ging. Es gibt kein Einzelgesetz. So haben die Nazis ein Gesetz benannt, das hieß nicht „Enteignet Krupp!", sondern „Krupp zahlt keine Steuern, bevor er nicht mit dem Finanzminister gesprochen hat!" Das war auch ein Einzelgesetz. Eine einzelne Person soll von Rechts wegen privilegiert werden? Das geht nicht. Vor dem Gesetz sind alle Menschen gleich. Man kann sagen, niemand solle mehr als 30 % Marktanteil an der Presse haben – das ist völlig akzeptabel. Aber „Springer soll enteignet werden!", das ist ein spezifisches Gesetz. Das geht nicht! Deshalb habe ich damit einmal Ärger gehabt. Aber sonst ging es eigentlich ganz gut.

Bei unseren Recherchen mussten wir feststellen, dass Sie ausgerechnet im symbolträchtigen Jahr 1968, dem Höhepunkt der Studentenrevolte, nicht in Frankfurt waren.

Zufälligerweise war ich von Herbst 1968 bis Mai 1969 in New York. Das war für mich sehr lehrreich, weil es auch dort eine ähnlich strukturierte Opposition gab. Natürlich protestierte man dort stärker gegen den Vietnamkrieg; die protestierenden Studierenden, auch viele Studenten von mir, waren ja selbst betroffen. Viele waren entweder nach Kanada gegangen oder hatten ihre Einberufung verbrannt. Sie hatten aber natürlich auch andere legale Möglichkeiten, den Kriegsdienst abzulehnen, indem sie beispielsweise als Lehrer in die Slums gingen. Das haben ja auch viele gemacht. Meiner Ansicht nach war die politische Orientierung dort viel rationaler als bei uns, obwohl sie ebenfalls nicht besonders sanft war. Die haben auch ihre Regierung ganz schön angegriffen und an der *New School for Social Research* gab es auch unter den Lehrkräften ohnehin zahlreiche Antinazis, Antifaschisten und Linke; darunter befanden sich viele, die noch vor dem Dritten Reich geflohen, inzwischen emeritiert waren, aber noch Veranstaltungen anboten. Hannah Arendt, die mit den jungen Leuten sympathisierte, war neu berufen worden. Sie war eine engagierte linke Demokratin und erzählte übrigens einmal ganz stolz, dass sie versehentlich als Rosa Luxemburg angeredet worden ist.

Als das Institut für Sozialforschung besetzt wurde, waren Sie aber wieder in Frankfurt.

Ja, da war ich schon wieder in Frankfurt, auch als linke Gruppen das Rektorat besetzten. Ich bin am zweiten oder dritten Tag der Besetzung hingegangen und sagte: „Was nun? Jetzt habt Ihr das Allerheiligste entweiht. Was wollt Ihr nun machen?" „Ja, wir wissen das auch nicht recht, außerdem sind die Weinvorräte jetzt zu Ende." Na ja, das haben sie zwar nicht so deutlich gesagt, aber es war sinngemäß tatsächlich der Fall. Sie wollten das Rektorat am nächsten Tag auch räumen. Aber statt abzuwarten, hat man zwei Hundertschaften Polizei hierher geholt. Es war eine riesige Geschichte, überall herrschte sehr große Aufregung. An dem Tag, als die Polizei kam, hielt ich zufällig eine Vorlesung, und die Leute, die in die Vorlesung wollten, wurden zum Teil von der Polizei durchsucht, ob sie Waffen dabei hätten. Amüsanterweise wurden auch zwei Nonnen, die meine Vorlesung besuchen wollten, untersucht, ob sie denn echt seien. Wie ich später in meinem Buch über „Terrorismus und Reaktion"[1] betont habe, war die Angst der Obrigkeit, sowohl der Universitätsobrigkeit als auch der staatlichen, zum Teil übertrieben und unangemessen; sie wurde später zwar durch die Gewaltakte der terroristisch gewordenen APO bestätigt. Eine Rektoratsbesetzung in den Niederlanden habe ich ebenfalls erlebt, als ich ein Jahr lang sowohl in Frankfurt als auch in Nimwegen Professor war. In Nimwegen korrespondierten die Besetzer und das Rektorat brieflich und nach zwei, drei Tagen wurde die Besetzung friedlich aufgelöst; dort herrschten viel zivile Umgangsformen, was auch damit zusammenhängt, dass zum Beispiel der Oberbürgermeister von Amsterdam an den Demonstrationen gegen den Vietnamkrieg teilnahm; es war ja nicht so, dass nur die jungen Leute dagegen waren. Kurz: meine beiden Auslandsaufenthalte in dieser Zeit haben sicher zu meinem gelassenen Umgang mit radikalen Studenten beigetragen.

Haben Sie einige Führer der Studentenbewegung persönlich gekannt?

Ich habe Rudi Dutschke einmal erlebt und fand ihn unglaublich geschickt im Umgang mit dem Publikum, auch und gerade mit seiner polemischen Art. Das gleiche gilt auch für Hans-Jürgen Krahl, der sehr intelligent war und der eigentliche Kopf der Studentenbewegung hätte werden können, wenn er nicht bei einem Autounfall, leider sehr jung, umgekommen wäre. Krahl war einer der besten Studenten von Adorno; er war ein sehr guter, auch von Adorno sehr geschätzter Student.

Wie groß war die damalige Sympathie für die militanten Jugendlichen?

Ich wurde einmal von Gewerkschaftern zu einem Gespräch eingeladen. Sie würden gerne wissen, was mit diesen Leuten los ist. Ich sagte zu und ging hin. Das erste, was sie dann sagten, war: „Die kommen zu uns, schlecht angezogen, unrasiert und nachlässig. Sie haben keine Achtung vor uns Gewerkschafter." „Das hat mit Euch gar nichts zu tun", sagte ich, „das ist ein Protest gegen die Eltern, gegen die

---

[1] Iring Fetscher, Terrorismus und Reaktion, Köln/Frankfurt 1977 (3. Aufl. 1981).

bürgerlichen Eltern." „Ach so, so haben wir das nicht gesehen." Das war eine ganz typische Reaktion; in Berlin hat man es ja erlebt, wenn sie durch die Straßen zogen: sie wurden von den Arbeitern in den Arbeitervierteln abgelehnt! Sie hatten keinen Rückhalt in der Bevölkerung. Es war vollkommen sinnlos anzunehmen, dass man hier eine Revolution vorantreiben könnte. Das war mir klar und das habe ich ihnen auch immer wieder gesagt. Insofern habe ich auch damit gerechnet, dass es schief gehen würde; dass sie dann gewalttätig geworden sind, war scheinbar konsequent.[2]

Von den terroristischen Aktionen der militanten Gruppen abgesehen – gab es in der Anfangszeit eine allgemeine Sympathie für die Studentenbewegung oder für deren Motive?

Nachdem die erste Nachkriegszeit vorbei war, entdeckten die jungen Leute, dass sich ja gar nicht so viel geändert hatte. „Was habt ihr nun eigentlich gemacht?", fragten sie immer wieder ihre Eltern. Aber die Eltern wollten darüber nicht reden. In der Regel. Ein paar linke Intellektuelle und Professoren haben natürlich darüber gesprochen. Der Historiker Fritz Fischer in Hamburg beispielsweise oder einige linke Politologen. Aber die Art, wie die Studenten auf diese allgemeine Verschwiegenheit reagiert haben, wurde, glaube ich, von keinem Hochschullehrer voll unterstützt. Aber sie hatten schon Sympathien, da einige ähnlich unzufrieden waren mit dieser Entwicklung. Die Diagnose konnte man nachvollziehen, aber die gewaltsamen Therapiemaßnahmen hielt man für falsch. Das ist, glaube ich, die Einstellung vieler linker Kollegen gewesen; meiner Kollegen auf jeden Fall.

Was sagen Sie zu der gelegentlich aufgestellten Behauptung, dass marxistische Wissenschaftler oder Vertreter der Kritischen Theorie den linken Terrorismus begünstigt hätten?

Na ja, die Leute haben benutzt, was sie kriegen konnten. Sie haben zum Beispiel die von den Frankfurtern in der Emigration geschriebenen Arbeiten in Raubdrucken zirkulieren lassen, bevor sie offiziell publiziert wurden. Gar kein Zweifel, Horkheimer war, als er das Institut für Sozialforschung übernahm, Marxist, wenn auch kein Sowjetmarxist. Und das hat ihm geholfen. Richtig ist aber auch, dass die 68er nicht gerade akzeptiert wurden, weder von Adorno, noch von Horkheimer, am ehesten vielleicht noch von Herbert Marcuse. Der Grund für Marcuses Position bestand aber vermutlich darin, dass es in den USA, wo er ja lebte, überhaupt keine Sozialdemokratie und keine linken Parteien gab, so dass er davon ausging, dass die amerikanischen Arbeiter vollständig in die Konsumgesellschaft integriert worden

---

[2] Zur Problematik der terroristischen deutschen Jugendlichen vgl. auch Iring Fetscher, Terrorismus und Reaktion, a. a. O.

seien – und da erschien ihm die Idee, dass es eines neuen Trägers der revolutionären Veränderung bedurfte, wohl ganz attraktiv – und als Kandidaten für diese
Rolle sah er zum einen die Ausgebeuteten der Dritten Welt und zum anderen eben
die Studenten in den Metropolen. Das war seine Vorstellung. Ich habe mich mit
ihm darüber unterhalten. Natürlich gab es in Amerika eine Studentenbewegung,
die mit der afroamerikanischen Befreiungsbewegung befreundet oder verbunden
war. Da war auch außerhalb der Studenten eine ganze Menge da. Daher war es für
Marcuse auch leichter, mit den Studenten zu sympathisieren; auch hier hat er den
Studenten zugeredet und sich gefreut, dass sie aktiv wurden. Das hat Adorno aber
entschieden abgelehnt. Ich habe es damals nicht so genau gewusst, dass Marcuse
und Adorno so gegeneinander standen. Ich hatte Ende der 1950er Jahre in den
Frankfurter Heften, die damals links-katholisch waren, über die Frankfurter einen
Artikel geschrieben, in dem es um den Vorwurf ging, dass sie so unpraktisch seien.
Als Beispiel für die Gegenthese, dass sie doch praktisch seien, hatte ich Marcuse
genannt. Adorno war darüber sehr empört. Aber Marcuse war tatsächlich der
Einzige, den die Studenten zu einem gewissen Grad für sich in Anspruch nehmen konnten. Andere waren immerhin, sagen wir mal, nicht radikal ablehnend.
Sie sagten: „Gut, wir verstehen das. Sie sind enttäuscht, dass das Land sich nach
1945 nicht radikaler verändert hat." Der Eindruck war ja nicht ganz unberechtigt,
dass man dachte: Die Nazis sind weg, jetzt kommen die alten Herren wieder. Jetzt
kommen die Überlebenden aus der Weimarer Republik an die Lehrstühle. Statt
Adorno war es dann eben Adenauer, der das Land repräsentierte. Dann kam auch
noch Ludwig Erhard, der sogar Wirtschaftspläne für die Nazis entworfen hatte.

*In einem Ihrer ersten Artikel für die Studentischen Blätter 1948, wo Sie über die
Aufgaben und Leistungen der Intelligenz geschrieben haben, haben Sie ja auch
auf Karl Mannheim Bezug genommen. Welche Rolle hat Mannheim für Sie in der
Forschung und Lehre gespielt?*

Karl Mannheims Arbeiten habe ich als Student in Tübingen kennen gelernt. Merk-
würdigerweise war es ein konservativer Hochschullehrer, Eduard Spranger, der der
Meinung war, dass wir uns auch mit Personen wie Karl Mannheim beschäftigen
sollten. In der Tat haben viele früher solche Leute wie Mannheim ganz links
liegen lassen. In Tübingen bin ich also auf Mannheim aufmerksam geworden. Er
hat mich sehr beeindruckt, obgleich ich schon zu viel Marx gelesen hatte, als dass
ich Mannheim nicht auch hätte kritisieren können. Aber er hatte die wichtige und
richtige Auffassung, dass die Intellektuellen in der Gesellschaft eine sehr große
Rolle spielen. Nur seine Vorstellung, dass man als besonders guter Intellektueller
sowohl die Einsichten der Konservativen als auch der Linken zu einer Synthese
zusammenfassen könne, fand ich mehr sympathisch als realisierbar. Ich habe auch
ein Seminar über Mannheim gemacht. Großen Einfluss auf mich hatte in meiner

Studienzeit auch Max Scheler, den man heute kaum mehr kennt, vor allem spielte er hier in Frankfurt wohl keine Rolle. Karl Mannheim war ja nicht mehr da, als ich nach Frankfurt kam. Ich habe mich mit ihm beschäftigt, ich weiß nicht, ob meine Kollegen dies auch getan haben. Ich habe mindestens ein Seminar über ihn abgehalten. Karl Mannheim hatte ja am Institut für Sozialforschung sein Arbeitszimmer und hatte dort keinen Kontakt zu den Institutsmitgliedern. Die Frankfurter waren eine relativ geschlossene Gruppe. Zum Frankfurter Institut in der Weimarer Republik gehörten eine Menge Leute, die nach der Emigration in Amerika geblieben sind. Viele hat man einfach nicht berufen oder auch nicht gewollt. Marcuse z. B. hat man nicht gewollt; die Präsidenten, Hochschulrektoren und die Wissenschaftsministerien waren dagegen. Löwenthal war angeblich zu alt[3], aber es gab noch einige andere, die man in Erwägung hätte ziehen können. Jemand, der ganz spät erst entdeckt wurde und mir von einem Assistenten nahe gebracht wurde, war Norbert Elias. Er wurde vor der Machtergreifung der Nazis als Assistent von Karl Mannheim ebenfalls am Institut für Sozialforschung räumlich untergebracht, wurde dort aber nie so recht gewürdigt. Er war historisch differenzierter. Ein ganz beachtlicher Mann, aber eben kein Marxist. Das waren zwei bedeutende Leute, die sie zumindest in unmittelbarer räumlicher Nachbarschaft am Institut hatten, aber dort nicht haben wollten. Der Dritte war Marcuse, aber der wurde immerhin zu Vorträgen eingeladen.

Sie haben viele internationale Reisen unternommen, hatten Gastprofessuren im Ausland. Können Sie uns sagen, womit man im Ausland die Frankfurter Soziologie assoziiert hat?

Als ich z. B. in New York war, habe ich einige Sachen der Frankfurter erst bekannt machen müssen. Die waren noch nicht allgemein bekannt. Es war ganz und gar nicht so, dass die Frankfurter Emigranten durch ihre langen Aufenthalte in den USA in Kalifornien oder an der Columbia Universität bekannt gewesen wären. Es waren noch nicht alle Schriften übersetzt, aber das Interesse war relativ groß. Ich habe meine Vorlesung mit Georg Lukács angefangen, weil ich ihn noch am besten kannte. Man weiß ja, dass alle linken Frankfurter durch Lukács zu Marx gekommen sind. Wichtig in diesem Zusammenhang waren die Reaktionen, das Echo in den USA und den Niederlanden auf die radikalen Studenten in Deutschland. Besonders in den Niederlanden wurden die Aktionen der Studenten positiv aufgenommen, weil man zum ersten Mal aus Deutschland etwas Sympathisches erfuhr und nicht immer nur die Nazigeschichten hörte. Es gab sogar gemeinsame Raubdrucke mit den linken deutschen Radikalen. Die niederländischen Studenten

---

[3] Der Literatursoziologe Leo Löwenthal (1900–1993) emigrierte 1934 in die USA und erhielt 1956 einen Lehrstuhl in Berkeley an der Universität von Kalifornien.

waren auch zum Teil sehr links, aber im Umgang viel ziviler. Das fand ich interessant, weil es eben ein traditionell demokratisches Land ist, wo man abweichendes Verhalten akzeptiert und mit den Abweichlern diskutiert, sie nicht etwa gleich als Terroristen abschreibt, noch bevor sie zu Terroristen werden, wie es beispielsweise die Springerpresse getan hat – sie hat die Studenten verunglimpft, noch bevor sie gewalttätig wurden.

Wie war eigentlich das Verhältnis zwischen Politologie und Soziologie in der Anfangszeit des Fachbereichs? Gab es da Konflikte?

Wir haben uns meines Erachtens zu wenig miteinander beschäftigt und zu sehr nebeneinander hergearbeitet. Mit den Soziologen vom Institut für Sozialforschung gab es keine Konflikte. Mit Tenbruck, Rüegg und Luckmann hätte man gemeinsame Seminare machen können, aber das ist uns damals nicht eingefallen. Ich weiß nicht warum. In Tübingen war Ralf Dahrendorf der einzige Soziologe. Mit ihm hätte ich auch gut zusammenarbeiten können. Er war politisch interessiert, obgleich er eher zur liberalen Richtung tendierte und auch einmal für die FDP kandidierte, bis er gemerkt hat, dass man das in Baden-Württemberg nicht kann, wenn man lokal noch unbekannt ist. So hat er es nicht einmal in den Stadtrat geschafft. Aber er war sehr sympathisch und interessant. Er war einer der originellsten Soziologen, die ich kennen gelernt habe und er war sehr offen. Er hat sich ja auch mit den linken Studenten unterhalten. Da gibt es auch ein sehr interessantes Gespräch zwischen ihm und Rudi Dutschke. Das fand ich sehr gut, denn das wurde viel zu selten gemacht. Man hat sie von vornherein zu sehr ausgegrenzt. Nur Ernst Bloch hat sich oft mit ihnen unterhalten, er war sogar mit einem Teil von ihnen in Tübingen befreundet. Er hatte irgendwie die Vorstellung, seine revolutionäre Jugend käme wieder. Es war so ein wunderbares *Déjà-vu*. Als ich hier anfing, gab es in ganz Deutschland gerade einmal zehn Lehrstühle für Politikwissenschaft und zehn für Soziologie. Die kannte man auch alle. In Marburg an der Lahn gab es den radikalsten Linken unter den Politologen: nämlich Wolfgang Abendroth. Als er an die Pädagogische Hochschule in Wilhelmshaven berufen wurde, war er jedoch stärker in Richtung DKP orientiert. Und dann habe ich mit ihm Ärger gehabt, obwohl ich ihn sehr schätzte. Er hatte sich leider einfach zu sehr an seine Studenten angepasst, die mehrheitlich DKP-orientiert waren. Und er hat sich für die Berufung von jemand in Marburg eingesetzt, den ich auf keinen Fall für den dortigen Philosophielehrstuhl für geeignet hielt: nämlich Hans Heinz Holz, der ja nun wirklich prosowjetisch war. Er soll in seinen Seminaren die Leute niedergebrüllt haben, wenn sie nur den Namen Mao-Tse-Tung erwähnten. Alles was recht ist: Ich bin auch dafür, dass echte Marxisten einen Lehrstuhl bekommen und Seminare machen, aber es muss immerhin noch so viel Toleranz vorhanden sein, dass sie auch unterschiedliche Meinungen akzeptieren.

In Ihrem Beitrag „Von der Universaldisziplin bis zur Arbeitsteilung. Politikwissenschaft in Frankfurt"[4], schreiben Sie, dass Sie die Hauptaufgabe der Politikwissenschaft darin sehen, dass sie zur Hebung des Selbstverständnisses und der Rollenvorstellung der Bürgerinnen und Bürger beitragen solle. Konnte die Politikwissenschaft in Frankfurt diese Aufgabe in den 60er und 70er Jahren erfüllen?

Meine Forderung hängt damit zusammen, dass die Politikwissenschaft ja eigentlich von den Alliierten in der Besatzungszeit als eine Art Einrichtung für die Erziehung zur Demokratie eingeführt wurde. Ich fand das auch nicht so verkehrt. Wir haben schließlich nur von 1919 bis 1933, gerade vierzehn Jahre Demokratie in Deutschland erlebt und das auch nicht erfolgreich. Ganz wichtig fand ich, dass hier in Frankfurt und an anderen Hochschulen auch zunächst Berufspolitiker Lehrstühle bekamen. Das Problem dabei ist allerdings, dass diese politische Erziehungsarbeit nicht so wahnsinnig attraktiv für Hochschullehrer ist, die vor allem beweisen wollen, dass sie besonders originelle Ideen haben. Die Aufgabe als politischer Miterzieher der Studenten einerseits, die dann später selbst Lehrer, zumeist auch Lehrer für Sozialwissenschaften, Politik und Sozialkunde sein sollen und andererseits aber das Ziel, Karriere zu machen, Ansehen zu gewinnen als Wissenschaftler – das sind zwei verschiedene Dinge. Ich habe immer gedacht, dass ich beides vereinbaren kann. Ich habe immer auch außerhalb der Universität Vorträge gehalten, auf Kongressen, die mehr dem sozialpädagogischen Zweck gedient haben und im Fernsehen mit anderen politischen Wissenschaftlern diskutiert.

Das Gespräch mit Iring Fetscher wurde am 21. Januar 2008 von Fehmi Akalin, Julia Steinecker und Patrick Taube geführt.

---

[4] Iring Fetscher, Von der Universaldisziplin bis zur Arbeitsteilung. Politikwissenschaft in Frankfurt, in: Wolfgang Glatzer (Hrsg.), Ansichten der Gesellschaft. Frankfurter Beiträge aus Soziologie und Politikwissenschaft, Opladen 1999, S. 28–37.

„Ich habe mich nie als Konstruktivist betrachtet."

Gespräch mit Thomas Luckmann

Wann haben Sie angefangen, sich für Soziologie zu interessieren?

Zur Soziologie bin ich eigentlich gekommen, weil ich sie im Laufe der Zeit interessanter fand als die Philosophie. Ich habe Sprachwissenschaften, Philosophie und Geschichte in Wien und Innsbruck studiert und danach angefangen, an der „Graduate Faculty" der *New School for Social Research* in New York bei Karl Löwith und Alfred Schütz Philosophie zu studieren. Löwith war übrigens ein hervorragender Wissenschaftler, meiner Einschätzung nach ein weitaus bedeutenderer und anständigerer Philosoph als „Genosse" Heidegger. Aber diese Einschätzung wird von den Deutschen leider nicht geteilt. Heidegger ist berühmt, Löwith ist halb vergessen. Bei Löwith habe ich Philosophie gehört, als er noch an der Graduate Faculty unterrichtet hat. Und in einem Seminar über Religionsphilosophie habe ich auch Peter Berger kennen gelernt. Wir sind beide fast immer eingeschlafen, obwohl Löwith wirklich ein ganz bedeutender Gelehrter und Philosoph war. Ein anderer deutscher Jude, Albert Salomon, war Dozent an der Hochschule für Politik in Berlin und Honorarprofessor für Soziologie am berufspädagogischen Institut in Köln und wurde 1933 von den Nazis entlassen. Er emigrierte in die USA und hat ein furchtbares Englisch gesprochen. Das alles war nichts für einen Normalverbraucherstudenten. Man musste sich plagen, um ihn gut zu verstehen, man musste eigentlich sowohl Deutsch als auch Englisch können. Arnold Brecht, Professor für Politikwissenschaft an der New School, der in Deutschland Reichstagsvorsitzender war, bevor Hindenburg Hitler zum Reichskanzler ernannt hatte, hat einmal auf die Frage, wie denn das Englisch der Emigranten an der New School sei, folgende Antwort gegeben: „We all speak the King's English" und zwar: „King George I" – des Hannoveraners.

Können Sie sich an die Situation an der New School erinnern, als Sie mit Albert Salomon Kontakt hatten? Hat Sie das in irgend einer Art und Weise beeinflusst, so dass Sie sich dann mehr und mehr zur Soziologie hin orientiert haben?

Mein Wechsel zur Soziologie hatte zwei Gründe. Der eine Grund war, wie ich schon sagte, dass ich immer mehr zu der Überzeugung kam, dass die Soziologie sich mit den interessanteren Problemen als die Philosophie beschäftigte, die damals, im deutschsprachigen Raum, beinahe gleichbedeutend mit der sprachverworrenen Ontologie von Heidegger war, den ich schon damals nicht ausstehen konnte – noch bevor ich wusste, wie er sich in Freiburg gegenüber Husserl verhalten hatte. Der andere Grund war reiner Opportunismus. Ich hatte nach meinem Magister in Philosophie 1953 mit einer Arbeit über Albert Camus als Moralphilosophen eine soziologische Stelle angeboten bekommen. Camus ist übrigens auch jemand, der lange verkannt wurde – im Gegensatz zu Jean-Paul Sartre, der zwar ein guter Phänomenologe, sonst aber ein eher grauslicher Mensch war. Camus wurde von der Mandarinen-Clique um Sartre tot geschwiegen, weil er nicht links genug und außerdem ein Arbeitersohn aus Algerien war.[1] Ich sah in ihm einen bedeutenden Moralphilosophen, mein Lehrer Alfred Schütz aber nicht, obwohl er das nie explizit gesagt hat. Ich habe diese Arbeit bei Löwith angefangen, der das Thema angenommen hatte. Im Lesen und Schreiben war mein Französisch damals recht gut, nicht aber im Sprechen. Als Löwith einen Ruf nach Heidelberg bekam und annahm, hatte ich plötzlich keinen Betreuer mehr. Schütz, der an der New School ähnlich wie Adorno in Frankfurt einen Doppellehrstuhl für Soziologie und Philosophie hatte, übernahm mich. Er hat von Camus nicht viel gehalten, obwohl ich in einem Seminar von Schütz eine Seminararbeit über *L'étranger* von Camus vorgetragen hatte, als Schütz gerade über den Fremden und die Fremdheit arbeitete.[2] Er hatte mit Georg Simmel angefangen; noch weiter ging er nicht zurück. Salomon dagegen ging immer sehr weit zurück. Bei Albert Salomon hat immer alles bei Aristoteles, spätestens Montaigne oder Montesquieu angefangen. Bei Schütz ging es bis Simmel zurück und dann kam unter anderem auch Camus dran, so dass ich mich dann meldete, weil ich ihn ohnehin schon gelesen hatte. Für eine Seminararbeit fand er das ganz in Ordnung, aber musste man gleich eine ganze Magisterarbeit darüber schreiben?

Mit Salomon müssten Sie doch auch Alexis de Tocqueville verbinden?

Ja, Salomon hat mich überhaupt zu Tocqueville gebracht. Das war einer meiner *culture heroes,* ein erfolgloser konservativer Politiker, ein großartiger Beobachter und Schriftsteller. Ich habe natürlich, weil ich Philosophie studiert hatte, oberflächlich schon alles Mögliche vorher gelesen oder lesen müssen, bis ich mich gefragt habe, warum ich Philosophie studiere, wenn es doch nur Philosophiegeschichte

---

[1] In ihrem autobiographischen Roman *Les Mandarins* beschreibt Sartres Lebensgefährtin Simone de Beauvoir die Auseinandersetzungen und Feindschaften unter den Pariser Intellektuellen der Nachkriegszeit, vor allem die zwischen Sartre und Camus. Vgl. Simone de Beauvoir, Les Mandarins, Paris 1954; dtsch.: Die Mandarine von Paris, Reinbek 1955.
[2] Vgl. Alfred Schütz, Der Fremde, in: ders.: Gesammelte Aufsätze, Bd. 2: Studien zur soziologischen Theorie, Den Haag, S. 53–69.

ist, was ich machen muss. Bei Salomon habe ich dann ernsthaft Montaigne und Montesquieu gelesen. Aber er hat auch andere Sachen gemacht, die mich weniger interessiert haben, wie z. B. Diderot und Rousseau.

Wie hat Salomon unterrichtet?

Sein Vortragsstil war assoziativ. Er hat in seinem unnachahmlichen Englisch einen Satz angefangen und dann ist ihm ein anderer Gedanke eingefallen, den er dann verfolgt hat. Es war alles brillant, aber als Zuhörer konnte man nur mühsam einen Zusammenhang erkennen. Dies erging sowohl mir als auch Peter Berger, der ebenfalls Salomon gehört hat. Denn wir haben bei ihm enorm viel gelernt; er hatte etwas, was die meisten von uns nicht hatten und was ich auch nicht haben wollte: einen „pädagogischen Eros"! Das hat Salomon gehabt und damit die Leute auch angesteckt.

Darf man das so verstehen, dass er gern unterrichtet hat?

Er hat leidenschaftlich am Gegenstand gehangen, gedacht und gearbeitet. Und er hat es vermitteln können, wenn man zugehört hat. Wenn man von ihm einen Satz zu Ende formuliert oder etwas haben wollte, das man sich für die Prüfung gut merken konnte, dann war Salomon eine totale Katastrophe. Und das war er für die meisten Studenten. Einige Exilanten bzw. Eingewanderte wie Peter Berger, ich selbst und ein paar andere – Helmut Wagner zum Beispiel – konnten damit besser umgehen und mehr von Salomon lernen als die amerikanischen Studenten. Alfred Schütz war da sehr viel systematischer.

Bei Salomon war es also mehr das Kreisen um den Gegenstand, was ihn interessant gemacht hat?

Ja, so könnte man es sagen. Zum Begriff „Pädagogischer Eros" können Sie übrigens bei Werner Jaeger nachsehen.[3] Jedenfalls haben mich Schütz und Salomon stark beeinflusst, Schütz sicher am meisten, weil er mich in die Phänomenologie eingeführt hat – und das war endlich eine Philosophie, die zur Sache ging. Auch in die Geschichte der Soziologie, für die ich mich als solche nicht so sehr interessierte, hat Schütz mich eingeführt. Ich bin auf Leute gestoßen, die mich faszinierten. Neben Schütz und Salomon war Carl Mayer der Dritte im Bund. Er hat sich in Frankfurt habilitiert und war Religionssoziologe. Salomon und Schütz waren außerdem sehr anständige Menschen, aber Carl Mayer habe ich geliebt, soweit ich in der Lage bin,

---

[3] Vgl. Werner Jaeger, Paideia. Die Formung des griechischen Menschen, Berlin/New York 1973 (zuerst 1934), S. 626 und passim.

einen Mann zu lieben. Er war zwar nicht unbedingt eine Vaterfigur für mich, aber er war ein guter Mensch, ein großartiger Mensch. Zum Beispiel hat er Konflikte schwer ausgehalten. Er war aber einer, der in Fakultätssitzungen aufgestanden ist, wenn ihm etwas gegen den Strich ging, koste es, was es wolle. Andere waren zwar nicht feiger, haben aber nichts gesagt. Hans Simons war bis 1930 Direktor der Berliner Hochschule für Politik, bevor er 1934 nach New York kam. Er hat als Präsident der New School alles Mögliche reformiert, auf „amerikanisch". Die New School sollte amerikanisiert werden.

Wann war das?

Das war, als ich schon die Stelle an der Fakultät hatte. 1953 hatte ich den Magisterabschluss gemacht und bekam kurz darauf eine soziologische Forschungsstelle, weil Peter Berger in die Armee einberufen wurde. Er war ja der eigentliche Religionssoziologe. Ich kam zur Religionssoziologe wie die Jungfrau zum Kind. Also gut, jetzt kommen die Dinge zusammen. Carl Mayer hatte als Religionssoziologe von der Rockefeller-Stiftung viel Geld für ein Projekt über „Religion in Germany Today" bekommen, in dem es um die Entwicklung der Kirchen in Deutschland nach 1945 gehen sollte, aber mit einem Rückblick auf die „Bekennende Kirche" evangelischer Christen, die sich gegen die Gleichschaltung von Lehre und Organisation der Deutschen Evangelischen Kirche mit dem Nationalsozialismus gestellt hatten. Zur Bekennenden Kirche gehörten so tapfere Männer wie der Pfarrer Martin Niemöller aus Hessen, der ein ehemaliger U-Boot-Kapitän war. Hauptsächlich sollte es in dem Projekt aber um die Entwicklung nach 1945 gehen, soweit man 1945 die Kirchen überhaupt verstehen konnte, ohne sich mit der Geschichte der Kirchen von der Wilhelminischen Ära über die Weimarer Zeit bis zur Nazi-Periode intensiv befasst zu haben. Carl Mayer, bei dem ich auch religionssoziologische Kurse besuchte, hatte nun dieses umfangreiche Projekt entwickelt. Helmut R. Wagner, damals ebenfalls Assistent von Mayer, war auch an dem Projekt beteiligt. Wagner war ebenfalls ein interessanter Mann; er war Sachse und 1932 Mitglied in der „Sozialistischen Jugend". Deshalb musste er später untertauchen und machte Kurierdienste, bis er dann über die Schweiz in die USA kam. Für dieses Projekt brauchte man plötzlich einen deutschsprachigen Assistenten, nachdem Peter Berger ausfiel, weil er einberufen worden war. Da ich schon zwei Kinder hatte, wurde ich nicht einberufen – das wäre der Armee teuer gekommen; die haben zuerst auf die Ledigen zurückgegriffen. Das war während des Korea-Krieges. Berger ist zwar nie bis nach Korea gekommen, aber er war weg; und dann hat Mayer mich für die Assistenzstelle auserkoren und so kam ich eigentlich zur Soziologie. Meine Doktorarbeit war eine empirische Arbeit und setzte sich aus den Arbeiten zusammen, die ich im Rahmen des Mayer-Projekts gemacht hatte.[4] Es war übrigens charakteristisch für Carl Mayer, dass aus den Gesamtprojekten nie etwas wurde. Er war solch ein Perfektionist, dass er immer etwas entdeckt hat, was gemacht werden sollte, was er lesen musste, was er überprüfen musste. Am Ende kam dabei keine Gesamtstudie heraus. Aber immerhin hat Wagner dazu einiges publiziert, und ich habe dazu einiges publiziert.[5] Ich war also bei dem Projekt dabei, weil ich in Mayers Seminaren war und Deutsch konnte; das war gewissermaßen meine Hauptqualifikation. So kam ich zur Soziologie. Aber zur Soziologie, wie sie in Harvard von Talcott Parsons gelehrt wurde, hätte mich nichts gelockt. Es hätten mich verschiedene Soziologien jener Zeit überhaupt nicht gelockt, aber die Soziologie an der New School – hauptsächlich die von Schütz und Salomon – fand ich sehr interessant.

Wie sind Sie eigentlich an die New School gekommen?

Ich war im letzten Kriegsjahr bei der deutschen Luftwaffe. Meine militärische Geschichte ist relativ kurz. Sie ist zwar abwechslungsreich, aber nicht furchtbar interessant. Ich kam über das Segelfliegen zum Militär. Ich wollte nicht zum Panzerkorps oder zu den Unterseebooten, wie zum Beispiel Ludwig von Friedeburg; aber wenn man einen Admiral als Vater hat, muss man das wohl. Ich hatte keinen Admiral als Vater, also konnte ich irgendwie hoffen, eine gewisse Wahl zu haben. Damals war ich ungefähr sechzehn Jahre alt und bin gern segelgeflogen; deshalb habe ich mich zur Luftwaffe gemeldet. Auf diese Weise konnte man sich, wenn man für tauglich befunden wurde, die Waffengattung aussuchen. Wenn man nicht für tauglich befunden wurde, hatte man Pech und musste zur Infanterie oder Artillerie und im letzten Kriegsjahr zur SS. Das war natürlich das Schlimmste. Ich hatte Glück, dass ich noch 1944 bei der Luftwaffe nach einer Segelflugausbildung gelandet bin. Als die Russen schon bei Stettin waren, gingen wir in Pommern noch zur Luftkriegsschule. Und dann wurden wir, weil mit Fliegen nichts mehr war, für zwei Monate nominell Fallschirmjäger, ohne je zuvor einen Fallschirm gesehen zu haben. Ich habe übrigens nie ein Motorflugzeug geflogen. Nach einer kurzen Panzerfaustausbildung waren wir sozusagen schon Veteranen, obwohl ich bei Kriegsende noch nicht einmal achtzehn Jahre alt war. Als Veteranen sind wir dann als Rottenführer zum Volkssturm gekommen. Gott sei Dank hatten wir dort einen wirklich erfahrenen Bataillonskommandanten und einen passablen Kompaniechef,

---

[4] Die 1956 eingereichte Doktorarbeit trägt den Titel: *A comparative study of four Protestant parishes in Germany.*

[5] Thomas Luckmann, The Evangelical Academies. An Experiment in German Protestantism, in: Christianity and Crisis 4/17 (1957), S. 68–70; ders., Four Protestant Parishes in Germany. A Study in the Sociology of Religion, in: Social Research 26 (1957), S. 423–448; ders., Vier protestantische Kirchengemeinden. Bericht über eine vergleichende Untersuchung, in: Dietrich Goldschmidt/Franz Greiner/Helmut Schelsky (Hrsg.), Soziologie der Kirchengemeinde, Stuttgart 1960, S. 132–144.

die beide nur überleben wollten. Mit Glück habe auch ich irgendwie überlebt und ich war nur drei Monate in Gefangenschaft; danach habe ich angefangen, in Wien zu studieren. Ich habe zuerst noch freiwillig die achte Klasse des Gymnasiums gemacht. Mein Vater war im Krieg gefallen, meine Mutter war wieder in Slowenien im kommunistischen Jugoslawien und wollte, dass ich ebenfalls dorthin kam. Aber ich hatte natürlich nicht die Absicht, dort hinzugehen, es wäre mir auch schlecht bekommen; daraufhin habe ich in Wien zu studieren angefangen. Ich habe damals nie daran gedacht, dass ich eine akademische Laufbahn einschlagen würde. Ich hatte mir vorgenommen, wenigstens das Gymnasium zu beenden und das Abitur zu machen. Also habe ich in Wien noch ein Jahr lang die Schulbank gedrückt. Ich habe dort ein paar Semester studiert und bin dann nach Innsbruck gegangen. Dann habe ich ein Mädchen aus Riga in Lettland kennen gelernt; nach vier Wochen haben wir uns verlobt und nach zwei Monaten haben wir geheiratet. Ich hatte damals ein Fellowship für Yale und sie hatte eins für das Smith College, beides in Connecticut. Sie ging dann auch, ich allerdings wurde zurückgehalten, weil mir die Amerikaner aufgrund des McCarthy-Acts, einer Kommunisten- und Nazi-Ausschließungsklausel, kein Visum ausstellen wollten. Ich wurde als Kriegsfreiwilliger auch von dieser Kategorie erfasst. Kriegsfreiwilliger war ich, wie mir schien – aus sehr rationalen Gründen und einer gewissen Leidenschaft für das Fliegen. Das hat die Amerikaner aber nicht interessiert, so dass ich erst ein Jahr später in die Vereinigten Staaten kam; das Yale-Fellowship war dann aber schon verfallen. Ich hätte ein Jahr warten müssen, um es wieder zu bekommen. Ich bekam bei einem sehr erfolgreichen und reichen Rechtsanwalt in Upstate (New York) einen Job als Chauffeur; sein Großvater war dort Pfarrer an einer Episkopalkirche gewesen. Das war eine Zeit, wo Land billig war; und diese Familie hatte an einem sehr schönen See einen riesigen Besitz mit einer Ranch mit Pferden und einem Golfplatz. Und bei diesem Anwalt war ich im Sommer angestellt und habe seine Frau herumchauffiert. Als er erfuhr, dass ich nicht genau wusste, was ich machen sollte, sagte er mir, dass er Alvin Johnson kenne, den Präsidenten der New School und Begründer der *University in Exile*, wie die Graduate Faculty der New School for Social Research damals noch hieß. Johnson war ein aus Skandinavien stammender Ökonom und ein Freund von Thorstein Veblen. An der Columbia University waren sie beide mit dem damaligen Präsidenten Nicholas Murray Butler in Konflikt geraten und hatten daraufhin eine eigene Unternehmung gegründet. Das war um 1920. Meine Frau, Benita, hat übrigens über Wissenschaftler im Exil und die New School, einiges publiziert.[6] Jedenfalls meinte Charles Tuttle,

---

[6] Siehe Benita Luckmann, Eine deutsche Universität im Exil. Die ‚Graduate Faculty‘ der ‚New School for Social Research‘, in: Rainer M. Lepsius (Hrsg.), Soziologie in Deutschland und Österreich 1918–1945 (= Sonderheft 23 der Kölner Zeitschrift für Soziologie und Sozialpsychologie), Opladen 1981; dies., Exil oder Emigration? Aspekte der Amerikanisierung an der New School for Social Research, in:

so hieß dieser Anwalt, dass Johnson mir helfen könne. Er kannte Johnson, weil er der Universität regelmäßig große Summen spendete. Tuttle war übrigens 1930 der republikanische Gegenkandidat von Roosevelt für das Amt des Gouverneurs von New York gewesen; er hatte die Wahl dann zwar verloren, dafür aber später mehr verdient als Roosevelt. Er hat mich also mit einem persönlichen Brief zu Johnson geschickt. Als ich dann in Johnsons Vorzimmer saß, blätterte ich in den Katalogen, die auf dem Tisch lagen und stieß dabei auf ein paar Namen. Von diesen kannte ich damals aber weder den von Schütz noch den von Salomon; nur von Karl Löwith hatte ich einmal etwas gelesen – und zwar sein Buch *Von Hegel zu Nietzsche*.[7] Löwith war damals aber nicht dort, sondern noch am Hartford Theological Seminary – er war über die Türkei nach Japan gegangen und von dort an das Theologische Seminar in Hartford, erst danach an die *New School*, wo er aber auch nur ein paar Jahre blieb, und zwar genau in der Zeit, als ich dort studierte. Von Löwith gibt es sehr schöne Memoiren über seine Studentenzeit in München während der Weimar Periode.[8] Die Titel der Seminare, der soziologischen wie der philosophischen, waren sehr interessant. An der Columbia University war damals zwar Robert K. Merton, ein interessanter Soziologe und Wissenschaftshistoriker; aber im Prinzip war das soziologische Programm dort ziemlich langweilig. Auch Linguistic Analysis- und Logik-Seminare in Philosophie haben mich überhaupt nicht interessiert. Deshalb habe ich dann zu Johnson gesagt, dass ich lieber bei ihm bleiben möchte. Das hat ihm erstens geschmeichelt und zweitens hat er das auch für richtig gehalten. Er selbst meinte, dass die New School besser sei als die Columbia University. Ich erhielt ein Stipendium, musste also für das Studium nichts zahlen und bekam ein zinsloses Darlehen. Übrigens hat Johnson auch einen Brief an meine Frau geschrieben, nachdem ich dieses Stipendium bekommen hatte: Er wisse ja nicht, ob die Europäer es so genau wüssten, wie das in Amerika sei, aber dort würden natürlich auch Frauen studieren; er hat ihr dann auch ein Stipendium angeboten. Meine Frau hat dann Politikwissenschaften studiert und als Sekretärin gearbeitet. Ich habe Philosophie und dann Soziologie studiert und als Hausmeister gearbeitet und in den Sommerferien als Chauffeur bei den Tuttles. Da habe ich zwar fast nichts verdient, aber das Häuschen am See für mich und meine Familie war immerhin ganz günstig. So kam ich an die New School und so kam ich dann langsam von der Philosophie zur Soziologie.

Wolfgang Frühwald/Wolfgang Schieder (Hrsg.), Leben im Exil. Probleme der Integration deutscher Flüchtlinge im Ausland 1933–1945, Hamburg 1981, S. 227–234; dies., New School. Varianten der Rückkehr aus Exil und Emigration, in: Ilja Srubar (Hrsg.), Exil, Wissenschaft, Identität. Die Emigration deutscher Sozialwissenschaftler 1933–1945, Frankfurt am Main 1988, S. 353–378.
[7] Karl Löwith, Von Hegel zu Nietzsche. Der revolutionäre Bruch im Denken des 19. Jahrhunderts, Hamburg 1995 (zuerst 1941).
[8] Karl Löwith, Mein Leben in Deutschland vor und nach 1933. Ein Bericht. Mit einem Vorwort von Reinhart Koselleck und einem Nachwort von Ada Löwith, Stuttgart 1986.

Hat Schütz Sie, als Sie an der New School bei ihm studiert haben, auch mit Karl Mannheim vertraut gemacht?

Ich kann mich an ein wissenssoziologisches Seminar erinnern, in dem vor allem Max Scheler und Karl Mannheim behandelt wurden. Von Scheler hatte ich damals ein Büchlein gelesen, aber nicht die großen Arbeiten, nicht seine Wissenssoziologie. Bei Schütz habe ich dann mühsam Scheler und Mannheim zu lesen begonnen.

Und bei Kurt Riezler?

Ja, Riezler war auch dort, der ehemalige Kanzler der Frankfurter Universität. Bei ihm habe ich ein Seminar gehört. Besser gekannt habe ich Ursula von Eckardt, welche die Tochter eines Russlandexperten an der Universität Heidelberg war. Ihre Mutter verliebte sich in den damaligen Dekan Emil Lederer, verließ Eckardt, heiratete Lederer und emigrierte rechtzeitig mit ihm und ihrer kleinen Tochter. Und diese Ursula von Eckardt hat mit mir und Tom MacDonald, meinem eigentlich einzigen amerikanischen Freund, der voriges Jahr gestorben ist, bei Dorion Cairns Phänomenologie studiert. Bei Dorion Cairns habe ich Ursula von Eckardt erst kennen gelernt. Sie hat sehr viel bei Riezler gemacht. Jemand, der über Riezler an der New School forscht, wird gewiss auf den Namen von Ursula von Eckardt stoßen.

Durch Ihre Lehrer an der New School haben Sie die philosophischen und soziologischen Quellen Ihrer späteren Arbeiten kennen gelernt. Haben Sie sich bereits dort mit Anthropologie beschäftigt? Und ist durch die Art und Weise, wie Ihnen durch Ihre Lehrer Anthropologie vermittelt wurde, der Bezug zu Themen der Wissenssoziologie entstanden?

Ich habe Helmuth Plessner in New York kennen gelernt. Vorher hatte ich Plessner nicht gelesen. Ob meine Lehrer ihn kannten, weiß ich nicht. Plessner war ja nicht nach Amerika emigriert, sondern in Holland untergekommen, und zwar bei Frederik Buytendijk in Nijmegen. Deshalb war er in Amerika unbekannt. Auch weiß ich nicht, ob man dort Plessners Buch *Die verspätete Nation* kannte.[9] Erwähnt hat es keiner. Philosophische Anthropologie ernsthaft betrieben hat auch keiner, obwohl sein Buch *Die Stufen des Organischen und der Mensch* bereits 1928 erschienen ist.[10] Arnold Gehlen kannte damals sicher niemand. Nach dem Krieg hat man ihn vielleicht einmal gehört oder gelesen, aber erwähnt hat auch

---

[9] Helmuth Plessner, Die verspätete Nation . Über die politische Verführbarkeit bürgerlichen Geistes, Frankfurt am Main 1995 (zuerst 1935).
[10] Helmuth Plessner, Die Stufen des Organischen und der Mensch. Einleitung in die philosophische Anthropologie, Berlin/New 1975 (zuerst 1928).

ihn niemand. Ich weiß nicht, wie ich Gehlen entdeckt habe bzw. Peter Berger, der ihn zuerst entdeckt hat. Aus diesem Triumvirat kannten wir aber zuerst eigentlich nur Max Scheler, der angeblich zu Unrecht behauptete, dass die anderen beiden ihn plagiiert hätten. Von diesen Dreien war damals, soweit ich mich erinnere, nur Scheler bekannt. Orientiert an dem, was meine Lehrer und Professoren damals gemacht, gesagt und getan haben, waren Plessner und Gehlen nicht existent. Die so genannte „anthropologische Wende" von Alfred Schütz, wie es Ilja Srubar einmal genannt hat[11] – nämlich die Abwendung vom transzendentalen Idealismus von Husserl, d. h. die Annahme, dass man von einem isolierten Ego das Alter Ego konstituieren könne – hatte aber nicht in Schelers Anthropologie ihren Auslöser, obwohl Schütz Scheler natürlich kannte. Carl Mayer beschäftigte sich auch nicht mit ihnen. Jetzt weiß ich es wieder: Ich habe Gehlen zuerst persönlich kennen gelernt. Das war im Zusammenhang mit der Studie über die Kirchen in Deutschland, die ich zusammen mit Helmut Wagner gemacht hatte. Wir hatten uns ja 1953/54 im Institut für Sozialforschung an der Senckenberg-Anlage eingemietet. Da habe ich auch das erste Mal Adorno und Horkheimer persönlich gesehen, von weitem allerdings. Ich weiß nicht, ob ich damals mit Adorno gesprochen habe, mit Horkheimer habe ich sicher nicht gesprochen. Wir waren wie gesagt nur Mieter. Adorno kannte natürlich Salomon und Schütz, aber er hatte ja in Kalifornien gelebt, nicht im Osten der Vereinigten Staaten. Soviel ich weiß, hatten sie keinen persönlichen und erst recht keinen wissenschaftlichen Kontakt. Wir waren also Mieter im Institut für Sozialforschung, wo sich sozusagen Wagners und mein Büro befand und wo Carl Mayer auch gelegentlich vorbeischaute. Allerdings haben wir, abgesehen von endlosen Analysen kirchenstatistischer Jahrbücher, hauptsächlich Feldforschung betrieben. Ursprünglich sollte ich die Protestantismus-Studien durchführen. Da aber die dritte Assistentin in der Forschungsgruppe, die den katholischen Teil der Studie übernehmen sollte, sich als nicht besonders hilfreich erwies, mussten andere einspringen; so auch ich mit einer Pfarrgemeinde-Studie (Neumünster), da ich ohnehin schon in Schleswig-Holstein war. Dort habe ich einen Monat bzw. fünf Wochen lang eine katholische Diaspora-Gemeinde beobachtet. Ich habe nicht nur Pfarrgemeindestudien betrieben, sondern auch evangelische Akademien untersucht. Dabei habe ich Arnold Gehlen kennen gelernt. Gehlen hatte an der Evangelischen Akademie Bad Herrenalb einen Vortrag vor Studenten aus schlagenden Verbindungen gehalten. Er war wirklich ein hervorragender Redner. Er war sarkastisch. Ich wusste damals noch gar nicht, wer das war. Er hatte damals ja Lehrverbot und deshalb keine Professur gehabt. In der Nazi-Zeit hatte er eine an der Universität Königsberg. Erst sehr viel später bekam er wieder eine Professur an der Techni-

---

[11] Vgl. Ilja Srubar, Abkehr von der transzendentalen Phänomenologie. Zur philosophischen Position des späten Schütz, in: Richard Grathoff/Bernhard Waldenfels (Hrsg.), Sozialität und Intersubjektivität, München 1983, S. 68–86.

schen Hochschule in Aachen. Gehlen war ein hervorragender und hochinteressanter Soziologe und Theoretiker, auch wenn ich nicht in allem mit ihm übereinstimme. Aber wenn man schon Heidegger, der sich wie Carl Schmitt für die Nazis als ein großer Theoretiker engagieren wollte, die Professur zurückgegeben hat, dann hätte man das bei Gehlen auch ruhig tun können: Gehlen war ja viel zu zynisch, um das alles zu glauben. Bei diesem Vortrag habe ich also Gehlen kennen gelernt. Aber zur Gehlen-Lektüre bin ich über Berger gekommen; wo Berger ihn kennen gelernt hat, weiß ich aber nicht. Kann das über Friedrich Tenbruck gewesen sein? Tenbruck war ja durch die Vermittlung von Carl Mayer ein paar Jahre am College, an dem ich unterrichtet habe. Carl Mayer hatte Tenbruck in Deutschland kennen gelernt. Tenbruck wollte damals unbedingt in die Vereinigten Staaten und suchte eine Stelle. Ich war damals aus verschiedenen Zufällen an einem College als Assistant Professor zugleich Chairman of the Department, also Fachbereichsvorsitzender. Der Zufall wollte es, dass mein Kollege, ein französischer Anthropologe, eine längere Studie in Assam machte und nicht mehr zurückkam – später hat er eine Stelle in Frankreich angenommen –, so dass ich die Stellen besetzen musste: nämlich die anthropologische, die mit einem Amerikaner besetzt wurde, und die soziologische. Diese bekam dann Tenbruck auf Carl Mayers Empfehlung. Ich kannte ihn vorher nicht. Wir haben uns dort angefreundet. Die Studenten haben ihn gern gehabt. Er war ein sehr guter Lehrer, intelligent und belesen. Erst als er in Deutschland Professor wurde, ging es etwas anders mit ihm. In Deutschland Professor zu werden, tut manchen Leuten nicht gut, andere halten es aber ganz gut aus.

Haben Sie auch mit Anselm Strauss zusammengearbeitet?

Nein, aber ich war mit ihm befreundet. Zusammengearbeitet habe ich nicht mit ihm. Seine Witwe lebt ja noch. Mein Nachfolger in Konstanz, der inzwischen auch schon emeritiert ist, Hans-Georg Soeffner, besucht sie noch häufig. Er war auch mit Strauss befreundet. Die empirische Sozialforschung ethnographischer Provenienz wurde in Deutschland lange Zeit von der Meinungsforschung dominiert. Vor allem unter der Ägide von Elisabeth Noelle-Neumann hat sich Mitteleuropa zum Zentrum der Meinungsforschung entwickelt. Feldstudien gab es sehr wenige. Das Institut für Sozialforschung hat etwas im Bereich der Industriesoziologie gearbeitet. Die Studie von Popitz und anderen war in der Frühperiode der Nachkriegszeit eine sehr bedeutsame Studie, das war eine wirklich empirische Studie und sie hat damals auch sehr nachhaltig gewirkt.[12] Die Forschungsarbeit am Institut für Sozialforschung hat sich dann ja auch in Richtung Industriesoziologie entwickelt, aber noch nicht in den 50er Jahren, soweit ich mich erinnern kann. Das war erst, als ich

---

[12] Heinrich Popitz u. a., Das Gesellschaftsbild des Arbeiters. Soziologische Untersuchungen in der Hüttenindustrie, Tübingen 1957.

nach Frankfurt an die Universität kam, also Mitte der 60er Jahre oder noch etwas später. Mit dem Institut für Sozialforschung hatte ich einen sehr angenehmen, aber doch marginalen Kontakt. Ich war ja an der Wirtschafts- und Sozialwissenschaftlichen Fakultät Professor für Soziologie. Auf der anderen Seite hätte ich es sicher nicht länger ausgehalten bzw. die hätten mich sofort exkommuniziert. Na ja, sie brauchten wahre Gläubige und ich war keiner. Aber da Walter Rüegg daran nicht interessiert war – und obwohl Tenbruck in dieser Position sicher auch keine Option gewesen wäre –, wurde ich als Neuankömmling auserkoren, in den Vorstand des Instituts für Sozialforschung zu gehen. Es musste nämlich nach den Statuten des Instituts ein Professor aus der Wirtschafts- und Sozialwissenschaftlichen Fakultät Mitglied des Vorstands sein. Das war ich. Ich hatte in dieser Position keinen Einfluss, denn es war eine rein formelle Rolle, die aber regelmäßig mit Mahlzeiten im Palmengarten verbunden war. Das hat Adorno immer arrangiert und dort habe ich mich mit Adorno auf einer persönlichen Ebene, zwei Jahre ging das ungefähr, sehr angenehm unterhalten. Nach seinem Tod hat Ludwig von Friedeburg die Institutsleitung übernommen und ab dann ging es spartanischer zu. Da hatte ich Frankfurt aber schon wieder verlassen.

Wir möchten noch einmal gern auf Carl Mayer zu sprechen kommen. Mayer war ja ebenfalls bis 1933 in Frankfurt.

Carl Mayer hatte mit einer Arbeit über Sekte und Kirche in Heidelberg promoviert[13] und lehrte bis 1933 in Frankfurt an der Akademie der Arbeit.

Wurde denn auch über die Situation in Frankfurt vor 1933 gesprochen, als Sie an der New School waren?

Nein, das hätte mich damals auch nicht interessiert. Mich hat am ehesten interessiert, wie sich Leute wie Heidegger oder Schelsky verhalten haben – und die haben sich alle schlecht verhalten. Ich sitze ja als „kriegsfreiwilliger" Unterstützer des Dritten Reiches – wie Sie gesehen haben – auch ein bißchen in einem Glashaus, aber ich schmeiße dennoch gern mit Steinen. Das waren schliesslich Soziologen und Philosophen, die bekannt waren. Gehlen hat mich in dieser Hinsicht am wenigsten aufgeregt, aber Heidegger war schlimm und Schelsky war nach dem, was ich aus der New School gehört hatte, eigentlich auch schlimm! Bergstraesser hatte sich bemüht, eine Versöhnung zwischen Schelsky und René König herbeizuführen, der sehr dezidiert Position gegen Leute bezogen hatte, die unter den Nazis gute Miene zum bösen Spiel oder überhaupt gute Miene zum Spiel gemacht hatten.

---

[13] Carl Mayer, Sekte und Kirche. Ein religionssoziologischer Versuch, Heidelberg 1933 (Nachdruck Konstanz 1974).

Bergstraesser meinte, dass solch ein Streit zwischen zwei etablierten Soziologen für die Soziologie nicht sehr förderlich sei, aber ich glaube nicht, dass da eine große Versöhnung zu Stande kam. Es waren ja alles erwachsene Menschen, keine jungen Buben, die diese Sünden begangen haben.

Sie sind ja nach Frankfurt gekommen, als es anfing, problematisch zu werden?

Das Ganze ging ja erst drei Jahre später los. Das hat mich aber weniger gestört als vieles andere. Es gab natürlich ungeheuer viel Gerede. Das ging mir schon auf die Nerven. Da rede ich schon lieber selbst, als dass ich anderen zuhöre. Sympathisch war es mir nicht, aber es hat mich auch nicht besonders schockiert. Ich habe es auch nicht allzu ernst genommen. Es hat sich etwas im Stil geändert. Die Reformen waren alle fehlgeschlagen und waren außerdem auch völlig unsinnig. Endlose Kämpfe über Drittelparität usw. – nur damit man schwatzen darf. Das Ganze hat nur die zentralen Institutionen gestärkt und die Universität entrechtet. Dann doch lieber ein paar Trottel als Institutsdirektoren – das hält jedes System aus; die deutsche Universität hat es lange genug ausgehalten. Es hat immer wieder Idioten als Institutsdirektoren gegeben. Das war nicht schön, aber die Universität hat es überlebt. Die so genannte Demokratisierung hat sie nicht überlebt. Sie sehen ja, was wir jetzt haben: wunderbare Exzellenzprogramme in Konstanz und kein Geld für etwas anderes. Ich habe ja nichts dagegen, dass sie gut forschen. Wenn ich da wäre, hätte ich ja davon selbst profitiert. Ich musste mir mein Geld für die empirischen Forschungen von der Deutschen Forschungsgemeinschaft usw. zusammensuchen. Aber nun gut, Sie sind ja noch im Betrieb; ich will Sie nicht weiter desillusionieren und weiter über die Universität schimpfen.

Wir hören jetzt schon sehr viele kritische Stimmen bezüglich der derzeit laufenden Hochschulreform. Frankfurt ist ja jetzt erneut Stiftungsuniversität geworden und da wird verschiedentlich die Meinung vertreten, dass Frankfurt viel zu stark den Banken zuarbeitet und dass die Forschung vielleicht doch nicht mehr so ganz frei ist. Wir sind da gerade im Umbruch. Wir können noch nicht genau sagen, wie schlimm es wird.

Ich kann es auch nicht voraussagen. Ich kann aber eines sagen: Die Leute, die den Versuch gemacht haben, die deutschen Universitäten zu amerikanisieren, haben keine Ahnung vom amerikanischen Hochschulsystem – keine Ahnung! Die Einführung eines Bakkalaureats, d. h. eines B. A., und eines Magisterprogramms ganz anderer Art im Sinne der hier üblich gewordenen M. A.-Programme verkennt die grundsätzliche Andersartigkeit des ganzen College-Systems. Die Humboldtsche Universität war im Grunde genommen weitaus das Beste, was man sich in Mitteleuropa an universitärer Struktur leisten konnte. Das einzige, was mir an den Reformen sympathisch war – alles andere hielt ich für groben Unfug –, war die Einrichtung von Fachbereichen, von Departments; das war ich von Amerika gewöhnt. Departments mit rotierendem Chairmanship, mit Stimmen der anderen Kollegen, das schien mir ganz vernünftig, damit nicht irgendein Institutsdirektor da thronte und seine Neffen als Hausmeister oder seine Geliebte als Sekretärin anstellte. Nichts gegen Geliebte und Hausmeister, ich war ja selbst einmal Hausmeister. Die alte Institutsstruktur war jedenfalls nicht ideal, aber immerhin noch besser als einiges, was später gekommen ist. Jetzt wird in amerikanischer Art und Weise evaluiert und es werden Betriebsberater berufen, denen man Irrsinnssummen zahlt. Ich finde, daß die Strukturveränderungen schon seit langem, eigentlich schon seit 1968 in die falsche Richtung gehen. Die Institute wurden entmachtet, was eigentlich ganz gut war, aber die Fachbereiche und die Fakultäten haben von der Entlassung in die Autonomie nicht richtig profitiert. Es wurde alles umbenannt. Hier in Konstanz heißen Fakultäten Sektionen, eine Zeit lang durfte man Fachbereich sagen, dann durfte man wieder nicht Fachbereich, sondern musste Fachgruppe sagen und ähnliche Unsinnigkeiten. Da gab es unendliche Sitzungen. Ich habe es bedauert, dass ich nicht in die Finanzwirtschaft ging oder Bauer wurde, als ich da bei den Soziologen war.

In Frankfurt?

Nein, in Konstanz. In Frankfurt noch nicht. Ich habe Frankfurt ja nur als alte Universität gekannt. Ich erinnere mich noch, dass es 1968 ein riesiges Theater gab. Rüegg war unter diesen Umständen ein sehr guter Rektor. Er ist nicht hysterisch geworden wie andere Leute. Er war vielleicht nicht in jeder Hinsicht ein guter Rektor, aber für diese Umstände war er ganz gut – eben unhysterisch. Einmal gab es eine Senatsblockade und Hans-Jürgen Krahl, ein Demagoge, aber ein sehr guter Redner, führte das große Wort im Senat. Und in dieser Menge saßen wir armen Professoren und zitterten. Ich weiß nicht, ob sich jemand wirklich in die Hosen gemacht hat, aber bildlich haben sich einige in die Hosen gemacht. Und dann wollten sie uns nicht heraus lassen. Und dann gingen Iring Fetscher und ich, wir waren die zwei Helden, um zu verhandeln. An diesen Zirkus kann ich mich heute nicht im Detail erinnern, wohl aber an die Atmosphäre und das Ganze drum herum; also das war die Revolution – meine Güte! Das war der Anfang und inzwischen ist man ja nach Effizienzgesichtspunkten amerikanisiert. Zuerst wurde die Universität „demokratisiert" und jetzt wird sie „effizient" gemacht, was ich beides für einen Schmarren halte. Aber irgendeiner profitiert immer davon. Wer bei der Zentralisierung profitiert, weiß man nicht.

Ulrich Oevermann, mit dem wir ebenfalls gesprochen haben, meint, dass die 68er im Grunde sehr bürgerlich waren und an ihren eigenen Privilegien gearbeitet haben. Sie hätten sich mit Protesten ihre eigenen Pfründe gesichert ...

Was für Privilegien? Oevermann – auch ein Freund von mir – sieht ja immer „hinter die Fassaden". Er weiß ganz genau, was hinter den Fassaden ist – oder denkt es zumindest. Ich glaube ihm nicht immer. In diesem Fall könnte es sogar sein, dass er Recht hat; die Rhetorik war sehr hoch geschraubt. Rhetorik ist ja nicht wirkungslos. Dass alle nur für ihre eigenen Privilegien gearbeitet haben, glaube ich nicht. Das waren Idealisten, verblödet vielleicht, aber gewiß nicht korrupt. Von Korruption müsste man sprechen, wenn sie für die eigenen Interessen gearbeitet hätten, aber ihre Interessen waren die Interessen der Demokratie.

Sie meinen Habermas und Friedeburg?

Und Wiethölter! Wenn sie den Juristen nicht gehabt hätten, wäre es nicht einmal zur Artikulierung gekommen. Ich habe das für einen groben Fehler gehalten, was die drei gemacht haben.

Habermas und Friedeburg vertraten in einem offenen Brief an den AStA der Freien Universität die Ansicht, dass man Kampfmittel wie zum Beispiel Sit-ins der Studenten, Besetzung von Instituten usw. im Grunde als legitim ansehen müsse, weil sie etwas „einbürgern" sollen.[14] Hat diese Art von „Einbürgerung" etwas mit der zunehmenden Demokratisierung zu tun?

Fragen Sie Habermas und Friedeburg. Ich weiß von Demokratie verhältnismäßig wenig. Ich weiß von Tocqueville, wie Demokratie im 19. Jahrhundert als Ablösung des Ancien Régime gewirkt hat und wie übel sie ist, aber sie immer noch besser als alles andere. Aber dass das sehr demokratisch war, glaube ich nicht. Das hat dann ja nicht lange gedauert, bis sie die die Drittelparität erreicht haben. Und dann hat sich der ... wie hieß das, der Mittelstand ...?

Mittelbau?

Ja, richtig, der Mittelbau hat sich einwickeln lassen. Das waren Privilegien. Dann ging es aber los. Wenn Oevermann das meint, gebe ich ihm vollkommen Recht.

---

[14] Vgl. Erhard Denninger/Ludwig von Friedeburg/Jürgen Habermas/Rudolf Wiethölter, Grundsätze für ein neues Hochschulrecht. Heilige Kühe der Hochschulreform. Ein Beitrag zur Diskussion des Hessischen Hochschulgesetzentwurfs, in: Jürgen Habermas, Protestbewegung und Hochschulreform, Frankfurt am Main 1969, S. 202–234.

Das war aber erst eine halbe oder ganze Phase später. Zuerst ging es ja darum, dass die Professoren langweilige Fatzkes waren: „Staub von hundert Jahren unter den Talaren". Es waren aber auch gute Wissenschaftler dabei. Gut, dann haben sie Spaß am Spaß bekommen. Das war ja auch lustig. Dann hatten sie auch noch eine idealistische Rhetorik; dann hatten sie den Ärger über ihre Väter und Großväter – kann man auch verstehen. Über Väter ärgert man sich immer und wenn man sie dann auch noch als Nazis beschimpfen kann, dann ist das überhaupt wunderbar. Und so ging das los, aber großartig Demokratie? Die Drittelparität war keine Demokratie. Aber sie wurde als Demokratie verstanden. Es sollte ja ein Ständestaat werden. Und dann hat sich der Stand – es ist schon richtig, Mittelbau heißt es und nicht „Mittelstand", aber mein Versprecher war eigentlich gar nicht so falsch: es war nämlich der Mittelstand, der sich zu einer ständischen Interessensgruppe entwickelt hat. Das war für die deutsche Universität meiner Meinung nach sehr schlecht. Fast so schlecht wie der sogenannte „Bologna-Prozess" und alles andere, was angeblich aus Amerika gekommen ist.

Sie hatten ja ebenfalls Assistenten und die Assistenten engagierten sich – vielleicht nicht alle, aber manche, die sich der linken Fraktion zurechneten – für diese neuen Privilegien des Mittelbaus, zum Beispiel für eine autonomere Position von Assistenten. Das hat sich ab 1971, als der Fachbereich für Gesellschaftswissenschaften gegründet wurde, wohl dahin gehend geändert, dass die Assistenten keinem Professor mehr zugeordnet waren, sondern eine Gruppe für sich bildeten. Wie hat sich denn Ihr Verhältnis zu den Assistenten entwickelt?

In Amerika gab es keine Assistenten. Ich war als Student schon einmal *Teaching Assistant* – das war so eine Art Hilfslehrer. Das gab es schon, aber das waren keine Universitätsassistenten im deutschen Sinn. Ich halte solche Institutionen übrigens nicht für schlecht. Wie alles wurde aber auch dies ausgenützt. Oevermann soll ja, so erzählt man sich, als Assistent eines böhmischen Österreichers, der von Kanada nach München kam, diesem die Leibchen sortieren hat müssen.[15]

Das hat er uns nicht erzählt.

Nein? Wahrscheinlich hat mir das Hansfried Kellner erzählt. *Die* müssen Sie fragen, die Assistenten von damals. Diese Periode von Frankfurt hat mich, ehrlich gesagt, nicht so furchtbar interessiert. Ich war betroffen, es hat mich manchmal geärgert, aber meine wissenschaftliche Tätigkeit war relativ unabhängig davon, mein Privatleben war relativ unabhängig davon und ich hatte keine große emotio-

---

[15] Gemeint ist Emerich K. Francis, der von 1958–1974 Professor und Vorstand des Soziologischen Instituts in München war.

nale Anteilnahme an diesen Vorgängen; meine Einstellung dazu war eher kontra als pro, aber ohne emotionale Ladung. Ich hielt das Ganze für dumm. Ich glaube nicht, dass es mich allzu sehr aufgeregt hat, jedenfalls im Vergleich mit fast allen Kollegen von mir, die sich darüber furchtbar aufgeregt haben.

Standen die Arbeiten Ihrer Assistenten mit Ihren eigenen im Zusammenhang?

Das ist ebenfalls keine simple Geschichte. Als ich nach Frankfurt kam, wusste ich, dass ich vier Assistenten bekommen würde. Das habe ich so ausgehandelt, denn das hatte mir jemand geraten. Dann hatte ich einen ehemaligen Mathematiker aus Göttingen, der bei mir an der *Graduate Faculty* Soziologie studierte und der mein Statistikassistent in einem Methodenkurs wurde. Ich hielt Einführungskurse in die empirische Forschung ab, und zwar zusammen mit Paul Neurath, dem Sohn von Otto von Neurath von der Räteregierung in München. Sein Sohn Paul, der übrigens auch Assistent von Paul Lazarsfeld war, war mein Statistiklehrer, als ich in New York studierte. Dann ging Paul Neurath für ein Jahr nach Indien und war dort Fulbright Professor am *Tata Institute of Social Science*. Als Neurath nach einem Jahr zurückkam, habe ich ihn gefragt (er sprach Englisch mit einem wunderbaren Wiener Akzent): „Well, how did you like it at the Tata Institute?", woraufhin er sagte: „It was wonderful. We talked research all day." Ich habe mich fast weggekugelt vor Lachen. Er war eigentlich ein sehr netter Mensch. Er hat sich vermutlich aus ideologischen Gründen das Ottakringer, das proletarische Wienerisch, zugelegt und das ist ihm so in alle Knochen gefahren, dass er dann Englisch nur noch mit dieser Intonation sprechen konnte. Als Neurath am Tata-Institut war, begegnete ich einem deutschen Studenten namens Richard Grathoff, von dem mir bekannt war, dass er Mathematik und Statistik konnte. Er unterrichtete damals Mathematik an einem kleinen lutherischen College in New Jersey, kam aber regelmäßig als Graduate Student an die New School. So habe ich ihm diese Stelle anbieten können. Ich habe mir das vom Fachbereich ausgebeten. Er hat es angenommen. Das war 1963 oder 1964. Jedenfalls hat Grathoff dann bei mir seine Dissertation über C. S. Peirce geschrieben, den Habermas eine Zeit lang sehr geschätzt hat.

Peirce war ja auch für die Chicagoer Schule wichtig.

Ja, für den präzisen Teil der pragmatistischen Philosophie. William James war auch ganz gut. Dewey war weniger präzise.

Würden Sie sagen, dass es sinnvoll wäre, sich wieder mehr mit Charles S. Peirce zu beschäftigen als mit Dewey?

Das weiß ich nicht. Wenn Sie Pädagogiktheorie betreiben, ist Peirce nicht direkt interessant, während Dewey natürlich sehr viel über Pädagogik geschrieben hat. Wenn Sie Religionssoziologie betreiben, ist James interessanter. Ich will sie nicht abwerten. Ich sage nur: Peirce war der präzisere und ältere Kopf dieser Gruppe. Darüber hat Grathoff gearbeitet und die Dissertation noch dort abgeschlossen. Als ich die Professur in Frankfurt bekam, habe ich Grathoff die Stelle angeboten und er hat gleich zugesagt. Er war mit einer Amerikanerin verheiratet, aber er wollte gern nach Deutschland zurück. Eine zweite Stelle habe ich Hansfried Kellner angeboten, mit dem ich damals schon befreundet war. Kellner hatte zuerst in Freiburg studiert und an der New School sein Doktorat gemacht. Ich lernte ihn 1961 oder 1962 kennen, als Berger mit seiner Frau nach Europa kam. Seine Frau Brigitte ist nämlich die Schwester von Hansfried Kellner. So habe ich Kellner kennen gelernt. Ich kann nicht sagen, dass er mein Student war, aber er hat auch bei mir vielleicht etwas gehört. Jedenfalls war er Student, als ich an der Fakultät war. Also habe ich Kellner ebenfalls eine Stelle angeboten. Er wollte aber aus familiären Gründen plötzlich sehr schnell nach Deutschland zurück und ich hatte noch ein Jahr, bevor ich die Professur in Frankfurt antrat und ihn hätte mitnehmen können – so hat ihm dann Tenbruck eine Assistentur angeboten und er ging als Tenbrucks Assistent nach Frankfurt. Aber diese Beziehung hat nicht lange gedauert. Er hat, glaube ich, Tenbruck nicht ausgehalten oder Tenbruck hat ihn nicht ausgehalten. Als ich nach Frankfurt kam, wurde er dann doch noch mein Assistent. Also hatte ich Grathoff und bald auch Kellner als Assistenten. Grathoff hatte einen Freund von der *Haus Villigst-Stiftung*, der schon Assistent bei einem juristischen Professor war: Günter Dux. Dux war aber nie mein richtiger Assistent, ich habe ihm so eine Art Sinekure gegeben. Er hatte eine Assistentenstelle und hat dabei unterrichtet und sich in die Soziologie eingearbeitet. Dann kam noch Walter Sprondel, der zuvor in München bei Johannes Winckelmann im Max-Weber-Archiv war. Das waren meine vier Assistenten. Die habe ich später alle nach Konstanz mitgenommen. Dux hat sich dann dort habilitiert, auch Grathoff, der dann in Bielefeld eine Stelle bekommen hat; Kellner sollte sich ebenfalls habilitieren; er hat auch ein Stipendium gehabt, dann aber einen Ruf an die Technische Hochschule Darmstadt angenommen und hat deshalb mit der Habilitation aufgehört. Eigentlich hätte ich nach Konstanz nur zwei Assistenten mitnehmen können. Ich habe aber gesagt, dass ich nur kommen werde, wenn ich vier Assistenten bekomme. Ich hatte zwar keinen förmlichen Anspruch auf diese Stellen, aber diese vier Mitarbeiter konnten bleiben, bis sie auswärtige Rufe erhielten. Zwei von ihnen waren mir zugewiesene Assistenturen, die anderen beiden waren mir zugewiesen, bis sie sich habilitierten.

Hatten Sie gemeinsam mit Ihren Assistenten an Forschungsprojekten gearbeitet?

Ich habe eigentlich mit keinem dieser vier je zusammen an einem Projekt gearbeitet, wenn ich die Herausgabe „Berufssoziologie"[16] mit Walter Sprondel nicht dazu zähle. Mit Jörg Bergmann, der später dazu kam, habe ich empirisch gearbeitet. Im Bereich der Theorie könnte ich, glaube ich, mit niemandem sehr lange zusammen arbeiten, mit Ausnahme von Peter Berger. Im Bereich der Empirie kann ich dagegen mit allen möglichen Leuten arbeiten und das habe ich auch getan: z. B. mit Jörg Bergmann und Angela Keppler. Mit Susanne Günthner habe ich einiges gemeinsam publiziert, das waren Projekte zu kommunikativen Gattungen und zur moralischen Kommunikation usw. Ich habe mich eigentlich eher mit meinen Mitarbeitern angefreundet. Mit Kellner ging ich fischen – den habe ich damit angesteckt, der ist jetzt fast noch passionierter als ich; mit Dux und Sprondel war ich Skifahren. Also, meine Leibchen mussten sie nicht zählen. Mit Grathoff habe ich mich eigentlich persönlich sehr gut, wissenschaftlich aber nie so gut verstanden. Ich habe seine Dissertation angenommen, aber später hielt ich Verschiedenes von ihm eher für konfus. Mit Kellner streite ich mich auch, aber wir haben sehr ähnliche Ansichten; Kellner ist mir wissenschaftlich der Nächste. Die Beziehung Assistent-Professor war bei mir ein bisschen anders, nehme ich an, als bei vielen Personen, die ich in jenen Zeiten gekannt habe. Jetzt geht es ja wieder ähnlich zu, die Assistenten sind wieder Professoren zugeordnet.

Als Sie die Professur in Frankfurt erhalten haben war ja noch nicht abzusehen, dass Ihr zusammen mit Peter Berger verfasste Buch „Die gesellschaftliche Konstruktion der Wirklichkeit" so stark rezipiert werden würde. In dem Gespräch, das Walter Schmitz mit Ihnen geführt hat, sagen Sie: „Sie haben mich nie als Gesellschaftstheoretiker gelesen. Ich habe aber als Gesellschaftstheoretiker geschrieben."[17] Wie können wir diese Art von Konstruktion verstehen? Was verstehen Sie unter „Konstruktion"?

Marxistisch: Menschen machen die Menschenwelt. Das ist Marx, reiner Marx. Das darf man heute ja sagen. Ich darf es auf jeden Fall sagen.

Haben Sie sich, als Sie in Frankfurt waren, intensiv mit Marx befasst?

Na ja, ich habe vor Frankfurt die anthropologischen Schriften von Marx gelesen, ferner das *Kommunistische Manifest*; und auch *Das Kapital* habe ich zu lesen angefangen,

[16] Thomas Luckmann/Walter Sprondel (Hrsg.), Berufssoziologie, Köln 1972.
[17] Tatjana Pawlowski/H. Walter Schmitz (Hrsg.), 30 Jahre „Die gesellschaftliche Konstruktion der Wirklichkeit". Gespräch mit Thomas Luckmann, in: Essener Studien zur Semiotik und Kommunikationsforschung, Aachen 2003.

aber dies nie beendet – das interessiert mich auch nicht weiter. Ich habe die Folgen gesehen und teilweise erlebt. Es gibt ja in der Wissenschaftsgeschichte bereits vor Marx Denker, Vico zum Beispiel, die ein Verständnis der Menschenwelt als von Menschen geschaffene haben. Das ist nicht selbstverständlich. Die Menschenwelt wurde ja vorher, immer von etwas – oder jemand – Anderem geschaffen. Heutzutage wird sie schon wieder von der Evolution geschaffen. Es gibt immer irgendeine Metaphysik oder Theologie, die nicht marxistisch oder nicht konstruktivistisch ist. Ich habe mich nie als Konstruktivisten betrachtet, obwohl die Leute das Buch so lesen, als ob ich und Berger meinten, da setzten zwei sich hin und änderten die Welt für sich, oder: „die bilden sich etwas ein und das ist die Wirklichkeit". Diese Art von Konstruktivismus habe ich einmal erlebt, als man mich nach Heidelberg eingeladen hatte. Da habe ich Heinz von Foerster gehört und einige andere Leute. Das ist ein unerträglicher Unsinn. Da wäre ich schon lieber ein Positivist als so etwas.

Was ist dann Ihr Verständnis von Gesellschaftstheorie und wie hat sich dieses Verständnis entwickelt?

Ich weiß nicht, wie sich das entwickelt hat. Wohl durch Lektüre und Erfahrung oder Erfahrung und Lektüre.

Gerade in Frankfurt, wo Sie sich ja zeitweilig aufgehalten haben, gibt es immer diese Auseinandersetzung darüber: Wer ist kritischer Gesellschaftstheoretiker, wer darf sich Gesellschaftstheoretiker nennen, was sind die soziologischen und philosophischen Wurzeln der Gesellschaftstheorie? Das sind ja Diskussionen und Debatten, die gar nicht enden.

Ja, aber ich habe mich nie daran beteiligt, was Gesellschaftstheorie ist, was andere für Gesellschaftstheorie halten …

… was Horkheimer und Adorno darunter verstanden haben?

Soviel ich weiß, habe ich keine Zeile von Horkheimer gelesen. Von Adorno habe ich etwas gelesen.

Wie haben Sie Ihr eigenes Forschungsprogramm entwickelt? „Die gesellschaftliche Konstruktion der Wirklichkeit" ist ja eine Untersuchung über die Wirklichkeit der Alltagswelt. Was sind für Sie die wesentlichen Charakteristika der Frankfurter Soziologie? Würden Sie sich dort auch selbst verorten?

Keine Ahnung. Horkheimer war der Philosoph. Adorno war der Soziologe. Ich habe von Adorno eigentlich nur seine Gemeinschaftsarbeit *The Authoritarian*

Gespräch mit Thomas Luckmann

Personality gelesen, die er mit Marie Jahoda und anderen gemacht hat und die ich in methodischer Hinsicht für fragwürdig halte.[18] Da müssten wir uns länger unterhalten. Methodisch fragwürdig deshalb, weil ich sie für ideologisch vorgefasst halte. Ich kannte Marie Jahoda auch, sie hat bei mir einen sehr tiefen Eindruck als wissenschaftliche Kollegin der älteren Generation hinterlassen. Die war ja in England. Also, die Frankfurter Soziologie an der WiSo-Fakultät, die andere Soziologie – das war einmal Rüegg, der eigentlich kein Soziologe, sondern ein soziologisch interessierter Kulturhistoriker, ein Humanismusforscher war und Tenbruck, der ein Kapitel für sich ist. Er war jedenfalls einer der bedeutenderen deutschen Soziologen, aber in vielerlei Hinsicht ein schwieriges Kapitel. Über Tenbruck müssen Sie Alois Hahn befragen, nicht mich. Alois Hahn kannte Tenbruck sicher am besten. Auch in der Frankfurter Zeit. Hahn hat ja noch promoviert, als Tenbruck schon nach Tübingen geflohen ist, was ihm nicht viel genützt hat, dem Armen. Hahn hat bei Habermas und Haberlandt seine Dissertation über die „*Soziologie des Todes*" zu Ende gebracht.[19] Hahn erinnert sich da sicher besser.

Bei Tenbruck wundert man sich, dass er solch eine Aversion gegen Adorno entwickelte. Denn am Institut für Sozialforschung galt er zumindest in den 1950er Jahren als jemand, der sehr fortschrittlich soziologisch arbeitete. Immerhin war er Assistent von Horkheimer.

Das weiß ich nicht genau. Zu Tenbruck kann ich Ihnen verhältnismäßig wenig sagen. Das einzige, was ich Ihnen sagen kann, ist, dass ich ihn aufgrund von Mayers Anregung nach *Hobart* geholt habe, wir uns angefreundet haben und noch befreundet waren, als er in Freiburg war, wo meine Frau auch promovierte und die Bretten-Studie, die ein Teil der von Tenbruck geleiteten Karlsruher Studie, die nie fertig geworden ist, allein zu Ende gebracht hat.[20] Alois Hahn und Karla Fohrbeck waren sicher auch dabei, ich weiß es aber nicht mehr. Da ging es noch gut, aber in Frankfurt dann, ich weiß nicht warum, änderte sich das dann. Er hatte sich mit Berger zerstritten, und da ich mit Berger befreundet war, hat das etwas auf unser Verhältnis abgefärbt. Und erst recht, nachdem *Die gesellschaftliche Konstruktion der Wirklichkeit* erschienen war. Ich habe mich dann mit Tenbruck eigentlich nicht mehr verstanden. Ich bin 1994 zu seinem Begräbnis gefahren und habe mir dort eine Lungenentzündung geholt, seine Frau – eine sehr nette Person – ist leider auch gestorben. Er hat zwei Töchter aus zweiter Ehe und eine Tochter aus erster Ehe.

---

[18] Nathan W. Ackermann u. a. (Hrsg.), Der autoritäre Charakter, Band 2: Studien über Autorität und Vorurteil, Amsterdam 1969.
[19] Alois Hahn, Einstellungen zum Tod und ihre soziale Bedingtheit. Eine soziologische Untersuchung, Stuttgart 1968.
[20] Benita Luckmann, Politik in einer deutschen Kleinstadt, Stuttgart 1970.

Aber wie kann es im Bezug auf solch ein Buch zu solchen Konflikten kommen?

Ich weiß es nicht. Das müssten Sie Tenbruck fragen, wenn Sie mit Geistern sprechen können. Vermutungen könnte ich natürlich anstellen. Ein Grund war, dass er sich als der Hauptentdecker des amerikanischen Pragmatismus, vor allen von George Herbert Mead, in Deutschland ansah. Das war er auch. Aber andere Leute, zum Beispiel Berger und ich, haben Mead unabhängig von Tenbruck schon längst gelesen gehabt und ich William James, später auch etwas Peirce. Die Missachtung seines Monopols als amerikanischer Soziologieexperte hat ihm vielleicht zugesetzt, aber das sind jetzt grobe Vermutungen. Ich bin kein Psychologe, bzw. ich bin sogar ein Antipsychologe. Jedenfalls ging es dann nicht mehr gut. Ihm hat auch dieser Studentenzirkus sehr zugesetzt. Er war ja dann, wie gesagt, deutscher Professor geworden, dem das furchtbar auf die Nerven ging, und die Studenten haben das bald heraus gerochen. Und er war für diese Raubtiere ein Beutetier erster Kategorie. Mich hat eigentlich niemand besonders belästigt, ich weiß auch nicht warum. Dabei war ich viel konservativer in meiner Grundüberzeugung als alle anderen zusammen, aber ich habe sogar meine SDS-Assistenten gefragt, ob sie nicht arrangieren könnten, dass bei mir die Mädchen ihre Oberkörper entblößen, aber das hat auch nicht funktioniert. Wir wissen, dass der arme Adorno ja ganz schockiert darüber war. Mit Tenbruck weiß ich das nicht. Es ging in die Brüche zwischen uns, mit Berger schon früher. Unwägbare Gründe verschiedenster Art wahrscheinlich. Aber schade um ihn. Er hat nicht sehr viel veröffentlicht, aber er war ein bedeutender Soziologe. Bedeutend für unsere hausgemachten Verhältnisse. Das ist Tenbruck – schade, schade.

Die Studentenschaft hatte damals in Frankfurt eine starke Polarisierung vorgenommen: auf der einen Seite diejenigen, die als links eingeschätzt wurden, die irgendwie akzeptiert wurden, und auf der anderen Seite die anderen, die entweder als zu konservativ galten, als zu bürgerlich, die man boykottierte oder zu denen man erst gar nicht hin ging. Heinz Steinert unterscheidet in diesem Zusammenhang eine Soziologie, die einem bestimmten Ordnungsdenken folgt und eine Soziologie, die eher einem Befreiungsdenken folgt. Können Sie mit solchen Unterscheidungen arbeiten? Und wie haben Sie diese Polarisierung erlebt?

Das ist bedauerlich. Also, die einen waren Ideologen und die anderen waren vom Typus her Betriebswirte. Ich hätte gern Wissenschaftler gehabt, Ideologen sind keine guten Wissenschaftler. Es gibt keine Befreiungswissenschaftler. Es gibt Befreiungsideologien und politische Aktionen. Ich bin ohnehin unversehens zur Wissenschaft gekommen. Ich hätte lieber ein Privatvermögen gehabt, aber ich hatte keines; also habe ich lehren müssen, um das zu betreiben, was mich interessiert hat. Daher haben mich von meinen Studenten, die bei mir gehört haben, nur diejenigen interessiert, die sich für Wissenschaft interessiert haben. Die Ideologen von links haben mich eher gestört und die – sagen wir – Anpasser, das waren keine Ordnungsdenker, das waren die Typen mit Krawatte und Mobiltelefon heutzutage, die waren ja nicht unintelligent, aber sie wollten Karriere machen und sind jetzt sicher Executives bei der Deutschen Post oder bei der Postbank oder Assistenten von Ackermann. Die haben mich auch nicht interessiert. Dies sind ja alles löbliche Berufe, ein Teil meiner Vorfahren waren Industrielle. Ich kann nicht sagen, dass ich ein großes Ressentiment gegen sie habe, aber mein Leben war das nicht; und die Studenten, die sich dafür interessiert haben, haben mich wiederum nicht interessiert. Und die Ideologen haben mich eher geärgert. Befreiungs- und Ordnungsdenken, das erscheint mir zu einfach, das sehe ich etwas zynischer.

Würden Sie sagen, dass sich das Frankfurter Modell dadurch ausgezeichnet hat, dass die Sozialwissenschaften an andere Disziplinen angeschlossen waren, etwa an die Psychoanalyse oder auch die Philosophie, Literatur- und Musikwissenschaften? Ist das eine Besonderheit, die sich vielleicht durch die Kritische Theorie gerade in Frankfurt entwickeln konnte?

Das weiß ich nicht. Ich kenne zu wenige Verhältnisse an deutschen, englischen und sonstigen Universitäten im Detail, um das mit irgendwelcher Sicherheit sagen zu können. Ich würde es für sehr unwahrscheinlich halten, dass es eine Frankfurter Spezialität war – sehen Sie sich z. B. die kleineren Universitäten und Colleges in Amerika an. Sie haben vorhin nach der Anthropologie gefragt, das habe ich nicht richtig beantwortet. Ich war Department Chairman eines *Department of Sociology and Social Anthropology.* Ich habe erst damals – nicht schon bei Alfred Schütz – angefangen, sehr viel Ethnologie und Kulturanthropologie, englische Sozialanthropologie zu rezipieren. Ich habe mich später mit Mary Douglas angefreundet, Clifford Geertz kenne ich und habe mit Interesse gelesen, was er schreibt, aber ich habe auch die alte Anthropologie rezipiert. Der beste Religionssoziologe war ohnehin kein Soziologe, sondern ein Semitologe, nämlich William Robertson Smith. Soziologie scheint mir als einzelnes Fach für sich genommen sowieso ein Unsinn zu sein.

Sie haben noch nicht die Frage beantwortet, was Sie unter Gesellschaftstheorie verstehen.

Ach so, ja. Ich weiß es nicht. Soziologie ist entweder eine Wissenschaft, die systematisiert, wie in den Disziplinen, die sich mit anderen Kulturen, mit anderen Epochen usw. beschäftigen. Soziologie ist hier eine historische Wissenschaft wie die Sozial- und Kulturanthropologie und in diesem Sinne Gesellschaftstheorie. Soziologie ist auch aufgefächert in Industriesoziologie, soziologische Methoden, soziologische irgendwas – das ist für mich keine Gesellschaftstheorie, auch keine vernünftige Soziologie, sondern ein fades Selbstetikettierungsgeschäft. Ich sehe keinen Unterschied zwischen so verstandener Soziologie und Gesellschaftstheorie. Die Debatten in Frankfurt habe ich nicht richtig wahrgenommen: Den Debatten, was Gesellschaftstheorie ist, habe ich ehrlich gestanden gar nicht zugehört. Aber was Soziologen tun sollten, bevor sie Soziologen werden, ist Folgendes: Mathematik studieren oder Sprachwissenschaft studieren oder Biologie, nicht Molekularbiologie, sondern Humanethologie, wenn Sie nicht verdorben werden wollen. Diese Fächer sind hervorragendes Material für Soziologen oder Historiker. Das müssten Soziologen studieren, bevor sie überhaupt zum fortgeschrittenen Soziologiestudium zugelassen werden. In Amerika habe ich ja mein Geld damit verdient und Soziologie am College unterrichtet. Das erschien mir verfrüht. Soziologie sollte im amerikanischen System erst an der Graduate School auf dem Lehrplan stehen, nicht schon am College. Aber das ist teilweise meine eigene Biografie.

Woran arbeiten Sie, wenn Sie nicht gerade Fischen gehen?

Das ist eine gute Frage, aber ich weiß keine gute Antwort, die ich geben kann. Ich arbeite im Grunde genommen ziemlich viel an Vorträgen, die ich halten muss, in denen ich aber nicht sehr viel Neues sage, weil ich eingeladen werde, um das Alte zu sagen: in der Religionssoziologie, in Allgemeiner Theorie, in Fragen des Pluralismus usw. Zum Beispiel werde ich zu den Historikern eingeladen, nicht weil sie mich als Historiker einladen würden, sondern weil ich etwas über persönliche Identität geschrieben habe – und wenn sie gerade ein Thema wie „Individualismus. Vom Mittelalter bis zur Vormoderne" haben, wollen sie wissen, ob jemand darüber geforscht hat. So etwas mache ich, darüber habe ich schon für die *Neue Anthropologie* von Gadamer und Vogler geschrieben.[21] Da bin ich das erste Mal auf den Gedanken kommen, dass das eigentlich ein eminent soziologisches und nicht ein psychologisches Thema ist. Und seitdem wärme ich die alte Suppe immer wieder auf. Das mache ich jetzt in den letzten Jahren häufig. Vorher habe ich sehr viel an diesem Projekt geforscht. Mich haben im Laufe meiner wissenschaftlichen Lebenszeit immer mehr die kleinen Sachen wie die Alltagskommunikation interessiert. „Die gesellschaftliche Konstruktion der Wirklichkeit": Wie geschieht das denn eigentlich im Kleinen, *en détail*? Das hat mich interessiert und das kann man nur mit bestimmten Typen der Forschung machen. Am Beispiel der rekonstruktiven Gattungen der Kommunikation: Wie wird Vergangenes in der Gegenwart wieder vergegenwärtigt und vermittelt? Wie wird die Vergangenheit dadurch geformt? Das waren Projekte, in denen wir uns sowohl mit Konversionserzählungen bei

---

[21] Vgl. Thomas Luckmann, Zwänge und Freiheiten im Wandel der Gesellschaftsstruktur, in: Hans-Georg Gadamer/Paul Vogler (Hrsg.), Neue Anthropologie, Bd. III, Stuttgart/Hamburg 1972, S. 168–198.

Kirchentagen als auch mit Feuerwehrnotrufen beschäftigt haben. Jörg Bergmann hat dann über den „Klatsch" als eine der rekonstruktiven Gattungen gearbeitet. Und dabei sind wir darauf gestoßen, dass es auch eine moralische Gattung ist; dann haben wir das Moralisieren untersucht usw. Das hat mich noch bis ans Ende meiner Lehrtätigkeit, ja bis weit über 1994 hinaus beschäftigt. Bergmann war dann schon Professor in Gießen, jetzt ist er in Bielefeld Professor. Dann haben wir das halbe Projekt in Gießen, das halbe hier gehabt. Nach der Emeritierung hatte ich noch hier in Konstanz am Sonderforschungsbereich ein Projekt, das ich nie abgeschlossen habe, das ich aber noch gern machen würde; aber die aufgewärmten Suppen haben es in sich, sie halten mich sogar vom Fischen ab, erst recht vom ernsthaften Forschen. Es war ein Projekt, das die Deutsche Forschungsgemeinschaft finanziert hat, auf Kredit sozusagen, ein Luxusprojekt über die Ästhetisierungen in der Alltagskommunikation, also ein Projekt über Rhetorik, wenn Sie so wollen, übers Sprechen, über Gestik – da haben wir sehr schöne Daten bekommen: über Lehrlingsinitiierungen im Druckergewerbe in Mainz zum Beispiel, über Hochzeiten, katholische und evangelische – d. h. überall dort, wo es um soziales Handeln geht, das nicht ästhetische Funktionen hat, also keine Kunst ist, keine gerahmte Kunst, in dem aber etwas elementar Menschliches zu Tage tritt, nämlich Ästhetisierung. Sogar ein schönes Begräbnis ist etwas anderes als ein nicht schönes Begräbnis. Wir haben sehr unterschiedliche Arten von Material gesammelt. Ich hatte zwei Assistentinnen. Ich habe immer gern mit Frauen gearbeitet, die haben nämlich oft eine bessere Forschungsnase, jedenfalls in diesem Bereich. Nichts gegen Männer: Hubert Knoblauch und Jörg Bergmann waren hervorragende Mitarbeiter. Aber ich hatte als Forschungspartner mehr Frauen als Männer. Ich hatte bei diesem Projekt zwei Assistentinnen, von denen die eine besonders gut in Kontaktaufnahme war, so dass wir die Erlaubnis zum Filmen bekamen. Das hat sie sehr gut gemacht und sie sollte dann auch, so weit wir das überhaupt aufteilen konnten, das Material analysieren. Die eine sollte die verbale Kommunikation analysieren, d. h. das, was gesagt und transkribiert wurde. Das hat sie sehr gut gemacht. Die andere sollte die Analyse der Gestik, der Mimik, der Gebärden und der Bewegungsabläufe vorbereiten. Das hat sie gar nicht gut gemacht. Da war es schon zu spät. Ich habe jetzt noch unausgewertetes Material. Und wenn ich die Energie und die Zeit ausschließlich dafür verwenden würde, könnte ich noch weiter analysieren. Es ist wunderschönes Material und es ist ein sehr interessantes Thema.

Wir bedanken uns sehr für das ausführliche Gespräch.

Das Gespräch mit Thomas Luckmann führten Felicia Herrschaft und Jens Koolwaay am 18. Februar 2008 in Gottlieben.

„Der Gegenbegriff zur Natur ist nicht Gesellschaft, sondern Kultur."

Gespräch mit Ulrich Oevermann

In Sachen Soziologie sind Sie nicht nur ein Frankfurter Aushängeschild, sondern auch einer der Dienstältesten. Könnten Sie uns berichten, wie Sie zur Soziologie gekommen sind?

Ich bin ja nicht in Frankfurt zur Soziologie gekommen. Damals war es überhaupt so, dass man selten vom Abitur aus direkt zur Soziologie kam. Ich kann mich nicht entsinnen, dass ich einen Kommilitonen gehabt hätte, der gleich vom ersten Semester an Soziologie studierte. Man kam immer irgendwie von anderen Fächern. Sehr viele Leute kamen damals noch von der Theologie, was auch Sinn machte, da Theologen in der Regel sehr gut vorgebildet sind, was den Soziologen heutzutage ja meistens abgeht. Vor allem sind Soziologen heutzutage historisch nicht sehr gebildet; das war einmal anders. Oder man kam aus den Wirtschaftswissenschaften zur Soziologie oder – was damals auch noch sehr häufig war – aus den Geisteswissenschaften. Bei mir war es so, dass ich alles Mögliche in den Geisteswissenschaften studiert habe. Ich bin Jahrgang 1940 und habe 1960 angefangen zu studieren. Um Berufsaussichten hat man sich damals nicht gekümmert; solche Überlegungen hat man seinerzeit einfach nicht angestellt. Vom Ergebnis her hatte meine Generation ja auch Glück, man hat noch vergleichsweise leicht Jobs gefunden. Studieren war damals aber nicht so einfach. Ich z. B. musste mein Studium vollständig selbst finanzieren. Ich glaube, das ist heute schon anders. Natürlich müssen viele Leute heute auch nebenher arbeiten, aber ich glaube, dass man sich etwas Illusionen darüber macht, wie das damals war. Ich habe jedenfalls zunächst Geschichte studiert, dann Germanistik, was ich dann aber gleich aufgegeben habe, dann Romanistik, Sprachwissenschaften, Ethnologie und Philosophie natürlich, alles Mögliche also. Ich bin dann, nachdem ich meine ersten drei Semester in Freiburg verbracht hatte, über Eduard Baumgarten und Friedrich Tenbruck zur Soziologie gekommen. Natürlich, Politisches spielte damals auch noch eine Rolle; ich war im Sozialistischen Deutschen Studentenbund (SDS) und war schon als Schüler bei den Jungsozialisten; das alles wird sicher auch eine Rolle gespielt haben, warum ich zur Soziologie gekommen bin. Ich war aber überhaupt kein 68er. Ich war zu diesem Zeitpunkt schon aus dem SDS ausgetreten, vor allem, weil es mir dort zu anarchisch zuging. Übrigens hätte ich auch gern Biologie studiert; aber das wurde

mir damals von allen Seiten ausgeredet: das sei eine brotlose Kunst, da würde
man keinen Job bekommen. Aber das sind eher biographische Daten, die ja nicht
besonders interessant sind. Interessant ist es, sich anzusehen, wie die allgemeine
Lage damals war. Soziologie als Fach war damals z. B. noch gar nicht etabliert. Ich
habe das Glück gehabt, dass ich von zwei wirklich guten Leuten sozialisiert worden
bin, bei denen man eben wirklich richtig professionalisiert wurde: das war zuerst
M. Rainer Lepsius und dann Jürgen Habermas. Und es war das Entscheidende,
dass man bei guten Leuten war.

*Sie haben Habermas schon angesprochen. Sie waren in den 60er Jahren Assistent
von Habermas. Wie war denn da Ihr Verhältnis zu ihm?*

Ich bin Ende 1964 nach Frankfurt gekommen und bin bis Anfang 1969 hier geblieben. Nach der Promotion bin ich an das Max-Planck-Institut für Bildungsforschung
nach Berlin gegangen. Wie das Verhältnis war? Sehr gut! Bei Habermas hat man
viel gelernt; er war ein außerordentlich fairer und integrer Mensch – und das ist er
immer noch. An den Theorien habe ich einiges auszusetzen, immer mehr eigentlich,
damals auch schon. Das hat aber keine Rolle gespielt. Er ist ein sehr witziger und
lustiger Mensch. Ich glaube, wir haben eine gute Zeit gehabt.

*Wie haben Sie damals das Verhältnis zwischen den beiden Fakultäten erlebt, in
denen die Soziologie hier in Frankfurt angesiedelt war?*

Das war damals noch relativ gespalten. Es gab ja eine eher philosophisch-geistes-
wissenschaftlich ausgerichtete Soziologie, die an der Philosophischen Fakultät beheimatet war, und eine mehr staatswissenschaftlich und wirtschaftswissenschaftlich
ausgerichtete Soziologie, die an der WiSo-Fakultät untergebracht war. Ich habe diese
Spaltung persönlich aber gar nicht so wahrgenommen, da wir auf der Mittelbauebene
alle ein gutes Verhältnis zueinander hatten. Ich kannte schon vorher viele Leute
aus der WiSo-Fakultät aus anderen Zusammenhängen. Denn damals hat man im
Unterschied zu heute an mehreren Universitäten studiert. Und es ist auch wichtig,
dass man verschiedene „Läden" kennt, damit man nicht einseitig gepolt wird. Man
muss den Geist unterschiedlicher Institute kennen. Es wird Sie wundern, wenn ich
das sage, aber so autoritär wie hier am Institut für Sozialforschung habe ich das
nirgends erlebt. Ich war richtig entsetzt, als ich hierher kam – nicht bei Habermas,
aber im Institut für Sozialforschung. Wie es heute dort ist, kann ich nicht beurteilen,
es ist ja kein Institut mehr, das faktisch mit der soziologischen Universitätslehre
verknüpft ist wie zu Adornos Zeiten. Jedenfalls lag das daran, dass die Frankfurter
Schule sehr ausgeprägt und gleichzeitig sehr dogmatisch war. Die Leute hatten
geglaubt, mit der Hegellektüre alles bewältigen zu können. Habermas kam ja von
Heidelberg, wo ich bei ihm Seminare besucht hatte. Und ich hatte eine halbwegs

ordentliche erfahrungswissenschaftlich-empirische Ausbildung. Ich habe immer empirisch geforscht, das war mir das Wichtigste, und er hat mich deshalb auch hierher geholt. Ich hatte ja überhaupt keinen akademischen Abschluss. Damals war es aber noch möglich, ohne Abschluss eine Assistentenstelle zu bekommen. Das nannte sich „Verwaltung einer Assistentenstelle". In Mannheim hätte ich nicht promovieren, sondern nur ein wirtschaftswissenschaftliches Diplom machen können. Das wollte ich nicht, deshalb habe ich dann in Heidelberg studiert und wurde dort von Habermas aufgegriffen. Als er dann nach Frankfurt berufen wurde – das war ja die Horkheimer-Nachfolge – hat er mich mitgenommen. Habermas hatte damals vier Assistenten. Das war ja ein Doppellehrstuhl für Philosophie und Soziologie. Horkheimer und Adorno hatten beide diese Doppellehrstühle. Habermas hatte diesen Doppellehrstuhl nun ebenfalls; später wurden diese dann gespalten und der eine dem Institut für Philosophie und der andere dem Fachbereich Gesellschaftswissenschaften zugeschlagen.[1] Auf der philosophischen Seite waren Albrecht Wellmer und Oskar Negt und auf der soziologischen Seite Claus Offe, der erst ein Jahr später hinzukam, und ich. Wir haben uns da ganz gut ergänzt. Ich war für den mehr sozialisationstheoretischen und mikrosoziologischen Bereich zuständig. Wir mussten viel arbeiten, und zudem musste ich meine Dissertation – eine empirische Forschungsarbeit – fertig stellen und hatte parallel die Seminarassistenz. Das war viel Arbeit damals, denn die Leute konnten hier kaum englisch lesen und man musste überhaupt erst einmal durchsetzen, dass englische Literatur gelesen wurde. Die Diskrepanz zwischen der deutschsprachigen und der englisch- und französischsprachigen Soziologie war damals noch viel größer als heute. Und die Leute kannten kaum Talcott Parsons. Ob sie ihn heute kennen, wage ich aber ebenfalls zu bezweifeln.

Wie würden Sie denn das Programm kennzeichnen, an dem Sie mit Habermas gearbeitet haben?

Ich weiß nicht, ob wir ein Programm hatten. Habermas hatte sicher ein Programm, aber ich hatte kein Programm. Ich wollte anständig forschen, und mich hatte die Soziologie immer als Forschungsdisziplin interessiert. Der große Brocken war die Sozialisationstheorie inklusive der Familiensoziologie. Wir haben damals die ganze vorhandene Forschungsliteratur rezipiert und in den Seminaren behandelt, so auch die Literatur über schizophrenogene Familien und die Gemeinde- und Sozialpsychiatrie, die damals noch in den Anfängen steckte. Eine ganze Reihe von Medizinern kam damals noch in solche Seminare. Das waren Leute, die heute in Deutschland in der Sozial- und Gemeindepsychiatrie führend sind. Auch zu den

---

[1] Zur Geschichte der Doppellehrstühle von Horkheimer und Adorno vgl. www.gesellschaftswissenschaften.uni-frankfurt.de/index.pl/klichtblau.

Sprachwissenschaftlern hatten wir intensive Kontakte, zu den Historikern weniger, aber vom Interesse her schon. Das andere große Arbeitsgebiet von Habermas war natürlich Politische Ökonomie, Herrschaftssoziologie und – wie man hier in Frankfurt sagen würde – „Theorien der gesamtgesellschaftlichen Entwicklung". Geforscht wurde natürlich im Institut für Sozialforschung, aber methodisch war das nicht allzu weit her; zumindest empfand ich das so. Es unterschied sich ja im Grunde genommen methodisch gar nicht so stark von der üblichen Soziologie, die damals bekämpft wurde. Ich bin dem, was Adorno gemacht hat, inhaltlich und methodisch doch sehr nahe, ohne dass ich diese Vokabeln benutze und ohne dass ich diese Diskursform habe. Aber das habe ich erst sehr spät gemerkt. Da bin ich durch andere darauf aufmerksam gemacht worden, dass das sehr ähnlich ist. Adorno war schon ziemlich esoterisch; und das war er auch für mich – zumindest als ich hierher kam. Ich hatte das damals zwar von Weitem zur Kenntnis genommen, aber ich konnte damit nicht allzu viel anfangen. Ich habe da – nachträglich sieht das etwas anders aus, da sehe ich das in anderem Licht – ebenfalls die Schwierigkeiten, mit denen die Rezipienten üblicherweise zu kämpfen hatten; aber das ist ein weites Feld, darüber kann man viel sagen.

Hat Sie Adorno in der Nachkriegszeit interessiert? War Adorno für Sie schon ein Begriff, als Sie zu studieren angefangen haben?

Adorno war damals für jeden ein Begriff in Deutschland. Sie müssen sich das so vorstellen: Die am Institut für Sozialforschung fühlten sich ja immer ein bisschen verfolgt. Aber faktisch hatten sie einen unglaublichen Einfluss. Sie hatten ja keine Probleme, sich in der „Welt des Geistes" oder im feuilletonistischen Diskursfeld bemerkbar zu machen. Ich bin ja kein Linker mit Stallgeruch, so habe ich mich auch nie gefühlt, sondern ich bin immer Wissenschaftler gewesen. Und für mich war die Distanz zur Politik immer ganz wichtig, denn ohne diese Distanz kann man kein anständiger Wissenschaftler sein. Wertfreiheit war für mich eine vollkommen selbstverständliche Forderung und für Adorno im Übrigen auch – natürlich nicht mit denselben Vokabeln, aber er hat Max Weber nie wegen des Wertfreiheitspostulates angegriffen. Übrigens ist die Konvergenz zwischen Max Weber und Adorno viel größer als die Diskrepanz. Hier in Frankfurt ist immer die Diskrepanz herausgestellt worden, was meines Erachtens ganz falsch ist. Aber gut, ich bin sozusagen kein Eingestallter. Ich habe nicht als Pferd im Stall der Frankfurter Schule gestanden. Nie! Würde ich auch nicht. Sie müssen sich das vorstellen: Ich kannte die ganze SDS-Kultur auch von früher; ich war einmal Gruppenvorsitzender des SDS in München und habe dann aus der Entfernung hier auch den Bundesvorstand des SDS erlebt. Das war eine andere Welt, in der ich nicht gern zu Hause gewesen bin. Das war für mich zu dogmatisch.

Sie haben also generell einen sehr kritischen Blick auf die Studentenbewegung von 1968?

Ja, nachträglich nicht weniger als früher. Ich hatte mit den 68ern nicht viel zu tun; ich war damals schon Assistent bei Habermas und für mich war die Studenten-bewegung die Bewegung von privilegierten bürgerlichen Söhnen. Diese hatte mit Arbeiterkindern nichts zu tun. Das war eine Bewegung, die an der Universität um Privilegien für sich kämpfte. Für mich sah das anders aus. Für mich war die Universität ein wichtiger Ort, der natürlich schon reformbedürftig war. Aber die Forderungen, die dort gestellt wurden, hatten mit der Erhaltung von Wissenschaft und Autonomie in der Universität nicht viel zu tun. Ich stand von daher der Stu-dentenbewegung etwas distanziert gegenüber. Es ging den Leuten ganz wesentlich auch um Karrieren und sie haben unter anderem die Universität kritisiert, um ihre Karrierechancen zu wahren. Vom Ergebnis her hat die 68er-Bewegung, was die Universitätsentwicklung betrifft, zu deren Technokratisierung einen ganz erheb-lichen Beitrag geleistet. Wenn die Studentenbewegung nicht gewesen wäre, hätte die Kultusadministration oder die für Bildungswesen zuständige Administration ein Äquivalent erfinden müssen, um die Universitäten unter Kuratel zu stellen. Die 68er haben in meinen Augen an der Universität eine ganz erhebliche Zerstö-rungsarbeit geleistet, das konnte man auch damals schon sehen.

Habermas war damals doch auch sehr stark an der Hochschulreform beteiligt ...

Habermas war damals außerordentlich mutig. Er hat für alle den Kopf hingehalten. Er hat sich auf den *Teach-Ins* und auf dem berühmten Kongress in Hannover hinge-stellt und seine Meinung gesagt.[2] Davor habe ich einen außerordentlichen Respekt, das war nicht einfach und sehr mutig damals. Er war hier der einzige, der für alles den Kopf hingehalten hat. Damals haben alle, die mit ihm täglich zu tun hatten, Habermas geraten, nach Starnberg zu gehen, als die Entscheidung anstand, ob er zusammen mit Carl Friedrich von Weizsäcker das Starnberger Max-Planck-Institut aufbaut. Wir haben ihm dringend zugeraten, weil es hier nicht mehr erträglich war. Es herrschte hier inzwischen eine sehr neurotische Kommunikationsstruktur – vor allem, was Habermas und die Umgebung des Instituts für Sozialforschung betraf, insbesondere den Mittelbau, der wahrscheinlich heute nicht gern daran erinnert werden möchte.

---

[2] Gemeint ist der Kongress „Hochschule in der Demokratie", der am 9. Juni 1967 in Hannover stattfand und auf dem Habermas sein berühmtes Verdikt über den „Linksfaschismus" aussprach.

Obwohl er ja eng mit Ludwig von Friedeburg zusammengearbeitet hat …

Friedeburg wurde nachträglich hierher berufen, als Habermas schon hier war. Er hat damals wesentlich mit dafür gesorgt, dass Friedeburg berufen wurde. Mit Friedeburg gab es auch keine Probleme, aber mit dem Mittelbau schon, der sich an das Institut für Sozialforschung angebunden fühlte. Die sind damals der Studentenbewegung ziemlich hinterher gelaufen.

War es hauptsächlich am Institut für Sozialforschung der Fall, dass der Mittelbau in die Bewegung involviert war, oder traf das auch auf die WiSo-Fakultät zu?

Na ja, an den Lehrstühlen natürlich auch. Das Institut für Sozialforschung war immer ein Stiftungsinstitut und kein Universitätsinstitut. Und so lange es diese Doppellehrstühle gab, waren die Inhaber der Lehrstühle – also im Wesentlichen Horkheimer und Adorno, die gleichzeitig Institutsvorstände waren – im Philosophischen Seminar. Und so lange das so war, gab es ja kein Soziologisches Institut an der Universität. Das gab es erst später, das hat Habermas dann erst mühsam eingerichtet, als er 1964 hierher kam. Das war dann dieser angemietete Altbau in der Myliusstraße, den es ja heute noch gibt. Als Soziologieassistenten von Habermas hatten wir zunächst gar keine Arbeitsräume an der Universität. Wir waren zu Gast im Sigmund-Freud-Institut bei Alexander Mitscherlich. Es sollte ein gemeinsames Projekt, eine Forschungskooperation vorbereitet werden. Das habe ich später im Max-Planck-Institut für Bildungsforschung in Berlin realisiert. Wir haben jahrelang sehr eng mit dem Sigmund-Freud-Institut zusammengearbeitet. Wir wurden dann zusammen in die Myliusstraße verlegt. Die Kooperation zwischen Mitscherlich und Habermas war sehr eng. Habermas hat dafür gesorgt, dass Mitscherlich hierher berufen wurde. Wir haben ihm damals allerdings alle geraten, dass er nicht zu den Psychologen gehen soll, sondern dass es viel besser wäre, wenn er zu uns käme. Aber er wollte wegen der ganzen Ausbildungsprobleme und der Berufsprobleme der Psychoanalytiker aus verständlichen Gründen unbedingt zu den Psychologen, was meines Erachtens keine gute Entscheidung war. Mitscherlich hatte ebenfalls seine Diensträume in der Myliusstraße; er hatte dort sein Sekretariat, aber war darauf nicht angewiesen, denn im Sigmund Freud-Institut hatte er ja seinen täglichen Arbeitsplatz. Für uns Habermas-Mitarbeiter war das neu, damals im SFI, diese Situation gab es vorher nicht. Die Assistenten von Horkheimer und Adorno waren ja alle im Institut für Sozialforschung tätig und die philosophischen Assistenten von Habermas waren hier in der Universität untergebracht gewesen, nur wir – also Claus Offe und ich – waren gewissermaßen erst einmal ortlos. In der Myliusstraße gab es dann zum ersten Mal neben dem Institut für Sozialforschung ein so genanntes „Soziologisches Seminar"; und dieses war eben jene Universitätseinrichtung, die für die soziologischen Lehrveranstaltungen an der Philosophischen Fakultät zuständig war.

Dann ging es ganz wesentlich darum, die beiden Frankfurter Soziologien – also die an der WiSo-Fakultät und die an der Philosophischen Fakultät beheimatete Soziologie – zumindest formell zusammenzuführen. Ich glaube, das war 1965 oder 1966, als wir die gemeinsame Prüfungsordnung zusammengebastelt haben. Dann gab es zum ersten Mal ein gemeinsames Diplom für Soziologie.[3] Das war meines Erachtens eine sehr gute soziologische Prüfungsordnung, die dann leider irgendwann Ende der 70er Jahre oder Anfang der 80er Jahre abgeschafft worden ist, weil die Politologen ebenfalls unbedingt ein Diplom haben wollten.[4] Ich war immer der Meinung, dass diese ihr eigenes Diplom machen sollten; aber nein, dies sollte unbedingt ein integriertes Diplom sein. Ich habe das nie für richtig gehalten und halte das nach wie vor für falsch; und die Quittung bekommen die Soziologen jetzt ja auch dafür. Ich war immer der Meinung, dass sich die Politik-wissenschaftler aus eigener Kraft nach oben ziehen und ihr eigenes Diplom machen sollten. Aber die eher mit dem Institut für Sozialforschung verbandelten Leute, die hier waren – es wurden ja auch viele übergeleitet –, wollten unbedingt ein gemeinsames Diplom mit den Politologen. Wenn man die dann intern fragte, warum sie das unbedingt wollten, bekam man zur Antwort: „Damit der Standard gewahrt wird"; gemeint natürlich in *terms* Kritischer Theorie. Ich habe das immer für lächerlich gehalten, außerdem ist das eine vollkommen wahnhafte Vorstel-lung. Der Grund war also ein politischer. Damals bei der Fachbereichsgründung gab es hier eine Fraktion unter den Assistenten, die explizit politisch war und angeblich ein gemeinsames revolutionäres linkes Programm hatte.[5] Und da war die Bibel natürlich der berühmte Horkheimer-Aufsatz über „Traditionelle und kritische Theorie".[6] Dementsprechend musste die Politische Ökonomie zwanghaft die gemeinsame Basis aller sozialwissenschaftlichen Fächer wenn nicht sogar aller geisteswissenschaftlichen Fächer sein. Ich habe daraus früher immer einen kleinen Witz gemacht. Als es eine zeitlang Propädeutika gab, an denen auch ich mich beteiligte, habe ich die Veranstaltung immer „Einführung in das Studium

---

[3] Gemeint ist die erste gemeinsame Diplom-Prüfungsordnung für Soziologie an der Philosophischen und der WiSo-Fakultät vom 23.2.1966, die mit Wirkung vom 1.4.1966 in Kraft getreten ist.

[4] Laut Auskunft des Dekanats des Fachbereichs Gesellschaftswissenschaften ist diese gemeinsame Diplomprüfungsordnung für Sozialwissenschaften, die gerade ausläuft, der Universität Frankfurt am 7. Juli 1989 in Kraft getreten.

[5] Gemeint ist die „Sozialistische AssistentenGruppe" (SAG), die in den ersten Jahren seit der Grün-dung des Fachbereichs Gesellschaftswissenschaften in Koalition mit den linken Hochschullehrern und den Studentenvertretern aufgrund der neu eingeführten Drittelparität damals maßgeblich die Entwicklung des Fachbereichs bestimmt hatte.

[6] Max Horkheimer, Traditionelle und kritische Theorie, in: ders., Gesammelte Schriften, Bd. 4: Schriften 1936–1941, Frankfurt am Main 1988, S. 162–216.

der Sozialwissenschaften am Fachbereich Gesellschaftswissenschaften" genannt. Dies hat keiner gemerkt. „Gesellschaftswissenschaften" – was ist das? Das ist doch ein vollkommen unmögliches Etikett, das gibt es doch gar nicht! So hieß der Sammelbegriff an der Universität Leipzig in der DDR, der ist hier dann sinngemäß übernommen worden. Das war eine Zeit, als hier zum Beispiel auch für die Architektur und für die Stadtsoziologie der Plattenbau der DDR das große Vorbild war. Solche Seminare hat es hier gegeben. Das war also das Selbstverständnis, von dem her hier dann das gemeinsame Diplom eingeführt wurde, und das haben Sie ja bis heute. Diese hier in Frankfurt erfundene „Allgemeine Sozialwissenschaft" – was ist das eigentlich?[7] Trotz dieser engen Verzahnung sind Politikwissenschaften und Soziologie für mich zwei sehr unterschiedliche Fächer – von der Tradition her schon immer gewesen, und sie werden es auch bleiben. Die Rechnung bekommt die Soziologie ja heute vorgelegt: Die Politikwissenschaften sind für die Studenten aus beruflichen Gründen attraktiv geworden, weil sie glauben, dass sie damit irgendwelche Karrierechancen in internationalen Organisationen, Verbänden oder sonst was haben, die die Soziologen weniger haben. Aber ein anständiges wissenschaftliches Fach ist das nicht! Für mich sind die Betriebswirtschaftslehre, Politikwissenschaft und akademische Psychologie verwaltungsrationale Wissenschaften und insofern keine Grundlagenwissenschaften. Psychoanalyse ist eine Grundlagenwissenschaft, Soziologie auch – und deshalb wäre es nach meiner Vorstellung viel vernünftiger, wenn sich die Soziologie fachbereichsmäßig mit der Ethnologie sowie den Sprach- und Geschichtswissenschaften verheiratet hätte. Das ganze Elend konnten Sie sehen, als es 1996 zur Restrukturierung der Fachbereiche kam. Da sind nämlich die Philosophen zu den Historikern und eben nicht zu den Soziologen gegangen, obwohl diese Einheit von Philosophie und Soziologie ja immer eines der klassischen Merkmale der Frankfurter Schule war. Davon ist nichts übrig geblieben; und warum die Philosophen da hingegangen sind, können Sie sich ja ausrechnen. Die Historiker waren einfach seriösere Wissenschaftler und seriösere Leute, und vor allen Dingen waren sie gut organisiert. Und das ist bis heute ein gut funktionierender Fachbereich, der resistent gegenüber diesen ganzen technokratischen Tendenzen der Präsidialverwaltung ist, während dies hier ein opportunistischer Verein ist. Was mich anbetrifft, bin ich dadurch gerettet worden, dass die Historiker mich damals für den Sonderforschungsbereich „Wissenskulturen" haben wollten, wo ich auch sofort mitgemacht habe. Die Frankfurter Historiker waren für mich eigentlich alle wichtig, also Johannes Fried, Lothar Gall, Jens

---

[7] Oevermann bezieht sich hierbei auf das Prüfungsfach „Allgemeine Sozialwissenschaft" des inzwischen auslaufenden gemeinsamen Diplomstudiengangs für Politikwissenschaft und Soziologie, der zur Zeit durch neue BA- und MA-Studiengänge für Politikwissenschaft und Soziologie ersetzt wird, die auf ausdrücklichem Wunsch der Politikwissenschaftler des Fachbereichs Gesellschaftswissenschaften nur noch in sehr eingeschränkter Weise miteinander verknüpft sind.

Lüning usw. Ich habe mit ihnen auch immer gemeinsame Seminare gemacht, die sehr ergiebig waren. Ich bin hier und da vielleicht ein bißchen polemisch. Mir ist auch häufig Einzelgängertum vorgeworfen worden! Und warum soll ich da nicht entsprechend reagieren? An diesem Fachbereich ist nach seiner Gründung vieles schief gelaufen; und dazu gehört unter anderem eben auch das meines Erachtens unglückliche Verhältnis zwischen Politikwissenschaft und Soziologie.

Bevor es zur Hochschulreform gekommen ist, wurde ja viel darüber diskutiert, welche Fächer im Zuge der Gründung der Fachbereiche zusammenlegt werden sollten. Haben Sie das damals mitbekommen?

Das ist damals an mir vorbeigelaufen. Wie gesagt, ich habe hier 1968 promoviert und bin dann 1970 nach Berlin gegangen. Dort war ich voll mit dem Forschungsprojekt „Elternhaus und Schule" eingedeckt und habe die Interna hier in Frankfurt nicht alle mitbekommen. Allerdings habe ich in Frankfurt auch weiterhin Lehrveranstaltungen durchgeführt und bin auch in Frankfurt wohnhaft geblieben. Ich bin acht Jahre lang immer nach Berlin gefahren und habe hier dann eine Honorarprofessur wahrgenommen, in deren Rahmen ich regelmäßig Vorlesungen gehalten und Seminare gemacht und auch Examensarbeiten, Diplomarbeiten sowie Dissertationen betreut habe. Was ich damals an Interna mitbekommen habe, war die Frage der Integration der Lehrerausbildung. Der Turm hat ja von daher immer noch seinen Namen, wahrscheinlich weiß keiner mehr, was „AfE" eigentlich heißt: nämlich Abteilung für Erziehungswissenschaften. Es gab damals in Hessen keine richtigen pädagogischen Hochschulen und diese Abteilung hatte im Grunde genommen den Status einer pädagogischen Hochschule. Die ganzen Lehramtsstudien fanden dort statt und dann gab es eben dieses Programm, dass sie in die Universitäten integriert werden sollten. Das hieß natürlich ganz wesentlich, dass die so genannten „Grundwissenschaften" hier an den Fachbereich kamen.[8] Das war im Grunde genommen ein reines Statusgeschäft. Die Professoren von der Abteilung für Erziehungswissenschaft wollten einen Universitätsprofessorenstatus haben. Deshalb wurden sie in dem Maße links, bis das erreicht war, um sich anschließend wieder wie früher zu verhalten. Ich war mit einigen Assistenten von der WiSo-Fakultät damals sehr gegen diese Integration der Lehrerausbildung, jedoch waren die Mittelbauer von hier alle dafür. Warum war ich dagegen? Weil

---

[8] An der sogenannten „grundwissenschaftlichen" Lehrerausbildung, die ein hessisches Spezifikum darstellt, sind in Frankfurt neben der Politikwissenschaft und der Soziologie auch die Erziehungswissenschaft und die sogenannte „pädagogische Psychologie" jeweils zu 25 % beteiligt, was in den vergangenen Jahrzehnten zu einer starken Lehrbelastung am Fachbereich Gesellschaftswissenschaften führte. Gegenwärtig zeichnet sich die Tendenz ab, dass diese aus der Friedeburg-Ära stammende Integration der Lehrausbildung in den akademischen Fachunterricht wieder rückgängig gemacht wird. Siehe hierzu auch das Interview, das wir mit Herrn von Friedeburg geführt haben (in diesem Band S. 307–329).

ich fand – und ich glaube, dass mir die Entwicklung recht gegeben hat –, dass das
dazu führt, dass die Lehramtsstudenten überall nur Studenten zweiter Klasse sind.
Das ist sozusagen ein Etikettenschwindel, denn diese Studenten sind nirgends
richtig zu Hause. Die Unterrichtsfächer wurden dann ja in die Universitätsinstitute
eingegliedert. Angeblich sollte es dann eine funktionierende Fachdidaktik an
den Instituten geben und hier das Analoge bei den Grundwissenschaften. Es
war vorauszusehen, dass daraus nichts wird, und ich war schon damals dafür,
dass man stattdessen eine Einrichtung schafft, in der die Lehramtstudenten
intellektuell auch wirklich zuhause sind. Ich bin immer noch der Meinung, dass
das Lehramtsstudium auch in Zukunft an den Universitäten bleiben muss, schon
aus Gründen der Professionalisierungsbedürftigkeit dieses Berufs. Das große
Problem ist ja, dass der Lehrerberuf faktisch bis heute nicht professionalisiert ist,
obwohl er professionalisierungsbedürftig ist. Das kann man meines Erachtens gut
begründen, aber das ist eine lange Argumentationskette. Ich war der Meinung,
dass dann entsprechend so etwas wie ein Zentrum für Lehrerbildung einzurichten
wäre, das es jetzt an der Universität Frankfurt ja gibt. Mit der Entwicklung, die
das genommen hat, bin ich zwar auch nicht ganz glücklich, aber das hätte man
schon damals einrichten müssen. Aber damals lautete die Hurra-Parole „Nein,
das geht nicht, die müssen alle Kritische Theorie lernen"; das ist ja immer die
überwölbende ideologische Ur-Begründung. Es war meines Erachtens einfach ein
unrealistisches Konzept, die Lehrer alle zu Westentaschen-Adornos auszubilden,
da wird ja sowieso nichts daraus. Das war ein ziemlich großer Streit und da galten
wir, die das Konzept nicht vertreten haben, als reaktionär. Das ist ja immer so
bei solchen Entscheidungen, das erleben Sie ja überall. Das habe ich dann auch
am Max Planck-Institut in Berlin erlebt. Das war damals ja auch kein richtiges
Grundlagenforschungsinstitut, sondern zusammen mit dem Bildungsrat eher ein
Politikberatungsinstitut. Das müssen Sie sich vorstellen: Ich war damals, obwohl
ich noch gar nicht promoviert war, als Habermas-Assistent in der Grundlagen-
kommission „Begabung und Lernen" vom Deutschen Bildungsrat. Daraus resultierte
dann der vom Bildungsrat herausgegebene Sammelband „Begabung und Lernen",
der dann in den Erziehungswissenschaften zur Bibel wurde.[9] Ich glaube, dass von
ihm 100.000–120.000 Exemplare verkauft worden sind. Das kann man sich heute
gar nicht mehr vorstellen. Von meiner Dissertation sind über 30.000 Exemplare
verkauft worden – nicht weil die gut war, darauf bilde ich mir überhaupt nichts
ein, aber „Bildungsreform und Sprachbarrieren" war damals ein Modethema:

---

[9] Heinrich Roth (Hrsg.), Begabung und Lernen. Gutachten und Studien der Bildungskommission, Bd. 4,
Stuttgart, 1968; ders. (Hrsg.), Begabung und Lernen. Ergebnisse und Folgerungen neuer Forschungen,
Stuttgart 1969.

Die Kinder hatten es entweder an den Mandeln oder an den Sprachbarrieren.[10] Das ist heute undenkbar. Heute sind Sie froh, wenn Sie von einer wirklich guten Dissertation 250 Exemplare verkaufen. Damals waren die Sozialwissenschaften noch eine Offenbarungswissenschaft. Das hätte ja auch ruhig so bleiben können, wenn man etwas ernsthafter geforscht hätte. Die Soziologie ist inzwischen als Fach total zerfallen; es gibt keinen gemeinsamen konstitutionstheoretischen Rahmen mehr, es gibt nur noch Karrierevereine!

Woran liegt das?

Ja, woran liegt das? Das weiß ich auch nicht. Es liegt vermutlich daran, dass die Soziologie ein Fach ist, in dem natürlich sehr viele Leute eingesammelt werden, die eigentlich Theologen hätten werden müssen, welche die Welt verbessern wollen und die immer genau wissen, wo es lang geht. Und diese Leute forschen häufig nur deshalb, um für etwas Ergebnisse zu bekommen, das sie sowieso schon wissen und für richtig halten, um gewissermaßen ihre politischen Programme zu belegen. Das ist natürlich keine Forschungshaltung! Wenn man forscht, muss man neugierig sein. Man muss sich vor allem für die Dinge interessieren, die eben vollkommen unklar sind und bei denen man nicht weiß, was dabei herauskommt. Und das ist genau das, was in diesem Fach heute fehlt: die wissenschaftliche Sozialisation in laborartigen Situationen, wo Sie gemeinsam an einem Material sitzen und nicht wissen, was dabei heraus kommt. Deshalb ist das Forschungspraktikum für mich immer die wichtigste Veranstaltung gewesen, und sie ist sogar immer wichtiger geworden; ich werde sie auch nach meiner Emeritierung wahrscheinlich noch eine zeitlang beibehalten. Da werden nur Materialauswertungen betrieben und das ist eine wirklich laborartige Situation. Das heißt, daß Sie das Material, das da behandelt wird, nicht kennen außer demjenigen, der es mitbringt. Und es weiß auch niemand, was dabei herauskommt. Dabei kann es auch durchaus sein, dass Sie fünf Stunden verschwenden und nichts dabei herauskommt. Das muss man in Kauf nehmen, da muss man bereit sein, die Frustrationen auszuhalten. Manchmal kommt sehr viel heraus, aber eben nicht immer. Die Methode, die ich entwickelt habe – „Objektive Hermeneutik" oder „Methodologie" oder wie man das nennen soll –, funktioniert so; ich habe mir das angewöhnt und mache das auch so, wenn ich zu Gastvorträgen eingeladen bin: Ich erbitte mir dann Material aus den laufenden Forschungsprojekten vor Ort und möchte das auch vorher nicht gesehen haben, sondern erst zu Beginn des Vortrags, damit auch klar wird, dass dies wirklich eine laborartige Situation ist und nichts Orchestriertes oder Inszeniertes. Ich denke, dass das wichtig ist.

---

[10] Vgl. Ulrich Oevermann, Sprache und soziale Herkunft. Ein Beitrag zur Analyse schichtenspezifischer Sozialisationsprozesse und ihrer Bedeutung für den Schulerfolg, Frankfurt am Main 1972.

Norbert Elias war von 1930–1933 Assistent von Karl Mannheim und kam erst wieder 1975 als Gastprofessor nach Frankfurt. Können Sie uns erzählen, wie er hier aufgenommen wurde?

Elias war mehr als ein Semester hier; ich glaube, dass er sogar drei oder vier Semester hier hintereinander Vorlesungen gehalten hat. Das war sehr wichtig und er fühlte sich auch sehr geehrt. Ich hatte ihn vorher schon ein paar Mal bei Diskussionen erlebt und in Bielefeld kennen gelernt. Wer ihn dann hierher eingeladen hat, weiß ich gar nicht, aber er hat hier dann vor allen Dingen Vorlesungen über sein Hauptwerk *Der Prozeß der Zivilisation* gehalten. Sonst kann ich Ihnen dazu nicht viel sagen. Ich habe nicht mit ihm diskutiert. So etwas unterbleibt dann ja immer, da man selbst so viel am Hals hat und man froh ist, wenn man halbwegs über die Runden kommt. Es war sozusagen eine nachträgliche Korrektur der Lücke, die durch das Naziregime entstanden ist. Elias musste wie Karl Mannheim bereits 1933 wieder Frankfurt verlassen. Sie lagen übrigens schon in der Zeit vor dem Nationalsozialismus im Clinch mit dem Institut für Sozialforschung und sie waren nicht besonders freundlich zueinander. Mannheim war mit Elias zusammen an der WiSo-Fakultät und das Institut für Sozialforschung waren die anderen. Die haben nicht viel miteinander zu tun gehabt, sondern haben sich sogar ziemlich bekämpft.

Clemens Albrecht hat uns kürzlich mitgeteilt, dass sich Horkheimer im Rahmen seiner Professur ursprünglich einen Lehrauftrag für „Philosophie und Soziologie" wünschte, Mannheim sich jedoch dagegen gewehrt habe und Horkheimer deshalb einen Lehrauftrag für „Sozialphilosophie" erhalten hatte.[11]

Die hatten auch fakultätsmäßig nichts miteinander zu tun. Horkheimers Professur war ja an der Philosophischen Fakultät eingerichtet worden und Mannheims Professur war an der WiSo-Fakultät angesiedelt.

Sie haben sich im Institut für Sozialforschung immerhin die Räume geteilt. Im Erdgeschoss war das Soziologische Seminar von Mannheim.

---

[11] Diese Mitteilung von Clemens Albrecht ließ sich bisher nicht verifizieren. Kluke zufolge stieß Horkheimer bei der Philosophischen Fakultät auf Widerspruch und mußte sich deshalb mit einem Lehrauftrag für „Sozialphilosophie" begnügen. Nach seiner Rückkehr aus dem amerikanischen Exil ließ er seinen Lehrstuhl in eine Professur für „Philosophie und Soziologie" umwidmen, um seine Ansprüche bezüglich der Vertretung der Soziologie in Frankfurt geltend zu machen. Er bezog sich dabei unter anderem darauf, dass bereits Max Scheler und Paul Tillich einen solchen Lehrauftrag besaßen und dass es sich insofern um die Fortsetzung einer alten Tradition der Philosophischen Fakultät handele. Vgl. Paul Kluke, Die Stiftungsuniversität Frankfurt am Main 1914–1932, Frankfurt am Main 1972, S. 505 f.; ferner Notker Hammerstein, Die Johann Wolfgang Goethe-Universität Frankfurt am Main. Von der Stiftungsuniversität zur staatlichen Hochschule, Bd. 1: 1914–1950, S. 62 und 813.

Da bin ich über Einzelheiten gar nicht informiert. Ich habe das ja nicht quellenmäßig studiert. Mannheim war der Nachfolger von Franz Oppenheimer. Das Institut für Sozialforschung hat ja im Wesentlichen von Grünberg gelebt. Horkheimer war der große Unternehmer; und das ist er zeit seines Lebens gewesen. Horkheimer ist mehr ein Unternehmer als ein Wissenschaftler gewesen, ein Wissenschaftsunternehmer, ein großer Manager; und Adorno war der eigentliche Wissenschaftler. Der Denker in der Frankfurter Schule war auf jeden Fall Adorno.

Trifft dies nicht auch auf Karl Mannheim zu?

Mannheim ist überschätzt worden.

Das ist neu für uns. Inwiefern ist er überschätzt worden?

Ich halte die Wissenssoziologie für nicht besonders überzeugend. Mannheim war in meinen Augen jemand, der eine sehr gute Intuition hatte und einen sehr entwickelten Sinn für zeitdiagnostische Themen. Aber er war kein großer Analytiker. Er war begrifflich sehr unscharf und manchmal hat er auch ein bisschen gesponnen; er war sozusagen eher ein Idealist, teilweise auch ein Träumer. Er hat wichtige Ideen hinterlassen, die Generationenidee zum Beispiel, aber sie ist eben nicht besonders entwickelt. Er ist immer irgendwo stehen geblieben und die Wissenssoziologie finde ich teilweise auch unglücklich ausgearbeitet. Das sehen Sie ja an der wissenssoziologischen These, die bis heute grassiert, dass Theorien gewissermaßen interessengebundene Gebilde sind. Das trifft natürlich auf diesen Satz genauso zu und dann wird alles relativ. Das gilt ebenfalls für Mannheims Theorie. Und dann sehen Sie ja, wie das in einer bodenlosen Zirkularität versumpft. Diesen Kulturrelativismus, der bei Mannheim indiziert ist, kann ich überhaupt nicht leiden.

An bestimmten Themen, die Mannheim entwickelt hat, wie z. B. den Generationen-
begriff, arbeiten Sie doch selbst weiter. Sie sagen außerdem, dass Sie das Programm,
das Mannheim vielleicht nicht richtig ausdifferenzieren konnte, weiterentwickelt
haben.

Ich mache mir nie Gedanken darüber, ob das die Weiterentwicklung von dem oder dem ist. Ich klaube mir eher aus allem Möglichen Sachen zusammen, die ich brauchen kann. Und Heldenverehrung finde ich dabei nicht besonders nützlich. Man muss immer nach vorn schauen. Die Grundidee ist ja überall verbreitet: Wie werden Kohorten zu Generationen? Einiges Wesentliche fehlt bei Mannheim. Das, was daran interessant ist, wie z. B. das Adoleszenskrisenproblem, stellt ein universelles Problem jeder Ontogenese dar und ist damit eigentlich ein individualpsychologisches Problem, das sich mit einem makrosozialen Problem verzahnt: der jeweiligen Stellung in Bezug auf den akuten Krisendiskurs einer Gesellschaft. So weit würden Sie das auch aus Mannheim in Begriffen der Entwicklungspsychologie herausnehmen können, obwohl bei ihm das Problem der Adoleszenskrisenbewältigung als solches nicht genügend scharf gefasst ist. Aber der Konnex mit dem Krisendiskurs ist schon da und das muss man dann eben weiterentwickeln. Dann wird bei uns daraus zum Beispiel, dass man sich am Ende der Adoleszenzkrisenbewältigung positioniert haben muss. Das verbinden wir mit dem Begriff der Positionalität. Positionieren gegenüber was oder wem? Gegenüber dem universellen Problem einer nicht stillstellbaren Bewährungsdynamik. Man muss am Ende der Adoleszenskrise wissen, dass man sich im Leben bewähren muss. Von da an ist der Bildungsprozess erst einmal zu Ende. Jetzt muss man erwachsen sein. Sich-Bewähren heißt auch: etwas produzieren. Und das spielt sich in drei Dimensionen ab, die unserer Meinung nach exhaustiv und disjunktiv sind, die man sich also nicht aussuchen kann. Das ist einmal die Bewährung gegenüber dem Anspruch individueller Leistung – in der modernen Gesellschaft im Beruf; zweitens gegenüber Elternschaft und drittens gegenüber Gemeinwohlbindung. In diesen drei Dimensionen muss man sich bewähren. Wie, muss man am Ende der Adoleszenskrise genau wissen. Wir machen jetzt gerade ein Projekt über Adoleszenskrisenbewältigung. Das bestätigt sich eigentlich ganz gut. Es kommt genau in dieser Reihenfolge vor: Die individuelle Leistung kommt als erstes dran, dann kommt die Elternschaft und dann zum Schluss die Gemeinwohlbindung. Dies gilt auch für archaische Gesellschaften; wir untersuchen, soweit es geht, auch Initiationsriten in schriftlosen Kulturen. Da kommt aber die Gemeinwohlbindung zuerst, dann die Elternschaft und drittens die individuelle Leistung.

Wie machen Sie das? Führen Sie Interviews mit Familien durch?

Ja, wir machen Interviews und Gruppendiskussionen.

Wie hat sich Ihrer Meinung nach das Selbstverständnis der Soziologie durch die Fachbereichsgründung verändert?

Total: strukturell, nicht dagegen inhaltlich. Die Frankfurter Schule ist eigentlich immer mehr eine Art Fremdenverkehrsvereinsetikett geworden. Und dann hat es jede Menge Heimatfeste gegeben: Adorno 1983 und was weiß ich alles.[12] Aber im Grunde genommen ist die Sache mit dem Tod Adornos vorbei gewesen, zumindest in meinen Augen. Es gibt zwar noch das Institut für Sozialforschung. Und seine

---

[12] Vgl. Ludwig von Friedeburg/Jürgen Habermas (Hrsg.), Adorno-Konferenz 1983, Frankfurt am Main 1983.

Mitarbeiter haben ja auch Mühe gehabt, mit dem Konzept zu überleben, dass sie Drittmittel einwerben, um weiter existieren zu können. Sie haben einen großen Bonus bei der Drittmitteleinwerbung, der allmählich aufhört. Und es wird in Zukunft schwieriger, Mittel einzuwerben. Sagen wir einmal so: Der Charme der Sonderstellung war dann weg. Das hatte seine Mühen, das hatte aber auch für das Institut für Sozialforschung seine großen Vorzüge, als Stiftungsinstitut nicht in die Universität eingegliedert zu sein. Überlegen Sie einmal: Das hatte ihnen ein hohes Maß an Autonomie ermöglicht. Es war ein eigener Verein, während sich ein Fachbereich gewissermaßen an der Universität in Reih und Glied stellen musste.

Habermas gehört ja zu jener Generation, die in der Nachkriegszeit dann die Tradition der Kritischen Theorie fortgesetzt hatte.

Ja natürlich, aber Habermas steht für sich. Das ist ja ganz merkwürdig. Habermas hat in seinem Denkgestus und seinem Einfluss eigentlich viel mehr mit Horkheimer als mit Adorno gemein. Aber innerlich hat er sich immer Adorno zugerechnet und nicht Horkheimer. Zu Horkheimer war das Verhältnis überhaupt nicht gut; das kann man auch nachvollziehen. Er ist der einzige wirklich große Nachwuchs gewesen; und den haben sie hier noch nicht einmal habilitiert! Und da muss man sich fragen, wer denn eigentlich genuiner Nachwuchs von Horkheimer oder Adorno gewesen ist? Und wo ist das große Stiftungsvermögen? Wo ist das eigentlich geblieben? Und wo ist die Stiftung? Danach fragt kein Mensch. Horkheimer hatte keine Kinder. An wen hatte er vererbt? Wo ist das Doppelhaus in Montagnola, das er zusammen mit Friedrich Pollock besaß? Es steht ja noch, es hat ja einen Erlös gehabt. Danach forscht keiner. Und wer weiß hier in Frankfurt zum Beispiel, wo Horkheimer beerdigt ist? Auf dem Jüdischen Friedhof in Bern. Ich war da schon des öfteren. Da liegt auch seine Frau, Rose Christine Riekher beerdigt. Die wurde da zuerst beerdigt und danach er. Das weiß hier keiner. Das sind Indikatoren, die zeigen, wie selektiv das alles war. Und die *Dialektik der Aufklärung*, das wichtigste Buch der Kritischen Theorie: wer hat es hier am Fachbereich gelesen? Ich mache auch Seminare darüber, sonst wird das doch nicht mehr rezipiert. Ich habe oft gehört: „Diese ganze Ästhetiksache; das ist ja alles Peripherie und das ist mehr ein peripheres Buch." Adornos großer Beitrag zur Soziologie ist die Theorie der Kulturindustrie, die man immer im Zusammenhang mit der Theorie der Halbbildung sehen muss. Die nimmt doch hier keiner ernst. Das Buch von Heinz Steinert nimmt sie jedenfalls nicht ernst, obwohl es „Entdeckung der Kulturindustrie" heißt.[13] Ihre Frage, ob sich da etwas verändert hat, ist schwer zu beantworten. Ich fand das Klima nie besonders gut am Fachbereich. Nicht besonders kollegial. Das lag

---

[13] Heinz Steinert, Die Entdeckung der Kulturindustrie oder: Warum Professor Adorno Jazz-Musik nicht ausstehen konnte, Wien 1992.

größtenteils an den Fraktionierungen. Ich bin ja erst 1977 wieder hierher gekommen. Aber ich habe schon in der Zeit davor von der Seite mitbekommen, was hier so läuft. Ich habe in Frankfurt ja auch in der Zeit, als ich in Berlin war, Freitag nachmittags zwei Veranstaltungen abgehalten und montagsfrüh zwei. Insofern hatte ich ja immer Kontakt zu Studenten. Das Strukturproblem war: Auf der einen Seite gab es den Unterschied zwischen Politikwissenschaft und Soziologie, das waren ja die beiden wichtigsten Disziplinen; und es wäre eben wichtig gewesen, dass andere Disziplinen rechtzeitig dazu kommen. Es war eigentlich zu wenig für einen Fachbereich. Zu wenig Substanz – auch für die Interdisziplinarität. Ich war immer für Interdisziplinarität. Deshalb war es für mich eine Erlösung, als ich mit den Historikern einen besonderen Kontakt herstellen konnte. Denn es ist ja auch bis heute noch so, dass kaum Historiker hier zu uns zum Studium kommen und dass kaum Soziologen in historische Veranstaltungen gehen. Das war für mich immer ein Indikator dafür, dass etwas nicht richtig funktioniert. Das dürfte eigentlich nicht sein. Denn in methodologischer Hinsicht sitzen wir in den Erfahrungswissenschaften der sinnstrukturierten Welt sowieso alle in einem Boot. Die Unterschiede zwischen den Disziplinen sind eher historisch-kontingenter Natur, aber nicht systematisch zu rechtfertigen; und deshalb müsste viel mehr Kontakt zwischen ihnen bestehen. Aber für Historiker ist dieser Fachbereich einfach ein rotes Tuch. Und wenn es beim Sonderforschungsbereich „Wissenskulturen und gesellschaftlicher Wandel"[14] in der Gräfstraße Raumprobleme gab und ich vorgeschlagen habe, in den Turm zu gehen, hat Lothar Gall immer gesagt: „Ach, der Herr Oevermann will uns in die Bronx führen." Das sagt ja auch etwas aus. Ist ja auch nicht ganz falsch, oder?

Sie sind ja eines der ersten Mitglieder der „Gruppe 75" gewesen. Können Sie dazu noch etwas sagen? Was waren denn die Intentionen dieser Gruppe?[15]

Ich bin in die „Gruppe 75" gegangen, weil ich sofort einen Krach hatte, als ich hierher berufen wurde. Da ging es einfach darum, dass ich eine vergleichsweise gute Ausstattung am Max-Planck-Institut für Bildungsforschung gehabt habe; und ich brauchte, um hier weiter forschen zu können, Mitarbeiterstellen und ein funktionstüchtiges Sekretariat. Das Minimum war eine ganze Sekretärinnenstelle und zwei ganze Mitarbeiterstellen – und zwar mir persönlich zugeordnet. Das war damals ein Tabubruch, weil es das große Demokratiekonzept gab, aber keine persönliche Zuordnung von Mitarbeitern mehr. Wenn Sie als Mitarbeiter nicht

---

[14] Vgl. http://www.rz.uni-frankfurt.de/FB/SFB435/.
[15] Die „Gruppe 75" ist 1975 von liberalen Hochschullehrern gegründet worden, um am Frankfurter Fachbereich Gesellschaftswissenschaften ein Gegengewicht gegen das Bündnis zwischen den linksradikalen Studenten, Assistenten und Hochschullehrern zu bilden.

persönlich zugeordnet sind, dann bedeutet das, dass Sie fungibel sind. Die Leute haben sich damals solche basisdemokratische Illusionen gemacht. Wenn Sie aber nicht persönlich zugeordnet sind, dann sind Sie entweder vollkommen isoliert und weg vom Fenster oder jeder kann auf Sie Zugriff haben. Bei meinen Berufungsverhandlungen war es am Ende so, dass ich allein zum Kanzler gegangen bin, weil die mich nur gestört haben. Und ich habe mir das über einen Fachbereichsbeschluss schriftlich geben lassen; denn sonst hätte ich das alles verloren, sonst wäre das nach ein paar Jahren weg gewesen. Und damit war klar, dass ich aus dem Mainstream heraus war. Da ich hochschulpolitisch nicht vollkommen allein stehen wollte, war ich gezwungen, mich irgendwo anzuschließen. Ich habe versucht, eine eigene Liste zu gründen, aber das war illusorisch; das habe ich auch schnell aufgegeben und bin dann zu den anderen gegangen. Die waren ja nicht rechts, sondern sozialdemokratisch oder wie man das nennen soll. In meinen Augen war das eigentliche Strukturproblem das Verhältnis der beiden Fächer zueinander, aber das ist nie klar ausgesprochen worden. Das war immer tabu. Und es wurde immer durch eine eher Links-Mitte-Fraktionierung substituiert, die sich dann irgendwann ermüdet hat, die aber immer wieder bei Konflikten auflebte und immer wieder aufersteht. Ich bin jetzt so lange hier, dass ich auf zehn Kilometer gegen den Wind riechen kann, was sich bei welchen Fragen wie korreliert. Das können Sie immer schon voraussehen. Ich finde, dass dieser Fachbereich eine schlechte Berufungspolitik gemacht hat, weil er sich viel zu viele Hausberufungen geleistet und damit sein Standing an der Universität so stark ruiniert hat, weil das die beste Methode ist, um sich zu ruinieren.

Hausberufungen beziehen sich auf Personen, die sich hier am Fachbereich habilitiert haben?

Ja, oder wie es so schön heißt: Apfelweingewächs, Frankfurter Gewächs sozusagen. Und das ist nicht gut. Es gehört auch frischer Wind hierher, und das ist ganz entscheidend. Das haben sie zu wenig bedacht und das spricht auch für eine gewisse Ängstlichkeit: nicht genügend frei zu sein und sich dem gesamten Wissenschaftsbetrieb und der Konkurrenz und dem Wettbewerb zu stellen. Ich bin ja auch einmal Dekan gewesen. Ich habe immer versucht, das zu vermeiden; aber irgendwann ging das nicht mehr.[16] Als Dekan habe ich als erstes den Numerus Clausus durchgesetzt. Was meinen Sie, was ich da für Schwierigkeiten hatte und angegriffen wurde. Die entscheidende Überlegung war, dass Sie heute mit anderen Universitäten um gute Studenten konkurrieren müssen. Wenn Sie das

---

[16] Oevermann war vom 1. Oktober 2002 bis zum 14. Oktober 2003 Dekan des Fachbereichs Gesellschaftswissenschaften. Vgl. hierzu die im Anhang wiedergegebene Liste der Dekane und Dekaninnen dieses Fachbereichs.

nicht tun, sind Sie auf Dauer weg vom Fenster. Dafür war der Numerus Clausus
eine entscheidende Vorbedingung. Das Studium muss intellektuell anspruchsvoll
sein. Gerade in der Soziologie, denn wir haben hier ja keinen konkreten Beruf. Die
Absolventen der Soziologie müssen sich ihr Berufsfeld selbst suchen. Man kann
zwar über Praktika oder Forschungskontakte gewisse Traditionen bilden; aber im
Prinzip müssen die Leute sich das selbst suchen. Und dafür müssen sie gut sein.
Sie müssen eine sehr gute Allgemeinbildung in Soziologie haben und sich im Zuge
des Studiums auf irgendeinem Gegenstandsgebiet Materialkenntnisse verschaffen.
Das einfachste Konzept für ein Soziologiestudium, das man als Student beherzigen
sollte, ist, dass man drei Schienen relativ gleichmäßig besetzt. Das Eine ist, sich
Forschungskompetenz zu erwerben. Das Zweite ist, sich eine gründliche Kenntnis
in den theoretischen Paradigmen und in der Theoriegeschichte anzueignen; man
muss mindestens zwei miteinander konkurrierende Paradigmen kennen und nicht
nur eins. Und das Dritte ist: man muss einen Gegenstandsbereich gut kennen und
sich darauf spezialisiert haben, also z.B. Familie, Herrschaft oder Organisation.
Wenn man diese drei Sachen gleichmäßig belegt, kann man eigentlich keinen
Fehler machen. Dann findet man auch einen Job. So schlimm ist das ja mit den
Soziologen auch nicht. Bei den Personen, die ich ausgebildet habe, und das sind
doch eine ganze Menge gewesen, kann ich mich konkret an zwei Fälle erinnern,
die nicht einen studiennahen Beruf gefunden haben. Alle anderen sind in irgendwelche Berufe hineingekommen. Eigentlich gar nicht schlecht. Im Prinzip sind die
Soziologiestudenten faktisch besser daran als heutzutage die Jurastudenten. Als
Jurist haben Sie große Schwierigkeiten, obwohl es ja manchmal anders gesehen
wird; aber so stimmt das nicht.

Gut, ich kritisiere den Fachbereich jetzt zu sehr; und das mag man als Nest-
beschmutzung ansehen. Aber ich finde, dass der Fachbereich nicht gut genug ist.
Man hat sich nicht bemüht, mit dem Pfund zu wuchern, das man hat. Es gibt hier
nach wie vor gute Studenten. Natürlich nicht alle. In zunehmendem Maße sind
schlechte Studenten hier. Seit vier Jahren gibt es in meiner Wahrnehmung einen
deutlichen Rutsch nach unten. Das sehen Sie ja auch an der formalen Struktur von
Arbeiten, die Sie vorgesetzt bekommen. Die wird immer problematischer. Das
liegt aber daran, dass die Leute schlecht vorbereitet von den Schulen kommen. Ich
mache ja auch viel Unterrichtsforschung: das ist eine Katastrophe, was Sie da sehen.
Was mir zum Beispiel in den letzten Jahren große Kopfschmerzen gemacht hat, ist,
wieviel plagiiert wird und wieviel vom Internet heruntergeladen und nicht zitiert
wird. Ich habe in den letzten Jahren so viele Arbeiten zurückgeben müssen, das
stellen Sie ja sofort fest. Ich habe da jetzt einen Spezialisten, der das sofort feststellen
kann. Ich habe eine Hypothese, woran das liegt. Ich dachte zuerst, es hätte etwas
mit dem Aufzug des Eisernen Vorhangs zu tun, aber das ist ein Vorurteil gewesen.
Meine gegenwärtige Hypothese ist die, dass ab 1995/96 die Internetnutzung in
den Schulen in der Oberstufe begann. Die übliche Formel lautet: Dann gehen wir

doch in den Computerraum. Und wo schauen wir als Erstes nach? Bei Wikipedia natürlich! Das führt erstens dazu, dass die Leute einen falschen Wissensbegriff lernen: nur noch affirmatives Wissen. Wikipedia mag in mancher Hinsicht nützlich sein. Aber was dort versammelt ist, stellt in erster Linie affirmatives Wissen dar, bei dem Sie nicht mehr feststellen können, wie die Frage lautete, die mit diesem Wissen beantwortet wurde. Zweitens führt dies dazu, dass man dadurch eine falsche Haltung einnimmt: Es fehlt der Respekt vor der geistigen Leistung. Wenn ich die Studenten frage, in welchen Seminaren sie waren, wissen sie gerade noch das Thema, aber sie wissen nicht mehr, von wem die Seminare abgehalten wurden – das interessiert sie auch gar nicht. Somit wird Wissen für die Studenten in zunehmendem Maße zu etwas degradiert, das auf dem Regal steht, an dem man vorbeigeht und das man sich dort bei Bedarf holt. Dass Wissenschaft etwas ist, das man als ganze Person betreibt, wird nicht mehr gesehen. Das ist ein Aspekt der Verschulung. Woran liegt es, dass es trotzdem weiterhin viele gute Studenten in Frankfurt gibt? Allerdings fällt auf, dass diese Studenten in zunehmendem Maße vereinsamen. Sie sind zwar ständig auf der Suche nach Geistesverwandten, mit denen man gemeinsam arbeiten kann, aber das wird immer schwieriger. Warum wir hier trotzdem so viele gute Studenten haben, hängt meines Erachtens mit der alten Reputation der Frankfurter Schule zusammen. Aus diesem Grund kommen Leute mit einem gewissen intellektuellen Selbstanspruch nach Frankfurt und gehen beispielsweise nicht nach Marburg oder nach Würzburg. Das ist nach wie vor ein sehr wichtiges Kapital, aus dem der Fachbereich viel mehr hätte machen können. Er hat über die Jahre hinweg aber zu wenig daraus gemacht. Das ist aber keine neuere Verfallserscheinung, sondern es war immer schon so; es war nie besser. Es ist an diesem Fachbereich auch zu wenig geforscht worden.

Tilman Allert hat uns berichtet, dass es einen regen Austausch zwischen Ihrer Forschungsgruppe und Thomas Luckmann gab.[17]

Unsere Forschungsgruppe, zu der auch Allert gehörte, der damals Doktorand bei mir war, ist regelmäßig einmal im Jahr nach Konstanz gefahren. Da haben wir gemeinsam getagt und Material ausgewertet. Das hat sich knapp zehn Jahre lang hingezogen. Es gab aber auch viele personelle Kontakte. Mit Luckmann hatte ich hier in Frankfurt viel zu tun. Man kann sagen, dass ich mit ihm befreundet war. Ich war häufig bei ihm in der Familie. Ich kannte auch viele seiner Assistenten, vor allem Walter M. Sprondel, mit dem ich zusammen in München studiert hatte und den ich sozusagen hierher geholt habe, als eine Stelle bei Luckmann frei wurde, für die er sehr geeignet war; ferner Hansfried Kellner, mit dem ich seit dem

---

[17] Vgl. das Interview mit Tilman Allert S.494.

Studium in Freiburg sehr gut befreundet bin und mit dem ich auch gemeinsam im
SDS war. Kellner ist übrigens einer der besten Weber-Kenner, hat aber leider sehr
wenig geschrieben; was er aber geschrieben hat, ist sehr gut, z. B. seine Einleitung
zu einem Mead-Band, den er herausgegeben und mit dem er als erster Mead in
deutscher Sprache zugänglich gemacht hat.[18] Luckmann war richtig erlöst, als
er nach Konstanz kam. Dort war er sehr gern. Tenbruck, der dann später nach
Tübingen gegangen ist, war ein sehr interessanter und guter Soziologe, als Mensch
aber schwierig. Tenbruck war übrigens als junger Mann nach dem Krieg auch am
Institut für Sozialforschung tätig gewesen.

Stimmt es denn, dass er verboten hat, in seinen Seminaren Adorno zu lesen?

Nein, das ist übertrieben, das hat er nicht verboten. Er ist gekränkt worden und
er war es oft selbst, der diese Kränkungen provoziert hatte. Es war Tenbruck, der
mich in die Soziologie eingeführt hat. Mein erstes Soziologieseminar machte ich
1961 in Freiburg, d. h. in dem Jahr, in dem Tenbruck als junger Mann aus Amerika zurückgekommen war. Da haben wir zum ersten Mal etwas Geregeltes über
Rollentheorie gehört. Wir waren fasziniert, denn das war alles vollkommen neu
für uns. Das war zu der Zeit, als Tenbruck in der *Kölner Zeitschrift für Soziologie
und Sozialpsychologie* seinen berühmten Aufsatz zur Kritik der funktionalistischen Rollentheorie geschrieben hatte – das war die Kritik an Dahrendorfs
Homo Sociologicus.[19] Auf diesem Level sind wir in der Soziologie sozialisiert
worden. Davor gab es in Freiburg nur Eduard Baumgarten, der zwar lustig und
interessant, aber kein Soziologe war. Er war ein Philosoph, bei ihm lernte man
keine richtige Soziologie. Baumgarten war übrigens der Ziehsohn von Marianne
Weber, also so etwas wie ein Adoptivkind Max Webers. Als Philosoph war er ein
Kenner von Ralph Waldo Emerson und hatte bis 1945 zusammen mit Konrad
Lorenz den Kant-Lehrstuhl in Königsberg inne. Meine Generation hat also noch
viele Wissenschaftler aus der Vorkriegszeit persönlich mitbekommen. Das war
ganz interessant. Mit Tenbrucks Assistent Alois Hahn war ich sehr gut befreundet.
Ich hatte mit ihm zusammen in Freiburg studiert. Hahn ist unter den lebenden
Soziologen meines Erachtens einer der interessantesten; von ihm halte ich viel, ich
habe wirklich großen Respekt vor ihm. Alois Hahn hat hier in Frankfurt mit einer
nach wie vor sehr wichtigen Arbeit über die „Soziologie des Todes" promoviert.

---

[18] Hansfried Kellner (Hrsg.), G. H. Mead. Philosophie der Sozialität. Aufsätze zur Erkenntnisanthropo-
logie, Frankfurt am Main 1969.
[19] Friedrich H. Tenbruck, Zur deutschen Rezeption der Rollentheorie, in: Kölner Zeitschrift für Soziologie und Sozialpsychologie 13 (1961), S. 1–40; Tenbruck bezog sich dabei im Wesentlichen auf Ralf
Dahrendorf, Homo Sociologicus. Ein Versuch zur Geschichte, Bedeutung und Kritik der Kategorie
der sozialen Rolle, in: Kölner Zeitschrift für Soziologie und Sozialpsychologie 10 (1958), S. 178–208
und 345–378.

Er war damals mit Karla Fohrbeck zusammen, der Gründerin des *Zentrums für Kulturforschung*. Sie wiederum war später mit Bazon Brock zusammen, dem Bruder von Lothar Brock. Auf der Mittelbauebene hat es also überhaupt keinen Gram gegeben. Die Kämpfe der Alten haben wir nicht mitgemacht. Das hat uns auch gar nicht interessiert, das haben wir nicht ernst genommen.

Hat sich die Stellung des Mittelbaus seitdem verändert?

Ja! Der Mittelbau hier am Fachbereich ist mit der Zeit mehr und mehr ein Interessenverband geworden. Früher war es so, dass Sie bis zur Habilitation durch den Lehrstuhlinhaber bzw. den Ordinarius „geschützt" waren; Sie konnten, ohne nach Karriereoptionen schielen zu müssen, in Ruhe forschen oder Querdenkerei betreiben. Das ist auch die Funktion dieser Zuordnung gewesen. Was die viel beklagte Ordinarienuniversität betrifft, ist da zwar auch viel Mist passiert, das ist schon richtig; aber ich persönlich habe nur Ordinarien erlebt, die sehr anständig waren, zumindest waren es die beiden, mit denen ich es zu tun hatte. Diejenigen, die unanständig waren, wussten, dass sie unanständig waren. Die Lage hat sich in der Zwischenzeit aber radikal geändert. Für mich ist der Abbau der Ordinarienuniversität nicht nur eine Reform und ein Gewinn, sondern auch ein Verlust, weil das Modell einer professionalisierten Wissenschaftlichkeit sich danach sehr schwer getan hat. Wenn Sie als Lehrstuhlinhaber einen Doktoranden annehmen, dann müssen Sie sicher sein, dass die Dissertation mit großer Wahrscheinlichkeit erfolgreich durchgeführt werden kann; wenn Sie daran Zweifel haben, dürfen Sie es gar nicht machen. Sie müssen sich als Betreuer darauf verlassen können, dass ernsthafte wissenschaftliche Arbeit geleistet wird, die später gemeinsam verwertet werden kann. Entsprechend muss der Doktorand sich darauf verlassen können, dass er sich in seinen Krisen – und eine gute Dissertation erlebt immer mehrere Krisen – bedingungslos an seinen Betreuer wenden kann und dass dieser ihm in den Krisen beisteht. Für den Mittelbau war es immer schwierig, es war immer Lotterie. Grob gesprochen kommt auf fünf Assistenten eine Professur, um die sie sich balgen müssen. Wir haben bei unseren Untersuchungen zum Wissenschaftshandeln an Max-Planck-Instituten viele Interviews mit Naturwissenschaftlern geführt und haben dabei wirkliche Dramen erlebt. Wenn die habilitiert sind, sind sie um die 40 und haben als Gruppenleiter hochspezialisierte und höchst anspruchsvolle Forschung gemacht – und plötzlich: keine Professur in Sicht! Was machen Sie dann? Bei unseren Interviews haben diese Leute voller biografischer Verzweiflung bitterlich geweint, weil sie das Schicksal vor sich gesehen haben, dass sie Pharma-Vertreter werden müssen. Überlegen Sie einmal: Das waren hochspezialisierte Forscher, integriert in weltumspannende Forschungsgruppen; von dem Gebiet, auf dem sie geforscht haben, haben auf der ganzen Welt vielleicht ganze zehn Leute etwas verstanden; plötzlich fallen die da raus und werden Pharma-Vertreter und müssen Klinken putzen – das ist ja grauenhaft! Aber das geht vielen Leuten so. Das ist schon immer das Strukturproblem des Wissenschaftsbetriebs gewesen und stellt für den Mittelbau ein riesiges Problem dar. Aber man muss natürlich auch die positive Seite sehen: Sie können inhaltlich interessante Arbeit machen und sind intellektuell autonom. Aber ich fürchte, dass das künftig nicht mehr gewährleistet sein wird. Ich kann diese Zustände nicht länger ertragen. Ich weiß nicht, was ich meinen Leuten sagen soll. Meine Mitarbeiter sind jetzt so lange auf dem *Track*, dass sie kaum mehr heraus können. Eigentlich müsste man ihnen sagen: „Leute, haut ab! Sucht euch etwas anderes, außerhalb der Universität!" Es lohnt sich ja auch finanziell nicht mehr. Im Schnitt bekommen Sie dann für das, was Sie heute tun müssen, 1000 EUR weniger. Ich habe eine ehemalige Doktorandin, die knapp fünfzig ist und seit zwei Jahren eine Professur an einer Fachhochschule hat, aber nicht mehr verbeamtet wird, weil es eine Stiftungsfachhochschule ist. Sie hat sich ausgerechnet, was sie beim gegenwärtigen Stand als Rente bekommen würde: 1500 EUR, wenn es hoch kommt! Dabei muss sie arbeiten wie ein Brunnenputzer: 18 Stunden Lehrverpflichtungen an der Fachhochschule. Das ist doch der Wahnsinn, das ist eine Ausbeutung ohne Ende! Dass die Leute sich das bieten lassen! Das ist alles ziemlich misslich.

Wir würden über Ihr Verhältnis zu Luckmann noch gern Genaueres erfahren.

Luckmann kam direkt von New York nach Frankfurt. Mit ihm hat es eigentlich nie Probleme gegeben. Es hat fruchtbare Diskussionen zwischen Luckmann und Habermas gegeben. Wir hatten gemeinsame Veranstaltungen. Luckmann galt bei uns als eher konservativ, weil er Soziologie ein bißchen nach Gutsherrenart betrieb.

Walter Rüegg sprach ironisch vom „Freiherr von Luckmann".[20]

Rüegg sagt das ja nachträglich. Er war selbst kein uninteressanter Mann. Er war in dieser wilden Zeit Rektor in Frankfurt und hatte in dieser Eigenschaft einiges zu ertragen. Er stand immer im Schussfeld. Ich hätte ihn gern wieder gesehen. Ich habe regelmäßig eine Gastprofessur in Bern und seine ehemalige Assistentin Ruth Meyer-Schweizer, die hier seine rechte Hand war, sehe ich manchmal noch. Rüegg hat mit dieser verdienstvollen Reihe zur Universitätsgeschichte wirklich sehr Großes geleistet.[21] Mit Rüegg hatte man fachlich nicht viel zu tun, weil er als Rektor mehr ein Manager war und als Soziologe nicht gerade im Zentrum stand. Er war mehr Wissenshistoriker und Ideengeschichtler und interessierte sich für die Renaissance; das war zwar eher ein bisschen abseitig, aber interessant war er auf

[20] Vgl. in diesem Band S. 291.
[21] Walter Rüegg (Hrsg.), Geschichte der Universität in Europa, 3 Bände, München 1993–2004.

jeden Fall. An Tenbruck konnte man sich reiben. Er war auf jeden Fall gut, aber ärgerlich; er brachte Sachen oft nicht zu Ende und war eine große Primadonna. Luckmann war sehr realistisch und persönlich sehr angenehm, mit dem konnte man gut umgehen. Von den Studenten her war die Soziologie in der WiSo-Fakultät marginal; nicht nur die Seminare waren dort kleiner, sondern sie hatten auch darunter zu leiden, dass die intellektuelle Reputation mehr auf der anderen Seite der Senckenberganlage war. Es gab aber keine ideologischen Mauern, überhaupt nicht. Ich hatte mit den Leuten von der WiSo-Fakultät viel zu tun, eigentlich viel mehr als mit den Leuten vom Institut für Sozialforschung. In meinem dritten Semester hier, das muss 1966 gewesen sein, machten wir ein Seminar über Sozialisationstheorie. Da musste ich die ersten beiden Sitzungen allein machen, weil Habermas noch in den USA war. Ich war damals noch ein junger Mann und kam in diesen schrecklichen Saal im ersten Stock des Instituts für Sozialforschung, in diesen breiten Saal zur Straße hin, der mit ungefähr 300 Personen total überfüllt war. Diesen Leuten musste ich eine Einführung in die Parsonssche Sozialisationstheorie geben; aber die verstanden nichts, die hatten ja nicht einmal George Herbert Mead gelesen, das war hier alles unbekannt. Ich war in der ersten Sitzung ziemlich verzweifelt. Oskar Negt war auch dabei. Das kam mir damals so vor, als ob er als Aufpasser dabei saß. Und hinterher sagte er dann mit seinem ostpreußisch: „Das war ja nun etwas befremdlich für den Geist des Hauses." Da wurde regelrecht der Geist des Hauses beschworen! Da wissen Sie natürlich sofort, dass Sie nicht dazu gehören. Ich war ja erklärtermaßen Positivist. Ich kam damals aus Mannheim, wo Hans Albert, M. Rainer Lepsius, Rudolf Wildenmann und Martin Irle lehrten, also eher der Kölner Soziologie und dem Positivismus zugehörige Wissenschaftler. Ich war aber nie ein militanter Positivist. Diese militanten Wissenschaftstheoretiker wie z. B. Helmut F. Spinner gingen mir selbst auf den Geist. Deshalb hatte mich Habermas hierher geholt. Denn er brauchte jemand wie mich; er wollte hier etwas Neues aufziehen und er wollte, dass Forschung gemacht wird. Er hatte damals einen Beratungsjob am Max-Planck-Institut für Bildungsforschung, wo es große sozialisations- und bildungssoziologische Projekte gab; dafür hatte er mich hinzu geholt. Und auf diese Weise bin ich dann später auch an das Berliner Max-Planck-Institut gekommen. Hellmut Becker, der damalige Direktor des dortigen Max-Planck-Instituts, und Adorno waren sehr eng befreundet. Becker war der Sohn des preußischen Kultusministers und Orientalisten Carl Heinrich Becker und ein richtiger Bildungsbürger im besten Sinne. Er war ein außerordentlich liberaler, weitblickender, anregender, großherziger und zugleich neugieriger Mensch, dem ich sehr viel verdanke. Er war Gründer des Volkshochschulverbandes und hatte mit den Oberhausener Kurzfilmtagen zu tun und hat viel mit Alexander Kluge zusammen gearbeitet. Er war Syndikus der DPV, der Deutschen Psychoanalytischen Vereinigung, und er hat auch im Radio viel mit Adorno über bildungssoziologische Fragen diskutiert. Sie müssen bedenken, dass die Frankfurter Schule um diese

Zeit – eigentlich ab Ende der 1950er Jahre, jedenfalls schon weit vor 1968 – einen enormen Einfluss hatte. Sie dürfen sich das nicht so vorstellen, dass ihre Vertreter nur Gemiedene oder Beargwöhnte gewesen wären, die erst 1968 zur Kenntnis genommen wurden – das stimmt überhaupt nicht! Sie wurden schon lange vorher zur Kenntnis genommen. Und Adorno, bei aller berechtigten Kritik an den Massenmedien in der Kulturindustrie-Theorie, wusste sehr geschickt die Klaviatur der Massenmedien zu bedienen. Man muss sagen, dass heute all jene Wissenschaftler, die bei Volker Panzer in dieser schrecklichen Sendung „Nachtstudio" auftreten und glauben, sie könnten à la Sloterdijk ihre Botschaft im Fernsehen unterbringen und das Massenmedium für sich instrumentalisieren, sich in einem Irrtum befinden: Es ist umgekehrt! *Sie* werden instrumentalisiert, *sie* sind Mittel zum Zweck. Aber das galt für Adorno nicht – er hat es geschafft, dass er dort authentisch zur Kenntnis genommen werden konnte. Er konnte im Fernsehen oder im Rundfunk reden wie im Seminar. Heute würde man sofort das Mikrofon mit der Begründung abstellen, dass das keiner verstehe. Adorno hat sich schon um ein populäres Verständnis bemüht und war ständig präsent – ob nun allein oder mit Horkheimer, mit Heinz-Joachim Heydorn[22], mit Hellmut Becker, mit Arnold Gehlen usw. Die Frankfurter Schule galt als sehr speziell, als elitär; sie hat auch gut verteilt, wenn es um Kritik ging; aber im Einstecken von Kritik war sie nicht so gut, das muss man schon sagen. Aber sie konnten sich überhaupt nicht beklagen, was Resonanz und Partizipation an Geldern betraf, sie waren relativ gut ausgestattet und waren auch diszipliniert, vor allem Adorno, der sehr diszipliniert arbeitete. Ich hätte da nicht arbeiten können, denn es ging dort sehr autoritär zu.

In Bezug auf die Studentenrevolte von 1968 interessiert uns, wie aus Ihrer Sicht das Verhältnis zwischen Studenten und Professoren war.

Ich würde darauf eine generelle Antwort geben: Wenn die Studenten den Kontakt mit Professoren wollen, wenn er für sie wichtig ist, weil sie ihn z.B. für ihre Arbeit brauchen, bekommen sie den immer, auch heute noch. Es ist eher eine Frage der Schwellenangst, bei der Erwartungsunsicherheiten eine Rolle spielen. Die Schwellenangst war damals sicherlich größer als heute. Ein Professor hatte damals etwas Sakrales an sich. Seine gesellschaftliche Reputation war höher und er hatte wohl auch eine größere Aura. In Wirklichkeit waren die vernünftigen Professoren aber damals auch nicht viel anders als heute. Wenn ein Professor wirklich als Wissenschaftler arbeitet, dann weiß er doch ganz genau, dass das wichtigste und größte Kapital, das er hat, gute Studenten sind. Die Studenten sind das Wichtigste. Wenn Sie keinen Kontakt mehr mit Studenten haben, sind Sie verloren. Das ist mit

---

[22] Heydorn war seit 1961 als Professor für Erziehungs- und Bildungswesen in Frankfurt tätig gewesen.

ein Grund gewesen, warum ich nicht in Berlin am Max-Planck-Institut geblieben bin. Ich hatte hier in Frankfurt meine Lehrveranstaltungen und meine Studenten, die für meine Forschung außerordentlich wichtig waren. Der Punkt ist, dass Sie als Lehrender gezwungen sind, in allgemeiner konzipierten Veranstaltungen – vor allen Dingen auch in Anfängerveranstaltungen – das, worüber Sie forschen, in halbwegs allgemeinverständlicher Form vorzutragen und in einem größeren Rahmen auch zu begründen und einzuordnen. Auf der anderen Seite ist es für Ihre Spezialforschung sehr wichtig, dass Sie den Konnex haben – und dazu brauchen Sie Studenten, in unserem Fach erst recht, aber auch in den Naturwissenschaften. Ich hatte am Max-Planck-Institut eine Reihe von Kollegen, die über Jahre nicht an Lehre beteiligt waren; das ist nicht gut, dabei vertrocknet man auf Jahre. Das ist die Grundeinstellung, die eigentlich jeder vernünftige Professor haben sollte. Manchmal haben Sie zu viel am Hals. Heute sind alle Professoren von ihrem Zeithaushalt her total überfordert; das können Sie einfach an den Betreuungsraten sehen, die immer schlechter geworden sind. Bis jemand, den Sie betreuen, seine Promotion beendet hat, bis seine Dissertation publikationsreif ist, müssen Sie dafür im Schnitt fünf bis sechs Gutachten schreiben. Das war früher nicht so – ein Gutachten und fertig! Heute muss ja alles berichtsmäßig abgedeckt werden – eine Bürokratie ohne Ende!

Ich will Ihnen in diesem Zusammenhang eine Anekdote über das Berufungsverfahren eines Philosophen erzählen, das ich aus der Nähe beobachten konnte: Da hatte man einen berühmten Philosophen aus Harvard, Willard Quine, um ein Gutachten gebeten, weil der Kandidat bei ihm studiert hatte. Der schrieb einen Brief mit dem Inhalt: „Take him!" Der entscheidende Parameter ist natürlich die Quantität: Wie viele Studenten müssen Sie betreuen? Das Verhältnis war damals viel günstiger als heute. Aber von der Aura her war der Abstand damals größer. Für jemand, der früher als Arbeiterkind oder aus einem bildungsfernen Milieu an die Universität kam, war die Schwelle sehr groß; es dauerte einige Zeit, bis er sich getraute,, an die Professoren heranzutreten. Bei Prüfungen merken Sie das heute noch. Es gibt Professoren, die sich nicht in andere Milieus hineindenken können und brutal vor sich hin prüfen. Aber es gibt auch Professoren, die dies heraushören können und die sofort merken, wenn jemand aus einem bildungsfernen Milieu kommt und sein Wissen nicht selbstbewusst artikulieren kann; diese helfen dem Prüfling dann auf die Sprünge, schlagen einen anderen Tonfall an und entspannen die Situation. Die sozialen Abstände waren damals also noch viel größer. Ich kann Ihnen da ein Beispiel geben: Ein Dauerproblem war damals die Abschaffung der schriftlichen Prüfungen und ihre Ersetzung durch mündliche. Das war eine 68er-Forderung im Sinne des Abbaus autoritärer Strukturen. Das war eine typisch bürgerliche Forderung! Wenn man das nämlich gemacht hätte, wäre das eine automatische Benachteiligung von Arbeiterkindern gewesen. Warum? Weil diese sich im Mündlichen viel schwerer tun und Mühe haben, sich gefällig zu artikulieren. Soziolinguistik war damals mein Forschungsgebiet. Pierre Bourdieu, mit dem ich damals viel zu tun hatte, hat diese Verhältnisse in Frankreich sehr gut erforscht. Das war also eine Ecke, wo ich meinte, die 68er durchschaut zu haben, dass sie im Gewande einer Liberalität also nur Privilegien für sich selbst forderten. Es hat eben alles seine zwei Seiten.

Dann müssen Sie natürlich den Generationenunterschied sehen – etwas, was die Leute damals selbst nicht gesehen haben. Wenn Sie z. B. Heinz Bude lesen, dann sehen Sie, dass die 68er nicht ganz richtig eingeordnet werden – diejenigen, die man üblicherweise als solche bezeichnet, sind dafür viel zu alt. Die eigentliche 68er-Generation ist zwischen 1945 und 1955 geboren, das war die Masse der Gefolgsleute! Das Ganze ging 1967 an den Universitäten los; da mussten sie mindestens 20 sein, also 1947 geboren sein. Die Anführer, die SDS-Größen, waren älter – aber das sind nicht die eigentlichen 68er, die 68er-Generation ist die Gefolgschaftsgeneration! Das ist die erste Generation der „Verschweizerung"! Damit ist gemeint, dass man akkumuliertes Vermögen erben kann. Nehmen Sie einmal meine Generation: Mein Vater ist im Krieg gefallen; mir fehlte also eine Arbeitskraft, die durch ihre Arbeit Vermögen ansammeln konnte, das ich dann hätte erben können. Das ist die große Lücke zwischen den Generationen. Die 68er waren die erste Generation, die etwas hatten; sie hatten eine unglaubliche biographische Sicherheit im Rücken. Sagen wir mal, Sie sind 1947 oder 1950 geboren und Ihr Vater ist Facharbeiter bei Höchst; er hat sich nach dem Krieg in Sindlingen in der Arbeitersiedlung eine kleine Eigentumswohnung erworben oder in Zeilsheim ein kleines Haus gebaut; Sie können heute dieses Eigenheim zusammen mit dem Grundstück für 2 1/2 bis 3 Millionen kapitalisieren. Wenn Sie zu zweit sind und sich das teilen, dann können Sie als Erben im Prinzip von den Zinsen leben. Das ist eine Riesendifferenz! Dieses Phänomen ist übrigens so gut wie nicht erforscht. Nun kommt noch etwas Wichtiges hinzu, was die 68er in ihrem Selbstverständnis gar nicht gesehen haben, was man aber als Soziologe schon damals wissen konnte. Die Eltern der 68er sind, rechnen wir konservativ, ca. 1920 geboren. Wie alt waren die 1933? 13! Die haben ja Hitler überhaupt nicht an die Macht gewählt! Diese Generation war diejenige, die am meisten unter dem Naziregime gelitten hat; das hat meine Habilitandin Christel Gärtner sehr schön erforscht.[23] Das war diese Generation, die man sozialpsychologisch mit dem Slogan „Auf uns kommt es an!" angelockt hatte, aber sie hatten das politisch überhaupt nicht zu verantworten. Wie hätten sie sich denn heraushalten können? Wenn man sich da so einfach hätte heraushalten können, dann hätte es „1933" nie gegeben. Dieses berühmte Diktum

---

[23] Christel Gärtner hat sich 2007 am Fachbereich Gesellschaftswissenschaften der Universität Frankfurt mit einer Arbeit über „Generationenspezifische Bewährungsmythen und Habitusformationen. Ein Beitrag zur Validierung eines Modells der Formation historischer Generationen, durchgeführt an Fallbeispielen der Geburtsjahrgänge von 1918 bis 1935 in Deutschland" habilitiert.

von der „Gnade der späten Geburt", das die linken Intellektuellen damals Helmut Kohl übel genommen haben, ist ja vollkommen richtig. Er hat damit gemeint, dass seine Generation objektiv nicht in das Naziregime verstrickt war; diejenigen, die über die Vergangenheitsbewältigung geredet haben, als ob das hauptsächlich nur ein moralisches Problem gewesen wäre und kein politisches, machen es sich eben sehr leicht, weil sie nicht reflektieren, wie es ihnen ergangen wäre, wenn sie zu dieser Generation gehört hätten, die darin gefesselt war. Die war eben nicht spät genug geboren, sondern hatten das Ganze auszulöffeln; in den Krieg mussten sie auch noch! Bei unserer ersten Untersuchung, dem Berliner Projekt von 1968–69 mit einer für nichtstandardisierte Interviews vergleichsweise großen Stichprobe von über 70 Interviewees, hatten wir völlig erstaunt festgestellt, dass es überhaupt keine autoritären Familien gab, obwohl das Gegenteil überall angesagt war, im Institut für Sozialforschung ja nach wie vor. Sie hatten alle keine Ahnung; auch Mitscherlichs These von der „vaterlosen Gesellschaft" – das war das andere Extrem – das stimmte alles nicht![24] Das Komische war, dass die Leute damals ein schlechtes Gewissen hatten, weil sie zu ihren Kindern zu liberal waren. Als wir dieses Ergebnis präsentierten, hat man uns einzureden versucht, dass die Interviewees uns nach dem Munde geredet hätten, sie in Wirklichkeit ganz autoritär wären, sich aber liberal gegeben hätten – nein, es war genau umgekehrt! Der einzige Fall, in dem wir autoritäre Familienstrukturen feststellten – das sehe ich noch heute vor mir –, war in der Familie eines Diakons der evangelischen Kirche, in der ein alttestamentarisches Ethos vorherrschte. Da können Sie sehr schön sehen: Diese Eltern haben ihre Kinder nach der Devise „Unsere Kinder sollen es einmal besser haben" erzogen. Diese 68er hatten es wirklich gut! Aber sie haben über ihre Eltern zu Gericht gesessen, damit sie sich von ihrer eigenen Dankbarkeitsverpflichtung loslösen konnten. Die haben ihre Eltern regelrecht auf das Tribunal gestellt, und das sattsam. Aber die Eltern haben nichts gesagt – was hätten sie auch sagen sollen? Sie hatten dazu nichts zu sagen, sie konnten sich nur schämen. Die These mit der „Verdrängung" stimmt ja hinten und vorn nicht! Die Leute haben nichts verdrängt. Wenn, dann haben sie abgespalten, aber nicht verdrängt; sie haben sich geschämt – das ist etwas grundsätzlich anderes als verdrängen. Sie haben sich geschämt, diesem verbrecherischen System angehört zu haben. Sie müssen eines sehen, was die Soziologen viel zu selten tun, weil sie zu ideologiekritisch denken und nicht strukturell genug: Ein entscheidender Punkt im Nachkriegsdeutschland war, dass die Leute gleichzeitig lernen mussten, zu realisieren, dass fast alle Familien irgendeinen Verlust zu beklagen und zu betrauern hatten, und sei es nur die Invalidität eines Familienmitgliedes, und, dass dieser Verlust als Opfer einem verbrecherischen Regime und System gebracht worden war. Meine Generation nennen

---

[24] Alexander Mitscherlich, Auf dem Weg zur vaterlosen Gesellschaft. Ideen zur Sozialpsychologie, München 1965.

wir auch deshalb die schweigende Generation, weil sie nicht über Gefühle reden kann, strukturell nicht; denn sie ist in ihrer Kindheit ohne Väter aufgewachsen, diese waren ja alle im Krieg – und gemäß der Psychoanalyse ist das eine schwere Traumatisierung. Da diese damals alle hatten, redete man darüber nicht; man sah es vielmehr als allgemeines Schicksal an; man wusste auch gar nicht, worin dieses bestand, weil es keinen Kontrast gibt. Das ist übrigens auch viel zu wenig erforscht worden. Ein Drittel dieser Väter ist nicht wiedergekommen, da hat sich das Problem dann verlängert. Das ist der große Kontrast zu den 68ern. Mir kamen Angehörige meiner Generation, die den 68ern nachgelaufen sind, wie Leute vor, die etwas nachholen wollten. Sie waren nicht autonom genug.

Der langen Rede kurzer Sinn: Der 68er-Diskurs zur Vergangenheitsbewältigung war unter anderem eine Tribunalisierung der eigenen Eltern! Auf diese Art und Weise wurde man die Dankbarkeitsverpflichtung, die man objektiv hatte, am schnellsten los. Dabei hatten sich diese Eltern sogar für ihre Kinder geopfert. Eine schlimme Zeit war die zwischen 1945 bis 1955 – die Leute hatten nichts zu essen, sie waren übersät mit Geschwüren, sie waren allesamt unterernährt. „Organisieren" war das zentrale Wort damals. Es ist ein großer Generationenunterschied: auf diesen Punkt will ich hinaus. Die intellektuellen Partner der 68er waren im Grunde genommen die „Nie-wieder-Generation", wie wir sie nennen; das sind die um 1930 Geborenen. Das ist die Generation, deren Adoleszenzkrisenbewältigung mit der unmittelbaren Nachkriegszeit zusammenfällt, weil sie plötzlich realisieren musste: „Um Gottes Willen, worin waren wir da verstrickt?" Und: „Das darf nie wieder passieren!" Das ist die Generation, der auch Personen wie Habermas oder Dahrendorf angehören, unsere eigenen Professoren sozusagen, diejenigen, die innovativ waren. Aus dieser Generation der um 1930 Geborenen sind die ganzen Intellektuellen hervorgegangen, die bis heute maßgeblich für die Bundesrepublik sind. Neben den eben genannten gehören auch Günter Grass oder Rudolf Augstein dazu. Diese waren die „innerlich Verbündeten" der 68er, sogar bis ins Unternehmertum hinein: Sie kamen manchmal auch zu den Studentenvollversammlungen ins „Kolbheim" am Beethovenplatz.[25] Als einmal beispielsweise Daniel Cohn-Bendit des Landes verwiesen wurde, versicherte ihm ein Unternehmer: „Ich kann Dich mit meiner Cessna nachts wieder nach Frankreich fliegen!" Da hatten Sie das Gefühl, dass diese der Meinung waren, dass sie was verpasst haben, dass sie in der Bewältigung der Nachkriegsproblematik etwas ausgelassen hatten, weil sie nur nach vorn schauen mussten – dieses Versäumnis wollten sie nun nachholen. Die 68er hatten eine Art Stellvertreterfunktion für diese um 1930 Geborenen. Ich glaube in der Tat, dass das ein Generationsproblem ist. Ich fürchte, dass ich in dieser Sache unverwertbar bin, weil die meisten mit den 68ern sympathisieren. Aber

---

[25] Das im Frankfurter Westend gelegene „Kolbheim" war bis Mitte der 70er Jahre ein Zentrum linker Studenten und wird auch heute noch als Studentenwohnheim genutzt.

ich darf das jetzt sagen, weil ich auch damals schon öffentlich dagegen Stellung genommen habe. In meinem Falle liegt keine nachträgliche Konversion vor. Aber 1968 ist als Generationsphänomen natürlich sehr interessant. Das können Sie an den Österreichern sehen; bei denen hat 1968 so gut wie gar nicht statt gefunden. In der DDR ist es ganz schlimm für diese Generation: 1968 sind die Truppen in Prag einmarschiert, und sie haben nichts dagegen unternommen; sie haben alles verpasst und verfehlt. Da aber der 68er-Diskurs nun einmal so dominant und maßgeblich ist, auch wenn er kritisiert wird, muss man sich einfädeln.

Wie sehen Sie Ihre Position bezüglich der Art und Weise, wie Habermas die verzerrte Kommunikation in Familien zu untersuchen versucht hat? Er wollte auch den „Strukturwandel der Öffentlichkeit" als Pathologiediagnose verstehen.[26] Die Untersuchungen über Kommunikationsstrukturen in der Familie und über Interaktionsverhältnisse wären eine Möglichkeit gewesen, um herauszufinden, was in den Familien schief läuft. Wenn sich alle schämen, wie Sie sagten, ist das noch kein Zeichen für eine moralische Sensibilität. Die 68er hätten sich empören sollen, aber diese Reaktion kam nie zustande. Kann man also von diesen Kommunikationsverhältnissen darauf schließen, wie sich die Zivilgesellschaft langsam verändert hat?

Da unterscheide ich mich eben von Habermas. Das wäre mir schon von vornherein zu bombastisch. Es mag sein, dass es auf der Zeitgeistebene solche Wellen gibt. Da müssen Sie Axel Honneth fragen; denn der versucht, dieses Programm fortzusetzen. Ich will es einmal etwas bösartig formulieren: Diese Sache mit der Anerkennung, ist das wirklich eine Theorie, oder vielmehr ein programmatisches Schlagwort? Das ist ein Versuch, theoretisches Terrain wiederzugewinnen, auf dem man einen Diskurs festigen kann, um Sozialpathologien großflächig als Forschungsprogramm zu untersuchen. Als eine Programmatik für ein Forschungsinstitut ist es aber meines Erachtens nicht tragfähig. Ich denke, dass man versuchen muss, in anderer Weise weiter zu gehen, um strukturell und elementar von den ideologischen Konzeptionen herunter zu kommen und dazu überzugehen, anständige Strukturmodelle zu entwerfen. Darum bemühe ich mich jedenfalls. Dabei kann man sehr von den Erkenntnissen der Evolutionsbiologie profitieren, das ist viel wichtiger. Die Theorie mit der „verzerrten Kommunikation" ist ja ein schönes Schlagwort, aber da stimmt eines von vornherein nicht: nämlich die Annahme, dass Kommunikation als solche verzerrt sei, und nicht das Verhältnis der Subjekte zu dieser Kommunikation. Denn damit die Sozialpathologien, um die es geht, methodisch gesichert festgestellt werden können, müssen sie auf der Ebene der Kommunikation, auf

---

[26] Jürgen Habermas, Strukturwandel der Öffentlichkeit. Untersuchungen zu einer Kategorie der bürgerlichen Gesellschaft, Neuwied/Berlin 1962.

der Ebene von deren latenter Sinnstruktur gültig, und das heißt: unverzerrt zum Ausdruck gekommen sein. Die strukturelle Autonomiefähigkeit des Subjekts wird durch Sprache konstituiert und ihre Entfaltung läuft sozialisationstheoretisch gesehen schief, im Missverhältnis zwischen subjektiv gemeintem Sinn und objektiver Sinnstruktur der kommunikativen Ausdrucksgestalten – etwa weil sich die Anerkennung der Autonomiefähigkeit des sich bildenden Subjekts, die sich unverzerrt und authentisch in der Kommunikation ausdrückt, nicht vollzieht. Dies wird in der Habermasschen Theorie von vornherein zusammengezogen und nicht unterschieden. Verzerrt ist da eigentlich nichts, lediglich der Begriff suggeriert, dass die Kommunikation formell schief gelaufen sei, was aber nicht stimmt – schief ist vielmehr das Verhältnis zwischen der objektiven Bedeutungsstruktur und dem, was situativ angemessen wäre, sowie dem, was davon subjektiv bewußtseinsfähig realisiert wird. Aber genau das können Sie methodisch nur unter der Bedingung der Explikation der latenten oder objektiven Sinnstruktur von Kommunikation feststellen, in der Hinsicht also, in der die Kommunikation als solche gerade nicht verzerrt ist; denn sonst würden Sie die Verzerrung dort, wo sie zu lokalisieren ist, im Verhältnis des Subjekts zu seiner Kommunikation, gar nicht erkennen. Die objektive Bedeutungsstruktur zu realisieren, ist der erste Weg zur Selbstheilung – und das läuft gänzlich anders als in der Theorie von Habermas. Dieser liegt eine ganz andere Grundeinstellung zu Grunde. Die Einstellung in der Kritischen Theorie ist folgende: Man hat ein Modell vom „richtigen Bewusstsein" und dann stellt man „falsches Bewusstsein" fest und zwar mit der Messlatte des rational sprach- und handlungsfähigen Subjekts; aber das stimmt überhaupt nicht, denn so läuft es in der Forschung gar nicht; die Begriffe sind da ganz inadäquat. In dieser Hinsicht bin ich mit meinen Annahmen viel vorsichtiger. Da fühle ich mich mehr mit den Naturwissenschaftlern verwandt – also erst einmal genau hinsehen! Ich hatte mich einmal auf einer Tagung mit den Habermas-Leuten darüber auseinander gesetzt. Die hatten mich dort zur Brust genommen und mir vorgeworfen, daß ich mit meiner objektiven Hermeneutik doch schwindeln würde. Denn ich würde so tun, als ob man keine Theorien bräuchte, als würde alles nur in der Sprache des Falles theoriefrei analysiert werden können. Das würde aber doch nicht stimmen; ich würde nämlich ständig Theorien benutzen, diese aber verschweigen. Als ich sie dann aufforderte, mir doch zu sagen, welche Theorien ich da ständig benutzen, aber verschweigen würde, sagten sie, ich würde beispielsweise ständig mit der Ödipus-Theorie hantieren und überall ödipale Strukturen ausmachen. Darauf habe ich entgegnet, dass das nicht die Theorie ist, von der ich ausging, sondern dass die Realität eben so sei; auch wenn man Sigmund Freud nicht kennen würde, würde man, wenn man mit dieser Methode arbeitet, darauf stoßen. Gute Theorien kann man in den Gegenständen selbst erkennen oder zumindest wiedererkennen. Da ist mir aber klar geworden, was *die* unter Theorie verstehen: Theorien sind für sie Diskursformen, mit denen man zu Suhrkamp geht, Karriere macht und sich eine wissenschaftliche Reputation aufbaut! Meine Überzeugung aber ist, dass man Theorien, wenn sie gut sind, „sehen" können muss, dass man sie „in den Sachen sehen" kann; denn andernfalls taugen sie nichts. Das konnten sie sich aber überhaupt nicht vorstellen. Wenn Sie z. B. die Transkription einer Familien-Interaktion in den Blick nehmen, dann ist das etwas ganz anderes, als wenn sie einen Zeitungsartikel analysieren. Wann haben wir denn in der empirischen Sozialforschung Daten, die unmittelbar die soziale Realität zum Ausdruck bringen? Doch höchst selten! Eigentlich so gut wie gar nicht! Wenn Sie die Antworten auf einem standardisierten Fragebogen haben, was können Sie da noch sehen? Nicht viel! Ich gebe zu, dass diese Reduktionen, Abstraktionen und Standardisierungen in vieler Hinsicht notwendig sind, damit man eine hinreichende Anzahl von Fragen in einer passablen Zeitspanne erledigen kann; das ist alles richtig. Aber für eine grundlagenorientierte Wissenschaft ist dies sehr problematisch. Wenn Sie jetzt ein Forscher sind, der es nur mit Umfragedaten zu tun hat: Was für Theorien können Sie da in der Realität sehen? „Rational Choice" vielleicht, aber viel mehr nicht. Das Material ist doch viel zu sehr standardisiert und abgelutscht!

Und welche Theorien sieht man noch bei Ihnen?

Neben der angesprochenen Strukturlogik der ödipalen Triade z. B. die Professionalisierungstheorie, die Begründung des Verfahrens der objektiven Hermeneutik, die Deutungsmustertheorie, die religionssoziologische Theorie von Religiosität als nicht stillstellbarer Bewährungsdynamik, usw. Es sind eigentlich eher heuristische Ansätze; man sollte da nicht zu sehr auf den Klotz hauen.

Wenn Habermas mit seiner Pathologiediagnose versucht, die Zivilgesellschaft dadurch zu sensibilieren, dass Normen erkannt werden und man sich um die Akzeptanz dieser Nomen bemüht: Steht dem entgegen, dass sich Familienstrukturen nicht so einfach verändern lassen? Ist das Bild der pathologischen Familie in der Kritischen Theorie erhalten geblieben?

Dieser Umschlag in die Kulturdüsternis oder die Pathologieannahmen geht mir viel zu schnell. Wir lassen von unserer Methode her mehr Normalität zu und diagnostizieren im Sinne der Sparsamkeitsregel nur dann Pathologien, wenn wir diese auch wirklich am Material nachweisen können und nicht von vornherein ansinnen. Nehmen wir das Beispiel der Scheidungsraten, die ja exponentiell zugenommen haben. Die übliche Interpretation lautet: Je höher die Scheidungsrate, desto desintegrierter die Familie. Dies ist aber meiner Meinung nach falsch. Wenn Sie eine bestimmte Scheidung nehmen, kommt die Frage auf, ob das Modell der Kleinfamilie in der modernen Gesellschaft gescheitert ist oder ob diese konkrete Familie an dem Modell gescheitert ist. Das sind zwei vollkommen verschiede-

ne Fragestellungen. Da merken Sie, wie ein merkwürdiger Empirismus in die
Kritische Theorie hineinwandert, wenn diese Unterscheidung nicht gemacht
wird und gleich mitgesungen wird: „Wenn Scheidung, dann Scheitern der Familie = Auslaufen des Modells". Soziologisch gesehen ist es eine verantwortungslose
Diagnose. Unter diesem Gesichtspunkt sind wir mit unseren Forschungen in der
öffentlichen Wahrnehmung ganz reaktionär. Wir sagen: „Wenn die Mutter nicht
vollständig für die Kinder da ist, dann bedeutet das für sie eine Traumatisierung!"
Wir wissen natürlich, dass es in vielen Fällen nicht anders geht, dass der Konflikt
zwischen Mutterschaft und Beruf immer größer wird. Das ist ja das Paradoxe: Je
mehr Emanzipation zugunsten der Berufstätigkeit, desto größer ist der Konflikt
für die Mütter, und nicht etwa geringer! Manchmal geht es nicht anders. Aber:
Wenn es nicht anders geht, dann ist es eben ein Riesenunterschied, ob die Mutter
weiß, dass Ihre Berufstätigkeit für das Kind eigentlich schlecht und traumati-
sierend ist oder ob sie mit Hilfe des Erziehungsberaters dem Kind einzureden
versucht, wie schön es doch eigentlich ist, in die Kinderkrippe zu kommen, dass
es dort wunderbare „soziale Kompetenzen" erwirbt usw. Wenn Sie sich das aber
genau ansehen, ist diese „soziale Kompetenz" in den meisten Fällen doch nichts
anderes als Überanpassung; denn das Kind weiß: „Wenn ich auch nur etwas von
meiner Mutter haben will, dann darf ich hier bloß nicht rebellieren!" Das nennt
man „soziale Kompetenz", so wird das ausgegeben: das Berliner Modell! Ich will
an diesem Beispiel nur zeigen, in welche Kipplagen wir uns begeben. Denn wenn
Sie diese von mir gemachte Unterscheidung im öffentlichen Diskurs vorbringen,
dann werden Sie sofort attackiert, am meisten von Ihren eigenen Kolleginnen
und Kollegen. Als ich kürzlich in Bielefeld einen Kurs in Objektiver Hermeneutik gegeben habe, hat es an dieser Stelle einen Riesenkrach gegeben, weil die
Systemtheoretiker dort der Meinung sind, dass eine Vater-Kind-Beziehung die
Mutter-Kind-Beziehung problemlos substituieren könne. Bevor man aber solche
pragmatischen Erwägungen anstellt, muss man zuerst ein anständiges Modell
haben. Wenn Sie dieses Modell formulieren, dann sind Sie nicht so schnell mit
Thesen wie „Familien machen die Kinder krank, Familien sind an sich marode,
wir brauchen andere, alternative Formen des Zusammenlebens" usw. bei der Hand,
sondern Sie fangen erst einmal an, die konstitutiven Grundlagen zu studieren bzw.
zu analysieren, wie diese sich naturwüchsig herstellen. Dann nehmen Sie automatisch ernster, was die soziale Natur faktisch hervorbringt. Genau so würde ich auch
an den akademischen Unterricht herangehen: Ich würde nicht erst die Kritische
Theorie hernehmen und sie den Lehrern indoktrinieren, sondern ich würde erst
einmal hingehen und schauen, was genau die da eigentlich machen. Worin besteht
ihre Berufserfahrung? Erst dann kann man anfangen, Modelle zu basteln. Das ist
ein ganz anderes Vorgehen. Manchmal sehe ich mich fast als Sozialbiologe, weil
ich Wert darauf lege, erst einmal genau hinzusehen. Ich weiß nicht, wie die Welt
in Zukunft sein soll, wie eine gute Welt aussehen soll. Ich kann nur aufgrund von

Materialkenntnissen sagen, wo es schief läuft, warum es schief läuft und wie es in dem konkreten Fall besser gelaufen wäre.

Eine Dimension der gegenwärtigen Entfremdung des Subjekts, wenn dieser altertümliche Begriff nach wie vor gebraucht werden kann, besteht für mich z. B. darin, dass wir uns immer mehr dem enorm angewachsenen methodisierten Wissen in Aneignungsprozessen „reell subsumieren" müssen und im Zuge dessen die Erfahrungen, die wir authentisch in unserem Bildungsprozess und unseren Krisenbewältigungen machen, immer mehr entwertet werden. Eine Soziologie, die z. B. als Wissenssoziologie und im grassierenden Sozialkonstruktivismus dieses kategoriale Differenz zwischen Wissen und Erfahrung nicht mehr deutlich macht, beteiligt sich faktisch, häufig im Namen von Aufklärung und Ideologiekritik, an diesem Entfremdungsprozess.

Sie können nicht sagen, wie die Welt gerechter sein sollte?

Nein.

Haben Sie versucht, zusammen mit Habermas gemeinsame Projekte zu entwickeln?

Ich habe ja gesehen, in welchen Schwierigkeiten Habermas in Starnberg war. Da ging es um Mitbestimmungsregelungen und so weiter. Er wollte gern, dass ein paar Mitarbeiter aus dem Institut entlassen werden, aber das ging wegen der Kettenvertragsregelung nicht. Die Verträge waren nicht kündbar. Da gab es einen internen Streit. Und das war nicht mehr tragbar.[27] Da war es vernünftig, dass Habermas wieder an die Universität zurückging. Wenn es nach mir gegangen wäre, wäre er hier, in diesem Fachbereich. Im Gespräch waren damals Hansfried Kellner und Johannes Berger als Nachfolger von wem? Wer war damals eigentlich wessen Nachfolger? Das weiß ich jetzt gar nicht mehr so genau. Es war eigentlich der alte Adorno-Lehrstuhl, ja genau![28]

Man hat uns in verschiedenen Interviews, die wir geführt haben, ebenfalls gesagt, dass Sie am Fachbereich Gesellschaftswissenschaften eigentlich gewollt haben, dass Habermas hierher kommt.

Na ja, das war aber überhaupt nicht gewollt!

---

[27] Vgl. Jürgen Habermas, „Warum ich die Max-Planck-Gesellschaft verlasse", in: die Zeit, Nr. 20, 8. Mai 1981, S. 42; ferner Ulrich Greiner, Sturmvogel gelähmt. Zum Rücktritt von Habermas, ebd.
[28] Siehe hierzu die entsprechenden Daten in der Zeittafel, die im Anhang dieses Bandes abgedruckt ist.

Es war nicht gewollt?

Nein. Der Fachbereich Gesellschaftswissenschaften hat nur so getan! Der amtierende Dekan hat damals zu ihm gesagt, dass die Bewerbungsfrist schon abgelaufen sei. Habermas hat mich dann am Abend nach dem Gespräch angerufen und gesagt „Das kannst du vergessen!" Aber das ist nicht nur einmal passiert. Das ist bei Claus Offe genauso passiert. Weil er zu den Linken gehörte, ist ihm über informelle Kontakte gesagt worden, er möchte doch bitte seine Bewerbung zurückziehen.

Er wollte auch hierher kommen?

Offe wäre damals vielleicht gekommen, ja.

Dann haben Sie Habermas zweimal beraten?

Nein, ich habe ihn nicht beraten, um Gottes Willen! Man hat miteinander gesprochen und seine Meinung gesagt. Ich kann nur sagen, was meine Meinung damals war. Meine Meinung, als er diese Probleme in Starnberg hatte, war: „Junge, verschwinde dort so schnell wie möglich!" Weil da keine fruchtbare Arbeit mehr möglich war. Das weiß man dann irgendwann. Und es ist in der Wissenschaft häufig so, dass irgendwann Schluss ist. Dann muss man sich verändern. Und es war klar, dass er aus Starnberg weg musste. Und da wäre es für den Fachbereich Gesellschafts-wissenschaften ein großer Gewinn gewesen, wenn er das hier gemacht hätte. Und jeder, der vernünftig war, hätte das eigentlich wünschen müssen. Da geht es eben darum, wer wirklich gut ist. Man muss doch sehen, dass man Leute bekommt, die gut sind. Darum geht es – und nicht darum, welche Gesinnung jemand hat. Die Gesinnungsfrage ist für mich wirklich uninteressant.

Als Habermas dann zu den Philosophen ging, hätten Sie doch trotzdem zusammen arbeiten oder Projekte machen können.

Nein. Habermas ist Philosoph, der forscht doch selber nicht.

Aber wenn er hier an diesen Fachbereich gekommen wäre?

Der forscht doch nicht, hören Sie! Ich kann doch nicht mit Personen zusammen arbeiten, die ständig Bücher schreiben. Ich muss doch mit Personen zusammen-arbeiten können, mit denen ich mich einen Nachmittag zusammensetzen und gemeinsam Materialien durchgehen kann. Aber dazu hat Habermas doch gar keine Zeit. Wenn Sie so etwas machen, können Sie doch nicht laufend solche Bücher schreiben! Es handelt sich um ein ganz anderes Arbeiten.

Dann kommen wir zu unserer Abschlussfrage, die wir allen unseren Interview-partner stellen: Gibt es eine bestimmte Art und Weise, wie in Frankfurt Soziologie betrieben wird? Kann man markante Traditionslinien feststellen? Manche würden vielleicht die Hegel-Marx-Linie betonen, andere die marxistisch-bürgerliche. Für Sie sind vielleicht ganz andere Autoren wichtiger gewesen.

Das Wort „bürgerlich" nehme ich schon lange nicht mehr in den Mund, weil die bürgerliche Gesellschaft 1900 zu existieren aufgehört hat. Wo es statistische Mittelschichten gibt, dort ist nicht automatisch eine bürgerliche Gesellschaft. Was man äußerlich denken kann, ist natürlich der hohe Anspruch, Gesellschaftstheorie zu betreiben, was für mich aber immer problematischer wird. Den Anspruch des Programms kann ich nachvollziehen; begrifflich wird es für mich aber immer schwieriger, weil der Gesellschaftsbegriff meines Erachtens eine Kategorie des 19. Jahrhunderts ist. Gesellschaft ist eine Abstraktion, eine Realabstraktion von Vergemeinschaftung und nicht umgekehrt. Ergo würde Gesellschaftstheorie von vornherein eine Reduktion bedeuten. Es soll aber vom Programm her genau umgekehrt sein. Sie können das auch von der anderen Seite her sehen, ich werde darüber in der Abschiedsvorlesung[29] einiges sagen: Der Gegenbegriff zur Natur ist nicht Gesellschaft, sondern Kultur. In der Natur gibt es ebenfalls Gesellschaft; auch dort braucht man für die sexuelle und materielle Reproduktion eine inhalt-liche Verständigung. Kommunikation findet überall in der Welt der Lebewesen statt. Die Frage ist nicht, ab wann kommuniziert wird, sondern, ab wann *kulturell,* das heißt *sprachlich konstituiert* kommuniziert wird.

Das sagt Adorno doch auch!

Ja. Manchmal sagt er das. Er spricht dann aber doch immer von *gesellschaftlicher* Totalität – der Totalitätsbegriff ist bei ihm für die Gesellschaft reserviert. Bei Adorno ist das gespalten. Als Soziologe benutzt er die Marxschen Versatzstücke; z. B. taucht der Begriff des „Tauschverhältnisses" immer als Schibboleth auf, aber es wird nicht weiter expliziert. Und sobald er auf seinem eigentlichen Gebiet – nämlich der Ästhetischen Theorie – argumentiert, sieht es plötzlich ganz anders aus. Deshalb ist ja auch sein bedeutendster Beitrag zur Soziologie die Theorie der *Kulturindustrie*. Man darf nicht vergessen, dass diese Theorie nicht im Sinne der abgeleierten Basis-Überbau-Mechanik argumentiert, d. h., dass gewissermaßen im Überbau das Geschäft des Kapitalismus erledigt würde. Den Beitrag zur Reproduktion der kapitalistischen Produktionsweise leistet die Kulturindustrie deshalb, weil sie das Potential autonomer Kultur zerstört – nicht

---

[29] Ulrich Oevermann hielt am 28. April 2008 seine Abschiedsvorlesung zum Thema „‚Krise und Routi-ne' als analytisches Paradigma der Sozialwissenschaft". Vgl. http://www.ihsk.de/publikationen.htm.

weil sie einfach nur die Ideologie des Kapitalismus darstellt, sondern, weil sie die Autonomie von Kultur nicht realisiert. Das ist etwas, was in Marxschen Begriffen gar nicht begriffen werden kann: das ist das Wesen von Kulturindustrie. Deshalb heißt es auch „Kultur*industrie*". Das Wort Industrie soll besagen, dass seriell und standardisiert nach Schema im Sinne einer Subsumtionslogik produziert wird. Ich habe mit Andreas Gruschka im Adorno-Jahr einen Kongress veranstaltet, auf dem wir versucht haben, diese Logik einer Gesellschaftstheorie herauszuarbeiten.[30] In begrifflicher Hinsicht kann ich das mit der Gesellschaftstheorie immer weniger sehen, aber als programmatischen Anspruch finde ich das gut. Nur muss man sehen, dass die Frankfurter Schule mit dieser Gesellschaftstheorie im Grunde genommen auch eine sehr enge Soziologie betrieb, die letztlich eine Soziologie der bürgerlichen Gesellschaft war und alles andere eigentlich nicht behandelt hat. Ich interessiere mich zum Beispiel für islamische Religiosität; dieses Thema können Sie aber mit den Mitteln der Kritischen Theorie überhaupt nicht behandeln. Man muss als Soziologe den ganzen Gegenstandsbereich der Ethnologie abdecken können. Mich interessiert auch sehr stark der Mythenvergleich. Ich habe eine Dissertation über die Analyse von Initiationsriten in schriftlosen Kulturen angeregt, und zwar mit Blick auf das Adoleszenzkrisenbewältigungsproblem. Für dieses Phänomen hat die Kritische Theorie keinen Blick. Sehr wichtig für die Frankfurter Tradition ist auch, dass eine gewisse intellektuelle Reflexionsleistung gepflegt wird und nicht Sozialkundesoziologie nach dem Muster der katholischen Fachhochschule Vechta betrieben wird. Vechta benutze ich klischeehaft und unerlaubter Weise als Chiffre einer sehr provinziellen Hochschule. Wichtig ist außerdem der Konnex mit der Psychoanalyse. Was in dieser Hinsicht gegenwärtig hier passiert, ist deshalb sehr beklagenswert. Von den drei Professuren in der Psychologie ist inzwischen nur noch eine übrig geblieben; und ob diese erhalten bleibt, ist ebenfalls fraglich. Tilmann Habermas ist zwar Psychoanalytiker, aber er ist in meinen Augen eher ein kognitiver Psychologe – und kein klassischer Psychoanalytiker –, allerdings ein sehr guter. Die Stelle von Annegret Overbeck ist hier im Fachbereich Erziehungswissenschaften angesiedelt; die psychoanalytische Pädagogik wird ebenfalls gestrichen. Die Lorenzer-Stelle ist bereits halbiert – dagegen habe ich mich lange vergeblich gewehrt; ich hätte gern Reimut Reiche als Nachfolger gehabt, weil ich ihn für einen der wichtigsten Psychoanalytiker in Deutschland halte. Es wäre gut gewesen, wenn er mit zwei, drei Habilitationen und ein paar Dissertationen eine Spur hätte hinterlassen können; das wäre wichtig gewesen. In der Medizin sieht es auch ganz trüb aus; die Overbeck-Stelle in der Psychosomatik wurde gestrichen und nicht ersetzt;

---

[30] Vgl. die Arbeitstagung „Die Lebendigkeit der kritischen Gesellschaftstheorie" aus Anlass des 100. Geburtstages von Theodor W. Adorno am 4.–6. Juli 2003 im Campus Westend der Goethe-Universität Frankfurt (http://www.uni-frankfurt.de/fb/fb04/forschung/gruschka_adorno/index.html).

die Sigusch-Stelle ist weg; die Lukas-Möller-Stelle in der Psychosomatik ist weg, ebenso die Psychiatrie-Stelle von Stavros Mentzos. Es ist unsäglich, was das Präsidialamt da mit uns in der Bosse-Nachfolge gemacht hat. In der Berufungskommission haben wir uns viel Arbeit gemacht und hatten im Grunde genommen auch eine Liste fertig; und jetzt wird die Stelle neu ausgeschrieben, weil man unbedingt einen pädagogischen Psychologen haben will.[31] Es ist ganz schlimm, was da im Moment passiert. Die Musikpädagogen-Stelle wird jetzt ebenfalls mit der Musikhochschule fusioniert, obwohl Hans Günter Bastian dort sehr gute Arbeit geleistet hatte. Frankfurt hat auch ein gewisses intellektuelles Profil als Verlagsstadt. Im Umkreis spielt sich hier noch relativ viel ab, was es in anderen Städten nicht gibt. Gewiss ist die Fakultät für Soziologie in Bielefeld oder meinetwegen auch das Institut für Soziologie in Mannheim personell besser bestückt, aber vom Umfeld her ist es hier in Frankfurt doch anders. Ich würde nach wie vor lieber hier arbeiten als in Berlin. So sehr man auch über Frankfurt schimpft, spricht doch aufgrund des intellektuellen Umfeldes einiges für die Frankfurter Universität. Diese interdisziplinären Kontakte sollte der hiesige Fachbereich Gesellschaftswissenschaften wirklich viel mehr pflegen. Für mich war zum Beispiel der Kontakt zu den Sprachwissenschaftlern sehr wichtig. Mit Helen Leuninger habe ich früher viel zusammen gemacht – oder mit Max Miller, der sich gleichzeitig bei mir und den Sprachwissenschaftlern habilitiert hat. Günther Grewendorf kenne ich persönlich zwar nur flüchtig, ich halte von seinen Schriften aber sehr viel. Zu den Kunsthistorikern haben wir auch immer gute Kontakte gehabt; ich habe mit Klaus Herding viel zusammen gemacht und war damals auch in der Graduiertenschule der Kunsthistoriker dabei; mit Margaret Stuffmann vom Städel-Museum habe ich früher zusammen Seminare gemacht. Solche Kontakte sind mir wichtig und nötig. Zu den Ethnologen – es gibt hier in Frankfurt ja zwei Ethnologien – hatten wir auch immer viel Kontakt. Mit Ina Maria Greverus habe ich mehrere Doktoranden gemeinsam promoviert; mit Gisela Welz weniger, aber die ist ja noch nicht so lang hier. Mit den historisch ausgerichteten Ethnologen hatten wir auch viel zu tun gehabt; vor allem mit Christian Feest, auch mit Karl-Heinz Kohl. Josef Esser pflegte mit den Wirtschaftswissenschaftlern Kontakte, Marianne Rodenstein mit den Geographen; ich habe zu Jürgen Hasse von den Kulturgeographen ganz guten Kontakt, da er phänomenologisch arbeitet. In der Hinsicht war das eigentlich immer ganz gut hier. Ich merke das immer, wenn ich in die Oper gehe und dort eine Reihe von

---

[31] Die Professur des zu dieser Zeit für diese Angelegenheit zuständigen Frankfurter Vizepräsidenten Andreas Gold ist im Bereich der „Pädagogischen Psychologie" angesiedelt. Es handelt sich hierbei um eine von den professionellen Psychologen erzwungene Ausgliederung der lehramts-, d.h. im Frankfurter Jargon: „grundwissenschaftlich" ausgerichteten Psychologieprofessuren in Gestalt einer eigenständigen, nur für die Lehrerausbildung zuständigen Abteilung.

Leuten aus der Universität treffe. Frankfurt ist eine Metropolenstadt, obwohl sie räumlich sehr klein ist; es ist immer wieder erstaunlich, wie dörflich es in solchen Kontakten wird. Das finde ich eigentlich auch ganz angenehm.

Vielen Dank für das Gespräch.

Das Gespräch mit Ulrich Oevermann führten Radostina Ilieva, Kai Müller, Julia Steinecker, Claudius Härpfer und Felicia Herrschaft am 6. Februar 2008 in Frankfurt am Main.

„Rekonstruieren, die Augen offen halten und sich nicht irritieren lassen!"

Gespräch mit Hansfried Kellner

Können Sie sich an die Zeit erinnern, als Sie in New York an der New School gewesen sind? Wie war denn zum Beispiel die Situation mit Thomas Luckmann und Richard Grathoff?

Grathoff habe ich erst in Deutschland kennen gelernt. Er war erst nach mir an der New School for Social Research. Die alte New School hatte eine Sondersituation, da waren formidable deutsche beziehungsweise vor allen Dingen deutschsprachige Gelehrte; Koryphäen, wenn sie so wollen. Ich habe dort sehr viel gelernt in dieser wirklich hoch wissenschaftlich-intellektuellen Atmosphäre. Ich glaube, daß ich dort von 1961 bis 1965 war. Luckmann kam an die New School, als ich damals ungefähr ein Jahr dort war, aber ich kannte ihn schon vorher. Ich habe dort bei verschiedenen Leuten studiert; bei Luckmann dann auch, aber vorher bei Carl Mayer, einem hervorragenden Weber-Spezialisten. Phänomenologie habe ich vor allen Dingen bei Aron Gurwitsch studiert, aber auch bei anderen, beispielsweise bei Dorian Cairns, einem sehr bekannten amerikanischen Phänomenologen, oder bei Werner Marx, der dann später den Heidegger-Lehrstuhl in Freiburg übernommen hat. Ich könnte Ihnen noch etliche Namen nennen, nehmen sie sich einfach einmal die Zeitschrift *Social Research* aus diesen Jahren, da ist auf der Rückseite immer namentlich aufgeführt, wer alles an der *Graduate Faculty* gelehrt hat. Da finden Sie eine illustre Versammlung von damals bedeutenden und auch heute noch teilweise bedeutenden Herren. Es waren damals fast nur Herren – mit Ausnahmen. Hannah Arendt beispielsweise war schon an der *New School*, wenn auch nicht an der *Graduate Faculty*, bei ihr habe ich sogar etwas gemacht.

Können Sie sich erinnern, wie Ihr Interesse für Soziologie entstanden ist?

Wie meistens im Leben spielen Zufälle eine große Rolle, und so auch bei mir. Ich war von Haus aus Mathematiker in Göttingen. Weil ich breit gestreute Interessen hatte, bin ich dort dann auch in die Philosophie gegangen. Da war Helmuth Plessner, und durch gewisse Gegebenheiten kam ich in den Kreis von Plessners Oberseminar. Von daher hat sich dann meine Neigung mehr zur Philosophie, zur Philosophischen Anthropologie und zur Soziologie entwickelt. Mit Plessner war das ja damals alles noch in einem Lehrstuhl vereint. Philosophie und Soziologie bei Helmuth Plessner – ja, auf diese Weise bin ich dann eben in dieses Lager gekommen. Plessner kam ja auch etwas von der Phänomenologie her und das hat mich dann auch an die New School geführt.

Also durch die Empfehlung von Herrn Plessner?

Ich weiß nicht mehr genau, wie das damals gelaufen ist, aber es hat irgendwas damit zu tun gehabt. Er war an der New School auf einer Gastprofessur als er hier schon emeritiert war. An der New School war ich dann als sein Assistent tätig.

Sie haben die Nachkriegszeit der 1950er Jahre erlebt. Hat diese Situation vielleicht auch dazu beigetragen, dass Sie sich dann mehr für bestimmte Fragen, gesell- schaftliche Fragen zum Beispiel, interessiert haben?

Von Haus aus war ich, was Philosophie und Soziologie anbelangt, eigentlich nie besonders politisiert. Damals war ich ein sehr politischer Mensch, aber das war immer zweigleisig. Damals in den 50er Jahren war ich beispielsweise im alten SDS, dem sozialistischen Studentenbund, aber das war nicht der SDS, der dann 1968 Furore machte. Das war noch ein ganz anderes Gebilde. Es war wie eine Art intellektuelles Oberseminar und uns ging es vor allen Dingen darum, nicht nur beispielsweise Marx zu kennen, sondern auch die anderen Richtungen. Ein guter Marxist – der ich nie ganz war – kannte auch die anderen, also die Gegenschu- len, die klassische Philosophie, den deutschen Idealismus, den Existentialismus, Nietzsche und was weiß ich. Es ging also im Wesentlichen darum, ein philosophisch gebildeter Mensch zu sein. Und dann wurde eben diskutiert, teilweise gemeinsam mit den Professoren, oder aber auch unter uns, auf Privatveranstaltungen. Wir haben gemeinsam Bücher gelesen und dann darüber diskutiert. Natürlich haben wir uns gesellschaftspolitisch bewegt, aber nicht im Sinne einer wissenschaftlichen Erweckungsbewegung, wie es dann später der Fall war. Mir war das immer fremd und als ich dann 1965 wieder nach Deutschland zurück kam, war mir der SDS sehr fremd geworden.

Sie sind dann mit Luckmann zusammen nach Frankfurt gekommen?

Nein, aber es hat sich dann bald zueinander gebogen. Meine Mutter lebte in Deutschland, während meine Schwester und ich in Amerika waren. Als sie alt und kränklich wurde, musste sich eben einer um sie kümmern, deshalb bin ich zurück nach Deutschland gegangen, ansonsten wäre ich wahrscheinlich in Amerika ge- blieben. Zunächst war ich in Frankfurt Assistent von Friedrich Tenbruck, aber mit dem habe ich mich sehr schnell verkracht. Er war ein sehr schwieriger Herr, den ich von früher kannte. Er hat mich damals, als er nach Frankfurt berufen wurde, angeschrieben, ob ich nicht mit wollte. Das kam mir sehr gelegen, weil ich wie gesagt aus familiären Gründen zurück nach Deutschland musste. Aber nach kurzer Zeit stellte sich heraus, dass wir nicht so gut miteinander konnten.

Hatte das etwas damit zu tun, wie Tenbruck mit seinen Assistenten umgegangen ist?

Tenbruck pflegte den Stil eines alten Ordinarius und ich war von der New School einen freien Dialogstil und offenen Diskurs gewohnt. Das passte mir nicht und führte zu Schwierigkeiten. Eigentlich wollte ich weg aus Frankfurt, aber dann kam Luckmann und hat mich überredet zu bleiben; also bin ich zu Luckmann übergewechselt. Mit ihm hatte ich dann ein sehr enges Verhältnis. Wir kannten uns ja schon vorher und haben nicht nur gemeinsam Soziologie gemacht. Ich weiß gar nicht mehr, ob wir damals schon gemeinsam Fischen gegangen sind und auch Tennis gespielt haben. Es war immer ein offenes Verhältnis und die Altersdifferenz war nicht so gewaltig. Was Soziologie angeht, haben wir uns ziemlich viel gestritten, aber eben mit Lust an der Sache. Es war ein sehr gutes, fruchtbares Verhältnis. Ich habe viel von ihm gelernt, ich weiß nicht, ob er auch von mir gelernt hat. Ich habe dann ein Habilitationsstipendium bekommen und bin vom Betrieb weg und von da an ganz meine eigenen Wege gegangen, die nicht im akademischen Binnenbereich mit Luckmann zu tun hatten.

Tenbruck ist doch auch in Amerika gewesen, der kannte doch eigentlich auch ein anderes Klima.

Ja, der war in Amerika sogar eine Weile mit Luckmann am gleichen College.

Im Grunde hätte Tenbruck doch auch einen solchen Stil praktizieren können ...

Hat er aber nicht, er wollte eben gern ein alter deutscher Mandarinenprofessor sein, so schätze zumindest ich ihn ein.

Wie war denn das Verhältnis des SDS in den 50er Jahren zu den deutschen Mandarinen?

Gespalten, um es mit einem Wort zu sagen. Natürlich sind wir damals gegen dieses wirkliche Mandarinentum Sturm damals, aber für die offeneren und hochkarätigeren Leute haben wir uns interessiert.

Hing das mit einem anderen Verständnis von Wissenschaft oder von Gesellschaft zusammen?

Eher von Wissenschaft, oder auch einfach der Respekt vor ihrer Leistung. Es ist klar, dass man kann auf unterschiedlichen Bergen wohnen kann, aber man weiß, dass der Mann auch ein guter Mann ist oder seinen Acker gut bestellt und interessante Sachen macht; dann setzt man sich eben damit auseinander. Das war eher eine Stilfrage, es ging noch nicht um irgendwas Metaphysisches oder gar Revolutionäres, das kam später auf. Diese Art von Feindhaltungen war in den SDS-Kreisen, denen ich zugehörte, nie der Fall; im Grunde genommen war es eine kleine Gruppierung. Natürlich fragte man sich: Wer waren die alten Nazis, die sich da wieder eingenistet hatten, das waren aber politische Fragen und keine wissenschaftlichen. An dieser Stelle bezog man natürlich klare Position, aber ansonsten war man offen.

Als Sie dann nach Frankfurt gekommen sind und der SDS sich verändert hatte: Wie kam es dazu, dass diese Studentenproteste dann anscheinend ein anderes Anliegen hatten?

Da ich in Amerika war, habe ich das nicht unmittelbar aus der Nähe erlebt, aber der SDS war dann orthodox auf Marx' Werk „Das Kapital" und den späten Marx fixiert. Was die trieben, erinnerte mich eher an DDR-Lehrbücher. Das war ein sehr engstirniges, einseitiges Marxismus- und Sozialismusverständnis; warum die das ausgegraben haben, weiß ich nicht. Ich kann mir durchaus vorstellen, dass manche Kreise auch von der DDR finanziert waren, aber das sind reine Mutmaßungen.

Solche Vermutungen hört man ja immer wieder. Sie waren ja als Assistent von Luckmann an der WiSo-Fakultät angestellt: Gab es da Konflikte?

Nein, auf dieser Ebene hatte ich keine. Ich hatte ein sehr lebendiges Verhältnis zu den Kollegen, und zwar sowohl an der WiSo-Fakultät als auch an der Philosophischen Fakultät. Mein Freund Oevermann war Assistent bei Jürgen Habermas und ich war eben Assistent an der WiSo-Fakultät, wir sind gewissermaßen hin und her gependelt. Und auch das Verhältnis zu den Kollegen am Institut für Sozialforschung war sehr gut. Natürlich gab es kleinere Sticheleien. Ich komme eben von der Phänomenologie her und es gab schon seit Urzeiten Zwistigkeiten zwischen der alten Frankfurter Schule und der Phänomenologie. Im alten Philosophischen Seminar hatten ja Adorno und Horkheimer Doppellehrstühle für Soziologie und Philosophie, da gab es dann eben auf eine sehr vergnügliche Art Rivalitäten zwischen der Phänomenologie auf der einen Seite und Kritischer Theorie auf der anderen. Ich habe dann eben dagegen gehalten und die haben mir gezeigt, dass ich eben nicht hinreichend kritisch genug bin und nicht in die gesellschaftliche Tiefe eintauche und was weiß ich, die üblichen Scharmützel eben.

War das Verhältnis auf der Professorenebene zwischen dem Institut für Sozialforschung und der WiSo-Fakultät ähnlich?

Auf der Professorenebene? Nein, da war es schon etwas anders. Das eine war eben die Frankfurter Schule, für die Adorno und Horkheimer standen. Später kam dann auch noch Habermas dazu. Aber Habermas hat sich offener verhalten als die ältere Generation. Ludwig von Friedeburg war dann bei der Soziologie, das war eben eher gesellschaftspolitisch. Im Umkreis der Frankfurter Schule, also dem Institut für Sozialforschung in der Senckenberganlage, wurde einfach eine andere Form der Soziologie gemacht.

Ulrich Oevermann war in den 1950er Jahren ebenfalls im SDS.

Ja. Wir haben uns sogar im SDS kennen gelernt.

Gab es dadurch eine engere Verbindung oder eine andere Auffassung gesellschaftspolitischer Diskussion?

Nein. Oevermann ist etwas jünger als ich, aber wir hatten schon vor meiner Amerikazeit ein ziemlich enges Verhältnis. Ich bin von Göttingen nach Freiburg gegangen, weil dort die Phänomenologen saßen, also die Husserl-Nachfolger, Fink zum Beispiel. Ludwig Landgrebe war damals leider schon in Köln. Ich war nur kurz in Freiburg, um bei den klassischen Husserl-Schülern zu hören und zu arbeiten. Oevermann habe ich dann in Freiburg beim SDS kennengelernt.

Wie war denn die hochschulpolitische Stellung des Mittelbaus in Ihrer Assistenzzeit? Haben sich mit der Politisierung der Studenten z. B. auch an der WiSo-Fakultät bestimmte Konflikte mit den Professoren verstärkt?

Es ging alles sehr schnell. Diese 68er-Tage sind mir heute in bestimmten Teilen immer noch ein Rätsel. Ich hatte Veranstaltungen mit Studenten gemacht, mit denen ich gute wissenschaftliche Dialoge führte, und innerhalb von Tagen wurde alles politisiert. Das ging innerhalb einer Woche. Es gibt mittlerweile ja sehr viel Literatur darüber, aber mir ist heute noch zum Teil rätselhaft, wie das im Einzelnen verlief.

Aber das Verhältnis zwischen den Assistenten an der Wirtschafts- und Sozialwissen-
schaftlichen Fakultät und den Professoren hat sich dadurch nicht verändert oder
verschlechtert?

Insgesamt hatte sich eine gewisse Stimmung gegen Professoren breit gemacht.
Vereinfacht gesprochen gegen all diejenigen, die sich ordinarienhaft verhielten.
Die Professoren standen natürlich in einer kritischen Linie und einige davon waren
ganz überrascht. Adorno beispielsweise verstand das überhaupt nicht; meinte er
doch, auf der richtigen Welle zu reiten und er wurde trotzdem angegriffen.

Wenn Sie jetzt auf diese 68er-Zeit zurückschauen und unklar ist, wie diese Konflikte
entstanden sind: Wie beurteilen Sie dann die Mitarbeit von Habermas, Friedeburg
und Wiethölter an der Hochschulreform?

Die haben dabei ja ganz zentral mitgearbeitet und ich bin der Überzeugung, dass dies
eigentlich noch in einer bestimmten von mir auch positiv bewertbaren Richtung der
Fall war. Aber die Situation eskalierte und war dann ja ganz anders. Das schwierige
Verhältnis von Habermas zu den 68ern ist ja hinlänglich bekannt. Als er dann die
Möglichkeit hatte, mit Weizsäcker an das Max-Planck-Institut nach Starnberg zu
gehen, hat er das natürlich gemacht und ich sage jetzt einmal ganz frech, dass ihm
das auch irgendwie schon recht war, sich aus diesem Verhau, der da in Frankfurt
entstanden war, herauslösen zu können. Friedeburg wurde Kultusminister und
hat eine sehr einseitige Hochschulpolitik gemacht; er hat die Hochschulreform
betrieben und die Pforten der Universität geöffnet. Der damalige Mittelbau war
daran natürlich ziemlich interessiert, schließlich bedeutete dies freie Stellen, also
Karrieremöglichkeiten. Es gab dann ja diese vielen Überleitungsprofessuren; hier
wurden Personen über Nacht zu Professoren ohne den großen Zwischenschritt
der Habilitation. Das spricht natürlich nicht gegen alle, es gibt dabei auch gute
Leute, aber es hat schon einen Bruch in der alten Rekrutierungslinie innerhalb der
Wissenschaft gegeben. Der tat sich dann spürbar auf. Ich habe mich nach dieser Zeit
verweigert und einfach nicht mitgemacht. Ich tat das ohne irgendwie „rechts" zu
sein – nach meiner politischen Herkunft sowieso nicht – aber ich habe da einfach
nicht mitgemacht und bin eben auch aus Frankfurt weggegangen.

Wann sind sie denn von Frankfurt weggegangen?

Ich war noch ein Jahr bei Luckmann und bin dann nach Konstanz gegangen, war
aber dann unabhängig, habe Lehrstuhlvertretungen gemacht und hatte dann als
relativ junger Mensch schon eine Professur an der Universität Darmstadt – damals
hieß sie noch Technische Hochschule Darmstadt. An der Frankfurter Universität
hätte ich zu diesem Zeitpunkt, also 1971 oder 1972, keine Chance gehabt. Als ich

dann Anfang der achtziger Jahre nach Frankfurt berufen wurde, war die Situation schon wieder eine andere. Aber ich bin gegen die Mehrheit des Fachbereichs Gesellschaftswissenschaften nach Frankfurt berufen worden.

Bevor wir darauf eingehen: Wann genau und zu welchem Thema haben Sie promoviert?

Meinen Ph. D. habe ich 1965 gemacht, da war ich noch an der New School. Vom Thema her war es eine familiensoziologische Arbeit. Der Titel ist nicht unähnlich mit einem Aufsatz, den ich dann gemeinsam mit Peter Berger geschrieben habe. Es handelt sich um eine wissenssoziologische Arbeit, die unter dem Titel „Marriage and the construction of reality" erschienen ist.[1]

Hatten sie in der Zeit, bevor Sie berufen wurden, Kontakte zur Universität Frankfurt? Das ist für uns unklar, denn die Assistenten in den 70er Jahren waren damals ja unabhängig und waren keiner Professur mehr zugeordnet.

Das war tatsächlich eine ganz andere Landschaft geworden! Das war damals schon ein Kampf! Oevermann war damals schon in Frankfurt. Er wollte in einer gewissen Weise, dass einer wie ich, also mit meiner Art von Soziologie, da wieder auftaucht; und das animierte mich damals, eine Bewerbung nach Frankfurt zu schicken. Das klingt heute alles geschwollen, aber Fakt ist, dass es damals eine heftige Diskussion um meine Berufung gab. Und mit einer Stimme Mehrheit war ich auf den zweiten Listenplatz gekommen. Das Hessische Ministerium hat mich dann berufen und nicht etwa ein Minderheitsvotum des Fachbereichs. Es stand damals zur Diskussion, Jürgen Habermas zu berufen. Und wenn Habermas sich entschlossen hätte, wäre er sicherlich statt meiner nach Frankfurt gekommen, aber der wollte das nicht. Er wollte nicht mit diesen Leuten im Fachbereich Gesellschaftswissenschaften zusammenarbeiten.

Was genau meinen sie mit „diesen Leuten"?

Das war eine bestimmte Gruppierung, die aus diesen Überleitungsjahren hervorgegangen ist und eine sehr einseitige marxologische Soziologie betrieben hat. Das war ihm zu einseitig und zu engstirnig das Ganze. Darüber hinaus wurden die persönlichen Bewegungsspielräume angefeindet, so dass man immer wieder darum kämpfen musste. Das hatte er nicht nötig. Warum sollte er das auf sich nehmen? Er wollte das nicht. Ich habe mir auch lange überlegt, was ich machen

---

[1] Peter L. Berger/Hansfried K. Kellner, Marriage and the construction of reality, in: Diogenes 46 (1964), S. 1–23.

soll und habe mir dann schließlich meine Freiräume geschaffen. Dafür wurde ich zwar angefeindet und man hat mir Knüppel in den Weg geschmissen, aber ich konnte meine eigenen Sachen machen. Von daher gesehen war das für mich eine fruchtbare Situation.

Wie war denn Ihr Verhältnis zu den Spaltungen am Fachbereich, als Sie dann hierher berufen wurden?

Die Spaltungen waren da. Es gab drei Gruppierungen am Fachbereich, zwei Hauptgruppierungen und noch eine kleinere Nebengruppierung, aber das darf man nicht parteipolitisch im Sinne von „rechts" und „links" verstehen. Die eine Fraktion war die harte Linke, die auch in diesem Verständnis Dinge wie zum Beispiel Politische Ökonomie betrieben hat, die ihr Zentrum war. Die andere Fraktion war offener: vielleicht mehr in Richtung SPD-Rechte, wenn Sie das politisch zuordnen wollen. Das war keine Rechts-Links-Spaltung im Sinne von „hier die Schwarzen, dort die Roten"; so war das in Frankfurt nicht. Und ich war auf der Seite derer, die sich für mich stark gemacht hatten, ganz klar! Das war ein angenehmer Kollegenkreis.

Wie war zum Beispiel das Verhältnis zu Heinz Steinert? Er war damals ja ebenfalls Dekan. Wissen Sie, ob Steinert aufgrund dieser politischen Situation nach Frankfurt gekommen ist?

Heinz Steinert war in der anderen Gruppe. Dazu könnte ich allenfalls Mutmaßungen anstellen, aber davon lasse ich lieber die Finger.

Steinert vertritt ja bis heute in seiner Theorie eine radikal linke Position.

Steinert hat ebenfalls geschwankt. Er hatte eine Zeit lang versucht, auch anders zu schwimmen; zumindest ist das mein Gefühl. Er hat sich dann später darauf versteift, der authentische Gegenwartsvertreter der alten Frankfurter Schule im Sinne der *Dialektik der Aufklärung* zu sein.

Ulrich Oevermann wollte eigene Assistenten, weil er meinte, dass freischwebende Assistenten in einem so großen Fachbereich ohne Zuordnung versklavt würden. Wie war das bei Ihnen?

Ganz so krass würde ich das nicht formulieren. Wobei ich dazu sagen muss, dass ich im Rahmen meiner Berufungsverhandlungen protokollarisch festhalten ließ, dass mir bezüglich meiner Mitarbeiter nichts aufgedrückt werden kann, bevor ich den Ruf nach Frankfurt angenommen habe. Nach Hängen und Würgen hat man mir das zugestanden. Sonst konnte einem da alles Mögliche passieren.

Von wem? Vom Dekanat aus?

Das Dekanat war immer in der Hand dieser linkeren Fraktion und auch diese ge-schäftsführenden Direktorien in den Instituten bzw. „Wissenschaftlichen Betriebs-einheiten" und so weiter. Dies war immer eine Mehrheit die sich immer leicht organisieren konnte. Und da wurde auch entsprechend Personalpolitik gemacht.

Hans Bosse zum Beispiel und Iring Fetscher: Gehörten sie auch zu dieser linken Fraktion?

Fetscher war ein angenehmer Mensch, aber er war immer zwitterhaft: Sein Spiel war das nicht, aber er ist dann bald emeritiert worden. Als ich wieder nach Frank-furt kam, war er vielleicht noch ein oder zwei Jahre da.

Wer waren denn ihre ersten Mitarbeiter, als Sie wieder nach Frankfurt zurückge-kommen sind? Und wie haben Sie diese ausgewählt?

Meine ersten Mitarbeiter? Na ja, indem ich sie mir genauer anschaute, ihre Referate und sonstige Arbeiten angesehen habe und dann natürlich ein persönliches Ge-spräch mit ihnen geführt habe, um festzustellen, ob man mit ihnen meine Art von Soziologie betreiben kann.

Für uns ist es immer noch schwierig nachzuvollziehen, wie das eigentlich war, wenn man darum kämpfen musste, eigene Assistenten zu haben. Gab es denn überhaupt solche Bewerbungsverfahren wie heute in dem Sinne, dass diese Stellen ausgeschrieben wurden.

Das waren auch damals offene Ausschreibungen, aber das ist ja eher ein formaler Aspekt. Die entscheidende Frage ist, wie die Entscheidungen fallen. Und eine der trügerischsten Konstruktionen ist schon immer diese formale Ausschreibung gewesen. Das muss ich laut sagen: Die Rekrutierungsmodi in der alten Universi-tät waren eher kooptativ und das waren sie auch nach der Ausschreibung dieser Mitarbeiterstellen. Man hatte das Schutzschild der Ausschreibung, aber die linke Fraktion hat selbst heftig links kooptiert und nichts anderes. Aber dies war ein Mittel zum Zweck; und je nachdem, welche Mehrheit man organisieren konnte, konnte man den anderen Knüppel vor die Beine werfen oder irgend etwas oktroyieren. Das hat zu diesen defensiven Mechanismen geführt, von denen Oevermann spricht. Ich habe im Rahmen meiner Berufungsverhandlungen protokollarisch festhalten lassen, dass ich nicht in diese Konstellation hineingeraten möchte. Obwohl man es natürlich immer wieder versucht hat, bei verschiedenen Rekrutierungen. Da hat

416   Gespräch mit Hansfried Kellner

man versucht was zu drehen, aber da muss man eben kämpfen. Hier habe ich meine Kämpfe gewonnen; auf anderen Ebenen habe ich andererseits viele Kämpfe verloren.

Bei dem Versuch, dass man die Personen bekommt, die man haben möchte?

Man hat schließlich gute Gründe, diesen oder jenen Mitarbeiter zu bekommen. Und das ist mir im Wesentlichen gelungen, während ich bis auf eine Ausnahme bei Berufungsverfahren immer verloren habe, wenn ich mich für bestimmte Personen stark gemacht habe.

Um welche Ausnahmen handelt es sich dabei?

Bei der Fetscher-Nachfolge habe ich mich damals sehr stark für Herfried Münkler engagiert. Nicht, das seine Art, politische Wissenschaft zu betreiben, meine Magenspeise gewesen wäre. Aber er hat dann von sich aus diese Stelle nicht angenommen, während ich bei anderen Berufungen auch gemeinsam mit Oevermann Dinge versucht habe, die leider gescheitert sind.

Oevermann kritisiert ja ebenfalls, dass am Fachbereich Gesellschaftswissenschaften so viele Hausberufungen stattgefunden haben.

Ja, mittelbarer oder unmittelbarer Art. Ich sage ja, das ist ein Kooptationsverfahren anstatt eines offenen. Letzteres gab es damals nicht in Frankfurt. Man muss aber sagen, dass die alte Fraktion in den letzten Jahren weich wurde. Ohne es zu wollen war ich der erste Dekan, der von der anderen Fraktion kam. Das war 1990–1991, da ging den anderen die Munition aus. Ich habe mich dazu nur überreden lassen, als ich mit den Kollegen da saß – so: „Du musst das machen!" und so, weil man dadurch einen Neuanfang mit dem Fachbereich machen konnte. Ich war schon mal Dekan in Darmstadt gewesen und hatte da ein ziemlich erfolgreiches Dekanatsjahr gehabt, das hat sie bewogen, mich zu überzeugen. Ich bin alles andere als ein Verwaltungsmensch, das interessiert mich alles nicht. Wenn man kämpfen muss, dann kämpft man eben, wenn es um existentiellere Perspektiven und Dimensionen geht.

Können Sie uns erklären, warum ausgerechnet eine besonders linke Fraktion versucht hat, die Situation wissenschaftspolitisch zu dominieren?

Das liegt doch nahe! Das beginnt mit der Hochschulreform nach 1968. 1971–72 ist das mit den ganzen Formalia kodifiziert worden, aber damals waren ja bereits die ganzen Überleitungsprofessuren installiert. Diese linke Fraktion hatte die Stellen im Fachbereich hochdominant inne.

Jemand wie Willhelm Schumm zum Beispiel?[2]

Zum Beispiel, obwohl er ein lieber Mensch ist! Aber dieser Umkreis hatte massenweise die Stellen. Obwohl es sich um einen der größten sozialwissenschaftlichen Fachbereiche in Deutschland handelt, ist klar, dass es damals keine besondere Pluralität gab. Ich habe dann in der Wahrnehmung dieses Lehrstuhles für Soziologie Dinge angeboten, von denen ich fand, dass die Studenten sie einmal angeboten bekommen sollten, an welche die anderen nie gedacht haben. Gegen meine innere Überzeugung habe ich dann zum Beispiel Systemtheorie und Rational Choice angeboten. Das ist alles nicht meine Soziologie, aber einfach nur wegen der Pluralität. Die anderen haben alle eine sehr ähnliche Art der Soziologie gemacht betrieben.

Und dann gab es auch noch das Verhältnis zur Kritischen Theorie.

Davon gab es ja genug und die fochten gern ihre was weiß ich Schlachten aus, gegenüber dem großen Feind draußen und innerhalb. Wer hat die richtige Weihe, den richtigen Anspruch und wer ist sozusagen der legitime Nachfolger und Weiterentwickler der Kritischen Theorie? Das sind interne Dispute und Eifersüchteleien, aber darum habe ich mich nie gekümmert.

Was glauben Sie, warum gerade hier am Fachbereich die Frage nach dem legitimen Nachfolger der Kritischen Theorie so massiv ausgetragen wurde? Liegt das daran, dass Habermas nie als der legitime Nachfolger anerkannt wurde?

Habermas ist kein Mensch der Monopole, der irgendwas derartiges braucht. Er ist ein Philosoph mit einer klaren Grundposition, die er entfalten wollte. Aber nebenbei hat er sich immer auch für die anderen Lager interessiert und versucht, deren Ideen produktiv umzusetzen. Engstirnig auf eine Kritische Theorie Frankfurter Provenienz zu bestehen, lag ihm von Haus aus fern. Deshalb ist damals auch seine Berufung nach Frankfurt sehr problematisch gelaufen. Er hatte sich ja mit Horkheimer und Adorno in gewisser Weise überworfen. Natürlich vor allen Dingen mit Horkheimer. Adorno war ja immer ein großes Kind; und was der Horkheimer sagte, das machte der dann auch. Die wollten Habermas ja nicht in Frankfurt habilitieren. Deshalb musste er mit seiner Arbeit zu Abendroth nach Marburg gehen. Das war eine schwerwiegende Entscheidung; denn wer nach der damaligen Verordnung einmal einen negativen Vermerk hatte, der konnte sich nicht so ohne weiteres habilitieren. Das war eine ziemlich gemeine Situation,

---

[2] Wilhelm Schumm wurde 1972 zum Professor für Soziologie am Fachbereich Gesellschaftswissenschaften der Goethe-Universität Frankfurt am Main berufen. Von 1984 bis 1997 war Schumm Direktor des Instituts für Sozialforschung und danach Mitglied im Direktorium des Instituts.

in der er damals war. Natürlich war er schon einmal Mitarbeiter oder Assistent bei Rothacker, aber Habermas hat sich nie so vereinnahmen lassen. Er hat seine Sachen gemacht, ganz einfach, wie es sich gehört. Er hat sich ganz unabhängig seine Position und seine Interessen einfach ein Stück weit entfaltet, egal wie man zu den einzelnen Teilen seiner Position steht, aber das war ein völlig intaktes akademisches Verständnis. Der hat sich ja auf alles Mögliche eingelassen. Seine Worte über den Linksfaschismus kennen sie ja.

Deshalb wurde er zum Feindbild?

Ja, er wurde teilweise zum Feindbild und deshalb wollte er auch, als er aus Starnberg zurück kam, nicht mehr mit dieser Crew zusammen sein.

Das wäre ja dann tatsächlich unausweichlich gewesen, dass diese linken Positionen am Fachbereich sehr konfrontativ gewesen wären.

Das ist sehr schwierig, wegen der veränderten institutionellen Ordnung. Es geht da ja um Mehrheiten, Bataillone und so weiter. Sich in diesen Niederungskämpfen bewegen zu müssen, das ist nicht sonderlich erstrebenswert. Wer das nicht unbedingt nötig hat, der macht so etwas nicht. Und Habermas hatte das ganz gewiss nicht nötig. Ich selbst hingegen musste mich mit dieser Situation arrangieren. Das habe ich getan, in dem ich schlicht und einfach meine Sachen nach meinem Verständnis durchgezogen habe so gut es ging. Natürlich habe ich hier und da Knüppel in den Weg bekommen, aber im Großen und Ganzen konnte man mir nichts, zumal ich glaube ich keinen so schlechten Ruf habe. Man konnte nicht behaupten ich würde billige Soziologie machen oder so etwas ähnliches. Ich habe sehr vielfältig die Interessen verfolgt, von denen ich glaubte, dass sie mich einerseits interessierten und andererseits wegen der besagten Pluralität eben angeboten werden mussten. Ich habe mich nicht irritieren lassen.

Und ihre Assistenten, wurden die da einbezogen und waren sie dadurch besonderen Belastungen ausgesetzt?

Nein, ich habe meine Assistenten eigentlich zu viel geschont. Ich hätte mehr von ihnen einfordern müssen, die brauchten zu lange für ihre Dissertationen, die spielten rum. Ich habe mich natürlich mit ihnen angelegt, aber ich habe ihnen ihren Weg und ihre Freiräume gelassen. Und außerdem waren sie zu wenig gefordert, das lag auch an der Fachbereichsstruktur. Der Mittelbau hatte sich ja durch die Mitspracherechte ein Privilegium zurecht gezimmert. Da gab es lange überhaupt keine Verpflichtung, dass sie irgend eine Lehrveranstaltung oder ähnliches mit übernehmen mussten. Was einfach schlecht für das Lernen ist, also ich war es als junger Mensch gewohnt, gefordert zu sein, sich zu stellen, Proseminare zu veranstalten und so weiter zu. Der Mittelbau hatte das nicht nötig, im Gegenteil jeder Anflug einer Belastung wurde abgewehrt. Das wurde erst dann ein bisschen aufgelockert, als einige merkten, dass es dann vielleicht ganz gut ist, wenn sie auf ihrer Vitae auch Lehrveranstaltungen nachweisen können. Aber bis dahin war das eine Zumutung, es war nicht erlaubt. Wenn dann musste das gesondert beantragt und begründet werden. Der Mittelbau war einfach nicht gefordert und das ist schlecht. Es ist bequem von der einen Seite her, aber schlecht für den Betrieb und schlecht für die Entfaltung einer wissenschaftlichen Laufbahn. Dementsprechend konnte ich meine Leute auch nicht wirklich fordern. Ich konnte sie nicht betrauen, konnte nicht sagen, „Ihr macht jetzt hier eine Veranstaltung dazu!" Meine Lösung dieses Missstandes war dann, dass ich dem Titel nach oftmals mehr angeboten habe, als notwendig war, um ihnen dann hier und da die Verantwortung zu übertragen. „Du bereitest es vor, ich bin dabei." Ich war dann auch mit dabei, aber die mussten schon Arbeiten. „Mach das mal, diese und jene Sache, entfalte sie mal, nimm das in die Hand." Das haben sie zuweilen dann gemacht, aber auch nicht so viel.

Können Sie diese Situation, die Sie in den sechziger Jahren erlebt haben, mit derjenigen vergleichen, als Sie Ihre Professur in Frankfurt angetreten haben? Welches sind dabei die qualitativen Unterschiede gewesen?

Qualitative Unterschiede sind da schwer zu messen, aber man kann sagen, dass es eine andere Universität geworden ist. In mancher Hinsicht war es auch durchaus ein bisschen angenehmer geworden, weil es nicht mehr so dünkelhaft zuging. Aber auf der anderen Seite war es auch irgendwie beliebiger geworden. Man kann schon sagen, dass auch eine qualitative Verdünnung stattgefunden hat. Es kommt dabei natürlich immer auf die Wahrnehmung der einzelnen an. Je nach Wahrnehmung ist die Situation eine andere. Und in Frankfurt war sie eben nicht gut, zumindest eine Zeit lang.

Wir würden noch mal gern eine Frage zu ihrer Assistentenzeit stellen. Gab es denn damals irgendwelche Zusammenhänge zwischen Ihrer eigenen Arbeit und der Arbeit Luckmanns, oder waren Sie in der Gestaltung Ihrer Lehre und dem, was Sie sonst noch gemacht haben, eher autonom?

Mir ist meine Autonomie sehr wichtig. Luckmann ist auch ein Mensch, der das für sich ebenfalls beanspruchte und dementsprechend seinen Mitarbeitern diesen Freiraum gab. Ich habe mit einem Bein meiner Interessen im Bereich der phänomenologischen Soziologie gestanden. Da habe ich immer mitgemacht, aber ich hatte auch ein ganz anderes Bein, das war mehr die Webersche Soziologie, historisch orientierter Makro-Soziologie und ähnliches.

Wir haben auch Herrn Dux interviewt, der uns erzählte, dass die Assistenten bei Luckmann relativ viele Freiräume hatten. Wie kommt das eigentlich, dass viele Assistenten von Luckmann sich so stark mit Max Weber auseinandergesetzt haben?

Viele?

Na ja, Sie, Herr Sprondel ja auch ...

Ach so, Walter Sprondel. Na ja, den habe ich ja Luckmann angedreht. Ich wollte bewusst jemand haben, der von dieser Seite kommt und Sprondel wollte damals in München promovieren. Aber er war bei dem alten Winckelmann, dem sehr verdienstvollen Max-Weber-Herausgeber beschäftigt. Er hatte damals zusammen mit Constans Seyfarth diese großen bibliographischen Arbeiten über Max Weber gemacht. Daher kannte er diese Sachen einfach sehr gut. Das war der eigentliche Anlass, warum ich mich für Sprondel einsetzte, zumal es mein Anliegen war, in diesem großen Boot nicht nur Phänomenologen zu haben. Da haben Sie recht, aber Günter Dux hat sich zu jener Zeit noch nicht so sehr für Weber interessiert. Ihn interessierten mehr die Philosophische Anthropologie und ähnliches. Jedenfalls habe ich das so in Erinnerung.

Ist das nicht erstaunlich, dass Sie und ihre Schwester beide Soziologen geworden sind? Hat das etwas mit ihrer Familie zu tun?

Im Sinne von „in die Wiege gelegt" sicher nicht, das kann man so sicher nicht behaupten. Gewisse Momente, die einen in eine gewisse Fragerichtung hinein-bringen, liegen natürlich vor, das sind ganz einfach die Nachkriegsverhältnisse. Wir kommen ja von einem größeren Gutshof her, der dann enteignet wurde. Das war im Thüringischen. Ich war dann mit meiner Mutter und meinem Großvater im Gefängnis beziehungsweise Lagern und dergleichen. Wir haben uns dann mühsam nach Westen gerettet und gerieten damit auch in eine sehr schwierige Lage. Mein Vater kam verspätet als Kriegsgefangener zurück und ist dann recht bald an den Folgen seiner Gefangenschaft gestorben. Das waren sehr schwierige Jahre. Das eicht einen, in einer bestimmten Weise auf die Welt zu schauen. Man kann sagen, dass das sicherlich eine Rolle spielt. Welche Mächte greifen in das „Schicksal einer Person" ein? So etwas ist schwer zu sagen. Wir kommen eben beide aus einem sehr intellektuellen Haushalt. Unsere Vorfahren waren immer intellektuell interessiert, waren promovierte Landwirte, teilweise auch Privatdozenten und dergleichen. Das war von zuhause aus gesehen sehr intellektuell, was mit Sicherheit eine Rolle spielt. Weiter kann man sagen, dass Soziologie damals ja eine Variante der Philosophie war, also eine Art neue philosophische Blickrichtung, ehe sich das in ein eigenes Gebilde ausdifferenziert hat.

Gerade in den 50er und 60er Jahren hätte wahrscheinlich ja auch niemand erwartet, dass die Soziologie einmal ein so wichtiges Fach wird und sich so stark akademisch ausdifferenziert.

Na ja, da spielen mehrere Momente eine Rolle. Zunächst einmal war es ganz schnöde so, dass das eine neue Möglichkeit war, Professuren zu bekommen, die man seitens der Kultusverwaltung zu installieren bereit war. Das waren Karrieremöglichkeiten und Interessenmöglichkeiten, das ist die eine Seite. Die andere Seite ist, dass sich aber eine ganze Reihe von Personen auch anheischig machten, konkrete gesellschaftspolitische Beiträge im Sinne von Politik- und Institutionenberatung zu leisten und dergleichen. Dabei haben sie sich natürlich teilweise übernommen, weil das nicht aufgeht. Und daraus entstanden dann eigene Kreise. Und dann wurde eben damit begonnen, das zu zementieren, indem man einen eigenen Diplomabschluß für Soziologie installiert hat. Das war Mitte der 50er Jahre der Fall und war teilweise hanebüchen. Zum Beispiel in Frankfurt war dies ein Unding! Warum ausgerechnet Adorno und Horkheimer da mitgespielt haben, ist mir bis heute unklar. Die Philosophie ist zum Beispiel ganz aus dem neuen Diplomstudiengang herausgefallen und die Nebenfachwahl wurde im Unterschied zu den Magisterstudiengängen stark eingeschränkt und auf beruflich verwertbares Wissen reduziert.

Man wollte, dass die Soziologen auch in die Verwaltung gehen können. Ähnlich wie die Juristen.

Das waren alles Hoffnungen, aber wenn man genauer hingeschaut hätte, hätte man sich klar machen können, dass das so nicht aufgeht.

In den 60er Jahren wurde in Frankfurt die Diplomprüfungsordnung für Soziologie überarbeitet, oder?

Die Diplomprüfungsordnung? Also da geht man ja immer wieder daran, aber das war ja immer ein Hornberger Schießen. Als ich von der Universität Frankfurt weggegangen bin, galt immer noch diese alte Prüfungsordnung aus den 60er Jahren. Und da habe ich dann gemeinsam mit Jürgen Ritsert, der in der anderen Fraktion war, mit dem ich mich aber gut unterhalten konnte, weil das ein qualitativ formidabler Herr war, damals dann durchgeboxt, den Magisterabschluss für Soziologie wieder einzuführen, um den Studierenden wieder die Nebenfachmöglichkeiten anbieten zu können, und zwar nicht mehr nur auf Volkswirtschaft, Psychologie und Jurisprudenz beschränkt.

Oevermann hat sich ja extrem dagegen gewehrt, dass die Politikwissenschaft zusammen mit der Soziologie dann später eine gemeinsame integrierte Diplomprüfungsordnung bekommen hat.

Das ist heute immer noch glaube ich der Fall.

Im Augenblick werden gerade die neuen Bachelor-Studiengänge am Frankfurter Fachbereich Gesellschaftswissenschaften eingeführt.

Ja, das ist das ganz Neue. Mit dieser Situation – mit Verlaub – will ich nicht allzu viel zu tun haben. Das halte ich für einen Irrweg, aber sei's drum.

Die Universitäten verändern sich jetzt entscheidend?

Offensichtlich ganz gewaltig, was ich nebenbei mitbekomme, wenn ich hier und dort einen Vortrag halte und mir erzählt wird, was da so läuft; und *wie* das dann läuft, ist mir klar. Außerdem haben sie ja Dinge laufen lassen, und da kenne ich mich sehr gut aus, weil ich über sie geforscht habe, über diese ganzen Beraterberufe. Diese Beratungsfirmen, die sich nach der Industrie jetzt auf die öffentliche Verwaltung bis hin zu den Kirchen stürzen und dergleichen. Da fehlt jegliches Verständnis für das Format der Universität. Und die Politiker verkaufen das alles als Erfolg und als vielversprechende neue Wege. Aber sich um richtige Wege von innen heraus zu kümmern, gibt es nur wenige, die das tun. Das ist eine verfahrene Situation. In nicht allzu weiter Ferne wird man das wieder einholen. Das beginnt jetzt schon damit, dass man sozusagen Eliteinstitutionen baut, die nicht nur ressourcenmäßig besser bestückt werden, sondern auch gewisse Autonomien bekommen. Es wird sich dann an der Universität eine neue Spaltung zwischen der Elitenausbildung und der allgemeinen Universität ergeben, die mit ihren neuen BA-Studiengängen in fachschulartige Hochschulen zurückfallen; das klingt jetzt zwar böse. ist aber meines Erachtens von der Sache her zutreffend. Für bestimmte Berufszweige gibt es ja gute Gründe, solche Wege zu gehen. Da geht es um viel Handfesteres, und zwar nicht darum, Orchideen zu züchten, sondern Kartoffelbau zu betreiben. Und der ist notwendig. Aber diese Dimension läuft schon unter anderen Etiketten.

Wir bedanken uns für das Gespräch!

Ich hoffe ich habe ihnen jetzt nicht Uninteressantes erzählt.

Nein, wir sind dankbar über jede Information, die wir über diese Zeit bekommen, um die Abläufe zu verstehen.

Soziologie ist in erster Linie eine rekonstruktive Wissenschaft. Sie hat deshalb allergrößte Not, bei den Wandlungsprozessen der Realität auf dem Laufenden zu bleiben. Sie hechelt diesen immer hinterher und rekonstruiert dann nachträglich, was passiert ist. Das ist sicher eine schwierige Situation. Und je beschleunigter diese Prozesse verlaufen – und das tun sie! – um so schwieriger wird es für die Soziologie.

Das stimmt, das sagt auch Luckmann. Die Frage ist, wie wir dann über das, was wir rekonstruieren, eine Weltgewissheit erhalten.

Gut rekonstruieren und die Augen offenhalten und sich nicht irritieren lassen! Und manches davon ist eben wie bei Prousts *Auf die Suche nach der verlorenen Zeit*. Das macht man so nebenbei, aber in der Hauptlinie muss man sehen, was die Realität ist, sie dann rekonstruieren und ihr gleichzeitig unter den Rock fassen, das ist die Aufgabe!

Vielen Dank!

Das Gespräch mit Hansfried Kellner führten Felicia Herrschaft und Kai Müller am 4. März 2008.

„Wenn mir irgend etwas an der Studentenbewegung unmittelbar plausibel war, dann die Kritik an der Universität."

Gespräch mit Günter Dux

Können Sie uns berichten, wie Sie Soziologe geworden sind?

Ja, gut. Ich habe zunächst Jura studiert, in Jura auch promoviert und dann das zweite Examen gemacht.

Wo war das?

Das erste Examen habe ich am Oberlandesgericht in Hamm gemacht und das zweite am Oberlandesgericht in Mainz. In der Zwischenzeit war ich neben der Beschäftigung als Referendar Wiss. Assistent, zuletzt an der juristischen Fakultät in Göttingen. Ich war ein passionierter Jurist, aber gleichwohl unsicher, wie ich nach dem zweiten Examen meine Biographie fortsetzen sollte. Meinem vorherrschenden Interesse am Staat und an der Verfassung des Staates ließ sich, so schien mir, am ehesten in der Soziologie nachkommen. Gewiss, das machte einen Fachwechsel erforderlich. Solche Quereinstiege hat es in der Vergangenheit in der Soziologie häufiger gegeben. Max Weber ist sicher der bekannteste Wissenschaftler, der auf diesem Wege zur Soziologie gekommen ist.

Wie haben Sie die Situation in Frankfurt wahrgenommen, als Sie 1965 nach Frankfurt gekommen sind? Zum Beispiel die politische Situation, aber auch die Situation an der Universität? Wie hat sich für Sie die Soziologie damals dargestellt?

Ich war in Frankfurt vollauf damit beschäftigt, mich in die Theorie der Gesellschaft einzuarbeiten. Die Soziologie ist keine ganz junge Wissenschaft, ich hatte deshalb ein ungemein umfangreiches Wissen nachzuarbeiten. Selbstredend haben mich die Vorgänge in der Studentenbewegung bewegt, aber ich war aktiv nicht involviert. Meine soziale Umgebung war mir zunächst fremd. Einigermaßen integriert war ich nur in den Mitarbeiterkreis um Thomas Luckmann. Um in Frankfurt in die Studentenbewegung integriert zu werden, fehlten mir zunächst auch die Grundlagen, um die Hintergründe der ja beträchtlichen philosophischen

Differenzen zwischen dem Institut für Sozialforschung, der Myliusstraße und der WiSo-Fakultät zu verstehen.

Wie hat sich Ihr Interesse für Luckmanns Soziologie entwickelt? War es die Beschäftigung mit den Theorien der Soziologie oder waren es vielleicht empirische Arbeiten, an denen Sie beteiligt waren? Wie kam diese Zusammenarbeit zustande?

Wenn ich mich recht erinnere, war Luckmann in der Frankfurter Zeit mit keiner empirischen Untersuchung befasst. In den Lehrveranstaltungen war Luckmann, meine ich, schon damals mit zwei Themen befasst: Mit dem, was er später Protosoziologie genannt hat, also der Soziologie des Alltagshandelns, des Alltagslebens, der Lebenswelt, und der Wissenssoziologie. Für die Protosoziologie habe ich nur ein begrenztes Interesse aufgebracht, umso mehr für die Wissenssoziologie.

Vielleicht sollten wir dann eher so fragen: Wie hat sich Luckmann für Sie interessiert, wie ist die Beziehung zustande gekommen?

Es gibt wohl in manch einer Biographie einen Glücksfall, der das Leben dessen, der ihn erfährt, nachhaltig verändert hat. Solch ein Glücksfall war für mich die Begegnung mit Thomas Luckmann. Ich habe durch ihn den Zugang zu einer Wissenschaft gefunden, die mich so in Bann geschlagen hat, dass ich, nun ziemlich am Ende meines Lebens angekommen, von meiner Biographie sagen kann. Ja, so wollte ich leben. Vermittelt hat die Begegnung Richard Grathoff.

Sie haben dann ja auch angefangen, eine Lehrtätigkeit auszuüben.

Die war in Frankfurt aber noch sehr beschränkt. Wenn ich mich recht erinnere, habe ich ein Seminar zur Einführung in Soziologie gehalten, dann auch zur Religionssoziologie und Emile Durkheims, wohl auch zur Rechtssoziologie Amtlich verpflichtet wurde ich einmal, weil niemand sonst es wollte, zu einer Übung zur Einführung in Statistik. Die StudentInnen hatten ihr Gaudi. Ich war nicht gescheiter als sie.

Die Veranstaltungen, die Sie angeboten haben, sind unseres Wissens zufolge hauptsächlich rechtssoziologische Veranstaltungen gewesen. Es scheint, dass Ihre Lehrtätigkeit nicht unbedingt mit der Arbeit Luckmanns in einem engeren Zusammenhang stand.

Das kann man so nicht sagen. Der von mir erwähnten Religionssoziologie Durkheims standen die Arbeiten Luckmanns nahe. Und meine Habilitationsschrift „Kritik des Rechts als Kritik der Religion" geht zwar auf mein juristisches Interesse zurück, die Verbindung zur Religionssoziologie danke ich jedoch Luckmann. Auch später sind wir beide mit der Religionssoziologie befasst gewesen, wenn auch mit recht unterschiedlichen erkenntniskritischen Vorgaben.

Wie war die hochschulpolitische Stellung des Mittelbaus, als Sie Assistent bei Luckmann geworden sind? Wie haben Sie diese Situation wahrgenommen?

Die 68er Revolution war, wie Sie wissen, eine mehrfach geschichtete Revolution. Der Protest gegen eine Gesellschaft und Elterngeneration, die sich weigerte, den Nationalsozialismus aufzuarbeiten, wurde in einer zweiten Schicht überlagert von dem Protest gegen eine kapitalistische Gesellschaft, die nicht daran dachte, in eine klassenlose Gesellschaft überzugehen. Schließlich aber gab es den Protest gegen Organisation und Aufbau innerhalb der Universität, insbesondere gegen das, was man die Ordinarien-Universität nannte. Ich habe in einer Vielzahl von Diskussionen gesessen, so gut wie immer erschien mir die gesellschaftliche Kritik plausibel, die Erwartungen aber, welche die StudenInnen mit der Achtundsechziger Revolution verbanden, illusorisch. Wenn mir irgendetwas an der Studentenbewegung unmittelbar plausibel und nicht zuletzt aufgrund meiner schon längeren Universitätszeit auch aussichtsreich schien, dann die Kritik an der Universität. Die Spekulationen schossen allerdings auch hier ins Kraut.

Wurde an der WiSo-Fakultät die 68-Bewegung deshalb wahrgenommen, weil damit ganz bestimmte Vorstellungen einer Hochschulneuordnung verbunden waren? Hat man deshalb den gesellschaftspolitischen Blick ein bisschen zurück gestellt?

Das kann ich schwer beurteilen. Ich kann mich an gesellschaftspolitische Diskussionen am Institut für Gesellschaftslehre der Wirtschafts- und Sozialwissenschaftlichen Fakultät, an denen die Professoren teilgenommen hatten, nur vage erinnern.

Könnte man sagen, dass genau diese Zeit eine sehr reformfreudige Zeit gewesen ist, so dass die Studentenproteste auf eine sehr offene Phase gestoßen sind? Wurde durch die Proteste dann eine Phase der Restauration eingeleitet? Einige Zeitzeugen meinen, dass die Achtundsechziger nur an ihren eigenen Privilegien gearbeitet hätten, um ihre eigene Situation zu verbessern. Diese Verbesserungen konnte man dann in den 70er Jahren in Frankfurt am Fachbereich Gesellschaftswissenschaften sehen, weil die Assistenten dort dann schon eine sehr mächtige Stellung hatten.

Richtig daran ist – und es entspricht auch meiner Einschätzung –, dass die Stellung der Assistenten in der Tat nachhaltig artikuliert und diskutiert wurde. Ich persönlich habe damals erst die Strategien gesehen, die man einschlagen musste, um die Universität zu verändern und um andere Lehr- und Lernverhältnisse zu schaffen, als ich sie kannte. Ich würde aber nicht sagen, dass die Assistenten – jedenfalls innerhalb des Umkreises, den ich kannte oder mit denen ich Kontakt hatte, nur ihr eigenes Interesse gesehen hätten und nicht die gesellschaftliche Relevanz.

Möglicherweise war es in dem Luckmann-Umfeld anders als am Institut für Sozialforschung. Herr Luckmann hat zum Beispiel auch darauf hingewiesen, dass es einerseits diejenigen gab, die einfach Wissenschaft machen wollten und andererseits diejenigen, die eben diese politischen Interessen hatten.

Ja, nur müsste man sagen, dass das wissenschaftliche Interesse auch in dieser aufgeregten Zeit kein Grund war, die gesellschaftlichen Vorgänge nicht wahrzunehmen. Ich gehörte sicher zu denen, die daran interessiert waren, sich von der Wissenschaft nicht ablenken zu lassen. Das war aber kein Anlass, nicht genauer hinzusehen, was vor sich ging. Ich kann mich an tage- und wochenlange Diskussionen der gesellschaftlichen Problemlage innerhalb meines engen Bekanntenkreises erinnern.

Wie würden Sie das Verhältnis zwischen den anderen Mitarbeitern an der WiSo-Fakultät wie zum Beispiel Sprondel oder Kellner oder Grathoff beschreiben? Hat Peter L. Berger in Frankfurt Einfluss ausgeübt?

Es gab intensive theoretische soziologische Diskussionen, bei denen schon damals sehr unterschiedliche Positionen eingenommen wurden. Kellner kam von Peter Berger und bildete, wie mir schien, mit Berger und Luckmann schon nahezu so etwas wie eine wissenschaftliche Einverständnisgemeinschaft. Grathoff war ihnen durch das Einverständnis mit den phänomenologischen Grundlagen, wie sie insbesondere Alfred Schütz für die Soziologie genutzt hatte, verbunden. Ich selbst habe von dem ja weltweit bekannt gewordenen Buch Berger/Luckmanns „Die gesellschaftliche Konstruktion der Wirklichkeit" profitiert. Wenn ich zurückblicke und feststelle, dass ich ein Leben damit verbracht habe, eine konstruktivistische Kultur- und Erkenntnistheorie auszuarbeiten, dann war dieses Buch die erste Begegnung mit dem Konstruktivismus.

Gab es während der Diskussionen über die Hochschulreform Kontakt zum Institut für Sozialforschung?

Nein, von mir aus nicht. Sie tun gut daran, sich jemanden vorzustellen, der vollauf damit beschäftigt war, in die Soziologie überhaupt erst hinein zu kommen.

Das ist schwierig, sich das vorzustellen …

Es ist deshalb für Sie schwierig, weil Sie mich in Ihrer Vorstellung in der Frankfurter Zeit schon als einen Lehrenden sehen. Ich hatte zwar eine Assistentenstelle, aber doch eine, die ich aufgrund meiner langjährigen Tätigkeit in einer anderen Wissenschaft bekommen hatte, als Quereinsteiger.

Sie haben nach ihrer Dissertation, die Sie ja schon im Jahre 1962 abgeschlossen hatten, wenig veröffentlicht?

Ich habe 1959 das erste juristische Examen gemacht. Für einen Juristen kommt dann die Referendariatszeit. Glücklicherweise bekam ich eine Assistentenstelle im öffentlichen Recht. Ich war deshalb mit beiden Stellen, als Referendar und wiss. Assistent, vollauf beschäftigt. Und das nicht zuletzt deshalb, weil zu jener Zeit mit einer Assistentenstelle in der Rechtswissenschaft die Verpflichtung verbunden war, dem Professor zuzuarbeiten. An Publikationen konnte ich zu dieser Zeit überhaupt nicht denken.

Hat Luckmann darauf geachtet, dass seine Assistenten auch ihre eigenen wissenschaftlichen Arbeiten weiter verfolgen? Wenn man in der Literatur zur Hochschulpolitik Ende der 60er Jahre nachschaut, ist erstaunlich, dass die Assistentur mehr zu so einer Funktionsstelle geworden ist. Man hat weniger darauf geachtet, dass sich die Assistenten auch als eigenständige Wissenschaftler etablieren können. Deshalb ist es schon erstaunlich, dass es gerade Luckmanns Assistenten immer gelungen ist, eine akademische Laufbahn einzuschlagen. Können Sie sich das erklären?

Das war nicht nötig. Zum einen deshalb nicht, weil alle bemüht waren, ihre Arbeit voran zu bringen. Zum andern deshalb nicht, weil Luckmann nicht hat zuarbeiten lassen. Das Problem, dass die Assistentenstellen von Luckmann als Funktionsstellen mit entsprechendem Arbeitsauftrag für den Lehrstuhlinhaber und für die Lehre definiert worden wären, ist in der Luckmann-Umgebung nicht aufgetaucht. Hinzu kommt, dass uns mit Luckmann ein enges persönliches Vertrauensverhältnis verband.

Sie sind mit Luckmann ebenfalls mit nach Konstanz gegangen?

Ja, ich habe mich in Konstanz habilitiert.

Wurden Sie von Luckmann aufgefordert, die Veranstaltungen, die Sie dort angeboten haben, zu machen oder war das Ihre Entscheidung?

Man suchte die Lehrveranstaltung danach zu bestimmen, womit man gerade beschäftigt war. Das war insbesondere in Konstanz deshalb möglich, weil ein reichliches Lehrangebot bestand. Es gab damals vergleichsweise wenige Studenten, aber ein große Anzahl von Professor und Assistenten.

Viele Schüler Luckmanns haben sich in ihrer weiteren wissenschaftlichen Arbeit sehr stark mit Max Weber oder zumindest mit den Themen auseinandergesetzt, die auch Max Weber bearbeitet hat. Kennen Sie den Grund dafür?

Luckmann ist wohl kein Weberforscher stricto sensu. Aber er kannte Weber natürlich gut. Befasst mit Weber war er überdies durch Alfred Schütz. Und der war ein Weberforscher. Sein grundlegendes Werk *Der sinnhafte Aufbau der sozialen Welt* ist praktisch eine Weberarbeit. Insofern war für diejenigen, die, wie Kellner, von Schütz her kamen, Max Weber der große historische Soziologe im Hintergrund. Was Walter Sprondel angeht, liegen die Verhältnisse anders. Sprondel kam, wenn aus keinem anderen Grunde, über Johannes Winckelmann, zu dem er engen Kontakt hatte, zu Max Weber. Aber natürlich galt für uns alle, sich der Geschichte der Soziologie zu vergewissern.

Hat Sie auch die Phänomenologie interessiert, die phänomenologische Wissenssoziologie insbesondere, von der Luckmann herkam?

Wer bei Luckmann arbeitete, kam nicht darum herum, sich mit der Phänomenologie zu befassen. Auch ich habe Husserl gelesen und studiert, selbstredend auch die mir schon näher liegende soziologisch unterbaute Phänomenologie Alfred Schütz. Aber die Phänomenologie war nicht die Philosophie, die mich in Bann geschlagen hätte. Die Methode der deskriptiven Bestimmung dessen, was man wahrnimmt oder wahrzunehmen meint, schien mir notwendig zur vorwissenschaftlichen Bestimmung des Gegenstandes, für eine wissenschaftliche Methode und den Ausweis des in Anspruch genommenen Wissens wenig geeignet. Heute will mir scheinen, dass ich damals schon auf der Suche nach einer historisch-genetischen Erkenntnisstrategie war, die ich später dann propagiert und ausgebaut habe. Die Differenzen um die Wissenschaftsmethode haben zuweilen zu heftigen Diskussionen geführt, aber das Vertrauensverhältnis zu Luckmann nicht tangiert.

Kam es zu den heftigen Diskussionen auch innerhalb der Luckmannschen Gruppe?
Worum ging es?

Gewiss, aber der Hauptantipode war doch Luckmann. Ich meine mich zu erinnern, dass Kellner ein ähnliches Verständnis von Konstruktivität hatte wie Luckmann. Mein Problem während dieser Zeit war: Gut, es gibt Konstrukte und die Konstrukte werden gesellschaftlich gemacht, sie sind überdies kulturell ausgelegt. Aber warum gibt es diese Konstrukte und jene Konstrukte und wie ist die Empirie als eine existente Realität mit den Konstrukten in Einklang zu bringen. Die Frage beantwortet sich bei einem phänomenologischen Ansatz, wenn sie sich denn stellt, anders als bei einem kausativ-genetischen Interesse. Keine Frage ist, dass ich durch die Vielzahl der Diskussionen den Anstoß bekommen habe, mich der Wissenssoziologie zu verschreiben. Den danke ich Luckmann.

Welche Art von Wissen untersuchen Sie, wenn Sie sich nicht mit Alltagsproblemen des Wissens beschäftigen?

Wenn für mich der Anstoß, mich der Wissenssoziologie zu verschreiben, von Luckmann kam, so wurde die Fortführung von dem Studium Piagets bestimmt. Mein Interesse wurde dadurch zwangsläufig auf die Erkenntnistheorie geleitet. Sehr viel später habe ich mit meinen eigenen Studien und empirischen Untersuchungen das Ziel verfolgt, Piagets entwicklungspsychologische Theorien für ein soziologisches Verständnis der Entwicklung kognitiver Strukturen entlang der historischen Entwicklung der Gesellschaft nutzbar zu machen. Dazu haben wir in Freiburg eine Forschungsgruppe gebildet, deren Mitarbeiter einzeln oder gemeinsam um die halbe Welt gereist sind, von Anatolien bis in den Amazonas, um die kognitiven Strukturen der Menschen in nicht-industrialisierten Gesellschaften mit klinischen Interviews zu ermitteln. Klinische Interviews nennt man Interviews, bei denen man bestimmte Experimentalsituationen vorgibt und daran die Fragen knüpft.

Haben Sie den Begriff des Experimentes von Karl Mannheim entlehnt? Mannheim hat den Begriff des Experiments ja ebenfalls gebraucht.

Nein, selbstredend habe ich Mannheim gelesen. Aber die Strukturen, die wir zu ermitteln suchten, waren vordringlich die operationalen Strukturen, wie Piaget sie ermittelt hat. Deren Verständnis wurde durch die Einsicht bestimmt, dass ihre Entwicklung in der frühen Ontogenese begonnen und hernach fortgeführt wird. Die Frage, die sich uns im Anschluss an Piaget stellte, war überwältigend einfach: „Wenn, so die Frage, die kognitiven Grundstrukturen: Kausalität, Raum Zeit etc. in allen Gesellschaften in der frühen Kindheit entwickelt werden, wie weit sind sie dann in den jeweiligen Gesellschaften weiter entwickelt worden?"

*Können sie noch ein paar Worte zu Richard Grathoff sagen? Man kann den Vor-
lesungsverzeichnissen entnehmen, dass er sich in den Lehrveranstaltungen in
seiner Frankfurter Zeit viel mit Handlungstheorie beschäftigt hat. War das sein
Schwerpunkt?*

Grathoff kam wie Kellner mit Luckmann aus Amerika und hatten bei Alfred
Schütz studiert. Er war durch Schütz soziologisch geradezu sozialisiert worden.
Ohne ihm nahe zu treten, kann man sagen, dass Grathoff sein Leben lang vor
allem mit Schütz befasst war, dann mit der gelehrten Entourage um Schütz, mit
Aron Gurvitch z. B.

*Hatte die Frankfurter Zeit für Ihre weitere wissenschaftliche Arbeit eine besondere
Bedeutung gehabt?*

Ich habe schon erwähnt, dass ich in die Frankfurter Szene in gar keiner Weise
integriert war. Adorno wie Habermas habe ich erst später studieren können. Für
mich hat Frankfurt deshalb vor allem die Bedeutung, dass ich dort in die Soziologie
einsteigen konnte und dass sich dieser Einstieg so gut und so problemlos ergeben
hat, nachdem sich doch viele Jahre niemand vorzustellen vermochte, ich würde
jemals etwas anderes als Rechtswissenschaft betreiben.

*Kam die Auseinandersetzung mit der Phänomenologie, die in Amerika durch Schütz
weitergeführt wurde, in den 60er Jahren nach Frankfurt zurück?*

In der Soziologie gewiss.

*Wurden die Auseinandersetzungen, die Ende der 20er bzw. Anfang der 30er Jahre
zwischen der Mannheimschen Wissenssoziologie und der Kritischen Theorie
stattfanden, später fortgesetzt?*

Ich habe nie gesehen, dass solche theoretischen Konflikte etwa zwischen Habermas
und Luckmann thematisiert worden wären. Dass Habermas und Adorno – Horkheimer war schon weg – gegenüber dem, was an der Wirtschafts- und Sozialwissenschaftlichen Fakultät geschah, skeptisch eingestellt waren, ist ein offenes
Geheimnis. Aber richtige Auseinandersetzungen gab es meines Wissens nach nicht.

*Ihre Habilitation über die Kritik des Rechts und der Religion hätte ja auch eine
Arbeit aus dem Umkreis der Frankfurter Schule sein können.*

Hätte sie! Gut, dass Sie das sagen. Ein Verleger, dem ich sie zuerst angeboten habe,
hat mich fraglos der Frankfurter Schule zugerechnet und wollte sie deshalb nicht

publizieren. Ich selbst habe sie so verstanden, dass die Kritik einer kritischen Theorie gut anstand, gleich welcher Herkunft. Ich hatte aber weder Kontakt zu Habermas noch zu Adorno. Denn nochmals: Ich kam als Soziologieanfänger nach Frankfurt und habilitierte mich später in Konstanz. Luckmann hat übrigens den kritischen Impetus problemlos akzeptiert. Ich bin ihm heute noch dankbar. Denn unter den Juristen in der Habilitationskommission in Konstanz war er alles andere als unbestritten.

Welchen Kritikbegriff haben Sie dabei angewendet?

Ich habe Legitimationstheorien des Rechts und auch der Gesellschaft untersucht und auf ihre kognitive Struktur hin befragt. Dabei habe ich festgestellt, dass sie alle eine bestimmte argumentative Struktur aufwiesen. Sie versuchten nämlich, die Legitimation aus Letztbegründungen zu gewinnen. Es gab einen letzten Grund für eine Ordnung der Gesellschaft, für die Geltung des Rechts und des Staates. Im 18. Jahrhundert war das z. B. Vernunft oder eine Stiftung Gottes. Nun war das Problem der Letztbegründung in der Philosophie, der Rechtsphilosophie insbesondere, nicht unbekannt. Worum es mir zu tun war, war, diese Form der Begründung als Ausdruck einer kognitiven Struktur zu verstehen. Für die kognitive Struktur ließ sich dann fragen, woher sie kam. Luckmann hatte zu der Frage einen genuinen Zugang, eben weil es sich um die kognitive Kritik einer Struktur handelte, die sich über Theologie und Metaphysik bis in die Neuzeit fortgesetzt hatte.

Beschäftigen Sie sich auch jetzt noch mit Religion?

Die erste der größeren soziologischen Arbeiten, die ich veröffentlicht habe, war „Die Logik der Weltbilder" (1982). Dieses Buch enthält eine Theorie der Genese der Religion und damit zugleich die Ausarbeitung ihres säkularen Verständnisses. Ich würde die Arbeit gerne umschreiben, weiß aber nicht, ob mir nicht die neidischen Parzen zuvor den Lebensfaden abschneiden. Jüngst habe ich aber eine kleinere Arbeit zur Erkenntniskritik der Religion veröffentlicht.

Vielen Dank für das Gespräch.

Das Gespräch mit Günter Dux führten Felicia Herrschaft und Kai Müller am 26. Februar 2008.

„In der Höhle des Löwen."
Das doppelte Paradigma in der Frankfurt Soziologie der 60er Jahre

Ein Gespräch mit Alois Hahn

Herr Hahn, Sie waren in den 1960er Jahren für einige Zeit in Frankfurt am Main als wissenschaftlicher Assistent von Friedrich Tenbruck tätig. Was sind die markantesten Erinnerungen und Eindrücke, die Ihnen aus dieser Zeit im Gedächtnis geblieben sind?

Ich war studentische wissenschaftliche Hilfskraft. Ich kam mit Tenbruck aus Freiburg, wo ich angefangen hatte zu studieren. Tenbruck war damals einer der Assistenten von Arnold Bergstraesser, die dann später alle berühmt wurden; so zum Beispiel Alexander Schwan oder auch Hans Maier, der mein Vertrauensdozent in der Studienstiftung war und der dann nach seiner Habilitation bei Bergstraesser nach München ging und relativ bald Bayerischer Kultusminister wurde. Und der Fürst über allen war Bergstraesser! Tenbruck war bis 1962 in Amerika gewesen, an den Hobart and Smith Colleges in Geneva. In Freiburg hatte er eine Stelle als Forschungsassistent bei Bergstraesser; und in diese Zeit fiel eine von Bergstraesser eingeworbene empirische Untersuchung über die Stadt Karlsruhe und ihr Umland aus Anlass der 200-Jahr-Feier ihrer Gründung; wir haben also eine empirische Gemeindestudie durchgeführt[1]. Obwohl Bergstraesser das Projekt akquiriert hatte, hatte er von der Thematik keine Ahnung, und so hat Tenbruck das gemacht. Zu dem Kreis der Leute, die dabei mitgemacht hatten – zunächst noch von Freiburg aus – gehörten Hans Oswald, der später bei Heinrich Popitz promoviert hat, danach erst in Berlin und später dann in Potsdam Professor für Pädagogische Soziologie geworden ist; dazu gehörten auch Barbara Fülgraff, später Professorin in Oldenburg, und Alfred Bellebaum, der damals beim Herder Verlag Redakteur für Soziologie beim Staatslexikon war und danach Professor in Koblenz geworden ist. Das war gleichsam die oberste Ebene, zu den Hilfsassistenten gehörten Karla Fohrbeck und ich. Karla Fohrbeck hat dann nach einigen stürmischen Jahren – sie war lange Zeit die Freundin von Tenbruck und später eine Zeit lang die Frau von Bazon

---

[1] Arnold Bergstraesser/Friedrich H. Tenbruck/Barbara Fülgraff/Hans Oswald (Hrsg.), Soziale Verflechtung und Gliederung im Raum Karlsruhe. Grundlagen zur Neuordnung eines Großstadtbereiches, unter Mitarbeit von Alfred Bellebaum/Hans Braun/Karla Fohrbeck/Alois Hahn/Nortrud Löw/Werner Minkus/Günther Nietsch, Karlsruhe 1965.

Brock – bei Luckmann (Erstgutachter) Habermas (Zweitgutachter) promoviert, nicht bei Tenbruck, denn da gab es in der Zwischenzeit ein Zerwürfnis. Sie war dann auch mit mir zusammen in Frankfurt und hat später am SPIEGEL-Institut für Projektstudien die erste große empirische Untersuchung zur sozialen Lage von Schriftstellern gemacht[2]. Jedenfalls bekam Tenbruck, als wir diese Karlsruher Gemeindestudie machten, den Ruf nach Frankfurt; aber eben nicht in die Philosophische Fakultät, sondern in die Wirtschaftswissenschaftliche Fakultät, und zwar für das Seminar für Gesellschaftslehre. Neben Walter Rüegg, den Tenbruck aus seiner Marburger Studienzeit kannte, hatte Tenbruck dort den zweiten von insgesamt zwei Lehrstühlen. Ursprünglich war dies das Institut von Karl Mannheim; der Name „Seminar für Gesellschaftslehre" stammte wohl nicht von Tenbruck, sondern noch aus Mannheims Zeiten. Aber da bin ich mir nicht sicher. Tenbruck war zuvor schon einmal in Frankfurt gewesen, und zwar als persönlicher Assistent von Max Horkheimer. Davor hatte er bei Julius Ebbinghaus in Marburg promoviert. Ebbinghaus wiederum war einer dieser demokratischen Professoren, auf die die Amerikaner in der Aufbauphase der Bundesrepublik hörten. Bevor Tenbruck dann nach Amerika ging, war er Forschungsassistent von Horkheimer, diese Beziehung hat sich aber zerschlagen, als Adorno kam. Tenbruck hatte immer ein gutes Verhältnis zu Horkheimer gehabt, aber das denkbar schlechteste zu Adorno, den er überhaupt nicht mochte. Und dann kam Thomas Luckmann nach Frankfurt ins Seminar für Gesellschaftslehre, ganz wesentlich aufgrund der Initiative von Tenbruck. Tenbruck kannte Luckmann aus Amerika, sie waren beide Assistenten an den *Hobart and Smith Colleges* gewesen. Und Tenbruck hatte durchgesetzt, dass Luckmann nach Frankfurt kam. Eigentlich hatte Luckmann nicht habilitiert. Tenbruck machte der Kommission jedoch klar, dass der Ph. D. der Habilitation sehr gleicht. Wir kannten Luckmann alle schon aus Freiburg – als er nämlich an der New School war, kam er jeden im Sommer einmal nach Freiburg. Und die Frau von Luckmann, Benita Luckmann, hatte bei dieser Karlsruher Gemeindestudie mitgewirkt, sie promovierte auch bei Bergstraesser, allerdings mit einer Arbeit, die letztlich Tenbruck betreut hat[3]. Die Freiburger Situation kann man sich gar nicht intim genug vorstellen: sehr eng befreundete Gruppen, auch die Assistenten waren eingebunden, und die Studenten. Der Höhepunkt war immer, wenn Luckmann aus New York zurückkam und die ganze Mannschaft mit Fahrrädern wandernd in den Schwarzwald zog, wo die Luckmanns im Sommer wohnten. Man verbrachte dort ganze Nachmittage und Abende – es war also eine sehr enge Geselligkeitsbeziehung. Im Zentrum standen Tenbruck und Luckmann.

---

[2] Karla Fohrbeck/Andreas Johannes Wiesand, Der Autorenreport, Reinbek 1972.
[3] Benita Luckmann, Politik in einer deutschen Kleinstadt, Stuttgart 1970.

Zwischen Luckmann und Tenbruck kam es nichtsdestotrotz zu Spannungen ...

Luckmann war nach Frankfurt gekommen und genau in diese Zeit fiel die Publikation von „Die gesellschaftliche Konstruktion der Wirklichkeit". Das war der Anlass eines großen Streits, der aber eigentlich nie richtig ausgetragen worden ist, der aber auch nie richtig zu Ende ging. Berger war einmal der Vorgesetzte von Tenbruck gewesen bei einer der ersten großen empirischen Untersuchungen, die über Kirchlichkeit gemacht wurde. Tenbruck und Luckmann hatten darüber Aufsätze geschrieben für einen Band, der von Helmut Schelsky herausgegeben worden ist[4]. Tenbruck war damals so gut wie verlobt mit Brigitte Kellner, der Schwester von Hansfried Kellner – und der Berger, „venit vidit vicit", hat Tenbruck die Frau ausgespannt und ist mit ihr nach Amerika gezogen, was das Verhältnis der beiden sehr getrübt hat. Dass Luckmann ausgerechnet mit Berger dieses Buch geschrieben hat, hat Tenbruck sehr gestört, zumal er bis zum Schluss immer der Ansicht war, dass es sich dabei um ein Plagiat seiner Habilitationsschrift *Geschichte und Gesellschaft* handele, die aber sehr viel später erschienen ist.[5] Abgeschlossen worden ist sie schon 1962 bei Bergstraesser in Freiburg – ich weiß das noch sehr genau, weil Karla Fohrbeck und ich die Korrekturen gelesen haben. Da war alles noch in bester Ordnung. Dann aber kam das gemeinsame Buch von Berger und Luckmann! Tenbruck war der Meinung, das sei ungefähr so, als wenn jemand einem das Auto stiehlt, das ursprünglich eine rote Farbe hat, es dann grün streicht und als neuen Wagen ausgibt. Die Atmosphäre war danach stark vergiftet, weil es da eine doppelte Frontstellung gab: auf der einen Seite die Leute in der Wirtschafts- und Sozialwissenschaftlichen Fakultät gegen die Gruppe um Adorno, Horkheimer und Habermas, und auf der anderen Seite die Luckmann-Rüegg-Tenbruck-Gruppe, wo es intern ein Zerwürfnis zwischen ehemals engen Freunden gab.

Wie haben Sie diesen Streit wahrgenommen?

Wir Studenten, Karla Fohrbeck und ich, waren privat eng sowohl mit Tenbruck wie auch mit Luckmann verbunden, so dass es auch für uns eine schwierige Zeit war. Zudem hatte Tenbruck Kellner als Assistenten nach Frankfurt geholt, der aber, kaum dass Luckmann in Frankfurt angekommen war, zu diesem überwechselte. Uns Hilfsassistenten war das Zerwürfnis zwar bekannt, aber wir haben trotzdem

---

[4] Friedrich H. Tenbruck, Die Kirchengemeinde in der entkirchlichten Gesellschaft. Ergebnisse und Deutung der „Reutlingen-Studie", in: Dietrich Goldschmidt/Franz Greiner/Helmut Schelsky (Hrsg.), Soziologie der Kirchengemeinde, Stuttgart 1960, S. 122–132; Thomas Luckmann: Vier protestantische Kirchengemeinden. Bericht über eine vergleichende Untersuchung, ebd., S. 132–144.
[5] Friedrich H. Tenbruck, Geschichte und Gesellschaft, Berlin 1986.

irgendwie versucht, auf allen Hochzeiten zu tanzen. Als wir in Tübingen waren und Luckmann schließlich in Konstanz, haben wir auf der Assistentenebene versucht, die Herren wieder miteinander zu versöhnen. Das klappte zwar nur insoweit, als sie schließlich wieder freundlich miteinander sprachen, aber die alte Freundschaft ließ sich nicht wiederherstellen, obwohl auch die beiden Ehefrauen sich sehr mochten. Dieses einmal eingetretene Zerwürfnis ließ sich nicht mehr reparieren, und zwar nicht so sehr wegen der Distanz zwischen Luckmann und Tenbruck, sondern vielmehr aufgrund der zu großen Nähe. Dadurch entstand Eifersucht, die aber vor allem auf Tenbrucks Konto ging, nicht auf das von Luckmann. Auf der Ebene der damaligen Schüler der beiden Meister spielte sich dieser Konflikt aber nicht ab. So bin ich seit vielen Jahren nicht nur mit Luckmann, sondern auch mit Hans-Georg Soeffner und Jörg Bergmann befreundet, der mich während meiner Gastprofessur in Paris für ein Jahr in Trier vertreten hat. In Frankfurt gab es darüber hinaus noch die andere Frontstellung. Die ideologisch stärkste Differenz ging dort eher in Richtung Habermas und Adorno, andererseits hatte Habermas Ulrich Oevermann als Assistenten, und mit Oevermann haben wir eine gute Zeit gehabt. Er war ursprünglich aus Mannheim nach Frankfurt gekommen und zuvor kurioserweise Hilfsassistent bei Hans Albert, wechselte dann sozusagen vom Neopositivismus zu Habermas. Ich kenne ihn sehr gut, weil wir im Frobenius-Institut zusammen Ethnologie studiert haben; wir kannten uns auch privat gut. Auf der Ebene der fortgeschrittenen Studenten und Doktoranden gab es also keine Streitigkeiten. Oevermann gehörte nicht so sehr zum engen Kreis der kritischen Theorie dazu wie andere, zum Beispiel Offe. Oevermann machte damals ja empirische Studien, die mit Habermas' Schwerpunkten wenig zu tun hatten: die später berühmt gewordenen Bildungsstudien.

Wie entwickelte sich Ihre Zeit bei Tenbruck weiter?

Dann kam der Knüller, der sich langsam entwickelt hatte: die Auseinandersetzungen von '68! Da waren wir aber eigentlich schon weg, ich zumindest hatte am 26. Februar 1967 in Frankfurt promoviert und am 1. März 1967 die Assistentenstelle bei Tenbruck in Tübingen angetreten; Tenbruck hatte nämlich inzwischen eine Professur in Tübingen bekommen, und zwar die Nachfolge von Ralf Dahrendorf, der nach Konstanz gegangen war. Wir haben eigentlich den Knatsch mit den 68er-Studenten erst in Tübingen abbekommen, zu meiner Zeit in Frankfurt war davon zunächst weniger zu spüren.

*Sie gingen nach Tübingen, aber noch in Frankfurt war interessanterweise aus-
gerechnet Jürgen Habermas einer der drei Gutachter bei Ihrer Promotion. Wie
kam es dazu?*

Tenbruck hatte mich als seinen Assistenten als Vorhut nach Tübingen geschickt,
noch bevor er selbst dorthin kam; er ist dann erst ein Semester später nach Tübingen
gezogen. Aber noch in Frankfurt habe ich über die Einstellungen zum Tod und ihre
soziale Bedingtheit promoviert[6]. Das war eine Arbeit mit einem ethnologischen
Teil (ich hatte ja im Nebenfach Ethnologie studiert) und einem soziologischen.
Die eigentlichen Gutachter waren Tenbruck und C.A. Schmitz, der Ethnologe,
bei dem ich immer mit Oevermann auf der Schulbank saß. Dann passierte etwas
Furchtbares: ich hatte Schmitz das Manuskript meiner Arbeit gegeben und er
fand es ganz gut. Er ist dann aber drei Tage später im Senckenberg-Institut tot
umgefallen! Böse Zungen behaupteten übrigens: nachdem er mein Buch über den
Tod gelesen hatte… Nun war guter Rat teuer – ich brauchte dringend einen neuen
ethnologischen Gutachter. Bevor Schmitz nach Frankfurt gekommen war, hatte
ich mit der vorherigen Mannschaft, die noch aus der Frobenius-Tradition stammte,
bereits gebrochen. Auch gab es heftige Dispute zwischen der alten und der neuen
Mannschaft, denn Schmitz kam aus Köln und versuchte, die amerikanische Soziologie und Kulturanthropologie einzuführen – was übrigens Tenbruck auch schon
gemacht hatte; deshalb kannte ich das alles schon und kam insofern mit Schmitz
gut zurecht. Ich hatte schon bei dem Vorgänger von Schmitz, bei Adolf Ellegard
Jensen, einem Schüler von Leo Frobenius, studiert; der Assistent, der bei ihm
habilitiert hatte, war Eike Haberland, ein Spezialist für Afrika und insbesondere
für Äthiopien. Haberland hatte gerade einen Lehrstuhl in Mainz bekommen. So
bin ich also nach Mainz gefahren und habe ihn gefragt, ob er das Zweitgutachten
meiner Dissertation übernehmen könne. Obwohl er mir darlegte, dass Schmitz
eine völlig andere Vorstellung von Ethnologie hat, wollte er mir deshalb keine
Nachteile entstehen lassen. Und in der Tat: Tenbruck hat die Note summa cum
laude vorgeschlagen und Haberland hat es mitgetragen. Nun ist es ja so, dass
ein dritter Gutachter her muss, wenn eine Arbeit von den beiden Gutachtern mit
summa cum laude vorgeschlagen worden ist. Da hat die Philosophische Fakultät
eben Jürgen Habermas bestimmt. Weil die Verhältnisse nicht gerade günstig waren, hatte ich damals ziemliche Angst, das gebe ich zu. Aber Habermas hat sich
dann sehr fair verhalten; auch er – bei dem ich so gut wie nie studiert hatte – hat
mir „summa" gegeben. Im Rigorosum war es dann so, dass ich mich in Soziologie
bei Tenbruck und Luckmann habe prüfen lassen und in Ethnologie bei Haberland.
In der Philosophie habe ich mich auch prüfen lassen, und zwar bei Hirschberger

---

[6] Alois Hahn, Einstellungen zum Tod und ihre soziale Bedingtheit, Stuttgart 1968.

über mittelalterliche Philosophie. Der damalige Protokollant war von Friedeburg. Die Dissertation hat sogar einen Universitätspreis bekommen und damit einen Druckkostenzuschuss.

Haben Sie sich in Frankfurt denn keine Vertreter der Kritischen Theorie angehört?

Doch, sicherlich! Horkheimer habe ich zwar selbst nie erlebt, aber Habermas und Adorno, vor allem Adorno. Ich war zwar nie in einem Seminar von Adorno, aber die großen Vorlesungen im Hörsaal VI habe ich, wie viele andere damals, gehört. Mich hat vor allem seine Musiktheorie sehr interessiert. Zu Habermas und seinen Forschungsinteressen habe ich allerdings nie ein inneres Verhältnis gehabt. Das hing auch damit zusammen, dass ich erst die Soziologie Tenbrucks kennen gelernt habe und schon in Frankfurt von den ersten Arbeiten Luhmanns stark beeinflusst war; überhaupt war meine damalige Neigung zur amerikanischen Soziologie, zur amerikanischen Systemtheorie – Parsons vor allem –, sehr ausgeprägt. Habermas habe ich aus dieser Perspektive rezipiert und fand das, war er machte, für die Soziologie nicht sehr gewinnbringend. Das war für die damalige Zeit eine sehr atypische Haltung für einen jungen Menschen; denn alle Leute um einen herum schwärmten von Habermas. Gerade '66 und '67 brodelte es schon, es gab den SDS, und obwohl ich dort in der Höhle des Löwen studiert habe, war ich nie ein '68er.

Was hat Sie an Adorno fasziniert – war es auch sein Auftreten oder nur seine Schriften?

Beides. Er sprach ja immer druckreif. Adorno hat mich aber mehr als genialer soziologischer Schriftsteller fasziniert. Ich kenne eigentlich niemanden, der seine Gedanken so stark zum Aphorismus verdichten kann und so elegant schreibt ... Luhmann kann das auch, ja; aber bei ihm ist das stärker in eine systematische Theorie eingebettet. Zu Luhmann habe ich später ein sehr enges Verhältnis gehabt. Er ist bei uns in Trier Ehrendoktor geworden und war auch häufig bei uns zu Hause auf dem Bauernhof, wo wir Seminare veranstalteten und auswärtige Gäste einluden. Luhmann war für mich von Anfang an sehr wichtig, neben Tenbruck und Luckmann, wohingegen ich zu Habermas und auch zu seinen Arbeiten nie ein persönliches Verhältnis aufbauen konnte; ich habe das zwar alles gelesen und bewundere seine Arbeit auch, aber es gibt für mich sehr wenige Anschlusspunkte. Es ist eine Theorie, die ich gut kenne, glaube ich, zu der ich aber keine eigenen theoretischen Affinitäten habe, zu Luhmann jedoch sehr starke. Vor allem beim frühen Luhmann ist ja nicht nur die Nähe zu Parsons wichtig, sondern auch zur deutschen Philosophischen Anthropologie, vor allem zu Arnold Gehlen. Ich habe eine Reihe von Aufsätzen darüber geschrieben, wie es dann bei Luhmann nach der Auseinandersetzung mit Habermas zu einer Art Spurentilgung, ja Spurenverwischung kam. Denn Habermas hatte festgestellt, dass das Entlastungsmodell bei Gehlen und die These der Reduktion von Komplexität bei Luhmann Fleisch vom selben Fleisch sind. Man kann, glaube ich, ganz gut sehen, dass dies bei Luhmann zu einem Spurenwechsel geführt hat, zu einer stärkeren Herausstellung von Husserl als Ahnvater seiner Systemtheorie. Das kann man deutlich erkennen in Habermas' und Luhmanns gemeinsamen Buch *Theorie der Gesellschaft oder Sozialtechnologie*, worin Luhmanns Aufsatz „Sinn als Grundbegriff der Soziologie" erschienen ist[7].

Stimmt es, dass Tenbruck verboten hatte, in seinen Seminaren Adorno zu lesen?

Ich weiß nicht, ob er das verboten hat, aber ich kann mich nicht erinnern, dass irgendjemand Adorno bei Tenbruck zitiert hätte. Adorno war für ihn ein rotes Tuch, was aber offenbar auch mit persönlichen Erfahrungen zusammenhing. Wir haben es ihm nicht erzählt, dass wir Adorno gehört haben! Adorno war natürlich der Liebling von Horkheimer, nachdem er nach Frankfurt kam; das war ja nicht immer so gewesen in der Zeit in Amerika. Tenbruck hat sich wohl etwas verdrängt gefühlt. Die frühen Arbeiten von Tenbruck waren auch viel „linker" und stehen Horkheimer viel näher als das, was dann später kam.

Es gibt ja auch eine sozusagen philosophische Verbindung zwischen Tenbruck und Horkheimer. Tenbruck hat angefangen mit Kant, und auch Horkheimer hat in den 1920er Jahren zu Kant gearbeitet.

Tenbruck hat seine Dissertation in Marburg bei Ebbinghaus über die zweite Auflage der „Kritik der reinen Vernunft" geschrieben. Da war er ein junger Mann von 24 Jahren, es kam dann noch der Krieg dazwischen, Tenbruck war darin Soldat gewesen. Er ist damals auch bekannt geworden mit einer kleinen Miszelle zu einer „Notwendigen Textkorrektur in Kants Metaphysik der Sitten"[8]. Darin zeigt Tenbruck, dass eine dunkle Stelle in der „Metaphysik" ganz leicht zu lesen ist, wenn man, ich sage mal willkürlich, die Seite 112 hinter Seite 220 schiebt; die Seiten sind offenbar vom Buchbinder falsch eingesetzt worden. Man kann sich natürlich gut vorstellen, dass eine dunkle Stelle in einem bekannten Werk den Ehrgeiz der Interpreten ganz besonders auf sich zieht. Insofern hat der junge Autor mit seinem Vorschlag ziemlich Furore gemacht. Inzwischen ist bei den aktuelleren Kant-Editionen der Tenbrucksche Vorschlag zur Umschichtung berücksichtigt worden.

---

[7] Niklas Luhmann, Sinn als Grundbegriff der Soziologie, in: Jürgen Habermas/Niklas Luhmann: Theorie der Gesellschaft oder Sozialtechnologie, Frankfurt am Main 1971, S. 25–100.
[8] Friedrich H. Tenbruck, Über eine notwendige Textkorrektur in Kants „Metaphysik der Sitten", in: Archiv für Philosophie 3 (1949), S. 216–220.

Von Westfalen nach Freiburg kamen Sie, wenn wir richtig informiert sind, allerdings
aufgrund Ihrer Affinität zu einem ganz anderen Denker – zu Martin Heidegger.

Heidegger hatte ich schon in der Schule gelesen und fand das alles sehr spannend.
Auch die Wahl meines Dissertationsthemas, die Einstellung zum Tod, war wesentlich inspiriert von dem, was ich bei Heidegger gelesen hatte. Meine Dissertation
vertritt aber im Wesentlichen Ideen, die in krassem Gegensatz zu Heidegger
stehen. Insofern war ich sehr gut vorbereitet auf das, was Bourdieu zu Heidegger
schreibt, Bourdieu, mit dem ich viele Jahre zusammengearbeitet habe und dem
ich auch meine Gastprofessur an der Ecole des Hautes Etudes in Paris im Jahre
1987 verdanke. In Freiburg selbst gab es eine Gruppe, die sich sehr intensiv mit
Heideggers Philosophie auseinandergesetzt hat. Wenn schon Philosophie, so standen
damals bei mir immer Heidegger und Husserl im Zentrum, wobei später Husserl
das Rennen gemacht hat und neben Parsons und Tenbruck der zweite Pfad war,
der mich zu Luhmann geführt hat. Bei Luhmann habe ich selbst aber nie studiert;
ich habe ihn erst persönlich kennen gelernt, als ich schon Professor in Trier war.
Es gab alle zwei Jahre diese Dubrovniker-Tagungen, die Hans-Ulrich Gumbrecht
organisierte, an der auch Luckmann und Luhmann regelmäßig teilnahmen, die
sich aber wiederum nicht sehr mochten. Das heißt: eigentlich mochte Luckmann
Luhmann nicht; von Luhmann könnte ich gar nicht sagen, dass er jemanden
nicht mochte – der hatte ja für alle Leute ihre Käfige, wo sie ihr Recht hatten; die
Vorstellung, dass man bestimmte Leute oder bestimmte Theorien nicht mochte,
gab es bei ihm nicht. Nur in Bezug auf Gehlen hat er später geschrieben, dass er
von Anfang an eine Abneigung gegen die deutsche Philosophische Anthropologie
gehabt habe, was aber so nicht stimmt und was man auch anhand seiner frühen
Texte deutlich widerlegen kann.

Über Husserl gibt es ja noch eine zweite Linie, die in die Soziologie hineinführt,
und so auch zu Luckmann, nämlich von Alfred Schütz her.

Schütz habe ich im Wesentlichen bei Luckmann kennen gelernt. Der eigentliche Punkt
ist der, dass aus der Sicht der „Luckmannianer" Schütz' Theorie eine Überwindung
des Solipsismus bei Husserl darstellt. Das war aber etwas, was Luhmann gar nicht
so empfand. Luhmann war der Ansicht, dass man es sich nicht so einfach machen
könne und dass das Bewusstseinssystem ein geschlossenes System ist. Diese Trennung, so Luhmann, wird bei Luckmann und schon bei Scheler, aber natürlich auch
bei Tenbrucks Empathiebegriff unterschlagen. Jedenfalls: Heidegger hatte mich in
der Tat nach Freiburg geführt. Ich muss zugeben, dass ich damals möglichst weit
weg von Westfalen sein wollte. Ich wollte etwas Neues machen, und da ich auch
nicht in eine Großstadt gehen wollte, bin ich eben nach Freiburg gegangen. Dass
ich dort Tenbruck und Luckmann getroffen habe, war letztlich Zufall. Die beiden

haben mich während meines Studiums persönlich am stärksten beeinflusst. Tenbruck und Luckmann sind im Grunde die einzigen wirklichen Lehrer, die ich habe.

Zurück zu Tenbruck. Man hört und liest oft, dass der Umgang mit Tenbruck nicht sehr einfach gewesen sei.

Das wäre eine Formulierung, auf die man sich einigen könnte, ja. Tenbruck war in der Tat ein schwieriger Mensch; extrem reizbar und auch sehr rechthaberisch. Diese Eigenschaft hat es allen, die mit ihm dienstlich und privat zu tun hat, nicht leicht gemacht. Eine weitere Schwierigkeit war, dass man, wenn man sich im Umkreis von Tenbruck aufhielt, wie der Sohn des Hauses behandelt wurde. Es gab praktisch keine Trennung von Privatleben und Berufsleben; man hat gemeinsam Urlaub gemacht, ist zusammen Wandern gegangen, man hat ständig gemeinsam auf die Kinder aufgepasst, zusammen gegessen; es war eine Art von *vita communis*, die sich da abgespielt hat. Das hat aber auch Probleme mit sich gebracht. Gewiss, Tenbruck konnte sehr liebenswürdig sein, er war nicht nur grantig, aber bei ihm verlief eine sehr schmale Linie zwischen zwei Abgründen. Das eine war der Vorwurf des Plagiats, das andere der des Renegatentums. In der Folge hat er sich mit fast allen Leuten irgendwann verkracht. Der einzige, mit dem es bis zum Ende kein Zerwürfnis gab, war wohl ich, obwohl es zwischendurch immer mal wieder Sendepausen gegeben hat. Letztlich hatte er zu mir stets ein sehr gutes Verhältnis gehabt. Ich habe mich immer als seinen Haupt- und Lieblingsschüler angesehen; und er war in Bezug auf mich besonders eifersüchtig, wenn ich allzu freundlich von konkurrierenden Theoretikern sprach.

Wie verhielt sich Tenbruck während der Studentenunruhen, die es ja auch in Tübingen gab?

Es gab diese Schwierigkeiten, verstärkt auch in Tübingen, mit den SDS-Leuten. Da brach sozusagen der Krieg aus. Tenbruck war von Hause aus eigentlich ein Liberaler gewesen, auch in der Hochschulpolitik; doch war er auch Gründungsmitglied des Bundes „Freiheit der Wissenschaft". Weil er in Tübingen die Zielscheibe linker Studenten war, hat Tenbruck mehrere Jahre überhaupt nicht öffentlich gelehrt – wir haben regelrecht den „Laden dicht gemacht", weil wir mehrere *Go-ins* und *Sit-ins* erlebt hatten. Das Institut wurde belagert, und daraufhin hat Tenbruck einfach den Betrieb eingestellt, und dies über mehrere Jahre. In Tübingen galten wir als die verhassten Rechten. In Frankfurt gab es das noch nicht, obwohl es sich auch dort schon zusammenbraute. Ich selbst war zu dieser Zeit immun gegen die Avancen der SDS, weil ich Assistent bei Tenbruck war und ihn trotz aller Schwierigkeiten mochte. So war für mich auch völlig inakzeptabel, was sich da bei den *Go-ins* und *Sit-ins* zeigte; auch vom Stil her fand ich das alles abstoßend.

Dabei hatte Tenbruck sich schon lange Jahre vor der Studentenbewegung ausgiebig mit dem Thema „Jugend" auseinandergesetzt.

Richtig. Es war ihm nicht in die Wiege gelegt, dass er in Tübingen zur Zielscheibe des studentischen Protestes werden sollte. Er hat eben etwas Unbeugsames an sich gehabt. Mit etwas mehr Diplomatie hätte er diese Krise hinbekommen. Roland Eckert, Günther C. Behrmann und ich haben damals versucht, Frieden zu stiften. Den Anführer der Fachschaft Soziologie, Tilman Allert, hielten Eckert und ich für einen vernünftigen Menschen und wollten ihn aufbauen als Bollwerk gegen den SDS. Deshalb haben wir Tenbruck veranlasst, dass er Allert zu den Seminarsitzungen, in denen es um die Verwaltung des Seminars ging, einlud. Aber letztlich ging dieser Vermittlungsversuch schief, hauptsächlich wegen Tenbruck.

Tilman Allert hat in einem Interview mit unserer Forschungsgruppe erzählt, dass Friedrich Tenbruck eine Person war, die offene Konflikte eher gescheut hat.

Das würde ich so nicht sagen. Tenbruck war eher jemand, der nach dem Prinzip „viel Feind, viel Ehr'" angetreten ist. Hätte er Konflikte gescheut, hätte er viel diplomatischer gehandelt. Berühmt geworden ist die Episode, wie Habermas die SDS-Studenten als Widergänger der Nazis bezeichnet hat. Tenbruck hat es auch so gesehen, vor allem das Rumschreien erinnerte ihn an die Art, wie der NS-Studenten-Bund Professoren niedergemacht hat. Ich glaube also nicht, dass Tenbruck konfliktscheu gewesen ist. Kompromisse lagen ihm schlichtweg nicht. Um ein anderes Beispiel zu nennen, das konnte man im Österreichischen Fernsehen beobachten: Bei einer Live-Sendung steht er einfach auf, sagt, dass er unter diesen Umständen nicht länger sitzen bleiben könne, schmeißt den Stuhl um und geht – und die Kamera verfolgt ihn, wie er langsam aber sicher in der Kulisse verschwindet. So war er. Und die Tenbruck-Assistenten waren um '68 denn auch inneruniversitär fast schon als Faschisten gebrandmarkt. Dieser Faschismusvorwurf zirkulierte hin und her. Die Studenten schimpften ihre Gegner als Faschisten, Tenbruck beschimpfte auf der anderen Seite die Studenten als Widergänger der Nazis. In Tübingen hing das alles mit der Person Tenbrucks zusammen: Die Studenten haben sich einen Menschen ausgesucht, bei dem sie sicher sein konnten, dass er dem Feindbild entspricht; anfangs vielleicht noch nicht, aber je stärker sie ihn angriffen, desto stärker entwickelte er sich in die Rolle hinein, die man sich von einem autoritären Professor, der rechthaberisch ist und der überhaupt keine Form von Mitbestimmung zulässt, eigentlich wünscht. Im Institut aber, wo es privat und patriarchalisch zuging, konnte man sich durchaus melden und sagen, wenn man anderer Ansicht war; und wenn Tenbruck das Gefühl hatte, dass es freundlich gesagt wurde, war er auch bereit, mit sich reden zu lassen. Ich bin relativ früh, ich war noch nicht mal habilitiert, nach Esslingen gegangen, wo ich erst Dozent und dann Professor an der dortigen Pädagogischen Hochschule wurde. Ich setzte mich in Tübingen in den Zug und fuhr nach Esslingen, es dauerte ungefähr eine Stunde, bis man dort ankam – ich stieg also in Tübingen quasi als Faschist ein und kam in Esslingen als Scheißliberaler wieder heraus; eine sehr gute Entwicklung in einer Stunde Zugfahrt, und sogar ohne dass ich mir eine neue Meinung hätte zurecht legen müssen.

Welches Verständnis von Soziologie hat Tenbruck in dieser Zeit gehabt?

Generell hat er zunächst eine Soziologie vertreten, die er hinterher nicht mehr so vertreten hat. Er hatte eine starke empirische Tendenz und vertrat damals die amerikanische Soziologie, die er dann hinterher in hohem Maße abgelehnt hat. Beispielsweise war er anfangs ein großer Anhänger von Parsons und fühlte sich der amerikanischen Rollentheorie sehr verbunden; damit hat ja alles angefangen, siehe nur die Auseinandersetzung mit Dahrendorf, bei der Tenbruck das Loblied auf die amerikanische damalige Systemtheorie gesungen hat[9]. Die *Living classics* haben wir bei ihm alle gelesen. Hinzu kamen die Helden aus der deutschen Tradition, vor allem Weber, Simmel und Dilthey. Dann natürlich der starke Wandel in seinem Buch über die Soziologie[10], wo er viele Thesen vorgetragen hat, die auch von Adorno hätten stammen können; das hätte man ihm aber nicht sagen dürfen. Hier wird Tenbruck mit einem Mal zu jemandem, der das gesamte Geschäft der empirischen Sozialforschung für verfehlt hält und der Ansicht ist, dass die aktuelle Soziologie die Bedeutungsdimensionen und auch Kommunikation und soziales Handeln nicht angemessen berücksichtigt. Vielen ist nicht klar, dass Tenbruck zu Beginn die Arbeit von Luhmann, den er übrigens mal als den „Buchhalter Gottes" bezeichnete, als eine wichtige Entwicklung ansah, die weitergeführt werden sollte. Außerdem hat ihn jede Art von Soziologie gestört, die die Bedeutungsdimension vernachlässigt; das zeigt auch „Geschichte und Gesellschaft", wo man nachlesen kann, dass die Gesellschaft soweit reicht, wie Kommunikation reicht – ein ganz luhmannianischer Gedanke, und zwar noch vor dessen kommunikativer Wende.

Tenbruck hat neben Ihnen noch andere Mitarbeiter aus seiner Freiburger Zeit mit nach Frankfurt gebracht. Sind in Frankfurt neue Schüler hinzugekommen?

In Freiburg gehörte Karla Fohrbeck dazu, die persönlich ein sehr enges Verhältnis zu Tenbruck hatte, und Barbara Fülgraff und Alfred Bellebaum sind ebenfalls mit-

---

[9] Friedrich H. Tenbruck, Zur deutschen Rezeption der Rollentheorie, in: Kölner Zeitschrift für Soziologie und Sozialpsychologie 13 (1961), S. 1–40.
[10] Friedrich H. Tenbruck, Die unbewältigten Sozialwissenschaften oder Die Abschaffung des Menschen. Graz/Wien/Köln 1984.

gekommen nach Frankfurt und wurden hier Tenbrucks Assistenten. Einige seiner
Schüler (wie Roland Eckert und Günther C. Behrmann) sind ohne den Umweg über
Frankfurt direkt aus Freiburg nach Tübingen mitgegangen. Frankfurter Schüler
gab es nur sehr wenige. Auch Hans Braun, der dann erst in Tübingen und danach
in Trier Professor wurde, war schon in Freiburg dabei, obwohl er in Frankfurt sein
Diplom gemacht hat. Tenbruck hatte dort kaum Doktoranden. Er war ja nicht sehr
lange in Frankfurt; er ist 1963 hingekommen und war 1967 wieder weg. Ich kann
mich jedenfalls nicht erinnern, dass es einen Schülerkreis gab, der sich direkt in
Frankfurt gebildet hätte.

Man hat Tenbruck bisweilen als Anti-Soziologen im Sinne Schelskys bezeichnet.
Lässt sich diese Charakterisierung aufrechterhalten?

Ich würde Tenbruck nicht als Anti-Soziologen bezeichnen. Er war vielmehr ein
Gegner jener Soziologie, die das Wichtigste am Sozialen, nämlich Sinn und Bedeutung, weitestgehend vernachlässigt. Mit seiner Kritik ist er vielleicht übers Ziel
hinausgeschossen, aber ein Anti-Soziologe in dem Sinne, dass er soziologische
Argumentationen nicht mehr praktizierte, war er sicher nicht. Wenn man die „Unbewältigten Sozialwissenschaften" mit dem Schelsky-Buch vergleicht, dann
sieht man sofort, dass da in Bezug auf den antisoziologischen Affekt zwischen
Tenbruck und Schelsky Welten liegen. Tenbruck hat bis zum Schluss die großen
soziologischen Lichtgestalten hochgehalten: Simmel, Weber und auch Dilthey,
den er auch als Soziologen verstanden hat. Ein anderer Ansatz war die Soziologie
Durkheims. In seinem Aufsatz über Durkheim in der *Zeitschrift für Soziologie*[11]
versucht Tenbruck diese Position deutlich zu machen – und dies bei aller formalen
Nähe zwischen Durkheim und Simmel, die ja beide eine Art formaler Soziologie
betreiben, obwohl zwischen beiden ein Graben verläuft. Im Grunde geht es immer
um das Einfangen historischer Bedeutungen, um die Berücksichtigung von Ein-
maligkeiten und Situationen und um die nur begrenzte Zählbarkeit dessen, was
sich im Sozialen abspielt. Auch da, würde ich sagen, ist Tenbruck etwas zu weit
gegangen, aber wenn man sich ansieht, was es alles in der quantitativen Forschung
gibt, kann man schon sagen, dass nicht alles falsch war, was er da gesehen hat.
Man muss bedenken: Zu der Zeit, als Tenbruck diese Sachen schrieb, gab es die
qualitative Sozialforschung in der heutigen Form so gut wie nicht, jedenfalls nicht
als etablierte Veranstaltung.

---

[11] Friedrich H. Tenbruck, Emile Durkheim oder die Geburt der Gesellschaft aus dem Geist der Soziologie, in: Zeitschrift für Soziologie 10 (1981), S. 333–350.

Das trifft auch auf den Kulturbegriff in seiner heutigen Bedeutung zu.

Ja, das ist natürlich ein ganz wichtiger Punkt. Das Gegenprogramm, das Tenbruck der herrschenden Soziologie entgegengesetzt hat, war die Kultursoziologie, so wie er sie verstand. Das erste Dokument dieser Positionsbestimmung war das mit Wolfgang Lipp herausgebrachte Heft der Kölner Zeitschrift für Soziologie und Sozialpsychologie.[12] An den ersten Sitzungen der Sektion nahm übrigens auch Ulrich Oevermann teil, der auf seine Weise eine große Enttäuschung in Bezug auf die übliche quantitative Forschung erlebt hatte; da gab es also durchaus Berührungspunkte.

Wenn Sie zurückdenken an Ihre Zeit in Frankfurt: Würden Sie sagen, dass das Profil der Frankfurter Soziologie letztlich doch von der Kritischen Theorie geprägt ist – während alles andere sozusagen „nebenher lief"?

Ich würde sagen, dass dies die etablierte Sicht ist. Das hätten auch damals wohl fast alle gesagt, wenn man sie gefragt hätte. Ich persönlich sehe das natürlich nicht so. Ich hatte eher das Gefühl, dass die Vertreter der Kritischen Theorie keine Soziologen waren, sondern eher Philosophen, die noch nicht bei der richtigen Soziologie angekommen waren. Eigentlich haben wir – das glaubte ich jedenfalls damals – die richtige Soziologie betrieben – damit meine ich vor allem Tenbruck und Luckmann. Ich war damals fest davon überzeugt, dass die amerikanische Soziologie, die von Tenbruck und Luckmann vertreten wurde, das Modernste und Entwicklungsfähigste sei und dass von den Deutschen am ehesten Gehlen, Schelsky oder die Göttinger Anthropologen dazugehörten. Wohingegen ich die Kritische Theorie als eine interessante belletristische Veranstaltung eher dem Bereich der Philosophie oder, bei Adorno natürlich ganz großartig, der Literaturwissenschaft zuschlagen würde. Wenn man will, kann man fast von einem *double paradigm* sprechen, und ich fand, dass unseres das eigentlich richtige Paradigma war. Wenn man sich anschaut, wie es sich alles entwickelt hat, könnte man fast sagen, dass beispielsweise Habermas in der Soziologie im engeren fachlichen Sinne gar nicht reüssiert hat und dass sich vor allem beim späteren Habermas die sozialphilosophische Dimension sehr viel stärker entfaltet hat und er damit zu Recht berühmt geworden ist als einer der größten Philosophen der Welt. Er hatte anfangs Soziologie viel stärker betrieben, aber die zunächst stark marxistisch orientierte Dimension ist bald weggeschmolzen. Von den späteren Arbeiten, die Habermas geschrieben hat, würde man kaum auf einen marxistischen Hintergrund schließen können; und man würde sich kaum vorstellen können, dass dieser Mann sich bei Abendroth

---

[12] Kölner Zeitschrift für Soziologie und Sozialpsychologie 31 (1979), Heft 3.

habilitiert hat. Die Arbeit[13] sollte bekanntlich ursprünglich in Frankfurt geschrieben werden, aber dann kam das Donnerwetter von Horkheimer; damals kannte
man die entsprechenden Briefstellen natürlich noch nicht, aber das Zerwürfnis
war schon bekannt geworden. Bergstraesser hat uns erzählt, dass er, der eher auf
der eher „rechten Seite" der Soziologie stand, dafür gesorgt habe, dass Habermas
bei Abendroth untergekommen ist. Hinterher, allerdings erst über den Umweg
über Heidelberg, ist Habermas nach Frankfurt zurückgekommen, obwohl sie
ihn dort rausgeekelt hatten. Die Kritische Theorie ist eben auch keine friedliche
und homogene Gruppe gewesen. Tenbruck war ja selbst eine Zeit lang in deren
Umfeld und schon damals hat es diese Hackordnungen gegeben; viele Leute, die
bei Horkheimer waren, haben vor allem Adorno als den Störenfried angesehen.
Ich kann das nicht beurteilen, weil ich davon zu weit entfernt war und Adorno
immer nur aus der Distanz von 50 Metern im Hörsaal VI gesehen habe. Ich habe
nur einmal mit Adorno gesprochen. Das war, als er mir nach meiner Promotion
gratuliert hat. Dazu waren zumindest damals die Sphären denn doch zu sehr voneinander entfernt, als dass es zu Gesprächen zwischen Adorno und den Schülern
von Adorno hätte kommen können.

Dieses Interview mit Alois Hahn wurde im Sommer 2008 von Fehmi Akalin und Thorsten Benkel
in Trier durchgeführt.

---

[13] Jürgen Habermas, Strukturwandel der Öffentlichkeit. Untersuchungen zu einer Kategorie der
bürgerlichen Gesellschaft, Neuwied 1962.

Links und rechts der Zeppelinallee: Die beiden Seiten Adornos

Gespräch mit Herbert Schnädelbach

Sie sind zu Kriegsende neun Jahre alt gewesen und haben insofern die Kriegszeit noch miterlebt. Haben sich diese Erfahrungen darauf ausgewirkt, wie Sie sich später orientiert haben, z. B. hinsichtlich Ihres Studiums?

Meine Familie hat den Schrecken des Krieges noch erlebt: Zunächst durch eine dreitägige Flucht aus Schlesien im Januar 1945, und es ist ein Wunder, dass wir trotz Schneesturm und ausfallende Züge überhaupt in Dresden angekommen sind. Als wir 14 Tage dort waren, kam der furchtbare Angriff, den wir vier Geschwister mit unserer Mutter wirklich nur um ein Haar überlebt haben. Dann ist mein Vater im April 1945 im damaligen Jugoslawien gefallen. Diese Erfahrung steckt bis heute in mir; und anschließend gab es in der damaligen russischen Zone vier sehr schlimme Hungerjahre. Das hat dann für meine ganze Stellung zu dem, was ich dann auch in Frankfurt erlebt habe, eine große Bedeutung gehabt. Zum einen konnte ich überhaupt nicht verstehen, dass Adorno dazu neigte, diese junge Bundesrepublik, in der es uns doch nun leidlich gut ging und wir eigentlich auch ein ganz angenehmes Leben ohne materielle Sorgen hatten, immer noch mit dem Grauen des Faschismus und mit Auschwitz in Zusammenhang zu bringen. Ich habe nie ganz verstanden, warum Adorno diese Rhetorik gebrauchte, so als hätte sich gegenüber dem Schrecken des Nationalsozialismus gar nichts Wesentliches verändert. Der andere Punkt, der mich immer abgestoßen hat, war die Gewaltrhetorik der Studenten- und Jugendbewegung. Da wurden andauernd Strategien entwickelt, und da musste immer irgendetwas zerschlagen werden. Das alles war mir einfach zuwider, weil ich schon als Kind erlebt habe, was es bedeutet, wenn Gewalt gegen Menschen ausgeübt wird. Das sind für mich als Angehöriger einer Generation, die den Krieg als Kind noch bewusst erlebt hat, sehr wichtige Dinge. Die Bundesrepublik war so etwas wie ein Refugium, wie ein hoffnungsvoller Neuanfang. Paradies will ich nicht gerade sagen, aber es war im Rückblick auf den erlebten Schrecken doch eine hoffnungsvolle Zeit. Die Frankfurter Negativ-Rhetorik beruhte ja immer nur darauf, dass keine „Versöhnung" möglich sei, und dass man halt in einer antagonistischen Gesellschaft lebe; dies war für mich in dieser Form nicht nachvollziehbar.

War das denn in den 50er-Jahren auch schon so? Oder kam diese Negativ-Rhetorik bei den Studenten erst später auf?

Nach meiner Erinnerung war dies ab 1960–61 der Fall. Aber das hing auch damit zusammen, dass ich relativ lange gebraucht habe, um überhaupt in den inneren Adorno-Kreis zu gelangen, weil ich aus einer ganz anderen Ecke kam. Ich hatte ja von Philosophie ursprünglich überhaupt gar keine Ahnung und wollte damals Lehrer werden. Ich hatte mit Deutsch und Geschichte angefangen; aber das habe ich ja alles Josef Früchtl berichtet, wie ich zur Philosophie gekommen bin.[1] Bei Adorno bin ich 1962 Hilfskraft geworden, und dann erst habe ich das ganze kritische Klima richtig mitbekommen. Bei einer Tagung zum 100. Geburtstag von Adorno in Frankfurt haben wir darüber gesprochen, wie wir damals Adorno erlebten; Ludwig von Friedeburg war auch dabei. Ich habe in diesem Zusammenhang ungefähr gesagt: „Im Philosophischen Seminar herrschte stets eine Andachtsstimmung im Sinne von ‚Es ist alles schrecklich' und ‚Es ist alles ausweglos', ‚Jede partielle Verbesserung ist eine nur Bestätigung des schlechten Ganzen", also ein absoluter dialektischer Negativismus." Ludwig von Friedeburg widersprach sofort und sagte: „Nein, nein, Adorno war in unserem Institut ganz reformistisch. Er hat sich um die Lehrerausbildung und um die Soziologenausbildung gekümmert; er hat doch auch Aufsätze wie ‚Erziehung nach Auschwitz' und ‚Was heißt Bewältigung der Vergangenheit' geschrieben."[2]. Da bin ich dann zu dem Schluss gekommen, dass es offenbar zwei Adornos gegeben hat – einmal rechts und einmal links der Zeppelinallee: Im Philosophischen Seminar, wo das ‚unendliche Grauen' und ‚Das Ganze ist das Unwahre' zelebriert wurden, und auf der anderen Seite der Zeppelinallee, nämlich im Institut für Sozialforschung, wo man linke reformistische Politik betrieb.

Sie sind ja 1955 nach Frankfurt gekommen. Zu dieser Zeit wurden am Institut für Sozialforschung verschiedene empirische Studien wie „Student und Politik" durchgeführt.[3] Die Arbeit an dieser Studie begann um 1957 und vorher gab es das Gruppenexperiment. Dabei ging es ja unter anderem auch darum, welche neue Mentalität sich in der Bundesrepublik ausgebildet hat.

Das war links der Zeppelinallee, denn das waren eben die großen Projekte des Instituts für Sozialforschung. Habermas hat selbst darauf hingewiesen, dass

---

[1] Herbert Schnädelbach, Philosophieren lernen, in: Josef Früchtl/Maria Calloni (Hrsg.), Geist gegen den Zeitgeist. Erinnern an Adorno, Frankfurt am Main 1991, S. 54–67.
[2] Theodor W. Adorno, Erziehung nach Auschwitz. Vortrag im Hessischen Rundfunk, gesendet am 18. April 1966, in: Gesammelte Schriften, Bd. 10:2, Frankfurt am Main 1977, S. 674–690; ders., Was bedeutet: Aufarbeitung der Vergangenheit? (1959), ebd., S. 555–572.
[3] Jürgen Habermas/Christoph Oehler/Ludwig von Friedeburg, Student und Politik. Eine soziologische Untersuchung zum politischen Bewusstsein Frankfurter Studenten, 3. Aufl. Neuwied 1969.

damals durch Horkheimer überhaupt erst die Soziologenausbildung professionalisiert worden ist, nämlich durch die Einführung des Diplomstudienganges für Soziologie. Da mussten natürlich auch die entsprechenden Studien betrieben werden. Es gab dadurch einen großen klimatischen Unterschied zwischen dem Institut für Sozialforschung und dem Philosophischen Seminar, und dies vor allem auch dadurch, dass sich das Personal links und rechts der Zeppelinallee ganz wesentlich voneinander unterschied. Wir hatten ja gar keine Ahnung, was für eine Soziologie im Institut für Sozialforschung betrieben wurde. Man ging zwar auch ins soziologische Hauptseminar von Adorno und bekam da einiges mit, und dann gab es ja auch die *Soziologischen Grundbegriffe*[4] – für uns damals ein sehr wichtiges Buch. Wir haben also nebenbei auch Soziologie studiert, aber sonst war der Unterschied doch sehr deutlich. Denken Sie bitte daran, dass ich nur von *meinen* Erfahrungen spreche: Dass es eigentlich zwei Adornos gegeben habe, hat sich mir erst im Nachhinein so dargestellt.

Als er 1983 nach Frankfurt zurückkam, hat Habermas bemerkt, dass die Studenten, die an der Kritischen Theorie interessiert waren, nur noch Philosophie studierten und dass der Austausch mit der Soziologie aufgehört hatte. Diese Auseinandersetzung mit der Soziologie ist doch in den 50er Jahren sehr stark gewesen?

Sie dürfen ja eins nicht vergessen: In den 50er und 60er Jahren sind wir noch in einer Zeit, in der die Philosophie und auch die Soziologie noch personengebundene Bedeutungsdisziplinen waren. Die Soziologie oder die Philosophie wurden jeweils durch einen Großprofessor und seine Mitarbeiter repräsentiert. Wenn man Philosophie studierte, dann studierte man entweder bei Max Horkheimer oder bei Helmuth Plessner oder bei Hans-Georg Gadamer oder bei Wolfgang Stegmüller; und in der Soziologie war es auch nicht sehr viel anders. Das Ende der Ordinarienuniversität in den 70ern brachte es mit sich, dass die Fächer nun kollegial repräsentiert werden mussten und nicht mehr personengebunden durch irgendeinen Großordinarius. Man sprach dann zwar noch von „Schulen"; aber das ist dann bald zu Ende gegangen – und zwar durch die Generationenablösung. Die soziologischen Kollegen werden das genauso erlebt haben. Ging man auf Tagungen, dann waren da plötzlich die jüngeren Assistenten der angeblichen Todfeinde, mit denen man sich fantastisch unterhalten konnte. Zudem waren sie politisch völlig normal und vernünftig, und solche Erfahrungen trugen wesentlich dazu bei, dass jene großen Schulschranken allmählich fielen. Der berühmte Positivismusstreit war in dieser Zeit fast schon anachronistisch. Damals gab es zwar „Großkopferte" wie Hans Albert und Jürgen Habermas, die sich für ihre jeweilige Tradition in die

---

[4] Vgl. Theodor W. Adorno, Soziologische Schriften. 2 Bände. Gesammelte Schriften, Bd. 8 und 9, Frankfurt am Main 1972–1975.

Bresche warfen. Das haben wir staunend und zum Teil kopfschüttelnd verfolgt, und es war auch schnell vorbei. Mein Dienstvertrag bei Adorno lief 1966 aus und dann war ich eigentlich weg vom Fenster. Ich hatte damals ein DFG-Stipendium zur Habilitation und musste meine Zeit nutzen. Das habe ich Gott sei Dank auch gemacht; und dadurch habe ich zwischen 1966 und 1969 vieles von dem, was da an der Frankfurter Uni vor sich ging, nur am Rande mit bekommen. 1970 habe ich mich habilitiert und war dann Privatdozent. Dann kam die Hessische Hochschul-reform, und die alten Privatdozenten wurden in C2-Professuren übergeleitet. Ich wurde erster Dekan am neu gegründeten Fachbereich Philosophie. Warum dieser überhaupt gegründet wurde und warum man nicht in der Frankfurter Tradition mit den Sozialwissenschaften geblieben ist, weiß ich nicht genau, aber ich bin mir ziemlich sicher, dass dies wesentlich von Habermas ausgegangen ist. In der ersten Sitzung des neu gegründeten Fachbereichs, in dem ich Dekan war, saß Habermas noch als Mitglied im Fachbereichsrat, um dann aber sofort nach Starnberg zu gehen.[5] Er war damals auch an der Hochschulreform in Hessen beteiligt gewesen, und wir haben es schade gefunden, dass er genau in dem Augenblick, in dem die neue Universitätsverfassung in Kraft trat, unsere Universität verließ.

Man kann nachvollziehen, dass Sie enttäuscht über Habermas' Weggang waren, da Habermas ja an der Hochschulreform prominent beteiligt war.

Wir „Philosophen" wollten damals nicht mit den Gesellschaftswissenschaftlern zusammengehen, denn wir hatten nämlich Angst, von denen dominiert zu werden, weil es ja bislang immer eine ganz enge Ehe zwischen Philosophie und Gesell-schaftstheorie gab. Wenn man in den 60er Jahren in Frankfurt Philosophie studierte, musste man sich dafür rechtfertigen, da die Überzeugung vorherrschte, dass alle rationalen Probleme, die wir haben, in Wahrheit gesellschaftliche Probleme seien. Das war immer noch eine Wirkung des Marxismus. Diese Präsenz von Marx in allen möglichen Variationen kann man sich heute gar nicht mehr vorstellen; immer noch war da die Vorstellung im Spiel, dass die Philosophie in Wahrheit überholt sei, und dass sie sich durch ihre Verwirklichung selbst aufheben sollte. Diese These aus Marx' *Kritik der Hegelschen Rechtsphilosophie* von 1844 geisterte damals in den Köpfen herum.[6] Und es gab ja auch jenen ersten Satz Adornos aus der *Nega-tiven Dialektik* von 1966: „Philosophie, die einmal überholt schien, erhält sich am

---

[5] Die konstituierende Sitzung aller neu gegründeten Frankfurter Fachbereiche fand im Zuge der Auf-lösung der vormaligen Fakultäten am 7. Juli 1971 statt. Habermas war anschließend von 1971–1980 Direktor am *Max-Planck-Institut zur Erforschung der Lebensbedingungen der wissenschaftlich-technischen Welt* in Starnberg und kehrte erst 1983 wieder nach Frankfurt zurück..
[6] Karl Marx, Kritik der Hegelschen Rechtsphilosophie. Einleitung, in: Karl Marx/Friedrich Engels, Werke, Bd. 1, Berlin 1974, S. 378–391.

Leben, weil der Augenblick ihrer Verwirklichung versäumt ward."[7] So musste man die Eigenständigkeit der Philosophie gegenüber der Gesellschaftstheorie erst wieder beweisen. Ich habe mich ja über ein Thema habilitiert, das damals völlig abseitig war, nämlich über den Positivismus. Ich rechne es Adorno ganz hoch an, dass er auch gegenüber der Deutschen Forschungsgemeinschaft unterstützt hat, dass ich das mache, obwohl für ihn Positivismus eigentlich immer das rote Tuch war. Kein Mensch wusste damals genau, was das ist, und das war ja auch die große Crux im Positivismusstreit. Wenn Sie das heute nachlesen, was da als Positivismus angegriffen wurde, war das vor allen Dingen die Philosophie Karl Poppers. Ausgerechnet Popper, der einer der schärfsten Kritiker des Positivismus war, wurde da als Positivist geführt! Später hat Adorno das auch eingeräumt und gesagt: „Natürlich ist der Popper das nicht und der Albert auch nicht." Aber da gab es auch solche Sprüche wie: „Max Weber ist ein Erzpositivist gewesen." Das war eine absolute Verwirrung. Um dem abzuhelfen, habe ich dann angefangen, über den Logischen Positivismus zu arbeiten, und dabei ist natürlich ebenfalls eine kritische Arbeit herausgekommen[8], aber doch nicht in dem Sinne, wie man das immer in Frankfurt am Institut assoziiert hat: „Positivismus, das ist reaktionär"; „Positivisten – das sind die Konservativen – die Unkritischen"; also „Kritische Theorie hier und Positivismus-Dummheit dort", bis man dann gemerkt hat, dass das gar nicht stimmt, dass zum Beispiel die Vertreter des Wiener Kreises, also Leute wie Otto Neurath oder auch Rudolf Carnap, linke Sozialdemokraten waren. Dieses philosophische Weltbild war schlicht falsch, und als ich dann habilitiert war, habe ich sofort meine eigenen Sachen vorgetragen und damit zur Rezeption der Analytischen Philosophie beigetragen. Ich galt in dieser Zeit in Frankfurt als analytischer Philosoph. Dadurch habe ich sicher geholfen, die Selbständigkeit der Philosophie gegen den Universalanspruch der Gesellschaftstheorie wieder zu stabilisieren. Das war die Situation, wie ich sie in Frankfurt erlebt habe, und das hat natürlich auch Angriffe provoziert. Es gab ja hier auf der Philosophenseite, und gar nicht so sehr auf der Soziologenseite, eine ziemlich aggressive Adorno-Orthodoxie, die mit allen Mitteln versuchte, nach Adornos Tod an der „reinen Lehre" festzuhalten. Das ging so weit, dass diese Leute, als man Leszek Kolakowski nach Frankfurt berufen wollte, gleich einen offenen Brief an ihn schrieben, dass er um Himmels Willen nicht kommen soll, obwohl er noch gar nicht gesagt hatte, dass er kommen wolle.[9] Es waren wirklich extrem kontroverse Zeiten; die Auseinandersetzung mit

---

[7] Theodor W. Adorno, Negative Dialektik, Frankfurt am Main 1966, S. 15.
[8] Herbert Schnädelbach, Erfahrung, Begründung und Reflexion. Versuch über den Positivismus, Frankfurt am Main 1971. Diese Arbeit hatte der Philosophischen Fakultät der Goethe-Universität Frankfurt im WS 1969–70 als Habilitationsschrift vorgelegen.
[9] Siehe hierzu auch den Bericht von Ivo Frenzel über die damit im Zusammenhang stehende Berufung des Münsteraner Soziologen Horst Baier als Nachfolger von Adorno im neu gegründeten Fachbereich

der sich zunehmend versteinernden Kritischen Theorie hat damals viele aufgeregt. Aus dieser Tradition eine neue Orthodoxie zu machen, war eigentlich absurd. Die Orthodoxen haben natürlich auch aus Angst und Unsicherheit versucht, sich an den heiligen Texten festzukrallen, um dieses Erbe unter allen Umständen zu bewahren. Habermas galt deshalb als der große Zerstörer der Kritischen Theorie. Das kann sich heute fast überhaupt niemand mehr vorstellen. Habermas war das große Objekt des Hasses dieser Adorno-Orthodoxie, und weil ich mich nicht von ihm distanzierte, gehörte ich dann natürlich in dieselbe Schublade.

Habermas sagt auch, dass dies nicht nur orthodoxe Adorniten, sondern auch orthodoxe Marxisten gewesen sind ...

Das ist ein anderes Thema. Da gibt es keinen direkten Zusammenhang. Ich habe eigentlich nicht feststellen können, dass es nach Adornos Tod bei den Soziologen etwas Ähnliches wie eine Kritische-Theorie-Orthodoxie gegeben hätte. Das hängt damit zusammen, dass Adorno sich in seinen letzten Lebensjahre durch die Arbeit an seiner *Negativen Dialektik* fast ausschließlich der Philosophie widmete, die er ja auch in zahlreichen Vorlesungen vortrug, zu denen Werner Becker und ich immer die Tonbandgeräte geschleppt haben. Das Buch ist 1966 erschienen. Es gab zwar immer noch die *Soziologischen Grundbegriffe*, das war das Marschgepäck für alle.[10] In der Soziologie dominierten dann aber eben doch echte Soziologen wie Ludwig von Friedeburg, die das im Institut bisher Geleistete weiterentwickelten. Zweitens kann man sagen, dass die Studentenschaft und auch die Assistentenschaft immer marxistischer wurden, und dadurch war bald die marxistische Kritik an der Kritischen Theorie in aller Munde. Das hat Adorno ja auch selbst noch erlebt, als er während der Studentenbewegung nach Berlin kam, um einen Vortrag über die „Iphigenie"[11] zu halten versuchte und dabei ausgelacht und verhöhnt wurde. Die politisierte Studentenschaft hatte mit der älteren Kritischen Theorie, d. h. mit Adorno etc. nichts mehr am Hut. In Frankfurt gab es dazu eine sehr starke Spontitradition, viel stärker als in Berlin, und weniger orthodox als dort. Man war natürlich Marxist, aber natürlich nicht im Sinne der sowjetischen oder SED-Doktrin. Die *Grundrisse*, ein dicker Wälzer mit den Entwürfen von Marx zu seinem Hauptwerk *Das Kapital,* spielten dabei eine große Rolle; das war gewissermaßen die Geheimbibel. Was man im *Kapital*, das man kannte, vermisste, sollte in den *Grundrissen* von Marx

---

Gesellschaftswissenschaften der Universität Frankfurt, der im Anhang dieses Bandes abgedruckt worden ist.

[10] Vgl. Anm. 4.

[11] Theodor W. Adorno, Zum Klassizismus von Goethes Iphigenie, in: Noten zur Literatur. 3 Bände, Berlin/Frankfurt am Main 1958–1965 S. 495–514.

immer schon alles gestanden haben.[12] Hinzu kommt, dass man die ältere Kritische Theorie ja erst einmal wieder lesen musste. Bis Mitte der 60er Jahre waren die großen Aufsätze aus den 30er Jahren aus der *Zeitschrift für Sozialforschung* gar nicht verfügbar. Horkheimer hatte die Zeitschriftenbände mit seinen Aufsätzen aus den 30er Jahren im Archiv des Instituts für Sozialforschung verschlossen. Alfred Schmidt hat dann eine Auswahl dieser Aufsätze unter dem Titel *Zur Kritik der instrumentellen Vernunft* veröffentlicht.[13] Horkheimer hat dabei diese Aufsätze *gepurged*, wie er das nannte, was vor allen Dingen die marxistischen Redewendungen betraf. Diese Selbstzensur fand aus Angst statt, dass das Institut noch einmal mit dem Marxismus in einen Topf geworfen werden könnte, und deshalb waren diese Sachen nicht so bekannt. Es war ja nur die *Dialektik der Aufklärung*[14] bekannt; aber aus der *Dialektik der Aufklärung* konnte man keine politischen Programme ableiten; sie führte ja eher zu der schon erwähnten Weltuntergangsstimmung rechts der Zeppelinallee. Die Schriften, die sich zur politischen Umsetzung eher eigneten, waren die von Marx und von den revisionistischen Marxisten der 20er und 30er Jahre, und natürlich die von Herbert Marcuse. Im Grunde muss man sich das so vorstellen: Alle haben immer vor der Genialität Adornos den Hut gezogen; aber man glaubte, dass man, was die Gesellschaftstheorie betrifft, doch längst über ihn hinaus sei und bei Marx alles finden könne.

Könnten wir noch einmal auf die 50er Jahre eingehen? Sie haben doch irgendwann einmal auch eine Seminararbeit bei Horkheimer und Adorno vorgestellt; und dann konnten Sie nicht die erwünschte Interpretation leisten, weil die Hegelinterpretation durch die Marxsche Kritik über Hegel wieder zu Kant führte. Wie soll man sich das vorstellen?

Das muss ich etwas ausführlicher erzählen. Ich habe ab 1957 Philosophie studiert und war bei Horkheimer im Proseminar. Als ich genug Scheine hatte, bin ich in das Hauptseminar gegangen. Das war das erste Seminar über Hegels *Wissenschaft der Logik,* das Horkheimer und Adorno gemeinsam veranstaltet hatten. Und da ist das passiert, was ich Früchtl erzählt habe, nämlich dass ich in naiver Weise ein Referat übernommen und dann den Text überhaupt nicht verstanden habe.[15] Wir können uns das heute gar nicht mehr vorstellen, wie das in diesem Seminar ablief. Da wurde

---

[12] Karl Marx, Grundrisse der Kritik der politischen Ökonomie, Berlin 1953; ders., Das Kapital. Kritik der politischen Ökonomie, 3 Bände. in: Marx/Engels, Werke, Band 23–25, Berlin 1969–70.

[13] Max Horkheimer, Zur Kritik der instrumentellen Vernunft. Aus den Vorträgen und Aufzeichnungen seit Kriegsende hrsg. v. Alfred Schmidt, Frankfurt am Main 1992.

[14] Theodor W. Adorno und Max Horkheimer, Dialektik der Aufklärung, Amsterdam 1947. Siehe ferner, Theodor W. Adorno, Dialektik der Aufklärung, in: Rolf Tiedemann (Hrsg.), Gesammelte Schriften, Bd. 3, Frankfurt am Main 1997.

[15] Vgl. Anm. 1.

einfach der zweite Teil der *Wissenschaft der Logik* aufgeschlagen und dann wurde die sogenannte „Wesenslogik" – das ist übrigens der schwierigste Teil im ganzen Werk – einfach Satz für Satz gelesen. Dann sagten Horkheimer und Adorno, was ihnen dazu einfiel. Es wurde überhaupt nicht gesagt, dass dies ein Buch sei, das die und die Teile und den und den Zweck hat, und dass in der Vorrede dies und in der Einleitung jenes steht. Heute ist es ganz selbstverständlich, dass man sich einem Werk so nähert und erst einmal ernst nimmt, was der Autor selbst sagt, was es für eine innere Struktur hat und an welcher Stelle der Text steht, mit dem wir uns jetzt gerade befassen. Das fiel alles weg. Die beiden haben wirklich genial und sehr einfallsreich assoziiert mit dem, was da stand und das mit dem kontrastiert, was Kant dazu vielleicht gesagt hätte oder Marx; aber es kam nie das Ergebnis heraus: „So, das ist es." Das nannte man dann „Dialektik". Es wurde eigentlich immer um die Aussagen dieser Sätze gewissermaßen herum philosophiert; und es wurde nie gesagt: „So, das ist falsch und das ist richtig." Das hat mich auf die Dauer sehr gestört; und damit konnte ich auch nichts anfangen. Ich habe dann aber wie damals fast alle über Hegel promoviert, und zwar über seinen Freiheitsbegriff.

Wurden Sie aufgrund einer Seminararbeit zu promovieren aufgefordert?

Ich hatte in einem Seminar ein Referat über die Freiheitsschrift von Schelling gehalten.[16] Das hatte ich übernommen, und das ist sehr gut angekommen. Ich bin zu Adorno gegangen und habe ihn gefragt, ob er sich vorstellen könnte, dass ich bei ihm promoviere. Er hat sofort ja gesagt. Das war 1961; und dann haben wir das Thema ausgemacht, und 1962 hat er mir eine seiner Hilfskraftstellen gegeben.

Wie unterschieden sich die Hilfskraftstellen von den Assistentenstellen?

Die Hilfskräfte waren ja alles nichtpromovierte Leute. Und Sie dürfen nicht vergessen, dass es damals ja noch keinen Magister- und Diplomabschluss in Philosophie gab. Man promovierte mit einer Doktorarbeit und einer mündlichen Prüfung in drei Fächern. Das war das Doktorexamen. Wir hatten ja alle kein Examen, sondern direkt eine Doktorarbeit mit Adorno ausgemacht. Die Hilfskraftstellen bestanden darin, dass man immer in die Vorlesung ging und diese mit einem Tonbandgerät aufzeichnete. Das war natürlich manchmal schwierig, weil sich der Tonkopf durch das Hin- und Hertragen verstellt hatte. Dann war manchmal gar nichts auf dem Band. Zum Glück gab es dann einen Herrn Tillack, der sich bleibende Verdienste erworben hatte, weil er die Vorlesungen von Adorno immer mit stenographierte, so dass man dann die Lücken wieder schließen konnte. Das war die eine Aufgabe;

---

[16] Vgl. Friedrich W. J. Schelling, Über das Wesen der menschlichen Freiheit, Berlin 1995.

und die andere Aufgabe bestand darin, für Adorno-Zitate die Belegstellen heraus zu suchen. Er war immer unglaublich freundlich und liebenswürdig und sagte: „Kinder, ich habe einen Wunsch, bei Marx oder bei Hegel steht das und das." Und das haben wir dann herausgesucht. Wenn alle Lehramtskandidaten eine Klausur oder eine kleine philosophische Arbeit schreiben mussten, haben wir diese dann gelesen, einen Kommentar dazu geschrieben und Adorno eine Note vorgeschlagen, die er dann vergab – das hat er natürlich nicht selbst gemacht. Das war es im Wesentlichen. Dadurch hatte man eine Art Förderung. Das war nicht viel Geld, aber es reichte; und es war im Grunde wie eine Art Stipendium. Wenn man mit Adorno sprechen wollte, dann mussten wir uns einen Termin vierzehn Tage im Voraus geben lassen. Wir sahen ihn natürlich jeden Dienstag und jeden Donnerstag und erwarteten ihn vor dem Hörsaal – das erwartete er auch –, und dann gingen wir mit ihm ins Seminar. Dazwischen hatte er dann eine Stunde frei und wir haben ihn dann allein gelassen. Er fragte dann jedes Mal: „Wie war es denn?" Da war er immer mit der Antwort zufrieden, weil man in der Regel „vorzüglich" sagte.

Stand das nicht im Kontrast zu dieser negativen Einstellung, von der Sie vorhin gesprochen haben?

Das bekamen wir auch nicht ganz zusammen. Er lebte ja ganz vergnügt und komfortabel; nach meinen Informationen spielte er jeden Tag eine Stunde Klavier. Und wenn er ins Institut kam, das wussten wir ja auch, war er wirklich wie ein Beamter immer von 10 Uhr bis 13 Uhr dort. Dann ging er in seine nahe gelegene Wohnung und kam um 15 Uhr zurück, um bis 18 Uhr zu bleiben. Das waren ganz feste Zeiten. Und dann war er natürlich unglaublich gefragt. Man konnte ihn ja immer wieder im Hessischen Rundfunk erleben und vor allen Dingen seine legendären Vorträge über Musik in der Musikhochschule hören. Das waren ganz große Erlebnisse, wenn er zum Beispiel die unglaubliche *Phantasie Opus 42* von Schönberg mit einer jungen Geigerin einstudiert hatte und darüber zunächst einen Vortrag hielt. Dann hat er sich ans Klavier gesetzt und das Stück mit dieser Frau zusammen aufgeführt. Das sind schon großartige Sachen, die man da erleben konnte. Man konnte manchmal meinen, es mit ganz verschiedenen Personen zu tun zu haben. In der freien Stunde zwischen der Vorlesung und dem Seminar konnten wir manchmal auch ganz entspannt mit ihm reden. Dann wollte er von uns wissen, was wir so meinen; und da war er ein vollkommen normaler Bürger mit einem sehr sicheren Urteil. Ich kann mich noch erinnern, wie er sich über den Besuch des damaligen französischen Staatspräsidenten Charles de Gaulle äußerte. Aber wenn das Seminar anfing, stellte sich wieder jenes eisige Klima ein, dieses Feiern der absoluten Negativität. Dann sagte er so etwas wie: „Wenn es keine Versöhnung gibt, dann ist alles nichts!" Das brachte er fertig; und die Studenten sagten dann

auch: „Wir gehen ins Pontifikalamt."[17] Wenn Horkheimer dabei war, dann haben
die beiden zusammen monologisiert, und dann hat Adorno zehn Minuten vor acht
gesagt: „Ja, es müsste doch noch jemand anderes etwas sagen." Einer der Assistenten hat noch einen Satz gesagt und dann war die Sitzung vorbei. Es waren sehr
eindrucksvolle Veranstaltungen; aber was ich mir in meinen über dreißig Jahren
Berufstätigkeit als Sinn und Zweck von Seminaren vorgestellt habe, hatte damit
nicht das Geringste zu tun.

Haben Sie sich in den 50er Jahren auch für den Sozialistischen Deutschen Studen-
tenbund (SDS) interessiert?

Ich bin ab 1961–62 wirklich einschlägig in diesem Milieu gewesen. Ich hatte zum
SDS überhaupt keinen Kontakt; und ich hatte auch kein Interesse, mich parteipolitisch zu engagieren. Das hing natürlich auch mit diesem Klima in der Frankfurter
Philosophie zusammen. Sie dürfen ja auch nicht vergessen, dass unser Buch die
Dialektik der Aufklärung von Horkheimer und Adorno war; und dann müssen Sie
natürlich auch die Tatsache im Auge behalten, dass unsere akademischen Lehrer
eigentlich nie wirklich aus dem Exil zurückgekehrt sind und im Grunde auf einer
Insel gelebt haben. Dieses Inselbewusstsein habe ich auch gehabt: „Wir sind über
die Aufklärung aufgeklärt und ringsherum ist die Wüste des Positivismus!" Adorno
hat 1962 auf einem Philosophenkongress in Münster seine berühmte Arbeit über
den Fortschritt vorgetragen,[18] und als er zurückkam, amüsierte er sich über die
dortige Versammlung von Einsiedlern. Das war der Anfang einer gewissen Öffnung.
Und hinzu kam dann die Berufung von Bruno Liebrucks[19] nach Frankfurt, die ich
hier unbedingt erwähnen möchte. Denn er und seine Assistenten brachten hier ein
anderes Klima mit, denn sie hatten bereits anderswo ein offenes philosophisches
Klima erlebt. Liebrucks hielt dann Vorlesungen über Personen, von denen wir
noch nie etwas gehört hatten, unter anderem über Arnold Gehlen, Hannah Arendt
und Helmuth Plessner und über das, was es sonst noch gab, z. B. Max Scheler und
Nicolai Hartmann. Wir haben plötzlich gemerkt, dass wir total eingemauert waren
und auch nicht motiviert zur Kenntnis zu nehmen, was außerhalb von Frankfurt
passierte. Das war damals doch sehr eng, und das hatte auch etwas Paranoides

---

[17] Als „Pontifikalamt" wird in der katholischen Kirche eine Heilige Messe bezeichnet, der ein Priester
vorsteht, welcher zum Tragen der Pontifikalien berechtigt ist. Gewöhnlich handelt es sich dabei um
einen Bischof oder Abt. Bei diesen Pontifikalien handelt es sich zum einen um Insignien und zum
anderen um Amtshandlungen, bei denen der geistliche Würdenträger Mitra und Stab benutzt.
[18] Adorno hielt 1962 auf dem 7. Deutschen Kongress für Philosophie einen Vortrag zum Thema „Fortschritt".
[19] Bruno Liebrucks war von 1959 bis 1976 Ordinarius für Philosophie in Frankfurt. Ihm kommt neben
Heidegger und Gadamer das Verdienst zu, in seinem zwischen 1964 und 1979 erschienenen sieben-
bändigen Hauptwerk *Sprache und Bewußtsein* bereits vor der sogenannten „linguistischen Wende"
die Rolle der Sprache in das Zentrum der philosophischen Reflexion gerückt zu haben.

bzw. Wahnhaftes, nach dem Motto: „Überall lauert der Postfaschismus und die Antiaufklärung" Das hängt freilich auch mit der biographischen Situation von Horkheimer und Adorno zusammen. Hinzu kommt die tendenzielle Feindschaft der gesamten Philosophischen Fakultät gegenüber den Remigranten; aber das war ja nicht nur ein Frankfurter Phänomen. Die Rückkehrer aus der Emigration fanden ja zum Teil noch die Kollegen vor, die sie damals denunziert und verfolgt hatten. Gerade die Frankfurter Universität war ja ungeheuer belastet. Sie war ja eine vor allem jüdische Stiftungsuniversität gewesen – so wurde sie jedenfalls angesehen –, und die Nazifizierung war dort mit einer unglaublichen Brutalität vor sich gegangen. Das wirkte natürlich lange nach, und insofern waren dann Adorno, Horkheimer und Alexander Mitscherlich, der noch dazugehörte, und später auch Ludwig von Friedeburg, wie eine kleine Insel in einer, was die Universität betrifft, doch stockkonservativen Institution. Ich will um Himmels willen nicht alle Kollegen, die damals in der Fakultät tätig waren, in die postfaschistische Ecke schieben; aber die Abneigung gegen die linke Intelligenz und unterschwellig auch gegen die jüdische Intelligenz war damals noch sehr lebendig.

Dann kann man doch nachvollziehen, dass Adorno und Horkheimer aufgrund dieser feindseligen Situation paranoid gewesen sind?

Das haben wir alle nicht so deutlich gesehen, weil wir die Vergleichsmöglichkeiten nicht hatten. Für uns waren es die späten 50er und die frühen 60er Jahre, in denen wir überhaupt erst einmal zur Kenntnis genommen haben, was in der Nazizeit passiert war. Das Buch *Der SS-Staat* von Kogon gab es damals schon, dann die Arbeiten von Rothfels und Ähnliches, d. h. die Dokumentation dessen, was in Auschwitz passiert ist, wurde erstmals in Form von Taschenbüchern zugänglich.[20] Natürlich bestärkte uns das auch in dem, was etwa in der *Dialektik der Aufklärung* über den Antisemitismus steht. Auf der anderen Seite hatten wir gar keinen Grund, die junge Bundesrepublik trotz dieser Erstarrung in der Adenauer-Zeit unmittelbar mit dem Faschismus zu identifizieren. Es war doch ein leidlich funktionierender Rechts- und Sozialstaat. Hinzu kam auch der große Kontrast gegenüber der DDR und gegenüber dem Osten. Wir fühlten uns doch in einer freien Welt.

Die mit dieser Westorientierung verbundene Ideologie haben Sie so nicht gesehen?

Sie dürfen nicht vergessen, dass die ganze Intelligenz in den 60er Jahren links war. Das muss nicht gleich antifaschistisch-marxistisch gemeint sein, denn es gab

---

[20] Eugen Kogon, Der SS-Staat. Das System der deutschen Konzentrationslager, Frankfurt am Main 1946; Hans Rothfels, Das politische Vermächtnis des deutschen Widerstandes, Bonn 1955; ders., Die deutsche Opposition gegen Hitler. Eine Würdigung, Frankfurt am Main 1960.

damals eigentlich überhaupt keine vorzeigbaren rechtskonservativen Intellektuellen. Es gab Ausnahmen, das wusste man, wie zum Beispiel Arnold Gehlen, von dem man damals auch nicht wusste, dass er sich zweimal hatte entnazifizieren lassen; das hat sich alles erst später herausgestellt. Es war selbstverständlich, dass man marxistisch angehaucht und systemkritisch war – allerdings nicht im Sinne des orthodoxen Marxismus

Dieser aporetische Satz von Adorno aus der „Negativen Dialektik", den Sie schon zitiert haben: „Philosophie, die einmal überholt schien, erhält sich am Leben, weil der Augenblick ihrer Verwirklichung versäumt ward" – welche Philosophie ist damit eigentlich gemeint?

Das ist der heimliche Dogmatismus der Frankfurter Schule, von dem auch Habermas einmal gesprochen hat. Man hat doch an der Vorstellung festgehalten, dass eigentlich Hegel die Vollendung der Philosophie sei –; und das haben die Linkshegelianer alle propagiert, also nicht nur Marx, sondern auch Ludwig Feuerbach und Bruno Bauer. Die Linkshegelianer haben alle gesagt, dass die Philosophie in Gestalt der Hegelschen Philosophie vollendet sei und deshalb auf die Erde heruntergeholt werden müsse, um sie zu verwirklichen. Diese Vorstellung hat dann die gesamte marxistische Tradition bestimmt, auch die nicht orthodoxen Marxisten. Hier kann man vor allem die Wirkung von Georg Lukács' Buch *Geschichte und Klassenbewußtsein* gar nicht überschätzen.[21] Es herrschte die Vorstellung vor, dass die Revolution missglückt sei und auch die Verwirklichung der Philosophie versäumt wurde und deshalb die Philosophie im Stande der Unwahrheit verharre. Im Stande der Unwahrheit heißt: es gibt eigentlich nur noch kritische Philosophie. Das ist eine These, die auch Habermas in den frühen 60er Jahren vertreten hat: nämlich dass die Philosophie nur im Rahmen einer Kritischen Theorie der Gesellschaft aufbewahrt bleibt.

Das wird dann später gegen Habermas gewendet?

Das ist richtig. Seine Kritiker haben unter „Kritik" etwas anderes verstanden. Habermas ist dann ja im Grunde Kantianer geworden und hat dann in großartigen Arbeiten wie *Erkenntnis und Interesse* zu zeigen versucht, dass in der Philosophie selbst ein kritisches Interesse am Werk ist.[22] Das Stichwort war „Erkenntnistheorie als Gesellschaftstheorie", eigentlich eine Idee von Lukács und dann von Adorno. In der *Theorie des kommunikativen Handelns* hat Habermas dann ebenfalls

---

[21] Georg Lukács, Geschichte und Klassenbewußtsein: Studien über marxistische Dialektik, Neuwied/ Berlin 1968.
[22] Jürgen Habermas, Erkenntnis und Interesse, Frankfurt am Main 1968.

versucht, das philosophische Element als kritisches Element der Gesellschaftstheorie darzutun. Das haben natürlich die Soziologen abgelehnt. Allerdings muss man immer zwischen den Soziologen und den linken Gesellschaftstheoretikern unterscheiden. Den linken Gesellschaftstheoretikern war das übrigens alles höchst suspekt; vor allen Dingen, weil ja auch Marx kritisiert wurde, denn das war ja im Grunde ein Sakrileg, Marx zum Gegenstand der Kritik zu machen. In dieser Hinsicht war man absolut apologetisch. Und ich weiß noch genau, welche Aufregung die Marxinterpretation von Habermas damals in Frankfurt auslösten. Ich glaube nicht, dass Habermas dabei geblieben ist, denn ich habe dieses Motiv bei ihm später nie wiedergefunden. Aber es hat mir damals sehr eingeleuchtet, dass man die Kritischen Theorie der Gesellschaft weiter ausarbeiten sollte. Man könnte das heute etwas weiter fassen und aus dem engen marxistischen Rahmen herausführen. Aber die Ansicht, dass die Philosophie im Wesentlichen ein kritisches Geschäft ist, habe ich auch immer vertreten, d. h. die Ansicht, dass es nicht mehr Aufgabe der Philosophie ist, große Systeme oder sonstige Globaltheorien zu entwickeln. Aber ich möchte noch einmal betonen, dass man immer ziemlich deutlich zwischen Soziologie und Gesellschaftstheorie unterscheiden muss. Ich frage mich in diesem Zusammenhang immer, was eigentlich im Institut für Sozialforschung nach Adornos Tod an Gesellschaftstheorie betrieben worden ist. Ich glaube, dass es wirklich Soziologie gewesen ist. Soziologie ist ja an sich nichts Problematisches, wohl aber eine Soziologie, die die Gesellschaft als Ganze nicht mehr zum Thema machen kann. Es liegt ja irgendwie auf der Hand, dass man in der modernen Soziologie nur gesellschaftliche Phänomene und Teilbereiche zum Thema machen kann. Ich finde, dass in Frankfurt das gesellschaftstheoretische Rahmenwerk in der Zeit nach Adorno fast völlig weggebrochen ist.

Wie ist es denn damals am Fachbereich Gesellschaftswissenschaften gewesen? Hatte dieser denn kein entsprechendes Programm gehabt?

Das weiß ich nicht. Ich bin ja nicht mehr sehr lang in Frankfurt gewesen.[23] Zwischen 1971–78 habe ich die Kollegen vom Fachbereich Gesellschaftswissenschaften vor allen Dingen in der Hochschulpolitik als eine sehr heterogene Truppe erlebt. Das hing auch damit zusammen, dass die vormals an der WiSo-Fakultät tätigen Soziologen in den Fachbereich aufgenommen wurden. Das ist dann ein sehr großer Fachbereich gewesen. Eine durchgehende Linie habe ich in diesem Fachbereich nicht wahrgenommen, denn es war da doch ziemlich pluralistisch. Man war zwar politisch ausgesprochen links, aber nicht einmal das traf auf alle zu.

---

[23] Herbert Schnädelbach hatte ab 1978 an der Universität Hamburg eine Professur für Sozialphilosophie, Politische Philosophie und Gesellschaftstheorie wahrgenommen und ist nach der sogenannten „Wende" an die Humboldt-Universität Berlin berufen worden.

„Links" sein hieß dann, dass man Habermas und die Vision einer liberalen Demokratie ablehnte?

Habermas war denen doch viel zu sozialdemokratisch. Aber das sind alles nur persönliche Eindrücke. Ich bin nicht in diesem Fachbereich gewesen und wir haben dann immer wieder dem lieben Gott gedankt, dass wir mit denen nicht zusammengekommen sind, weil wir da ja wirklich untergebuttert worden wären. Wir haben in unserem kleinen Fachbereich wirklich Philosophie betrieben. Wir hatten immerhin acht Professuren, und es war dann ein ganz großer Glücksfall, dass Karl-Otto Apel 1972 von Saarbrücken nach Frankfurt kam. Das trug erheblich zur Stabilisierung unseres Fachs bei; und es sind dann sehr viele seinetwegen nach Frankfurt gekommen, um Philosophie zu studieren. Wir hatten danach eigentlich eine sehr gute personelle Besetzung, denn dann kam noch Rüdiger Bubner dazu, der das Fach auch in Richtung Hermeneutische Ontologie öffnete und Philosophiegeschichte und philosophische Texthermeneutik auf hohem Niveau betrieb. Wir hatten in diesem kleinen Fachbereich wirklich etwas zu bieten.

Könnten wir noch einmal auf die 60er Jahre zurückgehen, als Sie ein DFG-Stipendium erhalten haben?

Ich war schon promoviert und hatte dann noch ein bisschen Zeit, weil ich die Arbeit auch vervielfältigen lassen musste – damals übrigens noch ohne Kopiergerät, das war alles sehr abenteuerlich. Ich habe dann mein Salär als Hilfskraft insgesamt vier Jahre lang bekommen. Aber dann konnte Adorno mir keine Assistentenstelle geben, weil er einfach keine hatte; und wir hatten dann die Idee, als Ausweg ein Habilitationsstipendium bei der Deutschen Forschungsgemeinschaft zu beantragen. Das hat er dann zusammen mit einem weiteren Kollegen unterstützt. Bis 1968 bin ich dann eisern am Schreibtisch geblieben. Es war auch mein Glück, dass ich die Arbeit in zwei Jahren fertig gestellt hatte. Dann hat es furchtbar lange gedauert, bis das Verfahren durchlief, denn damals mussten noch von acht verschiedenen Professoren an der Fakultät Gutachten erstellt werden; das war sehr nervig. Zum Glück kam dann die Hochschulreform, in deren Folge ich als Privatdozent eine Dozentenstelle bekam. 1971 wurde ich zum Professor ernannt und zum Dekan des neu gegründeten Fachbereichs Philosophie gewählt.

Wer genau wurde dann übergeleitet?

Übergeleitet wurden die schon Habilitierten, d. h. die Privatdozenten der Fakultät. Wenn man habilitiert war, war man Privatdozent; man lehrte, aber man bekam kein Gehalt, es sei denn, man hatte eine planmäßige Dozentenstelle.

Wurden auch Promovierte übergeleitet?

Das kam vor, wenn jemand eine Assistentenstelle hatte und sich auf dieser Stelle habilitierte; dann hat er in der Regel eine Dozentenstelle bekommen und seine Stelle wurde als Dozentenstelle weitergeführt. Das war dann eine Gehaltsgruppe höher. Aber ich war ja nicht in dieser Schiene; und deshalb war das für mich eine Angstpartie, bis es dann doch geklappt hat, dass ich auf eine Dozentenstelle berufen wurde. Das hat im Wesentlichen Habermas geregelt. Wenn ich das noch erzählen darf: Habermas war 1965 an meiner mündlichen Prüfung beteiligt, aber er kannte mich sonst gar nicht, ist also erst durch meine Habilitationsschrift auf mich aufmerksam geworden; und er hat dann sofort dafür gesorgt, dass sie bei Suhrkamp erschien. Er hat mich eigentlich gerettet, weil ich nach Adornos Tod ja gewissermaßen in der Luft hing. Das war ja nicht wie heute; ein Ordinarius konnte Leute einstellen oder rauswerfen, wie er wollte. Ohne diese Protektion wäre ich damals aus dem System herausgefallen.

Im Zuge der Entwicklung zur Massenuniversität müssen in den 60er Jahren die Studentenzahlen ja rapide angestiegen sein?

Infolge der demographischen Entwicklung gab es plötzlich sehr viel mehr Studierende. Die ganze Bildungspolitik hatte sich ja geändert. Als ich 1955 das Abitur machte, kamen überhaupt nur 6 % eines Jahrgangs zum Abitur. Das kann man sich heute gar nicht mehr vorstellen. Wir waren an den Universitäten gewissermaßen unter uns. Als ich zu studieren begann, gab es ja nur 8000 Studenten in Frankfurt; und das hat sich dann radikal geändert. Die Abiturientenzahlen sind plötzlich sehr stark angestiegen und man versuchte, dadurch auf die steigenden Studentenzahlen zu reagieren, indem man Parallellehrstühle einführte, die es vorher noch nicht gab. Als ich anfing, gab es einen Ordinarius für Anglistik, einen für Romanistik, einen für Klassische Philologie und einen für Geschichte und so fort; in der Philosophischen Fakultät waren das insgesamt 13 Lehrstühle. Ich bin als Privatdozent seit 1970 noch Mitglied der alten Philosophischen Fakultät gewesen. Von dieser Zeit weiß ich nur noch, dass es dann plötzlich 45 Ordinarien gab. Das ist für den Zeitraum von 1950–1969 eine ganz schöne Steigerung. Und dann hat man gesehen, dass das nicht mehr geht und man die Fakultäten in kleinere Einheiten zerlegen musste. Die Aufteilung in Fachbereiche war dann eine weiterer Versuch, das alles zu kanalisieren. Das Entscheidende kam später hinzu: die Gruppenuniversität und die Einführung der Mitbestimmung durch Studenten und Assistenten. Das machte die Sache noch sehr viel komplizierter, als sie es vorher schon war; da hatten die Ordinarien immer alles ganz allein beschlossen. Das war eine Vereinigung von Reichsfürsten, von absolutistischen Kleinfürsten. Die Demokratisierung der Universität war insofern schon überfällig. Aber dies hatte einen fürchterlichen Pferdefuß, mit dem wir

nicht gerechnet hatten: nämlich die daraus resultierende Verrechtlichung. Wir
bekamen z. B. eine Berufungsordnung, die vierzig Seiten umfasste. Da mussten
die Mitbestimmungsrechte der Gruppen, der Vertreter der Assistenten und der
nichtwissenschaftlichen Mitarbeiter haarklein geregelt sein, weil es sonst immer
sofort rechtliche Einsprüche gab. Das war ein regelrechtes Chaos, denn man hat
fast keine Liste durchbekommen. Wenn man eine Liste gemacht hatte – und ich
habe das als Dekan erlebt –, dann musste man einen genauen Bericht schreiben, ob
auch alles mit rechten Dingen zugegangen ist; und dann kam alles von der Univer-
sitätsrechtsstelle zurück und wurde beanstandet. Wenn plötzlich so viele Köche in
dem Brei herumrühren, werden natürlich die Entscheidungsprozesse komplizierter, und es entstehen dauernd neue Rechtsprobleme; denn jede Gruppe konnte ja
klagen. Jede Gruppe konnte sagen: „Wir sind überfahren worden" oder „Unsere
Rechte sind nicht berücksichtigt worden." Diese Demokratisierung implizierte
zugleich eine enorme Bürokratisierung der Universität und damit verbunden auch
eine Anonymisierung der Verantwortung. In der Ordinarienuniversität war immer
ziemlich klar, wer verantwortlich war: das war ja der jeweilige Ordinarius. Aber
in einem Fachbereich mit vielleicht 52 Mitgliedern im Fachbereichsrat hat das niemand mehr dominieren können; es war plötzlich wie in einer parlamentarischen
Demokratie, in der Mehrheiten gefunden werden müssen. So war es auch fürchter-
lich schwierig, eine Studienordnung zu entwerfen, denn die Einzelinteressen der
Fächer mussten ja berücksichtigt werden. Diese Verrechtlichung der universitären
Entscheidungsprozesse bot dann auch für die Universitätsverwaltung und für das
Wissenschaftsministerium die Möglichkeit, den Fuß in die Universitätstür zu be-
kommen; d. h. die Einflussnahme von Ministerium und Universitätsleitung in den
Fachbereichen wurde immer stärker. Das ist ein Preis, den wir damals eigentlich
nicht erwartet hatten. Die Fachbereichsratssitzungen einmal im Monat, das waren
Strapazen, z. B. bis da endlich ein Protokoll genehmigt wurde, weil irgendwelche
Personen behaupteten, dass das, was sie gesagt haben, eigentlich nicht so gemeint
gewesen sei. Das waren mühsame Prozesse, die zu einer allgemeinen Ermüdung
führten. Die Gruppenuniversität wurde immer uninteressanter für die Gruppen und
vor allen Dingen auch für die Studenten. Die Mitwirkungsrechte für die Studenten
wurden ja immer weiter eingeschränkt, denn da gab es auch entsprechende Bundes-
verfassungsgerichtsurteile. Extrem war die Universität Bremen, in der wegen der
Drittelparität auch Putzfrauen über Berufungslisten mitentscheiden sollten. Diese
basisdemokratischen Träumereien wurden später durch die Rechtsprechung beendet.

*Haben die Studenten und Assistenten in den 60er Jahren gemeinsam für die Re-
form gekämpft?*

In den Fachbereichen, bei denen ich das übersehen kann, hat sich die gesamte
studentische Revolution nur bei den Philosophen und Soziologen abgespielt und

noch ein bisschen bei den Literaturwissenschaftern. Das waren insgesamt vielleicht tausend Studierende, die aktiv waren; bei den restlichen zehntausend Studierenden der Rechtswissenschaft, der Wirtschaftswissenschaften, Naturwissenschaften und der Medizin hat sich überhaupt nichts abgespielt. Es handelte sich also nur um einen Teilbereich der Universität, in dem sich das alles wie auf einer Spielwiese ereignete. Die Mehrzahl der Studenten hatte im Grunde schon damals kein Verständnis für diesen ganzen Aktionismus, und vor allen Dingen schienen die aktiven Studenten ja auch massenhaft Zeit zu haben. Die waren ja andauernd am Diskutieren oder Demonstrieren, und so man hat sich gefragt, wann und wo die eigentlich studieren. Es ist eine optische Täuschung, wenn man meint, dass damals die ganze Universität in Aufruhr war; das war nicht so.

Hans-Jürgen Krahl hatte dabei auch eine sehr dominante Rolle gespielt.

Krahl kannte ich ja sehr gut. Er war ein sehr begabter Philosoph, der bei Adorno promovieren wollte.[24] Mit ihm habe ich damals auch sehr oft über die Frage diskutiert, ob nun wirklich eine Revolution bevorsteht, was er tatsächlich glaubte. Auch er hatte zwei Gesichter. Er war ein sensibler, sehr intelligenter Gesprächspartner; aber wenn er vor Studenten stand, dann war er ein Demagoge. Ich glaube, dass Dutschke genauso war; ihn habe ich aber nicht persönlich erlebt. Dieser Rollenwechsel, den man bei Krahl beobachten konnte, war schon bemerkenswert. Dann gab es die sogenannten „roten Wölffe"; diese waren nach meinem Eindruck aber mehr spontimäßig und theoretisch nicht so aktiv.[25] Krahl hingegen hatte immer alles gelesen; der war in der Theoriedebatte schon ein Kaliber.

Es ist schwer nachzuvollziehen, warum jemand so auf diese Protestbewegung einsteigt und nicht Philosoph bleibt.

Das ist eine schwierige Geschichte. Habermas hat ja damals in einem bestimmten Zusammenhang vom „Linksfaschismus" gesprochen, was ich eigentlich nach wie vor richtig finde. Ich finde es schade, dass er das später zurückgenommen hat. Das war das Programm: Mobilisieren, Aufklären, ja, aber erst einmal Mobilisieren. Die Vorstellung, dass man die Massen mobilisieren müsse, stammt aus den 30er Jahren,

---

[24] Hans-Jürgen Krahl, geb. am 17. Januar 1943 in Sarstedt bei Hannover, war als SDS-Mitglied ein bekannter Studentenaktivist der 68er-Bewegung, der am 13. Februar 1970 bei einem Autounfall tödlich verunglückte. Sein Tod fällt zeitlich mit der Auflösung der Studentenbewegung und der darauf folgenden Gründung der sogenannten „K-Gruppen" zusammen, die mit der Einrichtung „Roter Zellen" an vielen deutschen Universitäten begann.
[25] Mit den „roten Wölffen" sind die Brüder K. D. Wolff, Reinhart Wolff und Frank Wolff gemeint. Die Brüder Wolff studierten ab 1966 bei Adorno Soziologie. K. D. Wolff und Frank Wolff waren von 1967–68 Vorsitzende des Sozialistischen Studentenbunds (SDS).

und sie gehörte zum Kern des Faschismus: Erst einmal alles aufrollen, erst einmal alles in Frage stellen, erst einmal alles umpflügen. Sonst war alles wenig konkret, vor allem was die Ziele betrifft. Damals gab es eine legendäre Fernsehdiskussion, die Kurt Biedenkopf leitete. Herbert Marcuse war dabei und noch andere. Dann weiß ich noch, dass Biedenkopf fragte: „Herr Professor, worauf soll das denn hinauslaufen, was sind denn Ihre Ziele?" Und da hat Marcuse gesagt: „Ja, sehen Sie, so eine Frage ist genau dazu geeignet, alles zu verhindern." Man durfte also gar keine positive Utopie haben, denn das war angeblich schon Verrat an der Zukunft; sondern man mußte erst einmal alles kritisieren, alles umstürzen und zerschlagen, und alles Weitere würde sich später finden. Diesen leeren Mobilisierungsimpuls habe ich als bedrohlich empfunden, und er war das, was Habermas mit linkem Faschismus gemeint hatte.

Um noch einmal auf den Fachbereich Philosophie zurückzukommen: Wurde die Berufung von Habermas in den 80er Jahren im Ministerium entschieden?

Ich bin zu diesem Zeitpunkt ja nicht mehr in Frankfurt gewesen, habe hier also nur sekundäre Quellen. Ich weiß nur, dass es Personen gegeben hat, die gesagt haben: „Wir wollen Habermas, aber wir wollen damit noch ein Geschäft machen." D. h. sie wollten noch eine andere Berufung damit verbinden, aber das ist nicht gelungen. Dass Habermas sich damals am Fachbereich Gesellschaftswissenschaften beworben hätte, ist eine Legende; das kann gar nicht wahr sein. Die Habermas-Kritiker waren zu dieser Zeit in diesem Fachbereich eindeutig in der Überzahl.[26] Gerhard Brandt, der dort die Berufung von Habermas offenbar vorgeschlagen hatte, war nach den Berichten, die ich habe, selbst in einer ziemlich verzweifelten Minderheitenposition.[27]

---

[26] Dies ist sowohl in verschiedenen Interviews, die wir geführt haben, als auch von Habermas selbst bestätigt worden. Es gab Anfang der 80er Jahre zwar informelle Sondierungen, ob Chancen bestünden, Habermas nach der Auflösung des Starnberger Max-Planck-Instituts für den Fachbereich Gesellschaftswissenschaften zu gewinnen. Aber der damals amtierende Dekan hatte dies mit dem Hinweis auf die bereits ausgelaufene Bewerbungsfrist der hierfür in Frage kommenden vakanten Professur verneint.

[27] Gerhard Brandt war mit Unterbrechungen seit Ende der 50er Jahre am Institut für Sozialforschung im Bereich der Industriesoziologie tätig. 1971 wurde er Professor für Soziologie am Fachbereich Gesellschaftswissenschaften und 1972 zum Direktor des Instituts für Sozialforschung ernannt. Brandt nahm sich 1987 das Leben. Zur Würdigung des wissenschaftlichen Werks von Brandt vgl. Joachim Bergmann, Zum Tode von Gerhard Brandt (3.2.1929–25.11.1987), in: Zeitschrift für Soziologie, Jg. 17, Heft 2 (April 1988), S. 154–157; ferner Wilhelm Schumm, Nachruf auf Prof. Dr. Gerhard Brandt, in: Soziologie. Mitteilungsblatt der Deutschen Gesellschaft für Soziologie, Heft 2 (1988), S. 79–82.

Ulrich Oevermann war zu diesem Zeitpunkt auch am Fachbereich und hatte sich das auch gewünscht.[28]

Ja, aber dass Habermas sich da beworben hätte, ist völlig ausgeschlossen.

Vor allen Dingen, wenn Sie sagen, dass der Fachbereich Philosophie für Habermas eingerichtet wurde.

Das ist das, was ich glaube. Aber es ist keine Frage und auch nicht zufällig, dass Habermas für diesen Fachbereich optiert hat und nicht zu den Gesellschaftswissenschaften gegangen ist.

Habermas hat uns gegenüber erwähnt, dass Sie uns etwas über die Ideologisierung der Soziologie sagen könnten?

Da überschätzt er meine Kompetenz. Ich kann nur sagen, was ich über die Zäune hinweg erlebt habe. Es herrschte eine sehr starke marxistische Grundfärbung in allen Fragen, aber mehr kann ich dazu nicht sagen; und natürlich ist die Wissenschaftsgeschichte weitergegangen. Die Gesellschaftstheorie wurde immer mehr zugunsten der Soziologie im Sinne einer empirischen Sozialforschung zurückgedrängt, was eine Theoriebildung nicht ausschließt. Das große Gegenmodell war dann die Systemtheorie von Niklas Luhmann. Die Auseinandersetzung mit Luhmann hat uns damals auch beschäftigt; am Fachbereich Gesellschaftswissenschaften gab es meines Wissens aber keine „Luhmannianer". Man hat sich auf die Klassiker gestürzt. Eine wirklich genuin neue Gesellschaftstheorie hat meines Erachtens erst Luhmann entwickelt. Sie können das auch in meinem Aufsatz „Das kulturelle Erbe der Kritischen Theorie" nachlesen, der auf einen an der Adorno-Konferenz in Zürich gehaltenen Vortrag zurückgeht, in dem ich mich mit der Geschichtsphilosophie der Kritischen Theorie auseinandersetze.[29]

Was hat man damals unter „kritischer Gesellschaftstheorie" verstanden?

Ich war in Hamburg mit den Sozialwissenschaftlern in einem Fachbereich zusammen. Dort wurde empirische Sozialforschung betrieben und das Theoretische kam nur unter dem Stichwort „Ideengeschichte" vor. Ich will ja auch nicht behaupten, dass ich ein großer Soziologe gewesen bin, aber in meiner Nebenfachprüfung in Soziologie habe ich im Grunde philosophische Themen vorbereitet: das eine war das Werk von

---

[28] Vgl. hierzu auch das Interview mit Ulrich Oevermann in diesem Band.
[29] Herbert Schnädelbach, Das kulturelle Erbe der Kritischen Theorie, in: ders., Philosophie in der modernen Kultur. Vorträge und Abhandlungen 3, Frankfurt am Main 2000, S. 104–126.

Max Weber und das andere die Ideologietheorie. Dieser Trend war nicht aufzuhalten. Adorno hat gar nicht mehr im Sinn gehabt, die Gesellschaftstheorie in Frankfurt wirklich weiterzuentwickeln. Sie dürfen ja nicht vergessen, dass diese nirgendwo aufgeschrieben war. Es gab ja kein Lehrbuch der Frankfurter Gesellschaftstheorie, sondern die Meister haben gesagt: „So etwas machen wir nicht, sondern unsere Kritische Theorie steckt in allen Einzeluntersuchungen, die wir gemacht haben." Adorno hatte später noch einmal etwas über den „Spätkapitalismus" verfasst.[30] Und da kam noch die „heimliche Orthodoxie" hinzu, von der Habermas einmal gesprochen hat; gemeint war damit das Festhalten an der Marxschen „Waren- und Wertformanalyse" im *Kapital* als Kern des Ganzen. Aber worin bestand denn dieses Ganze? Das musste man sich gewissermaßen zusammensuchen, denn es wurde ja gesagt, dass es gerade das Wesentliche der Kritischen Theorie sei, dass sie nicht in einer kodifizierten Theorieform vorliegt. Die Frage „Worin besteht denn eigentlich die Identität der kritischen Gesellschaftstheorie?" war für uns nicht zu beantworten, und zwar einfach deshalb, weil Horkheimers theoretische Arbeiten vor der *Dialektik der Aufklärung* nicht zugänglich waren, und er danach nichts mehr veröffentlichte. Bei Adorno kamen als Gesellschaftstheorie nur noch bestimmte Versatzstücke wie die Tauschgesellschaft und der Äquivalententausch vor, aber von Klassenkampf oder gar vom Zusammenbruch des Kapitalismus war da nicht mehr die Rede. Deshalb haben ja auch die Marxisten aller Couleur gesagt, dass die „Frankfurter Schule" nicht marxistisch sei. Damals und im Nachhinein wurde oft übersehen, dass es die „Frankfurter Schule" eigentlich gar nicht gab; die gab es nie. Habermas wird immer noch als Schüler Horkheimers behandelt, aber das ist Unsinn. Er kam als promovierter Philosoph nach Frankfurt, hatte bei Erich Rothacker über Schelling in Köln promoviert und war dann in der zweiten Hälfte der 50er Jahre am Institut für Sozialforschung als Stipendiat und später als wissenschaftlicher Mitarbeiter tätig. Das ging dann zwar alles nicht besonders gut, aber er war schon ein fertiger Wissenschaftler.[31] Wer soll denn da bei Horkheimer und Adorno in die Schule gegangen sein? Herbert Marcuse nicht, Otto Kirchheimer auch nicht, und wie sie alle hießen: Erich Fromm, Leo Löwenthal und viele andere; das waren alles gestandene Leute, die eine Arbeitsgemeinschaft bildeten. Bei der „Frankfurter Schule" handelt es sich in Wahrheit um Außenprojektionen, die immer so etwas wie Identität und Kohärenz suggerieren. Es gab natürlich ein Gesamtklima und Grundüberzeugungen, die im Wesentlichen auf den frühen Marx verwiesen, aber mehr an Gemeinsamkeit war nicht vorhanden. Zentral war der gesellschaftskritische Impuls, vor allem die Ideologiekritik.

---

[30] Vgl. Theodor W. Adorno, Einleitung des Vorsitzenden des Vorbereitungskomitees, in: Spätkapitalismus oder Industriegesellschaft?" Verhandlungen des 16. Deutschen Soziologentages vom 8. bis 11. April 1968 in Frankfurt/Main, Stuttgart 1969, S. 12–26.
[31] Gemeint ist die Weigerung von Horkheimer, Habermas in Frankfurt zu habilitieren.

Da Sie über den Positivismusstreit geschrieben haben und gegenüber Karl Mannheim immer der Vorwurf des Positivismus geäußert worden ist, obwohl Mannheim ebenfalls ein Linker war, würde ich gern wissen, wie sich Adorno zu Mannheim geäußert hat.

Er galt als Positivist, wobei ‚Positivismus' ein ganz undeutlicher Sammelbegriff war, sozusagen die Gegenwelt zur Kritischen Theorie: Wer nicht kritischer Theoretiker ist, ist Positivist. Deshalb habe ich auch versucht, mich darüber zu habilitieren, um das endlich einmal grundsätzlich zu klären. Es gab dann noch die Assoziation, dass die Positivisten diejenigen sind, die alles positiv finden, also die Konformisten. Dass ausgerechnet Popper zum Positivisten erklärt wurde, war schon ein starkes Stück. Er war ein erkenntnistheoretischer Realist, aber deshalb ist man noch kein Positivist. Mit diesen undeutlichen Fremdzuschreibungen hat man damals operiert.

Warum war Adorno in diesen Fragen so unpräzise?

Das hängt mit seinen Wissenschaftserfahrungen in Amerika zusammen. Dort musste er sich dazu durchringen, mit Paul Lazarsfeld empirische Sozialforschung zu betreiben, wo man auf Theorie wenig Wert legte. Das „Ideal der Wertfreiheit", dem gemäß wir nur feststellen, „was der Fall ist", brachte Adorno von dort als Traumatisierungserfahrung mit, und bei allem, was nicht auf seiner Linie lag, vermutete er immer, dass es sich um amerikanische Fliegenbeinzählerei handele. In seiner Arbeit *Philosophie und empirische Sozialforschung*[32] explizierte er die Vorstellung, dass die Aufgabe der Soziologie darin bestehe, die empirischen Forschungsergebnisse zu entschlüsseln und nicht nur zu konstatieren, wie die Häufigkeitsverteilungen sind, sondern zu zeigen, was das bedeutet. Was das bedeutet, war für ihn immer identisch mit der Feststellung, dass es sich um das Symptom einer antagonistischen Klassengesellschaft handele. Es ging stets darum, auf diese Weise ein bestimmtes Bild von Gesellschaft zu bestätigen, das für ihn aber bereits vorab feststand. Das ist auch der Grund, weshalb viele, auch kritische Soziologen später von Adorno abgesprungen sind. Es war denen irgendwann zu langweilig, dass immer dasselbe herauskommen musste, denn es war ja immer schon von vornherein klar war, dass dies eine antagonistische und unversöhnte Gesellschaft ist, in der das Allgemeine das Individuelle dominiert. Denken Sie an Adornos berühmtes Diktum: „Das Ganze ist das Unwahre." Dieses Leitmotiv hat auch seine Vorstellung von den Aufgaben der empirischen Sozialforschung bestimmt, nämlich immer wieder zu zeigen, dass sich auch an allem Einzelnen wieder die antagonistische Gesellschaft durchgesetzt habe.

---

[32] Vgl. Theodor W. Adorno, Gesellschaftstheorie und empirische Forschung, in: Gesammelte Schriften, Bd. 8, Frankfurt am Main 1972, S. 478–493.

Das Ressentiment gegen die Wissenssoziologie ist doch schon in den 20er Jahren entstanden?

Man hatte ja auch Argumente dagegen. Aber wenn man ein Konzept von Kritischer Theorie hat und das Vorbild Marx' *Kritik der politischen Ökonomie* ist, dann möchte man gern die Kritik der *Theorie* der politischen Ökonomie mit der Kritik der *tatsächlichen* politischen Ökonomie zusammenbringen. Das hatte sich Marx vorgenommen; er wollte auf dem Weg über die Kritik der politischen Lehrmeinung zur Kritik der bestehenden politischen Ökonomie gelangen. Diesem Modell folgte auch Horkheimer. Und dann stelle man sich vor: Da untersucht jemand wie Karl Mannheim Bewusstseinsformationen und korreliert sie einfach mit bestimmten gesellschaftlichen Tatbeständen, ohne auf die gesellschaftlichen Verhältnissen zu sprechen zu kommen, die zu seinen wissenssoziologischen Forschungsergebnissen führen. Mit kritischer Gesellschaftstheorie war dies nicht verträglich. Fraglich war in Frankfurt immer: Welche Möglichkeit hat man, von der Gesellschaftsanalyse zur Gesellschaftskritik überzugehen? Darüber hat mir mein Lehrer Adorno nie Auskunft gegeben. Die heimliche Marxsche Orthodoxie, bot da auch keine Antwort. Ich habe beim 75. Jubiläum des Instituts für Sozialforschung einen kurzen Vortrag über „Die philosophische Aktualität der kritischen Theorie" gehalten.[33] Da habe ich zu zeigen versucht, warum die Kritische Theorie gescheitert ist. Kritische Theorie sollte ja nicht nur auf einer äußerlichen Zusammenfügung von Gesellschaftstheorie mit irgendwelchen kritischen Überzeugungen beruhen, sondern die Kritische Theorie wollte in *einem* Entwurf Analyse und Kritik der Gesellschaft verbinden, und zwar zunächst nach dem Vorbild von Marx' *Kritik der politischen Ökonomie.* Dieses Programm hatte vor allen Dingen Horkheimer durchzuführen versucht, und man muss sagen, dass er damit gescheitert ist. Habermas hat dann versucht, eine andere Verknüpfung von Kritik und Gesellschaftstheorie zu finden, nämlich im Stil von Kants transzendentalphilosophischen Überlegungen, wobei vor allem Anregungen von Karl-Otto Apel eine wichtige Rolle spielten: „Wenn ich über die Bedingungen der Möglichkeit von Gesellschaftstheorie nachdenke, dann komme ich ganz von selbst auf kritische Implikationen." Dieses neukantianische Programm der Kritischer Theorie hat Habermas später in seiner *Theorie des kommunikativen Handelns* einzulösen versucht. Ich habe schon 1982 in einer Rezension vermutet und 1999 bei der genannten Gelegenheit in seinem Beisein behauptet, dass auch dies gescheitert sei. Nach meiner Überzeugung gibt es keine Kritische Theorie im engeren Sinn. Es gibt nur die Theorie der Gesellschaft. Und dann gibt es auch unsere kritischen Stellungnahmen; aber die können wir unserer eigenen Theorie nicht einfach entnehmen. Das bedeutet vor allem, dass die Gesellschaftstheorie uns

---

[33] Das Institut für Sozialforschung in Frankfurt am Main feierte am 22. Juni 1999 seinen 75. Geburtstag.

nicht davon entlastet, selbst Kritik zu üben und auch zu verantworten. Wenn mich jemand fragt: „Gibt es das noch – Kritische Theorie? Kann es das geben?", sage ich: Wenn es nur darum geht, theoretische Einsichten mit kritischen Impulsen – seien dies politische oder moralische – zu verbinden, dann würde ich mich selbst auch als kritischer Theoretiker begreifen; aber nicht in dem integrierten Sinne, wie das von Horkheimer und später noch einmal von Habermas versucht wurde.

Meinen Sie nicht, dass Habermas die Einsicht teilt, dass die Kritische Theorie gescheitert ist?

Ich glaube ja; denn nach der *Theorie des kommunikativen Handelns* hat er sich in seinen Arbeiten zur Diskursethik und in *Faktizität und Geltung*[34] den normativen Grundsatzfragen zugewandt. Ich glaube, dass er selbst immer gewusst hat, dass da stets ein Defizit existierte, und dass man Kritische Theorie in einem ursprünglichen Sinne nicht mehr betreiben kann.

Das Gespräch mit Herbert Schnädelbach führte Felicia Herrschaft am 11. März 2008.

---

[34] Jürgen Habermas, Faktizität und Geltung. Beiträge zur Diskurstheorie des Rechts und des demokratischen Rechtsstaats, Frankfurt am Main 1992.

„Ich finde, dass die Soziologie eigentlich das interessantere und anspruchsvollere Fach ist."

Gespräch mit Eike Hennig

Die Frankfurter Tradition der Soziologie wird häufig auf die Kritische Theorie reduziert, während beispielsweise Karl Mannheim, der von 1930–1933 ebenfalls als Professor in Frankfurt tätig war, heute eher als ein Außenseiter angesehen wird. Dass ferner Friedrich Tenbruck und Thomas Luckmann sowie zahlreiche ihrer später ebenfalls sehr bekannt gewordenen Assistenten hier tätig waren, wird oft schlichtweg vergessen.

Sie haben bei Ihrer Aufzählung weitere einflussreiche Soziologen vergessen, die damals in Frankfurt gewirkt haben: Wolfgang Zapf zum Beispiel.

Uns geht es darum, diese vernachlässigten Personen stärker hervortreten zu lassen. In diesem Zusammenhang haben wir einerseits Archivarbeiten durchgeführt. Zeitlich haben wir uns an der 1914 erfolgten Universitätsgründung orientiert und unsere Studien bis in die 1970er Jahre durchgeführt. Andererseits führten wir Interviews mit Personen, die entweder hier in Frankfurt studiert haben, hier als Mitarbeiter tätig waren oder dann eben hierher berufen wurden. Auf Sie trifft das ja alles zu. Dementsprechend würden wir vorschlagen, dass wir einfach einmal mit ihrem Studium anfangen. Laut Ihrem Lebenslauf haben Sie hauptsächlich in Frankfurt studiert. Was hat Sie damals bewogen, gerade nach Frankfurt zu gehen?

Ich habe mein Abitur in Kassel gemacht. In Kassel konnte man damals nicht studieren, daher musste man von dort weggehen. Das Geld war zwar knapp, aber ich habe ein Wiedergutmachungsstipendium bekommen. Ich bin zuerst nach Marburg gegangen. Dort hat es mir aber überhaupt nicht gefallen und ich war drauf und dran, mein Studium abzubrechen. Die meisten Klassenkameraden sind nach Marburg gegangen; und das war für mich auch ein Grund, dann wieder von Marburg weg zu gehen. Irgendwie hatte Frankfurt einen besonderen Ruf, aber das war eigentlich rein atmosphärisch. Durch das Wiedergutmachungsstipendium habe ich schnell und einfach einen Platz in einem Studentenwohnheim bekommen und dann hatte sich alles andere recht schnell ergeben. Das Studium hat mir von Anfang an besser gefallen, wobei ich mich daran erinnere, dass mir die Themen und Lehrveranstaltungen von Iring Fetscher, wo ich dann ja gelandet bin, mit ihrer Mischung von Geschichte (Empirie) und Theorie sehr früh zugesagt haben. Außerdem hatte ich noch das Glück, Vorlesungen von Max Horkheimer zu hören, die mir verständlich erschienen. Adorno hingegen fand ich nicht so gut, das würde ich auch von heute aus gesehen kritisieren. Was mir auch noch sehr geholfen hat, waren Gottfried Salomon-Delatours Vorlesungen zur Soziologiegeschichte, obwohl ich später nie wieder etwas von ihm gehört habe. Dazu kamen die Stadt selbst und das politisch-studentische Leben.

Damals gab es ja mit der Philosophischen Fakultät und der Wirtschafts- und Sozialwissenschaftlichen Fakultät zwei Fakultäten, die sozialwissenschaftliche Lehrveranstaltungen anboten. Haben Sie eine der beiden bevorzugt? Und worin haben sich die beiden Fakultäten Ihrer Meinung nach unterschieden? Inwiefern gab es Unterschiede im Selbstverständnis, im Fachlichen und in der politischen Orientierung?

Beispielsweise hinsichtlich der empirischen Sozialforschung; aber das wurde für mich erst später bedeutsam. Am Anfang war ich als Student meistens in Lehrveranstaltungen, die in der Philosophischen Fakultät angeboten wurden. Aber auch Wolfgang Zapf war zum Beispiel für mich wichtig; ferner Hans Gerth, der am Fachbereich Gesellschaftswissenschaften eine Wiedergutmachungsprofessur innehatte. Diese beiden habe ich aber eigentlich erst nach 1971 richtig kennen gelernt, als ich dort wissenschaftlicher Mitarbeiter war; da habe ich Gespräche mit ihnen geführt. Man kann das vielleicht in drei Phasen unterteilen: zunächst die Zeit, als ich im Wintersemester 1963/64 hierher gekommen bin, bis ich dann 1968 bei Thomas Ellwein zu arbeiten angefangen habe und danach über Dieter Senghaas bei Iring Fetscher gelandet bin.

Haben Sie dabei mitbekommen, wie das Verhältnis dieser beiden Einrichtungen zueinander war?

Na klar! Wie damals das Klima war, können Sie im ersten Band von Ralf Dahrendorfs Memoiren nachlesen; da beschreibt er die kurze Phase, in der er hier war.[1] Oder Sie können dies der Art und Weise entnehmen, wie die jüngere Generation der Protagonisten, also Dahrendorf und Habermas, über den Positivismusstreit berichten. Damals gehörte ich ja sicher zu der anderen Gruppierung, und da musste man sich nicht mit Popper und Albert beschäftigen. Mich allerdings hat Wolfgang Zapfs Dissertation über Eliten interessiert.[2] Denn im Kontext meiner

[1] Ralf Dahrendorf, Über Grenzen. Lebenserinnerungen, München 2002.
[2] Wolfgang Zapf, Wandlungen der deutschen Elite. Ein Zirkulationsmodell deutscher Führungsgruppen 1919–1961, München 1965.

eigenen Arbeit bin ich immer bei empirischen Fragen gelandet. Ich war irgendwie zwischen den Lagern und konnte mich auch mit jenen Leuten unterhalten, die dann an die Universität Mannheim gegangen sind. Ich glaube, dass sie bewusst von Frankfurt weggegangen sind. Ich fand die damalige Stimmung eigentlich nicht besonders gut. Vor allem dass man mit Hans Gerth, der Schüler von Karl Mannheim war, dann in die USA emigrieren musste und dort Assistent von C. Wright Mills gewesen ist, später in Frankfurt so schweigsam umgegangen ist, hat mir etwas weh getan. Er war Übersetzer von Schriften Max Webers in Amerika und stand total am Rand, das fand ich schade. Er hatte eine sehr zerbrechliche Frau, die ab und zu hierher kam, aber eigentlich hat man sich nicht um ihn gekümmert. Er hatte keine Kontakte zu den anderen Soziologen und ich erinnere mich noch, wie wir damals im alten Gebäude gegenüber untergebracht waren. Wir hatten dort in einem Seitenflügel unsere Arbeitsräume und da war er dann manchmal auf dem Gang und wirkte irgendwie „verirrt"[3]. Aber ich war ja damals einer der jüngsten dort und hatte meine eigenen Probleme.

Es bestand also kein Austausch?

Nein. Wer mir als ein schroffer Antiempiriker in Erinnerung geblieben ist, ist Joachim Hirsch. Im Nachhinein finde ich das sehr apodiktisch, sehr schroff und sehr überheblich. Das kann man über den Fachbereich Gesellschaftswissenschaften hier in Frankfurt genauso sagen wie über den in Kassel, in dem ich bis vor kurzem als Hochschullehrer tätig war; der ist ebenfalls eine Geschichte verschenkter Möglichkeiten und verschenkter Kommunikationen.

Von 1968–1970 haben Sie bei Thomas Ellwein an einem Projekt zum Thema „Politisches Verhalten" mitgearbeitet. Hing das Projekt mit der zunehmenden Politisierung der studentischen Aktivisten zusammen? Und wie wichtig war dabei die Studentenbewegung für Sie? Wie haben Sie diese erlebt?

Fragen zu diesem Projekt selbst sollten sie besser an Ralf Zoll oder Arthur Fischer stellen, denn diese waren da wesentlich stärker engagiert und können Ihnen auch mehr sagen. Ellwein selbst ist ja leider schon 1998 gestorben. Das Projekt war ein riesiges empirisches Forschungsvorhaben mit großen Forschungsberichten. Ziel war es, auf die Wertheim-Studien zuzuarbeiten.[4] Es war also kein 68er-Projekt;

---

[3] Vgl. Hans Gerth, „Wie im Märchenbuch: ganz allein ...", in: Mathias Greffrath (Hrsg.), Die Zerstörung einer Zukunft. Gespräche mit emigrierten Sozialwissenschaftlern, Frankfurt am Main, S. 57–93; ferner Nobuko Gerth, „Between Two Worlds". Hans Gerth. Eine Biographie 1908–1978, Opladen 2002.
[4] Thomas Ellwein/Gisela Zimpel, Wertheim I: Fragen an eine Stadt, München 1969; Thomas Ellwein/Ralf Zoll, Wertheim II: Politik und Machtstruktur einer deutschen Stadt, München 1982; Ralf Zoll

476 Gespräch mit Eike Hennig

das schwappte als neue Dimensionen der Politik gewissermaßen nur hinein. Der Tenor und das Zusammenspiel dieser Politikformen: der konventionellen, über Wahlen legitimierten und der unkonventionellen, partizipatorischen und protestierenden Politiken, sollten analytisch dargestellt werden und dann am Fall einer mittelgroßen Kommune aufgezeigt werden. Meiner Ansicht nach hat Ellwein zum Teil bewusst Leute eingestellt, die unter den Studierenden bekannt waren. Einmal kann ich mich erinnern, dass wir quasi eine Institutsbesetzung hatten, die dann aber aufgrund der „Loyalität der Mitarbeiter" abgewendet werden konnte. Das lief dann so: „Wieviel Geld bekommt ihr hier?" Und im berühmt-berüchtigten AfE-Turm[5] hatte ich mehrmals Wandzeitungen über meine Bestechlichkeit gelesen, was ich natürlich empirisch zurückweise, aber das war irgendwie schon lustig. Ellweins Projekt machte diese Spannung deutlich. Wir waren in diesen beiden großen Häusern untergebracht, die noch neben der Universitätsbibliothek (neben einer Forschungsgruppe von Hondrich) standen; später waren wir in der Schwindstraße. Das heißt, dass wir eine isolierte Forschungsstelle bildeten und mit dem Fachbereich Gesellschaftswissenschaften eigentlich nichts zu tun hatten. Wir waren gewissermaßen abgeklammert und führten unser eigenes Leben. Das war eine große Sache, hatte aber mit dem Fachbereich Gesellschaftswissenschaften nichts zu tun; und schon gar nichts mit der dortigen Soziologie. Denn wir, d. h. die Gruppe um Ellwein, verstanden uns als Politologen. Mir ist auch nicht bekannt dass das auf den Fachbereich rückwirkte. Die Kollegen, die etwas Ähnliches am Fachbereich machten, waren Leute wie Joachim Hirsch, die ebenfalls von Ellwein kamen.[6] Natürlich haben wir *Student und Politik* gelesen.[7] In Bezug auf die Rezeption von Literatur war Frankfurt immer ein weltoffener Platz. Hier wurde auch amerikanische Soziologie rezipiert, was 1968 keinesfalls selbstverständlich war. Wenn Sie sich die beiden Einleitungen in die Politikwissenschaft ansehen, die von Dieter Senghaas und Gisela Kress gegenüber der Marburger Einführung herausgegeben wurden, finden Sie hier Leute, die amerikanische Literatur gelesen haben.[8] In das große Partizipationsvorwort von *Student und Politik* ist beispielsweise David Easton eingegangen; das war für uns schon wichtig.

(unter Mitarbeit von Thomas Ellwein, Horst Haenisch und Klaus Schroeter), Wertheim III: Kommunalpolitik und Machtstruktur, München 1974.

[5] Das Gespräch mit Eike Hennig fand im sogenannten „Uni-Turm" in Bockenheim statt, in dem ursprünglich die „Abteilung für Erziehungswissenschaften" (AfE) untergebracht war und den sich jetzt die Erziehungswissenschaftler mit den Gesellschaftswissenschaftlern teilen.

[6] Joachim Hirsch war von 1972 bis 2003 Professor für Politikwissenschaft an der Universität Frankfurt.

[7] Jürgen Habermas/Ludwig von Friedeburg/Christoph Oehler/Friedrich Weltz, Student und Politik. Eine soziologische Untersuchung zum politischen Bewußtsein Frankfurter Studenten, Neuwied/Berlin 1961.

[8] Gisela Kress/Dieter Senghaas (Hrsg.), Politikwissenschaft. Eine Einführung in ihre Probleme, Frankfurt am Main 1972; Wolfgang Abendroth/Kurt Lenk (hrsg.), Einführung in die Politische Wissenschaft, Bern/München 1968.

*Sie haben sich ja wiederholt mit Aspekten des Dritten Reiches auseinandergesetzt.
War die Studentenrevolte damals ein Mitauslöser für Ihr Interesse an diesem
Themenkomplex?*

Das weiß ich nicht. Das Thema der Vermittlung, d. h. der Zuwendung zu einem
Thema, das einen gefangen hält, ist schwierig und ich glaube, dass ich in irgendetwas hineingetrudelt bin, was viel mehr psychische Dimensionen hatte. Der
einzige, der damals Ahnung von politischer Psychologie hatte, war Klaus Horn,
der leider auch früh gestorben ist.[9] Er hat dies besonders am Nationalsozialismus
thematisiert. Im Nachhinein würde ich sagen, dass die Themenwahl aus der
personalen Sozialisation und der Familiengeschichte erfolgt. Mir haben da, beim
Blick zurück, die Widmungen meiner Bücher zu denken gegeben. Ich erinnere mich
an ein entsprechendes Erlebnis an einem merkwürdigen Freitag hier im Turm.[10]
Keiner außer uns, zwei Mitarbeitern, einer Diplomandin und mir, war mehr da,
wir hatten ziemlich intensiv Filmanalyse gemacht. Die Diplomandin analysierte
den Film *Jud Süß*, Schnitt für Schnitt.[11] Das war mein Dogma: Wer über einen
Film arbeitet, muss ihn am Schneidetisch analysieren. An diesem Freitag kam sie
aus dem Arbeitszimmer mit dem Schneidetisch und weinte. Ich habe sie gefragt,
warum sie weine. Sie meinte, dass sie diesen Film nicht mehr aushielte, woraufhin
ich ihr entgegnete, dass sie sich den Film ja selbst ausgewählt habe. Wir haben uns
dann heftig über den emotionalen Teil der Arbeit gestritten. Das muss irgendwann
Ende der 1970er Jahre gewesen sein, kurz bevor ich nach Kassel gegangen bin.
Das Ereignis hatte keine Folgen, ich verschüttete die Fragen wieder.

Ein ganz eminent wichtiger Termin für mich war 1998, als meine Frau gestorben ist. Da begann für mich noch einmal eine richtige Reise durch die ganze
Sozialwissenschaft mit völlig neuen Dimensionen. Ich glaube, dass Themen wie
1968, der Nationalsozialismus und dieser Mangel an Gespür für Antisemitismus viel
mit dem persönlichen Schicksal der Träger der Bewegung von 1968 zu tun haben.
Soweit ich weiß, haben sich viele stark aus familiären Gründen mit dem Thema
auseinander gesetzt, weil die Familien selber in den Nationalsozialismus involviert
waren. Für die 68er war „der Faschismus" eines der wichtigen Definitionsthemen,
weil man sich radikal abgrenzen wollte und konnte. Mit Gerd Schäfer bin ich in
eine Veranstaltung über den Widerstand gegangen, die bei den Historikern stattfand. Es war schon eine Ausnahme, dass so etwas überhaupt thematisiert wurde.
Da kam irgendein Widerständler zur Sprache. Es hieß, seine Charakterfestigkeit
könne man schon darin sehen, dass er jeden Tag um 5 Uhr Tee trank, egal was

---

[9] Klaus Horn (1934–1985) war langjähriger Leiter der Abteilung für Sozialpsychologie am Sigmund-
Freud-Institut in Frankfurt und Professor an der Universität Frankfurt.
[10] Das hier wiedergegebene Gespräch mit Eike Hennig fand ebenfalls an einem Freitag statt.
[11] *Jud Süß* ist ein deutscher Spielfilm von Veit Harlan aus dem Jahr 1940.

passierte. Als wir uns zu lachen erlaubt haben, sind wir rausgeschmissen worden. Das war damals so mit dem Faschismus: es gab immer Tumult. Das hat man im Wesentlichen mit zwei Themen erreicht. Ganz früh in der Jugend musste man nur sexuelle Symbole malen und die Empörung, für uns die Heuchelei, war da. Sagte man in diesem linken Frankfurt hier an der Universität irgendetwas über den Faschismus, wurde sofort reagiert. Bei Iring Fetscher konnte man z. B. über die NPD streiten. Bei den meisten anderen waren das keine Themen. Das Motiv erschien mir eher psychischer Art gewesen zu sein; aber damals wurde nicht darüber diskutiert, weil alles politisch war, so war ja dann auch der Tenor unserer Forschung. Wir hatten keine Täter-Opfer-Problematik. Was meint Horkheimer in „Juden und Europa" mit dem Diktum, dass wer über den Faschismus reden wolle, eben auch über Kapitalismus reden müsse?[12] Nur in verkürzter Form, ohne Psychologie, war das unser Credo. Die in der von Horkheimer herausgegebenen *Zeitschrift für Sozialforschung* erschienenen Texte hatten wir in Abschriften. Da geisterte bei uns Jungen das Gerücht, dass diese Texte im Institut für Sozialforschung im Keller lagerten. Aber es gab immer wieder indiskrete Mitarbeiter des Instituts, so dass Abschriften zirkulierten.

Könnte man die Studentenbewegung neben ihrer hochschulpolitischen Bedeutung nicht auch als eine Art nachträgliche Vergangenheitsbewältigung des Dritten Reichs deuten?

Die Studentenbewegung von 1968 war im Nachhinein gesehen eine ziemlich alberne Sache. Was daran wirklich wichtig war, müsste man neu gewichten. Hochschulpolitisch hatte man neue Themen wie z. B. „Marx an die Uni!" Aber im Grunde genommen blieb es bei jener Universität, wie sie immer war! Die Umgangsformen waren schlecht und blieben voller Hierarchie und Konkurrenz. Ich bin in dem neu gegründeten Fachbereich Gesellschaftswissenschaften sehr schnell Dekan geworden.[13.] Der Tenor der so genannten linken Universität Frankfurt war nie links. Die Universität hatte sozialtechnologische Präsidenten; zumindest war das die Position von Hans-Jürgen Krupp.[14] Es gab drei linke Fachbereiche (ich rede mal so, ohne auszuführen, was da „links" gewesen ist neben den Akzenten auf Marx und Kritik) und auch da waren noch nicht einmal alle Kollegen links ausgerichtet. Links waren die Pädagogen, die neueren Philologien und eben die Gesellschaftswissenschaftler. Dann gab es natürlich irgendwo noch ein paar über die Universität versprengte Linke. Die Lehrerausbildung ist auch relevant, weil die Lehramtsstudierenden an

---

[12] Max Horkheimer, Die Juden und Europa, in: Gesammelte Schriften, Band 4: Schriften 1936–1941, hrsg. von Alfred Schmidt, Frankfurt am Main 1988, S. 308–331.
[13] Eike Hennig war von 1975–1977 Dekan des Fachbereichs Gesellschaftswissenschaften.
[14] Hans-Jürgen Krupp war 1973 Vizepräsident und von 1975–1979 Präsident der Universität Frankfurt.

keinem Fachbereich richtig zu Hause waren; sie flottierten als eher linke Studierende durch die gesamte Universität. Dann gab es ein paar linke Professoren in den Selbstverwaltungsgremien. Aber das war hochschulpolitisch gesehen wirklich eine Minderheit im Senat und in den zentralen Ausschüssen. Insofern müssen Sie die 68-Bewegung hochschulpolitisch in Frankfurt sehr stark relativieren. Die andere Folie war der Faschismus. Wir traten immer auf wie die unbefleckte Empfängnis. Wir waren unbelastet, wir konnten alle beschimpfen, das war eine wichtige Funktion dieses Themas. So war das Klima.

Wenn Adorno im Hörsaal VI des alten Vorlesungsgebäudes in der Mertonstraße seine Vorlesungen hielt, gingen alle hin. Aber von dem, was er gesagt hatte, hat wohl kaum jemand etwas verstanden. Adorno hat sich darum nicht gekümmert. Das lief folgendermaßen ab: Adorno kam, holte seinen Text aus der Mappe und las mit einer monotonen Stimme. Wir saßen da – man „musste" da ja hin gehen, genauso wie ein ordentlicher Katholik in die Kirche gehen muss. Es war ein *Social Event*. Ich glaube, dass man sich auf diese Art und Weise beweisen konnte, mit dem *Mainstream* der Universität und dem *Mainstream* der Bundesrepublik nichts zu tun zu haben. Das war eine Findungsphase – man blieb in der Abstraktion stecken. Ich glaube, dass dies die Schwierigkeit war, die der Fachbereich Gesellschaftswissenschaften nicht ausgetragen hatte. Das wurde nicht thematisiert und hat wohl mit dem Weggang der ursprünglich aus der Frankfurter WiSo-Fakultät stammenden empirisch arbeitenden Gruppe um Wolfgang Zapf zu tun. Diese Gruppe definierte sich nicht über das, was hier in Frankfurt damals als Soziologie verstanden wurde. Natürlich gab es am Fachbereich auch eine ganz wichtige Richtung der qualitativen empirischen Sozialforschung, die durch Ulrich Oevermann und Alfred Lorenzer repräsentiert wurde. Aber Oevermann hat das sozusagen mit „seiner Gruppe" gemacht und bei Lorenzer lief es genauso oder blieb, noch enger, bei Protokollen therapeutischer Sitzungen. Obwohl Oevermann diesen Anspruch einer objektiven Hermeneutik hatte, wandte er dies nicht auf die eigene Wissenschaftspraxis und Themenwahl an, so wie Sie das jetzt abfragen.

Die Gründung der Fachbereiche haben Sie als Mitarbeiter bei Iring Fetscher erlebt. Welche Rolle spielte Ihrer Ansicht nach der Mittelbau? Und waren Sie damals selbst politisch aktiv?

Zunächst muss man sagen, dass eine Reihe von den Älteren, auch Fetscher, sich damals das Leben ziemlich einfach gemacht haben, indem sie immer weg gegangen sind, alles liberal laufen ließen und nichts gemacht haben. Fetscher ist kurz vor seiner Emeritierung Dekan gewesen. Natürlich gab es auch aktive Leute, Kurt Shell und Karl-Otto Hondrich zum Beispiel, die irgendetwas durchsetzen wollten; vom

Mittelbau war Rainer Eisfeld da beispielsweise sehr wichtig.[15] Von den Professoren war für die Untergliederung des Fachbereichs wohl Joachim Hirsch relativ wichtig. Damals war der Fachbereich in sogenannte „Betriebseinheiten" untergliedert.[16] Ich werde nie diesen Rummel vergessen, ob es überhaupt eine „Betriebseinheit Politik" geben darf, ob Politik als eigenständiges Fach ausdifferenziert werden darf, und ob es politische „Institutionen" gibt. Mein Einfall war, dass man von „Institutionen und sozialen Bewegungen" spricht, also sozusagen *Top down* und *Bottom up* miteinander verbindet. Damit war die Sache geklärt. Hirsch ist damals ganz bewusst in die Betriebseinheit „Produktion" gegangen.[17] Damals nahm man das alles sehr wichtig. Die Einführung der gemeinsamen Diplomprüfungsordnung war ebenfalls ein großer Eiertanz. Ludwig Voegelin hat, ebenfalls ein „Mittelbauer" und Mitarbeiter im Dekanat, vehement die hochschulpolitische Ansicht vertreten, dass man die beiden Fächer zusammenbringen und die Politikwissenschaft an die erste bestehende Diplomprüfungsordnung für Soziologie in der Bundesrepublik anschließen muss.[18] Das alles sind Sachen, die heute ziemlich pragmatisch erscheinen; damals war das ein unendlicher, kräfteraubender, zermürbender und Beziehungen aufbrauchender schriller Kampf.

Sie wurden 1975 als Professor an den Fachbereich Gesellschaftswissenschaften in Frankfurt berufen. Würden Sie sagen, dass diejenigen Sozialwissenschaftler, die aus der WiSo-Fakultät kamen, und diejenigen, die aus der Philosophischen Fakultät bzw. dem Institut für Sozialforschung kamen, damals tatsächlich zu einem Fachbereich zusammengewachsen sind? Oder war da immer noch eine Spaltung erkennbar? Gibt es einen Zusammenhang zwischen jenen alten Spannungen, die früher zwischen der WiSo-Fakultät und dem Institut für Sozialforschung bestanden, und der Spaltung des Fachbereichs Gesellschaftswissenschaften in eine bürgerliche und in eine eher linke Fraktion?

---

[15] Kurt Shell war zu dieser Zeit Professor für Politikwissenschaft am neu gegründeten Fachbereich Gesellschaftswissenschaften; Karl-Otto Hondrich nahm von 1973–2007 eine soziologische Professur an diesem Fachbereich wahr; Rainer Eisfeld promovierte 1971 in Politikwissenschaft bei Christian Graf von Krokow und Iring Fetscher an der Wirtschafts- und sozialwissenschaftlichen Fakultät der Universität Frankfurt und war von 1974–2006 Professor für Politikwissenschaft an der Universität Osnabrück.

[16] Die „wissenschaftlichen Betriebseinheiten" waren die Vorgängereinrichtungen der heutigen Institute des Fachbereichs Gesellschaftswissenschaften.

[17] Gemeint ist die wissenschaftliche Betriebseinheit „Produktion und Sozialstruktur", die später in „Institut für Gesellschafts- und Politikanalyse" umbenannt worden ist.

[18] Die gemeinsame Diplomprüfungsordnung für Politikwissenschaft und Soziologie des Fachbereichs Gesellschaftswissenschaften ist am 10. Juli 1989 in Kraft getreten. Vgl. hierzu auch Ludwig Voegelin, Die Folgen der Studentenbewegung und der Übergang zum Fachbereich, in: Heinz Steinert (Hrsg.), Die (mindestens) zwei Sozialwissenschaften in Frankfurt und ihre Geschichte, Frankfurt am Main 1989 (Studientexte zur Sozialwissenschaft, Sonderband 3, Fachbereich Gesellschaftswissenschaften).

Das Letztere hat man sehr kultiviert. Empirische Forschung gab es bis zur Ankunft von Manfred Küchler keine mehr, denn die war ausgegliedert worden. Die einzige Institution (neben den Forschungsgruppen von Ellwein, Hondrich und Oevermann), in der damals an der Universität empirische Sozialforschung betrieben wurde, war das *Institut für Sozialforschung*. Dieses hatte sich bewußt vom Fachbereich distanziert und ist auch nicht in ihm aufgegangen. Ludwig von Friedeburg war in der Gründungsphase in diesen Riesengremien dabei, aber er selbst wurde nicht Mitglied des Fachbereichs. Auch Habermas war nie Mitglied des Fachbereichs. Es war eine diskussionslose Verabschiedung jener Kollegen, die empirische Sozialforschung betrieben. Wenn man noch einmal auf den Positivismusstreit zurückblickt, wird deutlich, dass dieser Trennungsprozeß bereits damals realisiert worden ist; denn es war ja nur noch die eine Seite da. Es zeigt eigentlich, dass Adorno in dieser Angelegenheit hätte schweigen müssen! Hier im Fachbereich hatte man nur noch abstrakte intensive Methodendebatten geführt. Manfred Küchler ist in diesem Sinne wichtig, da er zum einen politisch links und zum anderen als Statistiker und Methodologe sehr ausgewiesen war. Das war für mich in Frankfurt eigentlich der Beginn der empirischen Sozialforschung, und zwar nur in dieser Personaleinheit. Er hatte genau dieselbe Position wie Adorno im Positivismusstreit vertreten. Ich finde, dass jeder die Publikation über den Positivismusstreit lesen sollte, weil es horrender Unsinn ist.[19] Joachim Hirsch und Helmut Reichelt beharrten abstrakt auf der Erforschung von Totalität.[20] Aber Theorie und Empirie entwickelte sich dann auseinander. Das war die Phase, in der wir gemeinsam beim Suhrkamp-Verlag die Zeitschrift *Gesellschaft* herausgegeben hatten. Dort habe ich zusammen mit Friedrich Eberle zwei Aufsätze über die Methodologie bei Marx geschrieben.[21] Wir haben versucht, Grundannahmen der empirischen Sozialforschung mit der marxistischen Theorie in Verbindung zu bringen. Die Reaktion auf die Aufsätze war schroff. Das sind Sachen, die der Fachbereich aus meiner heutigen Sicht damals hätte diskutieren müssen und auch sehr spannend hätte diskutieren können. Denn es waren hier sehr profilierte Positionen und Personen wie Ritsert und Küchler vertreten, aber es gab wechselseitig zu wenig Akzeptanz. Gerade in methodologischen Fragen gab es viel Dogmatik und viele apodiktische Positionen. Gibt es einen empirischen Marxismus? Was wollte eigentlich Marx? Wo verläuft eigentlich die Trennung zwischen der kategorialen Ebene und den empirischen Aussagen in Marx' Kritik der politischen Ökonomie? Wie können wir die Vermittlung zwischen

---

[19] Theodor W. Adorno, Der Positivismusstreit in der deutschen Soziologie, Neuwied 1969.
[20] Helmut Reichelt lehrte von 1971–1978 am Fachbereich Gesellschaftswissenschaften der Universität Frankfurt und ging anschließend an die Universität Bremen.
[21] Friedrich Eberle/Eike Hennig, Anmerkungen zum Verhältnis von Theorie und Empirie, in: Gesellschaft 2, Frankfurt am Main 1974, S. 7–110. Dazu: Helmut Reichelt/Joachim Hirsch, Theorie und Empirie, in: Gesellschaft 4, Frankfurt am Main 1975, S. 190–210; Friedrich Eberle/Eike Hennig, Bemerkungen zur Kritik von J. Hirsch und H. Reichelt, in: Gesellschaft 7, Frankfurt am Main 1976, S. 224–257.

diesen beiden Ebenen herstellen? Was sagt uns dazu der von Karl Popper vertretene Kritische Rationalismus? Was bedeuten Begriffe wie „Verstehen" und „Analyse"? Diskutabel war das auf dem hohen Niveau der Rekonstruktionsversuche der logischen Struktur des Marxschen Hauptwerks *Das Kapital* von Helmut Reichelt und Hans-Georg Backhaus.[22] Auch Fetschers Variante, das Hegel-Marx-Verhältnis zu debattieren, war tolerabel. Aber als daraus eine empirische Basis für marxistische Studien werden sollte, verhärteten sich Fronten. Mit Küchler konnte man über die Empirie reden und er hat auch viel angestoßen, ist dann aber ebenfalls zum ZUMA nach Mannheim gegangen.[23] Da wären wir wieder bei den Anfängen angelangt, also bei den Sozialwissenschaftlern, die von der WiSo-Fakultät gekommen sind. Das waren alles verschenkte Möglichkeiten, wobei ich sagen muss, dass ich damals auch nicht tolerant war, überhaupt nicht. Ich glaube sogar, dass ich oft sehr schroff war.

Inwiefern hat sich das Selbstverständnis der Profession mit der Fachbereichs-gründung verändert? Kam dadurch eine übergeordnete Einheit zustande oder gab es nur die zerstrittenen Lager?

Eine Einheit der Sozialwissenschaften gab es nicht. Ich war damals im Senat und im zentralen Haushaltsausschuss. In der Universität wurden wir als Einheit wahrgenommen. Das ist ja das Spannende: so wie die feministischen Frauen nach außen zusammenstehen und nach innen plötzlich zerstritten sind. Das wussten die anderen, die Mehrheit in den Gremien, und bekamen das mit. Die Vielfalt der Hochschullehrerfraktionen im Fachbereich selbst (dort gab es z.B. im Rat zeitweilig drei Fraktionen von Hochschullehrern) und auch der hochschulpolitische Absentismus einzelner Kollegen führte schließlich dazu, dass es keine abrufbare Gemeinsamkeit gab – weder theoretisch noch methodologisch.

Wir würden noch gern wissen, inwiefern die integrierte Lehramtsausbildung das Selbstverständnis am Fachbereich beeinflusst hat.

Die Integration der Abteilung für Erziehungswissenschaft (AfE) in die Universität Frankfurt ist kein Ruhmesblatt für der Fachbereich und das Kernstudium. Es kamen mehrere Professuren aus der AfE an den Fachbereich. Ich habe mir da auch sicher als Dekan keine großen Gedanken gemacht, was man mit den Lehramtsstudierenden

---

[22] Vgl. Helmut Reichelt, Zur logischen Struktur des Kapitalbegriffs bei Karl Marx, Frankfurt am Main/ Wien 1970. Hans Georg Backhaus war lange Zeit in Frankfurt und Bremen als Lehrbeauftragter tätig; er gilt als Experte für die damals sich großer Beliebtheit erfreuenden Marxschen Warenanalyse und hat über diese zahlreiche einschlägige Aufsätze veröffentlicht. Vgl. Hans-Georg Backhaus, Dialektik der Wertform. Untersuchungen zur Marxschen Ökonomiekritik, Freiburg 1997.
[23] Gemeint ist das Zentrum für Umfragen, Methoden und Analysen in Mannheim.

machen müsste. Aber es ist so, dass die Lehrer die einzige Berufsgruppe sind, die von uns ausgebildet wird und dann auch in ein gesellschaftliches Feld geht und die an der Universität auch ein eigenes Fach hat, nämlich das Studienfach „Politik und Wirtschaft"[24].

Sie haben Politikwissenschaft und Soziologie studiert. Wie würden Sie die Entwicklung des Verhältnisses zwischen diesen beiden Fächern in den letzten 40 Jahren einschätzen? Gab es in Frankfurt da nennenswerte Besonderheiten?

Von meiner Frankfurter Herkunft war für mich die Soziologie das wichtigere Fach. Ich habe mich all die Jahre lang weniger als Politologe verstanden. Ich habe über Milieus und Unzufriedenheiten gearbeitet. Das war politische Soziologie. Trotzdem hatte ich immer Politikprofessuren. Ich habe mich in Politikwissenschaft habilitiert. Aber ein richtiger Politologe bin ich eigentlich nicht, weder methodologisch noch hinsichtlich der quantitativen Sekundäranalyse. Soziologie hat mit Gesellschaft zu tun und darum geht es. Welcher deutsche Politologe kann denn Habermas das Wasser reichen? Ich würde sagen, dass wir in der bundesrepublikanischen Soziologie und Sozialphilosophie eine viel stärkere Diskussionstradition haben; da kommt bei mir eine Frankfurter Prägung durch. Mich hat immer interessiert, wie Gesellschaft funktioniert, wenn man sich empört, welche Formen von Widerstand und/oder Apathie sich ausbilden und sie damit politisch werden. Einer meiner Mitarbeiter in Kassel hat einmal gesagt, dass man Politik nicht durch Politik erklären kann; das kann man zwar wohl, aber ich fand das nie wegweisend und aussagekräftig genug. Es gibt materielle Tatbestände; und diese kommen aus der Gesellschaft oder erklären sich aus der Knappheit der Ressourcen. Insofern würde ich schon sagen, dass eine politische Soziologie wichtig ist; und ich glaube, dass Frankfurt in dieser Hinsicht sehr bedeutsam war. Das konnte man hier am Fachbereich auch immer machen, wobei sich das inzwischen offensichtlich geändert hat, da die Politikwissenschaft borniert geworden ist. Im Nachhinein ist es sehr schade, dass diese Debatten mit Joachim Hirsch über die materialistische Staatstheorie in vielerlei Hinsicht letztendlich unfruchtbar verlaufen sind und apodiktisch blieben. Mich haben immer Cleavages oder Widersprüche interessiert. Wo sind Widersprüche? Und dann sind diese ein Punkt, wo auch falsches Bewusstsein entsteht. Ein gesellschaftliches Verständnis von Politik hätte man intensiv diskutieren können, aber das sind verschenkte Chancen! Ich finde, dass die Soziologie eigentlich das interessantere und anspruchsvollere Fach ist. Die Soziologie war schon viel länger ein eigenständiges Fach und hat ja auch eine ganz andere Gründungsgeschichte

---

[24] Gemeint ist die Ausbildung von Sozialkundelehrern, an der früher auch die Soziologie beteiligt war und die heute in der Bundesrepublik im Wesentlichen von den Politik- und Wirtschaftswissenschaften getragen wird.

484 Gespräch mit Eike Hennig

als die politische Wissenschaft. Sie befindet sich schon seit fast hundert Jahren in einem Institutionalisierungsprozeß. Die Politikwissenschaft hat in der Weimarer Republik vor allem mit Hermann Heller und Franz L. Neumann angefangen, auch mit Otto Kirchheimer. Kirchheimer und Franz Neumann waren für die Frankfurter Schule eher randständige Leute. Und wenn Sie sich den *Behemoth* anschauen, werden Sie feststellen, daß dies nicht der Tenor der Frankfurter Schule geworden ist.[25] Die Politikwissenschaft hat bis jetzt erst die halbe Konstitutionsphase durchlaufen und gerät sogleich in die Drittmittelphase. Als wir hier angefangen haben, war das Stichwort Drittmittel unbekannt. Wichtig war eine ordentliche Publikation, über die man sich aufregen konnte und zu der es gute Rezensionen gab. Das war ein Kriterium, das man damals auch im akademischen Senat einbringen konnte. Die Projekte, die ich gemacht hatte, vor allem das zur neonazistischen Militanz, habe ich eigentlich alle als soziologische Projekte begriffen. Das waren soziologische Untersuchungen von Politik als politischem Verhalten.

Wie sehen Sie den weiteren Verlauf der Entwicklung der Beziehung zwischen Politikwissenschaft und Soziologie? Würden Sie diesbezüglich gerade auch angesichts der aktuellen Hochschulreform eine Prognose wagen?

Es wird weiter auseinander gehen. Es wird immer Personen geben, die das verknüpfen können und die über die Grenzen hinweg soziologisch zum Staat und politikwissenschaftlich zur Gesellschaft denken und die – das ist für mich ganz wichtig – ein Verständnis von Gesellschaft und Geschichte haben, obwohl das angesichts der Ausdifferenzierung der Fächer wohl weiter abnehmen wird. Gesellschaft und Geschichte waren für mich immer der Inbegriff des Marxismus. Das Spannende wäre die Kombination von Theorie und Empirie gewesen. Man muss SPSS können und Hegel kennen und beides zusammen bringen. Aber das machen wenige. Diese Herangehensweise nimmt ab. Ich vertrete die Ansicht, dass die Generation, die nach mir kommt und die von den 68ern ausgebildet worden ist, das nicht mehr leistet. Mit der Nachrückergeneration habe ich erstens schwere Konflikte, zweitens kann ich sie nicht verstehen und drittens frage ich mich, was wir selbst falsch gemacht haben.

Sie haben vorhin Gottfried Salomon-Delatour erwähnt. Wie haben Sie ihn denn erlebt?

Ich habe mehrere Vorlesungen von ihm gehört. Er hat Vorlesungen über die Geschichte der Soziologie gehalten, die ich sehr verständlich fand. Darin wurde mir

---

[25] Franz Neumann, Behemoth. Struktur und Praxis des Nationalsozialismus 1933–1944, hrsg. von Gert Schäfer, Frankfurt am Main 1984.

das erste Mal eine soziale Ideengeschichte vermittelt: die Entwicklung von Ideen, beim Wiederaufgreifen alter Themen der Moderne wie Gleichheit, Freiheit, Gewalt, Vernunft. Er galt aber auch ein bisschen als schräger Vogel. Die Vorlesungen fanden am Institut für Sozialforschung im Lesesaal des Instituts statt. Und für mich war das in dieser Phase eine wichtige Sache, als ich von Marburg hierher kam. Salomon-Delatour empfand ich als jemand, der gemessen an Horkheimer und Adorno schlichte Vorlesungen hielt, die aber verständlich waren. Ich konnte darin einen roten Faden entdecken und fand sie irgendwie basal. Salomon-Delatour war jemand, der einen abholen wollte, und er setzte eigentlich wenig voraus, sondern entwickelte seine Gedanken, sein Wissen. Er sagte: „Gut, Sie müssen nicht wissen, wer Durkheim ist". Adorno hat dagegen sofort folgendermaßen angefangen: Durkheim, Differenz mit Marx, Differenz mit Hegel und Kant usw. – damit waren wir völlig überfordert! Wir hatten ja weder von Durkheim noch von den anderen eine Ahnung. Der Duktus hatte schon etwas Faszinierendes, aber natürlich auch etwas sehr Hermetisches. Ich glaube, dass die meisten damals gescheitert sind. Salomon-Delatour war dagegen jemand, der belehren wollte. Er wollte uns, seinen Hörern, etwas beibringen. Das war auch in Fetschers guten Vorlesungen der Fall.

Vielen Dank für das Gespräch.

Ich bedanke mich für die Fragen.

Das Gespräch mit Eike Hennig führten Tobias Hesse, Alexandra Leo, Alexander Thierfeld und Claudius Härpfer am 11. Januar 2008 in Frankfurt am Main.

„Habermas hat die Innovationsbedürftigkeit gespürt."

Gespräch mit Tilman Allert

Wann sind Sie nach Frankfurt gekommen?

Das war 1968. Ich habe mein Soziologiestudium bei Heinrich Popitz in Freiburg begonnen. Er spielte eine große Rolle für die kognitive Strukturierung meines soziologischen Interesses. In Freiburg hatte ich zudem das Vergnügen, noch Karl Loewenstein zu hören, mit acht Leuten in der Vorlesung. Er tauchte stets mit einem riesigen Schlapphut in der Vorlesung auf und erzählte freihändig, ohne irgendein Manuskript, ein ganzes Semester über das englische Regierungssystem. Dann habe ich Eduard Baumgarten gehört, den Verwandten von Max Weber. Das spielt sich also alles in Freiburg ab. Danach bin ich nach Tübingen ins Leibniz-Kolleg gegangen. Das Leibniz-Kolleg ist eine kleine englisch-tutorial-strukturierte Bildungseinrichtung, d.h. eine Art Propädeutikum, die nach dem Zweiten Welt-krieg von Romano Guardini und Carlo Schmid gegründet und im Rahmen einer Reeducation-Initiative, die es auch in Baden-Württemberg gab, von den Franzosen finanziert wurde. Das Leibniz-Kolleg gibt es auch heute noch, aber längst nicht mehr in der englisch-tutorialen, Cambridge-artigen Form, wie ich es noch erlebt habe. Meine akademische Faszination und Begeisterung habe ich eigentlich erst über die Mitgliedschaft in dem Leibniz-Kolleg erworben. Meine universitär-akademische Identität ist über das Leibniz-Kolleg strukturiert worden. Über das Kolleg vermittelte Kontakte pflege ich bis heute, nicht nur soziologische; Martin Riesebrodt, Religionssoziologe an der University of Chicago ist z.B. ein guter Freund aus dieser Kollegzeit. Nach einem bzw. anderthalb Jahren in Tübingen bin ich dann nach Frankfurt gegangen und bin dort relativ schnell zu Ulrich Oevermann gekommen.

Sie waren zur gleichen Zeit in Tübingen wie Friedrich Tenbruck, der kurz zuvor Frankfurt verlassen hatte; und zwar zum einen aufgrund studentischer Unruhen, die für ihn den Lehrbetrieb erschwerten, und zum anderen aufgrund der Diffe-renzen mit Adorno und Horkheimer. Hatten Sie als Student diese Hintergründe mitbekommen?

Ich hatte mit Tenbruck ein in allerlei Legenden auftauchendes amüsant-gespanntes Verhältnis, weil ich damals in Tübingen Fachschaftsvorsitzender der Soziologie war

und er der Institutsdirektor. Meine Präsenz an dem Institut war eine des relativ guten
Benehmens im Vergleich zu dem, was ihm später passiert ist. Ich weiß noch, wie
ich mich als Fachschaftsvorsitzender zur Wahl stellte. Mein politisches Programm
bestand darin, mich für Diskussionen *während* der Vorlesung einzusetzen. Es gab
Gegenkandidaten, die für Diskussionen *nach* der Vorlesung waren. Tenbruck selbst
gehörte zu denjenigen, die Diskussionen während der Vorlesungen nicht goutierten.
Daher gab es eine wechselseitige Irritation, die jedoch nicht dazu geführt hat, dass
mir der Zugang zu seinen Oberseminaren, an denen teilzunehmen eine große Ehre
war, verwehrt wurde – heutzutage wäre so etwas undenkbar. Ob ich als Student die
Hintergründe, die Sie eben erwähnt haben, mitbekommen habe? Eigentlich nicht.
Allerdings machte sich bei Tenbruck eine sich habitusmäßig verdichtende Scheu
vor Strittigkeiten, Konflikten oder Auseinandersetzungen bemerkbar. Tenbruck
hatte große Schwierigkeiten mit offenen Auseinandersetzungen und Diskussionen;
das war für ihn höchst unangenehm. Von den Auseinandersetzungen mit Adorno
haben wir als Studenten eigentlich nichts mitbekommen.

Könnten Sie etwas dazu sagen, worin genau die theoretischen und vor allem politi-
schen Unterschiede in den Lehren von Tenbruck und von Adorno bestanden haben?

Darüber werden Dissertationen und Habilitationen geschrieben! Aber wenn man es
auf den Punkt bringen wollte, könnte man sagen, dass der Gestaltungsoptimismus,
der für die Frankfurter stets maßgebend war, von Leuten wie Tenbruck nicht geteilt
wurde. Darin liegt vielleicht die schärfste Differenz. Nun gehörte Tenbruck ja auch
eher zu den Theoretikern, die noch vor der großen Weber-Renaissance weberianisch
gedacht haben. Er war einer der frühen Weberianer und hat aus dieser Perspektive
natürlich das Prinzip der Wertneutralität schwimmen und verschwinden sehen, sich
aber nicht sehr souverän gegen die Bedrohung dieses Prinzips gewehrt.

Adorno hat sich in seinen Soziologie-Vorlesungen in Frankfurt Anfang der 60er
Jahre intensiv mit Max Weber auseinandergesetzt, während andere Soziologen wie
etwa Georg Simmel bei ihm offensichtlich überhaupt keine Rolle spielten.

Simmel spielte bei Adorno deshalb keine Rolle, weil Simmel ja der bessere Adorno
ist; deshalb musste Adorno Simmel irgendwie ausblenden. Auch in seinem Aufsatz
über Simmel sieht man ganz deutlich, dass er jene, die so gearbeitet haben, wie
er sich das erträumt hat, nicht besonders berücksichtigt hat.[1] Ich bin jedenfalls
nicht jemand, der über diese Adornoschule gelaufen ist. Für mich ist das, was
Adorno betrieben hat, gar keine Soziologie gewesen. Adorno hat für mich nur

---

[1] Theodor W. Adorno, „Henkel, Krug und frühe Erfahrung", in: ders.: Gesammelte Schriften, Band 11,
Frankfurt am Main 1974, S. 556–566.

als Musiksoziologe eine Geltungskraft; da ist er exzellent. Ich selbst bin nicht in diesen Kontext einer über Adorno laufenden Soziologieausbildung hineingeraten und bedaure das auch nicht.

Was waren die Gründe, dass Sie sich dazu entschlossen haben, in Frankfurt Ihr Diplom zu machen?

Ich hatte mich schon in Freiburg für eine dann sehr erfolgreich werdende *Non-Govermental Organisation* engagiert. Dies war eine bürgerinitiativeartige Studentengruppe, die sich „Student aufs Land" nannte. Wir sind auf die Dörfer Baden-Württembergs gefahren und haben abends mit der Überschrift „Schickt eure Kinder auf die höheren Schulen!" Diavorträge gehalten. Und die Schlusssätze lauteten sinngemäß: „Wenn ihr das nicht tut, haben wir in 30 Jahren belgische Ärzte und französische Rechtsanwälte." Es war sozusagen Nationalstolz, aber natürlich auch eine kritische Reaktion auf die damals gerade publik gewordene sogenannte „Bildungskatastrophe". Die Pichtsche Studie über die deutsche Bildungskatastrophe sowie Dahrendorfs Streitschrift über „Bildung ist Bürgerrecht": all das spielte damals eine große Rolle.[2] Und eine Handvoll Studenten ist da eben initiativ geworden, wir haben Jahre später dafür die Theodor-Heuss-Medaille bekommen. Viele aus dieser Initiative sind in der FDP gelandet. Mit dem Sohn von Hellmut Becker, dem damaligen Direktor des Max-Planck-Instituts, war ich befreundet und er war auch dabei. Natürlich waren wir immer schön vorbereitet, hatten alles Relevante brav gelesen und die Vorträge schön strukturiert. Und dabei bin ich auf Basil Bernstein und Ulrich Oevermann gestoßen und wollte das, was sie machten, näher kennen lernen. Das gab dann auch den Ausschlag, nach Frankfurt zu gehen; Adorno war es jedenfalls nicht. Von Adorno, der ja 1969 gestorben ist, habe ich zwar ein paar Vorträge gehört; aber ich habe mich nie um die erste Reihe in einer Adorno-Vorlesung bemüht.

Wie haben Sie seine Vorlesungen wahrgenommen? Wir haben in unseren Interviews viel über die Vorlesungen von Adorno gehört, und zwar sowohl Positives als auch Negatives.

Es ging dabei sehr zeremoniell zu. Man muss in diesem Zusammenhang bedenken, dass wir es damals mit einer vorsoziologischen Landschaft zu tun hatten. Heute werden Sie ja mit Lehrbüchern überschwemmt. Jeden Monat kommt ein Lehrbuch für Soziologie heraus; aber damals gab es überhaupt keine irgendwie strukturierte lehrbuchartige Literatur. Die erste Generation war, wenn man so will, Amateure

---

[2] Georg Picht, Die deutsche Bildungskatastrophe. Analyse und Dokumentation, Freiburg im Breisgau 1964; Ralf Dahrendorf, Bildung ist Bürgerrecht. Plädoyer für eine aktive Bildungspolitik, Hamburg 1965.

der Soziologie – allesamt hochgebildete Leute natürlich: René König, Ralf Dahrendorf und vor allem M. Rainer Lepsius! Lepsius habe ich, Gott sei Dank, sehr früh kennen gelernt; und ich bin auch in meiner Frankfurter Zeit regelmäßig zu Lepsius nach Mannheim gefahren. Neben Oevermann habe ich bei Lepsius meine Ausbildung erfahren. Lepsius ist jedenfalls die beste Adresse für Soziologie, wenn Sie mich fragen.

Kann man sagen, dass Sie weder in die Tübinger noch in die Frankfurter Schule eingebunden waren?

Als Habermas-Assistent gehörte Oevermann, bei dem ich praktisch meine Ausbildung erfahren habe, damals ja auch zur Frankfurter Schule. Aber er lehrte Sozialisationstheorie. Bei Adorno las man Proust; das war ja überhaupt kein Vergleich. Oevermann brachte den amerikanischen Strukturfunktionalismus nach Frankfurt. Auf diese Weise sind wir, wenn auch verspätet, in die amerikanische Soziologie eingeführt worden. Wenn Sie mich fragen, war das eine Erleuchtung: das war genuine Soziologie. Wir haben auch Emile Durkheim anders gelesen; die ganze Entwicklungstheorie von Kohlberg, Piaget usw. ist eingeführt worden – das ist alles erst dort entstanden und später als eine curriculare Selbstverständlichkeit institutionalisiert worden.

War dies eine Leistung von Ulrich Oevermann?

Auf jeden Fall! Und er hat dabei zugleich die schärfste Distanzierung vom etablierten Frankfurter soziologischen Kanon errichtet, was ihm ja auch bis auf den heutigen Tag viele Feindschaften eingebracht hat.

Ist das nicht paradox, dass ein Assistent von Habermas das theoretische Rüstzeug gegen die Kritische Theorie nach Frankfurt importiert hat?

Das sehe ich anders! Oevermann hat den radikalsten und innovativsten Transformationsversuch unternommen. Er hat sozusagen diese verstaubte Frankfurter Schule-Soziologie modernisiert. Er hat sie durch die Inkorporierung einer aus den USA exportierten sozialwissenschaftlichen Tradition strukturiert. Im gleichen Atemzug mit Ulrich Oevermann muss man in diesem Zusammenhang übrigens auch Enno Schwanenberg nennen – sie beide haben es überhaupt gewagt, die klassische Sozialpsychologie und Sozialisationstheorie zu lehren, ohne von Vornherein zu sagen: „Es ist alles Positivismus, das brauchen wir alles nicht, wir sind Frankfurter und deshalb per se kritisch!"

Welches war dabei die Rolle von Habermas? Hatte er selbst ein Interesse an diesen neueren Entwicklungen?

Habermas hat die Innovationsbedürftigkeit gespürt. Er hat gesehen, dass mit der alten Frankfurter Schule nichts mehr zu gewinnen ist. Als kluger Kopf hat er natürlich gemerkt, dass es einen Transformationsbedarf gibt. Und er hat ein außerordentlich geschicktes Händchen bei seiner Assistentenauswahl bewiesen. Er hat Assistenten gesucht, die auf den unterschiedlichsten Gebieten diese Transformation vollzogen haben – Claus Offe für die materialistischen Theorieansätze, Albrecht Wellmer und Rainer Döbert für die methodologische Reflexion. Das ist schon eine außerordentlich raffinierte Rekrutierungspolitik gewesen, mit der die Chance wahrgenommen werden konnte, die Schwachstellen der Frankfurter Theorie zu purifizieren oder zu beseitigen. Das ist ja das Bemerkenswerte gewesen! Wer liest denn heute noch Horkheimer und Adorno? Man liest sie unter musealen Aspekten. Es sind auch traumhaft schöne Texte darunter. Aber ich wüsste nicht, wie das für die Soziologie theoretisch-operativ sein könnte.

Haben Sie auch Vorlesungen von Jürgen Habermas besucht?

Ja, natürlich! Man ging selbstverständlich in die Habermas-Vorlesungen, wenn auch mit knallrotem Kopf: „Universalpragmatik? Was ist denn das? Noch nie etwas davon gehört! Du liebe Güte, das muss ich lesen, damit ich nicht mehr einen roten Kopf habe, wenn ich da sitze und nichts verstehe." Es war sozusagen eine kognitive Herausforderung, die man aufgegriffen hat; man hat zu Hause die Sachen nachgelesen und ist wieder in das Seminar gegangen und hat dann diesmal vielleicht nicht lediglich dreißig Prozent, sondern sechzig Prozent verstanden. Jedenfalls waren das Veranstaltungen, die für mich verpflichtend waren.

Gab es in Tübingen und Frankfurt hinsichtlich der Studentenunruhen nennenswerte Unterschiede?

Wenn ich mich richtig erinnere, waren die Studentenunruhen städteübergreifend; es gibt ja inzwischen genug Literatur darüber. In meiner Wahrnehmung war es in Tübingen auch unruhig, wobei Ende 69, Anfang 70 ja alles wieder vorbei war. Da war nichts mehr. Es kam dann zwar Baader-Meinhof, aber das hatte mit der Universität nichts zu tun. Ich weiß noch, wie in meiner Wohngemeinschaft von den so genannten Ledernacken die ganze Wohnungseinrichtung zertrümmert wurde, und zwar einfach deshalb, weil wir uns für das soziologische Vordiplom entschieden hatten. Es wurde alles kaputt gemacht, an den Wänden waren riesige Aufschriften: „Verräter!" Verantwortlich waren Kommilitonen, die auf dem Weg in die Radikalität waren und die ihren „konformistischen" Kommilitonen eins auswischen wollten. Mit anderen Worten: Es ging überhaupt nicht mehr um die Universität. Tenbruck mag vielleicht aus Frankfurt geflohen sein; ob man aber auch Habermas' Weggang nach Starnberg auf dieses Motiv zuspitzen kann, weiß ich nicht; da bin ich auch keine gute Informationsquelle. Er hatte jedenfalls eine tolle Karriereoption im Max-Planck-Institut – er bekam ein ganzes Institut angeboten und da spielte es keine Rolle, ob ein paar Studenten schimpften. Natürlich nimmt man so eine Karriereoption wahr, zumal Habermas ja einen riesigen Apparat mitnehmen konnte.

Haben Sie sich an diesen Protestbewegungen in irgendeiner Form beteiligt?

Man ist natürlich immer schön brav demonstrieren gegangen. Es gab auch eine vitale Diskussions- und Party-Kultur in diesen beiden Semestern; länger dauerte das ja gar nicht. Ich muss schmunzeln, wenn ich heutzutage im Fahrstuhl die Ankündigung „Autonomes Seminar" lese. So etwas hatten wir in diesem Streiksommer ja ebenfalls. Aber wir haben da praktisch dasselbe Curriculum wie die Dozenten angeboten und Literaturlisten von Oevermann und Habermas genommen, weil es super Literaturlisten waren; und wir haben dann unter dem Titel „Autonomes Seminar: Sozialisation" dasselbe gelesen, was unter Beteiligung oder Leitung der Dozenten gelesen worden wäre. Was da die Studenten gemacht haben, war ausgesprochen akademisch. Und natürlich gehörten auch Demonstrationen dazu. Wer in einem Habermas-Seminar saß, musste damit rechnen, dass irgendwann ein „Genosse" hereinkam und unterbrach: „Genossinnen und Genossen, wie könnt ihr angesichts der historischen Situation ..." – das war eine aus heutiger Sicht urkomische Formulierung und hieß in Klammern: es sind ein paar hundert Leute am Opernplatz und wollen demonstrieren – „... wie könnt ihr angesichts der historischen Situation hier im Seminar sitzen und Habermas zuhören? Steht gefälligst auf und kommt zum Opernplatz!" Meist blieben die Leute sitzen. Es gab eben diese schon früh einsetzende Fraktionierung der Studentenbewegung, die ja als Ganze eine unglaublich akademische Ausrichtung hatte. Nachträglich bin ich über die extreme Wissenschaftsgläubigkeit sehr verblüfft. Wenn man sich die Programme dieser Arbeitsgruppen von damals heute ansieht, wundert man sich: das bekommen Sie mit den Studenten von heute nicht einmal in vier Semestern durchgearbeitet! Kurzum: Bei aller vielleicht auch publizistisch aufgeregten Aggressivität war man in der Orientierung auch ausgesprochen akademisch.

Hatte die 1971 erfolgte Gründung der Fachbereiche große Auswirkungen auf den Lehrbetrieb?

Überhaupt nicht. Ich habe eigentlich sehr früh nur Soziologie studiert; ein bisschen Philosophie war auch dabei – also das, was Habermas angeboten hatte.

Ich bin dann auch zu Luckmann gegangen, als er noch hier war, und habe auch Veranstaltungen von Luckmanns Assistent Walter Sprondel besucht. Die WiSo-Soziologie war für mich ohnehin eine Adresse, was nicht für alle galt. Viele haben diese Fraktionierung zwischen der WiSo-Fakultät auf der einen Seite und die „Frankfurter Schule der Soziologie" auf der anderen Seite auch für sich selbst als verbindlich erachtet. Ich gehörte nicht dazu. Ich habe mir sowohl hier als auch dort Veranstaltungen angehört, ohne besondere Wahrnehmung der Fachbereichs-debatten und Konstruktionen.

Wie wurde Ihr Besuch der Seminare von Luckmann allgemein aufgenommen?

Nicht besonders gut. Ich besuchte mit ein paar Freunden, mit denen ich noch Kontakt habe, Luckmanns Seminare und wir wussten, welches Risiko wir damit eingingen. Es hieß stets: „Wie kann man nur, das ist doch öde!" Es war nicht so, dass man darunter gelitten hätte, aber man musste mit kritischen Kommentaren rechnen.

Waren diese politisch motiviert?

Ja natürlich! Damals war alles politisch. Jedenfalls war Luckmann eine attraktive Figur und er hatte eine ganz andere Soziologie als die anderen in Frankfurt gelehrt; das war eben das Faszinierende daran. Enno Schwanenberg, den ich vorhin erwähnt habe, gehört auch dazu. Es gibt ja zwei berühmte Parsons-Schüler: Der eine ist Luhmann und der andere ist Schwanenberg, der vor ein paar Jahren emeritiert wurde.[3] Das ist auch aus Parsons' Perspektive neben Luhmann eigentlich der intelligenteste Parsons-Schüler. Wenn Parsons seine Schülerschaft durchgegangen ist, dann war Schwanenberg die erste Adresse. Schwanenberg ist dann später zu Mitscherlich gegangen und in der Psychologie gelandet. Jetzt hat Tilmann Habermas Schwanenbergs Nachfolge angetreten. Schwanenberg war jedenfalls noch vor Oevermann derjenige, der hier in Frankfurt die strukturfunktionalistische Sozialpsychologie parsonianischer Provenienz importiert hat. Er hat aber unter dem Frankfurter Klima sehr gelitten und hier einen schweren Stand gehabt. Oever-mann konnte unter dem Schutz seiner Habermas-Assistenz ja alles machen und hatte von daher – damals hätte man gesagt: ideologisch – keine Schwierigkeiten. Schwanenberg hatte nicht diesen Schutz.

---

[3] Vgl. Enno Schwanenberg, Soziales Handeln – Die Theorie und ihr Problem. Mit einem Geleitwort von Professor Dr. Alexander Mitscherlich, Bern/Stuttgart/Wien 1970.

*Hatte Luckmanns Annahme des Rufs nach Konstanz auch mit den besseren Lehr-
bedingungen dort und dem schweren Stand in Frankfurt zu tun?*

Einen schweren Stand als Prämisse anzuführen, finde ich doch etwas zu stark, weil
dabei zu wenig bedacht wird, dass die Professoren sich damals durchaus noch in
einem Karriereaufbau befanden. Und wenn es für einen Professor im mittleren Alter
die Option gibt, nach Konstanz, eine Traumuniversität, zu gehen – ja, nichts wie
weg! Und was ist Frankfurt denn als Milieu? Das ist ja bis heute eines der großen
Probleme für die Frankfurter Sozialwissenschaft, dass die Universität in der Stadt
nicht anerkannt ist und es kein richtiges geisteswissenschaftliches Milieu gibt. Das
gibt es doch alles nicht in dieser Stadt. Ich weiß nicht, wie Sie das wahrnehmen,
aber das ist doch alles nicht besonders ausgeprägt. Und in Konstanz gab es die
exzellenten, hermeneutisch arbeitenden Professoren wie Hans Robert Jauß und
Luckmann, die ganze Hermeneutikschule in der Gadamer-Tradition – das ist doch
alles in Konstanz gewesen! Es gab eine Zeit, in der die Oevermann-Gruppe einen
intensiven Kontakt mit den Luckmann-Leuten hatte. Wir sind damals regelmäßig
zu den Debatten nach Konstanz gedüst. Hier in Frankfurt gab es ja noch sehr
lang den Mythos der Frankfurter Schule, den es im Grunde genommen ja noch
bis heute gibt.

Woran könnte das Ihrer Meinung nach liegen?

Das ist eine ganz interessante Frage. Die Sonderstellung der Frankfurter Schule hat
natürlich auch den Preis gehabt, relativ unvermittelt mit der Disziplin Soziologie
zusammen zu sein. Zum Teil ging das ja so weit, dass die Disziplin Soziologie
für Frankfurter, auch für Frankfurter Studenten, gar keine Rolle spielte. Der Preis
dafür war, dass ein professionelles soziologisches Milieu gar nicht entstanden ist,
weil mit diesen Aushängeschildern jahrelang Reklame gemacht und auch eine
Selbstsuggestion erzeugt wurde, die aber nicht in Forschung übersetzt wurde – im
Gegensatz zur Kölner Schule oder anderen Zentren, in denen die Anbindung an die
professionelle Entwicklung der Soziologie viel dichter und stärker war. Helmuth
Plessner, einer meiner großen Favoriten, gehört eigentlich auch zur Frankfurter
Schule, aber im Sinne einer empirisch arbeitenden Frankfurter Schule. Und doch
ist er bis auf den heutigen Tag marginalisiert worden. Fragen Sie doch einmal die
Frankfurter Studenten, was sie von Plessner kennen. Viele kennen andere Traditionen gar nicht! Auch René König kennt hier kein Mensch. König hat traumhafte
Sachen gemacht, die kein Mensch kennt, weil man möglicherweise denkt, dass
hier eben die Frankfurter Schule vorherrschend sei und man deshalb nichts anderes mehr tun müsse und man sich insofern auch nicht um die Vermittlung zum
konventionellen, aber immerhin professionalisierten Soziologie-Milieu bemühen
müsse. Diese Selbstgenügsamkeit könnte ein Grund sein. Die Frankfurter haben

Georg Simmel und Max Weber spät entdeckt bzw. immer noch nicht entdeckt. Hier sind alle gestaltungsoptimistisch! Und das ist das Problem unserer Disziplin gegenüber der Politikwissenschaft, die auch und erst Recht gestaltungsoptimistisch ist. „Wir haben eine Theorie, die nur noch umgesetzt werden muss"; „Wir wissen, wie die Gesellschaft verändert werden soll, ihr müsst uns nur fragen" ... Aber ein professioneller Soziologe dreht sich erst dreimal im Kreis, bevor er sagt, was man machen könnte.

Im Zuge der Fachbereichsgründung wurde ja auch die Lehrerausbildung in die Soziologie integriert. Wie ist ihre Einstellung dazu?

Der Preis hierfür ist hoch, wobei ich enthusiastisch gern Lehrer ausbilde. Meine Wahrnehmung ist die, dass die gegenwärtige Lehrerausbildung ein Defizit hinsichtlich der diagnostischen Ausbildung besitzt. Denn den Lehrern wird in der Ausbildung immer nur gesagt, was sie alles nicht können und was an den Verhältnissen schlecht ist, die verhindern, dass sie gute Lehrer sein können. Das ist erstens überhaupt nicht zwingend und zweitens halte ich das persönlich für eine Spätwirkung des Frankfurter Theorie-Dünkels. So kommt mir das jedenfalls vor und ich erlebe das auch so. Ich mache ja diese Tandem-Veranstaltungen und biete gemeinsam mit den Erziehungswissenschaftlern Schulpraktika an; dabei beobachte ich immer dieses Defizit bezüglich des diagnostischen Vorgehens. Ich leide etwas darunter. Von der Ausbildung her ist es für mich überhaupt keine Belastung und halte das Gejammer etlicher Kollegen, sie müssten so viele Lehrer prüfen, nicht für besonders hilfreich. Wie gesagt: Ich glaube, dass die Weichenstellung, was die Sorgfalt in der Binnenrekrutierung der Soziologie betrifft, einen Preis gehabt hat.

Stellt es für die übrigen Studenten keine Belastung dar, wenn die Seminare teilweise sehr stark auf Lehramtsstudenten ausgerichtet werden und dabei die reine Soziologie etwas zu kurz kommt?

Wenn es gemischte Seminare sind, dann ist das natürlich schwierig. Die Lehramtsstudenten kommen aus der Schule und wollen die Schule fortgesetzt haben. Ich habe das jetzt in diesem laufenden Semester erlebt: „Haben Sie keine Teilnehmerliste?", bekomme ich dann zu hören. Ich sage dann: „Was ist denn das? Ich bin an einer Universität, was soll ich mit einer Teilnehmerliste!" Dann sind sie aber ganz enttäuscht, dass ich da nicht meine Striche mache und sage: „Du bist da, du warst letzte Woche nicht da – wo ist deine Entschuldigung?" usw. Das ist doch sehr irritierend. Dabei gibt es sehr kluge und intelligente Leute unter ihnen, das ist doch gar keine Frage. Mein Gütekriterium ist immer: Wenn ich einen Studenten in einem 80-Leute-Seminar zu einem gestandenen Lehrer oder zu einem gestandenen Soziologen mache, dann bin ich fein heraus. Es ist wie in der Musikhochschule: Wenn einer sozusagen auf der Mailänder Scala oder auf der New Yorker MET landet, dann habe ich meine Arbeit getan. Ob das nun ein Lehrer ist oder ein Soziologe – einer reicht. Kurzum: Mich belastet das überhaupt nicht! Institutionell kann man natürlich darüber nachdenken, ob es elegant ist, die Lehrerausbildung an die Universität zu holen. Aber wie immer wir das auch organisieren, ist das immer sehr problematisch. Da muss man sich etwas einfallen lassen; aber bisher hat noch niemand eine richtig gute kontinuierlich-begleitende berufliche Reflexion angestellt.

Welche Rolle spielt denn die Spannung zwischen den Soziologen und den Politologen bei der Lehrerausbildung?

Wir haben hier in Frankfurt diesbezüglich eine Asymmetrie der Prüfungsbelastung. Die Soziologen prüfen mehr Lehrer als die Politologen, weil die Politologen sagen, dass es viel zu kompliziert sei und sie das nicht könnten. Aber es gibt Schlimmeres. Insgesamt ist es so, dass gegenwärtig eine Paradigmentransformation zugunsten der Politikwissenschaft vonstatten geht, die aber im Laufe der Zeit auch wieder korrigiert werden wird.

Können Sie uns noch kurz beschreiben, wie die Arbeit in der Oevermann-Gruppe aussah?

Das ist eine frühe professionelle Disziplinierung von jungen Studenten gewesen. Wir waren zeitweise an die zwanzig Leute, die im Anschluss an Bernsteins Sprachcode-Theorie über einen empirischen Gegenstand, Sprachentwicklung von Kindern, Diplomarbeiten und Dissertationen geschrieben haben. Ich hatte im Rahmen meines Projekts über Familien mit dem Sigmund-Freud-Institut kooperiert. Über diese Forschungstätigkeit hat sich eine frühe professionelle soziologische Kernidentität etabliert. Diese institutionelle Integration von jungen Leuten in eine professionelle Subkultur hatte mit Gesellschaftsveränderung gar nichts mehr zu tun; das war uns auch völlig egal. Wir haben zwar alle gelegentlich mit auf der Straße gestanden und hin und wieder demonstriert; aber der Stolz richtete sich darauf, dass wir gute Soziologen waren und eine gute Soziologie betrieben. Soziologie – das war unser Proprium – und nicht: „Kommt herunter, reiht euch ein, Bürger lasst das Glotzen sein!" Ich wollte damals schon nichts als Soziologie machen – und so ist das bis heute.

Hat sich bei Oevermann im Lauf der Zeit eine Entwicklung von der Kritischen Theorie hin zur Hermeneutik vollzogen?

Es gibt ja diesen berühmten Satz von Habermas: „Gadamer urbanisiert Heidegger."[4] Man könnte das auch fortsetzen und sagen: „Habermas urbanisiert Gadamer"; und schließlich: „Oevermann urbanisiert Habermas". Denn Oevermann hat diese ganze kritische Perspektive eigentlich als einziger empirisch fundiert. Das ist seine große wissenschaftshistorische Leistung. Er hat bis zum Erbrechen Empirie gemacht. Nächtelang haben wir da gesessen, gerechnet und interpretiert. Es war eine notorisch tagende soziologische Subkultur, die da mit allen Problemen der überstarken Bindung und der Lösung entstand. Aber es war eine unglaubliche dichte Professionalität.

Ist Oevermann damit bei Habermas auf Widerstand gestoßen?

Nein, im Gegenteil. Habermas war stolz auf Oevermann und konnte es auch sein. Denn was hat er nicht alles auf die Beine gestellt: Er war Gutachter im Deutschen Bildungsrat. Alle bildungspolitischen Initiativen – z. B. hinsichtlich der Einrichtung von Gesamtschulen, was immer man davon halten mag – wurden ja nicht ohne die Beratung des Berliner Max-Planck-Instituts für Bildungsforschung umgesetzt. Und da hatte die entscheidende Stimme immer Oevermann. Das haben wir als Studenten natürlich gemerkt und das begründete auch einen gewissen Stolz. Oevermanns Innovationsleistung ist unbestritten! Das ist nicht zuletzt in seiner beeindruckenden Abschiedsvorlesung „,Krise und Routine' als analytisches Programm der Sozialwissenschaft", die er am 28. April 2008 an der Goethe-Universität Frankfurt gehalten hat, in jeder Hinsicht deutlich geworden. Oevermann, Bourdieu und Bernstein – das sind die drei großen europäischen Bildungssoziologen. Alle drei kommen aus der Marginalität und alle drei thematisieren die Bildungsbenachteiligung, die zentrale Bildungsaufstiegsbarriere, nämlich das Bildungssystem, und entwerfen jeweils unterschiedliche Theorietraditionen – und Oevermann war dabei der Innovativste.

Das Gespräch mit Tilman Allert wurde am 17. Januar 2008 von Eva Frankenthal, Aurélien Berlan, Tobias Hesse und Timo Wagner geführt.

---

[4] Vgl. Jürgen Habermas, Urbanisierung der Heideggerschen Provinz, in: Jürgen Habermas/Hans-Georg Gadamer, Das Erbe Hegels. Zwei Reden aus Anlaß der Verleihung des Hegel-Preises 1979 der Stadt Stuttgart an Hans-Georg Gadamer am 13. Juni 1979, Frankfurt am Main 1979, S. 9–31.

„Was für Bagatellen! Wieso haben die sich gestritten?"

Gespräch mit Wolfgang Glatzer

Herr Glatzer, Sie haben Ihr Abitur in Oberfranken gemacht, sind aber zum Studieren nach Frankfurt gekommen. Weshalb fiel Ihre Wahl auf Frankfurt?

Ich hatte einmal in der Zeitung – das muss 1962 oder 1963 gewesen sein – einen Artikel über Frankfurter Studenten und das dortige Studentenleben gelesen. Wenn ich mich richtig erinnere, ging es darin unter anderem um das Interesse der Studenten, gesellschaftliche Veränderungen zu bewirken; die Studentenbewegung von 1968 kündigte sich da schon an. Jedenfalls fand ich den Artikel so interessant, dass ich entschied, aus dem fränkischen Dorf, in dem ich aufgewachsen bin, nach Frankfurt zu gehen. Nach dem Abitur am Meranier Gymnasium und der Bundeswehrzeit verstaute ich mein Hab und Gut in einem alten VW-Käfer, übergab mein Zimmer meinem Bruder und übersiedelte von Reundorf am Main nach Frankfurt am Main.

Wie kamen Sie zur Soziologie? Warum begannen Sie überhaupt ein Soziologiestudium?

Ich wollte etwas Innovatives studieren. Auf die Soziologie war ich als Abiturient durch die Veröffentlichungen von Ralf Dahrendorf, dem damals bekanntesten Soziologen, aufmerksam geworden. Ich bin in einem traditionsgeprägten 300-Seelen-Dorf am Fuße von Schloß Banz und Vierzehnheiligen aufgewachsen. Wenn man bei dieser Ausgangslage studieren will, entscheidet man sich nicht für ein traditionelles Fach, sondern sucht sich etwas Neues. So dachte ich damals jedenfalls. Ich wollte es einfach mal ausprobieren und dann sehen, wie weit ich mit dem Soziologiestudium komme. Und als ich dann im 2. Semester bei Adorno in einem Proseminar ein Referat über „Integration und Differenzierung" bei Herbert Spencer hielt, worauf er mir die Note eins gab, war ich mir sicher, dass ich der geborene Soziologe bin [lacht], und so bin ich bei der Soziologie geblieben. Rückblickend war das wohl doch keine falsche Entscheidung. Ich habe es jedenfalls nicht bereut, auch wenn ich nicht die Professorenlaufbahn beschritten hätte. Diese habe ich erst später als wissenschaftlicher Mitarbeiter im Sonderforschungsbereich 3: „Mikroanalytische Grundlagen der Gesellschaftspolitik" ins Auge gefasst. Nach wie vor finde ich, dass ich als Professor eine ungeheuer privilegierte, verantwortungsvolle Position habe.

Wenn Sie sagen, dass Sie bei Adorno, der ja an der Philosophischen Fakultät wirkte, ein Referat gehalten haben, überrascht dies etwas; denn wenn man sich Ihre akademische Laufbahn bzw. Ihre Forschungsinteressen vor Augen führt, würde man vermuten, dass Sie an der WiSo-Fakultät eingeschrieben waren.

Ja, das war ich auch. Warum gerade dort, hatte keinen schwerwiegenden Grund. Allerdings habe ich die Trennung in der Lehre zwischen den beiden Fakultäten nicht als besonders stark ausgeprägt empfunden. Die deutlichste Trennung gab es wohl im Vorlesungsverzeichnis. Deshalb besuchte ich auch Veranstaltungen von Adorno, Horkheimer, Friedeburg und Habermas. Auch Gerhard Brand habe ich nicht vergessen. Viele von uns WiSo-Soziologen waren sozusagen „Grenzgänger". Obwohl die Soziologie-Studierenden in der WiSo-Fakultät viel weniger waren, befanden sich auch dort unter den Lehrenden relativ bekannte Namen wie etwa Friedrich Tenbruck, Walter Rüegg (der damals Rektor war), Thomas Luckmann, Wolfgang Zapf und in der Übergangsphase zum gemeinsamen Fachbereich Rolf Ziegler. An der WiSo-Fakultät besuchte ich vor allem wirtschaftswissenschaftliche und sozialpolitische Veranstaltungen u. a. bei Fritz Neumark, Helmut Meinold, Hans Jürgen Krupp, Karl Häuser, Heinz Sauermann. Ich habe mich ansonsten stark in der Fachschaft engagiert. Verglichen mit der großen Philosophischen Fakultät, die die Studenten-Proteste angeführt hat, waren wir allerdings immer die Kleinen und Unbedeutenden. Wir wurden geduldet und durften manchmal ein bisschen mitreden.

Können Sie sich erinnern, welche Seminare Sie damals besucht haben?

Eines meiner ersten Seminare belegte ich bei Alfred Bellebaum, einem akademischen Rat, der die Geschichte der Soziologie behandelte. Gerade als ich dort mein erstes Referat halten sollte, wurde die Veranstaltung durch einen der frühen Studentenstreiks aufgelöst. Bei Adorno im Proseminar wurden die großen Soziologen mit ihren Theorien – von Spencer über Marx bis hin zu Max Weber besprochen; das war im großen Hörsaal des damals neuen Hörsaalgebäudes mit etwa 700 Zuhörern! Und wenn man sich da – unwissend im Hinblick auf den späteren Kontext – für ein Referat gemeldet hatte, musste man dieses dann auch vor 700 Kommilitonen vortragen; das habe ich damals mit ausreichend Angst und Bangen überstanden.[1] Bei Ludwig von Friedeburg habe ich die „Sozialstruktur der Bundesrepublik" kennen gelernt und eine Veranstaltung „Student, Universität und Gesellschaft" besucht und dabei die analytische Distanzierung zu sozialen Prozessen gelernt, an denen man selbst beteiligt ist. Meine erste voll professorenbetreute soziologische

---

[1] Wolfgang Glatzer bezieht sich hierbei auf das Proseminar „Soziologische Zentralbegriffe", das Adorno im SS 1967 abgehalten hatte.

Veranstaltung an der WiSO-Fakultät habe ich erst absolviert, als Wolfgang Zapf 1968 nach Frankfurt kam. Es ging um Sozialstruktur, Modernisierung und ein Methodenbuch von Stinchcombe. Tenbruck, Rüegg und Luckmann kannte ich zwar auch, aber nur aus einiger Distanz. Bei dem zuletzt Berufenen Rolf Ziegler habe ich ein Seminar besucht. Die Lehre wurde damals relativ stark vom Mittelbau getragen, von Ruth Meyer, Ursula Kurz, Richard Grathoff, Hansfried Kellner, Walter M. Sprondel u. a.

Wie sah es mit den Klassikern der Frankfurter Soziologie aus, etwa mit Mannheim oder Oppenheimer – wurden sie behandelt bzw. sprach man damals überhaupt von einer Tradition der Frankfurter Soziologie?

Mir ist die Frankfurter Soziologie-Geschichte immer zu wenig beachtet worden. Weder Franz Oppenheimer noch Karl Mannheim waren bedeutende Themen, auch nicht Norbert Elias, der Mitte der 1970er Jahre weltberühmt geworden ist und dessen Bücher die größten Auflagen verzeichneten. Dass Franz Oppenheimer schon in der Weimarer Republik das Konzept des „Dritten Weges" entwickelte[2] und den späteren Wirtschaftsminister und Bundeskanzler Ludwig Erhard 1925 promovierte, blieb mir ebenso lange verborgen wie die Wissenssoziologie von Karl Mannheim und die Zivilisationstheorie von Norbert Elias, die dann später starke Beachtung fanden. Die Bezeichnung „Frankfurter Schule" tauchte meiner Erinnerung nach schon in der Weimarer Zeit auf, aber nicht nur für die Soziologie, sondern auch für die Betriebswirtschaftslehre und die Statistik. Der Begriff „Frankfurter Schule" wurde in der Nachkriegszeit vor allem auf die Kritische Theorie bezogen, heute versuchen Einrichtungen wie die „Frankfurt School of Finance" den Begriff auch für sich zu übernehmen.

Hatte diese Verweigerung mit der Selbstprofilierung der neueren Frankfurter Soziologie zu tun? War man der Ansicht, dass der Originalitätswert der eigenen Theorien durch Ignorieren bzw. Verschweigen der Klassiker besser zum Vorschein kommen würde?

Ich hatte schon den Eindruck, dass man versuchte, den eigenen soziologischen Ansatz immer besonders deutlich in den Vordergrund zu stellen. Inklusion und Exklusion spielten – nicht nur begrifflich – eine große Rolle. Ob dies einen Vorteil darstellt, da habe ich meine Zweifel. Auch heute fällt mir auf, dass das Interesse an der Vergangenheit der Frankfurter Soziologie – etwas überpointiert gesagt – gegen null tendiert. In diesem Zusammenhang fällt mir die Beisetzung der Urne

---

[2] Vgl. Franz Oppenheimer, Weder so – noch so. Der dritte Weg (1933), in: Gesammelte Schriften, Bd. II, Berlin 1996, S. 109 ff.

von Franz Oppenheimer in einem Ehrengrab auf dem Frankfurter Südfriedhof im
Mai 2007 ein. Oppenheimer hatte sich schon 1921 das Grab auf dem Südfriedhof
reservieren lassen, wo auch seine Frau beigesetzt wurde. Er musste aber emigrieren
und starb dann in den USA, wo seine Urne mehrere Jahrzehnte aufbewahrt wurde.
In der jüngeren Zeit hat die Stadt Frankfurt in einem komplizierten Vorgang aus
der 1921 erworbenen Grabstätte ein Ehrengrab gemacht: Die Urne wurde aus den
USA nach Frankfurt gebracht und auf dem Südfriedhof beigesetzt. Zur Beisetzung kamen kaum Kollegen bzw. Kolleginnen und, soweit ich es beurteilen kann,
überhaupt keine Studierenden. Die Zeremonie war aber trotzdem gut besucht, weil
viele Menschen von auswärts kamen, die sich an den Frankfurter Wissenschaftler
und ersten Soziologieprofessor in Deutschland erinnerten

*Würden Sie sagen, dass der Nationalsozialismus eine so markante Zäsur war, die
mit ein Grund für diesen Traditionsbruch war? Dass Adorno oder Horkheimer
sich nicht mehr auf Oppenheimer oder Mannheim besonnen haben, hatte aber
sicherlich auch politisch-ideologische Gründe.*

Mir kam das wie die Konkurrenz intellektueller Persönlichkeiten vor, wie ich sie
auch heute oft genug erlebe. Ich erinnere mich, dass Adorno in einer Randbemer-
kung die Wissenssoziologie von Mannheim nachdrücklich ablehnte. Was wäre
passiert, wenn es keinen Nationalsozialismus gegeben hätte? Dann hätte Karl
Mannheim, der aus Budapest kam, eine glänzende Karriere in Frankfurt vor sich
gehabt und Norbert Elias hätte sich als Spätkömmling habilitieren und profilieren
können. Franz Oppenheimer war ja bereits emeritiert und wollte seine Theorien
weiter in der Öffentlichkeit vertreten. Das Institut für Sozialforschung mit Adorno und Horkheimer und einigen weiteren Intellektuellen hat seinen Aufstieg und
seine Weltberühmtheit zu einem wesentlichen Teil der Kritik am Kapitalismus
und Faschismus zu verdanken. Grundlegende Aufsätze der Kritischen Theorie
entstanden zu Beginn des Nationalsozialismus und insofern wirkte sich der Traditionsbruch durch den Nationalsozialismus für die verschiedenen soziologischen
Akteure ganz unterschiedlich aus. Im Vergleich zur WiSo-Soziologie konnte sich
die Kritische Theorie viel schneller re-etablieren.

*Wenn Sie jetzt rückblickend von der Frankfurter Soziologie eine Ahnengalerie
aufstellen müssten – wen würden Sie denn auf den obersten Rängen platzieren?
Wer wären für Sie die großen Namen der Frankfurter Soziologie? Wer hat Sie am
stärksten beeinflusst?*

Ich würde zunächst einmal die frühen Soziologen – und den Begriff definiere ich
sehr weit – aus der Weimarer Zeit, d. h. Franz Oppenheimer, Karl Mannheim und
Norbert Elias nennen, die ich heute mit großem Interesse zur Kenntnis nehme,

übrigens viel stärker als früher. Dann sind natürlich Theodor W. Adorno und Max Horkheimer zu nennen, die an der Frankfurter Universität die Nachkriegszeit besonders geprägt haben. An sie schließen für mich Jürgen Habermas und besonders Ludwig von Friedeburg an, von dem ich vieles in theoretischer und methodologischer Hinsicht gelernt habe. Eine besondere Rolle hat Wolfgang Zapf für mich gespielt, von dessen soziologischer Perspektive ich am meisten übernommen habe. Darüber hinaus sind viele bedeutende Soziologen erwähnenswert, die in eine ausführliche Darstellung gehören würden, aber im Schatten der herausragenden Kollegen geblieben sind.

Man weiß, dass Adornos Seminare immer stark besucht waren. Gab es außer ihm noch andere Dozenten, in dessen Vorlesungen man einfach gehen musste?

Bei Habermas waren auch die Hörsäle voll. Aber Habermas verstand sich betont als Philosoph und nicht als Soziologe und hat mit diesem Argument einen Vortrag auf dem Frankfurter Soziologentag 1990 abgelehnt.

Würden Sie sagen, dass das immer wieder erwähnte problematische Verhältnis zwischen den marxistischen Soziologen auf der einen Seite und den bürgerlichen Soziologen auf der anderen eine nachträgliche Beschreibung der Situation von damals ist oder war es so, dass die Beteiligten dies ebenfalls so sahen?

Zunächst einmal empfand ich die meisten marxistisch orientierten Soziologen, die ich kannte, nicht gerade als ausgeprägte kämpferische Marxisten, die sich als militant darstellten. Teilweise kannte ich diese Personen ja – Frank Wolff beispielsweise spielt bis heute auf höchstem Niveau Cello – und es handelte sich um ganz umgängliche, tolerante Menschen. Dass uns alle die Ablehnung des Vietnamkrieges verband, war überhaupt keine Frage und daraus wurde – wenn ich mich nicht verhört habe – die heutige amerikanische Regierungsposition. Auf der anderen Seite gab es auch bürgerliche Soziologiestudenten, die CDU-Mitglieder waren. Mit ihnen trafen wir uns in der Fachschaft der WiSo-Fakultät fast täglich und stritten uns auch öfter. Aber diese waren in der Gesamtheit der Studierenden in der Minderheit und hatten schon wegen ihrer geringen Zahl keinen größeren Einfluss. Von noch weiter rechts kam damals niemand, zumindest wurde es nicht bekannt. Um die oben gestellte Frage zu beantworten: Es standen sich keine monolithischen Blöcke gegenüber. Meine freundschaftlichen Beziehungen umfassten ein breites Spektrum gesellschaftspolitischer Positionen und wir konnten unsere Gegensätze aushalten.

Um noch einmal auf die interne Spaltung der Frankfurter Soziologie zurück-
zukommen: War diese auch unter den Lehrenden, den Dozenten und Professoren
so deutlich, und nicht nur unter den Studierenden?

Ja, das kann man schon sagen. Man wusste, wohin ein Professor gehörte. Aber es
gab in jeder Gruppe große Unterschiede. Es gab sympathische, tolerante Konservative wie Wolfgang Zapf. Und Ludwig von Friedeburg habe ich immer als vor-
sichtigen Vermittler wahrgenommen, der nicht so sehr auf die Durchsetzung der
eigenen Position bedacht war.

Ein analoges internes Problem an der Frankfurter Universität betrifft das Verhältnis
zwischen den Soziologen und den Politologen. War dieses bereits zu Beginn so
konfliktträchtig? Heute hat man den Eindruck, dass die Politologen mehr zu sagen
haben als die Soziologen, wenn es z. B. um die Besetzung von wichtigen Posten
am Fachbereich Gesellschaftswissenschaften geht.

Na ja, früher war das anders; die Politologen haben damals eine auch zahlenmäßig
geringere Rolle gespielt. Ich habe die Politologen, weil ich Politologie auch nicht
als Nebenfach hatte, überhaupt nicht als relevant wahrgenommen. Dennoch gab
es auch dort interessante Professoren wie Iring Fetscher, Ernst Otto Czempiel und
Kurt L. Shell. Es ist heute offensichtlich, dass der Stellenwert von Soziologen und
Politologen sich zugunsten der Politikwissenschaft geändert hat. Allerdings muss
man sagen, dass es ja auch innerhalb der Soziologie oft Dominanzkämpfe gegeben
hat. Z. B. ist der erste Soziologentag nach dem Zweiten Weltkrieg schon 1946
durchgeführt worden (von Leopold von Wiese zusammen mit Heinz Sauermann),
bevor die Kritischen Theoretiker überhaupt aus dem Exil zurückgekehrt waren.

Überhaupt fällt auf, dass die Soziologentage in Frankfurt immer von großer histo-
rischer Bedeutung waren. 1910 fand hier der allererste Soziologentag statt, 1946
der erste nach dem Zweiten Weltkrieg. Der Soziologentag von 1968 fiel genau in
die Zeit der Studentenbewegung und der von 1990 in die Zeit unmittelbar nach
der Wiedervereinigung. Und 2010 steht der Soziologentag in Frankfurt unter dem
Zeichen des hundertjährigen Jubiläums der Gründung der Deutschen Gesellschaft
für Soziologie.

Das ist doch gut so. Ein unmittelbarer Effekt des Soziologentages von 1968 war
leider, dass danach jahrelang keiner mehr stattfand; die Soziologentage wurden
quasi stillgelegt. Es ging schon sehr heftig zu bei diesem Soziologentag. Wenn
man allerdings heute Texte liest, die damals Kontroversen auslösten, so denkt
man: „Was für Bagatellen! Wieso haben die sich gestritten?" Da gab es dieses
berühmte Gemeinschaftsreferat von Claus Offe, Ernst Theodor Mohl und anderen

über die horizontalen Disparitäten, das sehr starken Widerspruch ausgelöst hat – dabei gehört diese Diagnose heute zum selbstverständlichen Gut der Soziologie und man versteht kaum noch, dass es darüber Streit gab.[3] Aber zweifellos haben alle Frankfurter Soziologentage ihre besondere Bedeutung und dies gilt sicher auch für den kommenden Soziologiekongress im Jahr 2010.

Aber der Disput zwischen Adorno und Dahrendorf war etwas anders gelagert ...

Hier waren die Fronten deutlicher. Meiner Erinnerung nach sollte der Vorsitz der DGS zwischen Adorno und Dahrendorf wechseln. Der Beitrag von Adorno auf dem Soziologentag 1968 war stärker marxistisch geprägt als jeder seiner anderen Beiträge, die ich kenne. Nie hat er jemals zuvor eine so deutliche marxistische Position bezogen, und da hat Ralf Dahrendorf als Liberaler (er gehörte der FDP an) dagegen gehalten.[4] Dahrendorf sah sich damals selbst als eine der herausgehobenen Persönlichkeiten in Deutschland und dachte sogar daran, Bundeskanzler zu werden. Adorno hatte ebenfalls Machtbewusstsein – zumindest innerhalb der soziologischen Profession. Deshalb sind beide in einer „Redeschlacht" auf dem Soziologentag, bei der ich anwesend war, so stark aufeinander geprallt.

Wie haben Sie die Studentenbewegung von 1968 erlebt? Hat Sie das stark geprägt?

Zu Beginn habe ich mich damit identifiziert, später dann aber immer mehr davon distanziert, unter anderem deshalb, weil mir Aktionen wie die Besetzung des Instituts für Sozialforschung und deren Ziele zu weit ging. Das war einer der universitätsbezogenen Auslöser zur Distanzierung von meiner Seite. Dann gab es die Fehleinschätzung bei Adornos Nachfolge von Hans-Jürgen Krahl. Krahl, der einem Autounfall zum Opfer fiel, war einer der wichtigsten Studentenführer in Frankfurt und es ist mir heute noch unverständlich, warum er sich so stark für Horst Baier als Nachfolger auf Adornos Professur engagierte. Die meisten linken Studentenführer haben Horst Baier als einen kritischen Theoretiker gepriesen, der er beim besten Willen nicht war.[5] Obwohl ich selbst der Kritischen Theorie kritisch-freundlich gegenüber stehe, hätte ich mir damals die Fortführung der

---

[3] Joachim Bergmann, Gerhard Brandt, Klaus Körber, Ernst Theodor Mohl, Claus Offe: Herrschaft, Klassenverhältnis und Schichtung, in: Theodor W. Adorno (Hrsg.), Spätkapitalismus oder Industriegesellschaft. Verhandlungen des 16. Deutschen Soziologentages vom 8. bis 11. April 1968 in Frankfurt am Main, Stuttgart 1969, S. 67–87.
[4] Theodor W. Adorno, Spätkapitalismus oder Industriegesellschaft? Einleitungsvortrag zum 16. Deutschen Soziologentag, ebd., S. 12–26; Ralf Dahrendorf, Herrschaft, Klassenverhältnis und Schichtung, ebd., S. 88–99.
[5] Vgl. Ivo Frenzel, Diskussion über die Nachfolge Adornos. Was wird aus der Frankfurter Schule? In: Die Zeit, Nr. 11 (1970), S. 24 (vgl. hierzu den Anhang dieses Bandes).

Kritischen Theorie auf Adornos Professur gewünscht. Ich verstand nicht, wie es geschehen konnte, dass man von Seiten kritischer Studenten die eigene intellektuelle Grundlage torpediert hat! Ich selbst habe bis zu meiner Promotion wie kaum ein anderer Soziologe viele „kritische" und „konservative" Professoren näher kennen gelernt, sozusagen von A bis Z – von Adorno bis Zapf (der seine eigene Diplomarbeit bei Adorno schrieb, was die Vernetzungen deutlich macht). Bei Zapf und danach bei von Friedeburg sehe ich den größten Einfluss auf meine eigene Position. Die Etiketten „kritisch" und „konservativ" haben in diesem Sozialisationsprozess ihre Unterscheidungskraft für angemessene gesellschaftspolitische Positionen verloren.. Mancher kritische Soziologe war letzten Endes konservativ und manch konservativer Wissenschaftler trat sehr kritisch auf.

Hat man denn schon damals die These aufgestellt, dass die marxistischen Soziologen den Linksterrorismus begünstigt hätten?

Ich glaube nicht, ich selbst habe das auch nicht so wahrgenommen. Vielleicht ist das Gegenteil richtig. Das ist ein großer Unterschied zu Ihrer Generation heute: die Gesellschaft der sechziger Jahre schien damals schon geringfügige „Modernisierungen" zu verweigern, so entstand ein starker Wunsch nach gesellschaftlicher Veränderung. Das war aus meiner Sicht das verbindende Element unterschiedlicher Strömungen in der Studentenbewegung und dieses Ziel wurde zumindest teilweise erreicht.

Herr Glatzer, wir danken Ihnen für das Gespräch.

Das Gespräch mit Wolfgang Glatzer wurde am 21. Dezember 2008 von Fehmi Akalin, Tobias Hesse, Nina Merget und Victoria Wendt geführt.

Anhang

Dokumente zur Soziologie in Frankfurt

Chronik zur Geschichte der Soziologie in Frankfurt

7.8.1890	Gründung des Instituts für Gemeinwohl unter der Leitung von Nathanael Brückner aufgrund einer Initiative von Wilhelm Merton
21.10.1901	Aufnahme des Lehrbetriebs an der neu gegründeten Akademie für Sozial- und Handelswissenschaften in Frankfurt am Main
1903	Gründung des Sozialen Museums auf Initiative von Wilhelm Merton, Charles Hallgarten und Stadtrat Flesch
3.1.1909	Gründung der Deutschen Gesellschaft für Soziologie in Berlin
19.–22.10.1910	Erster Deutscher Soziologentag in Frankfurt am Main (ohne Rahmenthema)
26.10.1914	Feierliche Eröffnung der Königlichen Universität Frankfurt als privilegierte Korporation gemäß dem Preußischen Landrecht
1916–1934	Leitung des Sozialen Museums durch Heinz Marr
1919–1929	Wahrnehmung des neu geschaffenen Lehrstuhls für Soziologie und Theoretische Nationalökonomie durch Franz Oppenheimer an der Wirtschafts- und Sozialwissenschaftlichen Fakultät
2.5.1921	Eröffnung des Lehrbetriebes an der Akademie der Arbeit
1921–1925	Lehrtätigkeit von Gottfried Salomon-Delatour als Privatdozent an der Wirtschafts- und Sozialwissenschaftlichen Fakultät
1921–1933	Tätigkeit von Siegfried Kracauer als Redakteur der „Frankfurter Zeitung"
22.6.1924	Einweihung des Instituts für Sozialforschung unter der Leitung von Carl Grünberg
1924–1929	Wahrnehmung des an der Wirtschafts- und Sozialwissenschaftlichen Fakultät neu eingerichteten Stiftungslehrstuhls für „Wirtschaftliche Staatswissenschaften IV" durch Carl Grünberg

1925–1927	Gottfried Salomon-Delatour gibt das „Jahrbuch für Soziologie" heraus, das als bedeutendes soziologisches Periodikum der Weimarer Zeit gilt und von dem insgesamt drei Jahrgänge erschienen sind
1925–1933	Wahrnehmung einer nicht beamteten außerordentlichen Professur für Soziologie durch Gottfried Salomon-Delatour
1926–1930	Lehrtätigkeit von Max Horkheimer als Privatdozent an der Philosophischen Fakultät
2.3.1927	Gründung der „Frankfurter Gesellschaft für Soziologie" unter dem Vorsitz von Gottfried Salomon; zu seinem Stellvertreter wurde Heinz O. Ziegler gewählt; Franz Oppenheimer und der Konsul Karl Kotzenberg, der Oppenheimers Lehrstuhl gestiftet hatte, wurden zu Vorsitzenden des Ehrenausschusses gewählt
1928	Berufung von Max Scheler zum Professor für „Philosophie und Soziologie" an die Philosophische Fakultät; aufgrund seines unerwarteten Todes am 19.5.1928 konnte Scheler diese Professur nicht mehr wahrnehmen
1929–1933	Wahrnehmung eines Lehrstuhls für „Philosophie und Soziologie einschließlich Sozialpädagogik" durch Paul Tillich als Nachfolger von Max Scheler
Juli 1930	Berufung von Max Horkheimer zum Professor für Sozialphilosophie an der Philosophischen Fakultät
2.10.1930–10.2.1932	Leitung des Instituts für Sozialforschung durch Max Horkheimer als stellvertretender Direktor
1930–1933	Wahrnehmung eines Lehrstuhls für Soziologie durch Karl Mannheim an dem neu eingerichteten Seminar für Soziologie der Wirtschafts- und Sozialwissenschaftlichen als Nachfolger von Franz Oppenheimer
1930–1933	Wahrnehmung einer Assistentur durch Norbert Elias am Lehrstuhl von Karl Mannheim
1930–1933	Wahrnehmung einer nicht beamteten außerordentlichen Professur für Soziologie an der Wirtschafts- und Sozialwissenschaftlichen Fakultät durch Walter Sulzbach

1931–1933	Wahrnehmung eines Lehrstuhls für „Wirtschaftliche Staatswissen-schaften" durch Adolph Löwe als Nachfolger von Carl Grünberg an der Wirtschafts- und Sozialwissenschaftlichen Fakultät
24.1.1931	Antrittsvorlesung von Max Horkheimer über „Die gegenwärtige Lage der Sozialphilosophie und die Aufgaben eines Instituts für Sozialforschung" an der Philosophischen Fakultät
8.5.1931	Antrittsvorlesung von Theodor W. Adorno über „Die Aktualität der Philosophie" an der Philosophischen Fakultät
28.2.1932	Auf der von der Deutschen Gesellschaft für Soziologie veranstal-teten Frankfurter Dozententagung wird unter dem maßgeblichen Einfluss von Karl Mannheim die Gestaltung eines Lehrplanes für Soziologie an den deutschen Universitäten entworfen
17.3.1932	Offizielle Bestätigung Max Horkheimers als leitender Direktor des Instituts für Sozialforschung durch das Preußische Kultus-ministerium
13.3.1933	Schließung des Instituts für Sozialforschung
7.4.1933	Aufgrund des Inkrafttretens des „Gesetzes zur Wiederherstellung des Berufsbeamtentums" werden unter anderen Theodor W. Adorno, Martin Buber, Norbert Elias, Max Horkheimer, Karl Mannheim, Friedrich Pollock, Kurt Riezler, Gottfried Salomon, Paul Tillich und Hans Weil aus dem Frankfurter Universitätsdienst entlassen
1933–1940	Kommissarische Leitung des Seminars für Soziologie durch Heinz Marr
September 1934	Zusammenlegung der Bibliothek des Seminars für Soziologie und der Bibliothek des Sozialen Museums
1934–1936	Heinz Marr wird die Leitung der Gesellschaft für Werkspolitik übertragen, die aus dem Sozialen Museum hervorgegangen ist
1934–1949	Forschungstätigkeit des Instituts für Sozialforschung im amerika-nischen Exil
1936–1937	Wahrnehmung des Amtes des Direktors der Gesellschaft für Sozial-wissenschaft an der Wirtschafts- und Sozialwissenschaftlichen

Fakultät durch Heinz Marr, die aus der Gesellschaft für Werkspolitik hervorgegangen ist

1937–1939   Wahrnehmung des Amtes des Direktors der Sozialwissenschaftlichen Bibliothek an der Wirtschafts- und Sozialwissenschaftlichen Fakultät durch Heinz Marr

1938–1944   Lehrtätigkeit von Heinz Sauermann als Privatdozent für „Volkswirtschaftslehre und Soziologie" an der Wirtschafts- und Sozialwissenschaftlichen Fakultät

1939   Gründung des Instituts für Wirtschaftliche Raumforschung

1940   Wahrnehmung eines Lehrauftrages für Landesplanung und Umsiedlung durch Ludwig Neundörfer; Bestrebungen, das sozialwissenschaftliche Studium neu zu strukturieren, werden nicht realisiert

Juni 1941   Das bis zu diesem Zeitpunkt an der Wirtschafts- und Sozialwissenschaftlichen Fakultät angesiedelte Seminar für Soziologie wird offiziell geschlossen

1941–1943   Die Sozialwissenschaftliche Bibliothek geht in die Abteilung für Sozialverwaltung über; die Leitung wird durch Charlotte von Reichenau wahrgenommen

1942   Gründung des Instituts für Industriewirtschaft der Gauwirtschaftskammer

1943   Wahrnehmung des Amtes des Direktors des neu gegründeten Soziographischen Instituts durch Ludwig Neundörfer

1944   Ernennung von Heinz Sauermann zum Professor für Volkswirtschaftslehre an der Wirtschafts- und Sozialwissenschaftlichen Fakultät

1.2.1946   Wiederaufnahme des Lehrbetriebes an der Wirtschafts- und Sozialwissenschaftlichen Fakultät der Universität Frankfurt

18.–21.9.1946   8. Deutscher Soziologentag in Frankfurt am Main (ohne Rahmenthema)

1946–1972   Wahrnehmung einer Professur für „Wirtschaftliche Staatswissenschaften" durch Heinz Sauermann an der Wirtschafts- und Sozialwissenschaftlichen Fakultät (Skalweit-Nachfolge)

9.1.1947	Karl Mannheim stirbt im britischen Exil an den Folgen eines Herzinfarktes
1949–1959	Erneute Wahrnehmung der Professur für Sozialphilosophie (später umgewidmet in „Philosophie und Soziologie") durch Max Horkheimer an der Philosophischen Fakultät
WS 1949/50	Vertretung von Horkheimers Professur für Sozialphilosophie durch Theodor W. Adorno
Seit 1950	Wahrnehmung einer außerplanmäßigen Professur für Philosophie durch Adorno an der Philosophischen Fakultät
14.11.1951	Wiedereröffnung des Instituts für Sozialforschung in Frankfurt
1951–1953	Wahrnehmung des Amtes des Rektors der Universität Frankfurt durch Max Horkheimer
1952–53	Kommissarische Leitung des Instituts für Sozialforschung durch Helmuth Plessner während Adornos Aufenthalt in den USA
Seit 1953	Wahrnehmung einer außerordentlichen Professur für Philosophie und Soziologie an der Philosophischen Fakultät durch Adorno
1954–1955	Aufgrund einer Initiative von Adorno nimmt Hans Gerth eine Fulbright-Grant-Professur für Soziologie an der Philosophischen Fakultät wahr
1954–1965	Wahrnehmung einer Gastprofessur für „Wirtschaftliche Staatswissenschaften und Soziologie" durch Leopold von Wiese an der Philosophischen Fakultät
WS 1954/1955	Die erste Diplomprüfungsordnung für Soziologie in Deutschland tritt an der Philosophischen Fakultät in Kraft
1955–1962	Tätigkeit von Ludwig von Friedeburg als Abteilungsleiter am Institut für Sozialforschung
Seit 1956	Tätigkeit von Walter Sulzbach als Honorarprofessor für Soziologie an der Wirtschafts- und Sozialwissenschaftlichen Fakultät
1956–1959	Assistenz von Jürgen Habermas am Institut für Sozialforschung

1957–1960   Wahrnehmung eines neu eingerichteten soziologischen Lehrstuhls
                 durch Julius Kraft am neu gegründeten „Seminar für Gesellschafts-
                 lehre" der Wirtschafts- und Sozialwissenschaftlichen Fakultät im
                 Rahmen einer Wiedergutmachungsmaßnahme, der nach Krafts
                 Emeritierung nicht wieder besetzt wird

1957–1969   Wahrnehmung einer ordentlichen Professur für Philosophie und
                 Soziologie durch Adorno an der Philosophischen Fakultät

1958–1964   Gottfried Salomon-Delatour ist der Wirtschafts- und Sozialwissen-
                 schaftlichen Fakultät als entpflichteter ordentlicher Professor für
                 Soziologie formell zugeordnet; aufgrund des ausdrücklichen
                 Wunsches dieser Fakultät nimmt er seine Lehrtätigkeit jedoch an
                 der Philosophischen Fakultät wahr

1959–1971   Seit dem SS 1959 erfüllt das Institut für Sozialforschung zugleich die
                 Aufgabe eines soziologischen Seminars; im Vorlesungsverzeichnis
                 der Philosophischen Fakultät wird das soziologische Lehrangebot
                 hinfort unter den Rubriken „Soziologie" und „Soziologisches
                 Seminar" angeboten

WS 1959/60   Seit dem Wintersemester 1959/60 wird im Vorlesungsverzeichnis
                 der Wirtschafts- und Sozialwissenschaftlichen Fakultät eine ordent-
                 liche Professur für Soziologie unter „N. N." ausgewiesen

1960–1961   Hans Achinger übernimmt kommissarisch die Leitung des Seminars
                 für Gesellschaftslehre

1961–1973   Wahrnehmung der neu geschaffenen Professur „Soziologie I" an
                 der Wirtschafts- und Sozialwissenschaftlichen Fakultät der Uni-
                 versität Frankfurt durch Walter Rüegg, der zugleich die Leitung
                 des Seminars für Gesellschaftslehre übernimmt

1962–1966   Wahrnehmung einer Professur für Soziologie an der Freien Uni-
                 versität Berlin durch Ludwig von Friedeburg

1963–1967   Wahrnehmung der zweiten neu eingerichteten Professur für Sozio-
                 logie an der Wirtschafts- und Sozialwissenschaftlichen Fakultät
                 durch Friedrich H. Tenbruck

1964–1971   Wahrnehmung der Professur für Philosophie und Soziologie durch
                 Jürgen Habermas als Nachfolger von Max Horkheimer an der
                 Philosophischen Fakultät

1965–1970	Wahrnehmung der dritten neu geschaffenen Professur für Soziologie an der Wirtschafts- und Sozialwissenschaftlichen Fakultät durch Thomas Luckmann
1965–1970	Wahrnehmung des Amtes des Rektors der Universität Frankfurt durch Walter Rüegg
1966–1969	Wahrnehmung einer an der Philosophischen Fakultät neu eingerichteten Professur für Soziologie durch Ludwig von Friedeburg und Ernennung von Friedeburg zum Direktor des Instituts für Sozialforschung
WS 1966/67	Das Soziologische Seminar der Philosophischen Fakultät wird aus dem Institut für Sozialforschung räumlich ausgegliedert und in der Myliusstraße 30 untergebracht
1966–1971	Gemeinsame Diplomprüfungsordnung für Soziologie der Philosophischen Fakultät und der Wirtschafts- und Sozialwissenschaftlichen Fakultät
15.4.–15.7.1967	Wahrnehmung einer Gastprofessur für Soziologie am Seminar für Gesellschaftslehre der Wirtschafts- und Sozialwissenschaftlichen Fakultät durch Hans Gerth
8.–11.4.1968	16. Deutscher Soziologentag in Frankfurt am Main (Rahmenthema: „Spätkapitalismus oder Industriegesellschaft?")
WS 1968/69	Niklas Luhmann vertritt Adorno während dessen Beurlaubung vom Lehrbetrieb und hält im Seminar für Soziologie Lehrveranstaltungen über die Soziologie der Liebe und des Vertrauens ab
1968–1972	Wahrnehmung des Lehrstuhls II für Soziologie an der Wirtschafts- und Sozialwissenschaftlichen Fakultät durch Wolfgang Zapf als Nachfolger von Friedrich H. Tenbruck
6.8.1969	Adorno stirbt während eines Urlaubsaufenthaltes in der Schweiz an den Folgen eines Herzinfarktes
1969–1970	Vertretung der vakant gewordenen Professur für Philosophie und Soziologie Adornos durch Horst Baier
1969–1974	Wahrnehmung des Amtes des Hessischen Kultusministers durch Ludwig von Friedeburg

12.5.1970   Verabschiedung des Hessischen Universitätsgesetzes (HUG) und
                   des Hessischen Hochschulgesetzes (HHG) im Hessischen Landtag

7.7.1971   Konstituierende Sitzung der im Gefolge der Auflösung der Fakultä-
                   ten neu gegründeten Fachbereiche an der Universität Frankfurt

1971   Zuordnung des Horkheimerschen Doppellehrstuhls für Philosophie
                   und Soziologie zum neu gegründeten Fachbereich Philosophie; der
                   von Horst Baier von 1971–1976 wahrgenommene Doppellehrstuhl
                   für Philosophie und Soziologie von Adorno wird demgegenüber
                   dem neu gegründeten Fachbereich Gesellschaftswissenschaften
                   zugeordnet

WS 1971/72   Folgende Professorinnen und Professoren werden im Vorlesungs-
                   verzeichnis des neu gegründeten Fachbereichs Gesellschaftswissen-
                   schaften aufgeführt: Horst Baier, Egon Becker, Gerhard Brandt,
                   Ernst-Otto Czempiel, Iring Fetscher, Hans Gerth, Helga Grebing,
                   Joachim Hirsch, Klaus Kippert, Hans Wolfgang Kuhn, Jürgen
                   Ritsert, Friedrich Roth, Walter Rüegg, Lothar Schmidt, Kurt Shell,
                   Rudolf Vogel und Wolfgang Zapf; Helge Peters und Rolf Ziegler
                   nehmen Vertretungsprofessuren wahr; Ludwig von Friedeburg und
                   Erwin Stein sind als Honorarprofessoren aufgeführt

1971–1981   Tätigkeit von Jürgen Habermas als Direktor des Starnberger Max-
                   Planck-Instituts für die Erforschung der Lebensbedingungen der
                   wissenschaftlich-technischen Welt

1971–1975   Wahrnehmung einer Professur für Soziologie am Fachbereich
                   Gesellschaftswissenschaften durch Hans Gerth

1972–1978   Einrichtung der Forschergruppe „Sozialpolitisches Entscheidungs-
                   und Indikatorensystem" (SPES) unter der Leitung von Hans-Jürgen
                   Krupp und Wolfgang Zapf

7.7.1973   Max Horkheimer stirbt in Nürnberg

1973–1999   Wahrnehmung der Professur für Philosophie und Soziologie durch
                   Alfred Schmidt am Fachbereich Philosophie (Habermas-Nachfolge);
                   diese Professur wurde nach der Pensionierung von Schmidt nicht
                   wieder besetzt

1973–2007	Wahrnehmung der Professur für Allgemeine Soziologie durch Karl Otto Hondrich als Nachfolger von Walter Rüegg am Fachbereich Gesellschaftswissenschaften
1974–2001	Wahrnehmung des Amtes des geschäftsführenden Direktors des Instituts für Sozialforschung durch Ludwig von Friedeburg
1975–1982	Wahrnehmung einer Honorarprofessur für Philosophie am Fachbereich Philosophie durch Jürgen Habermas
1976–1990	Wahrnehmung des Status eines emeritierten Professors für Soziologie durch Norbert Elias am Fachbereich Gesellschaftswissenschaften
1977–1978	Norbert Elias hält am Fachbereich Gesellschaftswissenschaften im Rahmen der Verleihung des Adorno-Preises eine Vorlesung über „Soziologie-Marxismus-Psychoanalyse im Lichte der Zivilisationstheorie" mit anschließendem Kolloquium ab
2.10.1977	Verleihung des neu eingeführten und von der Stadt Frankfurt gestifteten Theodor W. Adorno-Preises an Norbert Elias in der Paulskirche
1977–2008	Wahrnehmung der Professur für Soziologie und Sozialpsychologie durch Ulrich Oevermann am Fachbereich Gesellschaftswissenschaften
1979–1990	Einrichtung des Sonderforschungsbereichs „Mikroanalytische Grundlagen der Gesellschaftspolitik" unter der Leitung von Hans-Jürgen Krupp und Wolfgang Zapf an den Universitäten Frankfurt am Main und Mannheim
11.9.1980	Verleihung des Theodor W. Adorno-Preises an Jürgen Habermas in der Frankfurter Paulskirche
1982–1999	Wahrnehmung der Professur für Soziologie mit dem Schwerpunkt Theoretische Soziologie durch Hansfried Kellner am Fachbereich Gesellschaftswissenschaften als Nachfolger von Horst Baier
1983–1994	Wahrnehmung der Professur für Philosophie mit dem Schwerpunkt Sozialphilosophie und Geschichtsphilosophie durch Jürgen Habermas am Fachbereich Philosophie; es handelt sich dabei um eine Umwidmung der ehemaligen Professur für Philosophie von Rüdiger Bubner, die als Kompensation des im Rahmen der Auf-

lösung der Fakultäten und der Neugründung der Fachbereiche dem Fachbereich Philosophie „verloren gegangenen" Doppellehrstuhls für Philosophie und Soziologie von Adorno eingerichtet worden ist

1987–1994   Wahrnehmung der neu eingerichteten Professur für Frauen- und Geschlechterforschung durch Ute Gerhard mit der Denomination „Soziologie, insbesondere Frauenarbeit in Produktion und Reproduktion/Frauenbewegung"

10.7.1989   Der gemeinsame sozialwissenschaftliche Diplomstudiengang für Politikwissenschaft und Soziologie am Fachbereich Gesellschaftswissenschaften tritt in Kraft

9.–12.10.1990   25. Deutscher Soziologentag in Frankfurt (Rahmenthema „Die Modernisierung moderner Gesellschaften")

WS 1990/91   Folgende Professorinnen und Professoren werden in einer Broschüre aufgeführt, die vom Dekan des Fachbereichs Gesellschaftswissenschaften anläßlich des 25. Deutschen Soziologentags in Frankfurt am Main erstellt worden ist: Klaus Allerbeck, Hans Bosse, Lothar Brock, Manfred Clemenz, Ernst-Otto Czempiel, Arno Combe, Josef Esser, Ute Gerhard-Teuscher, Wolfgang Glatzer, Franz Gress, Joachim Hirsch, Gerhard Hoffmann, Karl Otto Hondrich, Egbert Jahn, Hansfried Kellner, Dieter Mans, Hans Nicklas, Volker Nitzschke, Ulrich Oevermann, Dieter Prokop, Hans-Jürgen Puhle, Jürgen Ritsert, Marianne Rodenstein, Wilhelm Schumm, Klaus Sochatzky und Heinz Steinert. Als Zweitmitglieder dieses Fachbereichs sind Ulrich Deppe, Dietmar Kahsnitz und Volkmar Sigusch. Ferner wurden von Lothar Hack, Ulrich Menzel und Herfried Münkler drei vakante Professuren an diesem Fachbereich vertreten. Insgesamt verfügt der Fachbereich Gesellschaftswissenschaften zu diesem Zeitpunkt über 29 Professuren

4.12.1995   Die derzeit am Fachbereich Gesellschaftswissenschaften auslaufende Diplomprüfungsordnung für Sozialwissenschaften mit den Schwerpunkten Politikwissenschaft und Soziologie setzt die vorherige Diplomprüfungsordnung vom 10.7.1989 außer Kraft

Seit 1995   Wahrnehmung der Professur für Philosophie mit dem Schwerpunkt Sozialphilosophie an der Philosophischen Fakultät durch Axel Honneth (Habermas-Nachfolge)

Seit 2001	Wahrnehmung der Geschäftsführung des Instituts für Sozialforschung durch Axel Honneth
Seit 2004	Wahrnehmung der Professur für Soziologie mit dem Schwerpunkt Geschichte und Systematik sozialwissenschaftlicher Theoriebildung durch Klaus Lichtblau am Fachbereich Gesellschaftswissenschaften (Kellner-Nachfolge)
Seit WS 2008/09	Einführung des Bachelor-Studiengangs für Soziologie und Einstellung des alten Diplomstudiengangs für Sozialwissenschaften mit den Schwerpunkten Politikwissenschaft und Soziologie am Fachbereich Gesellschaftswissenschaften
WS 2009/10	Folgende Professorinnen und Professoren werden im Kommentierten Vorlesungsverzeichnis des Fachbereichs Gesellschaftswissenschaften aufgeführt: Klaus Allerbeck, Tilman Allert, Ursula Apitzsch, Birgit Blättel-Mink, Jens Borchert, Tanja Brühl, Christopher Daase, Nicole Deitelhoff, Nikita Dhawan, Alexander Ebner, Rainer Forst, Brigitte Geißel, Stefan Gosepath, Rolf Haubl, Gunther Hellmann, Thomas Lemke, Klaus Lichtblau, Katharina Liebsch, Helma Lutz, Dieter Mans, Harald Müller, Andreas Nölke, Sigrid Roßteutscher, Margret Rottleuthner-Lutter, Uta Ruppert, Gerhard Wagner und Reinhard Wolf. Zu diesem Zeitpunkt sind neun Professuren am Fachbereich vakant, der jetzt über insgesamt 36 Professuren verfügt
11.–15.10.2010	Jubiläumskongress der Deutschen Gesellschaft für Soziologie in Frankfurt (Rahmenthema: „Transnationale Vergesellschaftungen")

Diese Chronik wurde unter maßgeblicher Mitwirkung von Jens Koolwaay erstellt.

Dokumente anlässlich der Berufung von Franz Oppenheimer nach Frankfurt

An
die Handels- und Sozialwissenschaftliche
Fakultät

Berlin, den 15. Dezember 1918

Nachdem die Fakultät noch immer keine Vorschläge für die Nachfolge des Professors Pohle eingereicht hat, ergeht hierdurch die Aufforderung, sich schleunigst zu diesem Gegenstande zu äussern, damit tunlichst schon bei Beginn des Ferienkurses der neue Mann sich an der Wiedereinführung der heimkehrenden Studenten beteiligen kann. Die Fakultät möge bei dieser Gelegenheit sich auch über Professor Franz Oppenheimer, Privatdozent an der Universität Berlin, äussern, der hier als für Frankfurt besonders geeigneter Kandidat erscheint. Es könnte die Frage kommen, dem Genannten eine eigene Professur für Soziologie zu übertragen, wenn die Fakultät den etatsmässigen Lehrstuhl für Nationalökonomie gern mit einer anderen Kraft besetzt sähe. Auch über den Professor Dr. Waldemar Zimmermann in Berlin möge sich die Fakultät äussern.

Der Minister
der geistlichen und Unterrichts-
Angelegenheiten

* * *

An das
Kuratorium der Universität

27. Dezember 1918

Dem Kuratorium beehre ich mich hierdurch die von der Fakultät aufgestellten Vorschläge für die Besetzung des neu zu gründenden Lehrstuhls für Soziologie mit der Bitte zu überreichen, dieselben, nachdem das Kuratorium dazu Stellung genommen haben wird, an das Ministerium für Wissenschaft, Kunst und Volksbildung weiter zu leiten.

F. Schmidt

* * *

An das
Ministerium für Wissenschaft,
Kunst und Volksbildung Berlin
(durch den Herrn Oberpräsidenten als
Kommissar der Universität zur Frankfurt a. M.
In Cassel)

27. Dezember 1918

Für den Lehrstuhl für Soziologie, dessen Mittel Herr Konsul Kotzenberg gestiftet hat, und um dessen Errichtung wir hiermit bitten, schlagen wir folgende Herren vor, die wir ohne eine Rangordnung zwischen ihnen festzustellen, in alphabetischer Reihenfolge anführen.

1. Prof. Dr. Paul *Barth*, ao. Professor der Soziologie an der Universität Leipzig, geboren am 1. August 1858 zu Baruthe in Schlesien. Er ist als einer der ersten Vertreter der Soziologie in Deutschland bekannt und Mitherausgeber der Vierteljahresschrift für Philosophie und Soziologie.

In Buchform veröffentlichte er

1. Geschichtsphilosophie Hegels und der Hegelianer bis auf Marx und Hartmann. 1890.
2. Tiberius Gracchus 2. Aufl. 1893.
3. Philosophie der Gesch. a. Soziologie. 1. Aufl. 1897. 2. Aufl. 1915.
4. Beweggründe des sittl. Handelns. 1899.
5. Die Stoa. 1903.
6. Erziehungs- und Unterrichtslehre 1906. 5. Aufl. 1912.
7. Gesch. d. Erziehg. in soziolog. u. geistesgeschichtlicher Beleuchtung. 1911. 2. Aufl. 1916.
8. Herausgeber von Fr. Ratzel Raum u. Zeit in Geographie und Geologie,

außerdem eine große Zahl von Artikeln und Zeitschriften.

2. Prof. Dr. med. & phil. Franz *Oppenheimer*, Privatdozent an der Universität Berlin, geboren in Berlin am 30. März 1864. Ursprünglich praktischer Arzt beschäftigte er sich zunächst nebenher, mit der Zeit immer eingehender, zuletzt nach seiner Habilitation in Berlin beruflich mit Sozialwissenschaften. Er ging dabei aus von praktischen sozialen Problemen, insbesondere der sogenannten Bodenreform, die er in seinen Schriften „Freiland in Deutschland" 1895 und „Die Siedlungsgenossenschaft" 1896 behandelt. Auch die Schrift „Großgrundeigentum und soziale Frage" 1898 bewegt sich ganz in denselben Gedankengängen. 1901 erschien „Das Bevölkerungsgesetz der Marx'schen Gesellschaftslehre". Die erste im engeren Sinne soziologische Schrift war „Der Staat" 1908. Denselben Gegenstand hat er sodann noch einmal in dem Jahrbuch für vergleichende Rechtswissenschaft unter dem Titel behandelt. Auf dem 2. Deutschen Soziologentag in Berlin im Jahre 1912 hielt er einen Vortrag über die rassentheoretische Geschichtsphilosophie (abgedruckt in den Verhandlungen). Seine sonstigen Schriften sind volkswirtschaftlichen Inhalts. Es sind: David Ricardos Grundrententheorie 1909, Theorie der reinen und politischen Oekonomie 1910. Die soziale Frage und der Sozialismus 1912. Weltwirtschaft und Nationalwirtschaft 1915. Wert und Kapitalprofit 1916. Sie hängen alle mehr oder weniger eng mit dem ursprünglichen Interessenkreis Oppenheimers zusammen, wie er denn auch seine Volkswirtschaftslehre als eine solche auf soziologischer Grundlage bezeichnet.

3. Prof. Dr. Othmar *Spann*, o. Prof. der Volkswirtschaftslehre an der Deutschen Techn. Hochschule in Brünn, geboren am 1. Okt. 1878 in Wien. Er vertritt in der Soziologie die Richtung, welche in der Systematik des ganzen Gesellschaftslebens mit allen seinen Erscheinungen die Hauptaufgabe der Soziologie sieht und die Volkswirtschaftslehre als ein Sondergebiet der Soziologie betrachtet. In diesem Sinne verfaßte er namentlich „Wirtschaft und Gesellschaft" 1907, sein „System der Gesellschaftslehre" (1914) und neuerdings sein „Fundament der Volkswirtschaftlehre" (1918). Von anderen einzelnen soziologischen Fragen, das Fürsorgewesen, die Statistik und die allgemeine Volkswirtschaftslehre betreffenden Schriften seien genannt: Untersuchungen über die uneheliche Bevölkerung in Frankfurt a. M. (1905). Die Stiefvaterfamilie unehelichen Ursprungs (1904). Die Erweiterung der Sozialpolitik durch die Berufsvormundschaft (1912). Die Bedeutung der Berufsvormundschaft für den Schutz der unehelichen Kinder (1905) (in Gemeinschaft mit Prof. Chr. J. Klumker). Lage und Schicksal der unehelichen Kinder (1909). Die unehelichen Mündel des Vormundschaftsgerichts von Frankfurt a. M. 1909. Zur Logik der sozialwissenschaftlichen Begriffsbildung 1908. Erhebungstechnische Probleme der österreichischen Volkszählung 1909. Die mechanisch-mathematische

Analogie in der Volkswirtschaftslehre 1910. Die Haupttheorien der Volkswirtschaftslehre 1911. Theorie der Preisverschiebung 1913. Zur Soziologie und Philosophie des Krieges 1913. Zur volkswirtschaftlichen Theorie des Krieges und der Kriegskosten 1915.

Der Dekan
Der Wirtschafts- und Sozial-
wissenschaftlichen Fakultaet
Universität Frankfurt a. M.

* * *

**Auszug aus der
5. Sitzung des Kuratoriums vom 28. Dezember 1918.**

Punkt 3: <u>Annahme einer Stiftung zur Errichtung eines Lehrstuhls für Soziologie</u>

Der Konsul Karl Kotzenberg hat der Universität ein Kapital von 300 000 M zur Errichtung eines Lehrstuhles für Soziologie gestiftet. Die Stiftung wird mit dem Ausdruck des Dankes an den Stifter angenommen.

Zur Besetzung des Lehrstuhls sind von der Wirtschafts- und Sozialwissenschaftlichen Fakultät in alphabetischer Reihenfolge vorgeschlagen: die Professoren Paul Barth in Leipzig, Franz Oppenheimer in Berlin und Othmar Spann in Brünn. Gegen die Vorschläge werden Bedenken nicht erhoben. Dem Ministerium soll vorgeschlagen werden, dem von ihm namhaft gemachten Professor Oppenheimer im Falle seiner Berufung zu bewilligen: Gehalt 5700 M, Wohnungsgeldzuschlag 1300 M und Gewährleistung einer Einnahme an Nebenbezügen von 3000 M.

Der Dekan der Wirtschafts- und Sozialwissenschaftlichen Fakultät und Professor Stein erwähnen, daß es sehr erwünscht sei, den hervorragenden Staatswissenschaftler Professor Max Weber in Heidelberg als ordentlichen Honorarprofessor zu berufen: die erforderlichen Mittel würden voraussichtlich von privater Seite aufgebracht werden. – Der Vorsitzende stellt fest, daß gegen die Einrichtung einer Honorarprofessur und die Besetzung durch Professor Max Weber keine Bedenken bestehen, daß aber die Universität Mittel nicht zur Verfügung stellen kann.

Dokumente anlässlich der Berufung von Karl Mannheim nach Frankfurt

Herrn
Professor Dr. Paul Arndt
Dekan der Wirtschafts- und Sozialwissenschaftlichen Fakultät
Frankfurt a. M.

Frankfurt a. M., den 13. Juni 1929

Sehr verehrter Herr Dekan!

In Beantwortung Ihres freundlichen Schreibens vom 11. ds. Mts., die Besetzung des Lehrstuhls für Soziologie betreffend, erlaube ich mir folgendes zu bemerken.

Ich nehme an, dass die Fakultät keinen Soziologen genannt zu haben wünscht, dessen Forschungen sich hauptsächlich auf philosophischem und ideengeschichtlichem Gebiete bewegen, nachdem der Lehrauftrag des Philosophen Professor Dr. Tillich die Soziologie umfasst. – Unter den Nationalökonomen, die sich mit soziologischen Dingen befasst haben, scheint mir Professor Dr. Ludwig Mises (Wien) an erster Stelle in Frage zu kommen. Unter den Staatsrechtlern würde ich vornehmlich an Professor Dr. Carl Schmitt (Berlin) denken. Von den jüngeren reinen Soziologen ist Professor Dr. Gottfried Salomon der bekannteste.

Ich verbleibe mit vorzüglicher Hochachtung
Ihr sehr ergebener
gez. W. Sulzbach

* * *

[An den Dekan
Der Wirtschafts- und Sozial-
Wissenschaftlichen Fakultät der
Universität Frankfurt a. M.]

Frankfurt a. M., den 13. Juni 1929.

Euer Spektabilität

möchte ich bestens für das freundliche Schreiben vom 11. ds. Mts. danken und
möchte mir gestatten, folgendes auf die Aufforderung, mich zur Frage der Besetzung des soziologischen Lehrstuhls an unserer Fakultät zu äussern.

Vielleicht darf ich eine grundsätzliche Bemerkung vorausschicken. Nach einer
Periode intensiver methodologischer und philosophischer Diskussionen, welche
die Soziologie, als „Universalwissenschaft", als Kultur-, Sozial-, oder Geschichtsphilosophie immer wieder in eine allgemeine Problematik hineinstellten, hat sich
Soziologie in Deutschland als streng empirische Sonderdisziplin zu konsolidieren
begonnen. Innerhalb des Rahmens der Sozialwissenschaften erscheint mir eine
solche Beschränkung auf die Analyse gesellschaftlicher Phänomene vom Standpunkt
einer rein empirischen Seinsforschung unbedingt geboten. Mit dem Werk Max Webers ist die hier gemeinte Richtung soziologischer Forschung ungefähr bezeichnet.
Lasse ich mich von diesem allgemeinen Gesichtspunkte leiten, so würde also vor
allem jede Soziologie als Gesellschaftsphilosophie in den Hintergrund zu treten
haben. Dies hat im vorliegenden Falle vielleicht auch insofern einige Bedeutung,
als ja bereits im Rahmen der philosophischen Fakultät unserer Universität ein
Lehrauftrag für Soziologie besteht, und so von dieser Stelle aus all diese allgemeinen Fragen philosophischer oder ideengeschichtlicher Gesellschaftsdeutung
behandelt werden. Als prinzipielle Richtschnur für die Auswahl eines Vertreters
unseres Faches möchte ich daher diese Selbstbeschränkung der Soziologie zu einer
empirischen Einzelwissenschaft im Rahmen der Sozialwissenschaften festhalten.

Zu solcher empirisch-soziologischen Forschung sind heute sowohl prominente
Vertreter der reinen Soziologie gelangt wie auch Forscher, die von einer anderen
Spezialwissenschaft herkommen. Gerade diese Wurzeln in einer ausgebauten
Einzelwissenschaft haben sich sogar als besonders wertvoll für soziologische Ar-
beit erwiesen. Vor allem ist die die Analyse des staatlichen und wirtschaftlichen
Bereichs immer wieder fruchtbarer Zugang zu soziologischer Forschung. Wenn ich
in diesem Sinn einen prominenten Staatsrechtler nennen soll, der zu wesentlichen
soziologischen Ergebnissen gelangt ist, so wäre das Prof. Carl Schmitt (Berlin).

Seine gesammelten Schriften haben die politisch-soziologische Forschung um wertvolle Einsichten und Gesichtspunkte bereichert. Als Vertreter soziologischer Forschung, die ursprünglich von ökonomischen Arbeiten herkommt, könnte vielleicht Prof. L. Mieses (Wien) genannt werden. Von reinen Soziologen hat sich Prof. L. v. Wiese in seinem ganzen Werk für eine empirische Soziologie eingesetzt und wäre hier als prominenter Vertreter zu nennen. Unter den jüngeren Soziologen möchte ich auf Prof. G. Salomon (Frankfurt) hinweisen. Seine jüngsten Arbeiten, vor allem über Frankreich, scheinen wesentliche Beiträge zu einer empirischen Gesellschaftslehre geben zu wollen.

Indem ich nochmals Euer Spektabilität für Ihr Schreiben danke, bin ich in aufrichtiger Wertschätzung
Euer Spektabilität sehr ergebener
gez. Heinz O. Ziegler.

* * *

An
Das Ministerium für Wissenschaft,
Kunst und Volksbildung,
Berlin
(d. d. Herrn Oberpräsidenten in Kassel)

7. August 1929

Betrifft: U I Nr. 21873 vom 15. Juli 1929.

Mit der Frage der Erteilung eines besoldeten Lehrauftrages für Soziologie an den Privatdozenten Dr. Mannheim (im Zusammenhang mit der Berufung von Prof. Lederer) hat sich meine Fakultät eingehend beschäftigt. Sie hat dabei weniger die Frage der Qualifikation des Genannten als die ihres Bedarfs an neuen Lehrkräften geprüft. Sie verkennt nicht, dass Herr Dr. Mannheim zu den jüngeren Soziologen gehört, die sich durch wissenschaftliche Leistungen ausgezeichnet haben; aber sie glaubt nicht, dass sie, solange die für die Fakultätszwecke verfügbaren Mittel so knapp sind, wie ihr immer von neuem versichert wird, die Erteilung eines besoldeten Lehrauftrags an einen auswärtigen Dozenten empfehlen darf, der der siebente (neben dem neuen Ordinarius und den Herren Marr, Salomon, Sulzbach, Ziegler, Kraft), bei Mitrechnung von Herrn Prof. Tillich der achte Soziologe an der Frankfurter Universität sein würde.

Sie gestattet sich, auch darauf hinzuweisen, dass nach Erteilung des Lehrauftrages Mannheim sofort die Frage auftauchen würde, in welcher Weise Herrn Professor Salomon die Fortsetzung seiner Lehrtätigkeit in Frankfurt gesichert werden könnte; dazu würde voraussichtlich die Bewilligung neuer Mittel erforderlich sein.

gez. Arndt

* * *

z. Zt. Müritz, den 7. September 1929.

Sehr geehrter Herr Ministerialrat!

In unserer letzten Fakultätssitzung im Sommersemester war es uns angesichts der Unklarheit der Sachlage nicht möglich, zu der Neubesetzung der Lehrstühle Grünbergs und Oppenheimers nochmals definitiv Stellung zu nehmen. Die Fakultät hat mich daher gebeten, wenn möglich während der Ferien die Frage mit Ihnen persönlich zu besprechen, in der Hoffnung, dass sich doch noch Mittel und Wege finden lassen würden, um die Wünsche der Fakultät mehr als bisher zu berücksichtigen.

Es handelt sich dabei vor allem um die Berufung eines Wirtschaftshistorikers und, falls Lederer ablehnen sollte, eines Rechtssoziologen. Wir haben daher nur die uns als dringlich bezeichneten Fragen (Mannheim und Loewe) sofort beantwortet. Ich nehme an, dass inzwischen eine Antwort von Herrn Professor Lederer eingegangen ist und gestatte mir nunmehr die ergebene Anfrage, ob Ihnen mein Besuch zwecks Besprechung der ganzen Situation in nächster Zeit gelegen sein würde. Ich halte mich z. Z. in Müritz (Meckl.) auf und gedenke, in etwa 10 Tagen über Berlin nach Frankfurt zurückzukehren.

Würden Sie die Güte haben, mir mitzuteilen, ob ich Sie dann (vielleicht am 19. oder 21. Sept.) sprechen könnte.

Mit vorzüglicher Hochachtung
Ihr sehr ergebener
gez. Prof. Dr. Arndt

* * *

An
Das Kuratorium der Universität,
    hier.

                                                        6. November 1929

Ich beziehe mich auf das Schreiben meines Herrn Amtsvorgängers vom 7. August ds. Js. und erlaube mir mitzuteilen, dass die Fakultät nun, nachdem Herr Professor Lederer die Berufung nach Frankfurt abgelehnt hat, Bedenken gegen die Berufung des Herrn Professors Löwe, Kiel, auf den Lehrstuhl von Professor Grünberg nicht mehr hegt.

Bezüglich einer eventuellen Berufung von Herrn Professor Mannheim, Heidelberg, als Nachfolger von Professor Oppenheimer hat die Fakultät in ihrer letzten Sitzung einen Beschluss noch nicht zu fassen vermocht. Sie hat eine Kommission mit der Vorberatung der Angelegenheit betraut. Diese Kommission wird kommenden Samstag zusammentreten. Einstweilen kann ich aber mitteilen, dass die Fakultät durchweg weiterhin wärmstens für Professor Kelsen, Wien, eintritt. Sie ist überzeugt, dass wenn Professor Kelsen an unsere Fakultät käme, das einen grossen Gewinn für die Universität und darüber hinaus für die Stadt Frankfurt bedeuten würde. Professor Kelsen ist eine erstklassige Kraft von internationalem Rufe, der eine Zierde der Universität werden würde. Nach der Meinung der Fakultät kann es keinen Zweifel unterliegen, dass Professor Kelsen als Soziologe anzusehen ist. Dass er auch Rechtsphilosoph ist, lässt seine Berufung auf den soziologischen Lehrstuhl nur umso wertvoller erscheinen. Unsere Fakultät braucht der Studierenden halber einen Soziologen, der entweder nationalökonomisch oder juristisch orientiert ist. Dagegen wäre die Berufung eines Herrn, der die Soziologie auf Grund rein philosophischer Orientierung zu behandeln pflegt, für die Fakultät von geringem Werte. Die Fakultät wäre nach alledem dem Kuratorium zu grossem Danke verpflichtet, wenn es weiterhin in erster Linie für Professor Kelsen eintreten würde.

gez. Hellauer

                                * * *

Herrn Oberbürgermeister
Dr. Landmann

7. November 1929

Sehr geehrter Herr Oberbürgermeister!

Verzeihen Sie, dass ich mir erlaube, Sie während Ihres Erholungsurlaubes mit einer
Bitte zu stören. Die Fakultät befindet sich aber gegenwärtig in der Angelegenheit
der Berufung eines Nachfolgers für Professor Oppenheimer in einer sehr unange-
nehmen Lage. Wie Herr Oberbürgermeister sich vielleicht erinnern werden, hat die
Fakultät in ihrem Berufungsvorschlag an die erste Stelle Herrn Professor Kelsen,
Wien, gesetzt. Sie tat das in der Überzeugung, dass, wenn Professor Kelsen nach
Frankfurt käme, das nicht nur einen grossen Gewinn für die Fakultät, sondern für
die ganze Universität und darüber hinaus für die Stadt Frankfurt bedeuten würde.
Professor Kelsen ist eine erstklassige Kraft von internationalem Rufe, der eine
Zierde der Universität werden würde.

Nun lehnt das Ministerium die Berufung Professor Kelsens bisher mit der Erklärung
ab, dass er kein Soziologe, sondern ein Rechtswissenschaftler sei. Unserer Meinung
nach befindet sich das Ministerium in einem Irrtum. Es ist richtig, dass Professor
Kelsen ein hervorragender Staatsrechtslehrer ist. Er ist auch Rechtsphilosoph, er
ist aber überdies Soziologe. Dass dem so ist, geht deutlich aus den Ausführungen
hervor, die wir in unserem Berufungsvorschlage über Professor Kelsen gemacht
haben, und die ich in Abschrift zu Ihrer Verfügung beizulegen mir erlaube.

Ein Soziologe kann entweder nationalökonomisch, juristisch oder philosophisch
orientiert sein. Unsere Studierenden können nur von einem soziologischen Lehrer,
der nationalökonomisch oder juristisch orientiert ist, viel profitieren. Ein philosophisch orientierter Soziologe hat für sie wenig Wert, abgesehen davon, dass die
Universität in Herrn Professor Tillich von der philosophischen Fakultät einen solchen
Soziologen schon besitzt. Das Ministerium möchte aber gerade einen Soziologen
dieser Art berufen. Es handelt sich um den nichtbeamteten ausserordentlichen
Professor Dr. Mannheim in Heidelberg.

Herr Oberbürgermeister werden es begreiflich finden, wenn ich mich angesichts
dieser schwierigen Lage der Fakultät an Sie mit der Bitte wende, zu versuchen, ob
Sie nicht doch unseren Vorschlag durchbringen können. Auf Sie setzen wir noch
Hoffnung. Wir erinnern uns dabei dankbar der Hilfe, die Sie uns bei der Berufung

von Professor Pribram geleistet haben, um den wir auch so lange kämpfen mussten, und der sich nun als überaus grosser Gewinn für die Universität gezeigt hat.
Empfangen Sie, sehr geehrter Herr Oberbürgermeister für die eventuelle Unterstützung unserer Bestrebungen im voraus unseren wärmsten Dank sowie den
Ausdruck vorzüglicher Hochachtung

Ihres sehr ergebenen
gez. Hellauer

Dokumente anlässlich der Berufung von Friedrich H. Tenbruck nach Frankfurt

An die Mitglieder der Berufungskommission:
Magnifizenz Prof. Dr. Dr. h. c. Neumark, Prof. Sauermann, Prof. Hax, Prof. Blind,
Prof. Abraham, Prof. Achinger, Prof. Rüegg;
Herrn Prof. Adorno
mit der Bitte um Kenntnisnahme zugeleitet.

Ffm., den 3. August 1962

Protokoll
über die Sitzung der Berufungskommission Soziologie II am 12. Juli 62

Am 12. Juli 1962, 12 Uhr c. t., tagte die Berufungskommission für den Lehrstuhl Soziologie II. Da ein anderer Zeitpunkt nicht gefunden werden konnte, wurde die Kommission über die Mittagszeit einberufen und die Sitzung mit einem Mittagessen in den Räumen der Frankfurter Gesellschaft für Handel, Industrie und Wissenschaft verbunden.

Um 12.15 Uhr begrüsste der Dekan die folgenden erschienenen Kommissionsmitglieder der Fakultät:
Rüegg, Sauermann, Achinger, Abraham und
den mit beratender Stimme teilnehmenden Kollegen Adorno von der Philosophischen Fakultät.

Die Kommission stellte zunächst fest, dass es ihr zweckmässig erscheint, bei der Besetzung dieses Lehrstuhls eng mit der Philosophischen Fakultät zusammenzuarbeiten, da durch eine solche Zusammenarbeit den beiderseitigen Interessen am besten gedient wäre. Umgekehrt brachte der Vertreter der Philosophischen Fakultät vor, dass auch die Philosophische Fakultät der Ansicht sei, dass beide Fakultäten im Bereich der Soziologie zusammenarbeiten sollten.

Der Dekan erteilte zunächst Herrn Kollegen Rüegg das Wort. Dieser teilte mit, dass der Wirtschafts- und Sozialwissenschaftlichen Fakultät bereits drei ausgezeichnete Gutachten über Kollegen Tenbruck vorlägen. Er würde daher vorschlagen, dass die Kommission sich mit der Person des Herrn Tenbruck beschäftigen möge. Der leider verhinderte Prorektor Hax habe ihn ausserdem gebeten, die Kommission auf Herrn Hartmann aufmerksam zu machen. Herr Hartmann sei ein Industriesoziologe, der auch die amerikanischen Verhältnisse kenne. Er sei gut beschrieben. Ausserdem sei auf Herrn Kollegen Behrendt aufmerksam gemacht worden, der bereits früher einmal in der Diskussion war. Schliesslich brachte Kollege Rüegg noch vor, dass auf der Liste noch Kollege Jantke stünde.

Der Dekan teilte daraufhin mit, dass nach den ihm zugegangenen Informationen Kollege Jantke soeben einen Ruf nach Tübingen abgelehnt habe und daher wohl unter die Sperrbedingungen falle. Er erteilte dann Herrn Kollegen Adorno das Wort, der zunächst zur Person des Kollegen Tenbruck Stellung nahm. Herr Tenbruck habe nach seiner Meinung weder die erforderliche fachliche Qualifikation noch die nötige menschliche Reife. Hinsichtlich der fachlichen Qualifikation sei darauf zu verweisen, dass einzelne Aufsätze Tenbrucks, insbesondere der über die Rezeption der Rollentheorie, völlig ungenügend wären. Die menschliche Seite habe er, Kollege Adorno, im Institut kennengelernt, wo Herr Tenbruck Assistent war. Es sei ihm völlig unmöglich, mit Herrn Tenbruck in irgendeiner Weise zusammenzuarbeiten. Über die Qualität der Schriften Tenbrucks entstand dann noch ein längeres Streitgespräch, in dessen Verlauf Herr Kollege Adorno die Zusicherung abgab, den Mitgliedern der Kommission ein ausführliches schriftliches Gutachten über den erwähnten Aufsatz zukommen zu lassen.

Herr Kollege Adorno verwies des weiteren darauf, dass Herr Hartmann Herrn Kollegen Horkheimer empfohlen sei und Herr Horkheimer auf Grund einer eingehenden Beschäftigung mit Herrn Hartmanns Arbeiten eine ganz ausgezeichnete Meinung von diesem habe. Herrn Kollegen Behrendt kenne er gut, könne ihn aber der Fakultät aus mehreren Gründen nicht ernstlich empfehlen. Zunächst sei es kaum wahrscheinlich, dass Behrendt einem an ihn ergehenden Ruf Folge leisten werde; weiterhin böten auch die Schriften des Kollegen Behrendt, die eher populärwissenschaftlich gehalten seien, nicht die Gewähr, dass er der für Frankfurt geeignete Mann sei. Das Institut für Sozialforschung würde ausserdem noch die Herren Ferber und Graf Krockow für berufungsfähig halten. Beide seien Schüler Plessners, hätten also eine gute Ausbildung erhalten und würden auch den nötigen wissenschaftlichen Ernst an den Tag legen.

Anschliessend fragte Herr Kollege Adorno, ob er die Aufmerksamkeit der Kommission auch auf Herrn Kollegen Friedeburg lenken dürfe. Herr von Friedeburg sei Sohn des Großadmirals von Friedeburg, sei während des Krieges als U-Boot-Kommandant zu besonders gefahrvollen Einsätzen herangezogen worden, weil die Engländer in ihren Propagandasendungen behaupteten, der Sohn des Großadmirals würde geschont werden, und sei eigentlich nur durch ein Wunder mit dem Leben davongekommen. Er habe das militärische Milieu und die Ansichten der NS-Zeit völlig überwunden. Er, Adorno, habe bisher keinen Menschen kennen gelernt, der auf so saubere Art mit diesen Problemen fertig geworden sei. Die Notwendigkeit, Herrn von Friedeburg in Frankfurt zu halten, resultiere insbesondere daraus, dass Herr v. Friedeburg z. Zt. als einziger die empirische Sozialforschung betreibe und sein Weggang vermutlich die Gefahr einer ernstlichen Schädigung der empirischen Sozialforschungsarbeit in Frankfurt heraufbeschwöre. Herr Kollege Abraham machte gegen diesen Vorschlag geltend, dass Herr Kollege von Friedeburg den Mitgliedern der 5. Fakultät völlig unbekannt sei, so dass z. Zt. über ihn nicht ernstlich diskutiert werden könne. Herr Kollege Adorno versprach, eine Gelegenheit ausfindig zu machen, Herrn von Friede-burg auf zwanglose Art mit den Mitgliedern der 5. Fakultät bekanntzumachen. Vom Dekan wurde darauf hingewiesen, dass die Benennung des Herrn von Friedeburg in der 5. Fakultät wahrscheinlich auf gewissen Widerstand stoßen würde.

Um einen Überblick über die einzelnen Herren zu gewinnen, wurde beschlossen, dass die Herren Kollegen Rüegg und Horkheimer oder Adorno für das nächste Semester eine Vortragsreihe vorbereiten sollten, zu der die für eine evtl. Aufnahme in die Berufungsliste in Frage kommenden Persönlichkeiten eingeladen werden sollten.

Herr Kollege Adorno nannte dann der Kommission noch eine Reihe weiterer Namen. Er nehme zwar an, dass sie nicht ernstlich zu diskutieren seien, wollte aber der Kommission einen möglichst vollständigen Überblick über die überhaupt erreichbaren Soziologen geben.

Ende der Sitzung etwa 14 Uhr

Der Dekan
der Wirtschafts- und
Sozialwissenschaftlichen
Fakultät
Prof. Dr. E. Loitlsberger

* * *

An die Mitglieder der Berufungskommission:
Magnifizenz Prof. Dr. Dr. h. c. Neumark, Prof. Sauermann, Prof. Hax, Prof. Blind,
Prof. Abraham, Prof. Achinger, Prof. Rüegg;
Herrn Prof. Adorno
mit der Bitte um Kenntnisnahme zugeleitet.

Ffm., den 3. August 1963

Durchschriftlich den Mitgliedern der Berufungskommission zur Kenntnisnahme
übersandt.

Protokoll
über die Sitzung der Berufungskommission Soziologie II am 21. Mai 1963

Anwesend waren die Herren Neumark, Sauermann, Hax, Blind, Achinger, Rüegg
und der Dekan.

Entschuldigt war Herr Abraham.

Ein Vertreter der Philosophischen Fakultät war nicht eingeladen, da der zur Verhandlung
stehende Punkt – Vertretung des Lehrstuhls im Wintersemester 1963/64 – diesmal
die Anwesenheit eines Herren der philosophischen Fakultät nicht erforderlich machte.

Der Dekan eröffnete die Sitzung um 17 Uhr und bat Herrn Rüegg um Berichterstattung.

Herr Rüegg teilte mit, daß Herr Tenbruck bei seinen Vorlesungen mit einer Hörer-
zahl von über 120 im Wintersemester und über 250 im Sommersemester einen
hervorragenden Lehrerfolg zu verzeichnen habe. Auch in den Übungen habe er sich
sowohl bei den jüngeren Studenten als auch bei den fortgeschrittenen Semestern
und Assistenten durch die Intensität seiner wissenschaftlichen Fragestellungen
und sein didaktisches Talent einen festen Schülerkreis erworben. Es wäre darum
sehr erwünscht, daß Herr Tenbruck auch im kommenden Wintersemester die
kommissarische Vertretung des Lehrstuhls übernehmen würde, doch stünden dem
zwei Schwierigkeiten entgegen: Einmal entspreche es nicht den akademischen Ge-
pflogenheiten, einen unbesetzten Lehrstuhl während mehr als 2 Semestern durch
einen für die Besetzung grundsätzlich in Frage kommenden Dozenten vertreten zu
lassen, ohne daß dieser für eine Berufung vorgeschlagen werde. Zum anderen habe
Herr Tenbruck kürzlich zwei Rufe erhalten, einen als Nachfolger von Rudolf Heberle

nach Baton Rouge und einen auf ein soziologisches Extraordinat in Tübingen. Herr Rüegg erinnerte daran, daß bereits bei den ersten Diskussionen über die Besetzung des Lehrstuhls für Soziologie II Herr Tenbruck auf Grund seiner Schriften und der außergewöhnlich positiven Gutachten der Herren Schelsky, König und Bergstraesser für eine Nominierung ernsthaft in Erwägung gezogen wurde und diese nur deshalb unterblieb, weil die Kommission die amerikanische Professur Herrn Tenbrucks einer Habilitation nicht gleichzusetzen bereit war. Das Habilitationsverfahren, welches für Herrn Tenbruck in Freiburg eingeleitet wurde, steht nunmehr unmittelbar vor dem Abschluß. Herr Rüegg beantragt deshalb, die Kommission möge

1. der Fakultät vorschlagen, Herrn Tenbruck für die kommissarische Vertretung des Lehrstuhls im Wintersemester 63/64 dem Minister zu benennen;
2. vor der nächsten Fakultätssitzung unter Beiziehung eines Vertreters der Philosophischen Fakultät zusammentreten und zu dem von Herrn Rüegg in Aussicht genommenen Antrag Stellung nehmen, die dem Ministerium eingereichte Berufungsliste durch die Nominierung von Herrn Tenbruck zu ergänzen.

In der Diskussion wies zunächst Herr Sauermann darauf hin, daß sich anläßlich des Fakultätentags in Münster Herr Schelsky und Herr König unabhängig voneinander noch positiver über Herrn Tenbruck ausgesprochen hätten, als dies in ihren vor anderthalb Jahren erstatteten Gutachten der Fall gewesen wäre.

Die übrigen Mitglieder der Kommission stimmten den Anträgen von Herrn Rüegg zu. Es kam zum Ausdruck, daß die von Herrn Adorno schriftlich geäußerten Bedenken gegen Herrn Tenbruck nach Möglichkeit in Anwesenheit eines Vertreters der Philosophischen Fakultät von der Kommission eingehend diskutiert werden sollten, daß die Kommission ihrem Antrag an die Fakultät ihre Tätigkeit in der jetzigen Zusammensetzung als beendet erklären sollte.

Die Kommission beschloß weiterhin, bei der Fakultät zu beantragen, daß im Falle einer Intervention von Seiten des Instituts für Sozialforschung gegen die von der Fakultät eingereichte und noch zu komplettierende Liste die Fakultät jegliche Zusammenarbeit mit dem Institut, insbesondere auch bei der Durchführung der Prüfungen, sofort einstellt.

Frankfurt/M., 22. Mai 1963   gez. Priebe

* * *

Frankfurt (M), 27. Mai 1963

Aktennotiz zum Brief Prof. Adornos vom 25.2.1963 an den Dekan der wirtschafts-
und sozialwissenschaftlichen Fakultät.

Herr Kollege Adorno hat trotz seiner großen Arbeitsüberlastung dankenswerterweise
Zeit gefunden, sich mit Herrn Tenbruck kurz zu unterhalten und sich mit einer seiner
verschiedenen Schriften eingehender zu beschäftigen. Dabei hat er die ursprünglich
geäußerten persönlichen Vorbehalte gegen Herrn T. zurückziehen können. Ich zweifle
nicht daran, daß er in der gleichen Unvoreingenommenheit bei einer ausführlichen
Unterredung auch die neu geäußerten Bedenken, wonach Herr T. für Kooperation
im allgemeinen und eine solche mit dem Institut für Sozialforschung im besonderen
weder geeignet noch interessiert sei, selber zerstreuen würde. Zwar konnte ich mit T.
nicht über die vertrauliche Meinungsäußerung Herrn Adornos sprechen, doch habe
ich bereits im Jahre 1955 mit ihm zusammen in der Schweiz eine gemeinsame Studie durchgeführt, welche mir seine Begabung zu einer die Person hinter der Sache
zurückstellenden Kooperationsfähigkeit bewiesen hat, und dieser Eindruck hat sich
im Wintersemester bestärkt, als ich mit Herrn T. den Arbeitsplan für ein durch die
Thyssenstiftung mir übertragenes bildungssoziologisches Forschungsprojekt ausgearbeitet habe. Herr Bergstraesser hat aus den gleichen Erfahrungen heraus letztes
Jahr Herrn T. für die Leitung einer empirischen Studie über die soziale Struktur
und Verflechtung der Stadt Karlsruhe vorgeschlagen: diese Arbeit wird z.Z. von
einem Team unter der Leitung Herrn T.s durchgeführt. Im übrigen hat dieser – im
Gegensatz zu anderen Soziologen, die ihre Position nach für eine Berufung auf den
2. soziologischen Lehrstuhl durchaus in Frage kämen, nie eine ablehnende Haltung
gegen das Institut eingenommen, im Gegenteil mir gegenüber seiner persönlichen
Hochschätzung der Herren Horkheimer und Adorno Ausdruck gegeben und sich darüber gefreut, daß seine Vorlesungen und Übungen – doch wohl auf ihre Empfehlung
hin, von soviel Soziologiestudenten der Philosophischen Fakultät besucht werden.
Über das von Herrn Adorno beiläufig verurteilte Buch „Jugend und Gesellschaft"
äußert sich einer der derzeitig besten Kenner der pädagogischen Soziologie, der an
unserer philosophischen Fakultät nicht unbekannte Prof. Andreas Flitner:

„Sie fragen mich nach meiner Meinung über das Buch ‚Jugend und Gesellschaft'
von F. H. Tenbruck. In aller Kürze: Ich halte es für den interessantesten Beitrag der
deutschen Soziologie jüngerer Zeit zur Deutung des Jugendalters. Ich sage das trotz
der Schelsky, Muchow, Bertlein, Wurzbacher usw., die Teilfragen untersucht, aber
eine überzeugende Gesamtanalyse nicht gegeben haben. Ich bin keineswegs in allen
Punkten der Meinung von Tenbruck. Insbesondere halte ich die These von der Isolierung des Jugendalters für übersteigert, vielleicht auf amerikanische Verhältnisse
besser zutreffend als auf die unsrigen. Das ist aber ein Einzelpunkt der Durchführung,

betrifft nicht die Betrachtungsweise Tenbrucks im ganzen. Das Wesentliche des Buches sehe ich in dem Versuch, die Stellung und Funktion der Jugend im ganzen der Gesellschaft zu erkennen. Während die anderen Arbeiten die Jugend als einen Übergangsstatus ansehen und im Nicht-mehr (Kind) und Noch-nicht (Erwachsener) beschreiben, deutet Tenbruck die Jugend als das soziale Feld, in dem die Gesellschaft um ihre eigene Kontinuität bemüht ist und alle Anstrengung unternimmt, die folgende Generation für die Maßstäbe und Errungenschaften der gegenwärtigen Generation zu gewinnen. Damit erst wird der Blick frei für eine umfassende Analyse der Sozialsituation, die nicht diese und jene Zustandsmerkmale, Befragungsergebnisse o. ä. zusammenträgt, sondern die Bedeutung der Jugend für die Gesellschaft und die Bedeutung gegenwärtiger Sozialtendenzen für das Jugendalter zu erfassen vermag."

Herrn Adornos Kritik an der Qualität des Aufsatzes „Zur deutschen Rezeption der Rollentheorie" stehen folgende Urteile gegenüber:

Herr Schelsky bezeichnet den Aufsatz in seinem Gutachten als „ausgezeichnet". Herr König schließt sich in seinem Berliner Vortrag „Freiheit und Selbstentfremdung in soziologischer Sicht" der Kritik Tenbrucks an Dahrendorf unter ausdrücklicher und zustimmender Zitierung T.s an. Graf von Krockow schreibt in seiner „Soziologie des Friedens": „Tenbrucks Aufsatz stellt die bisher wohl gründlichste, auf das Wesentliche zielende Kritik dieser Rollenkonzeption dar." Sein Lehrer Plessner hatte schon in der Festschrift für Theodor Litt Dahrendorfs Homo sociologicus und dessen antigesellschaftlichen Affekt als spezifisch deutsches, in Heidegger seinen Höhepunkt findenden Mißverständnis der sozialen Rolle des Menschen kritisiert. Am 28. Februar schrieb er mir: „Tenbrucks Aufsätze ‚Zur deutschen Rezeption der Rollentheorie‘ und über Simmel finde nicht nur ich vorzüglich, auch z. B. Dahrendorf erkennt sie an."

Daß Herr Adorno zu einem nicht nur in Einzelheiten, sondern auch in der Gesamtbeurteilung derart abweichenden Urteil über Tenbruck gelangen konnte, hat m. E. drei Gründe. Erstens glaubt er, daß sich hinter der „Polemik gegen Dahrendorf so etwas wie das Programm einer neuerlichen Erhebung der Soziologie zur Wissenschaft" verberge. Nun bleibt es zwar wohl jedem Soziologen, welcher sein Fach als wissenschaftlicher Forscher und Lehrer betreiben will, unbenommen, ist für ihn, wie ich meine, sogar unausweichliche Pflicht, die institutionalisierte „Erhebung der Soziologie zur Wissenschaft" theoretisch zu erörtern, und diese theoretischen Ansätze dürfen, ja müssen von jedem Wissenschaftler, auch von einem Soziologen, diskutiert werden. Dies gilt selbstverständlich auch T. gegenüber. Nur scheint mir eine kritische Abhandlung, in welcher der Verfasser in Inhalt und Methode seiner Darlegungen durch die kritisierte Schrift eingeengt ist, eine viel zu schmale Basis für eine globale Bewertung des wissenschaftlichen Programms eines Verfassers zu sein. Ich möchte mir jedenfalls nicht anmaßen, Herrn Adornos wissenschaftliche

Stellung und Bedeutung an seiner Besprechung der Tenbruckschen Arbeit allein
zu messen. Erst die kritische Auseinandersetzung mit den verschiedenen anderen
Arbeiten T.s, vor allem mit seiner 500seitigen Habilitationsschrift, welche eine
grundsätzliche Erörterung des Verhältnisses von „Geschichte und Gesellschaft"
bringt, würde ein Urteil über T.s „Programm einer Soziologie als Wissenschaft"
erlauben. Immerhin geht schon z. B. aus T.s Weber-Aufsatz hervor, daß er keineswegs
dessen Begriff der Werturteilsfreiheit unbesehen übernimmt, und seine Arbeiten
über die amerikanische Soziologie zeigen seine kritische Haltung noch eindeutiger,
als die Bemerkung, welche einem wenig aufmerksamen oder voreingenommenen
Leser seines Rollentheorieansatzes verborgen bleiben konnten. Die zu schmale
Basis von Herrn A.s grundsätzlicher Kritik an T.s Wissenschaftsbegriff zeigt sich
am deutlichsten im abschließenden Absatz seiner Stellungnahme, wo er T. ein „einigermaßen hohl" klingendes „Pathos der Wissenschaftlichkeit" vorwirft mit der
Begründung, daß T. „Soziologie als wissenschaftliche preisgibt". T. erhebt – so lautet
die paradoxe Quintessenz dieser Kritik – Soziologie zur Wissenschaft, indem er sie
als wissenschaftliche preisgibt.

Das aus diesem Ansatz heraus entstandene Vorurteil, Herr T. wolle die amerikanische Rollentheorie als Inhalt seines eigenen soziologischen Programms verteidigen,
führt – und dies ist der zweite Grund der Isolierung, in die sich Herr Adorno mit
seiner Kritik begibt – zu Mißverständnissen, die sonst kaum erklärlich wären. So
läßt sich der in Herrn A.s Kritik selbst klaffende Widerspruch zwischen T.s angeb-
lichem sich Einig wissen mit Strukturtheorie (S. 2) und seiner (S. 3) festgestellten
Ablehnung „einer gesellschaftlichen Theorie" sehr leicht, indem Herr T. von Anfang
an eine weitere theoretische Klärung der „bei näherem Zusehen so groß eben nicht"
sich erweisenden terminologischen Geschlossenheit der amerikanischen Sozialwissenschaft fordert und an der von Herrn A. zitierten Stelle nicht „einer gesellschaftlichen Theorie" schlechthin, sondern gerade der Rollentheorie die absolute Geltung
abspricht, die Herr A. ihm zur Last legt. Wenn Herr T. die von Herrn A. oben S. 3
positiv gewertete Verifizierung der Theorie an empirischem Material vornimmt
und zur ersten Orientierung über die Realsituation des Soziologieunterrichts an
amerikanischen Hochschulen auf Textbooks hinweist (S. 3 unten), scheint mir das
ebensowenig dem Niveau von Volkshochschulkursen zu entsprechen, wie wenn Herr
Adorno Horoskope oder Filme zum Ausgangspunkt soziologischer Gesellschaftskritik nimmt. Daß Herr T. im Anschluß an die Textbooks nicht nur soziologische und
kulturanthropologische Einzelforschung, sondern gerade auch die „fortgeschrittenen
soziologischen Versuche" nennt, hätte Herr A. feststellen können, wenn er selber
nicht nur den Text auf S. 7, sondern auch die betr. Anmerkung auf S. 38 gelesen hätte.
Die Beispiele solcher von einer schmalen Basis oder aus einer zu flüchtigen Lektüre
entstandenen Mißverständnisse ließen sich beliebig fortsetzen.

Entscheidender scheint mir der dritte Grund zu sein, der zu Herrn Adornos Mißverständnis der Tenbruckschen Kritik an Dahrendorf geführt hat. Er glaubt, daß T. aus der Rezeption der Rollentheorie durch Dahrendorf eine Strohpuppe zusammenbastelt, die er dann bequem zerstören kann. Daß jedoch nicht nur T., sondern explizit auch Plessner, König, Krockow T.s Kritik an Dahrendorfs Begriff einer für das Individuum disponiblen Rolle teilen, wurde bereits gezeigt. Dahrendorfs Rollenbegriff bedeutet nichts anderes, als daß ein von sozialen Institutionen frei gedachtes Individuum den Institutionen der Gesellschaft entgegengesetzt und damit tatsächlich die Soziologie, die Dahrendorf auch in seiner allerneuesten Publikation als wissenschaftliche Theorie des rollengemäßen Verhaltens des Menschen bezeichnet, zur Sozialpsychologie reduziert wird. Gerade T.s Kritik an Dahrendorf müßte Herrn Adorno bei näherem Zusehen und längerem Nachdenken zeigen, daß T. in keiner Weise die Herrschaftsverhältnisse aus der Soziologie eskamotiert, sondern im Gegenteil die Sozialisierung und die damit sich manifestierenden Institutionen als die grundlegende Bestimmung des Menschen schlechthin viel ernster nimmt, als Dahrendorfs Identifikation sozialer Rollen mit menschlichem Verhalten. Ich kann nicht verstehen, wie Herr A. – um die Personifikation einer ihm wie mir verhängnisvoll scheinenden Denkrichtung zu zitieren: Heidegger ante portas nicht – wie Plessner – im Dahrendorfschen Rollenkonzept, sondern in Tenbrucks Kritik erblickt. Ich bin überzeugt, daß Herr Adorno, wenn er einmal Herrn Tenbruck persönlich und in seinen Arbeiten genauer kennengelernt hat, er ebenso wie bei der persönlichen Beurteilung auch bei der wissenschaftlichen und standpunktmäßigen sein Urteil revidieren und erkennen wird, daß ihm Tenbruck in der Sache, im Anliegen und im wissenschaftlichen Niveau viel näher steht als Dahrendorf.

[Rüegg]

* * *

Protokoll
über die Sitzung der Berufungskommission Soziologie II am 29. Mai 1963

Anwesend: Der Dekan, die Herren Sauermann, Achinger, Abraham, Rüegg, Adorno (beratend).

Entschuldigt: Die Herren Neumark, Hax, Blind

Der Dekan eröffnet die Sitzung um 13.30 Uhr. Er begrüßt in erster Linie Herrn Adorno, welcher an der Sitzung mit beratender Stimme teilnimmt, und bittet Herrn Rüegg um Berichterstattung.

Herr Rüegg erinnert daran, daß anläßlich der Sitzung am 12. Juli 1962 beschlossen worden war, außer den der Kommission bekannten Kollegen noch andere Herren, die für eine evtl. Aufnahme in die Berufungsliste in Frage kämen, zu Vorträgen einzuladen, und daß außerdem Herr Adorno sich bereit erklärt hatte, der Kommission ein ausführliches schriftliches Gutachten über den Aufsatz Tenbrucks zur deutschen Rezeption der Rollentheorie zu erstatten. Die im Wintersemester 62/63 von der Wirtschafts- und Sozialwissenschaftlichen Fakultät und dem Institut für Sozialforschung gemeinsam durchgeführte Vortragsreihe habe nach übereinstimmendem Urteil der Kollegen, die an den Vorträgen teilnahmen, keine Hinweise auf neue Nominationen ergeben und die Fakultät habe deshalb in ihrer Sitzung vom 27. Februar 63 Herrn Rüegg ermächtigt, zusammen mit Herrn Kollegen Adorno eine neue Vortragsreihe im Sommersemester durchzuführen. In der Zwischenzeit habe sich jedoch eine neue Situation ergeben, indem Herr Kollege Tenbruck, der mittlerweile mit der kommissarischen Vertretung des 2. soziologischen Lehrstuhls beauftragt wurde, zwei Rufe erhalten habe – einen als Nachfolger von Rudolf Heberle an die Louisiana State University in Baton Rouge und einen auf ein soziologisches Extraordinariat in Erlangen. Herr Rüegg erinnerte daran, daß bereits bei den ersten Diskussionen über die Besetzung des Lehrstuhls für Soziologie II Herr Tenbruck auf Grund seiner Schriften und der außergewöhnlich positiven Gutachen der Herren Schelsky, König und Bergstraesser für eine Nominierung ernsthaft in Erwägung gezogen wurde und dies nur deshalb unterblieb, weil die Kommission die amerikanische Professur Herrn Tenbrucks einer Habilitation nicht gleichzusetzen bereit war und sie das Gutachten von Herrn Adorno abwarten wollte. Inzwischen habe Herr Tenbruck sich in Freiburg habilitiert und bei seinen Vorlesungen und Seminaren im Wintersemester 62/63 und im laufenden Sommersemester in Frankfurt einen hervorragenden Erfolg erzielt. Herr Rüegg stelle deshalb als Fachvertreter den Antrag, die dem Ministerium eingereichte Berufungsliste durch die Nominierung von Herrn Tenbruck zu ergänzen und beim Ministerium darauf hinzuwirken, daß der Ruf möglichst bald erfolgt, damit Herr Tenbruck für die Fakultät gewonnen werden könne.

Dem Gutachten, welches Herr Kollege Adorno der Kommission am 25. Februar 63 übermittelte, könnte erfreulicherweise entnommen werden, daß die ursprünglich geäußerten persönlichen Vorbehalte gegen Herrn Tenbruck gegenstandslos geworden seien. Herr Rüegg zweifle nicht darüber, daß Herr Adorno in der gleichen Unvoreingenommenheit bei einem näheren Kontakt auch die neu geäußerten Bedenken, wonach Herr Tenbruck zur Kooperation im allgemeinen und einer solchen mit dem Institut für Sozialforschung im besonderen weder geeignet noch interessiert sei, selber zerstreuen würde. Zu dem von Herrn Adorno beiläufig erwähnten Buch „Jugend und Gesellschaft" gibt er der Kommission Kenntnis von einem Gutachten des besten Kenners der pädagogischen Soziologie Professor Andreas Flitner, welcher dieses Buch für den interessantesten Beitrag der deutschen Soziologie jüngerer Zeit zur Deutung des Jugendalters halte. Er weist dann darauf hin, daß Herrn Adornos Kritik an der Qualität des Aufsatzes zur deutschen Rezeption der Rollentheorie diametral entgegengesetzte Urteile der Herren Schelsky, König, Graf von Krockow und Helmut Plessner gegenüber stünden, und begründet in einer ausführlichen Diskussion der einzelnen Beanstandungen seiner These, daß Herr Tenbruck in der Sache, im Anliegen und im wissenschaftlichen Niveau Herrn Adorno viel näher stehe als Dahrendorf. Herr Tenbruck sei ein eher verschlossener, zurückhaltender Charakter und lasse sowohl seine sachlichen wie menschlichen Qualitäten erst bei näherem Kontakt erkennen. Wenn Herr Adorno eine sofortige Mitwirkung von Herrn Tenbruck im Institut für unmöglich erachte, so entspreche dies den Anforderungen, welche die Fakultät an einen neu berufenen Ordinarius stellen müsse. Dieser habe zunächst die Aufgabe, bei dem dringend erforderlichen Ausbau des soziologischen Unterrichts an der Fakultät, der ja zugleich im Interesse der übrigen Fakultäten erfolge, kräftig mitzuwirken und sich erst nach der dafür notwendigen Einarbeitung für spezielle Forschungsaufgaben außerhalb der Fakultät zur Verfügung zu stellen.

Herr Adorno bestätigt, daß gegenüber Herrn Tenbruck keine persönlichen Bedenken mehr vorlägen, daß er jedoch auch für die Zukunft eine Mitwirkung von Herrn Tenbruck im Institut für Sozialforschung für unwahrscheinlich erachte. Er sei bisher der Auffassung gewesen, daß die WiSo-Fakultät an die Besetzung des 2. soziologischen Ordinariats die Bedingung knüpfe, daß der neue Lehrstuhlinhaber gleichzeitig in die Geschäftsführung des Instituts aufgenommen werde. Wenn diese Bedingung weiter aufrecht erhalten werden sollte, so möchte er zwei andere Kandidaten vorschlagen, welche dem Institut als Direktoren genehm wären, nämlich die Herren Dahrendorf und von Friedeburg. Die Herren Abraham, Achinger und Sauermann erinnern Herrn Adorno daran, daß Herr Dahrendorf vor einigen Jahren zu einem Vortrag eingeladen war und daß die Fakultät damals in Übereinstimmung mit Herrn Horkheimer zu der Auffassung gelangte, daß Herr Dahrendorf für eine Berufung nicht in Frage komme. Zur Nomination von Herrn von Friedeburg wird bemerkt, daß sein Spezialgebiet, welches nach Aussage von Herrn Adorno für das Institut besonders wertvoll sei, nämlich die Beherrschung der Methoden der empirischen Sozialforschung, im Lehrplan der WiSo-Fakultät zum Gebiet der Statistik und empirischen Sozialforschung gehöre. Im Zusammenhang mit der Besetzung des zweiten Ordinariats für Statistik wäre in der Fakultät auch über die Person von Herrn von Friedeburg gesprochen worden.

Im übrigen bringen die Mitglieder der Wirtschafts- und Sozialwissenschaftlichen Fakultät ihre Meinung zum Ausdruck, daß die Vertretung ihrer Fakultät in der Geschäftsführung des Instituts für Sozialforschung nicht an die Person des zweiten Ordinarius für Soziologie geknüpft werden müsse. In diesem Zusammenhang wird an Herrn Adorno die Frage gerichtet, aus welchen Gründen Herr Rüegg dafür nicht in Frage komme. Herr Adorno erwidert darauf, daß Herr Rüegg aus persönlichen und sachlichen Gründen der Geschäftsführung des Instituts als Kollege sehr willkommen wäre, daß er jedoch seiner geisteswissenschaftlichen Orientierung wegen nicht die erwünschte Ergänzung für die Bearbeitung empirischer Methodenfragen verheiße. Im Verlaufe der weiteren Diskussion kommt zum Ausdruck, daß darüber erst nach einer konkreten Zusammenarbeit geurteilt werden könne, und Herr Adorno erklärt sich zu einer solchen ausdrücklich bereit.

Als Ergebnis der Besprechung stellt der Dekan fest, daß die Kommission sich einstimmig dem Antrag von Herrn Rüegg, Herrn Tenbruck auf die Berufungsliste für das zweite soziologische Ordinariat zu setzen, anschließt, daß Herr Adorno, der der Kommissionssitzung mit beratender Stimme beiwohnt, sich diesem Antrag nicht anschließen kann. Die Mitglieder der Kommission und Herr Adorno sind übereinstimmend der Auffassung, daß die Mitwirkung der WiSo-Fakultät in der Geschäftsführung des Instituts nicht an die Person des zu berufenden zweiten Ordinarius geknüpft, sondern in anderer Form gelöst werden soll, indem die konkrete Mitarbeit Herrn Rüeggs an den Arbeiten des Instituts verstärkt und gleichzeitig überlegt werden soll, in welcher Weise das in der WiSo-Fakultät von der Soziologie getrennte Lehrgebiet der Methoden der empirischen Sozialforschung ausgebaut werden kann, wozu die Beratungen für die Besetzung des zweiten statistischen Lehrstuhls eine konkrete Möglichkeit eröffnen.

Der Dekan hebt um 15.10 Uhr die Sitzung auf, da die anwesenden Kollegen noch an anderen Sitzungen teilnehmen müssen.

Frankfurt/M., 14. Juni 1963

* * *

An den
Herrn Hessischen Kultusminister
Wiesbaden
Luisenplatz 10

31. Mai 1963

über Se. Magnifizenz den Herrn Rektor
und den Herrn Kurator der
Johann Wolfgang Goethe-Universität

Betr.: Besetzung des Ordinariats für Soziologie II
Bezug: Berufungsliste der Fakultät vom 14. Dezember 1961

In den unter dem 14. Dezember 1961 vorgelegten Berufungsvorschlägen für den zweiten Lehrstuhl für Soziologie war von der Fakultät bereits eine Ergänzung dieser Vorschläge in Aussicht gestellt worden. In ihrer Sitzung vom 29. Mai 1963 hat die Fakultät beschlossen, diese Ergänzung nunmehr vorzunehmen. Sie benennt für die Besetzung des Ordinariats für Soziologie II primo loco – an Stelle von Herrn Professor Dr. Bahrdt, dessen Berufung nicht zustandekommen konnte

Herrn Prof. Dr. phil. Friedrich H. *Tenbruck*,
7809 Altsimonswald, Schwarzwald.

Herr Professor Friedrich H. Tenbruck ist nach seiner Promotion für Philosophie bei Julius Ebbinghaus in Marburg von der Problematik der deutschen Universitätsreform derart ergriffen worden, daß er zunächst in verschiedenen bildungs- und gesellschaftspolitisch tätigen Kreisen, wie den Marburger Hochschulgesprächen von 1946–1948, dem Arbeitskreis unseres akademischen Ehrenbürgers Oberpräsident a. D. Theodor Steltzer, mitwirkte und aus dem Bedürfnis nach einer gesellschaftswissenschaftlichen Fundierung dieser kulturpolitischen Aufbauarbeit sich 1950/51 an der University of Virginia dem Studium der Soziologie und ihren empirischen Methoden zuwandte. 1951/52 war er dann maßgeblich an der geistigen und organisatorischen Vorbereitung der Weilburger und Hinterzartener Arbeitstagungen über „Studium Generale" bzw. „Probleme der deutschen Hochschule" beteiligt, arbeitete 1952/53 im Institut für Sozialforschung in Frankfurt und richtete von 1954–1957 im Institut für vergleichende Sozialwissenschaften in Stuttgart die empirische Arbeit ein. Er führte dort auch empirische Untersuchungen durch, welche, wie Arnold Bergstraesser in seinem Gutachten bemerkte, „seine Meisterschaft auf dem Gebiete der empirischen Soziologie überzeugend dargetan" haben.

Von 1957–1960 war er als Assistant Professor of Sociology an den Hobart and Smith Colleges in Geneva, N. Y., USA, tätig. Eine Reihe der dort entstandenen Aufsätze, in denen er sich einerseits mit zentralen Gestalten der älteren deutschen geistesgeschichtlich orientierten Soziologie, wie z. B. Georg Simmel und Max Weber, andererseits mit der amerikanischen empirischen Soziologie, so in seinem Aufsatz über „Geist und Geschichte in Amerika", kritisch auseinandersetzte, fanden bei den maßgebenden Vertretern der deutschen Soziologie solche Beachtung, daß er sich im Herbst 1960 von seiner amerikanischen Hochschule beurlauben ließ, um im Auftrage der Deutschen Forschungsgemeinschaft eine grundsätzliche Methodenkritik der Soziologie in Angriff zu nehmen. Diese Arbeit schloß Herr Tenbruck im Herbst 1962 in Form eines 500seitigen Manuskriptes ab. Es entwickelt an Hand des Problems „Geschichte und Gesellschaft" eine soziologische Theorie, in welcher durch eine methodisch sicher durchgeführte Begrenzung der soziologischen Erkenntnis und durch ihre entscheidende Zuordnung zur geschichtlichen und gesellschaftlichen Wirklichkeit der Gegensatz der empirischen und der theoretischen Soziologie überwunden werden soll. Ungefähr gleichzeitig veröffentlichte Professor Tenbruck ein Buch über „Jugend und Gesellschaft", welches auch von maßgebenden Kennern der pädagogischen Soziologie, wie z. B. Andreas Flitner, als interessanteste Arbeit der deutschen Soziologie zum Jugendalter beurteilt wird, da hier zum ersten Mal die Stellung und Funktion der Jugend im Ganzen der Gesellschaft zu erkennen versucht und die Jugend nicht als ein Übergansstatus zwischen Kind und Erwachsenem, sondern als das soziale Feld beschrieben wird, in dem die Gesellschaft für ihre eigene Kontinuität besorgt ist.

Bereits bei den ersten Überlegungen, welche die Fakultät der Besetzung des zweiten Ordinariats für Soziologie im Herbst 1961 widmete, wurde sie auf Grund der das allgemeine Niveau soziologischer Arbeiten an Übersicht, gedanklicher Schärfe und bildungsmäßigem Horizont weit überragenden Aufsätze auf Herrn Tenbruck aufmerksam. Die bei den Herren Professoren König, Schelsky und Bergstraesser eingeholten Gutachten bestätigten den Eindruck, daß es sich bei Herrn Tenbruck nicht nur um eine der bedeutendsten Nachwuchskräfte, sondern um einen Gelehrten handelt, der, wie es Arnold Bergstraesser in seinem Gutachten ausdrückt, „unter den besten deutschen Soziologen zu Recht zu nennen" ist und nach dem Votum von René König im Rang über manchem bestallten Ordinarius steht. Trotz dieser hervorragenden Qualifikationen und trotz der Tatsache, daß Herr Tenbruck amerikanischer Hochschulprofessor ist, glaubte die Fakultät aus grundsätzlichen Erwägungen von der Bedingung einer Habilitation an einer deutschsprachigen Universität nicht absehen zu können, schlug jedoch dem Herrn Kultusminister Herrn Tenbruck für die kommissarische Vertretung des Lehrstuhls im Wintersemester 1962/63 und im Sommersemester 1963 vor unter dem Hinweis darauf, daß diese Tätigkeit vor allem auch dank der besonderen empirischen Interessen und Kenntnisse Herrn Tenbrucks eine wertvolle Bereicherung des Lehr- und Forschungsbetriebs der Fakultät darstellen würde. Diese Erwartungen haben sich erfüllt. Herr Tenbruck hat sich als pädagogisch und wissenschaftlich hervorragender Hochschullehrer erwiesen, was sich u. a. in der Erhöhung der Zahl seiner Hörer auf nahezu 300 in diesem Semester ausdrückt. Von Kollegen der Fakultät zur soziologischen Mitarbeit auf so verschiedenen Gebieten wie der Schulsoziologie, der Bankbetriebslehre, der ökonomischen Theoriebildung beigezogen, hat Herr Tenbruck nicht nur eine erfreuliche Bereitschaft und Fähigkeit zu einem die Sache über die eigene Person stellenden teamwork bewiesen, sondern auch gezeigt, daß von ihm wesentliche Beiträge zur empirischen Sozialforschung wie zur soziologischen Theoriebildung zu erwarten sind, die sich auf die verschiedenen Disziplinen der Fakultät auswirken können.

Zu Beginn dieses Sommersemesters hat sich Herr Tenbruck an der Universität Freiburg (Breisgau) habilitiert und hat ehrenvolle Rufe als Nachfolger von Professor Heberle und Full Professor der Louisiana State University in Baton Rouge sowie als Extraordinarius an der Universität Erlangen erhalten. Er ist z. Zt. auch mit der Leitung einer empirischen Studie über die soziale Struktur und Verflechtung der Stadt Karlsruhe beauftragt.

Die Fakultät ist einstimmig der Auffassung, daß mit Herrn Tenbruck der zweite Lehrstuhl für Soziologie durch einen Gelehrten besetzt werden kann, welcher imstande ist, auf Grund der besonderen wissenschaftlichen Interessenrichtung, der theoretischen Durchdringung empirischer Forschung, die Vertretung der Soziologie an der Wirtschafts- und Sozialwissenschaftlichen Fakultät in glücklicher Weise zu ergänzen, am dringend notwendigen Ausbau des soziologischen Unterrichts an der Universität Frankfurt dank seiner erwiesenen pädagogischen Fähigkeiten erfolgreich mitzuwirken und kraft seiner ungewöhnlichen Forschungs- und Kooperationsfähigkeit dazu beizutragen, das Ansehen, das die Johann Wolfgang Goethe-Universität auf dem Gebiete der Sozialwissenschaften seit jeher genießt, zu wahren und zu mehren.

Im Hinblick auf die bereits erwähnte Tatsache, daß Professor Tenbruck kürzlich zwei Rufe erhalten hat, und in der Überzeugung, daß es dennoch möglich sein dürfte, ihn für Franfurt zu gewinnen, bittet die Fakultät dringend, die Berufungsverhandlungen mit Professor Tenbruck so bald als möglich aufzunehmen.

Der D E K A N
Prof. Dr. H. Priebe

* * *

Frau
Min. Rätin Dr. H. v. Bila
Wiesbaden
Luisenplatz 10

Persönlich-Vertraulich

Frankfurt/Main, den 31.5.63

Sehr verehrte, liebe Frau Dr. von Bila!

Ich muß Ihnen einmal wieder in einer etwas heiklen Angelegenheit einen Brief schreiben, den ich jedoch bitten möchte, als streng persönliche Information anzusehen und demgemäß nicht zu den Akten zu nehmen.

Seit Jahren schwebt bekanntlich die Angelegenheit „Soziologie II" in unserer Fakultät. Herr Horkheimer hat mir wiederholt seinen Wunsch zum Ausdruck gebracht, es möge dieser Lehrstuhl so besetzt werden, daß der Lehrstuhlinhaber ihn, Herrn Horkheimer, später als Mitdirektor des Instituts für Sozialforschung ersetzen könne, da er nicht glaube, Herr Adorno sei in der Lage, nach seinem (Horkheimers) endgültigem Ausscheiden die umfangreiche Institutsarbeit allein zu bewältigen. Auch Sie haben mir einen ähnlichen Wunsch zum Ausdruck gebracht und Ihnen und Herrn Horkheimer habe ich wiederholt gesagt, daß nicht nur ich sondern wohl alle meine Fakultätskollegen diese Ansicht voll verstünden und billigten. Nachdem wir uns vor Jahr und Tag einmal mühsam mit Herrn Horkheimer auf Herrn Bahrdt geeinigt hatten, zeigte es sich dann freilich, wie Ihnen in Erinnerung sein wird, daß man nicht geneigt war, dem neuen Ordinarius unserer Fakultät sogleich eine Mitarbeit in der Institutsleitung verbindlich zuzusagen, die der Würde und Stellung des zu Berufenden angemessen wäre. In der Folgezeit haben dann sich etwa über ein Jahr hinziehende Verhandlungen einer Berufungskommission stattgefunden, zu denen Herr Adorno mit beratender Stimme hinzugezogen wurde. Dabei zeigte sich rasch, daß sämtliche, von unserer Seite vorgeschlagenen Kandidaten keine Gegenliebe bei Herrn Adorno und Herrn Horkheimer fanden. Die Berufungskommission (an deren Beratung ich selbst nicht teilnahm) hat dann, um ihr möglichstes zu tun, damit eine Einigung dann doch zustande käme, wiederholt vom Institut vorgeschlagene Kandidaten in Erwägung gezogen, auch gemeinsam mit dem Institut zu Vorträgen gebeten, doch war das Ergebnis so, daß schließlich auch die Herren Horkheimer und Adorno nicht an den ursprünglich von ihnen selbst vorgeschlagenen Kandidaturen festhielten.

Es scheint daher leider nun so zu sein, daß die von meiner Fakultät aufrichtig gewünschte Einigung auf einen beiden Teilen genehmen Kandidaten nur schwer erreichbar ist. Unsere Fakultät hat in ihrer letzten Sitzung einstimmig beschlossen, Herrn Tenbruck, der ja schon seit 2 Semestern mit großem Erfolg einen Lehrauftrag bei uns wahrgenommen hat, zur Berufung vorzuschlagen. Der entsprechende Antrag wird Ihnen in Kürze zugehen. Der Antrag stützt sich nicht nur auf eine ausführliche Stellungnahme unseres Fachvertreters, des Herrn Kollegen Rüegg, sondern auch auf äußerst positive Gutachten der Herren Berstraesser, König und Schelsky. Demgegenüber hat sich Herr Adorno mündlich und schriftlich negativ über Herrn Tenbruck geäußert. Herr Kollege Rüegg hat der Fakultät zu den Äußerungen von Herrn Adorno sehr überzeugende Gegenargumente vorgelegt.

Herr Tenbruck, der sich inzwischen in Freiburg bei Bergstraesser habilitiert hat, wurde bereits auf einen amerikanischen Lehrstuhl und ein Extraordinariat in Erlangen berufen, würde aber eine Berufung nach Frankfurt vorziehen. Die Sache ist daher „eilbedürftig". Ich bedauere aufs äußerste, daß wir trotz aller ehrlichen Bemühungen nicht in der Lage waren, einen Kandidaten zu finden, der auch die Billigung der Herren Horkheimer und Adorno gefunden hätte – ich wage aber allmählich zu bezweifeln, daß es irgendjemanden gibt, der beiden Teilen genehm wäre. Wir haben in außerordentlich langwierigen Verhandlungen ein Maximum an Verständnis und Geduld bewiesen, nunmehr aber glaube ich, daß im Interesse des Soziologieunterrichtes in unserer Fakultät die Angelegenheit keinen weiteren Aufschub duldet. Da es sich um eine Professur in unserer Fakultät handelt, muß diese letztlich die Verantwortung für die Entscheidung tragen, und ich wäre Ihnen aufrichtig dankbar, wenn Sie den Ruf an Herrn Tenbruck möglichst schnell hinausgehen lassen könnten. Darf ich als ganz persönliche Meinung noch hinzufügen, daß, falls Herr Tenbruck nicht für die Mitarbeit im Institut von dessen Leitern akzeptiert werden sollte, nunmehr dafür Herr Kollege Rüegg in Frage käme, dessen hohes intellektuelles Niveau und menschliche Redlichkeit auch von den Herren Horkheimer und Adorno anerkannt werden.

Mit verbindlichen Empfehlungen
und Grüßen
Ihr sehr ergebener

Prof. Dr. Dr. hc. Dr. h. c. F. Neumark

– Prorektor –

Bericht von Ivo Frenzel über die Umstände der Berufung von Horst Baier zum Adorno-Nachfolger in Frankfurt

Diskussion über die Nachfolger Adornos
Was wird aus der Frankfurter Schule?

Ivo Frenzel © DIE ZEIT, 13.03.1970 Nr. 11

Zumindest ein Teil jener Studenten, die noch vor einem Jahr ihren Lehrer Theodor W. Adorno befehdeten, weil er sich von manchen Praktiken der neuen Linken, distanzierte, scheint nun, nach Adornos Tod, größten Wert darauf zu legen, daß zum möglichen Nachfolger ein kompromißloser Anhänger der von Horkheimer und Adorno begründeten „Frankfurter Schule" berufen wird. Aus dem direkten Schülerkreise kämen dafür Oskar Negt, Alfred Schmidt, Hermann Schweppenhäuser und Karl-Heinz Haag in Frage, und vor allem Oskar Negt dürfte der Unterstützung durch die Fachschaften der Soziologen und Philosophen sicher sein, wenn er eine Chance hätte. Aber weder er noch einer der drei anderen „Adorniten" ist so recht als Nachfolger eines Mannes vorstellbar, der mit seiner Kritischen Theorie Sachverhalte nicht nur der Philosophie und Soziologie, sondern auch der Musik, Literatur und Bildenden Kunst zu analysieren vermochte.

Einen direkten Nachfolger Adornos werde es nicht geben, sagte Oskar Negt schon vor „Wochen in einem Fernsehinterview. Diese Auffassung hat sich inzwischen ebenso in der philosophischen Fakultät wie im Wiesbadener Kultusministerium durchgesetzt. Adornos persönliches Ordinariat, das gleichermaßen für Philosophie wie Soziologie galt, wird durch zwei getrennte Lehrstühle ersetzt werden. Für das philosophische Ordinariat möchte die Fakultät den zur Zeit in Berkeley (Kalifornien) lehrenden polnischen Philosophen Leszek Kolakowski vorschlagen, als Soziologe steht der Schelsky-Schüler Horst Baier aus Münster zur engeren Wahl. Beide Empfehlungen dürften nicht ohne das ausdrückliche Votum von Jürgen Habermas, der seit Horkheimers Emeritierung dessen Lehrstuhl innehat, zustande gekommen sein. Gegen beide Kandidaten haben aber die Fachschaften Einwände erhoben.

Skepsis gegenüber einem Schelsky-Schüler scheint verständlich. Denn Schelskys Forschungen gelten als systemimmanent, halten das System als solches für nicht änderbar: jedenfalls nicht änderbar mit Mitteln der Soziologie und der philosophischen Aufklärung. Demgegenüber treten alle Anhänger der „Frankfurter Schule" dafür ein, daß das gesellschaftliche System prinzipiell änderbar ist. Die Kritische Theorie ist deshalb jeder Soziologie und Philosophie entgegengesetzt, welche die bestehenden Verhältnisse als unwiderrufbare sanktioniert.

Horst Baier wurde daher schon im Februar von der Fachschaft Soziologie zu einem Hearing aufgefordert, dem er sich unterwarf. Die Prozedur war ungewöhnlich, weil Baier bis heute keinen Ruf erhalten hat. So konnte er teilweise nur im Konjunktiv erläutern, welche Standpunkte er zu vertreten gedächte, falls es überhaupt zu Verhandlungen zwischen ihm und dem Kultusministerium kommen werde. Dennoch hat Baier das mehrstündige Verhör nicht als kränkend empfunden. Es ist sein fester Vorsatz, einer eventuellen Berufung nicht zu folgen, wenn diese gegen den Willen der Fachschaft ausgesprochen würde. Diese Einstellung verrät nicht nur eine gewisse Kenntnis der Schwierigkeiten am Frankfurter Institut für Sozialforschung, sondern weist Baier als einen Mann aus, der dafür ist, auch Berufungsvorgänge an unseren Universitäten künftig durchsichtiger zu machen. Im übrigen qualifizierte sich Baier in der mehrstündigen Diskussion als ein Hochschullehrer, der zwar aus einer ganz anderen wissenschaftlichen Tradition kommt, sich aber dem Anspruch der Kritischen Theorie durchaus zu stellen weiß. Er rühmt heute die Fairneß und das hohe Niveau des Hearings, an dem auch Oskar Negt und der inzwischen tödlich verunglückte Hans-Jürgen Krahl teilnahmen. Und obwohl Baier sich konsequent weigerte, im vorhinein *Essentials* zu akzeptieren, kam ein Mehrheitsbeschluß der Fachschaft zustande, daß man sich seiner etwaigen Berufung nicht widersetzen werde.

Freilich scheint das Demokratieverständnis von Fachschaften in Frankfurt wie anderswo noch nicht so weit entwickelt, daß Mehrheitsbeschlüsse auch immer respektiert werden. Wenn Baier auch Gnade vor den Vertretern des SDS gefunden haben dürfte, so scheinen andere, ultralinke Gruppen weiter gegen ihn zu opponieren.

Assistenten und Studenten der Fachschaft Philosophie an der Frankfurter Universität haben ihrerseits in einem Offenen Brief an Kolakowski betont, daß dessen aus der „Ideologie persönlicher Freiheit" sich rekrutierendes Philosophieren mit den Arbeiten der Adorno-Schüler Negt, Schmidt, Schweppenhäuser und Haag schwer vereinbar sei.

War das Hearing, dem Baier sich stellte, ungewöhnlich, so muß der Brief an Kolakowski geschmacklos, -wenigstens aber befremdlich scheinen. Denn hier wird einem Mann, der ebenso wie Baier noch nicht einmal offiziell zu Verhandlungen eingeladen ist, auf bloßen Verdacht hin der Kampf angesagt. Der antiautoritäre Marxist Kolakowski, dessen Werke vom Widerstand gegen die stalinistische Knechtung zeugen, wird von den antiautoritären Studenten abgelehnt, weil seine Konzeption keinen Ansatz für die Kritik an der Arbeitsteilung zwischen Philosophie und Wissenschaft biete und damit die Einheit der emanzipatorischen Vernunft aufgebe.

Dieser Vorwurf dürfte durchaus bestreitbar sein. Befremdlich ist jedoch vor allem, daß die Frankfurter Philosophiestudenten es darauf angelegt zu haben scheinen, nur einen reinen Adorno-Schüler zum Zuge kommen zu lassen. Sie machen sich damit zu den Anwälten jener fatalen Berufungspraxis der Ordinarienuniversität, die sich häufig nicht so sehr vom fachlichen Interesse als von persönlichem Neid und rigorosem Hausmachtdenken hat leiten lassen. Das trostlose Kapitel der Nachfolge auf dem Heideggerschen Lehrstuhl sollte auch heute noch ein warnendes Beispiel sein.

Die studentische Taktik scheint darauf abzuzielen, die in Frankfurt notwendig werdenden Berufungsverhandlungen möglichst durch gezieltes Störfeuer lange hinauszuschieben, und dies schon deshalb, weil man sich vom künftigen, hessischen Hochschulgesetz mehr Mitspracherecht auch in Personalangelegenheiten verspricht. Bisher haben die Studenten mit Recht stets gegen die bürokratische Verschleppung von Berufungen protestiert. Daß sie, wie jetzt in Frankfurt, für die Prolongierung einer ungenügenden Lehrsituation eintreten, ist immerhin ein Novum. Denn in Frankfurt ist außer der schwer zu schließenden Lücke, die durch Adornos Tod entstanden ist, noch über die Besetzung zweier weiterer Lehrstühle zu verhandeln. Sowohl das Ordinariat von Professor Cramer (Philosophie) wie das von Professor von Friedeburg (Soziologie) stehen zur Disposition. Die Tatsache, daß von Friedeburg jetzt als Kultusminister die Frankfurter Verhältnisse und insbesondere die des Instituts für Sozialforschung, zu dessen Direktoren er gehört, besonders gut überblickt, scheint einstweilen wenig zu helfen. Kuno Lorenz (Erlangen), der als Nachfolger Cramers berufen werden sollte, hat sich inzwischen für den Weizsäckerschen Lehrstuhl in Hamburg entschieden Gerade ein profilierter Analytiker und Wissenschaftstheoretiker wäre den Frankfurtern als Gegenpol zu ihrer hegelianischen Schule sehr zu wünschen gewesen.

Werden Baier und Kolakowski sich nun desinteressiert zeigen? Wird die Fakultät ihre Vorschläge ad acta legen? Mit Baier käme ein erstklassiger Empiriker mit hoher theoretischer Begabung, mit Kolakowski ein freiheitlicher Marxist, von dem sicher manche Brücke auch zur Kritischen Theorie besonders Horkheimers führt. Beide würden aus der „Frankfurter Schule" etwas anderes machen. Aber wäre das illegitim? Berufungen nach der Erbfolge, wie die Studenten sie zu wünschen scheinen, sind besonders in der Philosophie der Beginn einer scholastischen Erstarrung. Sie aber wäre gerade das Ende der Kritischen Theorie.

Die Einführung des Diplomstudiengangs für Soziologie an der Goethe-Universität Frankfurt

Dass sich in den 1950er Jahren ein eigenständiges Berufsbild für Soziologie entwickeln konnte, kann mit der spezifischen Situation der Universitäten in Deutschland in der Nachkriegszeit erklärt werden. Anstrengungen, einen Diplomstudiengang für Soziologie und Sozialarbeit einzurichten, wurden schon früh von verschiedenen Institutionen und Personen forciert. Nach dem Ende des Nationalsozialismus war das Bestreben groß, die deutschen Universitäten im Rahmen des demokratischen Wiederaufbaus zu reformieren. Gelingen sollte dies jedoch zumindest in Hessen erst Ende der 1960er Jahre mit der Hochschulreform sowie der daraus resultierenden Auflösung der Fakultäten und der Gründung der Fachbereiche an den hessischen Universitäten. In diesem Zusammenhang sind auch die Anstrengungen zu verstehen, die Studienbedingungen und Berufsmöglichkeiten von Studierenden in den 1950er Jahren zu verbessern.

Schon vor 1951 beantragte die *Hochschule für Wirtschafts- und Sozialwissenschaften* in Nürnberg die Zulassung einer Diplom-Prüfungsordnung für Sozialwirte bei dem Bayerischen Kultusministerium und reichte diesen Anfang des Jahres 1951 erneut ein[1]. Dies wird in einem Brief von Hans Proesler vom 26. Mai 1951 an den Rektor der Universität Frankfurt, Max Horkheimer, sowie dem Rektor Boris Rajewsky der *Wirtschafts- und Sozialwissenschaftlichen Fakultät* der Universität Frankfurt ausdrücklich erwähnt. Aufgrund der Lage der Universitäten in der Nachkriegszeit sei bis auf die Wirtschafts- und Sozialwissenschaftliche Fakultät der Universität Köln bisher keine deutsche Universität in der Lage, einen entsprechenden Lehrkörper vorzuweisen und eine „abschlußreife Sonderausbildung" zu leisten, wie dies an der Hochschule Nürnberg seit mehreren Jahren der Fall sei. Der damalige Dekan der Wirtschafts- und Sozialwissenschaftlichen Fakultät der Universität Frankfurt Paul Flaskämper forderte als Antwort auf diesen Brief weitere Stücke des Rundschreibens an, da die Fakultät sehr interessiert daran sei. Am 1. April 1953 trat die Prüfungsordnung für die Erlangung des akademischen Grades des Diplom-Sozialwirts in Nürnberg in Kraft. Diese enthielt folgende Pflichtgebiete: Englische Sprachkenntnisse oder die einer anderen Fremdsprache, Sozialgeschichte, Sozialstatistik, Soziale Arbeit, Sozialhygiene, Staats- und Verwal-

---

[1] Diesen Serienbriefen wurde jeweils der Entwurf der Diplomprüfungsordnung für Sozialwirte beigefügt. Vgl. Universitätsarchiv Frankfurt, 26. November 1976, Signatur Abt. 150, Nr. 358, Bl. 84–86.

tungsrecht, Sozialversicherungsrecht sowie Betriebswirtschaftslehre einschließlich der Betriebspolitik.[2]

Am 12. Januar 1952 unternahm Ernst Wilhelm Mayer am *Institut für Politische Wissenschaft* der Goethe-Universität Frankfurt den Versuch, einen politikwissenschaftlichen Diplomstudiengang einzurichten. Ein entsprechendes Schreiben war an die Dekane der Wirtschafts- und Sozialwissenschaftlichen Fakultät, der Juristischen Fakultät, der Philosophischen Fakultät und an zahlreiche Professoren wie Theodor W. Adorno gerichtet. Sein zentrales Argument war, dass dieses Lehrgebiet nach dem „Desaster des Nationalsozialismus" einer neuen Regelung bedürfe. Es komme hinzu, dass das in dieser Zeit geplante Beamtenrecht und der Zugang zur höheren Beamtenlaufbahn „auch auf Grundlage der nachgewiesener Erkenntnisse aus dem Gebiete der Politischen Wissenschaft eröffnet werden soll". Die Politikwissenschaft wurde in Frankfurt später als Pflichtfach in die Diplom-Prüfungsordnungen für Soziologie aufgenommen. Ein eigenständiges Diplom für Politikwissenschaft wurde jedoch erst 1989 im Rahmen eines integrierten sozialwissenschaftlichen Studiengangs am neu gegründeten Fachbereich Gesellschaftswissenschaften ermöglicht, an dem auch die Soziologie beteiligt war, die damit ihre Eigenständigkeit als akademisches Lehrfach ohne zwingenden Grund aufgab.

Als die *Deutsche Gesellschaft für Soziologie* auf ihrer Sitzung vom 24.10.1953 eine Empfehlung für eine Diplom-Prüfungsordnung für Soziologie verabschiedete, war dies das Ergebnis eines längeren Diskussionsprozesses und verschiedener Konferenzen, die bereits im Vorfeld stattgefunden hatten und an dem verschiedene deutsche Universitäten sowie der Ausschuss für Lehre der Deutschen Gesellschaft für Soziologie beteiligt waren. Dieser Diskussionsprozess hatte im Januar 1953 auf einer Sitzung der *Westdeutschen Rektorenkonferenz* in Berlin begonnen und wurde im März 1953 bei einem Treffen des *Vereins für Socialpolitik* sowie der *Gesellschaft für Wirtschafts- und Sozialwissenschaften* fortgesetzt, um eine Stellungnahme zur Wilhelmshavener Prüfungsordnung für Sozialwirte zu verfassen. Gerhard Albrecht (Marburg) rief in Absprache mit der Wilhelmshavener Hochschule eine Konferenz in Frankfurt ein, die am 6. Juni 1953 stattgefunden hat.[3] In einer Stellungnahme vom 18. Juni 1953 berichtet er, dass diese Konferenz sich ausschließlich mit der Diplom-Prüfungsordnung für Sozialwirte und nicht mit den Beschlüssen der Westdeutschen Rektorenkonferenz beschäftigt habe. Der Wilhelmshavener Versuch bestand darin, einen neuen Hochschultyp zu schaffen, „dessen besondere Eigenart in der neueren Entwicklung der Sozialwissen-

---

[2] Ebd.

[3] Teilnehmende waren u. a. Albrecht (Marburg), Achinger (Frankfurt am Main), Horkheimer (Frankfurt am Main), Paulus (Wilhelmshaven), Raupach (Wilhelmshaven), Rüstow (Heidelberg) und Schoberth (Nürnberg). Vgl Gerhard Albrecht, Stellungnahme vom 18. Juni 1953, Universitätsarchiv Frankfurt am Main, Signatur Abt. 150, Nr. 358, Bl. 79.

schaften entsprechender Fächerkombinationen (vor allem Volkswirtschaftslehre, Soziologie, Recht, Politik) und auch in der Verbindung aus Hochschule und College besteht"[4]. Bezüglich der überkommenen Hochschulausbildung sah man die Notwendigkeit, den neuen Berufs- und Ausbildungsmöglichkeiten Rechnung zu tragen, die bisher unberücksichtigt geblieben sind. Für die Wilhelmshavener Hochschule schien die „stärkere Konzentrierung" auf den „Sozialarbeiter" wichtig, der „in der Wirtschaft, im Betrieb, in der Verwaltung, in den Organen der sozialen Selbstverwaltung, in den Verbänden und Kammern" tätig werden sollte, wie dies auch in Nürnberg ganz ähnlich der Fall war. Bedenken äußerte man über die Begrenzung des Studiums auf sechs Semester. Deshalb wünschte man eine entsprechende Ausdehnung der Studienzeit auf 8 Semester. Vorgeschlagen wurden folgende fünf Studienschwerpunkte: 1. Politik und Geschichte; 2. Soziologie; 3. Öffentliches Recht; 4. Wirtschaftswissenschaft; 5. Arbeits- und Sozialrecht. Die Volkswirtschaftslehre und die Soziologie, insbesondere die politische und historische Soziologie, „d. h. die Anwendung der Soziologie auf das öffentliche Leben"[5], sollte das Fundament der Ausbildung sein. Der Studiengang „Diplomsozialwirt" sollte zudem für die Öffentlichkeit „eindeutig und klar umrissen" werden, damit dessen akademisch-wissenschaftliches Anliegen und nicht nur die Bedürfnisse der Praxis im Vordergrund standen, damit die Hochschulabsolventen nicht nur eine „in Nebensächlichkeiten voneinander abweichende Prüfung abgelegt haben"[6].

Auf der vom 6.–8. März 1953 in Köln von der Deutschen Gesellschaft für Soziologie veranstalteten Konferenz über die Gestaltung des Unterrichts in den Sozialwissenschaften wurde in dem Bericht der Untergruppe A über die Einordnung der Sozialwissenschaften im Unterrichtswesen, angefertigt von Friedrich Pollock und Alexander Rüstow, vorgeschlagen, vor Beginn des juristischen Studiums die Absolvierung eines zweisemestrigen „Studium Sociale" im Rahmen eines allgemeinen Studium Generale obligatorisch zu machen.[7] Die Soziologie sollte ferner bei der Ausbildung der Volks- und Betriebswirte angemessen berücksichtigt werden, „ohne die sich dabei ergebende Schwierigkeit der Überlastung zu verkennen"[8]. Diskutiert wurde auch die Rolle der Forschungsinstitute, die für die Ausbildung der Soziologiestudenten besonders wichtig seien. Keine Zustimmung fand die Idee der Einrichtung einer selbständigen Fakultät für Sozialwissenschaften, weil dies die historische Entwicklung an den Universitäten mit kaum überwindlichen Schwierigkeiten versehen würde. Die Einrichtung eines soziologischen Diploms

---

[4] Ebd.
[5] Ebd.
[6] Ebd.
[7] In dem Bericht der Untergruppe A wird erwähnt, dass dieser Vorschlag von dem Kollegen Husserl gemacht wurde. Vgl. Universitätsarchiv Frankfurt am Main, Signatur Abt. 150, Nr. 358, Bl. 80.
[8] Ebd.

wurde nachdrücklich empfohlen; mit diesem Diplom sollte die Verleihung des akademischen Grades eines „Diplom-Soziologen" verbunden sein; in eckigen Klammer wurde der Titel „Diplom der Sozialwissenschaften" hinzugefügt. Unterschieden wurden diese Vorschläge dahingehend, ob das Diplom auch für den Erwerb des akademischen Grades eines Dr. phil und Dr. rer. pol. gelten sollte. Als Vorstufe für den Dr. phil. sollten Kenntnisse in folgenden Fächern nachgewiesen werden: Grundzüge der Wirtschaftswissenschaften; Grundzüge der statistischen Methode; ein Gebiet der Rechtswissenschaft; Grundzüge der Sozialpsychologie; Geschichte der Philosophie. Diese Kenntnisse sollten nach vier Semestern durch ein Vorexamen nachgewiesen werden. Nach acht Semestern sollte man neben der Abgabe einer entsprechenden soziologischen Diplomarbeit eine Prüfung in folgenden Fächern ablegen: Allgemeine Soziologie und Sozialphilosophie; ein im Hinblick auf das Berufsziel ausgewähltes Gebiet der speziellen Soziologie (insbesondere Wirtschaftswissenschaften); empirische Sozialforschung; Wissenschaft von der Politik sowie ein Wahlfach aus dem Lehrangebot der Philosophischen Fakultät. Die Vorgaben für den Erwerb des wirtschaftswissenschaftlichen Doktorgrades sind mit Ausnahme des Fachs Empirische Sozialforschung einschließlich der Praktischen Arbeit und der Sozialgeschichte für das wirtschaftswissenschaftliche Vorexamen und Diplomzeugnis fast identisch. Diese Vorschläge wurden deshalb so allgemein gehalten, weil man den Fakultäten einen möglichst großen Spielraum für die eigenen Ausbildungszwecke lassen wollte. Die Bedeutung eines soziologischen Diplomabschlusses sah man vor allem in Bezug auf das zukünftige Beamtengesetz und die damit verbundenen Eintrittschancen in den öffentlichen Dienst, weshalb man eine Gleichstellung der akademischen Grade des Diplom-Soziologen mit dem des Diplom-Volkswirts anstrebte.[9]

Die Empfehlung der Deutschen Gesellschaft für Soziologie vom 24. Oktober 1953 wird am 31. Oktober 1953 in der *Frankfurter Allgemeinen Zeitung* folgendermaßen kommentiert. „Die Einführung eines akademischen Abschlussexamen für Studierende der Soziologie forderte die Kommission über die Unterrichtsgestaltung an den Universitäten der DGS auf einer jetzt in Köln beendeten Konferenz. Die Fakultäten der einzelnen Universitäten haben nun entscheiden, ob die im Anschluss an die Entschließungen einer ähnlichen Konferenz im März dieses Jahr vom IfS an der Universität Frankfurt ausgearbeitete Prüfungsordnung Wirklichkeit wird. Die in Köln tagenden Soziologen betonten, dass die soziologischen Wissenschaften seit einigen Jahren für Verwaltung, Kultur und Erziehungswesen sowie für Wirtschaft mehr an Bedeutung gewonnen habe und dass die Universitäten dieser Tatsache durch die Einführung einer Diplom-Prüfungsordnung für Soziologen unbedingt

---

[9] Vgl. ebd.

Rechnung tragen müßten."[10] Der DGS-Entwurf dieser Diplomprüfungsordnung wurde in Berlin und in Frankfurt ohne große Veränderungen übernommen, da man Diplomprüfungen für Soziologen an allen Universitäten der Bundesrepublik ermöglichen wollte, um die Neuorganisation des Studiums und den Zugang zu bestimmten Berufen in Wirtschaft und Verwaltung zu ermöglichen. Nachdem die *Philosophische Fakultät* der Universität Frankfurt im Sommersemester 1954 die Diplom-Prüfungsordnung für Soziologie[11] verabschiedet hatte, heißt es in einer Stellungnahme des Frankfurter *Instituts für Sozialforschung*: „Es kommt insbesondere jenen Studierenden entgegen, die beabsichtigen, die Prüfung für Diplom-Soziologen abzulegen und in der Philosophischen Fakultät zu promovieren. (Studenten der Wirtschafts- und Sozialwissenschaftlichen Fakultät können mit dem Hauptfach Soziologie nur bei einem habilitierten Dozenten dieser Fakultät promovieren.)." Ferner wurde 1955 festgelegt, dass jedes Semester zwei Vorlesungen und zwei Seminare über das Gebiet der Allgemeinen Soziologie abgehalten werden und dass mindestens in einer Vorlesung über das Gebiet der empirischen Sozialforschung gelehrt wird. Im Rahmen der empirischen Untersuchungen am Institut für Sozialforschung wurde fortgeschritteneren Studierenden ermöglicht, die für die Diplom-Prüfung erforderliche einjährige Praktikantenzeit zu absolvieren. Durch die Zusammenstellung der Fächer für die Vor- und Hauptprüfung sollte in Frankfurt wie in Berlin gezeigt werden, wie die „geisteswissenschaftliche Tradition der deutschen Soziologie" fortgesetzt werden kann, um „zugleich den Studenten eine gründliche Ausbildung in den modernen Methoden und Techniken der empirischen Sozialforschung zu geben."[12]

Für die Vorprüfung waren folgende Pflichtfächer abzulegen:

1. Grundbegriffe der Soziologie und Sozialphilosophie;
2. Neuere Geschichte mit besonderer Berücksichtigung der Sozial-, Kultur- und Wirtschaftsgeschichte;
3. Grundzüge der nationalökonomischen Theorie;
4. Statistische Elementarbegriffe;
5. Grundzüge der Psychologie mit besonderer Berücksichtigung der Sozialpsychologie.

Das fünfte Prüfungsfach konnte im Falle eines begründeten Antrags des Kandidaten durch einen Beschluss der Prüfungskommission durch ein anderes ersetzt werden,

---

[10] Vgl. Frankfurter Allgemeine Zeitung vom 31.10.1953, Universitätsarchiv Frankfurt am Main, Signatur: Mappe 3 501–503, Bl. 235.
[11] Siehe in diesem Band auch den Beitrag von Felicia Herrschaft über „Die Lehrgestalt der Frankfurter Soziologie in den 1950er und 1960er Jahren – Theorie und Praxis".
[12] Merkblatt über die Ausbildungsmöglichkeiten im Institut für Sozialforschung vom 3.5.1955, S. 3.

das jedoch in einem organischen Zusammenhang mit dem Hauptfach Soziologie stehen musste (z. B. Völkerkunde). In einem handschriftlichen Zusatz wurde darauf hingewiesen, dass dies auch ein anderes Fach aus der Philosophischen Fakultät sein könne. Diese handschriftliche Anmerkung wurde jedoch nicht in die letzte Fassung der genehmigten Prüfungsordnung für Soziologie übernommen.

Felicia Herrschaft

* * *

Diplom-Prüfungsordnung für Soziologen[13]

Seit einigen Jahren wird die soziologische Wissenschaft für Verwaltung, Kultur- und Erziehungswesen und Wirtschaft immer wichtiger. Die Organisation des soziologischen Studiums trägt jedoch bisher den Erfordernissen der Ausbildung der Soziologen nicht genügend Rechnung. Mit der Einführung einer Diplom-Prüfungsordnung für Soziologen kommt die Universität einer Aufgabe nach, die ihr von der Gesellschaft gegenwärtig gestellt wird.

§ 1
Zweck und Gliederung der Prüfung

Die Diplomprüfung ist ein akademisches Abschlussexamen, das die wissenschaftliche Ausbildung und Befähigung des Kandidaten auf dem Gebiet der Soziologie und in einigen der mit ihr sinngemäss verbundenen Disziplinen erweisen und den Zugang zu bestimmten Berufen eröffnen soll. In dieser Hinsicht entspricht sie den bestehenden Diplomprüfungen

Der Kandidat hat in der Diplomprüfung zu zeigen, dass er angemessene Fähigkeiten und Kenntnisse auf dem Gesamtgebiet der Soziologie besitzt,

---

[13] Die Prüfungsordnung wurde von der Philosophischen Fakultät der Johann Wolfgang Goethe-Universität angenommen und vom Hessischen Minister für Erziehung und Volksbildung genehmigt. Examina können jedoch erst abgelegt werden, wenn sich die Prüfungskommission konstituiert und die Ausführungsbestimmungen zur Prüfungsordnung erlassen hat in denen auch die Übergangsbestimmungen geregelt werden.

Die Fächerkombination soll sinnvoll sein. Möglichst sollen Fächer vereinigt werden, die in der Interessen- und späteren Arbeitsrichtung des Kandidaten liegen.

Auf Grund der bestandenen Prüfung wird der Grad eines „Diplom-Soziologen" verliehen.

§ 2
Prüfungsausschuss

Der Prüfungsausschuss besteht aus dem jeweils amtierenden Dekan der Philosophischen Fakultät als Vorsitzendem, einem planmässigen Professor für Soziologie oder sonst dem Hauptvertreter des Faches, als stellvertretendem Vorsitzenden und den an der jeweiligen Prüfung beteiligten Fachvertretern. Der Kandidat kann Wünsche äussern, bei welchen Fachvertretern er sich der Prüfung unterziehen will; die Entscheidung darüber liegt beim Vorsitzenden und seinem Stellvertreter.

§ 3
Meldung und Zulassung zur Prüfung

Die Prüfung gliedert sich in eine Vor- (§ 4) und eine Hauptprüfung (§ 5).

Die Meldung zur Vorprüfung kann in der Regel frühestens nach einem viersemestrigen ordnungsgemässen Studium der Soziologie und ihrer Grundausbildungsfächer (vgl. § 4) erfolgen, die Meldung zur Hauptprüfung nach insgesamt achtsemestrigen ordnungsgemässem Studium der Soziologie und der gewählten Nebenfächer (vgl. § 5) und in der Regel frühestens drei Semester nach bestandener Vorprüfung.

Bei der Meldung zur Hauptprüfung ist eine studiennahe Berufstätigkeit von einem halben Jahr nachzuweisen. Eine Befreiung von dieser Regel ist in Ausnahmefällen bei hervorragender wissenschaftlicher Befähigung möglich.

§ 4
Vorprüfung

Die Vorprüfung soll den Nachweis elementarer Kenntnisse erbringen, wie sie die Voraussetzung zur tieferen wissenschaftlichen Durchdringung des Stoffes bilden.

Die Vorprüfung ist in fünf Fächern abzulegen. Diese sind:

1. Grundbegriffe der Soziologie und Sozialphilosophie,
2. neuere Geschichte, mit besonderer Berücksichtigung der Sozial-, Kultur- und Wirtschaftsgeschichte,
3. Grundzüge der nationalökonomischen Theorie,
4. Statistische Elementarbegriffe,
5. Grundzüge der Psychologie, mit besonderer Berücksichtigung der Sozialpsychologie

Das fünfte Prüfungsfach kann auf Beschluss der Prüfungskommission nach begründetem Antrag des Kandidaten durch ein anderes ersetzt werden, das jedoch in organischem Zusammenhang mit dem Grundfach Soziologie stehen muss (z. B. Völkerkunde).

Die Vorprüfung besteht aus einem mündlichen und einem schriftlichen Examen. Es sind zwei Klausurarbeiten anzufertigen, von denen die eine auf dem Gebiet der Theorie oder Geschichte der Soziologie liegen muss, die andere aus den übrigen vier Gebieten gewählt werden darf. Die Dauer der mündlichen Prüfung beträgt in jedem Fach mindestens zwanzig Minuten.

Das Ergebnis der Prüfung wird in den einzelnen Fächern mit folgenden Noten bewertet:

Sehr gut	(1)
Gut	(2)
Befriedigend	(3)
Ausreichend	(4)
Ungenügend	(5)

Die Prüfung ist bestanden, wenn in jedem Fach mindestens „ausreichend" erreicht ist. Die Prüfung ist nicht bestanden und ist im ganzen zu wiederholen (frühestens nach sechs, spätestens innerhalb von zwölf Monaten), wenn der Kandidat im Hauptfach (Grundbegriffe der Soziologie und Sozialphilosophie) oder in mehr als einem der anderen Fächer die Note „ungenügend" erhält. Als nicht bestanden gilt die Prüfung auch dann, wenn der Kandidat nicht zur Prüfung erscheint und nicht in der Lage ist, sein Verhalten durch triftige, der Kommission baldigst mitzuteilende Gründe zu entschuldigen, oder nach dem Beginn der Prüfung zurücktritt. Hat der Kandidat nur in einem der Nebenfächer die Note „ungenügend" erhalten, so braucht die Prüfung nur in diesem Fach wiederholt zu werden (frühestens nach vier, spätestens innerhalb von sechs Monaten).

Die mehrfache Wiederholung ist unzulässig.

§ 5
Hauptprüfung

Die Hauptprüfung besteht aus einer schriftlichen Prüfung (Diplomarbeit) und einer mindestens zweistündigen mündlichen Prüfung.

Das Thema der Diplomarbeit wird auf Grund der Meldung zur Hauptprüfung und nach Aufforderung durch den Vorsitzenden des Prüfungsausschusses von dem Fachvertreter gestellt, der für die mündliche Prüfung im soziologischen Hauptgebiet in Aussicht genommen ist. Der Kandidat hat das Recht, Vorschläge für das Thema seiner Arbeit zu machen. Die Frist für die Fertigstellung der Diplomarbeit beträgt in der Regel vier Monate; bei selbständigen empirischen Untersuchungen ist sie nach Ermessen der Prüfungskommission festzusetzen. Die Zulassung zur mündlichen Hauptprüfung erfolgt nur, wenn die Diplomarbeit mindestens „ausreichend" ist.

Die mündliche Prüfung in Soziologie soll an den Kandidaten analoge Anforderungen stellen wie die mündliche Staatsprüfung für das höhere Lehramt. „Spezialgebiete" sind in angemessenem Umfang auf Wunsch des Kandidaten zu berücksichtigen. Die mündliche Hauptprüfung ist nach Annahme der Diplomarbeit in folgenden Fächern abzulegen:

1. Theoretische und historische Soziologie, Sozialphilosophie und ihre Geschichte einschliesslich der Spezialgebiete, die in der Interessenrichtung des Kandidaten liegen,
2. empirische Sozialforschung,
3. Wissenschaft von der Politik
4. Grundzüge des Staatsrechts und gegebenenfalls soziologisch wichtige Gebiete des Verwaltungs- und Arbeitsrechts,
5. ein Wahlfach

Das von den Kandidaten vorzuschlagende Wahlfach muss in sinnvollem Zusammenhang mit der Interessen- und späteren Arbeitsrichtung des Kandidaten stehen und bedarf der Genehmigung der Fakultät. Es braucht jedoch nicht dem Umkreis der Fakultät anzugehören. Zusatzprüfungen über das eine Wahlfach hinaus sind möglich, und zwar gleichzeitig mit der sonstigen Hauptprüfung oder auch zu einem späteren Termin. Das Ergebnis derartiger Zusatzprüfungen ist im Zeugnis über die Diplomprüfung aufzunehmen, bzw. nachzutragen.

Eines der zwei soziologischen Prüfungsgebiete ist als Hauptfach zu wählen, die übrigen Prüfungsfächer gelten als Nebenfächer. Die Dauer der mündlichen Prüfung beträgt im Hauptfach mindestens 40 Minuten, in den Nebenfächern mindestens je 20 Minuten.

Das Ergebnis der Prüfung wird auf Grund der Diplomarbeit und der Ergebnisse der mündlichen Prüfung vom Vorsitzenden des Prüfungsausschusses im Einvernehmen mit den Prüfenden festgelegt und anschliessend dem Kandidaten mitgeteilt. Notengebung und Zeugniserteilung erfolgen wie in der Vorprüfung (vgl. § 4). Der Kandidat hat die Prüfung bestanden, wenn in jedem Fach mindestens die Note „ausreichend" erreicht ist. Die Prüfung ist nicht bestanden und im ganzen zu wiederholen (frühestens nach sechs, spätestens innerhalb von 12 Monaten), wenn der Kandidat im Hauptfach oder in mehr als einem Nebenfach die Note „ungenügend" erhält. Als nicht bestanden gilt die Prüfung ohne weiteres, wenn der Kandidat nicht zur Prüfung erscheint und nicht in der Lage ist, sein Verhalten durch triftige, der Kommission baldigst mitzuteilende Gründe zu entschuldigen, oder wenn er nach Beginn der Prüfung zurücktritt. Die Prüfungskommission entscheidet, ob für die Wiederholungsprüfung eine neue Arbeit angefertigt werden soll. Bejahendenfalls ist die angegebene Frist um die Dauer der Anfertigung einer neuen Diplomarbeit zu verlängern. Bei Wiederholung der Diplomarbeit darf nicht dasselbe Thema noch einmal gestellt werden. Hat der Kandidat nur in einem Nebenfach die Note „ungenügend" erhalten, so braucht die Prüfung nur in diesem Fach wiederholt zu werden (frühestens nach vier, spätestens innerhalb von sechs Monaten). Die mehrfache Wiederholung ist unzulässig.

§ 6
Übergangsbestimmungen

Für die ersten zwei Jahre nach Inkrafttreten der Prüfungsordnung sind Erleichterungen hinsichtlich Umfang (Fächerkombination) und Terminen der Prüfungen möglich. Besonders betrifft das die Vorprüfung. Über den Umfang dieser Erleichterungen beschliesst in jedem Fall der jeweilige Prüfungsausschuss.

Frankfurt a. M., Januar 1955.

Ergänzungen zur Diplom-Prüfungsordnung für Soziologen:

Zu § 2:   (Neufassung des ersten Satzes)
                 Der Prüfungsausschuß besteht aus dem jeweils amtierenden Dekan
                 der Philosophischen Fakultät als Vorsitzendem, den Vertretern der
                 Soziologie in der Philosophischen Fakultät als Stellvertretenden
                 Vorsitzenden, dem Hauptvertreter der Wissenschaftlichen Politik
                 und einem Fachvertreter der Nationalökonomie.

                 (Neuer Absatz:)
                 Die Geschäftsstelle des Prüfungsausschusses befindet sich in der
                 Dekanatskanzlei. Auf Beschluß der Fakultät kann die Geschäfts-
                 stelle in ein Universitätsinstitut verlegt werden.

Zu § 3:   (Neuer Absatz:)
                 Die Prüfungsgebühren betragen DM 50.- für die Vorprüfung
                 und DM 50.- für die Hauptprüfung. Eine Quittung darüber ist
                 jeweils mit der Meldung zur Prüfung einzureichen. Zusätzlich
                 sind für jede Klausur DM 12.- zu entrichten.

Dekaninnen und Dekane des Fachbereichs Gesellschaftswissenschaften

10/71–9/72	**Schmidt**, Lothar	10/94–9/95	**Schumm**, Wilhelm
10/72–9/73	**Reichelt**, Helmut	10/95–9/96	**Esser**, Josef
10/73–9/74	**Schumm**, Wilhelm	10/96–9/97	**Glatzer**, Wolfgang
10/74–9/75	**Nicklas**, Hans	10/97–9/98	**Allerbeck**, Klaus
10/75–9/77	**Hennig**, Eike	10/98–9/99	**Krell**, Gert
10/77–9/78	**Jahn**, Egbert	10/99–9/00	**Puhle**, Hans-Jürgen
10/78–9/79	**Brede**, Helmut	10/00–9/01	**Siegel**, Tilla
10/79–9/80	**Bosse**, Hans	10/01–9/02	**Apitzsch**, Ursula
10/80–9/81	**Steinert**, Heinz	10/02–14.10/03	**Oevermann**, Ulrich
10/81–9/82	**Hirsch**, Joachim	15.10/03–9/04	**Allert**, Tillmann
10/82–9/83	**Fetscher**, Iring	10/04–9/05	**Hellmann**, Gunther
10/83–9/84	**Esser**, Josef	10/05–9/06	**Nonnenmacher**, Frank
10/84–9/85	**Brandt**, Gerhard	10/06–9/07	**Puhle**, Hans-Jürgen
10/85–9/86	**Nicklas**, Hans	10/07–3/09	**Ruppert**, Uta
10/86–9/87	**Lorenzer**, Alfred	04/09–05/09	**Wagner**, Gerhard
10/87–9/88	**Steinert**, Heinz	06/09–	**Nölke**, Andreas
10/88–9/89	**Bosse**, Hans		
10/89–9/90	**Brock**, Lothar		
10/90–9/91	**Kellner**, Hansfried		
10/91–9/92	**Glatzer**, Wolfgang		
10/92–9/93	**Gerhard**, Ute		
10/93–9/94	**Rodenstein**, Marianne		

Hinweise zu den Autorinnen und Autoren

Fehmi Akalin ist seit 2007 am Frankfurter Fachbereich Gesellschaftswissenschaften als Lehrbeauftragter für Soziologie tätig.

Tilman Allert nimmt seit 1999 am Frankfurter Fachbereich Gesellschaftswissenschaften eine Professor für Soziologie und Sozialpsychologie mit dem Schwerpunkt Bildungssoziologie wahr.

Amalia Barboza ist seit 2005 wissenschaftliche Mitarbeiterin am Fachbereich Gesellschaftswissenschaften der Goethe-Universität Frankfurt.

Thorsten Benkel ist seit 2006 wissenschaftlicher Mitarbeiter am Fachbereich Gesellschaftswissenschaften der Goethe-Universität Frankfurt.

Günter Dux war von 1968–1970 wissenschaftlicher Assistent von Thomas Luckmann in Frankfurt und von 1974–1997 Professor für Soziologie sowie Direktor des Instituts für Soziologie der Albert-Ludwigs-Universität Freiburg.

Iring Fetscher war von 1963–1987 Professor für Politikwissenschaften an der Goethe-Universität Frankfurt.

Ludwig von Friedeburg war von 1962–1966 Professor für Soziologie und Direktor des Instituts für Soziologie der Freien Universität Berlin und von 1966–1970 Professor für Soziologie sowie Direktor des Instituts für Sozialforschung der Universität Frankfurt. Von 1970–1974 nahm er das Amt des Hessischen Kultusministers wahr. Anschließend war er bis 2001 erneut geschäftsführender Direktor des Instituts für Sozialforschung in Frankfurt.

Wolfgang Glatzer war von 1984–2009 am Fachbereich Gesellschaftswissenschaften der Goethe-Universität Frankfurt als Professor für Soziologie mit dem Schwerpunkt „Sozialstruktureller und kultureller Wandel" tätig.

Alois Hahn war in Frankfurt Assistent von Friedrich Tenbruck und nahm von 1974–2009 an der Universität Trier eine Professur für Soziologie wahr.

Claudius Härpfer ist seit Oktober 2008 wissenschaftlicher Mitarbeiter am Fachbereich Gesellschaftswissenschaften der Goethe-Universität Frankfurt.

Eike Hennig nahm von 1975–1981 am Frankfurter Fachbereich Gesellschaftswissenschaften eine Professur für Soziologie mit dem Schwerpunkt Massenkommunikationsforschung und von 1981–2008 eine Professur für Theorie und Methoden der Politikwissenschaft am Fachbereich Gesellschaftswissenschaften der Universität Kassel wahr.

Felicia Herrschaft ist seit 2009 am Frankfurter Fachbereich Gesellschaftswissenschaften als wissenschaftliche Mitarbeiterin tätig.

Radostina Ilieva hat 2009 in Frankfurt am Main ihr Soziologiestudium mit einer Diplomarbeit über Norbert Elias abgeschlossen.

Hansfried Kellner war Assistent von Thomas Luckmann in Frankfurt und nahm dort von 1982–1999 eine Professur für Soziologie mit dem Schwerpunkt „Theoretische Soziologie" wahr.

David Kettler ist Research Professor in Social Studies am Bard College in Annandale, New York, USA.

Jens Koolwaay ist seit 2009 am Fachbereich Gesellschaftswissenschaften und im Frankfurter Büro des Jubiläumskongresses der Deutschen Gesellschaft für Soziologie als wissenschaftlicher Mitarbeiter tätig.

Klaus Lichtblau ist seit 2004 Professor für Soziologie mit dem Schwerpunkt „Geschichte und Systematik der sozialwissenschaftlichen Theoriebildung" am Fachbereich Gesellschaftswissenschaften der Goethe-Universität Frankfurt.

Thomas Luckmann war von 1965–1970 Professor für Soziologie der Goethe-Universität Frankfurt und nahm anschließend von 1970–1994 eine entsprechende Professur an der Universität Konstanz wahr.

Kai Müller hat in Frankfurt am Main Philosophie und Soziologie studiert und bereitet zur Zeit eine Magisterarbeit über George Herbert Mead und die Theorie des kommunikativen Handelns vor.

Stefan Müller-Doohm war von 1974–2008 Professor für Soziologie an der Carl von Ossietzky Universität Oldenburg.

Ulrich Oevermann war von 1977–2008 Professor für Soziologie und Sozialpsychologie am Fachbereich Gesellschaftswissenschaften der Goethe-Universität Frankfurt.

Walter Rüegg war von 1961–1973 Professor für Soziologie an der Goethe-Universität Frankfurt und nahm anschließend von 1973–1986 eine Professur für Soziologie an der Universität Bern wahr. Von 1965–1970 war er zugleich Rektor der Goethe-Universität Frankfurt.

Herbert Schnädelbach nahm von 1971–1978 am Fachbereich Philosophie der Goethe-Universität Frankfurt eine Professor für Philosophie wahr. 1978–1993 war er an der Universität Hamburg als Professor für Philosophie, insbesondere Sozialphilosophie und 1993–2002 an der Humboldt-Universität Berlin als Professor für Philosophie, insbesondere Theoretische Philosophie tätig.

Patrick Taube hat 2010 am Frankfurter Fachbereich Gesellschaftswissenschaften sein Studium der Politikwissenschaft, Soziologie und Geographie mit einer Magisterarbeit über die Berichterstattung der US-Printmedien über den US-Somalia-Einsatz von 1992–1994 abgeschlossen.

Timo Wagner bereitet am Frankfurter Fachbereich Gesellschaftswissenschaften derzeit eine Diplomarbeit über Stadtsoziologie vor.

Victoria Wendt hat 2009 in Frankfurt am Main ihr Studium der Soziologie mit einer Diplomarbeit „Über Gefahr von rechts? – Die ‚Neue Rechte‘ und ihr Erfolg in Sachsen" abgeschlossen.